行政法

前沿问题研究

主编简介

马怀德（1965— ）

中国政法大学校长、教授、博士生导师，国家"万人计划"哲学社会科学领军人才，中国法学会行政法学研究会会长。

行政法前沿问题研究

中国特色社会主义法治政府论要

马怀德

| 主编 |

撰稿人（以撰写章节先后为序）

王敬波　李洪雷　王　旭　张　力　成协中　宋华琳　赵　鹏
高秦伟　赵　宏　林　华　罗智敏　曹　鎏　王青斌　刘　艺

中国政法大学出版社

2018 · 北京

本书是国家社会科学基金重大委托项目"创新发展中国特
色社会主义法治理论体系研究"（批准号：17@ZH014）
子课题"中国特色社会主义法治政府"的研究成果。

总 序

　　2017 年 5 月 3 日，习近平总书记考察中国政法大学并发表重要讲话。他指出，全面推进依法治国是一项长期而重大的历史任务，也必然是一场深刻的社会变迁和历史变迁。全面推进依法治国，法治理论是重要引领。办好法学教育，必须坚持中国特色社会主义法治道路，坚持以马克思主义法学思想和中国特色社会主义法治理论为指导。我们要坚持从我国国情出发，正确解读中国现实、回答中国问题，提炼标识学术概念，打造具有中国特色和国际视野的学术话语体系，尽快把我国法学学科体系和教材体系建立起来。加强法学学科建设，要以我为主、兼收并蓄、突出特色。要努力以中国智慧、中国实践为世界法治文明建设作出贡献。希望法学专业广大学生德法兼修、明法笃行，打牢法学知识功底，加强道德养成，培养法治精神。

　　习近平总书记的重要论述深刻阐释了法治人才培养的重要意义以及法学学科体系建设的突出地位和特殊使命。法治人才培养是法学教育的核心使命，法学教材体系是法学学科体系建设的重要内容。没有科学合理的法治人才培养机制，没有适合我国国情的法学教材体系，没有符合法治规律的法学教育模式，就不可能完成全面推进依法治国的历史重任。大力加强法学教材体系建设是培养高素质法治人才的基础性工作，对于加强法学学科建设，培育社会主义法治文化，坚持和发展中国特色社会主义法治理论，推进国家治理体系和治理能力现代化都具有重要意义。

为了深入贯彻习近平总书记考察中国政法大学时重要讲话精神，创新法学人才培养机制，加强法学教材体系建设、发展中国特色社会主义法治理论，充分利用中国政法大学作为国家法学教育和法治人才培养主力军的地位，发挥中国政法大学法学学科专业齐全、法学师资力量雄厚、法学理论研究创新方面的优势，我们组织专家学者编写了这套中国特色社会主义法治理论系列研究生教材，期待着为建立健全法学学科体系和教材体系贡献尽绵薄之力。

整体而言，这套教材有以下几个鲜明特色：

第一，坚持以中国特色社会主义法治理论为指导。中国特色社会主义法治理论是新时代法治建设的指导思想，也是该套教材编写的理论指导。在教材编写中，我们坚持以中国特色社会主义法治理论为指导，把立德树人、德法兼修作为法学人才培养的目标，努力探索构建立足中国、借鉴国外、挖掘历史、把握当代、关怀人类、面向未来的中国特色社会主义法学学术和话语体系。教材既立足中国，坚持从我国国情实际出发，又注意吸收世界法治文明成果，体现继承性、民族性、原创性、时代性、系统性和专业性，努力打造具有中国特色和国际视野的学术话语体系。努力为培养高素质法治人才提供基本依据，为完善中国特色社会主义法治体系、建设社会主义法治国家提供理论支撑。

第二，坚持反映我国法治实践和法学研究的最新成果。与传统的法学教材相比，这套教材作为"中国特色社会主义法治理论系列研究生教材",其特色在于"研究生教材"的地位。不同于传统的以本科生为阅读对象、以基本概念和基础法律制度为主要内容的法学教材,这套教材意在提升法学研究生的问题意识和学术创新能力,培养法学研究生的自我学习意识和自我学习能力,反映我国法治实践和法学研究的最新研究成果。可以说,党的十八大以来在科学立法、严格执法、公正司法、全民守法等各方面的理论和实践创新都在这套教材中有所体现。

第三,坚持理论与实践相结合。习近平总书记强调"法学学科是一门实践性很强的学科,法学教育要处理好知识教学和实践教学的关系。"法治是治国理政的基本方式,法律是社会运行的基本依据,法学是社会科学的基本内容。这三个层面都决定了法学是面向社会、面向生活、面向实践的学科。长期以来,法学教育内容与法治实践需求相脱节始终是我国法学教育面临的突出问题。这套教材坚持理论与实践相结合,着力凸显法学学科的实践性,坚持法学教育内容与法治实践需求相结合,在教材中大量反映中国特色社会主义法治实践、社会实践、制度实践的内容,注重引导学生更加关注鲜活的法治实践、社会现实和制度变革。

由于能力有限,时间较紧,这套教材肯定还存在不少问题,期待各位专家和读者批评指正。

是为序。

马怀德

中国政法大学校长

2004 年，国务院发布《全面推进依法行政实施纲要》，首次提出用十年左右的时间基本建成法治政府的目标。十多年来，我国法治政府建设取得了显著成绩，积累了大量的实践成果和理论成果。特别是党的十八大以来，以习近平同志为核心的党中央站在全面推进依法治国、建设社会主义法治国家的战略全局，着眼于实现"两个一百年"奋斗目标、实现中华民族伟大复兴的中国梦，提出了为什么要建设法治政府、建设什么样的法治政府、怎样建设法治政府等一系列重大的理论、观点，形成了中国特色社会主义法治政府理论。

2012 年，党的十八大明确提出到 2020 年基本建成法治政府，规划了法治政府建设的时间表和路线图。习近平总书记强调："各级国家行政机关、审判机关、检察机关要坚持依法行政、公正司法，加快推进法治政府建设，不断提高司法公信力……坚持依法治国、依法执政、依法行政共同推进，坚持法治国家、法治政府、法治社会一体建设"。2014 年，党的十八届四中全会提出了法治政府的基本要求，即"加快建设职能科学、权责法定、执法严明、公开公正、廉洁高效、守法诚信的法治政府"。2015 年底，党中央、国务院发布《法治政府建设实施纲要（2015－2020）》，明确了法治政府建设的各项新要求。党的十九大强调"建设法治政府，推进依法行政，严格规范公正文明执法"。在不到二十年的时间里，"法治政府"从一个学术概念发展成政策要求，进而成为法治实践的核心内容。这一过程充分说明，深入推进依法行政，加快建设法治政府符合中国国情，亦顺应时代要求，是中国特色社会主义法治道路的必然选择。

一、法治政府建设的重大意义

习近平总书记在 2017 年 5 月 3 日考察中国政法大学时指出，全面依法治国是坚持和发展中国特色社会主义的本质要求和重要保障，事关我们党执政兴国，事关人民幸福安康，事关党和国家事业发展。随着中国特色社会主义事业不断发展，法治建设将承载更多使命、发挥更为重要的作用。[1] 党的十九大报告提出，中国特色社会主义已进入新时代，要深化依法治国实践，建设法治政府，推进依法行政，严格规范公正文明执法。[2] 深入推进依法行政并加快建设法治政府，对于扎实推进法治中国建设，协调推动"四个全面"战略布局，有效促进国家治理体系和治理能力现代化，坚持和发展中国特色社会主义，顺利实现中华民族伟大复兴的中国梦具有重要意义。

---

〔1〕《习近平在中国政法大学考察》，载新华网 http://www.xinhuanet.com/politics/2017-05/03/c_1120913310.htm，最后访问时间：2018 年 4 月 20 日。

〔2〕习近平：《决胜全面建成小康社会 夺取新时代中国特色社会主义伟大胜利——在中国共产党第十九次全国代表大会上的报告》，载《人民日报》2017 年 10 月 28 日，第 1 版。

（一）建设法治政府是全面依法治国的关键环节，是实现国家治理体系和治理能力现代化的必然要求

依法治国是我们党领导人民治理国家的基本方式，关系到我们党执政兴国、关系到人民幸福安康、关系到党和国家长治久安，是完善和发展中国特色社会主义制度、推进国家治理体系和治理能力现代化的必然要求和根本保障。能否做到依法治国，关键在于各级党组织和党员领导干部能否做到依法执政，各级政府及其工作人员能否做到依法行政。党的十八届四中全会将法治政府建设作为全面落实依法治国基本方略的重要内容进行部署，提出加快建设职能科学、权责法定、执法严明、公开公正、廉洁高效、守法诚信的法治政府，强调各级行政机关必须依法履行职责，坚持法定职责必须为、法无授权不可为，绝不允许任何组织或者个人有超越法律的特权。这一定位凸显了法治政府建设的重要意义。

当前我国各级行政机关的依法行政状况还不能完全适应依法治国的根本要求，距离法治政府建成目标还有一定距离。

法治政府是国家实力的象征，是现代国家政治文明的重要标志。国家实力不仅体现为物质实力和军事实力，也更多体现为制度文明与优越，体现在法治化水准上。习近平总书记指出："法治和人治问题是人类政治文明史上的一个基本问题，也是各国在实现现代化过程中必须面对和解决的一个重大问题。综观世界近现代史，凡是顺利实现现代化的国家，没有一个不是较好解决了法治和人治问题的。相反，一些国家虽然也一度实现快速发展，但并没有顺利迈进现代化的门槛，而是陷入这样或那样的'陷阱'，出现经济社会发展停滞甚至倒退的局面。后一种情况很大程度上与法治不彰有关。"[1] 建设法治政府是全面依法治国的关键环节，没有法治政府

〔1〕 习近平：《在中共十八届四中全会第二次全体会议上的讲话》（2014 年 10 月 23 日），载中共中央文献研究室编：《习近平关于全面依法治国论述摘编》，中央文献出版社 2015 年版，第 12 页。

就无法落实依法治国的各项要求，也不可能建成法治国家和法治社会，更谈不上国家治理体系和治理能力现代化。只有遏制人治，厉行法治，加快建成法治政府，才能实现国家治理体系和治理能力现代化，顺利进入现代化国家的行列，到21世纪中叶建成社会主义现代化强国。

（二）建设法治政府是规范和约束行政权力、尊重和保障人权、维护社会公平正义、实现国家长治久安的重要举措

权力必须接受约束和规范，缺少监督的权力不仅容易导致腐败，还会破坏社会公平正义。建设法治政府，就是要规范和约束行政权力，把权力关进制度的笼子里。唯有把权力关进制度的笼子里，用法律来制约和监督权力，从权力授予、权力行使和权力监督等方面对权力进行有效的监督和制约，才能保证人民赋予的权力始终被用来为人民谋利益，才能实现干部清正、政府清廉、政治清明。把权力关进制度的笼子里，就是要依法设定权力、规范权力、制约权力、监督权力。《中共中央关于全面推进依法治国若干重大问题的决定》（以下简称"十八届四中全会《决定》"）强调："必须以规范和约束公权力为重点，加大监督力度，做到有权必有责、用权受监督、违法必追究，坚决纠正有法不依、执法不严、违法不究行为。"建设法治政府有利于规范和约束公权力、尊重和保障人权，从而维护社会公平正义，实现国家长治久安。

（三）建设法治政府是弘扬社会主义法治精神、推进法治社会建设的本质要求

十八届四中全会《决定》提出："必须弘扬社会主义法治精神，建设社会主义法治文化，增强全社会厉行法治的积极性和主动性，形成守法光荣、违法可耻的社会氛围，使全体人民都成为社会主义法治的忠实崇尚者、自觉遵守者、坚定捍卫者。"法治文化是法治国家、法治政府和法治社会建设的文化根基，也是推动法律实施和法律监督的精神动力，一个成熟的法治国家必然需要有深厚的

法治文化做支撑。行政机关及其公务员是法律的执行者，也是行政权力的行使者，理应成为全社会遵纪守法的榜样和标杆。政府及其领导干部带头守法是法治政府的应有之义和本质要求，也是弘扬社会主义法治精神的最有效措施之一。建设权责法定、执法严明、公开公正、廉洁高效、守法诚信的法治政府，必将引导人民成为社会主义法治的忠实崇尚者、自觉遵守者、坚定捍卫者，促进形成守法光荣、违法可耻的社会氛围，从而真正推进法治社会建设。

（四）建设法治政府对于全面深化改革具有重要的支撑、保障和促进作用

政府是改革主体，改革能否在法治的轨道上推进，改革的成果能否及时上升为法律，关键在于法治政府建设。只有深入推进法治政府建设，才能引领改革方向，促进改革事业，确保改革的合法性。在四个全面战略布局中，全面依法治国与全面深化改革相辅相成，相互促进。因为全面深化改革，就是要改变旧的秩序和制度，形成新的秩序和制度，这样做就需要突破法治的约束。历史上的改革之所以称为"变法"，就是因为要突破制度的约束。但是法治又强调制度的稳定性、长期性和可预见性，如果无视法治的约束，任由改革进行，必然会损害法治权威与尊严。处理好两者之间的关系至关重要。习近平总书记强调："在法治下推进改革，在改革中完善法治，这就是我们说的改革和法治是两个轮子的含义。我们要坚持改革决策和立法决策相统一、相衔接，立法主动适应改革需要，积极发挥引导、推动、规范、保障改革的作用，做到重大改革于法有据，改革和法治同步推进，增强改革的穿透力。对实践证明已经比较成熟的改革经验和行之有效的改革举措，要尽快上升为法律。对部门间争议较大的重要立法事项，要加快推动和协调，不能久拖不决。对实践条件还不成熟、需要先行先试的，要按照法定程序作出授权，既不允许随意突破法律红线，也不允许简单以现行法律没有依据为由迟滞改革。对不适应改革要求的现行法律法规，要及时

修改或废止，不能让一些过时的法律条款成为改革的'绊马索'。"〔1〕为此，必须坚持以下原则：第一，重大改革要于法有据，取得法律的授权。第二，改革的成果要及时上升为宪法法律。第三，立法要主动适应改革和经济社会发展的需求。过时的法律法规要及时清理，做到立、改、废、释并举，该制定的要制定，该修改的要修改，该废止的要废止，该解释的要解释。

（五）建设法治政府是提升我国国家形象、切实维护国家利益的基本途径

十八届四中全会《决定》指出："适应对外开放不断深化，完善涉外法律法规体系，促进构建开放型经济新体制。积极参与国际规则制定，推动依法处理涉外经济、社会事务，增强我国在国际法律事务中的话语权和影响力，运用法律手段维护我国主权、安全、发展利益。"当前，世界多极化、经济全球化、文化多样化深入发展，国际形势更趋复杂，国际经济政治格局也在加速调整。改革开放四十年来，我国综合国力快速提升，经济、政治、文化、军事等方面的国际交往与合作日益频繁和密切。一方面，我国作为联合国安理会常任理事国和世界上最大的发展中国家，需要不断参与国际规则制定，也面临着日益繁重的涉外事务；另一方面，随着我国的快速崛起，我国与其他一些国家在领土、经贸、军事等方面也存在越来越多的国际争议和摩擦。法治政府不仅是实现国家内部长治久安和政治稳定的基本路径，也是推进国际法治、提升国家形象的重要内容。建设法治政府，有利于提升我国的软实力和国际竞争力，推动依法处理涉外经济、政治、社会事务，也有利于树立良好的国家形象，更好地运用法律手段维护我国主权、安全、发展利益，并在整体上服务于我国"一带一路"建设和"和平发展、互利共赢"

〔1〕 习近平：《在省部级主要领导干部学习贯彻党的十八届四中全会精神 全面推进依法治国专题研讨班上的讲话》（2015年2月2日），载中共中央文献研究室编：《习近平关于全面依法治国论述摘编》，中央文献出版社2015年版，第52-53页。

开放战略。

二、法治政府建设的基本要求

全面依法治国是一项长期艰巨的历史任务，作为全面依法治国的关键环节，首先要解决法治政府建设标准和要求问题，即建设一个什么样的法治政府。党的十八届四中全会描述了法治政府的基本特征，即建设权责法定、执法严明、公开公正、廉洁高效、守法诚信的法治政府。从行政法学的基本理论来看，法治政府由行政组织法、行政行为法、行政救济法三部分组成。按照法治政府的特征和标准，可以将法治政府建设概括为八个方面。其中机构和职能法定、便民高效服务是行政组织法的内容，行政立法科学化、民主化、规范化以及行政决策法治化、行政执法规范化、政府信息公开化是行政行为法的内容，监督和问责的法治化、构建解决行政争议的法治体系是行政救济法的内容，这八个方面共同构成了法治政府建设的基本要求。

（一）机构和职能法定

机构和职能法定是法治政府的第一要求。行政机关的所有权力都来源于法律，必须由法律明确规定。法律没有赋予行政机关的权力，行政机关就不得行使，这是依法行政的最基本要求，也是法治政府的逻辑起点。因为政府的权力不是原生的，而是派生的，属于人民，来源于立法机关的授权。没有法律规定，这种权力就不存在，一旦行使就可能是违法无效。十八届四中全会《决定》强调要"完善行政组织和行政程序法律制度，推进机构、职能、权限、程序、责任法定化"，实际上就是要求政府的机构和职能逐步实现法定化。权力是一把双刃剑，在法治轨道上行使可以造福人民，在法律之外行使则必然祸害国家和人民。把权力关进制度的笼子里，就是要依法设定权力、规范权力、制约权力、监督权力。习近平总书记指出："要以建设法治政府为目标，建立行政机关内部重大决策合法性审查机制，积极推行政府法律顾问制度，推进机构、职能、权限、程序、责任法定化，推进各级政府事权规范化、法律化。"[1] 行政机关必须遵守职权法定，这就意味着所有的权力都必须找到相应的法律依据。尤其在行使影响到行政相对人人身和财产利益的权力时，必须要找到相应的法律依据。职权法定对于行政机关是第一要务。国家要通过立法赋予行政机关相应的权力，保证行政机关行使的权力都有法律依据。党的十九大提出"完善国家机构组织法"，[2] 十九届三中全会通过的《中共中央关于深化党和国家机构改革的决定》明确提出："机构编制法定化是深化党和国家机构改革的重要保障。要依法管理各类组织机构，加快推进机构、职能、权限、程序、责任法定化。"[3] 其目的就是要通过立法的方式授予行政机关应有的权力，满足法治政府机构职能法定的要求，防止行政机关自我授权，杜绝法外行使权力。

（二）高效便民服务

法治政府不仅意味着行政机关应该依法行使权力，也强调行政机关要依法提供公共服务和社会服务，实现秩序行政与给付行政的统一、管制行政与服务行政的结合。服务是政府的本质要求，效率是行政权的生命。给付行政和服务行政都强调效能和便民。行政机关从事行政活动时必须坚持高效便民，遵守法定时限，不断提高效率。如果一个政府不能有效地提供公共产品，不能高效便民地提供公共服务，那么就很难称之为现代意义的法治政府。因此，服务型政府与法治政府建设既相辅相成，又相互促进。党的十九大报告提出："转变政府职能，深化简政放权，创新监管方式，增强政府公

〔1〕习近平：《加快建设社会主义法治国家》，载《求是》2015 年第 1 期。

〔2〕习近平：《决胜全面建成小康社会 夺取新时代中国特色社会主义伟大胜利——在中国共产党第十九次全国代表大会上的报告》，载《人民日报》2017 年 10 月 28 日，第 1 版。

〔3〕《中共中央关于深化党和国家机构改革的决定》，人民出版社 2018 年版，第 35 页。

信力和执行力，建设人民满意的服务型政府。"[1] "全心全意为人民服务"是各级党政机关及其工作人员的根本宗旨，也是各级政府权力运行的基本要求，因此，提供高效便民的服务是法治政府建设的基本要求。

（三）行政立法科学化、民主化、规范化

行政立法是现代政府权力行使的重要方式，包括制定行政法规、行政规章和行政规范性文件。行政立法、行政决策、行政执法和行政司法构成了政府活动的基本内容，而行政立法无疑是政府活动的基础，其质量水平直接关系到行政决策、行政执法和行政司法的结果。习近平总书记强调："要完善立法规划，突出立法重点，坚持立改废并举，提高立法科学化、民主化水平，提高法律的针对性、及时性、系统性。要完善立法工作机制和程序，扩大公众有序参与，充分听取各方面意见，使法律准确反映经济社会发展要求，更好协调利益关系，发挥立法的引领和推动作用。"[2] 这里所说的"立法"包括行政立法。实现行政立法的科学化、民主化和规范化，意味着：一要坚持法律优先原则。在我国，除宪法和全国人民代表大会及其常委会制定的法律之外，还有国务院制定的行政法规、地方人大及其常委会制定的地方性法规、国务院部委制定的部门规章、地方政府制定的地方政府规章等。制定行政法规和行政规章必须坚持上位法优先原则，不得与宪法和法律相抵触。二要坚持法律保留原则。有些对人民群众权益影响极大的事项，只能由法律规定，法律以外的任何规范性文件都无权规定。《立法法》规定了几种特殊的事项，比如：刑罚和犯罪只能由全国人大及其常委会立法

---

[1] 习近平：《决胜全面建成小康社会 夺取新时代中国特色社会主义伟大胜利——在中国共产党第十九次全国代表大会上的报告》，载《人民日报》2017 年 10 月 28 日，第 1 版。

[2] 习近平：《在十八届中央政治局第四次集体学习时的讲话》（2013 年 2 月 23 日），载中共中央文献研究室编：《习近平关于全面依法治国论述摘编》，中央文献出版社 2015 年版，第 43-44 页。

规定，而且全国人大及其常委会不得授权国务院、地方人大制定这方面的法规。三要推进行政立法程序的法治化，加强行政立法公开和公众参与，有效约束行政立法过程中的部门利益，实现社会公共利益。四要加强对行政立法活动的监督和救济，维护法治统一和宪法法律权威。

（四）行政决策法治化

行政决策是各级行政机关的日常性行政活动，影响着个人权益、组织行为和社会秩序。《行政诉讼法》实施以来，我国先后颁布了《行政处罚法》《行政许可法》《行政强制法》等法律，基本实现了规范行政行为的目的。但行政决策法治化水平还比较低，加之决策行为适用频繁，影响面广，一旦违法则造成的损害也比较大。从我国现实出发，行政决策法治化是法治政府建设的基本要求。党的十八大报告提出："坚持科学决策、民主决策、依法决策，健全决策机制和程序，发挥思想库作用，建立健全决策问责和纠错制度。"[1] 实现行政决策法治化，就要做到：一要权限合法，重大行政决策必须获得法律授权，不得越权决策；二要实体合法，凡重大行政决策必须符合法律规定，不得违法决策；三要程序合法，凡重大行政决策必须严格遵守法定程序，不得违反程序决策。要确保权限合法、实体合法、程序合法，还必须建立和完善有效的科学民主决策机制，要把公众参与、专家论证、风险评估、合法性审查和集体决策作为重大行政决策必经的法定程序，并保证其得到严格执行。

（五）行政执法规范化

习近平总书记强调："依法治国是我国宪法确定的治理国家的基本方略，而能不能做到依法治国，关键在于党能不能坚持依法执政，各级政府能不能依法行政……执法是行政机关履行政府职能、

---

〔1〕　胡锦涛：《坚定不移沿着中国特色社会主义道路前进 为全面建成小康社会而奋斗》，人民出版社 2012 年版，第 1 页。

管理经济社会事务的主要方式，各级政府必须依法全面履行职能，坚持法定职责必须为、法无授权不可为，健全依法决策机制，完善执法程序，严格执法责任，做到严格规范公正文明执法。"[1] 行政执法是行政机关实施的与社会民众联系最为密切、接触最为频繁的行政活动，行政执法规范化程度直接影响着民众对于法治政府建设状况的评价。对绝大多数普通民众而言，行政执法规范化是衡量法治政府的重要标准之一。改革开放四十年来，我国制定了大量的法律和法规，立法成果有目共睹，但行政执法、法律实施状况令人担忧。法律实施不良、行政执法不规范已成为当前我国法治政府建设的最大难题。"政府是执法主体，对执法领域存在的有法不依、执法不严、违法不究甚至以权压法、权钱交易、徇私枉法等突出问题，老百姓深恶痛绝，必须下大气力解决。全会决定提出，各级政府必须坚持在党的领导下、在法治轨道上开展工作，加快建设职能科学、权责法定、执法严明、公开公正、廉洁高效、守法诚信的法治政府。"[2] 党的十八届四中全会《决定》提出："坚持严格规范公正文明执法。依法惩处各类违法行为，加大关系群众切身利益的重点领域执法力度。完善执法程序，建立执法全过程记录制度。明确具体操作流程，重点规范行政许可、行政处罚、行政强制、行政征收、行政收费、行政检查等执法行为。严格执行重大执法决定法制审核制度。"为了推进行政执法的规范化，就要严格公正执法，建立一套比较完备的执法程序，约束和规范各类执法行为，确保法律得以严格实施；减少行政执法层级，加强基层执法力量，整合执法主体，推进综合执法，理顺城市管理执法体制，提高执法和服务水平，加强对行政执法的监督，明确执法责任，杜绝利益性执法。行政执法规范化还意味着要坚持比例原则，行政机关要公平、公

---

〔1〕 习近平：《加快建设社会主义法治国家》，载《求是》2015年第1期。
〔2〕 习近平：《关于〈中共中央关于全面推进依法治国若干重大问题的决定〉的说明》，载《人民日报》2014年10月29日，第2版。

正、合理地行使裁量权。比例原则意味着行政机关要实现的目的或任务应与行政机关所要采取的具体措施相适应，不能过分侵害相对人的合法权益。行政措施应有助于实现行政目的，行政措施应给相对人造成最小侵害，行政措施的采取和相对人权益的保护应当合乎比例。

（六）政府信息公开

"阳光是最好的防腐剂。权力只有公开运行，才能防止被滥用。"[1] 公开透明是有效监督的前提。只有将公权力活动的各领域、各阶段公之于众，随时接受各方面监督，才能避免暗箱操作，防止权力滥用，这是法治政府建设的根本要求。习近平总书记强调："要强化公开，推行地方各级政府及其工作部门权力清单制度，依法公开权力运行流程，让权力在阳光下运行，让广大干部群众在公开中监督，保证权力正确行使。"[2] 行政机关是国家权力机关的执行机关，应依照宪法、法律的规定行使行政权，公民有权知道政府的立法、决策和讨论情况，有权了解行政机关及其工作人员执行法律法规的情况。在网络化、信息化背景下，政府信息公开的范围与程度成为衡量法治政府建设的重要指标。除法律规定不予公开的以外，政府信息应当一律公开。现代透明政府要求政府信息公开的便捷性、及时性和有效性，不得迟延公开信息，不得设置不合理的依申请公开条件，不得以非法理由拒绝公开信息。相对人合法权益因政府信息公开行为受到损害的，可以依法获得公正的法律救济。

（七）监督与问责法治化

法律赋予行政机关的职权，既是一种权力，更是一种责任。行

_____

〔1〕　中共中央宣传部编：《习近平总书记系列重要讲话读本》，学习出版社、人民出版社 2014 年版，第 86 页。

〔2〕　《习近平在十八届中央纪委三次全会上发表重要讲 话强调强化反腐败体制机制创新和制度保障 深入推进党风廉政建设和反腐败斗争》，载《人民日报》2014 年 1 月 15 日，第 1 版。

政机关违法或不当行使权力的，必须依法承担法律责任。为此，必须强化对行政权力的制约和监督。加强党内监督、人大监督、民主监督、行政监督、司法监督、审计监督、社会监督、舆论监督制度建设，努力形成科学有效的权力运行制约和监督体系，增强监督合力和实效。习近平总书记强调："必须把权力关进制度的笼子里，坚持用制度管权管事管人。"[1] 为了有效推进法治政府建设，必须强化监督与问责。监督和问责法治化是法治政府建设的基本要求，也是权责一致的体现。缺少法治化的监督和问责，即使其他方面做得再好，只要存在违法不究、责任不落实的情形，也仍然会严重损害法治政府的公信力。行政机关必须要对法律负责，承担因自身行政行为而引起的各种法律责任。包括国家权力机关监督、行政系统内部监督、司法监督、舆论监督、人民监督在内的法治化监督体系，构成了问责制度法治化运行的内在动力。

（八）政府守法诚信

守法诚信是法治政府的基本特征。守法是政府履职的前提，如果连法律都不能遵从，那么政府就不可能是法治政府。守法意味着政府的行为必须获得法律的授权，政府必须在法定职权范围内行使权力、履行职责。任何缺乏足够证据、没有法律法规依据、超出法定权限、违反法定程序的行为都是违法行为，必须予以纠正。对违法行为造成的损失，政府要承担法律责任。政府要讲诚信，不能出尔反尔、反复无常。不能以政策调整、政府换届、领导变动为由，随意改变、收回已经生效的行政行为，否则就会损害相对人的利益，引发纠纷和矛盾，最终损害政府公信力。政府要做到守法诚信，做出的政策、实施的行为要有可预见性、长期性和稳定性，对相对人所产生的信赖利益予以合法保护。

---

〔1〕 中共中央宣传部编：《习近平总书记系列重要讲话读本》，学习出版社、人民出版社 2014 年版，第 85 页。

三、法治政府建设存在的问题与主要任务

党的十八大以来，法治政府建设取得积极进展，"放管服"改革深入推进，转变政府职能效果显现，权责法定、法无授权不可为、法定职责必须为的理念逐步树立；行政决策科学化、民主化进程加快，规范性文件过多过滥的势头得以控制；执法体制改革迈出新的步伐，综合执法和联合执法不断推进，执法人员素质及能力得以提高，执法全过程记录、执法合法性审查及执法结果公开等"三项执法制度改革"逐步展开；政府法律顾问制度基本落实；政府工作人员特别是领导干部法治观念增强，法律意识提高，更加注重运用法治思维和法治方式行使权力、履行职责。

看到成绩的同时，必须清醒地认识到，法治政府建设是全面推进依法治国的重要组成部分，是一项长期重大的历史任务，是国家治理的一场深刻革命。由于历史和现实多种原因，法治政府建设还存在不少薄弱环节，同时也面临新的挑战和任务。习近平总书记在2017年5月3日考察中国政法大学时指出：目前立法、执法、司法、普法方面还有不少薄弱环节。随着中国特色社会主义事业不断发展，法治建设将承载更多的使命、发挥更为重要的作用。全面依法治国是一项长期而重大的历史任务，也必然是一场深刻的社会变革和历史变迁。我们既要着眼长远、打好基础、建好制度，又要立足当前、突出重点、扎实工作，不断推进全面依法治国向纵深发展。[1]法治政府建设领域同样存在不少薄弱环节，概括起来有以下几方面：

第一，依法行政的制度体系不健全，法律规范不完备。我们在立法领域面临着一些突出问题。一方面，立法不足的问题突出。行政法领域一些基础性、综合性和全局性的法律缺失，影响了行政法

---

〔1〕《习近平在中国政法大学考察》，载新华网，http：//www.xinhuanet.com/politics/2017-05/03/c_1120913310.htm，最后访问时间：2018年4月20日。

体系的完善。目前我们尚无统一的《行政程序法》和《国家机构组织编制法》，也缺少针对行政违法不作为的《行政问责法》，尚无高位阶的《政务公开法》。由于《行政程序法》的缺失，导致现有的《行政处罚法》《行政许可法》《行政强制法》在实践中往往被规避。另一方面，立法质量也需要进一步提高，有的法律法规全面反映客观规律和人民意愿不够，解决实际问题有效性不足，针对性、可操作性不强；立法效率需要进一步提高。还有就是立法工作中部门化倾向、争权诿责现象较为突出，有的立法实际上成了一种利益博弈，不是久拖不决，就是制定的法律法规不大管用，一些地方利用法规实行地方保护主义，对全国形成统一开放、竞争有序的市场秩序造成障碍，损害国家法治统一。

第二，执法不严，法律实施效果不良。法律的生命力在于实施，法律的权威也在于实施。"天下之事，不难于立法，而难于法之必行。"如果有了法律而不实施、束之高阁，或者实施不力、做表面文章，那制定再多法律也无济于事。全面推进依法治国的重点应该是保证法律严格实施，做到"法立，有犯而必施；令出，唯行而不返"。目前，许多法律难以有效执行，在食品药品监管、建筑规划和城市管理等领域还存在有法不依、执法不严、选择性执法和执法腐败问题。

第三，社会矛盾和社会问题大量增加使政府面临巨大压力。当前我国改革开放事业进入攻坚期与深水区，公民权利意识和法治意识觉醒，利益博弈复杂，社会矛盾急剧增多，加之互联网技术日新月异，新型媒体和传播工具快速发展，容易放大社会矛盾。数字经济、平台经济、分享经济、人工智能等新兴业态对传统的法律制度和监管体系已构成严峻的挑战。各类社会矛盾与新兴社会问题相互交织，原有的行政手段与创新的行政方式并存，传统行政法制度和法治政府建设面临新的挑战。

第四，公务人员依法行政意识和能力不强。尤其是领导干部这个"关键少数"存在"不屑学法、心中无法，以言代法、以权压法，执法不严、粗暴执法，干预司法、徇私枉法，利欲熏心、贪赃枉法"等问题，严重阻碍了中国的法治进程。很多出了问题的领导干部，法律是学过的，法律知识也是有的，但都不上心，不过脑子，到了实际问题面前就忘得一干二净。这些人不仅害了自己，也贻害党和人民的事业。每个党政组织、每个领导干部必须服从和遵守宪法法律，不能把党的领导作为个人以言代法、以权压法、徇私枉法的挡箭牌。

党的十九大报告提出："中国特色社会主义进入新时代，我国社会主要矛盾已经转化为人民日益增长的美好生活需要和不平衡不充分的发展之间的矛盾。"[1]人民美好生活需要日益广泛，不仅对物质文化生活提出了更高要求，而且在民主、法治、公平、正义、安全、环境等方面的要求日益增长。这一科学论断对于我们认识当前法治政府建设领域的主要矛盾、思考新时代法治政府建设的着力点具有重要指导意义。随着全面建成小康社会目标的实现，人民的物质需要已经得到一定的满足，但是精神文化层面的需要愈显强烈，人民对于国家治理和社会管理的要求日益增强。可以说，法治政府是人民对美好生活最强烈的需要之一。因此，深化全面依法治国实践，建设法治政府，推进依法行政，严格规范公正文明执法显得尤为重要。同时还应认识到，人民对于法治政府的需要与法治政府建设不充分、不平衡的发展问题也十分突出。满足人民对美好生活的需要，既要深化法治政府实践，又要解决法治政府建设领域发展中的不充分、不平衡问题。深化法治政府建设实践，必须坚持问题导向，关注法治政府建设的薄弱环节，抓住法治政府建设领域的主要社会矛盾，回应法治政府建设新挑战，重点应当推进以下任务。

----

〔1〕　习近平：《决胜全面建成小康社会 夺取新时代中国特色社会主义伟大胜利——在中国共产党第十九次全国代表大会上的报告》，载《人民日报》2017年10月28日，第1版。

（一）健全依法行政的制度体系，全面履行政府职能

健全依法行政的制度体系，当务之急是加快推进行政组织、程序、责任法定化，实现行政决策法定化，确保政府依法全面履行政府职能。

1. 推进行政组织法定化

目前，我国在中央层面只有 1982 年制定的《国务院组织法》《国务院行政机构设置和编制管理条例》，地方层面也只有《地方各级人民代表大会和地方各级人民政府组织法》《地方各级人民政府机构设置和编制管理条例》，整体而言，我国还缺少健全、完善的组织法和编制法体系，而且组织体制和职责权限经常变动，缺乏稳定性。为了实现用制度管权、管事、管人，保证权力的正确运行，有必要用法律明确规定各行政机关的组织权限，科学合理设置政府机构，核定人员编制，实现政府职责、机构和编制的法定化。尤其要通过立法将党委和"一把手"的权力置于法律框架中，运用组织法防止权力滥用。要通过组织法和编制法约束行政权力，确保国家机关按照法定权限和程序行使权力，构建起全面依法行政的制度基础，早日实现建成法治政府的目标。"政府职能转变到哪一步，法治建设就要跟进到哪一步。要发挥法治对转变政府职能的引导和规范作用，既要重视通过制定新的法律法规来固定转变政府职能已经取得的成果，引导和推动转变政府职能的下一步工作，又要重视通过修改或废止不合适的现行法律法规为转变政府职能扫除障碍。只有让人民监督权力、让权力在阳光下运行，做到依法行政，才能更好地把政府职能转变过来。要推进法治政府建设，坚持用制度管权管事管人，完善政务公开制度，做到有权必有责、用权受监督、违法要追究。"[1]

---

〔1〕 习近平：《在中共十八届二中全会第二次全体会议上的讲话》，载中共中央文献研究室编：《习近平关于全面深化改革论述摘编》，中央文献出版社 2014 年版，第 73-74 页。

2. 推进行政程序法定化

制定统一的行政程序法是我国民主法制建设的重要步骤，对于发展民主政治、保护公民权利、遏制腐败、克服官僚主义、提高行政效率、建立健全社会主义市场经济体制、建设社会主义法治国家都具有十分重要的意义。我国已颁布《行政处罚法》《行政许可法》《行政强制法》等规范具体行政行为的法律，相应建立了行政处罚程序、行政许可程序、行政强制程序，但是这些单行法律仅仅涉及某一个具体领域、某一项行政行为，还无法将所有的行政执法活动都纳入法治的轨道。于是，许多现行法律没有规定的诸如行政收费、行政给付、行政奖励等行政行为就缺乏相应的程序规范，这些行政执法活动中的各种乱象也就无法避免。为了健全依法行政制度体系，应当尽快制定统一的《行政程序法》，建立各类行政活动的共通性程序制度，规范行政权力行使的程序，保证行政机关依照法定程序行使权力，政府职能得以依法履行。

3. 推进行政责任法定化

法律的实施不能流于形式，成为应付。针对我国法律实施效果不良、行政不作为或乱作为的情况比较普遍，我们要确立以法治为重要指标的政绩考核评价体系，将法治落实到政府的考核和领导干部的具体考核之中。地方政府领导干得好不好，能不能得到重用和提拔，除了看工作实绩外，还要看他是不是具有法律意识，是不是善于运用法治思维和法治方式深化改革、推动发展、化解矛盾和维护稳定。一旦建立起以法治作为重要指标的政绩考核评价体系，法律刚性运行就有了制度保障和动力机制，法律规定的各项政府职能就能够得到全面履行，法治中国建设才会更加顺畅。

此外，我们还要建立确保法律得以有效实施、政府职能得以全面履行的责任机制，推进行政责任的法定化。法律要获得有效实施，政府职能要得以全面履行，不仅需要动力，更需要压力，需要有法律责任机制的刚性保障。监督是重要的，但监督只有与责任追究结合起来，才能取得应有的实效。实行严格的法律监督并以问责制作为保障，是法治国家、法治政府建设的基本需要，是权责一致原则的具体要求，对于增强政府的公信力和保证法律制度的刚性运行具有极为重要的意义。问责制的核心就是要使权力与责任相挂钩，真正做到有权必有责，防止无法律依据的权力行使，防止行政不作为和乱作为，从而推动法律的刚性运行和政府职能的全面履行。

4. 实现行政决策法治化

行政决策法治化是法治政府建设的重要内容。决策权是行政权力中最重要的权力，也是政府工作的中心环节。没有行政决策的法治化，就无法有效规范行政决策权力，无法将行政决策权力纳入法治轨道，也就无法建成法治国家和法治政府。建设法治政府，必须首先规范重大决策行为，实现行政决策法治化。为此，建议尽快立法，将重大决策纳入法治轨道，科学合理界定各级政府的行政决策权，健全完善行政决策机制，推进行政决策的科学化、民主化、规范化，提高科学决策、民主决策、依法决策水平。

（二）深化行政执法体制改革，确保法律有效实施

行政执法体制就是行政执法机关各自的权限划分以及相互关系。目前，我国行政执法体制存在的比较突出的问题是：分级执法、权责脱节、基层虚弱，各自为政、界限不清、权责交叉，利益驱动、监督不到位、责任缺失。近年来，各地在不断探索行政执法体制改革，也推出了一些改革措施，但是这些改革和探索的效果并不明显。主要原因就是很多问题属于行政体制的问题，难以在基层解决。必须进行顶层设计，修改法律制度，改革行政执法体制，完善运行机制的高度，重视行政执法问题，从根本上解决这一难题，走出当前的行政执法困境。

1. 减少行政执法层级，加强基层执法力量

我国的执法机关多数设在各级地方政府，作为地方政府的职能部门行使执法权。地方政府分为省、市、县（区）、乡镇四级，每

一级均有相应的行政执法机关，分级行使行政执法权。但是，各级执法机关力量并不均匀，也很难与该级政府承担的管理职能相匹配。深化行政执法体制改革，首先就是要按照十八届四中全会《决定》的要求，在优化行政区划、设置探索推进省直接管理县（市）的同时，大幅压缩省市两级的执法力量，必要时甚至可以撤销省市一级的执法机构，将所有的执法力量下沉至基层，充实县区一级的执法力量，同时考虑授予乡镇一级政府一定的行政执法权。当然，在减少行政执法层级、充实基层执法力量时，要注意保障行政执法机关的执法独立性，打造高效权威的行政执法机构，避免行政执法机关沦为地方政府维护地方利益、实施地方保护的工具。同时，必须加强重点领域的执法，在食品药品、安全生产、环境保护、劳动保障、海域海岛等领域，充实执法力量，提高执法能力，配备必要的执法设备，提高技术检验检测能力和应急处置能力，增加执法经费，确保行政执法的及时、权威和公正。

2. 整合执法主体，推进综合执法

从我国目前行政执法情况看，权责交叉、界限不清、多头执法是行政执法体制中存在的关键问题，其根源就是行政体制问题和立法问题。由于行政机关设置比较分散，部门权力和利益又被法律所固化，在执法环节自然会导致权责交叉、界限不清和多头执法。因此，改革行政执法体制，首先要改革行政体制，通过修改法律法规等根本性措施，重新调整和规范行政权责，整合执法主体，相对集中执法权，推进综合执法，着力解决权责交叉、多头执法问题，建立权责统一、权威高效的行政执法体制。在行政执法体制改革中，就是要按照大部制的要求，整合执法主体，相对集中行政执法权，推进综合执法。改革的具体方向为：一是建立行政执法权相对集中的统一执法体制。在地方政府属地管理情形下，应当本着高效权威的原则，在城市管理、文化市场管理、农业管理等领域推行的相对集中执法基础上，再扩大相对集中执法的范围，重点解决城乡规划建设、食品药品安全、安全生产、环境保护等领域执法机构分散、力量不足等问题，集中相关执法权统一行使，以减少多头管理带来的低效和混乱。二是推行中央和省级政府垂直的行政执法体制。在原有的金融管理、土地督察、证券保险行业监管等领域实行的垂直管理执法体制基础上，还应当探索扩大垂直管理的领域，脱离地方行政区划设立直属于中央管理的行政执法体制，摆脱地方政府出于地方保护对行政执法的干预，解决执法不够独立公正的问题。

3. 理顺城市管理执法体制，提高执法和服务水平

近年来，随着经济社会迅猛发展，城市建设速度不断加快，市容市貌日新月异，人们在享受城市发展带来的各种舒适和便利时，也为城市化带来的诸多问题所困扰。为了加强城市管理，解决城市化过程中出现的各种问题，城市管理综合执法应运而生。然而，现在的城管综合执法机构，其职能都继受于其他部门，且缺乏法律保障，因此显得支离破碎、残缺不全，影响了执法的效果。解决此类问题必须理顺城管执法体制。如果原有执法机构的部分职能交由综合执法机构去行使更便利、成本更低、效率更高，就应该彻底移交给综合执法机构。职权转移的同时也应该考虑人员编制和经费的转移，否则就会在原有执法机构的基础上再增加一个执法机构，不符合建立综合执法机构的初衷。同时，还应该重视执法部门之间的协调与衔接。理顺城管执法体制的目的是为了建立更加便民、高效、有权威的综合执法体制。当然，为了实现全国城管体制的统一和高效，应当尽快制定中央层面的《城市管理法》，统一城管执法的名称，界定城管执法机构的职能，明确城管执法的主管部门，赋予城管执法机关明确的执法权限，规范执法程序，界定执法责任，从而在立法层面理顺城管执法体制。

4. 坚持严格规范公正文明执法

行政执法是将法律规定付诸实施的行政活动，是与人民群众切身利益息息相关的行政行为。在绝大多数民众看来，行政执法的法

治化是衡量法治政府建设的最重要指标。推进行政执法的法治化，坚持严格规范公正文明执法，必须完善行政执法程序，规范执法自由裁量权，也要加强对行政执法的监督，全面落实行政执法责任制。完善行政执法程序，规范行政执法自由裁量权。"要最大限度减少政府对微观事务的管理。对保留的审批事项，要推行权力清单制度，公开审批流程，提高审批透明度，压缩自由裁量权。对审批权力集中的部门和岗位要分解权力、定期轮岗，强化内部流程控制，防止权力滥用。"[1] 我们既要适时总结各类行政执法活动的共性，建立统一的行政裁量权基准制度，也需要根据不同领域行政执法活动的个性，建立健全不同领域的行政裁量权基准制度。通过这些根源于行政执法实践的行政裁量权基准制度，去细化、量化行政裁量的基准，规范行政裁量的范围、种类和幅度，并建立行政裁量基准的动态调整机制。此外，也要善于利用现代信息技术完善行政裁量权基准制度，利用大数据等信息技术建立不同领域的行政裁量基准，以有效规范行政自由裁量权的行使。

坚持严格规范公正文明执法，必须加强对行政执法的监督，全面落实行政执法责任制，保障行政执法经费，防范利益驱动型执法，着力解决执法不严、执法不公、执法不作为、失职渎职以及暴力执法等问题。要让每个执法人员都意识到，行使权力的同时也是在履行责任，如果不能很好地行使权力，就是失职渎职，就要承担相应的法律责任。当然，解决执法不规范问题，还有赖于各方面监督，可以通过媒体、司法、人大和政协的监督，追究执法机关和执法者的责任。当出现不公正执法，越位、错位、缺位执法，侵害群众权益时，相对人可以通过行政复议、行政诉讼来依法纠正违法行为，督促执法机关严格规范公正文明执法。

---

〔1〕 习近平：《在第十八届中央纪律检查委员会第五次全体会议上的讲话》（2015年1月13日），载中共中央文献研究室编：《习近平关于全面依法治国论述摘编》，中央文献出版社 2015 年版，第 63-64 页。

严格文明公正执法是一个整体，必须全面贯彻。既要强调文明执法、公正执法，也要强调严格执法、规范执法，不可偏废。如果不严格执法，执法司法公信力就难以建立起来。现实生活中出现的很多问题，往往同执法失之于宽、失之于松有很大关系。因此，一方面要文明执法，推行人性化执法、柔性执法、阳光执法，严禁粗暴执法。另一方面，对违法行为一定要严格尺度、依法处理。"现在有一种现象，就是在环境保护、食品安全、劳动保障等领域，行政执法和刑事司法存在某些脱节，一些涉嫌犯罪的案件止步于行政执法环节，法律威慑力不够，健康的经济秩序难以真正建立起来。这里面反映的就是执法不严问题，需要通过加强执法监察、加强行政执法与刑事司法衔接来解决。"[1]

5. 建立科学合理的法治政府评估体系和政府绩效评价体系，为法律实施注入动力

"全面推进依法治国，必须坚持严格执法。法律的生命力在于实施。如果有了法律而不实施，或者实施不力，搞得有法不依、执法不严、违法不究，那制定再多法律也无济于事。"[2] 我国已制定了许多法律法规，基本上解决了有法可依的问题，但执法不严、违法不究的问题相当突出。公务人员不是不愿意执行法律，而是执行法律时缺少动力，认真执法未必一定是政绩。在地方，搞 GDP 都很有动力，因为 GDP 是衡量政绩的主要标准。在中国一个行政主导的国家推行法治，首先要注入动力。搞"经济 GDP"有政绩、容易提拔，搞法治，很辛苦却不出政绩。有些地方甚至以牺牲法治的方式换取经济的发展，这种发展是短期的、贻害群众的。所以，

---

〔1〕 习近平:《严格执法，公正司法》(2014 年 1 月 7 日)，载《十八大以来重要文献选编》(上)，中央文献出版社 2014 年版，第 722-723 页。

〔2〕 习近平:《在十八届中央政治局第四次集体学习时的讲话》(2013 年 2 月 23 日)，载中共中央文献研究室编:《习近平关于全面依法治国论述摘编》，中央文献出版社 2015 年版，第 57 页。

我们要给法律的发展注入一种动力，要建立"法治 GDP"，要把
"法治 GDP"纳入新政绩观的指标体系之中，人们才会重视法治，
法治才会成为推动中国发展的新动力。中央强调，要重视提拔使用
依法行政意识强，善于运用法律手段解决问题、推动发展的干部。
让这些人更好地落实法治、更好地实施法律。否则，制定再多再好
的法律也没用，都不去执行，何谈推进法治进程。

　　（三）畅通解决行政争议的渠道

　　党的十八届四中全会提出："健全社会矛盾纠纷预防化解机制，
完善调解、仲裁、行政裁决、行政复议、诉讼等有机衔接、相互协
调的多元化纠纷解决机制。"行政争议涉及行政主体之间、行政主
体与相对人之间的权利义务关系，这些争议解决的公正与否直接关
系到社会稳定。正规化的行政争议解决途径不畅通，会将争议引到
带有人治色彩的信访途径中来，从而消解法治的力量。从这个意义
上讲，行政争议解决的法治化与否决定了法治政府建设的成败。构
建解决行政争议的法治体系、实现行政争议解决的法治化包含两个
方面：一要推进行政裁决、行政调解、行政仲裁等行政系统内行政
争议解决机制的法治化。行政复议、行政裁决、行政仲裁等制度具
有一定的优势，行政机关解决纠纷具有力量完备、专业技术强、快
捷、廉价等优点。要充分发挥行政裁决、行政复议、行政调解的作
用，引导人民群众通过法定途径反映诉求、解决纠纷、维护合法权
益。特别是要发挥行政复议在解决行政争议中的主渠道作用，改革
行政复议体制，完善行政复议程序，及时、有效地解决行政争议。
二要保障行政诉讼制度的有效运行，贯彻司法最终原则。司法裁判
是所有纠纷解决的最后关口，司法最终原则必须得到落实。行政诉
讼是法院以诉讼方式解决行政争议的法律制度，能够通过司法程序
理性解决官民争议，化解和疏导相对人对政府违法行使权力的怨恨
和不满，维护社会公平和正义。

（四）抓住法治教育的"关键少数"，提高公务人员依法行政能力

全面依法治国必须抓住领导干部这个"关键少数"。领导干部要做尊法、学法、守法、用法的模范。领导干部的法治素养，从其踏入干部队伍的那一天起就要开始抓。"一个干部能力有高低，但在遵纪守法上必须过硬，这个不能有差别。一个人纵有天大的本事，如果没有很强的法治意识、不守规矩，也不能当领导干部，这个关首先要把住……决不能让那些法治意识不强、无法无天的人一步步升上来，这种人官当得越大，对党和国家危害就越大。"[1] 领导干部要带头践行社会主义核心价值观，以实际行动带动全社会崇德向善、尊法守法。做到在法治之下，而不是法治之外，更不是法治之上想问题、作决策、办事情。领导干部要把对法治的尊崇、对法律的敬畏转化成思维方式和行为方式。

各级领导干部的信念、决心和行动，对全面推进依法治国具有十分重要的示范意义。领导干部要做尊法的模范，带头尊崇法治、敬畏法律；做学法的模范，带头了解法律、掌握法律；做守法的模范，带头遵纪守法、捍卫法治；做用法的模范，带头厉行法治、依法办事。2018 年《宪法修正案》关于"国家工作人员就职前依照法律规定公开进行宪法宣誓"的规定就是提高领导干部法治观念，增强尊法、学法、守法、用法意识的重要举措。

为什么要抓"关键少数"？因为他们执掌国之重器，是立法者、执法者、司法者，是掌权者，最有可能公器私用、违法乱纪，最有条件滥用权力，侵害人民的合法权益；因为"以吏为师、以法为教"的传统决定了他们对社会的示范作用最为显著。这些人不尊法守法，不仅会损害党和政府的形象，损害人民对法治的信心，还会破坏社会公正，影响国家和社会的长治久安，动摇执政基础。

---

[1] 中共中央宣传部编：《习近平新时代中国特色社会主义思想三十讲》，学习出版社 2018 年版，第 193 页。

如何抓"关键少数"？第一，要在育人上打基础，习近平总书记在中国政法大学考察时强调："法学教育要坚持立德树人，不仅要提高学生的法学知识水平，而且要培养学生的思想道德素养。"[1] 不少青年有志于从政，未来的党和国家各级领导干部必然出自今天的青年，青年从现在起就应该形成良好的思想政治素质、道德素质、法治素质。希望广大学生德法兼修，明法笃行，打牢法学知识功底，加强道德养成，培养法治精神。

第二，要在选人上下功夫，将法治纳入领导干部的政绩考核体系。如何能够让领导干部过心过脑，主要是要建立以法治为主要考核内容的干部评价体系，在"德能勤绩廉"的评价标准中加上"法"，并切实贯彻到各级干部考核评价提拔的实际中去。十八届四中全会提出："把法治建设成效作为衡量各级领导班子和领导干部工作实绩的重要内容，纳入政绩考核指标体系。""要把能不能遵守法律、依法办事作为考察干部重要内容，在相同条件下，优先提拔使用法治素养好、依法办事能力强的干部。"[2] 此外，要警惕实际工作中"念歪了经"，将败诉率、上诉率、申诉率作为重要的甚至唯一的考核指标的做法，这是对法治考核的机械理解。对于领导干部的法治素养评价，既要组织人事部门掌握，更要倾听人民群众的反映，把错案办成铁案的"逆淘汰"不可取。

第三，要在管人上做文章。维护社会治安，防范刑事犯罪有"见警率"一说。防止干部违规违法也有发现率和查处率一说。很多人之所以对法治"不过脑子不走心"，就是抱有侥幸心理，以为法不责众，或者抱有为工作违规不算问题、不作为更安全等错误观念。此次国家监察体制改革，制定颁布《监察法》，就是赋予监察

---

〔1〕《习近平在中国政法大学考察》，载新华网，http://www.xinhuanet.com/politics/2017-05/03/c_1120913310.htm，最后访问时间：2018 年 4 月 20 日。

〔2〕 中共中央宣传部编：《习近平新时代中国特色社会主义思想三十讲》，学习出版社 2018 年版，第 193 页。

机关监督调查处置的职责，其中监督是第一位的，扩大监察范围，实现监察全覆盖也是意在解决监督空白的问题。做到法治教育入脑入心，切实增强公职人员的法治意识，必须在管人上做文章，通过严格监督，提高违法行为的发现率和查处率，营造人人讲法治、事事有法管的良好氛围。尤其需要关注的是此次党和国家机构改革，很多行政部门与党的机构合署办公，如何监督这类机构是个难题，有待破解。

第四，要在做细上花气力。领导干部要带头践行法治精神，做到以上率下，在具体问题上检验法治意识，在细节上观察法治素养，警惕那些"嘴上法治，实际人治""台上法治，台下人治"的现象。领导干部是不是带头尊法，不是看开了多少会、发了多少文件、听了几次课、部署了几次任务，而是要在关键问题上看他过不过脑子。要警惕那些喊破嗓子、不过脑子的"伪法治人"。

"法与时转则治，治与世宜则有功。"改革开放四十年来，法治政府建设从无到有、从弱到强，不断推进。一部又一部法律的出台和实施，一项又一项制度的建立和运行，将法治政府的理想蓝图逐渐变成了现实。回顾法治政府建设的历程，我们可以自信地说，现在比历史上任何时候都要接近法治政府建设的目标。中国特色社会主义进入新时代，党和国家事业发生了历史性变革，对传统的国家治理结构和治理方式提出了新的要求，法治政府建设也面临愈加复杂的任务和挑战。我们既要着眼长远、打好基础、建好制度，又要立足当前、突出重点、扎实工作，勇于创新，不懈努力，破解政府治理领域出现的各种难题，不断推进法治政府建设向纵深发展，创造出不负新时代的法治成果。

本书共设十四章，包括：新时代中国特色社会主义法治政府建设；全面深化改革、全面从严治党与深入推进依法行政；依法全面履行政府职能；行政体制改革与行政组织法；行政决策；行政规范制定；行政执法改革；完善行政许可制度；合作行政与行政法的制度革新；信息化时代的法治政府建设；行政解决民事纠纷；行政监督与问责；行政复议制度；行政检察监督。这些问题都体现了上述法治政府建设的基本要求，回应了我国法治政府建设面临的主要挑战，也反映了法治政府建设的主要任务。本书紧扣中国特色社会主义法治理论，注重反映我国法治政府建设的客观现实和行政法学理论的发展动态，试图呈现我国行政法学理论的前沿问题和最新成果。

马怀德

2018 年 5 月

目录

CONTENTS

第
一
章 | # 新时代中国特色社会主义法治
政府建设[*]

2015 年 12 月,中共中央、国务院发布《法治政府建设实施纲要(2015-2020 年)》,明确了法治政府建设的目标和标准,指明了法治政府建设的重点任务。习近平总书记在党的十九大报告中进一步提出,"经过长期努力,中国特色社会主义进入了新时代","从二〇二〇年到二〇三五年,在全面建成小康社会的基础上,再奋斗十五年,基本实现社会主义现代化……法治国家、法治政府、法治社会基本建成"。[1]"法治政府"也成为 2018 年两会的热词,引发全社会的广泛关注。2018 年《政府工作报告》指出:"严格遵守宪法法律,加快建设法治政府,把政府活动全面纳入法治轨道。坚持严格规范公正文明执法,有权不可任性,用权必受监督。"[2] 四十年的改革开放伟大实践已证明,法治政府建设与全面深化改革是一脉相承的。如今新时代中国特色社会主义法治政府建设,迎来了改革再出发的历史性机遇。既要坚定不移地坚持法治国家、法治政府、法

　＊　王敬波,中国政法大学法治政府研究院院长,教授,中国法学会行政法学研究会秘书长。

　〔1〕　习近平:《决胜全面建成小康社会 夺取新时代中国特色社会主义伟大胜利——在中国共产党第十九次全国代表大会上的报告》,载《人民日报》2017 年 10 月 28 日,第 1 版。

　〔2〕　李克强:《政府工作报告》,载《人民日报》2018 年 3 月 23 日,第 1 版。

治社会一体建设的基本理念，也要扎实推进依法行政，严格规范公正文明执法等制度体系的配套落实。我国法治政府建设事业能否取得预期成效，事关新时代全面依法治国、建设法治中国的目标能否实现。各级政府需要不断发挥创新思维，因地制宜、因城施策，探索深化法治政府建设的变革之路。

一、法治中国命题下的法治政府建设

"推进法治中国建设"这一重大命题，由党的十八届三中全会首次提出。[1] 党的十八届四中全会强调："全面推进依法治国是一个系统工程，是国家治理领域一场广泛而深刻的革命……努力实现国家各项工作法治化，向着建设法治中国不断前进。"[2] 法治政府的建设工作，必须放在法治中国的命题之下具体展开，如此才能保障法治政府的建设与法治国家、法治社会一体协同推进。加快建设职能科学、权责法定、执法严明、公正公开、廉洁高效、守法诚信的法治政府，是新时代中国特色社会主义法治政府建设的现实目标。法治政府建设属于依法治国方略、法治中国建设的重要组成部分，而依法治国方略、法治中国命题的产生源于中国社会整体对法治供给不足的反思。中国选择法治政府的道路是客观现实的必然选择，也与依法治国方略、法治中国命题的确立一脉相承。具体来说，促使我国政府逐步迈向法治政府的动力机制，也可称之为法治政府建设的背景与基础，主要来自以下五个方面。

---

〔1〕 在"推进法治中国建设"项下，列出了包括维护宪法法律权威、深化行政执法体制改革、确保依法独立公正行使审判权和检察权、健全司法权力运行机制、完善人权司法保障制度在内的重要支撑性措施。详见《中共中央关于全面深化改革若干重大问题的决定》，载《人民日报》2013年11月16日，第1版。

〔2〕 党的十八届四中全会为建设法治中国提出了190项具体的法治建设措施。详见《中共中央关于全面推进依法治国若干重大问题的决定》，载《人民日报》2014年10月29日，第1版。

（一）全面加强党的领导是法治政府建设的政治基础

全面依法治国、建设新时代中国特色社会主义法治政府，必须坚持党的领导。习近平总书记指出："坚持党的领导，是社会主义法治的根本要求，是党和国家的根本所在、命脉所在，是全国各族人民的利益所系、幸福所系，是全面推进依法治国的题中应有之义"[1]。党的十九大报告强调："坚持党对一切工作的领导"，"成立中央全面依法治国领导小组，加强对法治中国建设的统一领导"。[2] "全面依法治国，核心是坚持党的领导、人民当家作主、依法治国有机统一，关键在于坚持党领导立法、保证执法、支持司法、带头守法。"[3]

一是党领导立法。通过制定出台相关政策对立法产生影响。政府在行政时严格执行党的政策，进而实现宪法及行政法配套法律体系的逐步完善。为了确保党领导立法工作的成效，保障立法工作的科学性、民主性，党应依宪依法执政，切实推进宪法实施的制度建设，同级党委及其政府出台的党规和国法应一体进行合宪性审查与合法性审查。二是党保证执法。通过严格依法执政以保证政府能够严格规范公正文明执法。党的十九大报告提出："赋予省级及以下政府更多自主权。在省市县对职能相近的党政机关探索合并设立或合署办公"。[4] 党政机关合署办公等改革举措，无疑将使得传统的行政组织法格局发生变化。为保障党政机构改革取得预定成效，应

[1] 习近平：《关于〈中共中央关于全面推进依法治国若干重大问题的决定〉的说明》，载《人民日报》2014年10月29日，第2版。

[2] 习近平：《决胜全面建成小康社会 夺取新时代中国特色社会主义伟大胜利——在中国共产党第十九次全国代表大会上的报告》，载《人民日报》2017年10月28日，第1版。

[3] 习近平：《在庆祝中国共产党成立95周年大会上的讲话》，载《人民日报》2016年7月2日，第2版。

[4] 习近平：《决胜全面建成小康社会 夺取新时代中国特色社会主义伟大胜利——在中国共产党第十九次全国代表大会上的报告》，载《人民日报》2017年10月28日，第1版。

充分发挥党保证执法的制度功效。三是党支持司法。公正司法目标的实现离不开党的领导所给予的制度性支持。目前，正在开展的司法体制改革正是在党的坚强领导下取得了重大成效。司法工作必将在党的领导与支持下进一步提升其公正性、独立性，在社会矛盾纠纷化解机制中发挥更大的功效。四是党带头守法。全民守法的深入推进首先要求党要带头守法，发挥先锋模范作用。党员干部应率先垂范、以身作则，尊法、学法、守法、用法，为全民守法树立标杆典范。

（二）国家治理现代化是法治政府建设的宏观格局

党的十八届三中全会通过的《中共中央关于全面深化改革若干重大问题的决定》（以下简称《十八届三中全会决定》）明确提出："全面深化改革的总目标是完善和发展中国特色社会主义制度，推进国家治理体系和治理能力现代化。"[1] 国家治理现代化，是社会主义现代化理论与依法治国基本方略的有机结合，是在法治和现代化的双重意义上对国家治理活动及治理能力提出制度建设方面的高要求和新期待。法治政府的政治格局应站位高远，以实现国家治理现代化为依归。"现代化"的国家治理体系说到底就是国家治理的法治体系，既包括了静态的以宪法为核心的中国特色社会主义法律体系，也包括了以"科学立法、严格执法、公正司法和全民守法"为基本要求的动态的社会主义法治体系，其中最重要的是依据宪法和法律对公共权力的科学合理配置体系。法治政府建设是对国家治理现代化工作的具体化开展，治理对应着多元主体协同共治，这就要求法治政府建设应调动社会各类主体的积极性，而非仅依靠政府这一单一主体自上而下推进工作。

（三）市场经济是法治政府建设的经济基础

1978 年之后中国开始的市场经济体制改革和政治体制改革都

---

〔1〕《中共中央关于全面深化改革若干重大问题的决定》，载《人民日报》2013 年 11 月 16 日，第 1 版。

在不同程度上促成了依法治国方略的选择，但市场经济体制改革是最直接的诱因。在计划经济下，经济发展主要依赖政府的计划和干预，行政权力高度集中。在市场经济下，政府必须释放空间给市场主体，而且在两种体制下，政府的定位、职责差异巨大。但是在改革开放初期，经济体制改革的道路也不是预先规划的，而是"摸着石头过河"摸索出来的，从"计划为主、市场调节为辅"到"有计划的商品经济"，再到"社会主义市场经济"。政府的职能也随着经济体制的逐步完善而不断调整，市场经济对政府转变治理理念和执法手段等提出更高的要求；政府的权限范围发生变化，改变了计划经济下直接管理经济的做法，逐渐退出经济领域，而进入教育、医疗等社会服务领域；政府的行为方式逐渐由命令等强制性手段向强制与服务相结合的方向调整；政府的行为规范逐渐以法律法规为依据，而避免任意行为。

（四）法治社会是法治政府建设的社会基础

坚持法治社会与法治国家、法治政府一体建设，是不断开创依法治国新局面的必然要求。到 2035 年，法治国家、法治政府、法治社会的基本建成也是我国基本实现社会主义现代化的重要标志之一。坚持法治国家、法治政府、法治社会一体建设是坚持全面依法治国的重要实现路径，三者相辅相成，相互促进，不能单兵突进，必须统筹协调。[1] 法治国家包含法治政府和法治社会，没有法治社会作为基础，法治政府无法实现；没有法治政府的引领，法治社会也无法实现。要通过加快法治政府建设，引领法治社会建设，从而实现社会主义法治国家的目标。在三位一体建设中，建设法治国家是建设法治政府和法治社会的前提；建设法治社会是建设法治国家的条件，也是建设法治政府的目标和社会基础，社会的繁荣发展是政府永续发展的动力和生命力；而法治政府在法治国家与法治社

---

〔1〕 协调属于五大发展理念之一，其余四个理念分别为创新、绿色、开放、共享。

会之间承上启下，是建设法治国家的关键，引领法治社会建设，也为法治社会提供保障。

法治社会的建设至少可从以下三个基本层面着力：就个人而言，公共法治精神的养成对法治社会的建设具有极其重要的意义。每个人把遵守法律作为自己日常行为的底线，"守法"成为公民的基本素养；遇到纠纷时选择法律渠道解决，"用法"成为公民处理纠纷的第一选择。从企业层面而言，各行各业的从业者都能够守法经营，遵守与市场运行相关的法律规范，在合法经营权益受损时积极寻求法律途径解决矛盾纠纷。从社会层面而言，社会公众的法治素养普遍较高，整个社会信仰法治，有助于社会主义社会法治文化的形成。而法治文化的强大辐射力和影响力，将使得法治在国家、政府、政党及社会之间融通，各类主体共享法治基因，营造良好的法治生态。

（五）全面深化改革是法治政府建设的时代面向

中国特色社会主义法治政府建设，应当顺应新时代的发展与变化趋势，将全面深化改革作为工作的时代面向与着力方向。法治政府的建设，不同时期有对应的工作重点和特定的目标要求。2004年，国务院《全面推进依法行政实施纲要》首次提出"法治政府"这一新概念。党的十八大报告以执政党文件的形式正式提出到2020年"基本建成法治政府"的重要任务。《十八届三中全会决定》为新的历史起点上全面深化改革提供了强有力的行动纲领。党的十九大报告再次强调应坚持全面深化改革。

在建设法治政府的过程中，应坚持全面深化改革的时代面向，高度重视法治政府所特有的中国特点和时代语境。"法治政府"的最终目标是"人权得到切实尊重和保障"，其并非单纯的技术层面的建设，更有着价值层面的目标诉求。应立基于中国现代化变革的整体性，对法治政府建设工作予以通盘考虑与整体布局，保障全面深化改革工作的系统性推进。

二、法治政府建设的成就和挑战

法治政府是现代政府的基本特征，也是国家治理现代化的重要标准之一。1978 年至今，中国改革开放走过了四十年波澜壮阔的历程。四十年来，我国整个社会始终处于深刻转型和快速发展之中，经济上实现了从计划经济向社会主义市场经济的转型，政治上实现了从全能政府、管制政府向有限政府、服务型政府、法治政府的转型。法治政府是一个国家法治建设的重点和难点，四十年的历史表明，依法行政的观念深入人心，法治政府理论逐步深化，政府依法行政的能力和水平不断提高，监督行政日趋完备。

（一）法治政府建设取得的成就

1. 依法行政的理念成为共识

法治作为一种治国理政的方式，其在控制公共权力、保护公民权利、保障社会正义等方面的优越性，已经被普遍认同。法治政府的思想与实践，已不仅是一种制度，同时也是一种思想理念，更在一定程度上深化为一种文化。推进法治政府建设，既要重视制度建设的不断完善，还要加强思想理念的灌输和文化氛围的营造。在我国，顺应时代的呼唤和现实的需求，法治政府建设一直持续进行并取得丰硕成果，依法行政的理念已成为基本共识，主要表现在以下四个方面：

第一，在政治话语体系中对依法行政理念的肯认。自 1978 年十一届三中全会到 1990 年的 13 年间，相关文件报告和工作报告中均未出现"依法行政"一词。从"依法行政"提出的过程看，最早的"依法行政"一词是在 1991 年 4 月最高人民法院工作报告中提出的。[1] 中共中央和国务院都是在 1993 年首次提出的"依法行政"。[2] 全国人大常委会在 1996 年工作报告中第一次提到"依法行政"。[3] 最高人民检察院和全国政协会议则是在 2001 年之后才首次于工作报告中提到"依法行政"。地方政府工作报告中"依法行政"一词出现的频率从 1993 年之后逐渐增多、上升明显，从只出现在个别地方的政府工作报告中扩大到全国范围都在使用。依法行政如今已经成为行政系统的习惯用语。

第二，在理论研究中，依法行政已经成为行政法的基本原则之一。早在 20 世纪 90 年代我国行政法初创阶段，学术界即普遍认为："依法行政原则是行政法的精神所在，也是构建行政法体系的一块基石。"[4] 随着行政法治实践的持续推进，依法行政这一基本原则尽管面临着平台经济、数字经济等新业态的挑战，但就整体而言，仍发挥着极其重要的指导实践的理论功效。

第三，在成文法体系中，依法行政也是行政立法的指导和标准。依法行政至少可以包括依实体法行政和依程序法行政两个方面。在具体的行政立法过程中，《行政处罚法》《行政许可法》《行政强制法》等无不在立法精神中贯穿着依法行政的原则和理念。

第四，在具体的法律实施过程中，法无授权不可为，法定职责必须为是依法行政的具体表现。在依法行政理念共识的指导下，行

---

〔1〕 内容如下："做好民事、行政审判和告诉申诉工作，保护公民、法人的合法权益，维护国家行政机关依法行政。"

〔2〕 1993 年 3 月 15 日，李鹏在第八届全国人民代表大会第一次会议上代表国务院所做的《政府工作报告》提出："各级政府都要依法行政，严格依法办事。"同年 11 月 14 日，中国共产党在《中共中央关于建立社会主义市场经济体制若干问题的决定》中原封不动地提到"各级政府都要依法行政，依法办事"。

〔3〕 人大常委会工作报告论及审议行政处罚法的重要性时提到：行政处罚是行政机关依法行政的重要手段，对行政处罚的设定和实施做出规范，有利于保护公民、法人或其他组织的合法权益，监督行政机关实施行政管理，维护公共利益和社会秩序。

〔4〕 应松年、马怀德：《建立市场经济体制离不开行政法》，载《中国法学》1994 年第 1 期。

政法律实施中不再仰仗简单化的处罚、审批等强制性手段，而更加重视法律、法规的保障和激励功能，行为方式也更加注重行政指导、行政约谈、行政奖励、行政救助、合作行政等非强制性行为的综合运用。

2. 行政法律体系初步形成

法律是治国之重器，良法是善治之前提。经过持续推进的法制建设，我国的社会主义法律体系已经基本形成以宪法为核心、法律为主干，包括行政法规、部门规章、地方政府规章、自治条例、单行条例等规范性文件在内的由七个法律部门、三个层次的法律规范组成的统一整体。[1] 其中，以行政法规、规章为主体构成的行政立法已经成为中国特色社会主义法律体系的重要组成部分。

全国人大及其常委会先后制定了 10 部基本行政法律，分别是《行政诉讼法》《国家赔偿法》《行政处罚法》《行政监察法》[2] 以及《行政复议法》《立法法》《行政许可法》《公务员法》《突发事件应对法》《行政强制法》。这些法律构成了中国行政法律体系的主要架构，在促进政府依法行政、建设法治政府方面起到重要的推动作用。上述法律确立的重要法律原则和制度对整个国家民主法治建设起到重要的推动作用。在我国行政法律体系初步建立的基础上，政府立法体制机制、重点领域政府立法、政府立法公众参与度、规范性文件监督管理、行政法规、规章和规范性文件清理长效机制也正在加速完善中。

3. 法律实施的不断深化

为了确保行政法律规范能够得到切实有效的实施，2010 年《国务院关于加强法治政府建设的意见》提出"明确执法责任"，

---

〔1〕 2008 年 3 月 8 日，时任全国人大常委会委员长吴邦国同志在十一届全国人大一次会议第二次全体会议上的讲话。

〔2〕 2018 年 3 月，《中华人民共和国监察法》通过，《行政监察法》已被废止。

"严格落实行政执法责任制"。[1] 2015 年《法治政府建设实施纲要（2015-2020 年）》进一步提出："全面落实行政执法责任制。"[2] 建立在职权分解基础上的"行政执法责任制"，是规范和监督行政机关实施法律、从事相关执法活动的重要抓手。落实行政执法责任制通常有内部监督和外部监督两种渠道。行政执法责任制不仅通过分解执法任务，明确各执法机构、执法岗位和执法人员的责任，还通过监督考核，促使执法人员严格自律，及时发现问题并采取补救措施。随着我国行政执法体制改革朝纵深方向推进，执法责任制正在逐步完善与不断深化，法律实施工作也得到了深化。

4. 政务公开的全面推进

2010 年 10 月，国务院在总结《全面推进依法行政实施纲要》贯彻效果的基础上，颁发《国务院关于加强法治政府建设的意见》。该意见将"全面推进政务公开"等列为接下来一段时期依法行政的任务和重点。[3] 2015 年《法治政府建设实施纲要（2015-2020 年）》重申并进一步明确了"全面推进政务公开"工作的具体要求。[4] 从 2008 年《政府信息公开条例》实施至今，促进政务公

〔1〕《国务院关于加强法治政府建设的意见》，载《人民日报》2010 年 11 月 9 日，第 16 版。该文件已于 2016 年被国务院废止。

〔2〕《法治政府建设实施纲要（2015-2020 年）》，载《人民日报》2015 年 12 月 28 日，第 1 版。

〔3〕《意见》指出，全面推进政务公开的重要工作任务包括：加大政府信息公开力度、推进办事公开、创新政务公开方式。详见《国务院关于加强法治政府建设的意见》，载《人民日报》2010 年 11 月 9 日，第 16 版。

〔4〕"坚持以公开为常态、不公开为例外原则，推进决策公开、执行公开、管理公开、服务公开、结果公开。完善政府信息公开制度，拓宽政府信息公开渠道，进一步明确政府信息公开范围和内容。重点推进财政预算、公共资源配置、重大建设项目批准和实施、社会公益事业建设等领域的政府信息公开。完善政府新闻发言人、突发事件信息发布等制度，做好对热点敏感问题的舆论引导，及时回应人民群众关切。创新政务公开方式，加强互联网政务信息数据服务平台和便民服务平台建设，提高政务公开信息化、集中化水平。"详见《法治政府建设实施纲要（2015-2020 年）》，载《人民日报》2015 年 12 月 28 日，第 1 版。

开、权力透明运行的观念已形成共识，政务公开法律制度体系不断完善，政府主动公开的信息工作不断深化，依申请公开逐步规范化。但随着社会的发展，《政府信息公开条例》难以适应社会需要，其修改已势在必行。2016 年 2 月 17 日，中共中央办公厅、国务院办公厅印发了《关于全面推进政务公开工作的意见》。同年 11 月 10 日，发布了《国务院办公厅印发〈关于全面推进政务公开工作的意见〉实施细则的通知》。《政府信息公开条例（修订草案征求意见稿）》也于 2017 年 6 月 6 日公开向社会征求意见。于 2019 年 5 月 15 日起正式实施新的《政府信息公开条例》。法律规范的适时修订，也将为政务公开工作的全面推进提供更有力的法治保障。

5. 社会争议的有效化解

《法治政府建设实施纲要（2015-2020 年）》将"依法有效化解社会矛盾纠纷"作为 2020 年基本建成法治政府的主要任务之一。目前我国已建构起一套多元纠纷化解机制，具体包括行政诉讼、行政复议、行政调解、行政裁决、仲裁、信访工作制度等。新《行政诉讼法》自 2015 年 5 月 1 日实施以来，在司法实践中已初显成效，"立案难"问题基本得以解决，法院协调和解更为理性，行政审判实质化解纠纷的定位更加清晰。[1] 2017 年，各级法院审结一审行政案件 91.3 万件，同比上升 46.2%。[2] 近年来在行政复议体制改革方面，很多城市通过开展行政复议委员会、设立复议局、集中行使复议权等方式积极采取改革措施，并取得一定效果。2016 年全国行政复议案件共计 16.4909 万件，审结 15.231 万件。[3]

---

〔1〕　为了在司法实践中更好地适用新行政诉讼法，《最高人民法院关于适用〈中华人民共和国行政诉讼法〉的解释》已于 2018 年 2 月 8 日起施行。

〔2〕　周强：《最高人民法院工作报告》，载《人民日报》2018 年 3 月 26 日，第 2 版。

〔3〕　《2016 年全国行政复议、行政应诉案件统计数据》，载中国政府法制信息网 http://www.chinalaw.gov.cn/art/2017/4/19/art_21_205154.html，最后访问时间：2018 年 3 月 30 日。

行政调解、行政裁决是行政机关解决民事纠纷的主要方式，一些仲裁制度也具有明显的行政主导色彩，如劳动争议仲裁。这些制度的发展完善有利于及时有效化解矛盾纠纷，促进社会和谐。人民调解是我国化解社会矛盾纠纷的一项特色制度，当前的重点是推动人民调解组织在基层的全覆盖，并在社会矛盾纠纷热点领域切实发挥作用。另外，信访制度的法治化建设工作也在有序推进，以确保合理合法诉求依照法律规定和程序能够得到合理合法的结果。[1]

（二）法治政府建设面临的挑战

为实现 2020 年基本建成法治政府的目标，我们既要充分肯定我国法治政府建设在依法行政的理念共识、依法行政的制度体系、执法责任的不断深化、政务公开的全面推进及社会争议的有效化解方面取得的巨大成绩，同时也应正视目前法治政府建设所面临的挑战。我国的改革开放事业如今已进入攻坚期与深水区，社会矛盾增多，利益博弈复杂，加之互联网技术的日新月异，数字经济、平台经济、分享经济、人工智能等新兴业态对传统的法律制度和监管体系已构成严峻的挑战。信息化时代的法治政府建设正面临着万能政府的政治惯性与权责清单的虚化、行政体制改革的深入与形式法治的纠结、法治发展不平衡与法治政府的一体化、积极行政的需要与法律供给的差距、运动型治理与常态治理的失衡等挑战。

1. 万能政府的政治惯性与权责清单的虚化

伴随着行政管理体制改革的持续推进，我国社会逐步实现了由计划经济向社会主义市场经济转型的改革目标，政府也从传统上的万能政府、高权行政向有限政府、服务行政、法治政府转型。但必须正视的是，目前我国在法治政府建设过程中，万能政府的政治惯

---

[1] 值得注意的是，2016 年度，被评估的 100 个城市在社会矛盾化解和行政争议解决方面平均得 70.48 分，得分率 70.48%。总体上，被评估城市在社会矛盾化解与行政争议解决方面存在制度建设不完善与实施效果不佳等问题。详见中国政法大学法治政府研究院编：《中国法治政府评估报告（2017）》，社会科学文献出版社 2017 年版。

性仍旧部分地存在于政府的实际工作中。

全心全意为人民服务是我们党的一贯宗旨，同时也是政府的工作目标，正是在此基础上我国提出了服务型政府的理念。万能政府的政治惯性部分原因在于党为人民服务、实现人民美好生活的政治宗旨的过度泛化，进而成为政府的责任。随着社会发展的需要，公众的需求是一个不断增长、变化的过程，客观上不存在一个确定的边界，导致政府权责法定的自身定位与公众的诉求之间存在偏差，为人民服务的政治宗旨与权责清单法定之间存在错位，使得行政管理实践中出现政府权责清单的弱化、虚化以及形式化等问题。

2. 全面深化改革的持续推进与形式法治的纠结

全面深化改革必然带来的是变法，是一种系统性的变革，是对固有法律体系的重新改造，这对已经初步形成的行政法律体系构成挑战。形式法治的内在要求则是必须尊重现有法律制度，全面深化改革与形式法治之间形成尖锐的冲突。对于改革与法治二者的关系，实践中存在两种典型的错误观点：一种观点主张，改革就是要冲破法律的禁区，现有法律的条条框框妨碍和迟滞了改革，改革要上路、法律要让路；另一种观点主张，法律就是要保持稳定性、权威性、适当的滞后性，法律很难引领改革。无疑，这两种观点都是片面的。[1]

3. 法治发展不平衡与法治政府的一体化

法治政府建设不是个别地方的事务。除中央政府层面相对宏观的构建外，地方法治政府的建设水平无疑是全国法治政府建设的微观镜像。通过近几年中国法治政府评估报告的调研和论证工作可知，历次对地方政府法治水平的全面评估，验证了区域法治发展不平衡的客观现实。这种不平衡既表现为东、中、西部之间的法治水

---

〔1〕 习近平：《在省部级主要领导干部学习贯彻党的十八届四中全会精神 全面推进依法治国专题研讨班上的讲话》（2015 年 2 月 2 日），载中共中央文献研究室编：《习近平关于社会主义政治建设论述摘编》，中央文献出版社 2017 年版，第 102–103 页。

平存在差异，也表现为不同区域城市间均衡度不同。通过相关性分析，我们发现城市的法治政府状况与 GDP、人均收入等经济指标之间存在正相关，这种相关性在东部和西部表现得更加明显。中部部分省市的政治推动则起到了重要作用，在一定程度上稀释了经济的基础作用。区域所具有的相同或者相似的文化因素缩小了城市间的差异，提高了区域政府法治状况的趋同度。区域法治水平差距的加大存在影响国家法治平衡和统一的可能性，也会加剧经济和社会发展的不平衡。不同地区应根据本地区特点探索加快法治进步的着力点，进而走出一条具有中国特色的法治发展道路。

4. 积极行政的需要与法律供给的差距

法治政府的建设，要求政府应严格依法积极履职，法定职责必须为。除了政府层面通过内部监督制约与激励机制督促与鼓励工作人员积极行政外，还应注意全面建立投诉反馈机制，倒逼执法部门积极行政。正如党的十九大报告所指出的，"中国特色社会主义进入新时代，我国社会主要矛盾已经转化为人民日益增长的美好生活需要和不平衡不充分的发展之间的矛盾"。[1] 随着社会主义法治理念、法治意识的大力普及，民众希望依法办事，遇事期待通过法治方式予以解决的需求日增，这就凸显出积极行政的需要与法律供给相对不足之间的差距与矛盾。我国法律规范，特别是行政法律规范的清理及立改废释等工作尚有待进一步加强。此外，群众的投诉反馈与处理机制尚待进一步提升其畅通度。

5. 运动型治理与常态治理的失衡

法治政府的要义之一在于，需建立起一套系统完备的常态性治理体制机制。然而，由于行政资源的相对有限等原因，导致在具体行政执法活动中，有时不得不借助于运动型治理等方式来开展工

---

〔1〕 习近平：《决胜全面建成小康社会 夺取新时代中国特色社会主义伟大胜利——在中国共产党第十九次全国代表大会上的报告》，载《人民日报》2017 年 10 月 28 日，第 1 版。

作。运动型治理不仅包括选择在某时期进行运动式执法，还包括对同一件事选择适用不同的法律、对同一违法行为选择处罚不同的主体等情形。特别是在基层，选择性执法较为严重且普遍。运动式执法与选择性执法等运动型治理方式，尽管一定程度上弥补了执法上人财物力有限的不足，但从本质上讲，过度倚重运动型治理的方式显然不符合常态治理的基本理念，二者之间存在比例失衡等问题。

运动型治理在一定程度上背离了法治常态治理的基本精神，对正常的法秩序造成了直接的冲击，我们应对其背后的国家治理逻辑进行反思与重构。针对行政资源短缺等问题，还应从顶层设计的高度优化行政资源配置，精简机构、提升效能，相对集中行政立法权、审批权、执法权等。《中共中央关于深化党和国家机构改革的决定》的通过与施行，无疑将有力地推进国家治理体系和治理能力现代化建设工作，对于优化政府机构设置和职能配置等发挥巨大的指导、引领与助推作用。

三、新时代中国特色社会主义法治政府建设的重点

新时代中国特色社会主义法治政府建设既迎来了前所未有的机遇，也面临着不容轻视的挑战。在深入推进全面依法治国的背景下，法治政府建设的重点包括提升政府职能的科学化、进一步推进权责清单制度的建立、统筹协调立法与行政改革的关系、着力解决法治发展不平衡问题、严格执法与审慎监管的关系等方面。

（一）政府职能科学化与权责清单

1. 权责清单与政府职能履行

《中国法治政府评估报告（2017）》相关调研数据显示：通过观察各个一级指标的得分率可以发现，法治政府建设的各方面都处于进步中，"依法全面履行政府职能"和"政务公开"的得分率接近80%，说明政府职能的履行随着权责清单的逐步落实，正在趋近于权责明晰，而政务公开也进步较快。从权责清单的公开在全国推

进的情况看，政府在推动政务公开方面主动性强，遭遇的阻力小，自上而下的行政推动可以在短时间内取得明显成效。

各级政府应根据简政放权、放管结合、优化服务改革的实际成效，适时修订、及时调整完善权责清单，严格贯彻落实中央关于权责清单的制度部署。[1] 依法主动及时地公布权责清单的明细，亮出"清单"，亮出"家底"，以权责清单制度的有效落实促进政府职能的依法切实履行，把权力关进制度的笼子里，做到权力的公开公正与透明，权责一致，有权必有责，用权受监督，违法受追究，侵权需赔偿，真正做到使权力在阳光下运行，接受全社会的监督。

2. 权责清单与绩效考核

权责清单是依照现有法律制度及相关规范性文件梳理出来的，但具体的实施效果如何还应通过绩效考核等方式来加以验证。针对权责清单的虚化等问题，各级政府应该健全完善绩效考核制度，以实现权责清单的实化、规范化及制度化。例如，可以通过对每项职责的履行情况进行具体考核，以末端的绩效考核来倒逼政府职能的优化。依据人均履责率、人均检查量、人均处罚量、人均执法量等具体指标，来发现固化的权责清单与实际实施中存在的落差，及时修正政府的职能。在此过程中，尤其应注意防范与规制以下两类问题：

第一，针对部分政府机关和工作人员管理思维浓厚、服务意识淡薄以及不愿推行权责清单制度的问题，应通过严格落实依法行政的培训与考核机制，转变"民可使由之，不可使知之"等落后的传统官本位观念。须知权责清单的公开，具有多重重要的制度功效，

────────────

〔1〕 例如，《法治政府建设实施纲要（2015-2020 年）》明确要求"大力推行权力清单、责任清单、负面清单制度并实行动态管理。在全面梳理、清理调整、审核确认、优化流程的基础上，将政府职能、法律依据、实施主体、职责权限、管理流程、监督方式等事项以权力清单的形式向社会公开，逐一厘清与行政权力相对应的责任事项、责任主体、责任方式"。

并非仅仅涉及将信息予以公开就能满足公众的知情权。权责清单的依法及时公开，还发挥着促进行政改革、推动民主制度、优化行政管理、和谐官民关系、解决社会矛盾等重要作用。

第二，在推进权责清单公开公示工作过程中，应注意切实防范绩效考核制度被虚置，难以发挥其引导提供服务和监督服务水平的作用。各级政府应加强对绩效考核工作本身的监督与考核。例如，可以通过邀请群众为政府绩效考核工作评价打分等方式，经过新媒体让群众实时理解考核打分全进程，充分发挥公众、媒体等"阅卷人"的外部监督作用。

（二）统筹协调立法与行政改革的关系

稳定性是法律规范的重要特征之一，朝令夕改将损害法律的权威性。而改革却具有变动性，往往意味着突破旧规范的束缚，对现有制度体系进行优化或重构。统筹协调立法与行政改革的关系，从本质上讲应注意处理好法律之"静"与改革之"动"之间的关系，实现重大改革于法有据，以立法或修法的形式确认改革成果，使之上升为法律规范。

1. 通过制定行政组织法来固化权力

行政改革的有序推进，改革阶段性成果的制度化、法治化，均有赖于强有力的法律规范予以保障。这方面尤其应重视行政组织法的加紧制定。2004 年国务院《全面推进依法行政实施纲要》未就行政组织法的制定与完善作出规范。《中共中央关于全面推进依法治国若干重大问题的决定》（以下简称《十八届四中全会决定》）和《法治政府建设实施纲要（2015-2020 年）》均强调应完善行政组织法律制度，推进机构、职能、权限、程序、责任法定化。[1]关于行政组织法的制定与完善工作，可从以下三方面着力：首先要坚持依法行政。加快建设法治政府，推进行政管理的制度化、规范

---

〔1〕《法治政府建设实施纲要（2015-2020 年）》，载《人民日报》2015 年 12 月 28 日，第 1 版。

化和法制化，认真执行政府组织法律法规和机构编制管理规定，逐步实现政府组织机构、职能、编制、工作程序的法定化。其次要加强不同层级间政府机构改革的衔接。职能调整和机构设置与上级政府机构改革相衔接，在统筹部署下，下级政府要坚持机构优化和职能落实，建立与上级政府组织框架总体协调的行政组织体制，确保既能改革好、转变好，又不会改得乱、适应慢。最后要坚持权责一致。合理界定和配置政府部门职能，理顺职责关系，明确和强化部门责任，将相同或相近的职能交由一个部门承担，着力解决多头管理、权责脱节的问题。最终实现行政组织法制的逐步完善，保障政府职能的法治化。

2. 修改行政处罚法，因应时代发展的需要

《行政处罚法》是中国较早制定的行政行为法，对于制止混乱的"以罚代管"现象，规范行政处罚行为起到很好的作用，其创立的处罚法定、正当程序等原则对于整个行政法律体系都起到奠基作用。但是随着社会的发展，尤其是互联网电子商务、共享经济、平台经济等新业态的兴起，传统的秩序行政不论理念还是具体规制工具，均已无法完全适应业态发展对更新规制理念、创新规制工具所提出的需求。单向度的高权行政要向多元主体协同治理转向，行政立法中更关注行政权限的边界，管理方式不再是简单化的处罚、强制等管制手段，而更加重视法律、法规的保障和激励功能，行为方式也更加注重行政指导、行政奖励、行政救助等非强制性行为。

3. 通过启动行政法总则的制定，凝聚最低限度的法治共识

尽管我国处于社会转型期与改革深水区，所面临的许多亟待解决的问题都呈现出动态变动的特点，但是行政法的基本原则、价值理念、行政程序仍具有需要社会各类主体共同遵守的价值。制定行政法总则时，可通过向民法总则学习的方式，"提取公因式"，对行政法中存在的一些基本原则和规定通过法律的形式确立下来，从而形成一部体系完整、内容简略的行政法总则。行政法总则与法典化

命题意义重大：其一，制定行政法总则能推动行政法长久发展，健全国家法律体系；其二，制定行政法总则能够形成行政法标志，产生更大的社会影响力；其三，制定行政法总则过程能够推动行政法学理论的深化发展。[1]

（三）解决法治发展不平衡问题

法学界针对转型期中国的法治道路以及地方先行法治化存在不同认识。肯定的观点认为，先行法治化是寻找一条适合中国国情的试错之路，可以减少向法治转型的社会成本。[2] 否定的观点认为，地方先行法治化违背现代法治精神与法制统一原则。甚至有可能"误造"法治的单元体、破坏法律体系的统一性，走向法治的地方割据，消解法治的宪法基础。[3] 长期稳定的、安全的、可预期的制度环境，将成为地方或者区域的根本竞争力。如果区域间法治水平差距不断加大，法治落后地区将在地区间的竞争中处于更加劣势的地位，进而加大经济社会发展的不平衡。经济社会发展不平衡和法治不平衡形成叠加效应，将逐渐演变为极化性不平衡发展，即原有较发达地区仍以更快速度发展，而欠发达地区发展缓慢，使得区域间经济水平差距更趋扩大。区域间法治政府水平的差异客观上对国家法治会产生负面影响，造成国家法治的碎片化，影响国家法治的统一性，割裂国家法治精神。同样，城市间法治水平的不均衡不利于国家城市群战略的推进。因此，需要高度警惕地方政府法治水平的差异成为一种地域上的切割，不能任由这种差异加大，必须采

---

〔1〕　详见万学忠：《学界首次提出构建中国行政法法典》，载《法制日报》2018年1月19日，第6版；《行政法总则和行政法典制定的必要性和可行性——行政法总则与行政法法典化研讨会会议综述》，载法治政府网 http://fzzfyjy.cupl.edu.cn/info/1021/8065.htm，最后访问时间：2018年3月30日。

〔2〕　孙笑侠、钟瑞庆：《"先发"地区的先行法治化——以浙江省法治发展实践为例》，载《学习与探索》2010年第1期。

〔3〕　封丽霞：《地方"先行先试"的法治困境》，载葛洪义主编：《法律方法与法律思维》第6辑，中国政法大学出版社2010年版，第14页。李燕霞：《地方法治概念辨析》，载《社会科学战线》2006年第6期。

取"逆向"措施,使失去的平衡得到恢复。

1. 后发达地区"逆袭"的法治道路

《中国法治政府评估报告(2017)》显示,城市之间的法治水平差距不断加大,落后地区需要"弯道超车"。全国出现一些法治水平比较先进的示范地区。在 2014 年至今的评估中,排名始终在前 20 名的城市有 10 个,分别是北京、上海、广州、深圳、杭州、南京、合肥、厦门、长沙、成都。这些城市法治政府建设的制度体系完备,政府决策规范,社会参与度较高,法律实施效果较好,行政复议和行政诉讼运行良好,在法治政府建设方面具有典范意义。法治示范地区和落后地区之间的差距不断加大。在 2014 年至今的评估中,排名始终在后 20 名的城市有 5 个,分别是拉萨、喀什、绥化、商丘、曲靖。在全国法治政府建设持续推进的大背景下,部分法治状况相对落后的地区需要引起高度关注,亟需转变发展理念,寻找加快法治发展的突破口,实现"弯道超车",通过法治环境的提升进一步优化经济社会发展环境。

2. 基层政府提升法治能力的具体措施

针对各地区间法治水平差异巨大、东部好于中西部、西部城市法治水平最低、市级政府好于职能部门和区县政府等实际情况,可知我国到 2020 年基本建成法治政府的难点在中西部,在基层政府。法治发展不平衡对于国家法制统一产生消极影响,如果任由这种差异不断加大将直接损害国家法治的权威,因此应有针对性地开展"法治扶贫",通过多种方式,着力解决法治政府建设区域不平衡问题。

首先,基层政府应充分发挥其法治后发优势,有效地提高形式法治的水平。"政治动员式"的法治建设模式虽然无法明显推动实质法治的形成,但是在"2020 年基本建成法治政府"这一具有政治意义的号召下,地区间的法治竞赛可以在形式上降低区域法治差异。对于法治的后发区域,鉴于经济发展和文化养成非一日之功,因此政府能否以及如何充分利用后发优势就成为法治发展成败的关键。将法治举措作为后发地区经济发展的"助推器"，无疑是一个理性选择。这就需要国家或者地方政府加大对于法治政府建设的关注，并持续进行推动，从而弥补由于经济差距和法治差异不断加大而造成的弱者更弱、强者更强的两极化现象。反过来，在政治动员推动下进步的形式法治会在一定程度上对实质法治形成影响，经济落后地区的法治进步会成为该地吸引投资，进而提升经济实力的招牌，为中西部发展带来新的契机，缩小因东中西部经济差距不断加大可能带来的法治和社会治理层面的巨大落差。

其次，基层政府应高度重视政务公开制度对法治政府建设的倒逼作用。在衡量法治政府的诸多标准中，[1] 以促进政府权力公开透明运行为目标的政务公开兼具形式意义和实质意义，有可能成为法治政府建设由形式法治向实质法治转化的动力系统。法治相对落后地区应在政务公开方面加大力度，抓住这个"牛鼻子"，并以此为突破口，有助于后发地区尽快跟上法治发达地区的脚步，促进全面依法行政水平的提升。

再次，基层政府若要实现法治发展的"逆袭"，还应充分调动与发挥社会的自发作用，推动多元主体合作共治、共建法治政府。政府应坚持推进简政放权、放管结合、优化服务改革，赋权于市场和社会，与被监管者、行业协会、消费者、新闻媒体等主体合作共治，行业自我规制与政府外部规制无缝衔接、有机结合，为市场竞争与社会发展提供有力的法治保障。

最后，基层政府还应积极向法治较发达地区学习先进经验，取长补短，协同发展。法律是在具体的"语境"中运行的，只有将法

---

〔1〕《法治政府建设实施纲要（2015－2020年）》提出，衡量法治政府的标准包括：政府职能依法全面履行，依法行政制度体系完备，行政决策科学民主合法，宪法法律严格公正实施，行政权力规范透明运行，人民权益切实有效保障，依法行政能力普遍提高。

律置于具体的社会、经济、政治、生态以及空间中才能真正理解法律的运行。因而，空间的差异会影响法律的运行模式和法治发展。尽管各地在经济、政治、文化等方面存在不同，但法治政府建设仍存在共性共通的方面。部分地方法治政府建设的水平高于其他城市，具备成为法治建设先导区的可能性，应引导其成为推动周边乃至全国法治政府建设的一种力量。

法治发展是一个世界性的问题。不同的国家因影响因素的差异并无固定的法治发展模式。我国东中西区域之间的经济社会发展水平存在着较大的差异，必然影响或者制约区域法治发展的进程和效果。区域法治发展的不平衡和不均衡作为一个客观存在，既是中国法治发展的基本特征，也是影响法治道路选择的重要变量。我国各级政府，尤其是法治后发地区的基层政府应有针对性地探索区域法治发展的特点和规律，找到促进法治的着力点，进而走出一条中国特色的法治发展道路。

（四）严格执法与审慎监管的关系

《法治政府建设实施纲要（2015-2020年）》指出，为了坚持严格规范公正文明执法，应采取的措施包括改革行政执法体制、完善行政执法程序、创新行政执法方式、全面落实行政执法责任制、健全行政执法人员管理制度、加强行政执法保障。[1] 具体到当下法治政府建设，尤其应注意为有效应对"互联网＋"时代下共享经济、平台经济、数字经济、人工智能等新兴业态对行政执法理念与手段提出的挑战，各地政府应着力丰富执法原则、将科技融入监管，理顺严格执法与审慎监管的关系，实现鼓励创新与包容审慎监管相结合的新规制模式。

1. 丰富执法的原则

科学技术日新月异，新兴业态蓬勃发展，使得政府在监管中所

---

〔1〕《法治政府建设实施纲要（2015-2020年）》，载《人民日报》2015年12月28日，第1版。

面对的新情况、新问题乃至未知事务进一步增多，进而导致政府监管效果的不确定性显著增加。无人驾驶技术、区块链技术等的加速发展使得行政执法的疆域范围不断扩大，行政执法所依托的传统行政法原则受到了前所未有的挑战。要正确处理严格执法与审慎监管的关系，首要的是应丰富行政执法的原则，进而更好地指导行政执法实践。

丰富执法原则时，应注意正确看待与理解信息化对于行政执法原则的影响。综合管理模式以及部门间共享信息和数据，必然对传统上的依法行政原则及其下位阶的职权法定原则构成挑战。传统上的行政法治原则是基于政府单一主体形成的，但是社会共治模式的形成需要构成公共治理的原则。职权法定原则将由于虚拟政府的发展和部门格局的分化而变得模糊不清。大数据可在监管中实现综合应用，比如针对不同的违法现象，普遍应用裁量基准，还可以运用信息化手段精准确定行政方式，甚至可以计算出准确的处罚标准。执法者的个体裁量在很多行政领域已经没有必要，合理行政或将完全融入合法行政。与此对应，协同原则、综合原则等将成为行政执法的基本原则。

2. 将科技融入监管

《法治政府建设实施纲要（2015-2020年）》强调，"强化科技、装备在行政执法中的应用"，"改善执法条件，合理安排执法装备配备、科技建设方面的投入"。[1] 将科技手段融入政府监管体系之中，利用科技手段，突破体制机制障碍，是法治政府建设顺应"互联网+"时代发展的必然要求，在这个过程中尤其应注意数字监管、信息监管、信用监管等手段的综合运用。

政府建立行政执法信息平台时，不应只是为了便利民众查询信息和实现数据统计，还应当在执法过程中充分运用科技的力量。建

---

〔1〕《法治政府建设实施纲要（2015-2020年）》，载《人民日报》2015年12月28日，第1版。

立起涵盖所有执法事项的统一的信息信用平台，可以实现执法与监督同步，避免平台重复建设。落实行政执法责任制时，也可以通过网络平台的方式来实现。将全部执法部门和执法事项纳入平台当中，实现对行政执法监督全覆盖。对执法个案的过程进行监督，实现行政执法监督的精细化。对执法行为全过程进行网上全留痕记录，并适度向行政相对人与社会公众公开，实现行政执法监督的透明性。通过多角度全方位的行政执法监督，对行政执法情况进行分析考核，为行政机关绩效考核和执纪问责提供依据，从而提升行政执法质量，促进行政执法环境建设。采用科技手段，适度整合内外网，进而实现内部监督与社会监督的深度融合，充分发挥信息信用监管及数字监管的作用，调动政府守信与行政相对人诚信的积极性，加强社会公众对行政执法的一般监督。

四、结语

随着党和国家机构改革措施的落地，行政系统中党政一体化格局初步形成，必将对法治政府的建设产生重要影响。同时，依法行政的制度体系和法律实施也将使得依法执政的政治宣示落在治国理政的细节中。"依法治国，首先是依宪治国，依法执政关键是依宪执政。"[1] 新时代中国特色社会主义法治政府建设工作的持续深入，对促进我们党依宪执政、依法执政、治国理政具有重要的现实意义。完善行政法律规范制度体系的有效做法，可为党内法规的制定、完善提供参考。政府政务公开工作的逐步深化，有助于倒逼党务公开的落实。政府依法行政所形成的法治元素将在党政一体化的运行机制中，加快形成党政之间的法治共识，在依法行政中落实依法执政的政治承诺。

---

〔1〕 习近平：《在首都各界纪念现行宪法公布施行 30 周年大会上的讲话》，载《人民日报》2012 年 12 月 5 日，第 2 版。

主要参考文献：

1. 习近平：《习近平谈治国理政》，外文出版社 2014 年版。

2. 习近平：《习近平谈治国理政》（第二卷），外文出版社 2017 年版。

3. 中共中央文献研究室编：《习近平关于全面依法治国论述摘编》，中央文献出版社 2015 年版。

4. 应松年主编：《当代中国行政法》，中国方正出版社 2005 年版。

5. 马怀德主编：《司法改革与行政诉讼制度的完善——〈行政诉讼法〉修改建议稿及其理由说明书》，中国政法大学出版社 2004 年版。

6. 马怀德：《法治政府建设：挑战与任务》，载《国家行政学院学报》2014 年第 5 期。

7. 姜明安：《法治思维与新行政法》，北京大学出版社 2013 年版。

8. 卓泽渊：《法的价值论》，法律出版社 1999 年版。

第
二
章

全面深化改革、全面从严治党与
深入推进依法行政*

　　党的十八大以来，以习近平同志为核心的党中央，围绕坚持和发展中国特色社会主义、实现中华民族伟大复兴这个主题和主线，提出了中国特色社会主义"四个全面"战略布局，构建了我们党在新形势下治国理政的总方略和事关党和国家长远发展的总战略。[1]"四个全面"，即全面建成小康社会、全面深化改革、全面依法治国和全面从严治党。"四个全面"，每一个"全面"都具有重大战略意义，它们环环相扣、相辅相成、相互促进、相得益彰。其中，全面建成小康社会是战略目标，在"四个全面"中具有总揽全局的地位，引领着其他"三个全面"的战略举措。全面深化改革为全面建成小康社会提供动力源泉，全面推进依法治国是全面建成小康社会的法治保障，全面深化改革与全面依法治国如鸟之两翼、车之双轮，共同推动全面建成小康社会目标的实现。[2] 中国共产党是领导和团结全国各族人民全面建成小康社会的核心力量，全面从严治党是全面建成小康社会的政治保证。

---

　　* 李洪雷，中国社会科学院法学研究所研究员，宪法与行政法研究室主任。
　　〔1〕习近平：《在十八届中央政治局第三十次集体学习时的讲话》，载《人民日报》2016 年 1 月 31 日。
　　〔2〕《国家主席习近平发表二〇一五年新年贺词》，载《人民日报》2015 年 1 月 1日，第 1 版。

一、"四个全面"战略布局中的依法行政

（一）深入推进依法行政与全面建成小康社会

建设小康社会，是改革开放之后我们党对我国社会主义现代化建设作出的重要战略安排。1982 年 9 月，党的十二大将达到小康水平作为社会主义建设的主要奋斗目标和国民经济以及社会发展的阶段性标志。1987 年 10 月，党的十三大报告提出中国经济建设分"三步走"的总体战略部署，其中第二步目标即到 20 世纪末人民生活达到小康水平。2000 年 10 月，党的十五届五中全会提出，从新世纪开始，我国进入了全面建设小康社会、加快推进社会主义现代化的新的发展阶段。2002 年 11 月，党的十六大确定了全面建设小康社会的奋斗目标：在 21 世纪头二十年，集中力量，全面建设惠及十几亿人口的更高水平的小康社会，使经济更加发展、民主更加健全、科教更加进步、文化更加繁荣、社会更加和谐、人民生活更加殷实。党的十七大报告提出了全面建设小康社会奋斗目标新要求。党的十八大报告提出了到 2020 年全面建成小康社会的目标。中共十九大报告中明确指出，从现在到 2020 年是全面建成小康社会的决胜期。

深入推进依法行政、加快法治政府建设是全面建成小康社会的必然要求和重要保障。党的十六大报告提出，全面建设小康社会，一个很重要的方面是社会主义法制更加完备，依法治国基本方略得到全面落实，人民的政治、经济和文化权益得到切实尊重和保障。推进依法行政、建设法治政府是全面落实依法治国基本方略的重要内容，是建设完备的社会主义法制的必然要求，是人民的政治、经济和文化权益的重要保障。党的十七大报告明确将法治政府建设取得新成效作为全面建设小康社会新要求的重要内容。党的十八大报告则将基本建成法治政府作为 2020 年全面建成小康社会的重要标志。法治政府基本建成，是全面建成小康社会的题中应有之义。全

面建成小康社会，不仅要实现物质文明的小康，同时也要实现社会公平正义的小康。没有法治政府的基本建成，就难以保障社会公正、促进社会和谐，难以使人民群众过上更加幸福、更有尊严的生活。另外，也不能孤立地就法治政府论法治政府，要将法治政府建设放置于全面建成小康社会的大背景、总要求之中加以谋划、安排与推进，法治政府建设必须服务于全面建成小康社会的宏伟目标。

（二）深入推进依法行政与全面深化改革

全面深化改革为全面建成小康社会提供不竭动力。新时期的改革开放启动于1978年党的十一届三中全会，此后根据各个时期或阶段的形势和任务，我们党曾分别就经济体制改革、政治体制改革、文化体制改革、社会管理体制改革、生态文明建设、党的建设等重大改革议题进行论述和部署。2013年11月，《十八届三中全会决定》明确了全面深化改革的总目标是完善和发展中国特色社会主义制度，推进国家治理体系和治理能力现代化，同时提出了全面深化改革的指导思想、目标任务、重大原则，描绘了全面深化改革的新蓝图、新愿景、新目标，合理布局了深化改革的战略重点、优先顺序、主攻方向、工作机制、推进方式和时间表、路线图，汇集了全面深化改革的新思想、新论断、新举措，是我们党在新的历史起点上全面深化改革的科学指南和行动纲领。《十八届三中全会决定》提出，我国发展进入新阶段，改革进入攻坚期和深水区，必须以更大决心冲破思想观念的束缚、突破利益固化的藩篱，推动中国特色社会主义制度的自我完善和发展。到2020年，要在重要领域和关键环节改革上取得决定性成果，完成各项重大改革任务，形成系统完备、科学规范、运行有效的制度体系，使各方面制度更加成熟更加定型。

深入推进依法行政、加快建设法治政府，既是全面深化改革的重要内容，也是全面深化改革的重要保障。一方面，实现国家治理体系和治理能力现代化，其内在包含了建设职能科学、权责法定、执法严明、公开公正、廉洁高效、守法诚信的法治政府，要将各级行政机关从决策到执行及监督的整个过程都纳入法治轨道，在法治框架内打造有限政府、诚信政府、责任政府和阳光政府。全面深化改革的一项重要任务是形成系统完备、科学规范、运行有效的制度体系，使各方面制度更加成熟、更加定型，这其中也内在包含了行政法制度体系的成熟、定型和完善。另一方面，法治，尤其是政府法治是改革发展的可靠保障。当前，我国改革进入攻坚期和深水区，经济发展步入新常态，对政府治理和服务水平的要求越来越高。破解改革难题，厚植发展优势，必须深入推进依法行政、加快建设法治政府，坚持在法治下推进改革、在改革中完善法治，更加自觉地运用法治思维和法治方式来深化改革、推动发展、化解矛盾、维护稳定，在法治轨道上统筹社会力量、平衡社会利益、调节社会关系、规范社会行为，依靠法治解决各种社会矛盾和问题，确保我国在深刻变革中既生机勃勃又井然有序。[1] 全面建成小康社会，"小康"讲的是发展水平，"全面"讲的是发展的平衡性、协调性、可持续性。[2] 我国目前发展中不平衡、不协调、不可持续的问题依然突出，其中的大量问题与有法不依、执法不严、违法不纠有关，必须密织法律之网、强化法治之力，[3] 将依法行政和法治政府建设提升至一个新的高度。

（三）深入推进依法行政与全面依法治国

全面依法治国是全面建成小康社会的法治保障。1997 年党的

---

〔1〕 习近平：《在中共十八届四中全会第二次全体会议上的讲话》（2014 年 10 月 23 日），载中共中央文献研究室编：《习近平关于全面依法治国论述摘编》，中央文献出版社 2015 年版，第 11 页。

〔2〕 习近平：《在党的十八届五中全会第二次全体会议上的讲话（节选）》（2015 年 10 月 29 日），载《求是》2016 年第 1 期。

〔3〕 习近平：《在中共十八届四中全会第二次全体会议上的讲话》（2014 年 10 月 23 日），载中共中央文献研究室编：《习近平关于全面依法治国论述摘编》，中央文献出版社 2015 年版，第 10 页。

十五大报告将依法治国确立为党领导人民治理国家的基本方略，将建设社会主义法治国家树立为我国社会主义民主政治发展的重要目标，提出到 2010 年形成中国特色社会主义法律体系。这是中国共产党治国理政从理念到方式的革命性变化，是我国法治建设中的一项标志性事件。党的十五大报告同时要求"一切政府机关都必须依法行政"。1999 年《宪法修正案》将"依法治国、建设社会主义法治国家"载入宪法，使依法治国基本方略得到国家根本大法的保障。2002 年党的十六大报告提出，发展社会主义民主政治，最根本的是要把坚持党的领导、人民当家作主和依法治国有机统一起来。"三者有机统一"的要求，明确了中国特色社会主义法治的本质特征和发展方向，对于依法行政和法治政府建设具有重要的指引作用。2004 年 3 月，国务院在《政府工作报告》中第一次明确提出了建设"法治政府"的目标，随后国务院颁布《全面推进依法行政实施纲要》，这是一份加快建设法治政府的指导性文件，其中提出了经过十年左右坚持不懈的努力，基本实现建设法治政府的目标，并且明确了全面推进依法行政的指导思想、基本原则、基本要求、主要任务和保障措施。2007 年党的十七大报告，把依法治国基本方略深入落实、全社会法制观念进一步增强等，作为全面建设小康社会新要求的重要内容。市县两级政府处在政府工作的第一线，是国家法律法规和政策的重要执行者，2008 年《国务院关于加强市县政府依法行政的决定》颁布，就加强市县政府依法行政提出具体要求和举措。2010 年颁布《国务院关于加强法治政府建设的意见》，要求"以增强领导干部依法行政的意识和能力、提高制度建设质量、规范行政权力运行、保证法律法规严格执行为着力点"，全面推进依法行政。

2012 年党的十八大以来，党中央进一步强调依法治国是坚持和发展中国特色社会主义的本质要求和重要保障，是实现国家治理体系和治理能力现代化的必然要求。我们要实现经济发展、政治清明、文化昌盛、社会公正、生态良好，必须更好发挥法治引领和规范作用。[1] 党的十八大报告明确提出法治是治国理政的基本方式，强调加快建设社会主义法治国家，全面推进依法行政，并给出了具体的时间表，也即"到 2020 年，依法治国方略全面落实，法治政府基本建成，司法公信力不断提高，人权得到切实保障和尊重"。2013 年《十八届三中全会决定》把全面深化改革与法治建设紧密结合，提出建设法治中国，必须坚持依法治国、执法执政、依法行政共同推进，坚持法治国家、法治政府、法治社会一体建设。2014 年《十八届四中全会决定》对全面推进依法治国作出了总体部署和系统谋划，阐明了全面推进依法治国的指导思想、基本原则、总目标、总抓手和基本任务以及法治工作的基本格局。这是我们党历史上第一次就法治建设专门作出决议，具有重要的里程碑意义。《十八届四中全会决定》用了较大篇幅对"深入推进依法行政，加快建设法治政府"进行论述。建设法治政府是法治国家建设的主体，也是其中具有示范性和带动性的关键环节。为如期实现十八大提出的 2020 年法治政府基本建成的战略目标，落实《十八届四中全会决定》对依法行政、法治政府建设提出的具体要求，2015 年中共中央、国务院印发了《法治政府建设实施纲要（2015—2020 年）》，这是我国历史上第一次以中共中央、国务院文件的形式，对法治政府建设做出重大部署，明确了法治政府建设的总体目标，也即到 2020 年基本建成职能科学、权责法定、执法严明、公开公正、廉洁高效、守法诚信的法治政府，确立了法治政府建设的衡量标准，即政府职能依法全面履行，依法行政制度体系完备，行政决策科学民主合法，宪法法律严格公正实施，行政权力规范透明运行，人民权益切实有效保障，依法行政能力普遍提高，并部署了相关的主要

---

〔1〕 习近平：《在中共十八届四中全会第一次全体会议上关于中央政治局工作的报告》（2014 年 10 月 20 日），载中共中央文献研究室编：《习近平关于全面依法治国论述摘编》，中央文献出版社 2015 年版，第 4—5 页。

任务和具体措施。

（四）深入推进依法行政与全面从严治党

全面从严治党是全面建成小康社会的政治保证。坚持党的领导是中国特色社会主义制度的本质特征，也是中国特色社会主义的最大优势。治国必先治党、治党务必从严。2014年10月8日，习近平总书记在党的群众路线教育实践活动总结大会讲话中首提"全面推进从严治党"。党的十八届六中全会专题研究全面从严治党重大问题，充分展现了党中央坚定不移推进全面从严治党的决心和信心。习近平总书记在党的十九大报告中提出，坚持党要管党、全面从严治党，全面推进党的政治建设、思想建设、组织建设、作风建设、纪律建设，把制度建设贯穿其中，深入推进反腐败斗争。

全面从严治党，核心是加强党的领导，基础在全面，关键在严，要害在治。[1] 党的领导和社会主义法治是一致的，社会主义法治必须坚持党的领导，党的领导必须依靠社会主义法治。只有在党的领导下依法治国、厉行法治，人民当家作主才能充分实现，国家和社会生活法治化才能有序推进。依法执政，既要求党依据宪法法律治国理政，也要求党依据党内法规管党治党。必须坚持党领导立法、保证执法、支持司法、带头守法，把依法治国基本方略同依法执政基本方式统一起来，把党总揽全局、协调各方同人大、政府、政协、审判机关、检察机关依法依章程履行职能、开展工作统一起来，把党领导人民制定和实施宪法法律同党坚持在宪法法律范围内活动统一起来，善于使党的主张通过法定程序成为国家意志，善于使党组织推荐的人选通过法定程序成为国家政权机关的领导人员，善于通过国家政权机关实施党对国家和社会的领导，善于运用民主集中制原则维护中央权威、维护全党全国团结统一。《法治政府建设实施纲要（2015-2020年）》强调，党的领导是全面推进依

---

〔1〕 习近平:《在第十八届中央纪律检查委员会第六次全体会议上的讲话》（2016年1月12日），人民出版社2016年版，第16-17页。

法治国、加快建设法治政府最根本的保证，必须坚持党总揽全局、协调各方，发挥各级党委领导核心作用，把党的领导贯彻到法治政府建设各方面。在推进全面从严治党新的实践中，要把思想建党和制度治党紧密结合起来，以从严治吏为重点，以反腐肃贪为重要任务，以严明纪律和制度治党为保障，全面提高党的领导水平和执政能力，确保党始终成为中国特色社会主义事业的坚强领导核心，为新的历史条件下加强党的建设提供了根本遵循。

二、对全面深化改革与依法行政关系的反思

如何处理深化改革与依法治国，尤其是作为依法治国之关键和核心的依法行政关系，是攸关全面深化改革能否顺利推进、依法治国方略能否得到贯彻实施的重要问题。法学界对如何处理改革与依法行政的关系，最主要的观点有两种。一是"先改革、后立法"说。[1] 该说认为，改革就是要打破旧的体制和框框，只要决策者的动机和目的是好的，其实际效果有利于发展生产力、有利于增强综合国力、有利于提高人民的生活水平，就可以进行违法甚至违宪的改革，这种改革不同于恶意地破坏法治，属于"良性违宪""良性违法"，应当允许甚至鼓励。并且，社会主义改革是前无古人的事业，需要不断的探索和试错，"摸着石头过河"，因此应该鼓励"敢闯敢试"的精神，而不能运用僵化的规则来自缚手脚。此外，党和政府站在改革第一线，改革的推进只能依赖执政党和政府的政策，法律的作用只不过是对改革所取得的成果予以确认。与之针锋相对的第二种观点是"先立法、后改革"说。[2] 该说认为，无论

---

〔1〕 代表性的观点，参见郝铁川：《论良性违宪》，载《法学研究》1996 年第 4 期；郝铁川：《社会变革与成文法的局限性——再谈良性违宪兼答童之伟同志》，载《法学研究》1996 年第 6 期。

〔2〕 代表性的观点，参见童之伟：《"良性违宪"不宜肯定——对郝铁川同志有关主张的不同看法》，载《法学研究》1996 年第 6 期；童之伟：《宪法实施灵活性的底线——再与郝铁川商榷》，载《法学》1997 年第 5 期。

"良性"还是"恶性"的违宪或违法，都是违宪或违法，同样必须追究责任。为尊重法律的权威，应严格贯彻依法行政原则的要求，改革决策和其他所有决策一样必须要依法进行，对违法改革要"零容忍"，改革决策如果与现行法律规定有抵牾之处，就必须先修改相关法律再改革。如果说改革和法制建设初期，违法改革还可以在有限范围内予以接受，那么在经历四十年改革开放后，我国已经形成了较完备的社会主义法律体系，违法改革已经完全丧失了正当性。[1]

在全面深化改革和全面推进依法治国的大背景下，需要对上述两种主流观点加以反思，并重新认识改革和依法行政的关系。

（一）对"先改革、后立法"说之反思

"先改革、后立法"说的核心在于强调政策在推进改革中的关键作用，该说在很长一段时期内支配着我国的改革实践：我国改革整体而言是政策驱动型的，几乎所有的重大改革，包括农村土地经营体制改革、国有土地使用制度改革、国有企业改革、事业单位改革……，都是在没有法律根据的情况下，由党和政府以政策文件的形式进行的。尽管制定了很多法律，但法律只是在政策稳定以后发挥事后的确认和保障作用。与西方发达国家通过立法方式推进改革

---

[1] 从其他角度对这两种观点的介绍，可参见罗豪才、宋功德：《坚持法治取向的行政改革》，载《行政管理改革》2011 年第 3 期；胡健：《法治框架内的改革才是真正的改革》，载《法制日报》2006 年 3 月 20 日，第 8 版。罗豪才、宋功德的文章还介绍了一种折衷的观点。这种观点认为，改革与依法行政都是社会发展的要求，从整体和长远来看，二者之间不存在必然的冲突，改革只要与依法行政的大方向一致，就可以在具体领域和特点事项上对法律规定进行局部突破。这种观点的实质与第二种"先立法、后改革"说相同，都允许违法改革，因此本文不将其作为一种独立的观点。胡健的文章也提到了第三种观点，即"边立法、边改革"，但"边立法、边改革"的实质是要求改革决策和法治决策的同一性或同步性，虽然与"先立法、后改革"表述不同，但实质意涵相同。因此，本文也不将其作为一种独立的观点。此外，甘藏春在 1991 年发表的《怎么保证改革的合法性——从依靠政策改革对依法改革》（载《法学研究》1991 年第 6 期），就怎样将改革与法制精神相结合进行了深入的探讨，一些观念和提法至今仍具有重要现实意义。

的法制驱动型改革相比，这种政策驱动型改革的优势在于，可以不经繁琐的立法程序，方便、高效、灵活和迅速地回应社会的制度需求。该说注意到了政策驱动型改革的优势和法治的局限性，对法治与改革的内在紧张关系有清醒的认识，这是其力量所在。其不足之处则在于：对政策驱动型改革的缺陷认识不足，对法治的功能与作用重视不够，有走向法治虚无主义的危险。实际上，伴随着中国改革的全面推进和经济社会政治的发展，政策驱动型改革的弊端已日益暴露。

第一，政策的实施、保障以及责任机制缺乏制度化的规定，人治色彩浓厚。政策出台具有较强的随机性，其合理性在很大程度上依赖于决策者个人的知识和修养；政策的实施效果依赖于领导的关注程度，有些政策执行过程中会因领导人注意力的改变而逐渐处于停滞状态。反之，运用法律的形式则有利于确立改革的目标和原则、所要建立的基本制度和所要遵循的程序以及相应的监督机制等，这有利于消除改革中的不确定因素，保证改革目标的实现和改革措施的落实。

第二，政策难于全面协调各方的利益并进而获得社会的广泛认同。改革进入深水区以后，改革所涉及的问题日益复杂，各方的利益博弈日趋激化，改革决策往往涉及深刻而剧烈的利益调整，只有通过正式而严格的立法程序，才能广泛听取各方面的意见、协调各群体的利益，才能保障改革方案的公正性、科学性与合理性，从而使其得到社会认同，进而贯彻实施。

第三，政策无法保证改革的系统性、整体性与协调性。我国处在全面深化改革的历史时期，改革在相当长的时期内都是与发展并重的一个常态主题，其全局性、综合性、长期性和利益关系的复杂性，要求必须注重改革的系统性、整体性与协调性，而这些要求只有通过制度化、规范化、程序化的法治建设才能得到体现。

第四，伴随着依法治国、建设社会主义法治国家被确立为治国方略并载入《宪法》以及社会主义法律体系的形成，树立宪法和法律的权威、保证宪法和法律的贯彻实施，成为完善国家治理体系的重要着力点和各界关注的焦点，在这样的历史条件下，违法改革的正当性必然受到很大的挑战，也将使得改革者个人遭遇严峻的法律风险。

（二）对"先立法、后改革"说之反思

"先立法、后改革"说主张依赖立法作为推进改革的驱动器，强调法治的价值与功能，对于政策驱动型改革的缺陷有着清醒的认识，代表了中国国家治理体系的发展方向。然而，其不足之处在于：对法治本身的局限性，以及中国特定历史阶段的特殊性认识不足，有法治教条主义、浪漫主义与理想主义的倾向。具体而言：

第一，法律的制定与修改难以迅速回应改革需要。立法程序的正式、复杂，立法过程中的多方博弈，固然可提高法律的公正性和科学性，但也伴随着负面后果。一方面，法律的制定难以迅速回应社会需求；另一方面，一旦立法完成以后，即使形势发生了变化，也难以得到及时的修改。而处于全面深化改革时期的中国，经济社会发展日新月异，新矛盾、新问题层出不穷，单纯依靠法律难以满足中国目前发展阶段中对决策时限性的要求，在一些领域中即使立法也会很快落后于形势发展的要求。

第二，立法主要是对未来的一般与抽象事务加以规范，这种事务只能是具有相当程度的可预见性与可描述性，从而有可能预先以文字加以把握、整理与设计，而不具有这方面特性者，即使本身或许很重要，也难以予以全面、细致的规范。[1] 因此，法律的作用只有在社会关系相对稳定的条件下才可能得到充分发挥。中国目前处在社会发生急剧而深刻转型的特殊时期，社会关系尚未定型、成熟，这大大增加了立法的难度，法律的作用必然受到很大的限制。

---

〔1〕 许宗力：《法与国家权力》，月旦出版公司1993年版，第193页。

第三，法治强调统一性和普遍性，但我国改革的一个特点是摸着石头过河的渐进式性，很多时候改革的方向尚不明确。在实践中往往通过局部试点等办法，在实现局部突破、积累经验以后，再推广到全国，这就导致在改革初期难以建立统一、普遍的规则，勉强建立反而可能会成为改革的桎梏。

第四，法治国家建设所涉及的不仅仅是治国方式的变化，而且涉及权力结构的重大调整，诸如党政关系的调整，立法、行政和司法关系的调整，中央与地方关系的调整等，这些均是难度极大的任务，无法毕其功于一役。例如，法治首先要求良法之治，而良法的产生依赖于权威高效的立法机关。但在我国，立法机关实际的权威尚未树立，所能利用的资源尚有限，立法程序并不完善，良法的生成即存在重要的体制性障碍。

三、新时代处理全面深化改革与依法行政关系的基本要求

伴随着改革的全面深化和法治政府建设的全面展开，"先改革、后立法"说已经不符合形势发展的需要，法律界支持"先立法、后改革"说者日益增多。人们认识到，不仅改革的成果需要用法制来巩固，而且改革共识的形成也需要运用法治来凝结，改革决策需要按照法定的权限和程序来作出。因此，首先要坚持改革决策和立法决策相统一、相衔接，立法要主动适应改革需要，积极发挥引导、推动、规范、保障改革的作用，做到重大改革于法有据，改革和法治同步推进，增强改革的穿透力。对实践证明已经成熟的改革经验和行之有效的改革举措，要尽快上升为法律。对不适应改革要求的现行法律法规，要及时修改或废止。[1] 但是，因为立法机制和程序上的原因，立法和改革相比永远会具有滞后性，当法律的规定与

---

〔1〕　习近平：《在省部级主要领导干部学习贯彻党的十八届四中全会精神 全面推进依法治国专题研讨班上的讲话》（2015 年 2 月 2 日），载中共中央文献研究室编：《习近平关于全面依法治国论述摘编》，中央文献出版社 2015 年版，第 102-103 页。

改革要求之间发生矛盾而法律又难以立即修改或废止时，应当如何处理，是更为困难的问题。对此，一方面要坚持法律优位的要求，不能超越法律规定的范围进行改革，当改革遇到法律障碍时，应努力在法律体系内寻求解决之道，并通过行政管理手段的创新，避免改革与法制的直接冲突；另一方面要合理界定法律保留原则适用的范围，并善用授权机制，允许特定地方或行业的改革在获得法律授权的前提下进行制度突破。

（一）坚持法律优位，不得进行违法改革

"依法治国，建设社会主义法治国家"已载入《宪法》并成为全民共识。尽管其在实践中面临诸多障碍与困难，然而作为治国方略的地位不应动摇。在利益诉求严重分化、价值标准趋向多元化的当今中国，必须尊重法律的权威，否则个人的自由和权利也难以得到保障，公平竞争的市场秩序和公正的社会秩序很难维持，行政活动的正当性也会受到很大的挑战。为此，需要坚持法律优位原则，一切行政活动，包括政府的改革决策，无论是权力性行政还是非权力性行政，无论是干预行政还是服务行政，也无论是负担行为还是授益行为，除非在有法律特别授权的例外情况下，均不得与法律相抵触。在某一行政领域，只要存在现行有效的法律，行政机关就必须予以适用（适用之强制），且应正确适用而不能有所偏离（偏离之禁止）。[1] 习近平总书记强调，各级领导干部要带头依法办事，带头遵守法律，对宪法和法律保持敬畏之心，牢固树确立法律红线不能触碰、法律底线不能逾越的观念，不要去行使依法不该由自己行使的权力，也不要去干预依法自己不能干预的事情。[2]

---

〔1〕 陈敏：《行政法总论》，自印 2011 年版，第 155 页。

〔2〕 习近平：《在十八届中央政治局第四次集体学习时的讲话》（2013 年 2 月 23 日），载中共中央文献研究室编：《习近平关于全面依法治国论述摘编》，中央文献出版社 2015 年版，第 111 页。

（二）当改革在形式上面临法律障碍时，应首先在法律体系内部解决

首先，行政机关应当通过法律解释、漏洞补充等技术，维护法律体系的实质正当性，在法律规定的限度内实现法律效果与社会效果的统一。在我国，随着法律手段的广泛运用和立法数量的逐步增多，因经验缺乏、体制缺陷、程序粗疏等原因而造成的立法问题开始显露，一些法律的内容已经过时、远远落后于时代发展，一些法律内容规定不科学、不合理。此时，就会对改革造成障碍。出现这些情形时，行政机关可以利用法律解释和适用的技术，尽可能克服"恶法"或者"劣法"的约束。例如，可以利用目的解释、社会学解释等方法，对具有模糊性的法律规范加以解释，在其所允许的数种解释内选择最符合社会发展需求、具有最佳社会效果的解释，从而为改革措施扫清障碍。法律规范相冲突时，如果下位法的规定与上位法的规定相抵触，例如，如果行政法规或者规章规定不符合改革的要求，并且与全国人民代表大会及其常委会制定的法律相抵触，就应当选择适用法律的规定而非行政法规和规章的规定。这里应特别提及的是，行政机关作出改革决策时应注重法律原则的作用。法律原则是法律规则的生命，体现了法律规则所内蕴的目的和价值，是其正当化的根据。行政机关在实施法律过程中，需要使用涵义存在模糊和争议之处的法律规则时，可以从隐含于法律规则背后的法律目的、价值和原则出发，选择恰当的解释，或者对于法律的表面文义进行目的性扩张或限缩，[1] 以适应经济社会形势发展

---

〔1〕　如果从立法目的出发，法律文义的范围过于狭窄而不能涵盖其应涵盖的生活事实，则存在超越该规定的文字扩展其适用范围的必要。这就是"目的性扩张"。"目的性限缩"则是指因字义过宽而适用范围过大的法律规则，依法律调整目的或其意义脉络（上下文，context）将其限制在宜于适用的范围之内。参见［德］卡尔·拉伦兹：《法学方法论》，陈爱娥译，五南图书出版公司1996年版，第306—308页；陈清秀：《依法行政与法律的适用》，载翁岳生编：《行政法》，中国法制出版社2002年版，第214—216页。

的需要，促进立法目的的实现。

其次，有权地方应活用其立法权，进行"先行先试"的改革创新。我国的立法体制为地方立法尤其是地方性法规，留下了很大的作用空间：不需要特别的授权，就可以在很大范围内进行改革创新。例如，具有立法权的地方人大及其常委会，既可以为上位法在本地的实施制定细则性规定，也可以针对地方性事务自主制定地方性法规，还可以根据本地的具体实际，超越地方性事务的范围（只要不属于全国人大及其常委会的专属立法权）先行制定地方性法规。〔1〕通过制定地方性法规、规章的方式采取的改革措施当然不能与法律、行政法规相抵触（除非有特别授权），但如果有正当的理由，即使没有特别授权，也完全可以作出与部门规章不一致的规定。当地方性法规或规章与部门规章相冲突时，也并非一概要适用部门规章，而是要综合平衡国家统一管理的需要以及因地制宜、考虑地方特色的需要，结合具体个案，进行具体分析。〔2〕

最后，在认定地方立法是否与法律、行政法规相抵触时，不应拘泥于形式上的文义。不能单纯因地方立法中存在与中央立法不同的规定就认定构成"抵触"，而是要从立法目的、原则和精神出发，进行实质性的考量。例如，国家立法有的时候只是确立了一个最低标准（例如，环境保护和产品质量等领域），是"地板而非屋顶"，〔3〕有条件的地方为了适应本地经济社会的发展状况、更好地保护公民的生命健康安全，有时可以设定比中央标准更高的

---

〔1〕 参见《立法法》第73条。

〔2〕 参见最高人民法院《关于审理行政案件适用法律规范问题的座谈会纪要》（2004年5月18日）。

〔3〕 关于"地板"（floor）和"屋顶"（ceiling）的区别，参见 William Buzbee, "Asymmetrical Regulation: Risk, Preemption, and the Floor/Ceiling Distinction", 82 *New York University Law Review*, 1547 (2007).

标准。[1]

（三）合理界定法律保留原则的适用范围

法律保留原则要求，在某些领域中，行政机关必须有法律的授权才能采取行政措施。关于法律保留原则的适用范围，学说上众说纷纭，有干预保留说、全部保留说、重要性保留说等。[2] 在改革时期，我国法律保留的范围不宜过宽，以采取干预保留说为宜，也即只有在限制私人权利和自由、增设私人义务的情形，才要求有法律依据，而对于不涉及私人权利义务或者增加公民权利自由的情形，则允许以非立法性的规范性文件作为依据。因为一方面，对私人权利自由的保护是法治最为基本的功能，在《宪法》已经明定了公民的基本权利并宣示国家要尊重和保障人权的情形下，也具有较强的明确性和稳定性，在行政机关干预私人权利自由的情形必须要求有法律的依据；另一方面，在给付行政等领域，所涉及的往往是具有高度政策性的议题，如财政资金的分配等，在我国全方位改革时期，对于这些议题不宜于要求一概地以法律的形式予以规范。

传统干预保留说要着眼的是立法与行政之间的关系，因此其中的法律主要是指狭义的法律，在例外情形中包括政府依据法律特别授权所制定的行政立法（法规命令）。但我国依法行政的发展所面临的主要问题并非解决行政活动的规范化问题，在这样的背景下，我国行政法上法律保留原则中的法律，应首先是指广义的法律，包括全国人大及其常委会制定的法律以及行政法规、地方性法规和行

---

〔1〕　乔晓阳：《如何把握〈行政处罚法〉有关规定与地方立法权限的关系——在第二十三次全国地方立法工作座谈会上的讲话》，载《地方立法研究》2017 年第 6 期。

〔2〕　参见［日］盐野宏：《行政法总论》，杨建顺译，北京大学出版社 2008 年版，第 45 页以下；陈清秀：《依法行政与法律的适用》，载翁岳生编：《行政法》，中国法制出版社 2002 年版，第 178 页以下；陈慈阳：《行政法总论：基本原理、行政程序及行政行为》，自印 2001 年版，第 93 页以下。

政规章等。[1] 国务院《全面推进依法行政实施纲要》要求，"没有法律、法规、规章的规定，行政机关不得作出影响公民、法人和其他组织合法权益或者增加公民、法人和其他组织义务的决定"体现了这一精神。此外，《立法法》《行政处罚法》《行政许可法》《行政强制法》对不同层级法律文件在行政处罚、行政许可和行政强制等领域可以规定的事项做了规定，无论以何种形式出台的改革方案，都不能超越其权限范围。当然，在法律有特别授权的情况下，其他规范性文件也可以作出相关的规定。[2]

《十八届四中全会决定》要求，"实现立法和改革决策相衔接，做到重大改革于法有据、主动适应改革和经济社会发展需要"。因此，对于那些社会涉及面广、需要消耗大量财政资金等重大的改革方案，在全面推开时应通过正式而严格的立法程序，以平衡各个群体的利益诉求，保障改革方案的公正性、科学性与合理性，保证其权威性和相对稳定性。以事业单位改革为例，我国有各类事业单位120多万，从业人员近3000万人，[3] 汇集了中国超过1/3的专业技术人才，拥有数万亿元国有资产，其改革社会影响巨大，必须做到科学审慎、公平合理、平稳有序。对于这一改革，在前期经过试点的基础上，就应将其纳入法律的框架内进行，依法有序推进。但目前事业单位改革主要依据各相关部门或地方制定的政策性文件分散推进，难以避免部门和地方视角的局限性，改革方案的科学性和权威性得不到保证。应由全国人大常委会制定《事业单位改革法》，或者至少由国务院制定综合性的《事业单位改革条例》，明确事业

---

〔1〕 这种意义上的法律保留，也不同于我国《立法法》第8条规定的法律保留或全国人大及其常委会的专属立法权。此外，这一问题与下文关于扩大地方立法权主体的讨论也具有密切联系。

〔2〕 例如，根据《行政许可法》第14条即授权国务院可以决定的形式设定临时性的行政许可。

〔3〕 王澜明：《改革开放以来我国事业单位改革的历史回顾》，载《中国行政管理》2010年第6期。

单位改革的目标、原则和步骤，规定推进事业单位的负责机构和利害关系人、专家与公众参与改革的方式、途径，设定未来事业单位的组织形态、治理结构、活动原则和监督机制等。[1]

（四）扩大地方立法权的主体范围

地方立法可以为地方进行改革创新提供重要的法制基础和保障，但在我国，除特别行政区和民族区域自治地方以外，具有地方权的一般地方只有省和设区的市级地方人大（及其常委会）和人民政府，其他的市、县和乡镇都不具有立法权。这一立法体制对其他地方的改革创新设置了很大的障碍，在宪制和法政策学上都是不合适的。一是我国的各级地方人大及其常委会，作为直接或间接民选产生的地方国家权力机关，为行使宪法赋予的管理地方事务的权力，均应具有地方性法规制定权，其选举产生的政府应具有地方规章制定权。二是《立法法》中已经明确引入了地方性事务的概念，[2]而地方性事务不仅省和设区的市一级有，所有的地方都有地方性事务，既然有地方性事务，从逻辑上来说，就应该被允许针对地方性事务制定法规。三是我国是一个广土众民的大国，各个地方经济、社会发展又很不平衡，对地方性立法有着迫切的现实需求。四是现行体制虽然否认省、设区的市以外的地方具有立法权，但承认其具有其他规范性文件的制定权，从法理上说这些规范性文件既然不属于立法，本不应规定私人的权利义务，然而在实践中，大量的其他规范性文件事实上在设定私人的权利义务，并且因满足了经济社会发展的现实需要而无法否认其效力，结果是法律规范和其他规范性文件二者之间的区分难以维持。而由于其他规范性文件

---

〔1〕 李洪雷：《依法分类推进事业单位改革努力建设服务型政府》，载《法制日报》2007 年 11 月 11 日，第 1 版。

〔2〕《立法法》第 73 条规定：“地方性法规可以就下列事项作出规定：（一）为执行法律、行政法规的规定，需要根据本行政区域的实际情况作具体规定的事项；（二）属于地方性事务需要制定地方性法规的事项。”

不被认为是法律，又导致了制定程序粗疏、质量低劣等弊病。对这一法律规定与实践之间的矛盾，只有通过扩大立法权主体范围的方式来解决。由此，应当进一步扩大地方性立法的主体范围，为地方的改革创新提供更加坚实的法制保障。对于这种扩大所可能引发的法律体系混乱等问题，则可以通过限制其立法权限范围和加强监督加以防范。

（五）行政机关应更加注重运用柔性、间接的方式实现改革目标

第一，要注重运用柔性手段来推进改革。我国行政机关所习惯采取的管理工具和策略比较单一和僵化，主要是事先审批和事后惩罚等传统的命令服从式管理手段，对于行政指导、行政合同等新型的、柔性或"软法"手段的重视程度不够。这些手段有利于调动相对方的积极性，增强相对人的认同度，其所消耗的人力、物力等执行成本也相对较低。由于改革创新是对未知事务的探索，对于行政管理领域中出现的一些新情况、新问题，从国内外成功的经验看，更为有效的手段其实是激励或者引导，通过间接方式激发改革主体的内部潜能，主动去推进改革，效果更好。更为重要的是，柔性管理手段受法律约束的程度较为缓和，这就为行政机关利用其进行体制改革提供了很好的机制。例如，对一些缺乏明确的法律依据但又有必要进行管理的领域，有关机关可以考虑通过与相关主体签订行政合同（协议）的方式实现目标，或者采取行政指导的方式，这样既不违反法治原则，又是在相对方自愿配合的基础上实施，会产生积极的管理效果。利用行政指导、行政合同等方式时，需要注意不能以指导或合同为名、行强制指挥命令之实，变相为相对人施加强制性义务。当然，为增强行政指导等柔性行政手段的实效性，必要时可以结合行政奖励和激励等其他行政手段，如基金赠款、税收激励、提供优惠利率等。这可以通过改变从业者预期成本、收益的方法来影响其决策，具有间接性、灵活性等特点，有助于在不危害私人主动性和创造性的条件下实现政策目标，但需要保障其公平性，

并防止腐败和导致不正当竞争。

第二，要充分发挥行业自律组织的作用以促进体制改革创新。行业自律或自我监管（self-regulation）组织在经济和社会管理中在专业、效率、成本等方面都具有特别的优势。[1] 在我国全方位改革的时期和法制尚不完善的情形下，充分发挥行业自律具有特别的意义。首先，一些不具有法律依据的创新措施，如果由国家来实施会面临着合法性困境，而且还可能受到业界的规避或抵制。而由行业自律组织来进行制度创新，可以依靠伦理标准、同行压力或自愿性的行为准则运作，这有利于在维持更高行为标准的同时获得业界的自愿接受。其次，行业自律组织作为私人组织，其在采取自律措施时不需要遵循严格正式的法定程序，同时也可以更加及时、灵活地回应技术发展或经济形势变化的需要，这在互联网、金融业等发展变化迅速的领域优势尤为明显。最后，行业自律也可以作为一种制度试验，如果行业自律组织所制定的规则被实践证明确实有效，也有可能转化为国家的正式立法。为充分发挥行业自律组织的作用，要降低行业组织的设立门槛、为行业组织的发展清除不必要的障碍，与此同时应当提高其内部治理的民主化程度，赋予普通会员及其代表在重大事项上的决策权，并通过程序设计使会员对协会决策的参与渠道更加通畅，调动行业成员参与行业自律的主动性和积极性。

（六）必要时利用授权机制，进行地方改革试验

改革开放以来，中央授权特定地方在相关领域进行先行先试，甚至对中央制定的法律、行政法规等作出变通，为全国范围内改革的推进积累经验，或者授权特定地方制定和上位法不一致但适合本地方特别需要的规范，这是一个被实践证明行之有效的有益做法。

---

〔1〕 See Anthony Ogus, "Rethinking Self-Regulation", *Oxford Journal of Legal Studies* 97, (1995) 15; Robert Baldwin & Martin Cave, *Understanding Regulation*, Oxford University Press, 1999, pp. 126-129.

例如，全国人大及其常委会对经济特区立法变通权的概括性赋予。全国人大及其常委会分五次以授权决定的形式，授权经济特区所在的省、市人大及其常委会可以根据经济特区的具体情况和实际需要，遵循《宪法》的规定以及法律和行政法规的基本原则，制定法规，在经济特区实施。经济特区法规可以对法律、行政法规的规定作出适当的变通。《行政许可法》第 21 条也规定："省、自治区、直辖市人民政府对行政法规设定的有关经济事务的行政许可，根据本行政区域经济和社会发展情况，认为通过本法第 13 条所列方式能够解决的，报国务院批准后，可以在本行政区域内停止实施该行政许可。"《行政许可法》的这一授权模式与经济特区立法权的授权模式的主要不同之处在于，在此省级人民政府并未被概括性的赋予变通行政法规所设定的行政许可的权力，其只有在将具体的行政许可事项报告行政法规制定机关也即国务院报告并获得批准后，才能停止该行政许可在本地域范围内的实施。2012 年 8 月 25 日，国务院常务会议批准广东省"十二五"时期在行政审批制度改革方面先行先试，对行政法规、国务院及部门文件设定的部分行政审批项目在本行政区域内停止实施或进行调整。这一改革改革试点，对于深化行政审批制度改革具有重要示范意义。[1]

授权部分地区免受中央法律限制的做法，可能会被指责破坏了国家法制的统一性或不利于各地在同一平台上进行公平竞争。这种指责不仅忽视了中国渐进式改革背景下地方先行先试的重要实践价值，而且即使用西方法制发达国家的法理也难于成立。例如，美国地方政府法中，多数州原则上确实禁止州议会制定仅适用于特定地方或人群的"特别立法"。但特别立法禁止原则所禁止的只是"专断地"（arbitrarily）进行分类，而并不禁止对法律的适用范围做出

---

〔1〕 但是这一改革试点从法制角度也存在一些问题，例如《行政许可法》中规定的可以在一定行政区域内停止实施的行政许可只限于"有关经济事务的行政许可"，而这次行政许可的改革试点则并未局限于经济事务。

合理的划分。因此，如果该法令是考虑到特定地方的需要、条件和偏好等，而对其作出特别规定，是可以允许的。[1] 平等原则并不是简单地要求完全相同的对待，其实质内涵是"同等情况同等对待、不同情况不同对待"。国家赋予经济特区以特别立法权，是为了充分发挥经济特区的特殊禀赋和优势，以其取得的经验作为全国性立法的参考和借鉴，这恰恰体现了这一平等原则的实质内涵，因此与平等原则并无抵牾。从另一角度看，改革试验本身就存在失败的风险，并不能完全将经济特区的立法试验视同一般的政策优惠。变通权也并非经济特区立法的专利，除经济特区之外，我国少数民族地方享有的自治条例和单行条例制定权，也包含了立法变通权。

经济特区立法变通权的概括授权模式和停止行政许可在一定地域范围内实施的具体授权模式，在我国今后的实践中应在更大范围内加以利用，以为地方的改革创新包括制度突破提供更加广阔的空间。

第一，应当取消对全国人大特别授权立法授权对象的限制。关于全国人大在给地方立法上的授权，《立法法》只规定了经济特区所在地的省、市的人民代表大会及其常务委员会可以根据全国人大的授权决定，进行特别授权立法。这个授权范围过于狭窄，是不合适的，对于各级各类地方的人大及其常委会以及政府，全国人大（也包括其常委会）在必要时都可以授予其特定的立法权，从而为地方进行突破上位法的改革提供正当性。例如对国家级的综合改革实验区，就应当考虑由全国人大或其常委会作出授权决定的方式，授予实验区所属的省、市级人大及其常委会或人民政府以一定范围内的立法变通权，以充分发挥其在体制改革和制度创新上"先行先试"的作用。

第二，应当明确规定地方立法主体可以授权其他机关进行立

---

〔1〕　See Osborne Reynolds, Jr., *Local Government Law*, West Group, 2001, p. 98.

法。《立法法》仅规定了中央层面的授权立法，对于地方立法主体的授权立法未做规定，导致其效力不明、程序和监督机制缺失。从法理上说，地方立法权的主体在一定条件下同样可以授权其他主体（其可能在现行法下并不具有立法权）制定相关的法律规范。[1] 这对于扩大依法进行改革创新和制度突破的主体范围具有重要意义。

第三，应扩大具体授权的适用范围。应规定行政机关在认为现行法律、行政法规、地方性法规或规章的规定对于公民、法人或者其他组织的创新、创业活动产生不当负担的，都有权向相关立法的制定机关提出在本行业或者本地区不实施相关规定的具体建议，由法律制定机关作出授权决定，以适应具体行业或地方的实际情况和需要，同时也为相关法律规定的整体修改提供试验。

在扩大授权立法范围的同时，应完善授权立法的实施和监督机制，例如设定授权的期限即"日落条款"（sunset clause），即授权机关在授权决定应明确规定授权的期限，在期限届满之前进行评估以确定是否需要继续给予授权。这样可以及时评估改革绩效，避免将临时性措施长期化、固定化。

四、深入推进依法行政与全面从严治党

（一）依法执政和依法行政都是依法治国的关键

习近平总书记指出，"能不能做到依法治国，关键在于党能不能坚持依法执政，各级政府能不能依法行政"。[2] 依法治国、依法执政和依法行政是有机统一、相互联系的整体，必须共同推进、形成合力。

---

[1] 例如《重庆市实施〈中华人民共和国老年人权益保障法〉办法》第25条规定："对一百周岁以上老年人，由区、县（自治县、市）人民政府按月发给营养补助费。营养补助费的标准由区、县（自治县、市）人民政府规定。"关于发生在地方层面的授权立法实例，参见俞荣根、陶斯成：《地方性法规授权立法研究——以重庆地方立法为例》，载《重庆行政》2008年第4期。

[2] 习近平：《加快建设社会主义法治国家》，载《求是》2015年第1期。

　　依法治国是党领导人民治理国家的基本方略，就是广大人民群众在党的领导下，依照宪法和法律规定，通过各种形式和途径管理国家事务、管理经济文化事业、管理社会事务，保证国家各项工作都依法进行，逐步实现社会主义民主的制度化、法律化，使这种制度和法律不因领导人的改变而改变，不因领导人看法和注意力的改变而改变。依法执政是我们党治国理政的基本方式，要求坚持党领导立法、保证执法、支持司法、带头守法。党要增强依法执政意识，坚持以法治的理念、法治的体制、法治的程序开展工作，改进党的领导方式和执政方式，推进依法执政制度化、规范化、程序化。[1] 依法行政是依法治国基本方略的重要内容，法治政府建设是法治国家建设的主体。依法行政，是指行政机关必须根据法律法规的规定设立，依法取得和行使其行政权力，并对其行政行为的后果承担相应的责任。深入推进依法行政，要求各级政府必须依法全面履行职能，加快建设职能科学、权责法定、执法严明、公开公正、廉洁高效、守法诚信的法治政府。[2]

　　（二）要实现依规治党与依法行政的有机统一

　　中国共产党要履行好执政兴国的重大职责，既要求党依据宪法和法律治国理政，也要求党依据党内法规管党治党、从严治党，让国家法律和党内法规共同成为党治国理政、管党治党的重器。[3] 治国必先治党，治党务必从严，从严必须依规。全面从严治党，是我们党在新形势下进行具有许多新的历史特点的伟大斗争的根本保

　　〔1〕 习近平：《加快建设社会主义法治国家》，载《求是》2015 年第 1 期。
　　〔2〕 袁曙宏：《开启新时代全面依法治国新征程》，载《学习时报》2018 年 3 月 19 日，第 1 版。
　　〔3〕 王岐山：《坚持党的领导 依规治党 为全面推进依法治国提供根本保证》，载《〈中共中央关于全面推进依法治国若干重大问题的决定〉辅导读本》，人民出版社 2014 年版，第 18 页。

证。[1]从严治党靠教育，也靠制度，二者一柔一刚，要同向发力、同时发力。[2] 全面从严治党，关键在"严"，要害在"治"，"严""治"的标准就是党章党规党纪。从严治党最根本的就是要使全党各级组织和全体党员、干部都按照党内政治生活准则和党的各项规定办事。党的十九大报告要求，要实现依法治国和依规治党的有机统一。习近平总书记强调，我们党要履行好执政兴国的重大历史使命、赢得具有许多新的历史特点的伟大斗争的胜利、实现党和国家的长治久安，必须坚持依法治国与制度治党、依规治党统筹推进、一体建设，依法行政作为依法治国的主体内容，同样要实现与依规治党的有机统一、统筹推进、一体建设。

依法行政和依规治党在内涵上具有统一性。依法执政和依规治党都是法治的重要组成部分，体现了法治对于公权力行使规范化、制度化和程序化的本质要求。习近平总书记强调，"我们说要把权力关进制度的笼子里，就是要依法设定权力、规范权力、制约权力、监督权力。如果法治的堤坝被冲破了，权力的滥用就会像洪水一样成灾。各级党政组织、各级领导干部手中的权力是党和人民赋予的，是上下左右有界受控的，不是可以为所欲为、随心所欲的。要把厉行法治作为治本之策，把权力运行的规矩立起来、讲起来、守起来，真正做到谁把法律当儿戏，谁就必然受到法律的惩罚"。[3] 行政机关及其工作人员行使着国家行政权力，行政权力的授予、运行和问责，都必须纳入法治的轨道。在社会主义法治国家

---

〔1〕 习近平：《在参加十二届全国人大三次会议上海代表团审议时的讲话》（2015年3月5日），载中共中央文献研究室编：《习近平关于全面从严治党论述摘编》，中央文献出版社2016年版，第9页。

〔2〕 习近平：《在党的群众路线教育实践活动总结大会上的讲话》（2014年10月8日），载《十八大以来重要文献选编》（中），中央文献出版社2016年版，第94页。

〔3〕 习近平：《在省部级主要领导干部学习贯彻党的十八届四中全会精神全面推进依法治国专题研讨班上的讲话》（2015年2月2日），载中共中央文献研究室编：《习近平关于全面从严治党论述摘编》，中央文献出版社2015年版，第128页。

中，共产党作为执政党，它的执政权和领导权具有公共权力的性质，党的机关的工作人员依法履行公职、纳入国家行政编制、由国家财政负担工资福利，也是国家公务员。因此，党组织对党员的管理同样必须纳入法治的轨道，实现从严治党的规范化、制度化和程序化。

依法行政和依规治党在目标上具有一致性。依法行政和依规治党的目的，都是为了规范公共权力的行使、保障人民群众的合法权益、增进公共福祉，二者关系密切、互相配合，推动依法治国的进程和法治国家的建设，促进国家治理体系和治理能力的现代化，完善和发展中国特色社会主义制度。依法行政和依规治党一起，服务于全面建成小康社会的奋斗目标，服务于建设富强、民主、文明、和谐、美丽的社会主义现代化强国，服务于中华民族的伟大复兴。

依法治国和依规治党统一于中国特色社会主义法治体系。党的十八届四中全会指出，要"形成完备的法律规范体系、高效的法治实施体系、严密的法治监督体系、有力的法治保障体系，形成完善的党内法规体系"。这就确立了党内法规在建设社会主义法治国家中的重要地位。依法治国是党领导人民治理国家的基本方式，依规治党是法治理念在党内政治生活中的体现，二者共同支撑和保障着党和国家的法治建设。

2018年通过的《宪法修正案》和《国监察法》，对我国监察体制进行了重大变革。设立监察委员会统一行使国家监察权，实现对所有行使公权力的公职人员监察全覆盖，并与党的纪律检察机关合署办公，代表党和国家行使监督权和监察权，履行监察、纪检两项职责，是依规治党和依法治国（包括依法行政）、党内监督与国家监察有机统一的鲜明体现。

（三）依规治党是依法行政的根本政治前提和政治保障

中国共产党是我国的执政党，党的领导是全面领导，"东西南北中，党政军民学，党是领导一切的"。通过依规治党，提升党的工作的制度化、规范化、程序化水平，切实解决党自身存在的突出问题，确保我们党始终保持先进性和纯洁性，可以使我们党始终成为中国特色社会主义事业的坚强领导核心，为依法行政提供根本政治前提和政治保障。

依法行政和依规治党，核心都是治权、治吏。在我国，各级领导干部绝大多数由中国共产党党员担任，从这个角度看，管党就是治吏、治权。[1] "我们党的执政是全面执政，从立法、执法到司法，从中央部委到地方、基层，都在党的统一领导之下。我国公务员队伍中党员比例超过 80%，县处级以上领导干部中党员比例超过 95%。因此，监督国家公务员正确用权、廉洁用权是党内监督的题中应有之义。"[2] 党要管党，首先是管好干部；从严治党，关键是从严治吏。要把从严管理干部贯彻落实到干部队伍建设全过程。[3] 从严治党，关键是要抓住领导干部这个"关键少数"，从严管好各级领导干部。从严管理干部，要坚持思想建党和制度治党紧密结合，既从思想教育上严起来，又从制度上严起来。要建立健全相关制度，用制度管权、管事、管人。要突出重点，重在管用有效，全方位扎紧制度笼子，更多用制度治党、管权、治吏。[4] 党规党纪是管党、治党、建设党的重要法宝。依规治党，要确保各级党组织和全体党员不仅模范遵守宪法法律，而且按照党规党纪以更高标准

〔1〕 王岐山：《坚持党的领导 依规治党 为全面推进依法治国提供根本保证》，载《〈中共中央关于全面推进依法治国若干重大问题的决定〉辅导读本》，人民出版社 2014 年版，第 23 页。

〔2〕 习近平：《在第十八届中央纪律检查委员会第六次全体会议上的讲话》（2016 年 1 月 12 日），载中共中央文献研究室编：《习近平关于全面从严治党论述摘编》，中央文献出版社 2016 年版，第 208 页。

〔3〕 习近平：《在全国组织工作会议上的讲话》（2013 年 6 月 28 日），载《十八大以来重要文献选编》（上），中央文献出版社 2016 年版，第 350 页。

〔4〕 习近平：《在参加十二届全国人大三次会议上海代表团审议时的讲话》（2015 年 3 月 5 日），载中共中央文献研究室编：《习近平关于全面从严治党论述摘编》，中央文献出版社 2016 年版，第 110 页。

严格要求自己。中国共产党作为政党组织，不能直接行使行政机关的职权，但可以通过在行政机关中的党员发挥模范作用，确保严格执行法律，确保法律实施。党的组织还要监督自己的党员依法行使职权，发现问题要依法依规及时纠正。

党内法规对包括法治政府在内的社会主义法治建设具有引领作用。有些规范、要求在全社会还不具备实施条件时，可以通过对党员提出要求，先在党内实行，不断调整完善，辅以在全社会宣传引导，条件成熟时再通过立法于国家层面施行。要及时将全面深化改革的实践经验和制度成果通过法定程序转化为国家法律法规，保证党的路线、方针、政策得到贯彻。[1]

深入推进依法行政，加快法治政府建设，要充分发挥各级党委的领导核心作用，党政主要负责人切实履行推进法治政府建设第一责任人的职责。党是最高政治领导力量，在整个国家治理中处于总揽全局、协调各方的领导核心地位，要加快建设法治政府，必须充分发挥各级党委的领导核心作用。各级党委要谋划和落实好法治政府建设的各项任务，将法治政府建设真正摆在全局工作的突出位置，与经济社会发展同部署、同推进、同督促、同考核、同奖惩，将党的领导切实贯彻到法治政府建设的全过程和各方面。中央办公厅、国务院办公厅于 2016 年 12 月印发的《党政主要负责人履行推进法治建设第一责任人职责规定》，对党政主要负责人抓法治建设的第一责任提出了明确要求，要切实落实。党政主要负责人应坚持宪法至上，反对以言代法、以权压法、徇私枉法；坚持权责一致，确保有权必有责、有责要担当、失责必追究；坚持以身作则、以上率下，带头尊法、学法、守法、用法。在推进法治政府建设中，要充分发挥党委在推进本地区法治政府建设中的领导核心作用，定期

---

〔1〕 王岐山：《坚持党的领导 依规治党 为全面推进依法治国提供根本保证》，载《〈中共中央关于全面推进依法治国若干重大问题的决定〉辅导读本》，人民出版社 2014 年版，第 20 页。

听取有关工作汇报，及时研究解决有关重大问题，将法治建设纳入地区发展总体规划和年度工作计划，与经济社会发展同部署、同推进、同督促、同考核、同奖惩。要严格依法依规决策，落实党委法律顾问制度、公职律师制度，加强对党委文件、重大决策的合法合规性审查。要支持政府、法院等依法履行职能、开展工作，督促领导班子其他成员和下级党政主要负责人依法办事，不得违规干预司法活动、插手具体案件处理。要坚持重视法治素养和法治能力的用人导向，加强政府法治工作队伍建设。上级党委应将下级党政主要负责人履行推进法治建设第一责任人职责情况纳入政绩考核指标体系，作为考察使用干部、推进干部能上能下的重要依据。党政主要负责人不履行或者不正确履行推进法治建设第一责任人职责的，应当依照《中国共产党问责条例》等有关党内法规和国家法律法规予以问责。对不认真履行第一责任人职责，本地区本部门一年内发生多起重大违法行政案件、造成严重社会后果的，依法追究主要负责人的责任。[1]

执法活动是使法律制度转化为社会实际的关键环节，全面依法治国的重点是保证法律严格实施，政府是执法主体。依法行政一个很重要的方面，是严格执法，党委的支持对于执法机关严格执法至关重要。习近平总书记强调："对执法机关严格执法，只要符合法律和程序的，各级党委和政府都要给予支持和保护，不要认为执法机关给自己找了麻烦，也不要担心会给自己的形象和政绩带来什么不利影响。我们说要敢于担当，严格执法就是很重要的担当。党委和政府不给撑腰，干警怎么做啊？"[2]

（四）依法行政为依规治党提供重要支撑和借鉴

依法行政可以为依规治党提供重要支撑。通过深入推进依法行

---

〔1〕 袁曙宏：《建设法治政府》，载《党的十九大报告辅导读本》，人民出版社2017年版，第285页以下。

〔2〕 习近平：《严格执法，公正司法》（2014年1月7日），载《十八大以来重要文献选编》（上），中央文献出版社2014年版，第723页。

政、加快建设法治政府，推动各级行政领导干部提高法治思维和依法办事能力，养成守法律、重程序、职权法定、保护人民权益、权责一致等观念和意识，可以为依规治党、从严治党提供重要的法治文化支撑。

依法行政可以为依规治党提供有益的经验和借鉴。依规治党涉及党规党法或者党内决策的制定、实施和监督等环节，依法行政则涵盖行政立法或者决策、行政执法和监督救济等不同环节。经过改革开放以来四十年的发展，我国行政法治有了长足进展，依法行政在行政立法和行政决策、行政执法和监督救济等方面所积累的经验，对依规治党具有重要的参考意义和借鉴价值。要通过参考行政立法的标准、程序、技术和备案审查机制，完善党内法规制定体制机制，统筹推进立改废释工作，加快形成内容科学、程序严密、配套完备、运行有效的党内法规制度体系，注重党内法规同包括行政法规在内的国家法律的衔接和协调。要通过参考行政执法的机制和程序，提高党内法规执行力，抓好法规制度的贯彻实施。要通过参考行政执法责任制和行政监督体系，落实监督制度，加强日常督查和专项检查，用监督传递压力，用压力推动落实。对违规违纪、破坏法规制度踩"红线"、越"底线"、闯"雷区"的，要坚决严肃查处，不以权势大而破规，不以问题小而姑息，不以违规众而放任，不留"暗门"，不开"天窗"，坚决防止"破窗效应"。[1]

我们党作为执政党，面临的最大威胁就是腐败。腐败的本质是权力出轨、越轨，许多腐败问题都与权力配置不科学、权力使用不规范、权力监督不到位有关。依法行政和依规治党的要义均在于规范公权力的行使，依法行政在规范和制约行政权力方面的经验，包括合理确定权力归属，划清权力边界，厘清权力清单，明确什么权

---

〔1〕 习近平：《在十八届中央政治局第二十四次集体学习时的讲话》（2015年6月26日），载中共中央文献研究室编：《习近平关于全面从严治党论述摘编》，中央文献出版社2016年版，第205页。

能用、什么权不能用，强化权力流程控制，压缩自由裁量空间，杜绝各种暗箱操作，把权力运行置于党组织和人民群众监督之下，最大限度减少权力寻租的空间等,[1] 都可以作为推进依规治党的参考。

主要参考文献：

1. 习近平：《加快建设社会主义法治国家》，载《求是》2015 年第 1 期。

2. 王岐山：《坚持党的领导 依规治党 为全面推进依法治国提供根本保证》，载《〈中共中央关于全面推进依法治国若干重大问题的决定〉辅导读本》，人民出版社 2014 年版。

3. 最高人民法院中国特色社会主义法治理论研究中心编：《法治中国——学习习近平总书记关于法治的重要论述》（第二版），人民法院出版社 2017 年版。

4. 袁曙宏：《建设法治政府》，载《党的十九大报告辅导读本》，人民出版社 2017 年版。

5. 李洪雷：《行政法释义学：行政法学理的更新》，中国人民大学出版社 2014 年版。

---

〔1〕 习近平：《在十八届中央政治局第二十四次集体学习时的讲话》（2015 年 6 月 26 日），载中共中央文献研究室编：《习近平关于全面从严治党论述摘编》，中央文献出版社 2016 年版，第 189 页。

第三章 依法全面履行政府职能[*]

　　行政职能是指，政府或其他行政组织承担的公共事务及应履行的行政职责。行政职能要解决的是政府的权力边界，即政府做什么、社会承担哪些事务、市场承担哪些工作、个人有哪些自由。[1]政府职能是行政职能的主体部分，转变政府职能则是伴随着中国不断调整政府与市场、社会的关系，而自改革开放以来就一直面临的历史课题。[2]

　　如何在一个超大型的国家实现"合法行政"与"良好行政"的双重目标，既确保政府始终在法治的轨道上履行职责，完成公共

---

　　* 王旭，中国人民大学法学院教授，院长助理，博士生导师。

　　〔1〕《行政法与行政诉讼法学》编写组：《行政法与行政诉讼法学》，高等教育出版社2017年版，第62页。

　　〔2〕1985年，党的十二届四中全会首次提出转变政府职能的要求；1987年，党的十三大明确提出转变职能是行政管理体制改革的关键；1992年，党的十四大报告提出，"加快转变政府职能，根本途径是推进政企分开"；1997年，党的十五大报告提出，"要按照社会主义市场经济的要求，转变政府职能，实现政企分开，把企业生产经营管理的权力切实交给企业"；2002年，党的十六大以来，在继续转变政府经济管理职能的同时，更加注重全面履行政府职能；2008年，党的十七届二中全会通过《关于深化行政管理体制改革的意见》，进一步强调深化行政管理体制改革要以政府职能转变为核心，要加快政府职能转变，全面正确履行政府职能，通过改革实现政府职能向创造良好发展环境、提供优质公共服务、维护社会公平正义的根本转变；2012年，党的十八大对转变政府职能提出了更明确的要求，"深入推进政企分开、政资分开、政事分开、政社分开，建设职能科学、结构优化、廉洁高效、人民满意的服务型政府"。

事务，又提升治理绩效，不断提升公共管理和服务水平，是新时代中国特色社会主义法治建设的重点。党的十八大以来，以习近平同志为核心的党中央从全局出发，把转变政府职能作为深化行政体制改革的核心，把简政放权等改革作为供给侧结构性改革的重要内容，多次做出重要部署，提出明确要求。党的十八届二中全会指出，转变政府职能是深化行政体制改革的核心。党的十八届三中全会强调，经济体制改革的核心问题是处理好政府和市场的关系，使市场在资源配置中起决定性作用和更好地发挥政府作用，关键是转变政府职能。党的十九大报告明确提出"转变政府职能，深化简政放权，创新监管方式，增强政府公信力和执行力，建设人民满意的服务型政府"。

政府依法全面履行职能，正确认识政府的角色、权限和规模，也构成了习近平新时代中国特色社会主义思想，尤其是国家治理体系与治理能力现代化和现代化经济体系等重要理论的有机组成部分。

一、依法全面履行政府职能的背景与法理

（一）新时代依法全面履行政府职能的背景

1. 依法全面履行政府职能的本质是党自我革命与社会革命的逻辑展现

习近平总书记在学习贯彻习近平新时代中国特色社会主义思想和党的十九大精神研讨班开班式上指出："新时代中国特色社会主义是我们党领导人民进行伟大社会革命的成果，也是我们党领导人民进行伟大社会革命的继续，必须一以贯之进行下去。"[1] 我国政府的行政职能是党执政权和执政能力在行政领域的延伸和体现，社

---

〔1〕 新华社：《习近平在学习贯彻党的十九大精神研讨班开班式上发表重要讲话》，载 http://www.gov.cn/xinwen/2018-01/05/content_5253681.htm，最后访问时间：2018年 4 月 10 日。

会革命的重要方面就是进一步深化经济体制改革，进一步增强社会治理能力，这些都需要调整政府与市场、社会的关系，其本质就是通过社会革命克服新时代我们面临的主要社会矛盾。同时，习近平总书记也指出："在新时代，我们党必须以党的自我革命来推动党领导人民进行的伟大社会革命，把党建设成为始终走在时代前列、人民衷心拥护、勇于自我革命、经得起各种风浪考验、朝气蓬勃的马克思主义执政党，这既是我们党领导人民进行伟大社会革命的客观要求，也是我们党作为马克思主义政党建设和发展的内在需要。"[1] 转变政府职能，也是党在行政领域的一场深刻自我革命。简政放权的首要任务就是"做减法"，"削手中的权、去部门的利、割自己的肉"，坚决革除不合时宜的陈规旧制，打破不合理的条条框框，砍掉束缚创业创新的繁文缛节，把该放的权力彻底放出去，能取消的尽量取消，直接放给市场和社会。在各级政府"大刀阔斧"式的"自我改革"中实现重大突破；"放管结合、优化服务"则是推动政府通过自我革命不断让能力优化升级，不仅仅停留在权力的加减法，而着眼于结构优化、服务导向，彻底转变政府行权用权的理念和目的。

2. 依法全面履行政府职能是实现国家治理体系与治理能力现代化的内在要求

习近平总书记在党的十八届二中全会第二次全体会议上明确指出："转变政府职能是深化行政体制改革的核心，实质上要解决的是政府应该做什么、不应该做什么，重点是政府、市场、社会的关系，即哪些事该由市场、社会、政府各自分担，哪些事应该由三者

―――――――――

〔1〕 新华社：《习近平在学习贯彻党的十九大精神研讨开班式上发表重要讲话》，载 http://www.gov.cn/xinwen/2018-01/05/content_5253681.htm，最后访问时间：2018年4月10日。

共同承担。"[1] 可见，政府、市场和社会的清晰界分与协同共进是国家治理体系的有机组成部分。只有边界明确，治理体系内部才能井然有序；只有协同共进，才能形成治国理政的强大合力二者并行不悖。政府职能错位、缺位、越位是导致国家治理能力不足的重要原因，而市场与社会长期处在发育不充分、地位不独立的条件下，也就不能充分发挥内在功效实现国家治理中的多中心治理要求。

3. 依法全面履行政府职能是完善现代化经济体系的基本保障

政府职能的充分有效发挥从来都是经济发展和体制完善的基本前提与保障。从世界历史上看，第一次工业革命以来，引领历史的强国一定伴随着政府职能的有效发挥。从亚当·斯密的《国富论》中论证"市场经济的建立需要一个具有特定政治法律制度的现代政府，体现为国家和政府的若干任务"，到马克斯·韦伯将"理性官僚制和法理型统治为基础的现代国家"作为"资本主义产生的必要前提"，并提出一套现代行政官僚机器的构成要件,[2] 再到波兰尼深刻洞悉"自律性市场信念的空想以及建立在民主基础上的政府干预的必须",[3] 直到当代政治学家福山对于"国家是集约型经济增长的必要条件"的论证，并以国家能力、责任性和法治作为架构国家合法性的三重结构。现代社会经济的持续、可预期、稳定发展必然要有一套关于国家的法理型统治来保障，而这其中的关键就是一个依法行政、运转有序的政府。

经济改革作为中国全面深化改革的核心，其根本目标是要建立一个现代化经济体系。习近平总书记指出：现代化经济体系由七大

---

〔1〕 习近平:《在中共十八届二中全会第二次全体会议上的讲话》（2013年2月28日），载中共中央文献研究室编:《习近平关于全面深化改革论述摘编》，中央文献出版社2014年版，第52页。

〔2〕 ［德］马克斯·韦伯:《经济通史》，姚增痪译，韦森校订，上海三联书店2006年版，第212页。

〔3〕 ［英］卡尔·波兰尼:《巨变：当代政治与经济的起源》，黄树民译，社会科学文献出版社2013年版，第371页。

部分组成：创新引领、协同发展的产业体系；统一开放、竞争有序的市场体系；体现效率、促进公平的收入分配体系；彰显优势、协调联动的城乡区域发展体系；资源节约、环境友好的绿色发展体系；多元平衡、安全高效的全面开放体系；充分发挥市场作用、更好发挥政府作用的经济体制。[1] 我们可以看到，这七个方面内容的充分实现都依赖于政府职能的依法全面履行。例如，创新协同的产业体系离不开政府宏观调控、产业布局的论证能力和政策制定能力；统一开放、竞争有序的市场体系则需要政府依法进行"精准监管"和"包容性监管"；体现效率、促进公平的收入分配体系，归根结底是政府运用各种法律、政策工具实现分配正义和公共服务标准化、均等化的过程。没有依法全面履行政府职能，中国现代化经济体系就失去了最为强大的制度引擎，甚至可能产生高昂的制度性成本。

（二）依法全面履行政府职能与中国的"政府再造"

"政府再造"是 20 世纪英美国家公共行政改革过程中的说法，以 20 世纪 80 年代英国撒切尔政府、美国卡特政府为代表开启了公共行政改革的两条基本线索：政府规模与机制上的瘦身化、空心化和功能（行政任务）上的公民化、社会化上提出再造政府的"新公共管理模式"。[2] 1990 年代以后，又有以行政服务精神和强调客户体验为中心的新公共服务模式以及强调政府与社会多元协同共治的新治理模式兴起。[3]

"政府再造"的核心是重新定位政府的职能，根据职能配置政府权力，设计政府活动的程序，并在这个过程中提出政府职能重塑

---

〔1〕 习近平：《深刻认识建设现代化经济体系重要性 推动我国经济发展焕发新活力迈上新台阶》，载新华网，http://www.xinhuanet.com/politics/leaders/2018-01/31/c_1122349103.htm，最后访问时间：2018 年 4 月 10 日。

〔2〕 See R. Baldwin, M. Cave, M. Lodge, *The Oxford Handbook of Regulation*, Oxford: Oxford University Press, 2012, pp. 66-67.

〔3〕 翁岳生编：《行政法》，中国法制出版社 2009 年版，第 96 页及以下。

的原则。例如，在英美公共管理改革浪潮中很有影响的"政府再造的十项原则"：掌舵而不是划桨；授权而不是服务；竞争型政府；转变规则导向型组织；结果导向型政府；顾客驱使的政府；企业化政府；预防型政府；分权的政府；市场导向型的政府。[1]

中国依法全面履行政府职能的核心也在于重塑政府职能，并将之建立在法治的轨道上，实现机构、职能、权限、程序、责任的法定化，并在这个过程中实现"善治"，妥善应对全面深化改革过程中的各种问题。当然，由于历史背景、政府性质、时代任务、政治基础等诸多要素的不同，我们的政府再造无法简单套用发端于英美国家的新公共管理革命的若干结论和方向，我们可从以下方面来理解中国依法全面履行政府职能所要重塑的政府。

1. 从划桨型政府转向掌舵型政府

传统中国政府的职能具有典型的划桨型特征。强调微观管理，凡事亲力亲为，也成为一种"保姆型政府"。但是囿于财政能力和专业能力，很多事情出现过犹不及或力有不逮的情况。由此，近二十年的政府职能转变也逐渐强调掌舵型政府的塑造。掌舵型政府更强调宏观战略设计、政策制定和创新治理方式，政府由前端、直接管理逐渐转向后端、间接监管，强调市场和社会的自我规制、与之进行合作规制，即便动用政府职能，也由前端许可审批转向通过政策制定、标准化、事中事后监管的手段来实现监管。[2] 近五年来，掌舵型政府塑造趋势更为明显，例如2013年3月，第十二届全国人民代表大会第一次会议审议批准的《国务院机构改革和职能转变方案》提出，转变国务院机构职能，必须深化行政审批制度改革，

---

〔1〕 See D. Osborne, P. Plastrik, *Banishing Bureaucracy: The Five Strategies for Reinventing Government*, Addison Wesley Pub. Co., 1997, p. 349.

〔2〕 See Wang Xu, "Governance Logic and Basic Systems of the New Food Safety Law of the People's Republic of China: A Focus on Social Co-Governance", *Journal of Resources and E-cology*, Vol. 9, No. 1 (2018).

减少微观事务管理，该取消的取消、该下放的下放、该整合的整合，以充分发挥市场在资源配置中的基础性作用，更好地发挥社会力量在管理社会事务中的作用。

2. 从管理型政府转向服务型政府

新中国成立后的相当长一段时间，中国政府职能定位在一种弹性的威权主义模式。一方面，适当地在中央和地方之间、政府和社会之间进行"选择性分权"；另一方面，也通过中央权威与强制政策（例如产业改造与赎买政策、土地政策、生产资料和生活资料的配给制等）完成了日后改革开放、市场化所需要的社会平等前提，走出了与西方很多国家将私有化作为市场化前提不同的中国道路。[1] 这种模式强化了政府职能强制与管理的一面，是一种通过权威，尤其是中央政府权威实现强制性制度变迁的历史过程。但是，管理型政府也容易模糊政府与人民的关系，简单化政府职能的内容，甚至形成了"管理就是处罚、处罚就是罚款"，从而催生了"罚款经济""暴力执法"等一系列执法顽疾。自1999年国务院政府工作报告开始，"服务型政府"成为新的政府理念和履行职能的方向。2004年国务院《全面推进依法行政实施纲要》明确提出"高效便民"的服务型政府原则，《行政许可法》也设定了一系列制度强化了这个原则。近五年来，政府职能改革更是以此作为深化的方向，例如，首先通过简政放权，以敬民之心行权，减轻人民负担，取消一大批行政许可和非许可式行政审批，弱化事前监管职能；其次，完善相对集中许可权改革，按照《行政许可法》第25条、第26条"统一行使许可权""一站式服务""一个窗口对外"等制度设计，提高服务效率与质量；最后，打造电子政务和信息化平台，推进"互联网+政务服务"。利用互联网平台提高政府服务效率和透明度，便利群众办事创业，进一步激发市场活力和社会创

〔1〕〔美〕希尔顿·L.鲁特：《资本与共谋：全球经济发展的政治逻辑》，刘宝成译，中信出版社2017年版，第317页。

造力。党的十八大以来,"互联网+政务服务"得到大力发展,"让信息多跑路、让群众少跑腿"已成为政务服务新理念。

3. 从秩序维护型政府转向风险管理型政府

从世界经验来看,自"警察国"时代以来,行政活动的主要模式是秩序行政。政府职能以维护最低限度的公共秩序和公共安全作为基本内容。秩序行政背后对应的是一种"危险消除型"的行政世界观。秩序意味着确定性,破坏秩序则需要政府通过强制力恢复秩序、消除公共危险。[1] 然而,二战后在能源技术、基因技术、环境保护、食品安全等领域因技术进步所带来的不确定性增加,逐渐要求政府职能从"危险消除"转向全面的"风险预防和管理"。所谓的"规制国家"时代也就到来,政府被认为是"风险管理的总动员人"。[2] 危险意味着行为和结果之间因果关系的明确,从而政府职能就是尽最大可能排除这种因果关系的现实发生,但风险意味着"行为与结果之间因果关系的不明确或者只是一种概率性存在",[3] 它要求政府必须有效进行风险点的分析与控制,未雨绸缪,做好制度设计有效管理风险,防止其现实化。尤其是 2008 年以来,应对金融风险,做好政府风险管理的战略设计,成为全球政府共同的使命。中国政府职能转变也对应着这样一个大背景,面对日益不确定的社会生活以及国内国外新型的安全观,预防原则越来越多地成为我国法律、行政法规的立法原则,体现在《食品安全法》《大气污染防治法》《网络安全法》等法律文件中,成为政府职能的重要内容。习近平总书记的总体国家安全观思想也对政府确

---

〔1〕 基本理论阐述参见 M. Stolleis, *Public law in Germany 1800-1914*, Oxford University Press, 2001, p.492. 〔德〕毛雷尔:《行政法学总论》,高家伟译,法律出版社 2000 年版,第 17 页。

〔2〕 〔美〕希尔顿·鲁特:《资本与共谋:全球经济发展的政治逻辑》,刘宝成译,中信出版社 2017 年版,第 201 页。

〔3〕 危险与风险的社会学辨析,参见 N. Luhmann, *Risk: A Sociological Theory*, translated by R. Barrett, Walter de Gruyter, 1993.

立风险管理职能提出了重要指导："今后五年，可能是我国发展面临的各方面风险不断积累甚至集中显露的时期。我们面临的重大风险，既包括国内的经济、政治、意识形态、社会风险以及来自自然界的风险，也包括国际经济、政治、军事风险等。如果发生重大风险又扛不住，国家安全就可能面临重大威胁，全面建成小康社会进程就可能被迫中断。我们必须把防风险摆在突出位置，'图之于未萌，虑之于未有'，力争不出现重大风险或在出现重大风险时扛得住、过得去。"[1] 在 2017 年全国金融工作会议上，习近平总书记再一次对金融风险管理提出专门要求："金融管理部门要努力培育恪尽职守、敢于监管、精于监管、严格问责的监管精神，形成有风险没有及时发现就是失职、发现风险没有及时提示和处置就是渎职的严肃监管氛围。"

从上述宏观历史线索梳理中，我们或可以发现，中国政府职能转变的过程就是逐步确立依法全面履行政府职能的过程，它有四个鲜明的内在特征：

第一，中国政府职能转变有一个从"全能"转向"全面"的历史过程。"全能"意味着政府职能在内容、形式上的无边际和无法律的确定性，全面则建立在"职能清单"的前提下，是"有所为、有所不为"的全面，是承认政府、市场与社会有基本分工基础上的"全面"，是在必须由政府履行的职能清单意义上的"全面"。由此，强调全面介入市场和社会失灵的"规制国家"与无所不包的"全权国家"在是否遵循立宪主义的前提下就有根本不同：规制国家是在宪法授权下追求政府对于自然资源在经济社会活动中产生风险与问题的持续性控制，是履行宪法规定的保护义务的要求。全权国家则是一种简单地对资源的中央垄断与控制，它最终容易滑向寡

〔1〕 习近平：《以新的发展理念引领发展，夺取全面建成小康社会决胜阶段的伟大胜利》（2015 年 10 月 29 日），载《十八大以来重要文献选编》（中），中央文献出版社2016 年版，第 833 页。

头体制，也就是由少数人结成上层分利同盟对社会多数人进行剥削和控制。[1]

第二，中国政府职能全面履行有一个从"强调直接干预微观经济活动职能"到"淡化微观干预经济职能"再到"强调全面履行非经济领域职能"的历史过程。 20 世纪 80 年代至 90 年代中期，政府职能转变主要集中在政府逐渐退出微观经济管理和从事经济活动的职能，包括国有企业的改革和"政企分开"，建立现代企业制度；20 世纪 90 年代中期以后，政府职能转变更加突出公益性，以问题为导向，不断回应中国社会日益严重的市场秩序失灵、公共服务差异化与非均等化、社会矛盾纠纷突出、生态环境恶化等问题。在解决处理这些问题的过程中最终将政府职能定位于宏观调控、市场监管、公共服务、社会治理、环境保护这五个方面。可以说，这既符合行政法学对于行政职能范围的一般理解，[2] 也是中国真实情景中问题倒逼的结果。

第三，中国政府职能全面履行有一个从"强调政府履行职能"到"与市场和社会合作规制以履行职能"的历史过程。 在政府职能转变过程中，政府与市场、社会的边界也逐渐清晰，例如 2004 年实施的《行政许可法》第 13 条明确规定通过公民个人、市场和社会的力量可予以规范的行为，不需要通过政府设立许可来规范。划分边界的过程中，中国政府职能的履行也开始借助与市场、社会协同，通过合作规制来完成行政任务。例如 2015 年修订的《食品安

---

[1] See Brito, *Regulation: A Primer*, George Mason University, 2012, pp. 66, 75. Ogus, *Regulation: Legal Form and Economic Theory*, Hart Publishing, 2004.

[2] 行政法学界在一般意义上将政府职能处理为"保障国家安全、维护社会秩序、保障和促进经济发展、保障和促进文化进步、健全和发展社会保障与社会福利、保护和改善人类生活环境与生态环境"六个方面。中国确立的政府五个基本职能也在这样一个框架中，但为什么是这五个职能以及形成的具体历史原因则有中国自身的政府与社会演进规律。参见姜明安主编：《行政法与行政诉讼法》，北京大学出版社、高等教育出版社 2015 年版，第 94-96 页。

全法》就第一次提出"社会共治"的法律原则，并通过建立"企业自我规制""通过合同的治理""行业协会、社会组织的治理"以及强调公民举报、舆论监督等社会机制来与监管部门共同完成食品安全监督的任务。[1] 在提供公共服务与环境保护的过程中，政府利用社会力量广泛参与，运用 PPP 等形式促成公私合作并建立了初步的制度框架，例如 2015 年出台的《基础设施与公用事业特许经营管理办法》就是在这个框架中具有重要意义的法律文件。

　　第四，中国政府全面履行职能的过程也就是逐步依法履行职能的过程，依法履行职能是政府职能转变的内生动力。对中国政府来说，全面履职的内生动力就是法治化。全面履职首先要形成任务清单，哪些是政府职能，哪些不是，这个清单最终需要靠法律加以明确。尽管中国缺乏统一的行政法总则和一般程序法典，但在很多具体领域，例如宏观调控与市场监管中的《行政许可法》，社会治理中的《行政处罚法》《行政强制法》，公共服务领域中的《政府采购法》《招投标法》，环境保护领域中的《大气污染防治法》《水污染防治法》等，都明确了政府的职能清单，并在这个基础上进一步明确了权力清单和责任清单，且逐渐形成了基本程序。可以说依法履职和全面履职是"一个硬币的两个方面"，前者是后者的依据、范围和保障，后者则是前者的具体内容和根本要求。因此，政府转变职能最终就是依靠刚性的依法履职和动态的全面履职这两个核心要素加以完成和实现。

二、依法全面履行政府职能的基本问题

　　尽管在新时代背景和政府再造的历史使命下，以依法、全面履职为核心的政府职能转变在中国取得了很大的成绩，但仍然在理论

---

　　〔1〕　See Wang Xu, "Governance Logic and Basic Systems of the New Food Safety Law of the People's Republic of China: A Focus on Social Co-Governance", *Journal of Resources and Ecology*, Vol. 9, No. 1 (2018).

上和实践中有一些根本性问题并没有得到有效回答和解决，这也是我们需要在习近平新时代中国特色社会主义思想指导下继续深入思考的重要方面，从而更好地促进政府转变职能，适应全面深化改革的需要。

（一）政府"任务""职能"与"权力"的区分不明确

在中国政府机构改革的过程中，经常有一个争论，机构改革是否就是减少政府人员规模和精简权力，更简单地说，可以将"改人"和"改事"过程中的争论概括为两个问题：

第一，"规模越来越小的政府"是否就是机构改革的根本方向？由于这个问题认识不清，在中国历次机构改革中经常出现精简—膨胀—再精简—再膨胀的怪圈，以至于有学者指出"精简机构是改革，恢复被精简的机构被称为深化改革"。[1]

第二，"权力越来越少的政府"是否就是职能转变的根本方向？有一种观点认为，既然要发挥市场在资源配置中的决定性作用，那么政府职能转变就应以削权为根本，管得越少越好。但党的十八届三中全会确立的全面深化改革的总目标却是"发挥市场在资源配置中的决定性作用和更好发挥政府作用"，那么如何理解"更好发挥政府作用"？究竟是更多权力还是更少权力才是更好的政府作用？

之所以产生这样两个实践中的问题，归根结底是在理论上模糊了行政任务、职能和权力这三个概念的教义学区别。

从行政法教义学的角度看，行政任务来自宪法上的"国家任务"这样一个上位概念，例如现行《宪法》规定国家的根本任务是，沿着中国特色社会主义道路，集中力量进行社会主义现代化建设。而国家任务的完成需要通过宪法秩序分配给不同的国家机关，国家机关就是国家法律人格的具体承担者，也具体承担不同的国家任务。按照一般国家法学的原理，国家机构为完成国家任务需要在

---

〔1〕 姜明安、余凌云主编：《行政法》，科学出版社 2010 年版，第 110 页。

内部空间分为不同的功能区域，[1] 在这些区域建立起具体人和物的结合，也就构成了职位，完成同一功能的职位、按照一定秩序构成的整体，被分配到特定国家权力中，并通过一定机制程序来行使权力，体现整体的国家意志，这就形成了一个国家机构。由此，国家机构包括功能、职位、具体权能和意志四个法律上的构成要件。[2]

因此，为完成某种国家任务，国家机构必须具备不同的功能，在法学上也就是由具体法律所明定的职能，而充分实现和行使这项职能则需要配置具体的权力（权责）。可见，在逻辑上，职能决定权力，首先是行政机关需要完成何种任务而具备特定功能，然后再根据充分发挥功能的要求配备充分而符合法律的权力。

在我国宪法文本中，职能和权力这两个法律概念实际上被统一用"职权"来表达。例如国务院作为最高国家权力的执行机关，就为了完成国家的行政任务而需要承担宪法规定的职权（第 89 条），地方各级人民政府也需要在本行政区划内完成宪法规定的地方行政管理职权（第 107 条），通观这两条，我们可以发现从解释的角度，宪法上的"行政职权"可以分为"管理对象、领域意义上的职权"和"行使方式、手段意义上的职权"两个含义。例如《宪法》第 89 条规定的"（六）领导和管理经济工作和城乡建设、生态文明建设"和"（七）领导和管理教育、科学、文化、卫生、体育和计划生育工作"以及"（八）领导和管理民政、公安、司法行政等工作"，就是有关管理对象和领域意义上的职权，实际上也就是国务院为完成行政任务而需要具体发挥功能或作用的领域，也就是有关"职能"的表述；而"（一）根据宪法和法律，规定行政措施，制

---

〔1〕 例如，《公务员法》第 16 条就将公务员职位分为综合管理类、行政执法类和专业技术类三个不同功能区域。

〔2〕 ［德］齐佩里乌斯：《德国国家学》，赵宏译，法律出版社 2011 年版，第 131 页。

定行政法规，发布决定和命令""（二）向全国人民代表大会或者全国人民代表大会常务委员会提出议案"，这两项则是有关手段和方式意义上的职权，也就是"权力"，即"国务院有权……"的意思。

由此可见，职能更多有关于其作用的领域，权力则更多有关于完成职能所采取的手段。例如，市场监管是政府的一项功能领域，在这个领域中动用行政处罚、行政许可、行政强制则是具体的权力。既然是职能决定权力，那么我们当然就不能笼统地说政府机构改革和职能转型就是人员规模上的增减，它在本质上应该是在充分履行职能的基础上考虑适当的政府规模；也不能简单讲政府职能转型就是权力减缩或建立权力清单，关键要看某项权力是为了完成何种功能，这项功能是否是政府所必需的。如果政府必须有这项功能，则必须配置相应的权力，政府越是亟需甚至垄断这项功能，则相应的权力在力度和强度方面就越必须确保功能可以有效发挥。在权力清单和责任清单建立前，我们应该先建立一个政府部门的职能清单和任务清单，先要厘清究竟有哪些法定任务，然后再根据完成这项任务的需要来动态核定权力清单和责任清单。

由此，政府职能转型本质上就是一个结构优化的问题，无关乎规模与体量，而应取决于两个变量：其一，市场与社会对于完成某项行政任务的贡献率；其二，该项行政任务在提升政府治理绩效中的贡献率。也就是说，如果市场和社会对于完成某项行政任务基本上束手无策，而该项行政任务又非常重要，对于提升政府治理水平有重要意义，则强化相应政府职能，配置强度更大的权力（未必是强制力更大）就具有合理性，例如在环境保护、食品安全等领域，事关习总书记所言的"底线思维"，容不得半点差池，且市场社会本身调节能力有限，那么配置比较强的权力，包括事前许可和各种强制性措施（例如处罚与强制），就并非有违政府职能转型的基本要求。

因此，职能和权力不能机械地理解为"放还是管""大还是小"，必须在不同变量之间进行比较和组合，跳出简单的"量化思维"，走向更加辩证、准确的"结构优化思维"。

（二）政府职能在结构上的双重优化

政府职能首先要优化外部结构，也就是合理划清在完成某项行政任务过程中与市场和社会的边界。这归根结底需要确定政府、市场与社会在某项行政任务完成上的贡献关系。正如 2014 年 5 月 26 日，习近平总书记在党的十八届中央政治局第十五次集体学习时的讲话时精辟指出："各级政府一定要严格依法行政，切实履行职责，该管的事一定要管好、管到位，该放的权一定要放足、放到位，坚决克服政府职能错位、越位、缺位现象。"[1] 从行政法学的学理上说，"放管之间"具体有这样一些衡量标准：[2]

第一，行政任务的性质。一般说来，某项行政任务的主权属性或高权越强，就越应该由政府来一力承担。例如，德国《基本法》第 33 条即规定"高权行政，原则上应作为持续之任务交由公法上勤务及忠诚关系之公务员为之"，在德国行政法上这被理解为是一种"高权行政之功能保留"，行政法教义学由此发展出一些具体的标准：①持续性的高权行政不得委托给公民行使；②例外和暂时的高权行政事务可以委托给公民；③这种例外和暂时的正当性必须结合任务数量（数量标准）和公民行使的实质理由（质量标准）。[3] 相反，若该任务本身具有较强的市场属性或公共属性，并非涉及由

────────

〔1〕　习近平：《"看不见的手"和"看得见的手"都要用好》（2014 年 5 月 26 日），载习近平：《习近平谈治国理论》（第一卷），外文出版社 2018 年版，第 118 页。

〔2〕　K. Yeung, "The Regulatory State", in *The Oxford Handbook of Regulation*, edited by Baldwin, Oxford University, 2012; R. Baldwin, M. Cave, M. Lodge, *Understanding Regulation*, Oxford University, 2011. 王旭：《公民参与行政的风险及法律规制》，载《中国社会科学》2016 年第 6 期。

〔3〕　参见［德］沃尔夫等：《行政法》（第 3 卷），商务印书馆 2007 年版，第 375 页；［日］米丸恒治：《私人行政——法的统制的比较研究》，中国人民大学出版社 2010 年版，第 29 页。

宪法或法律明确规定的由政府公务人员来完成，则可以借助市场或社会完成，或协同完成。又如，若某项任务在本质上就是市场或社会问题的反映，是市场或社会规律没有充分发挥的产物，则这个时候交给市场与社会完成也没有问题。

第二，行政任务需要动用的公共成本。如果一项行政任务需要动用高昂的公共成本，包括时间、效率、人员等，则可以考虑将该任务设定为非政府职能，而交由市场或社会来完成，或引入 PPP 等技术手段，通过功能民营化来协同完成。

第三，行政任务的专业性和技术性。某项行政任务是否应该成为政府的职能，还应该看完成该项任务是否需要较强的专业性和技术性，而政府及有关部门是否具备这种专业和技术。例如在资格认证、标准评价等领域，行业组织与协会等力量往往能够更好地进行鉴别和认证，这种任务的完成就应该逐步从政府职能中剥离，交给成熟的社会组织，通过行业共同体来完成。

第四，政府完成这项任务的工具箱。政府完成一项行政任务应该在工具箱里具备充分的政策和执法工具。善于通过设计组合拳完成行政任务。如果某项任务政府完成的手段单一，甚至仅仅局限在处罚等刚性手段上，就应该考虑市场或社会本身的机制，例如市场的价格机制、社会形成的信用机制等，来更好地完成行政任务。

第五，完成特定行政任务的其他风险。例如，一项行政任务的完成必须要有高度的社会共识，也就是党的十九大报告提到的政府公信力与执行力，需要进行风险评估，防止出现其他不良反应乃至群体性事件。因此，政府就必须衡量由政府自身来完成这项任务是否会引起相应的不良反应，做好评估。

当一项行政任务经过上述评估，通过法律或政策确定为政府职能后，还需要进行内部结构的优化，也就是为充分发挥该职能，需要优化职能—权力—程序之间的结构。我们也可以概括出如下基本规律：

　　首先，"职能与权力相匹配"。其要注意权力的总量配置和边界划分必须建立在事实评估的基础上，在形成权力清单的过程中要进行充分的调研和论证，并进行动态调整，在这个过程中尤其要避免刚性的事前监管手段和处罚手段的盲目使用，要将激励与约束、刚性与柔性、事前与事中事后结合起来，善于用组合拳来设计权力，防止绝对化思维。例如在 2015 年修订的《食品安全法》中，立法者就突破了"治乱世用重典"的思维习惯，将处罚与激励结合在一起，既规定了严密的民事、刑事、行政责任，也规定了惩罚性赔偿、行政奖励等激励性手段。即便在处罚中，也突破了以财产罚为单一手段的窠臼，将财产罚、声誉罚、行为罚、资格罚四种手段妥善结合。

　　其次，"权力与行使程序相匹配"。如果权力运行的程序设计不合理，也会出现不能有效履行职能的情况。例如，在宏观调控职能中，很多地方政府或部门出现了制定产业政策、调整产业结构能力不足，规划不稳定等问题，关键出路在于引入多种程序设计，要注重专家论证，要有政策和规划的预评估与实施中的动态评估机制，对于政策调整和规划变更一定要有充分理由，兼顾现实利益保障。尤其是要充分发挥社会治理的作用，建立公众参与行政的程序。例如在城市管理领域，江苏省南京市制定的《南京市城市治理条例》,[1] 建立城市治理委员会，主任委员由市长担任，一半委员是相关委办局公务员，一半委员是普通市民，共同制定城市治理规则，共同发现和监督城市治理中的问题。又如，在食品安全领域，广东佛山推行的"民安队"模式，食药部门开发一款统一的食品安全举报投诉 APP，每一个市民可以在生活中发现食品安全事故或事件情况下在线投诉举报，并在线随时了解事件处理情况。实现社会

―――――――――――

　　〔1〕《南京市城市治理条例》（2013 年 3 月实施）第 10 条规定，城市治理委员会由市人民政府及其城市管理相关部门负责人，专家、市民代表、社会组织等公众委员共同组成，其中公众委员的比例不低于 50%。城市治理委员会主任由市长担任。

协同治理是政府充分履职的重要前提。[1]

依法全面履行政府职能的关键就在于"任务与职能相匹配"（外部结构优化）和"职能与权力相匹配""权力与运行相配"（内部结构优化）这样三重匹配，而中国政府职能转变中的问题归根结底都是结构失衡或匹配不力在具体领域和微观场域的反映，由此我们就建立起分析具体问题的一般理论框架，作为我们检讨具体职能的根本理论出发点。

三、依法全面履行政府职能的挑战及应对

（一）宏观调控：政府如何"精准掌舵"？

1. 传统划桨型政府的终结

如前所述，传统计划经济体制下，政府职能大量集中在微观经济职能方面，从而在根本上出现外部结构失衡。微观经济职能应该交给市场，通过价格机制来执行，划桨型政府导致市场和社会失去活力，政府通过既做裁判员又做运动员与民争利甚至引发腐败。正如习近平总书记所说"完善宏观调控，提高政府的效率和水平"，政府的经济管理职能也从微观管理向经济监管转型，继而从经济监管进一步转型为宏观调控。

政府宏观调控的职能具体表现为：健全发展规划、投资管理、财政税收、金融等方面法律制度，加强发展战略、规划、政策、标准等制定和实施。切实转变政府投资管理职能，确立企业投资主体地位，制定并公开企业投资项目核准目录清单。完善主要由市场决定价格的机制，大幅缩减政府定价种类和项目，制定并公布政府定价目录，全面放开竞争性领域商品和服务价格。我们可以进一步概括为：①加强经济制度建设，降低企业制度性成本，为好的营商环境提供法治保障；②加强战略、规划、政策、标准等软法建设；

---

〔1〕《带个手机 菜场买买买》，载《今日高明》2017年11月27日，第2版。

③改变政府的投资结构,完善动态的市场负面清单;④政府确保充分竞争与市场定价。

2. 掌舵型政府的新难题

然而,掌舵型政府在中国也面临新难题,用阿马蒂亚·森的观点来说,掌舵型政府需要有很强的建构理性,能够学会后果评价,[1] 而且制定政策、规划要善于向社会学习,要能够精准地为产业布局、结构升级制定合理、有效且符合宪法与法律的政策。这些都构成对中国的挑战:

第一,中国掌舵型政府下相关职能部门对于立足具体情况形成合理产业结构布局和规划的能力不足。调控过程中不能综合考虑产业能力与营商环境,作出的规划和布局或者超前,或者落后。例如,在房地产业格局中,很多地方政府不仔细分析房地产与当地土地供给、规划设计、人口规模、消费水平的综合关系,一味招商引资、上项目,最后产生大量金融风险和社会风险,造成大量闲置、烂尾楼盘,反而影响地方经济与社会稳定。[2]

第二,政府调控与规划设计中"一张蓝图绘不到底",产业分布规划不稳定。在宏观调控过程中,政府不注意保护投资者或其他市场主体的信赖利益,违背比例原则和平等原则,频繁出现朝令夕改、地区封锁与保护的规划与政策,极大损害了政府公信力与执行力。

第三,政府产业结构调整能力不能满足市场需要,产业禁止或退出政策制定不够合理、稳定。有的地方政府制定负面清单时不注意正当程序,也没有有效调研,无法找准市场兴奋点和痛点,无法合理优化产业结构。

---

〔1〕 〔印〕阿马蒂亚·森:《以自由看待发展》,于真译,中国人民大学出版社2007年版,第177页。

〔2〕 参见《康巴氏变局》,载《中国青年报》2016年5月25日,第8版。

3. 精准掌舵的基本要求

宏观调控重在精准、合法。为此,中国政府转变职能时首先要提高调控的理性程度,这一方面需要加强向市场学习、向社会学习,从实际出发制定规划、政策等;另一方面必须严格保护信赖利益,防止规划重大变更对市场主体的伤害。其次,要严格执行规划、标准。有关调控手段或产业政策的制定、决策、执行程序不规范是导致调控失准的重要原因。再次,要防止部门利益和地方利益,充分吸收社会利害相关人、行业协会组织等加入到规划、标准的制定、执行、评估等各个环节中来,建立起以参与为中心的正当程序。最后,政府还必须学会后果评价,任何一个政策只有在所有人都认为会从中受益的情况下才能得到最大化支持,[1] 因此,制定政策与规划要事先评估和判断哪些群体或阶层会受益,哪些群体或阶层会受损,并做好必要的补偿、转移支付、安置等工作,尤其在制定产业禁入清单和淘汰相关产业的时候,需要注意后果评价,防止社会风险发生,从而为政策和规划的有效执行创造最佳的制度条件。

(二)市场监管:政府如何有效监管?

1. 全能政府、规制政府与市场经济

政府市场监管的职能转型归根结底就是要从全能政府转向规制政府,以适应市场经济的要求,政府与市场的界限厘定在最合理的地方。所谓全能政府和规制政府的区分,在行政法学上一般主要有如下方面:[2]

第一,法律基础不同。规制政府本质上是政府根据宪法义务所体现的负责任性与回应性,规制是在宪法授权下追求政府对于自然

---

〔1〕 [美] 希尔顿·L. 鲁特:《资本与共谋:全球经济发展的政治逻辑》,刘宝成译,中信出版社 2017 年版,第 201 页。

〔2〕 本部分概括自王旭:《论自然资源国家所有权的宪法规制功能》,载《中国法学》2013 年第 6 期。

资源在经济社会活动中产生风险与问题的持续性控制，是履行宪法规定的保护义务的要求。全能政府则是简单地对资源的垄断与控制。

第二，社会基础不同。规制政府往往建立在市场经济的前提下。在这种条件下，政府与市场有着清晰的边界。全能政府则完全建立在非市场经济或者被操纵的市场经济基础之上。自然资源要么不能进入市场成为产品，要么不能通过市场来调节和反映产品的真实价格。

第三，手段形式不同。规制主要通过法律和经济手段进行。例如信息披露、价格控制、国有化、标准制定、行政许可等。[1] 全能政府往往凭借的是简单的行政命令甚至个人意志，而不是普遍化的、具有工具理性和程序保障的法律。

2. 市场监管的中国意涵

在中国的语境中，市场监管下的规制政府主要体现为：[2]

第一，大刀阔斧进行行政审批体制改革。全面清理行政审批事项，全部取消非行政许可审批事项。最大程度减少对生产经营活动的许可，最大限度缩小投资项目审批、核准的范围，最大幅度减少对各类机构及其活动的认定。取消不符合行政许可法规定的资质资格准入许可，研究建立国家职业资格目录清单管理制度。直接面向基层，量大面广、由地方实施更方便有效的行政审批事项，一律下放地方和基层管理。加大取消和下放束缚企业生产经营、影响群众就业创业行政许可事项的力度，做好已取消和下放行政审批事项的落实和衔接，鼓励大众创业、万众创新。严格控制新设行政许可，加强合法性、必要性、合理性审查论证。

---

〔1〕 See Brito, *Regulation: A Primer*, George Mason University, 2012, pp. 66, 75. Ogus, *Regulation: Legal Form and Economic Theory*, Hart Publishing, 2004.

〔2〕 综合整理自中共中央、国务院：《法治政府建设实施纲要（2015-2020年）》《中共中央关于全面推进依法治国若干重大问题的决定》。

第二，提高服务效率。对保留的行政审批事项，探索目录化、编码化管理，全面推行一个窗口办理、并联办理、限时办理、规范办理、透明办理、网上办理，提高行政效能，激发社会活力。加快投资项目在线审批监管平台建设，实施在线监测并向社会公开，2015 年实现部门间的横向联通及中央和地方的纵向贯通。加快推进相对集中行政许可权工作，支持地方开展相对集中行政许可权改革试点。深化商事制度改革，继续清理工商登记前置审批，加快工商登记后置审批改革。进一步推进工商注册登记制度便利化，2015 年底前实现工商营业执照、组织机构代码证、税务登记证"三证合一""一照一码"。推行电子营业执照和全程电子化登记，实行"一址多照"和"一照多址"。加强事中事后监管，创新市场监管方式，完善市场监管体系，建立透明、规范、高效的投资项目纵横联动、协同监管机制，实行综合监管，推广随机抽查，探索"智能"监管。

第三，提高公平的市场环境。清理、废除妨碍全国统一市场和公平竞争的各种规定和做法，破除部门保护、地区封锁和行业垄断。全面清理规范行政审批中介服务，对保留的行政审批中介服务实行清单管理并向社会公布，坚决整治"红顶中介"，切断行政机关与中介服务机构之间的利益链，推进中介服务行业公平竞争。

第四，加强社会信用体系建设，建立健全全国统一的社会信用代码制度和信用信息共享交换平台，推进企业信用信息公示"全国一张网"建设，依法保护企业和个人信息安全。完善外资管理法律法规，保持外资政策稳定、透明、可预期。健全对外投资促进制度和服务体系，支持企业扩大对外投资，推动装备、技术、标准、服务"走出去"。

3. 需要解决的问题

尽管中国政府在有效监管方面做出上述努力，但实践和理论中体现出来的问题仍然不容忽视，需要我们严格配置监管权力，防止职能与权力的不匹配，完善权力与运行程序的匹配度。具体要高度重视以下问题：

第一，有的政府部门将"简政放权"仅仅理解为减少政府行政审批事项的数量，不注重在这个过程中优化产业结构、提高服务质量。如前所述，简政放权不是简单的数量增减，必须优化结构，让最恰当的权力匹配最理想的职能，在这个过程中以服务为导向行使权力。

第二，有的政府部门不注重从政府监管的规律出发，哪些事项能放，哪些事项不能放，缺乏明确标准，甚至导致推诿与不作为。

第三，有的政府部门不注重"放管结合"，放给市场和社会的事项与职能，缺乏有效承接。市场和社会缺乏相应承接载体和能力，这在本质上就是职能外部结构缺乏优化的表现，市场与社会并没有建立起与完成监管任务相匹配的制度和机制。

第四，有的政府部门"重事前审批，轻事中事后监管"，将审批作为行使职权的关键，缺乏全程监管和风险控制意识，导致不规范的市场行为屡屡发生。这同样表现为职能与权力的内在不匹配。

第五，有的政府部门在服务过程中，对于依法应该办理的手续久拖不办，百般刁难的现象仍有发生。这是权力行使异化，政府监管蜕变为攫取型政府的典型，也是一种直接的腐败行为。

第六，尤为重要的是，存在普遍的监管体制不顺畅、监管权力执法边界不清晰的问题。既包括权力整体归属不明确，也包括某一具体的权力环节存在模糊的地方。例如，某地政府通过梳理权力清单发现，对于无准运证件运输垃圾、渣土、砂石、土方、灰浆等流体、散装货物，运输上述物品不符合要求，泄露遗撒、运输车辆车轮带泥行驶，无证照经营出租汽车（含旅游汽车）等违法行为，虽然赋予了区城管局执法的权力，但没有赋予其拦车的权力，导致上述执法行为存在事实上的困难。同时，还有一些人民群众反映强烈的生活问题也反映出部门权力边界不清，例如，河道边烧烤的整治，环保部门和城管部门就存在权限争议。

此外，执法协调机制也不健全。在联合执法、执法公务协助等方面都缺乏有效制度协调。例如，很多执法部门在日常执法中都需要联合执法才能确保执法效率，但缺乏有效联合执法的程序设计和制度保障，且执法主体不确定，处罚权限不明确。例如，某地政府梳理监管权力时发现，查处非法钓鱼、游泳、河道烧烤等违反区政府通告的行为时，水务管理部门只有检查权没有执法权，只能配合城管等部门对违法行为进行劝阻，不能有效地处理此类案件。另外，执法公务协助也缺乏制度保障。很多时候执法部门都需要公安机关的执法公务协助，比如食药部门、环境监察部门、工商部门、城管部门，在执法过程中需要公安机关对相关违法人员采取强制措施或展开相关的搜查活动，公安机关在什么程序环节介入？介入过程中能否以自己的名义独立行使职权？因介入产生的费用而引起的争议，这些相应责任由谁承担？也都缺乏制度设计，从而容易诱发公务协助的不作为或出现机关之间的争议，影响执法效率。

目前，监管时的部门本位主义导致监管执法争权诿责。一方面，任务清单和权力清单在厘定的过程中存在比较严重的部门本位，自己想用什么权就想方设法把这个权力归入自己的名下；另一方面，也是因为缺乏沟通机制，部门之间就相应的行政任务和配套权力没有进行详细的沟通、协商，造成信息不对称，在执法中才发现冲突或空白。要解决监管体制中的权力异化问题，从优化职能与权力匹配的结构角度而言，在行政法教义学上可以建立起"权力配置就近原则""权力配置专业原则""权力配置经济原则"三项具体原则。

"权力配置就近原则"要求让职能与执法对象最接近的机关来行使执法权。例如，《北京市控制吸烟条例》就明确规定，由第一时间能够制止或处罚相关违法行为的行政机关来行使执法权；"权力配置专业原则"要求由最具有调查优势与判断优势的行政机关来行使执法权。维护行政管理秩序具有高度的专业性，例如涉及环境污染的领域，即便多个部门都有管辖可能，但配置给环境管理部门享有执法权是最符合专业要求的，因为它最具备搜集证据和判断违法事实的能力，可以借鉴《食品安全法》的体制，在专业性较强的执法领域，明确最具有类似专业知识的机关来行使执法权，其他相关部门予以配合或协调；"权力配置经济原则"要求执法权的配置应该尽量节省公共成本，无须增加新的编制、预算，让最有现实基础的行政机构行使相应的执法权。

（三）社会治理：如何实现共治？

1. 规制国家的再造：从规制（regulation）到合作规制（cooperative-regulation）

20 世纪兴起的规制国家模式强调在尊重市场的情况下，为克服市场与社会的失灵，政府可以运用干预手段来防止负的外部性。20 世纪 80 年代开始，政府单方面的规制手段也越来越暴露出成本过高、手段简单、与社会信息存在严重不对称、反应滞后等弊病。因此在公共管理和行政法学领域，所谓的合作规制模式开始兴起。[1] 合作规制强调政府与社会互相协作、互相沟通，共同为了一个规制的目标而采取合作的手段克服相应的规制危机。例如：

在食品安全领域，相当多的欧美国家都强调合作规制的运用，政府充分利用有效激励的措施和手段，让社会承担起诸如举报、曝光、私人之间通过合同互相惩罚等一系列任务，共同完成食品安全的监管。[2] 尤其是在风险交流的领域，合作规制更是发挥了食品安全治理任何一个单方主体所不能起到的作用，食品安全风险在合作的框架里更加透明、及时地予以发现并能被有效评估。

---

〔1〕 K. Yeung, "The Regulatory State", in *The Oxford Handbook of Regulation*, eds. by R. Baldwin, Oxford University, 2012, p. 65.

〔2〕 R. Baldwin, M. Cave, M. Lodge, *Understanding Regulation*, Oxford University, 2011, p. 137.

2. 行政方式的民主化浪潮：从高权行政到"私人对行政的参与"

社会共治的第二个法理基础在于行政方式的民主化浪潮，这也意味着行政合法性模式的重新调整。发端于 19 世纪的行政行为合法性模式主要是一种高权行政下的"传送带"模式。[1] 也即行政行为之合法是因为其严格传递了立法者的意志，而立法者的意志有民主合法性作为基础，由此行政行为取得合法性，其单方意志性和公定力效果也被称为是一种高权行政。然而，自 20 世纪中叶以来，随着英美国家正当程序引发的权利革命和大陆法系国家行政程序法治化进程，越来越多的制度设计强调行政合法性应建立在私人对行政的民主参与基础之上。行政行为并不能仅仅凭借立法者的选举民主而获得正当性，一个政府监管行为如果没有公民的有效参与，则不能在行政决策和管理中充分体现出利害关系人的相关诉求与主张，则同样也会引发所谓的合法性危机。食品安全监管中的社会共治正是这样一种合法性模式转变的反应，它对应的是现代社会参与民主的浪潮，公民只有在行政参与中才能认可行政的监管行为。[2]

3. 社会治理的中国语境：背景与表现

社会治理的本质是一种共治，这既有前述法理的支撑，也有独特的中国背景和表现，它不是一项偶然、孤立的法律原则，而是由中国社会和政府转型的内在逻辑转型所决定，也必然会对中国政府治理具有重要意义：

（1）共治改造全能政府。社会共治实际上就是重新划定政府边界：通过立法赋予公民、社会组织等知情权、参与权约束政府权力，也就在政府、社会与个人之间重新划定了任务和权力的边界。

---

〔1〕 C. Coglianese, E. Mendelson, "Meta-Regulation and Self-Regulation", in *The Oxford Handbook of Regulation*, eds. by R. Baldwin, Oxford University, 2012, p. 147.

〔2〕 A. Hoflund, M. Pautz, "Improving Food Safety through Self-Regulation", vol. 2, Issue. 1, Food Studies.

尤其是明确了政府权力清单,让社会和公民个人分享了更多的国家权力,我们也可以说这是一个"国家权力社会化的过程",也是以政府为代表的国家权力自我限制、自我约束的过程。

(2)共治重塑掌舵型政府。社会共治原则在中国明确下来还有一个非常重要的因素,即节省政府在社会治理中的公共成本。以食品安全治理为例,从实际情况来看,目前中国大约有 27 万食品生产者、811 万食品经营者和 263 万餐饮服务提供者,还有大量小商小贩由于没有执照而无法精确统计其数量。[1] 因此中国食品监管部门面对的是一个数以千万计的庞大监管对象,这需要大量的人、财、物投入。如果政府仍然坚持一种传统的划桨型政府,将一切具体的监管任务都集于一身,势必难以承受这种公共开支。由此,中国政府必须从划桨型向掌舵型转变,强调宏观管理与微观执法相结合,充分发挥社会本身的监管潜力,共同制定规则、防范风险、实施制裁。[2] 例如,新法规定的食品检测机构社会化就是一个典型表现。政府将一部分检测的行政确认权力交给社会第三方组织来执行,既有效节省了政府的成本,也充分发挥了社会组织的专业技术优势,正是一举两得的体现。

(3)共治重塑智慧政府。社会共治在今天中国社会还为信息技术和平台经济等新业态提供社会土壤。因此,共治可以进一步促进信息在政府与社会之间的沟通、交流,从而在标准制定、风险预防等方面有更多的优势;它也迫使政府必须学会更加智慧的治理方式,要与社会合作,更广泛地利用大数据、云计算,学会利用平台经济自身的特点来对新业态加以调控,打造智慧政府。

---

〔1〕 根据国家食药总局 2014 年的内部统计,中国目前登记在册的食品生产企业有 17 万家,食品经营企业有 263 万家,餐饮服务企业达到 811 万家,而在编的食品监管执法力量约 9 万余人。

〔2〕 R. Baldwin, M. Cave, M. Lodge, *Understanding Regulation*, Oxford University, 2011, p. 142.

（4）共治重塑责任政府。社会共治在中国语境中的最后一个重要意义就在于它实际上将起到倒逼政府改变懒政惰政。因为社会共治赋予了社会主体更多的积极性和主动性，也就必然要求政府要有更多的积极回应性和配合性，例如新的法律规定的举报、信息沟通、传媒监督等都将倒逼政府监管部门面对公众诉求或特定利害关系人的请求，更加积极有为地履行监管职能，实现"回应型的责任政府"。

在中国，社会治理的具体内涵是指，加强社会治理法律、体制机制、能力、人才队伍和信息化建设，提高社会治理科学化和法治化水平；完善社会组织登记管理制度；适合由社会组织提供的公共服务和解决的事项，交由社会组织承担；支持和发展社会工作服务机构和志愿服务组织；规范和引导网络社团社群健康发展，加强监督管理；深入推进社会治安综合治理，健全落实领导责任制；完善立体化社会治安防控体系，有效防范管控影响社会安定的问题，保护人民生命财产安全；提高公共突发事件防范处置和防灾、救灾、减灾能力；全方位强化安全生产，全过程保障食品药品安全；推进社会自治，发挥市民公约、乡规民约、行业规章、团体章程等社会规范在社会治理中的积极作用。

4. 社会治理的困境及克服

尽管中国政府以共治为核心理念，充分动员社会和组织，协同治理社会秩序，实现公共安全，但仍然存在一些基本困境：

第一，网格化社会治理、化解矛盾的效果不明显。网格化社会治理仍然缺乏实效，表现在：①很多机制没有充分发挥作用，例如相关部门对社会矛盾介入的速度反应能力不强，对于需要处理的社会纠纷、诉求具体由哪个部门、哪个网格员承接存在衔接不畅通的地方；②标准化建设没有完全落地，虽然网格管理与服务建立了标准，但标准形成本身缺乏有效的社会参与，更多是政府部门单方面制定的结果，缺乏社会基础。同时，标准的层层落地也需要切实制度保障。

　　造成上述情况的原因，一方面在于部分政府部门在观念意识上存在形式主义，认为只要有网格化的概念，有相应制度就算实现了网格化治理，忽视制度实际运转，尤其是忽视政府部门联动配合的重要意义；另一方面，政府部门协作机制没有建立起来，无法缝制一张真正的无缝之网，容易出现漏网之事，没有托底部门予以保障。

　　第二，社会自身力量化解纠纷的能力不足，共治实效不佳。很多社会矛盾化解领域仍然是靠政府及部门自身力量来解决，政府压力过大，有的地方不堪重负，社会主体参与纠纷解决的动力不足，热情不高。利用乡规民约、交易习惯、传统风俗等社会规则化解矛盾的渠道不畅通，利用社会群众自身的组织来化解矛盾的空间不大。尤其在社会信用体制建设方面，利用社会本身的评价功能来提高社会治理水平，通过诚信黑名单等制度设计来规范社会成员的行为，仍然存在较大的完善空间。

　　造成这个问题的主要原因在于社会组织和社会规范缺乏足够的生存空间，政府及部门很多时候仍然停留在大包大揽的管理理念之上，不了解治理的真正含义在于充分实现多元力量的协同共治。

　　未来中国政府职能进一步转型，充分释放社会治理中社会本身的红利，还尤其需要提高相关治理能力：

　　首先，要努力增强网格化治理的实际效果。一是增强网格化治理的反应能力，提高问题反应和解决的灵敏度，促进相关机关的协作能力。例如，云南省保山市的化解矛盾平台建设做得比较好，通过开发 APP，出现矛盾的时候，由当事人在 APP 上按相关部门进行寻呼，扩散相关矛盾信息，接受寻呼的相关职能部门互相配合，迅速反应，其他部门做到充分配合支援。二是网格化公开透明程度要提升。网格中的职能部门、具体权限、专职网格管理人员相关信息必须公开、准确。

其次，提升社会自身化解矛盾的能力。充分提倡社会共治的理念，鼓励利用村规民约、交易习惯、行业章程等"软法"进行综合治理，可以借鉴福建等地的经验，大力发展民间调解机制与惩戒机制，例如在泉州、漳州等地，对于食品安全实行行业内部惩罚机制，以村为单位，茶农与企业签订收购协议，一户茶叶出现质量安全，则企业与所有茶农解除协议；对于违反茶叶安全生产标准的茶农，由其他农户对其收取违约金以制裁。

（四）公共服务：如何克服"权力配置非均衡性"与"供给非均等性"难题？

1. 政府公共服务职能的基础：人民中心论

根据《法治政府建设实施纲要（2015-2020年）》的要求，政府公共服务职能主要表现为：着力促进教育、卫生、文化等社会事业健康发展，强化政府促进就业、调节收入分配和完善社会保障职能，加快形成政府主导、覆盖城乡、可持续的基本公共服务体系，实现基本公共服务标准化、均等化、法定化。建立健全政府购买公共服务制度，公开政府购买公共服务目录，加强政府购买公共服务质量监管。推进公共服务提供主体和提供方式多元化，凡属事务性管理服务，原则上都要引入竞争机制向社会购买；确需政府参与的，实行政府和社会资本合作模式。

可以说，公共服务职能的确立是建立给付行政、福利行政的根本前提，也是服务型政府在中国确立的标志，更进一步标志着中国政府维护公平正义的中立型角色日益鲜明。它有着习近平新时代中国特色社会主义思想的深厚根基，那就是坚持"以人民为中心"的基本治国方略。习近平总书记在第一次当选为中共中央总书记与中外记者见面的时候就表达了这个核心思想，"人民群众对美好生活的向往就是我们奋斗的目标"，新时代的主要矛盾同样表现为人民群众对美好生活的需要与不平衡不充分的发展之间的矛盾。

党的十九大报告提出坚持以人民为中心的治国基本方略："人

民是历史的创造者，是决定党和国家前途命运的根本力量。必须坚持人民主体地位，坚持立党为公、执政为民，践行全心全意为人民服务的根本宗旨，把党的群众路线贯彻到治国理政全部活动之中，把人民对美好生活的向往作为奋斗目标，依靠人民创造历史伟业。"由此，政府公共服务的职能也就是不断满足人民群众对美好生活需要，体现党的群众路线，落实以人民利益为奋斗目标，以人民评判为根本标准的人民中心论的重要要求。尽管各国政府都强调公共服务，但中国与建立在选举民主基础上的西方绩效合法性的政府的追求有着根本的不同。

2. 公共服务的难题之一："权力配置非均衡性"

正如学者观察到的"中国政府提供公共服务的能力仍然有待提高"。"公众抱怨最多的是基础设施服务匮乏，包括电信服务、邮政服务、电力供应、公共交通以及燃气供应等。这些中国特色的问题，反映出中国广大人民群众在生活水平不断提高的同时，对基础设施以及公共服务提出了更高的要求。"[1] 党的十九大报告指出："民生领域还有不少短板，脱贫攻坚任务艰巨，城乡区域发展和收入分配差距依然较大，群众在就业、教育、医疗、居住、养老等方面面临不少难题；社会文明水平尚需提高。"从学理的角度观察，公共服务绩效仍然有待提高的一个原因就是中国式的权力配置非均衡性。

这种非均衡性可以表现为纵向与横向两个方面。纵向表现为中央与地方之间在事权财权配置上的非均衡性。长期以来，根据现行《宪法》第 3 条第 4 款规定"中央和地方的国家机构职权的划分，遵循在中央的统一领导下，充分发挥地方的主动性、积极性的原则"，中央政府更多是宏观制定政策、规划与标准，并不实际进行大规模执法和服务，"地方政府负总责"成为相当明显的现象，地

---

〔1〕〔美〕希尔顿·L. 鲁特：《资本与共谋：全球经济发展的政治逻辑》，刘宝成译，中信出版社 2017 年版，第 201 页。

方政府承担了大量公共服务的职能，从省、市、县、乡（街道）一层层分解这些任务与职能，具有相当的工作强度与繁难程度。但中央事权与地方事权并没有在法律层面明确范围。哪些公共任务属于中央事权，哪些属于地方事权，哪些是共同事权，由于没有法律规定，地方政府负总责有的方面甚至成为地方政府负全责。

另外，1994 年分税制改革之后，中央政府财政汲取能力迅速增强，地方政府则只能依靠一般支付和专项支付的转移支付制度来获得行使事权的财政保障，在转移支付的过程中也出现从省到县乡的财源逐级减少的现象，于是为公共利益而腐败在地方竞标赛体制下变得越来越严重，[1] 也诱发了对当代中国公共服务影响深远的土地财政。

这种事权与财权在中央与地方之间的严重不匹配必须通过制度改革、最终的法治化改革来克服。2018 年 1 月 27 日，国务院办公厅发布的《基本公共服务领域中央与地方共同财政事权和支出责任划分改革方案》正是最新的制度改良。该文件从五个方面明确了由中央与地方共同承担财政支出的基本公共服务的制度框架：

第一，明确了基本公共服务领域中央与地方共同财政事权范围。按照之前的改革思路，中央与地方事权根据事权属性分别明确为中央财政事权、地方财政事权或中央与地方共同财政事权三类，本次改革明确共同财政事权为八项，从而为中央和地方共同合理承担相关公共支出提供了政策依据。

第二，制定基本公共服务保障国家基础标准。国家基础标准由中央制定和调整，要保障人民群众基本生活和发展需要，兼顾财力可能，并随经济社会发展逐步提高，所需资金按中央确定的支出责任分担方式负担。

第三，规范基本公共服务领域中央与地方共同财政事权的支出

---

〔1〕 周人杰：《断掉"跑部钱进"的公关路》，载《人民日报》2015 年 2 月 6 日，第 5 版。

责任分担方式。根据地区经济社会发展总体格局、各项基本公共服务的不同属性以及财力实际状况，基本公共服务领域中央与地方共同财政事权的支出责任主要是中央与地方按比例分担，并保持基本稳定。

第四，调整完善转移支付制度。在一般性转移支付下设立共同财政事权分类分档转移支付，原则上将改革前一般性转移支付和专项转移支付安排的基本公共服务领域共同财政事权事项，统一纳入共同财政事权分类分档转移支付，完整反映和切实履行中央承担的基本公共服务领域共同财政事权的支出责任。

第五，推进省以下支出责任划分改革。中央财政要加强对省以下共同财政事权和支出责任划分改革的指导。对地方承担的基本公共服务领域共同财政事权的支出责任，省级政府要考虑本地区实际，根据各项基本公共服务事项的重要性、受益范围和均等化程度等因素，结合省以下财政体制，合理划分省以下各级政府的支出责任，加强省级统筹，适当增加和上移省级支出责任。

当然，从长远来看，根据宪法精神制定"中央地方国家机构组织关系法"，通过法律明确相关权利义务责任，应是治本之策。

3. 公共服务的难题之二："供给非均等性"

习近平总书记在 2017 年 12 月 18 日中央经济工作会议上提出基本公共服务均等化是区域协调发展的三大目标之一，并提出：基本公共服务是最基本的民生需求，范围包括公共教育、就业创业、社会保险、医疗卫生、社会服务、住房保障、文化体育、残疾人服务八个领域。基本公共服务均等化是指全体公民都能公平地获得大致均等的基本公共服务。推进基本公共服务均等化是区域协调发展战略的一项艰巨任务。目前，地区间的基本公共服务不均衡问题很突出。高中阶段入学率、高等教育入学率方面，东西部差距还比较大。每万人拥有的医院床位数、每百万人公共图书馆拥有量，尽管中西部超过东部地区，但质量和服务水平还比较低。东西部互联网普及率差距还很明显。由此可见，目前中国公共服务面临的第二个问题就是供给的非均等性。公共服务的标准化、均等化、法治化归根结底是为了实现供给的均等化，落实宪法上的平等保护原则，克服新时代社会主要矛盾。

就行政法学而言，克服这个问题涉及行政决策和行政执法两个方面。从行政决策来说，必须进一步突破城乡、区域、阶层、户籍等体制壁垒，在体制上落实平等保护，同时要尽快实现标准化和法治化，通过标准化促进基本水平面的平衡，并发挥强制效力，通过法治化建立起程序和问责机制。就行政执法而言，则需要各级政府在具体执行法律、政策的时候，准确行使裁量权，建立起裁量基准和行权手册，理性、公平地提供公共服务。

（五）环境保护：如何有效进行风险管理？

1. 环境保护的中国意涵

习近平总书记在党的十九大报告中指出：我们要建设的现代化是人与自然和谐共生的现代化，既要创造更多物质财富和精神财富以满足人民日益增长的美好生活需要，也要提供更多优质生态产品以满足人民日益增长的优美生态环境需要。必须坚持节约优先、保护优先、自然恢复为主的方针，形成节约资源和保护环境的空间格局、产业结构、生产方式、生活方式，还自然以宁静、和谐、美丽。2018 年《宪法修正案》也将"美丽中国"载入《宪法》序言，可以说当代中国政府面临的最新的一项职能就是环境保护，这是中国政府从经济管理职能向社会职能转变最为深刻的体现，也体现了全新的发展观、政绩观。所谓环境保护的政府职能主要是指：

加快建立和完善有效约束开发行为和促进绿色发展、循环发展、低碳发展的生态文明法律制度；深化资源型产品价格和税费改革，实行资源有偿使用制度和生态补偿制度；改革生态环境保护管理体制，完善并严格实行环境信息公开制度、环境影响评价制度和污染物排放总量控制制度；健全生态环境保护责任追究制度和生态环境损害赔偿制度；对领导干部实行自然资源资产离任审计。

2. 环境保护职能的理论基础：风险管理

风险评估、风险交流和风险管理是风险社会学的基本要素，也是行政法学上讨论环境保护的基本理论框架。对政府来说，经过有效风险评估和风险交流，建立起风险管理制度并高效执行是治理环境的关键。风险管理的制度有很多，包括：其一，法律制度，以严格法律问责（处罚为中心）和事前监管（许可）为核心；其二，经济制度，通过建立产权交易制度、使用付费、损害补偿等制度来调节人利用环境资源的行为；其三，社会制度，建立以保险为中心的制度来分散风险，实现有效救济。[1] 在当代环境法、能源法、科技法、食品法等风险行政研究的重点领域，坚持"预防原则"，落实风险点风险与控制（HACCP）体系成为基本共识。预防的本质在于对不确定性的处理，这正是"风险"具有开放性和因果关系不明确的必然体现。HACCP 体系则要求根据比例原则，政府必须穷尽相关手段，仔细分析从源头开始可能爆发风险的因素，并根据不同风险因素的性质（物理的、化学的、生物的、技术的等）建立起标准和控制手段，并严格执行这个标准。

3. 中国政府履行环境保护职能的关键：协同推进不同政策目标

对中国政府来说，需要在环境保护、经济发展与社会稳定之间找到妥善的政策平衡。首先，需要改变唯经济绩效中心的发展观，优化经济结构，升级产业，不能为眼前政绩而继续走高耗能、高劳力、粗放式的低端经济发展模式；其次，需要注重源头治理，树立预防原则，建立全程可追溯的环境污染问责体制；最后，需要将科技创新政策与环境保护政策紧密结合，通过提高生产生活的科技含量，实现环境资源的最佳利用。

---

〔1〕 ［德］乌尔里希·普洛伊斯：《风险预防作为国家任务——安全的认知前提》，载刘刚编译：《风险规制：德国的理论与实践》，法律出版社 2012 年版，第 133 页。

主要参考文献：

1.《行政法与行政诉讼法学》编写组：《行政法与行政诉讼法学》，高等教育出版社 2017 年版。

2. 马怀德：《行政许可》，中国政法大学出版社 1994 年版。

3. 姜明安主编：《行政法与行政诉讼法》，北京大学出版社、高等教育出版社 2015 年版。

4. 姜明安、余凌云主编：《行政法》，科学出版社 2010 年版。

5. 翁岳生主编：《行政法》，中国法制出版社 2009 年版。

6.［德］哈特穆特·毛雷尔：《行政法学总论》，高家伟译，刘兆兴校，法律出版社 2000 年版。

7.［美］希尔顿·L. 鲁特：《资本与共谋：全球经济发展的政治逻辑》，刘宝成译，中信出版社 2017 年版。

8. R. Baldwin, M. Cave, M. Lodge, *Understanding Regulation*, Oxford University, 2011.

9. 马怀德：《公务法人问题研究》，载《中国法学》2000 年第 4 期。

10. 王旭：《公民参与行政的风险及法律规制》，载《中国社会科学》2016 年第 6 期。

第四章　行政体制改革与行政组织法[*]

习近平总书记在党的十九大报告论及"健全人民当家作主制度体系，发展社会主义民主政治"时强调，要"深化机构和行政体制改革"。具体而言，其内容包括："统筹考虑各类机构设置，科学配置党政部门及内设机构权力，明确职责。统筹使用各类编制资源，形成科学合理的管理体制，完善国家机构组织法。转变政府职能，深化简政放权，创新监管方式，增强政府公信力和执行力，建设人民满意的服务型政府。赋予省级及以下政府更多自主权。在省市县对职能相近的党政机关探索合并设立或合署办公。深化事业单位改革，强化公益属性，推进政事分开、事企分开、管办分离。"

可见，行政体制改革虽然可能主要表现为包括国务院机构改革在内的整个国家机构改革，但是，其更为深刻的背景含义则在于人民当家作主制度体系的改革，在于社会主义民主政治体制的改革。也正是在这一背景含义之下，与行政体制改革具有密切关联的行政组织法治化建设实际上是政治体制改革的一部分。纵观行政体制改革的发展演进历程，可以发现，自改革开放以来，无论过去历次党的代表大会报告还是政府工作报告，行政体制改革的制度化需求在不断加强。制度化的主要表现是法律规范的制定与实施，其高级形态乃是法治体系的建立和完善，因此，行政体制改革的制度化便集

＊　张力，中国政法大学法学院副教授。

中体现在行政组织法的制定和完善上。

一、行政体制改革的经验与路径

（一）改革开放以来的行政体制改革路径

行政体制既包括机构的设置，也涉及机构职权划分、运作等议题。从行政组织角度来看，行政体制必然会随着任务变化而始终处于变动和改革当中，并集中表现在政府机构的不断改革上。但是，政府机构又不能随意处于变动当中。作为上层建筑的一部分，它的调整必须以适应经济基础为核心目标。

自改革开放以来，截至 2018 年 3 月，我国已经历八次国家机构改革。从形式来看，这八次改革始终与改革开放进程中的行政体制调整需要密切关联，并没有拘泥于特定的教条，而是形成了五年一个周期并且与政府换届大致同步的改革节奏。从改革背景来看，八次国家机构改革和行政组织的调整，均是为了破除此前计划经济体制的弊端，进一步适应社会主义市场经济的需要，具有浓厚的经济调适色彩。可以想见，只要以经济建设为中心的基本路线不动摇，阻碍社会主义市场经济体制的障碍依然存在，服务于市场经济发展的行政体制改革，尤其是行政体制改革中的国家机构的调整逻辑就会一直持续，并指导未来的改革。

遵循这一动因，我们可以将这八次机构改革划分为三个阶段，前两个阶段很好地体现了破—立的过程：

1. 破：破除计划经济体制模式（1982-1992 年）

在该阶段，我国分别于 1982 年和 1988 年进行了两次行政体制改革。其中，在国家政府机构改革方面，1982 年的改革充分体现了邓小平同志的智慧，其主要内容包括三个方面：一是精简人员，大幅减少各类行政组织工作人员；二是废除领导干部终身制，实现干部队伍的"革命化、年轻化、知识化、专业化";[1] 三是回应经济体制改革的要求，开始撤并经济管理部门。

1988 年的改革首次提出了政府职能转变的议题，这为后续政府机构改革提供了核心思路。这次改革进一步奉行精简机构人员的原则，将国务院的机构从 72 个调整为 65 个，推动经济管理从微观、直接管理转向宏观、间接管理。同时还创立了"三定"方案的做法，直接影响了后续政府机构改革乃至行政组织制度化的路径选择。

2. 立：尝试建立与社会主义市场经济体制相适应的行政体制（1993-2013 年）

1992 年，党的十四大提出建立社会主义市场经济体制，并要求建立与之相适应的管理体制和组织机构。次年，《国务院机构改革方案的说明》中便明确表示此次改革的不同正是将适应社会主义市场经济发展的要求作为改革的目标，改革的重点是转变政府职能。

1998 年的机构改革继续将"建立适应社会主义市场经济体制的、有中国特色的行政管理体制"作为核心目标，重点调整政府与市场、企业、社会之间的关系，其成果在于政府从企业管理中退出，消除了政企不分的行政组织基础，并首次确立了政府提供公共服务的职能定位。此次改革是迄今为止精简力度最大的一次改革，部门内设司局级机构减少 200 多个，人员编制总数减少 47.5%，国务院组成部门从 40 个削减到 29 个。[2]

2003 年的政府机构改革主张在进一步转变政府职能的基础上，提出了发展社会主义民主政治的目标，将整个行政体制改革视作政治建设和政治体制改革的一部分，主张按照精简统一效能的原则推

---

〔1〕 魏礼群主编：《建设服务型政府——中国行政体制改革 40 年》，广东经济出版社 2017 年版，第 90 页。

〔2〕 孟鸿志：《中国行政组织法通论》，中国政法大学出版社 2001 年版，第 76 页。

动改革，实现机构和编制的法定化，并将国务院组成部门从 29 个减为 28 个。可见，行政体制改革在原有政府职能转变目标的基础上，叠加了社会主义政治文明建设的发展目标，共同服务于社会主义市场经济体制的完善。

2008 年的机构改革遵循了此前党的十七大报告中提出的"探索实行职能有机统一的大部门体制"要求，首次指出了将"大部制"作为行政体制改革的方向，即合并职能相近的部门，或将内容近似的事项相对集中，由一个部门统一管理，以避免政府职能交叉和多头管理，其直接目标即在于提高行政效率，降低行政成本。本次改革一是进一步将国务院组成部门由 28 个减为 27 个，二是明确了"大部制"作为下一轮改革的方向。更具历史意蕴的一点是：从某种程度上，此次改革为日后党和国家机构的改革隐约提供了思路。

2013 年的政府机构改革依旧延续了职能转变的核心思路，并主张"稳步推进大部制改革"，实行政企分开、政资分开、政事分开、政社分开。本次改革凸显了政府职能转变的重要性，如国务院的机构改革方案名为《国务院机构改革和职能转变方案》，一改此前改革方案的定名。经过此次改革，国务院组成部门的数量从 27 个降为 25 个。

3. 从破到立的特点与不足

1982 年以来的七次行政体制尤其是政府机构改革，具有如下几个特点与不足：

第一，包括政府机构改革在内的整个行政体制改革并非行政系统自主调适的结果，而是来自国家发展重心转向经济，来自计划经济体制转向市场经济体制的需要，同时更是经济基础决定上层建筑规律的要求。有观点将改革开放以来的中国行政体制改革历程总结为：打破高度集中的计划管理体制、转变政府职能、建立宏观调控体系三大主题。[1] 实际上，这些主题都与社会主义市场经济体系建设具有密切关联。但是，也恰恰是由于整个行政体制改革与市场经济建设的密切联系，由于政府机构在一定程度上背负着"市场塑造者"的角色，导致政府职能转变尚未全部完成，对市场运作的不当干预依然存在。

第二，始终贯穿机构、人员精简的改革线索。以国务院组成部门为例，其数量已经从 1982 年改革前的 52 个减到 2013 年改革后的 25 个，并且通过较为严格的"三定"方案对各级各类行政组织的机构、职权、人员编制进行控制，防止陷入精简—膨胀—再精简—再膨胀的怪圈。这一做法与新中国成立初期制定专门行政组织法律规范的方法不同，但在这一时期也起到了相当程度的制度化效果。

第三，与行政体制改革相配套的行政组织法建设处于相对滞后状态。总体而言，1982 年以来的前七次国家机构改革大致遵循了精简统一效能的原则，也围绕"政府职能转变"这一核心议题进行了有效调适。这一时期，全国人大制定了新的《国务院组织法》（1982 年），多次修订《地方各级人民代表大会和地方各级人民政府组织法》；国务院则制定了《国务院行政机构设置和编制管理条例》（1997 年）、《地方各级人民政府机构设置和编制管理条例》（2007 年）、《公安机关组织管理条例》（2006 年）、《政府参事工作条例》（2009 年）。与新中国成立初期相比，行政组织法律规范可谓数量少、更新滞后。

这并非行政体制尤其是政府机构改革过程中有意忽视行政组织法建设，实际上，早在 1981 年的行政体制改革前夜，当时提交全国人大审议的《政府工作报告》中便已提出，"在精简机构的同时，要用行政立法明确规定国务院和地方各级政府的各部门的职责权

---

　　[1]　汪玉凯等：《中国行政体制改革 30 年回顾与展望》，人民出版社 2008 年版，第 25 页。

限，以及各个行政机构内部的各个组织和工作人员的职责范围"。1998 年的国务院机构改革时，中央更是明确要及时修订《国务院组织法》，要进行部门组织立法，要依法控制机构和编制。可惜，这些行政组织法治化目标在该阶段均未完成。

（二）新时代政府职能转变与行政体制改革的组织法建设目标

2018 年 2 月，党中央发布了《中共中央关于深化党和国家机构改革的决定》。同年 3 月，十三届全国人大一次会议通过《国务院机构改革方案》。这是改革开放以来的第八次政府机构改革，同时也标志着我国行政体制改革，尤其是机构改革进入到一个新的阶段。该阶段的核心特征乃是从过去七次机构改革所围绕的政府职能转变向国家治理体系和治理能力的现代化推进，亦即"深化党和国家机构改革是推进国家治理体系和治理能力现代化的一场深刻变革"，行政体制改革不再单纯地只是政府职能转变的需要，而是成为整个国家治理体系和治理能力现代化的需要。

在这一背景下，新时代下的政府职能转变除了服务于社会主义市场经济发展外，还需要考虑社会管理和公共服务职能，更需要考虑与全面建设小康社会密切关联的长远体制机制问题。自此，2008 年和 2013 年的大部制改革逻辑，即偏重精简合并机构的逻辑已发展为提升治理水平的逻辑，重点解决与国家治理体系和治理能力现代化要求不适应的问题，不再单纯追求精简机构、裁减人员、降低政府成本。如此番改革后，国务院的组成部门数量上升为 26 个，可谓一反过去七次改革的做法。同时，此次改革还将党的机构改革与国家机构改革统筹协调，意在"构建系统完备、科学规范、运行高效的党和国家机构职能体系"。

治理水平的提升需要制度化，法治建设本身即国家治理体系和治理能力现代化的重要组成部分。有观点指出，当前我国行政组织法律规范体系的建设与民主社会的发展现状相比较为滞后，没有及时反映政府职能向服务型政府转型的趋势。[1] 但是，从长远来看，包括政府职能转变和机构改革内容在内的整个行政体制改革，必然需要行政组织法律规范作为保障。因此，除了坚持党的全面领导、坚持以人民为中心、坚持优化协同高效，本次机构改革坚持全面依法治国原则，提出"依法依规完善党和国家机构职能，依法履行职责，依法管理机构和编制"，可见，作为依法行政、法治政府建设的一部分，行政组织法治化再次成为行政体制改革，尤其是机构改革的内在逻辑要求和外部制度保障，并且预示了如下三个切入点：一是党的机构和国家机构同步协调法定化，这主要通过党内法规和国家法律的完善来实现；二是各类行政组织法定化，包括机构、职能、权限、程序、责任法定化；三是编制管理法定化，同时强化编制管理的刚性约束和监督问责制度。

　　综上，新时代下的行政体制改革依然把政府职能转变放在突出位置，这是当前政府职能转变还未完全到位所决定的。但更为重要的是，自此开始的行政体制改革和机构改革若要真正实现治理水平的提升，势必需要推进制度化建设，具体来说就是行政组织法治化建设。对此，有观点主张，应当综合借鉴其他国家的制度化经验，通过组织法来规范行政体制改革，确保改革的成果不出现反复。[2] 由此可见，若要继续深化行政体制改革，巩固相应的改革成果，确保各级各类行政组织得到合法、科学、有效的设置，便应当在全面依法治国的语境下，完善包括国家机构组织法在内的整个行政组织法律规范体系，同时关注与之相应的党内法规建设。

二、行政体制改革中的机构设置

　　习近平总书记在党的十八届二中全会第二次全体会议上指出：

---

〔1〕　朱景文主编：《中国法律发展报告 2014》，中国人民大学出版社 2015 年版，第375 页。

〔2〕　应松年、薛刚凌：《行政组织法研究》，法律出版社 2002 年版，第 4-5 页。

"国务院机构改革和职能转变在行政体制改革中具有至关重要的作用，必须首先抓好。"党的十九大报告中也专门提出，要"完善国家机构组织法"。可见，在机构改革背景下，机构设置是行政体制改革当中的核心问题之一，行政体制改革的法治建设需要机构设置的法治化，而机构设置的法治化首先体现为行政组织法的完善。回顾改革开放以来行政体制改革，尤其是八次国家机构改革的逻辑线索，着眼于将来长期的行政组织法完善，机构设置法治化面临的问题主要体现在机构类型化、党的机构与国家机构的组织协调、综合执法机构的设置三个方面。

（一）机构类型化的法律依据

在重建行政法制的过程中，与行政活动法、行政救济法相比，行政组织法的建设启动相对较早。1982年同时制定了《国务院组织法》《地方各级人民代表大会和地方各级人民政府组织法》，两者大致确立了行政机构的类型。这既是对新中国成立初期行政组织法建设思路的延续，也是该阶段政府机构改革与设置的制度化需求。机构类型化是行政组织法发展完善的前提，唯有从组织机构、职责、运行方式、人员编制等方面完成类型化，才能科学、合理地对不同层级、不同类型的行政组织予以法治化。然而，拥有较好开端的行政组织法建设并未随着实践内容丰富的政府机构改革向前推进，反而逐渐暴露出机构类型化法律依据缺位和滞后的问题，具体体现在如下两个方面：

1. 行政组织基本法未发挥机构类型化的制度建设作用

无论在国家层面还是在地方层面，随着行政体制改革的推进，市场经济和社会的发展都对政府机构的类型提出越来越多的要求，全面推进依法治国则要求确立组织法定原则，确保机构类型的法定化。但是，作为行政组织基本法的《国务院组织法》只是提出了办公厅、部委、直属机构、办事机构等类型，却对其组织机构、职责、运行方式、人员编制等未作进一步规定，而且该法自1982年制定后再无修订。1997 年制定的《国务院行政机构设置和编制管理条例》虽然明确了"国务院行政机构根据职能分为国务院办公厅、国务院组成部门、国务院直属机构、国务院办事机构、国务院组成部门管理的国家行政机构和国务院议事协调机构",并对这些机构的功能定位予以规定,但是,实践中却出现了不少突破这两部法律规范的机构设置。如国务院直属特设机构、承担行政管理职责的事业单位等,在前述两部法律中均找不到此等类型的规范依据。再如,承载了大量行政管理职责的国家互联网信息办公室却被界定为办事机构,并因此无法直接行使《立法法》第 80 条规定的规章制定权。同时,对既有的类型缺乏进一步的区分,如组成部门与直属机构的职能难以区分,以及过于依赖国务院的主观意愿。[1] 再如,有观点指出,同为国务院组成部门的"部"和"委"之间有何不同,在"部"与"委"之间进行机构类型的转换依据何在,都缺乏《国务院组织法》这样的行政组织基本法予以清楚界定。[2]

在地方层面,同样具有行政组织基本法属性的《地方各级人民代表大会和地方各级人民政府组织法》虽然历经多次修订,但既没有对不同层级、类型的机构功能作出具体规定,也没有为新型政府机构的出现预留空间。就前者来说,由于我国地方行政组织可以分为省、市、县、乡四个层级,长期以来,无论是哪个层级的行政组织,均大致遵循与上级行政组织上下一致的原则进行设置,没有体现出不同层级地方政府再分权的需要。如此一一对应,一是容易出现常说的行政组织上下一般粗的情况,造成职能重叠,二是难免造成人员编制冗余。就后者而论,近些年来出现的一些新型机构如开发区(试验区)管委会、行政审批局等,在《地方各级人民代表大会和地方各级人民政府组织法》均找不到类型化依据,进而导致

---

〔1〕 张迎涛:《中央政府部门组织法研究》,中国法制出版社 2011 年版,第 183 页。

〔2〕 应松年:《完善行政组织法制探索》,载《中国法学》2013 年第 2 期。

自身地位不明，如管委会因地而异可能被定位为派出机关、派出机构甚至事业单位；行政审批局在不同地区既可能由于职权转移而成为行政主体，也有可能只是受委托的机关。

2. 行政组织专门法基本缺位

改革开放以来，我国在行政组织专门法的制定上明显滞后，仅制定了《公安机关组织管理条例》等有限的几部行政法规，数量远少于新中国成立初期的行政组织法数量。对此，尽管我国通过"三定"方案的方式对不同类型的行政组织在组织机构、职权、人员编制方面予以界定，但由于"三定"方案作为规范性文件本身位阶较低，且存在透明性不足的问题，只能作为阶段性的方案，并非全面推进依法治国的长久之计。具体来看，行政组织专门法基本缺位主要体现在两个方面：

第一，对不同层级的行政组织缺乏专门法的规定。在新中国成立初期的组织法建设中，我国以通则的形式，为从大行政区到乡（行政村）人民政府在内的各级地方政府都制定了相应的行政组织法律规范。但是，这一组织立法思路在改革开放以来的政府机构改革中没有得到延续。《地方各级人民代表大会和地方各级人民政府组织法》只是简单地规定了各级地方政府以及派出机关的名称、职权等，没有通过专门法予以细化，更无法充实不同层级行政组织的法律地位和运作规则。

第二，对不同领域的行政组织几乎没有专门法的规定。在国家层面，国务院机构的改革是通过全国人大决议的方式进行的，而非通过制定专门法的形式进行，进而通过"三定"方案明确相关机构的职权、人员编制等，这不可避免地会导致此类机构的制度化程度较低，无法明确自身与其他机构不同的组织规则，并且更容易受到同级政府的影响，随意性较强。

（二）职能相近与党政机构合并设立（合署办公）

党的十九大报告指出，要"统筹考虑各类机构设置，科学配置党政部门及内设机构权力、明确职责……在省市县对职能相近的党政机关探索合并设立或合署办公"。2018 年 2 月,《中共中央关于深化党和国家机构改革的决定》也专门指出,"党的有关机构可以同职能相近、联系紧密的其他部门统筹设置,实行合并设立或合署办公,整合优化力量和资源,发挥综合效益"。这不仅是改革开放以来第八次政府机构改革的题中之义,也是党的机构改革的要求。

统筹设置党政机构,根据职能相近、联系紧密的标准将相关党政机关合并设立或合署办公,这是新时代下行政体制改革进程中完善党的领导的核心要求之一,也是有别于党的职能部门归口协调、党的议事协调机构建设的行政组织制度化领域的一项新发展。它在某种程度上超越了对党政分开的机械、僵化和狭隘的理解,围绕坚持和加强党的领导,围绕国家治理体系和治理能力现代化的要求,提出了行政组织制度化建设的另一条路径。而这条路径的展开,在未来需要回应如下两个问题:

首先,统筹设置党政机构、实行合并设立或合署办公的问题指向界定。从宏观来看,党和政的关系不应单纯强调分开,既要在职能上分工,由不同载体承担,又要考虑党如何参与政权、组织政府。[1] 据此,在当前行政体制改革进程中,党政机关合并设立或合署办公问题的提出,乃是"由于一个时期片面理解和执行党政分开,一些领域党的领导弱化的现象还不同程度存在",因此需要坚持增强党的领导,明确党"总揽全局,协调各方"的地位。考虑到党"总揽全局,协调各方"地位的实现方式有多种,未来在理论层面需要进一步探讨,哪些问题是需要党政机关合并设立或合署办公来解决的,而哪些问题是需要借助其他方式如强化党的组织在同级组织中的领导地位、发挥党的职能部门作用等方式来解决的。实际上,这一问题意义重大,它事关如何在坚持和完善党的领导这一大

---

[1] 许超:《新中国行政体制沿革》,世界知识出版社 2012 年版,第 196 页。

前提下，在行政组织法治建设进程中，进一步实现党和国家机构的优化协同高效。

其次，统筹设置党政机构，实行合并设立或合署办公的规范依据尚属空白。根据十八届四中全会的决定，完善的党内法规体系同样属于中国特色社会主义法治体系的重要组成部分。2016 年，中共中央印发的《关于加强党内法规制度建设的意见》也提出要完善党的组织法规制度。可见，在统筹设置党政机构的组织法建设进程中，党内法规同属规范依据，而此类规范依据存在的问题包括：一是处于空白缺位状态，由于党内法规本身也处于体系建设完善过程当中，组织法规制度更是相对落后，未明确合并设立或合署办公的机构类型和程序规则；二是国家法律规范体系当中的行政组织法律规范对此也缺乏规定，同样处于空白状态，相关"三定"方案也缺乏协调。

（三）综合执法机构的设置问题

1. 历史演变

综合执法机构的出现是改革开放以来行政体制改革，尤其是政府机构改革的必然结果。随着社会主义市场经济体制的建设和发展，政出多门、权责不清的行政执法体制不可避免地会产生阻碍作用，有碍市场主体活力的充分发挥，有碍与之相关的法治建设。对此，最为直接的方法便是在组织机构层面进行合并、调整，通过合并、调整行政组织的方法来合并、调整执法权限，进而实现执法活动的科学、合理优化。

综观改革开放以来行政执法体制调整发展的历史，有观点认为，为了解决权责交叉、多头执法问题，大致有两条思路：一是大部门体制，即贯穿第六次和第七次政府机构改革逻辑的大部制，将行政管理领域相近的政府机构进行合并。在合并政府机构的同时，自然也实现了对原先不同执法机构的合并。二是综合执法体制，包括：①城管综合执法体制，即在城市管理领域新设单独的执法机构，将市容环卫、城市规划、市政管理等事项的执法权从原执法机构手中剥离，相对集中地交由该机构；②部门内综合执法体制，即将部门内设多个执法机构合并为一个执法机构；③跨部门综合执法体制，即以同一事项领域为标准，将相近部门的执法权转移到其中一个行政部门下设的执法机构手中。[1] 经过多年的探索，迄今为止，我国在包括城市管理领域在内的多个管理领域中，已经建立了种类不同、为数不少的综合执法机构。从行政组织的制度化建设来看，部门内综合执法体制和跨部门综合执法体制都是建立在既有的政府机构框架内，而城管综合执法体制因为涉及新设机构及其管理模式，而非简单的权力转移，无疑是综合执法机构设置的重点和难点。

1996 年制定的《行政处罚法》第 16 条规定，"国务院或者经国务院授权的省、自治区、直辖市人民政府可以决定一个行政机关行使有关行政机关的行政处罚权"。这为此后综合执法机构的设置提供了一个法律授权的起点。1997 年，国务院以复函的形式，批准北京市宣武区开展城市管理综合执法试点工作，建立了城市市容监察大队，这是我国城市管理领域第一个综合执法机构。而后，随着试点地区的不断扩大，城管综合执法在机构上逐步探索出"两级政府三级管理"模式，"即市、区两级政府双重领导，市局（支队）—区局（大队）—街道中队三级管理"。[2] 经过多年的发展实践，目前我国大多数城市均设立了城管综合执法机构，与其他综合执法机构相类似，它们在承担大量复杂的执法任务同时，也面临组织法上的多重问题。

2. 综合执法机构设置面临的问题与挑战

在行政体制改革尤其是政府机构改革的背景下，从行政组织法

---

〔1〕 杨小军：《行政执法体制改革法律依据研究》，载《国家检察官学院学报》2017 年第 4 期。

〔2〕 杨书文：《中国城市管理综合执法体制研究》，天津人民出版社 2009 年版，第 74-75 页。

角度来看，包括城管综合执法机构在内的综合执法机构的设置面临诸多问题与挑战。

从整体来看，我国综合执法机构的设置无论在解决横向的权限交叉方面，还是在纵向的多层重叠执法方面，都缺乏明确的行政组织法律规范作为指引。这又进一步表现为三个方面：

第一，判断因为权限交叉而需要设置综合执法机构的标准有待确定。职能重叠交叉是行政组织设置的副产品，由于经济、社会事务的变化和复杂化，这一现象难以消除。因此，综合执法机构设置的制度化针对的并非宽泛的权限交叉问题，而是综合执法机构的设置标准问题。

第二，设置何种类型的综合执法机构标准有待确定。不同类型的综合执法机构的侧重点不同，所指向的行政体制改革重点也不同，部门内的综合执法机构主要是遵循既有的行政部门设置现状，在部门内部完成执法机构的整合和人员编制的重新配置，属于组织结构调整幅度较小的综合执法模式。跨部门综合执法机构同样遵循既有的行政部门设置现状，但对各个部门的执法机构进行了整合，调整幅度较大。而城管综合执法机构则是以新设单独执法部门的方式，集中了多个行政部门的执法权，在行政组织和人员编制的层面调整幅度最大。然而，与执法机构设置有关的行政组织法律规范中，既没有规定不同类型综合执法机构的法律性质和设置标准，也没有规定此类机构的设置程序、内部结构、人员编制等。

第三，不同层级执法机构的执法重点和权限划分标准有待明确。执法层次过多难免造成执法人员冗余，执法队伍重复建设，执法力量配比失衡乃至重心上移，多层级执法机构重叠执法甚至相互冲突，这既影响执法效率，影响执法相对人对执法机构的信赖，同时也造成执法机构的重复设置。

从更具现实代表性的城管综合执法机构来看，它在行政组织法律规范建设过程中遭遇了多方面的问题与挑战：

首先，在体制方面，即城管综合执法体制缺乏相应的行政组织法予以系统界定。虽然中共中央、国务院《关于深入推进城市执法体制改革改进城市管理工作的指导意见》在国家层面明确住房和城乡建设部是全国城管综合执法机构的主管部门，但是对省、市、县的城管综合执法机构在同级人民政府中的法律地位则未予以明确，导致不同地区城管综合执法机构的属性不一致，既可能是政府组成部门、组成部门的下属机构，也可能是事业单位。行政级别不一致，甚至名称也不一致。

其次，在执法权事项范围方面缺乏统一的专项城管综合执法组织法律规范予以清晰的界定。2017年施行的《城市管理执法办法》仅是关于住房和城乡建设部的规章，法律效力位阶较低，且并非该领域的行政组织法律规范。针对城管综合执法机构的执法权范围，该办法第8条只是规定："城市管理执法的行政处罚权范围依照法律法规和国务院有关规定确定，包括住房城乡建设领域法律法规规章规定的行政处罚权，以及环境保护管理、工商管理、交通管理、水务管理、食品药品监管方面与城市管理相关部分的行政处罚权。"纳入的条件则包括：与城市管理密切相关、与群众生产生活密切相关、多头执法扰民问题突出、执法频率高、专业技术要求适宜、确实需要集中行使的。从组织法定原则来考察，这些范围与条件无疑过于宽泛，并不利于帮助确定城管综合执法机构的执法权事项范围。

最后，不同层级的城管综合执法机构缺乏专门的行政组织法律予以规范。当前行政执法体制中的多层重复执法现象在城管综合执法领域中难免也存在，《城市管理执法办法》在此前"两级政府三级管理"基础上，确立了直辖市、设区的市—区县—派出机构三级执法机构，其中，直辖市、设区的市城管综合执法机构可以负责查处跨区域和重大复杂违法案件。可见，由于专门的城管综合执法组织立法规范的缺位，不同层级执法机构的权限划分规则仍然较为粗糙。

三、行政体制改革中的权力配置

改革开放以来,行政体制改革一直围绕政府职能转变展开,而在政府职能转变过程中,权力在中央行政组织与地方行政组织之间以及不同类型的行政组织之间的配置则是重要构成。行政组织法的发展与行政体制改革过程中的权力配置规则的完善有着紧密的联系。

(一) 行政权力下放与地方政府组织法缺位

2013 年,党的《十八届四中全会决定》在阐述依法全面履行政府职能时,专门提出了各级政府事权规范化、法律化,即"推进各级政府事权规范化、法律化,完善不同层级政府特别是中央和地方政府事权法律制度,强化中央政府宏观管理、制度设定职责和必要的执法权,强化省级政府统筹推进区域内基本公共服务均等化职责,强化市县政府执行职责"。党的十九大报告在阐述深化机构改革和行政体制改革时,也具体指明要"赋予省级及以下政府更多自主权"。2018 年发布的《中共中央关于深化党和国家机构改革的决定》则是更进一步具体要求,"统筹优化地方机构设置和职能配置,构建从中央到地方运行顺畅、充满活力、令行禁止的工作体系。科学设置中央和地方事权,理顺中央和地方职责关系,更好发挥中央和地方两个积极性,中央加强宏观事务管理,地方在保证党中央令行禁止前提下管理好本地区事务,合理设置和配置各层级机构及其职能"。可见,在新时代的行政体制改革语境下,央地权力配置应当加强制度化、法治化,更加关注行政权力下放,关注与之相应的地方政府组织法建设。否则,就会出现有研究者概括的央地政府职能混同,地方政府变为中央政府在地方的派出机构,导致央地政府双重减效，中央政府宏观调控失灵，地方政府处理事务失控。[1]
就现状来看，我国地方政府组织法较之国家层面的组织法建设确实
更为薄弱，定位、形式和内容等方面均存在问题。

1. 地方政府组织法的形式问题

在现行有效的行政组织法律规范体系中，《地方各级人民代表
大会和地方各级人民政府组织法》是最接近"地方行政组织基本
法"的。该法合计五章，仅在第四章规定了地方各级人民政府，其
余部分是对地方各级人大及其常委会的规定，因此也被称为"半部
地方政府组织法"。如前所述，该法自1982年以来修订了五次，但
实际框架变动并不大，仍然是将立法机关与行政机关放在一部法律
当中进行较为概括的规定，导致不少条款因为过于简单而充满模糊
性。对此，有观点认为，我国宪法既然规定了作为立法机关的权力
机关与行政机关是截然不同的两类国家机关，二者权力来源、产生
方式、活动原则、工作程序都不同，并不适合规定在一个法
律中。[2]

2. 地方政府组织法的定位问题

央地关系的核心内容是权力分配。长期以来，我国央地关系一
度处于"一收就死，一放就乱"的恶性循环当中。改革开放以来，
我国行政体制改革进程中的一条线索便是行政权力的下放。如在行
政审批领域，自2002年以来，我国已分多个批次取消和下放行政
审批权限。习近平总书记在党的十八届二中全会第二次会议上也指
出，"转变政府职能需要放权，以发挥地方的积极性和主动性"。同
时，习近平总书记也强调，"并不是说什么权都要下放，该下放的
当然要下放，但该加强的也要加强，有些职能搞得太分散反而形不

---

〔1〕 石亚军：《当前推进政府职能根本转变亟需解决的若干深层问题》，载《中国
行政管理》2015年第6期。
〔2〕 张越、张跃建：《论"地方政府组织法"之修订》，载《政法论坛》1999年第
3期。

成合力"。可见，在央地关系的收与放之间，需要通过制度予以规范，尤其是对行政权力下放的规范化。

在全面依法治国的战略部署下，行政权力下放的规范化、法律化路径首推地方政府组织法的完善。然而，就目前来看，包括《地方各级人民代表大会和地方各级人民政府组织法》《地方各级人民政府机构设置和编制管理条例》在内的地方政府组织法律规范在目标定位上却偏重单向管理，是对人员、职权等管理结构形式的简单规定，而非为了塑造地方政府的法律主体地位，自然也不会考虑到行政权力下放对规范化的需求；此外，它们在功能定位上还存在模糊之处，主要体现为对《国务院组织法》法律形式的简单模仿，没有体现出地方政府组织在整个行政体制中独特的机构、职权、人员等方面特质。

3. 地方政府组织法的内容缺失

行政权力下放的规范化、法律化需要内容完整的地方政府组织法。但是，由于多年来未做系统的补充调整，现行有效的《地方各级人民代表大会和地方各级人民政府组织法》《地方各级人民政府机构设置和编制管理条例》等地方政府组织法律规范在内容上存在如下几点缺失：

首先，没有确定不同层级地方的职能。《中共中央关于深化党和国家机构改革的决定》指出，"一些领域中央和地方机构职能上下一般粗，权责划分不尽合理"。事实上，即便在不同层级的地方机构之间，也存在类似的情况。对此，有观点认为，省、市、县、乡的划分不能简单被当作一种形式上的联系，不同层级的设置是以其对应事项本质为条件的，不同层级的行政组织因此也应有法律上的不同属性，否则就会造成上级行政机关行使下级行政机关的职权，影响行政权力的科学合理下放，造成权力系统的紊乱。[1]

---

〔1〕 关保英：《地方政府组织法的修改应从转变法治观念入手》，载《法学》2017年第7期。

其次，没有对地方各级政府的职能部门设置规则、人员编制作出具体规定。《地方各级人民代表大会和地方各级人民政府组织法》第 64 条规定，"地方各级人民政府根据工作需要和精干的原则，设立必要的工作部门"。《地方各级人民政府机构设置和编制管理条例》第 8 条规定，"地方各级人民政府行政机构应当以职责的科学配置为基础，综合设置，做到职责明确、分工合理、机构精简、权责一致，决策和执行相协调。地方各级人民政府行政机构应当根据履行职责的需要，适时调整。但是，在一届政府任期内，地方各级人民政府的工作部门应当保持相对稳定"。这里虽然确立了地方政府职能部门设置的"工作需要和精干的原则"，并要求职责的科学配置，但是，却没有规定此类机构设置的具体事由标准，更没有在地方政府层面体现组织法定原则，致使地方政府机构的存废、变动具有相当大的随意性，实际情况中难免会出现不符合行政体制改革趋势的机构。

最后，没有设定刚性和具有可操作性的责任条款。正是由于我国地方政府组织法律规范当中对责任条款的规定过于柔性、简陋，缺乏充分和有可操作性的责任条款，如《地方各级人民政府机构设置和编制管理条例》中仅有两条涉及法律责任，导致实践当中地方政府机构的设置、人员编制不时出现违反行政组织和编制管理法律规定的现象，如副职过多等。对此，相关部门在追责时又缺乏层次鲜明、程序明确的责任条款，在一定程度上助长了编制管理机制的软弱化。

（二）执法体制权责脱节与多头执法

1. 权责脱节

在我国，执法体制改革是整个行政体制改革的重要组成部分。权责脱节是多年来我国历次行政管理体制和机构改革所要解决的问题，表面上看，它与政府机构改革和行政组织法律规范的完善似乎并无关联，但若仔细梳理我国机构改革的实践，可以发现其与部门职责交叉、彼此推诿、效率不高等现象具有密切联系，更与多头执法紧密关联，而且在实践中常是执法体制未理顺、执法机构设置不合理的结果。

虽然历经多轮行政体制改革，但《十八届四中全会决定》仍专门指出，执法体制当中权责脱节的现象依然存在。它常表现为行政执法机构拥有特定领域的行政管理职权，却通过各种方式逃避责任。之所以会出现这种现象，究其原因，包括两个方面：一是主观原因，即行政执法机构在立法过程中主动获取了大量的行政职权，却在"集权"的同时推卸责任，如以其他执法机构的查处活动作为自己执法的前置条件。对此，有观点将其概括为权责之间明显的"剪刀差"。二是客观原因，即在行政综合执法体制的改革过程中，由于过于强调综合执法，在基层层面，没有因地制宜、因时制宜地选择综合执法模式，厘定综合执法范围，导致执法权相对集中给一家执法机构后，由于其在人员、设备、知识储备上无法满足执法的需求，不得不又将执法权委托给原来的执法机构行使，但相应法律责任仍由自己承担，由此造成权责脱节。

2. 多头执法

所谓多头执法，根源于我国长期以来的行政执法体制属于行业执法体制，即"政府下属的一个部门（如工商局、发改委等）负责一个行业的执法，从中央到地方各级执法几乎没有例外"，[1] 这意味着，执法机构的数量完全有可能等于乃至大于行政部门的数量，进而导致在具体执法领域出现多个执法机构，彼此职责划分不清，重复执法，甚至违反《行政处罚法》规定的一事不再罚等原则。《十八届四中全会决定》专门点出当前执法体制中存在多头执法的现象。习近平总书记更是在食品安全、市场监管、互联网管理等多个问题领域指出多头执法或多头管理的问题。由于我国正处于

---

[1] 杨小军：《行政执法体制改革法律依据研究》，载《国家检察官学院学报》2017年第4期。

经济、社会、文化的稳定发展时期，互联网经济、新媒体等新事物的出现在相当程度上必然会不断冲击既有的执法体制。如在互联网管理领域，习近平总书记便指出，"从实践看，面对互联网技术和应用飞速发展，现行管理体制存在明显弊端，主要是多头管理、职能交叉、权责不一、效率不高。同时，随着互联网媒体属性越来越强，网上媒体管理和产业管理远远跟不上形势发展变化"。

可见，即便原来不存在多头执法的现象，新事物的出现也可能导致该现象的产生。具体来看，多头执法的弊端有三个方面：一是不能充分发挥执法的规模效应，造成法出多门；二是导致人员、机构的重复设置，职权重叠；三是给执法对象造成过重的负担，有扰民之虞，不利于行政执法体制的整体形象，更不利于政府职能的彻底转变。

值得注意的是，前述多头执法主要是在执法机构的横向关系中予以阐述的，从广义的角度来看，在执法机构的纵向关系中，同样也存在多头执法的现象，对此，也可以用多层执法来概括。与多头执法一样，多层执法同样有上述弊端，其本质是重复执法，而且是行政组织法律规范不健全、不完善的产物。有观点将分层执法（分级执法）的弊端进一步阐释为"分级执法、权责脱节、基层虚弱"，[1] 其中，基层虚弱是分层执法特有的弊端。我国《行政处罚法》第 20 条规定，"行政处罚由违法行为发生地的县级以上地方人民政府具有行政处罚权的行政机关管辖。法律、行政法规另有规定的除外"。《行政强制法》第 17 条规定，"依据《中华人民共和国行政处罚法》的规定行使相对集中行政处罚权的行政机关，可以实施法律、法规规定的与行政处罚权有关的行政强制措施"。可见，虽然违法行为多发生在基层，但大量的执法活动并未由最为基层的执法机构承担。此外，在具体行政管理领域内，从国家到县级的各级

---

〔1〕 马怀德：《健全综合权威规范的行政执法体制》，载《中国党政干部论坛》2013 年第 12 期。

行政组织均有执法权，一旦法律法规对此权限划分不清，便会因机构的重叠设置造成上下级之间的执法争议，加剧分层执法的弊端。

四、行政体制改革的组织法保障

坚持依法治国、依法执政、依法行政共同推进，坚持法治国家、法治政府、法治社会一体建设进程中，行政体制改革尤其是党和国家的机构同样需要遵循法治化逻辑，行政组织法建设便是其规范化、法律化的集中体现，也为整个改革提供法治保障，避免"精简—膨胀—再精简—再膨胀"的恶性循环，确保在制度层面提升与稳固国家治理体系和治理能力现代化水平。

（一）机构法定化

党的《十八届四中全会决定》在阐述依法全面履行政府职能时指出，需要"完善行政组织和行政程序法律制度，推进机构、职能、权限、程序、责任法定化"。2017 年，习近平总书记在党的十九大报告中表示，要"完善国家机构组织法"。2018 年，《中共中央关于深化党和国家机构改革的决定》也要求，"要依法管理各类组织机构，加快推进机构、职能、权限、程序、责任法定化"。其中，组织机构是大小各项权力的承载者，机构法定化是整个行政体制改革成败的关键，也是完善当前行政组织法的切入点。

1. 机构法定化的立法路线

如前所述，行政组织法律规范体系的粗糙与不健全是当前阶段的核心问题。对此，尽管有不少研究者从各自角度提出了分层清晰的行政组织立法体系，但考虑到我国仍然处于社会主义初级阶段，根据经济基础决定上层建筑的规律，这意味着作为上层建筑的行政体制和党政机构仍然在经济基础变化的同时面临调整重构的压力。有鉴于此，从完善行政组织法律规范体系出发，从为行政体制改革提供组织法保障出发，有必要先明确组织法定原则和"法"的范围，而后循序渐进地完善行政组织法体系。

　　具体来说，第一步是需要在《国务院组织法》《地方各级人民代表大会和地方各级人民政府组织法》《国务院行政机构设置和编制管理条例》《地方各级人民政府机构设置和编制管理条例》等现有行政组织法律规范中明确规定组织法定原则，在相关党内法规中同样也确立这一原则，即特定范围内行政组织的设立、权限设定必须在形式上通过法律、法规来进行，法律、法规也将为各级行政组织的类型化提供内容和程序上的依据；若无法律、法规依据，则不得创设新的行政组织类型，以此减少并消除用决议、决定或规章以下规范性文件（含规章）方式设立行政组织的现行做法。由此可见，机构法定化中"法"的范围应限定在法律、法规。

　　第二步，应循序渐进地完善行政组织法体系，具体关键在于明确不同位阶规范性文件的权限范围和彼此关系。据此，一是通过修改陈旧的《国务院组织法》，拆分《地方各级人民代表大会和地方各级人民政府组织法》以制定专门的《地方各级人民政府组织法》，在国家和地方两个层面确立行政组织基本法，以作为宪法性法律，并确定行政组织专门法的制定规则。二是通过全国人大及其常委会立法的方式，逐步单个确立国务院各组成部门的组织法；通过行政法规的方式逐步单个确立国务院组成部门以外其他机构的组织法。地方性法规只能在与上位法不冲突的情况下，对某些当地需要的特殊行政组织进行规定。

　　2. 机构法定化的立法内容

　　在组织法定的原则基础上，机构法定化的立法内容需要包括如下五个方面：

　　第一，应明确各级行政组织的类型与选择标准。在国务院层面，通过《国务院组织法》明确规定国务院机构的类型范围，如国务院办公厅、组成部门、直属机构、办事机构、组成部门管理的国家局、议事协调机构、直属事业单位等，在此范围之外，应当通过法律形式新设类型。在地方层面，通过《地方各级人民政府组织

法》规定省、市、县、乡以及派出机关的组织类型，充分规定各级
人民政府职能部门的组织类型，并对地方性法规进行授权，以便为
不同地方选择适合当地实际情况的组织类型提供组织法保障。

同时，应当根据这两部法律，在国家和地方层面确定不同类型
行政组织的功能，尤其是要界定国务院组成部门、直属机构和办事
机构彼此之间的功能区分标准，从实际管理需要出发去确定具体机
构的类型归属，避免因为归类不当造成职权行使障碍。

第二，应明确不同层级、类型行政组织的设置条件和程序。就
现状来看，在国家层面，作为行政法规的《国务院行政机构设置和
编制管理条例》规定了国务院机构的设置条件和程序，这种做法并
不符合严格意义上的组织法定原则，而且会为国务院的自我授权打
开方便之门。据此，应通过法律形式规定国务院机构的设置条件和
程序，并在《地方各级人民政府组织法》同样贯彻这一规则。

第三，应同时完善党的组织制度法规和行政组织法律规范，同
步协调规定党政机构合并设立或合署办公的领域、标准、设置程序
和效果评估机制。2017 年印发的《中国共产党工作机关条例（试
行）》第 2 条规定，"党的工作机关是党实施政治、思想和组织领
导的政治机关，是落实党中央和地方各级党委决策部署，实施党的
领导、加强党的建设、推进党的事业的执行机关，主要包括办公厅
（室）、职能部门、办事机构和派出机关。"这些工作机关与国家机
构之间都存在合并设立或合署办公的可能性。如在 2018 年的党和
国家机构改革中，国家监察委员会便与中央纪律检查委员会合署办
公；国家公务员局、国家宗教事务管理局、国务院侨办分别并入中
央组织部、中央统战部，但对外保留牌子；中央宣传部在新闻出
版、电影管理领域则分别加挂国家新闻出版署（国家版权局）、国
家电影局牌子。同时，根据《中国共产党工作机关条例（试行）》
第 5 条的规定，"根据工作需要，党的工作机关可以与职责相近的
国家机关等合并设立或者合署办公。合并设立或者合署办公仍由党

委主管"。就地方层面来说，市县层级党政机关合并设立或合署办公的力度会逐步增大。

对此，首先需要明确一个前提，即习近平总书记在《在庆祝中国共产党成立九十五周年大会上的讲话》中指出的，"中国特色社会主义最本质的特征是中国共产党领导，中国特色社会主义制度的最大优势是中国共产党领导"。以此为前提基础，才能避免片面地主张党政分开，才能在具体层面上思考党政机构合并设立或合署办公的标准、方法。从标准、方法来看，一方面，可以从有无重叠重复、工作客观需要、减少机构人员冗余、职权行使法治化等标准出发，进一步探索适合国家和地方两个层面的合并设立或合署办公标准；另一方面，可以在党的工作机关施行总量控制和限额管理的前提下，在中央层面，由于合并设立的党政机构主要是行政组织被并入党的工作机关，所以对合并设立的党政机构更适宜通过党内法规方式，即制定党内法规中的"组织法"方式，明确其组织规则、职权划定。对合署办公的党政机构，则共同通过党内法规和国家法律的方式，明确其组织规则、职权划定。在地方层面，根据《中国共产党党内法规制定条例》第3条规定，只有党的中央组织以及中央纪律检查委员会、党中央工作机关和省、自治区、直辖市党委有权制定党内法规。但从实际工作需要出发，市县层级的党政机构合并设立或合署办公的需求更为迫切。对此，基于组织法定原则，在现阶段，可以由省、自治区、直辖市党委为市县层级的党政机构合并设立制定相应的党内法规，由省、自治区、直辖市党委和省、自治区、直辖市人大及其常委会协同分工，分别制定相应的党内法规和地方性法规作为组织法上的依据。

第四，针对国家层面的试验区、新区等特殊类型的行政组织，可以通过全国人大及其常委会立法或授权立法的方式规定其内设机构、职权、运行机制，并明确其组织类型和法律地位，避免使用决议、决定等方式进行组织立法。同时兼顾改革进程中先行先试的需要和法治建设对稳定性、规范性的要求。

第五，针对综合执法机构的设置问题。有观点认为，对于多头执法、权责脱节等现象，可以通过行政执法主体间协作协调机制解决，具体措施包括联合执法、领导小组协调行政执法联席会议等。[1] 然而，从减少沟通成本、提高执行效率的角度出发，更为合适的路径还是建立综合执法机构，即结合经济社会发展状况，因地制宜地整合执法主体，并制定法律规范作为配套制度保障。[2] 具体而言，目前考虑到主要是在市县两级政府推进综合执法工作以及因地制宜的需要，可以通过地方性法规的方式具体规定食品药品安全、工商质检、公共卫生、安全生产、文化旅游、资源环境、农林水利、交通运输、城乡建设、海洋渔业等领域的综合执法机构设置标准和综合执法机构类型选择标准，并明确不同层级执法机构的执法重点和权限划分标准。需要注意的是，在标准设置和划分时，既要考虑职权的同一属性和类别，整体划转，也要考虑权力集中的程度和控制管理的需要，未必要求上下一律对口。[3]

就城管综合执法机构来看，可以根据《关于深入推进城市执法体制改革改进城市管理工作的指导意见》，通过法律的方式在国家和省两级范围内明确住房和城乡建设部门作为城管综合执法机关的主管部门，确立市、县两级城管综合执法机关的执法事项，明确县以下城管综合机构的派出机构属性。同时，以"城市管理事项"和"实际需要"为二元一级标准来规定执法权事项范围，并授权地方性法规对这两个标准进行细化，因地制宜进一步理清城管综合执法事项范围。此外，针对执法力量集中层级过高导致的力量配置问

---

〔1〕 莫于川等：《行政执法新思维》，中国政法大学出版社 2017 年版，第 170-173 页。

〔2〕 袁曙宏：《深化行政执法体制改革》，载《行政管理改革》2014 年第 7 期。

〔3〕 薛刚凌、张国平：《依法行政与行政体制改革》，载《国家行政学院学报》2014 年第 1 期。

题，还应当根据属地管理、权责一致的原则明确市、县两级分工，实现执法重心和执法力量的下移。[1]

（二）编制法定化

早在 1975 年，邓小平同志就曾指出，"编制就是法律"。党的十五大报告表示，要"深化行政体制改革，实现国家机构组织、职能、编制、工作程序的法定化，严格控制机构膨胀，坚决裁减冗员"。党的十六大报告在论述深化行政管理体制改革时表示，要"实现机构和编制的法定化"。2018 年，党的十九届三中全会通过的《中共中央关于深化党和国家机构改革的决定》再次提出要加快推进编制法定化。从现状来看，正是由于《国务院行政机构设置和编制管理条例》《地方各级人民政府机构设置和编制管理条例》等与编制管理相关的法律规范久未修订、程序性条款规定不够细密、刚性约束不足、责任条款缺位等问题的存在，导致在行政体制改革进程中，出现机构设置不尽合理、权力配置错位、人员数量和领导职数反复膨胀等现象。有鉴于此，编制法定化过程中，需要从如下五个方面予以完善。

1. 明确编制管理机关的法律地位

长期以来，中央机构编制委员会办公室作为中央机构编制委员会的日常办事机构，既是党的工作机关，也是国务院的机构，具有双重身份。2018 年，《中共中央关于深化党和国家机构改革的决定》对中央机构编制委员会领导体制进行了调整，中央机构编制委员会作为党中央决策议事协调机构，统筹负责党和国家机构职能编制工作。而中央机构编制委员会办公室则是归口中央组织部管理。这一调整旨在增强党对编制管理工作的领导，但是，从包括宪法在内的现行法律规范体系结构来看，各级机构编制委员会办公室仍应维持双重身份。根据《宪法》第 89 条的规定，国务院有权审定

〔1〕　马怀德：《城市管理执法体制问题与改革重点》，载《行政管理改革》2016 年第 5 期。

"行政机构的编制"。《国务院行政机构设置和编制管理条例》第3条更是明确规定，"国务院根据宪法和国务院组织法的规定，行使国务院行政机构设置和编制管理职权。国务院机构编制管理机关在国务院领导下，负责国务院行政机构设置和编制管理的具体工作"。由此可见，编制管理机关在当前行政组织法律规范体系中的法律地位。

但是，作为编制管理机关的另外一面，即党的工作机关属性则需要通过制定党内法规的方式予以进一步明确。对此，根据《中央党内法规制定工作第二个五年规划（2018-2022年）》的安排，可以制定中国共产党机构编制工作条例，既明确其在党内的属性，同时也对其在法律规范上的地位予以细化，对编制管理机关的双重身份进行优化协调。

2. 完善编制法定化的规范依据

在编制管理领域，作为现行有效的法律规范依据，《国务院行政机构设置和编制管理条例》《地方各级人民政府机构设置和编制管理条例》仅是国务院制定的行政法规。编制法属于行政组织法律规范体系的一部分，组织法定原则同样也应适用于编制管理领域，编制法定化实际上正是要求编制管理的各项活动都需要有相应的法律规范作为依据。

据此，就规范制定来看，在贯彻组织法定原则时，一是需要及时更新修订前述两部条例的内容，将其规范位阶提升到法律层次，由全国人大或全国人大常委会制定国家机构编制法和地方机构编制法，为统筹使用各类编制资源提供法律依据，这也是完善国家机构组织法的题中之义。二是制定中国共产党机构编制工作条例，这既是加强党对编制管理领导工作的需要，也是在党政分工格局下，明确党内机构编制管理范围的需要。该条例的制定将为中央机构编制委员会及其办公室实施编制管理活动提供直接的规范依据，并填补该领域内的依据空白。三是考虑到现行法律规范对编制的理解限于

"人员数额和领导职数"，并不包括机构设置、机构职能等，因此可以在未来的规范依据修订完善过程中将整个机构编制法定化工作在立法上拆解为两个部分，将其中的机构设置、职能设定等与人员无直接关联的事项纳入狭义的行政组织法当中予以规定，从而使"人员数额和领导职数"事项独立出来，交由专门的编制法律规范予以规定，以提高编制管理工作的专门性和科学性。

3. 丰富程序性条款

有观点指出，编制法定化应遵循渐进思路，要充分认识到改革过程中的变动性与法治稳定性之间的矛盾。[1] 而与其他行政活动相比，编制管理活动具有更强的灵活性需求，尤其是在政府职能转变尚未完成，行政体制改革仍将继续推进之际，与机构调整保持密切关联度的编制管理活动需要在日常灵活性与法定化要求的稳定性之间保持平衡。该平衡通常表现为在一定层级范围内对编制总量进行控制，并允许在一定条件下的部门之间、地区之间进行调配。而在控制与调配之间，编制管理的程序性条款将扮演重要的角色。

尽管早在 1990 年代初期，机构编制管理机关的负责人便已提出要通过完善编制审批的运行程序使其系统化，[2] 然而，时至今日，无论是《国务院行政机构设置和编制管理条例》，还是《地方各级人民政府机构设置和编制管理条例》，有关编制管理活动的程序性条款内容仍然十分简略。以地方为例，根据《地方各级人民政府机构设置和编制管理条例》第 16 条的规定，"地方各级人民政府的行政编制总额，由省、自治区、直辖市人民政府提出，经国务院机构编制管理机关审核后，报国务院批准"。可见，我国编制管理

---

〔1〕　朱维究、芦一峰：《我国政府机构编制法定化理论研究评述与前瞻》，载魏礼群主编：《中国行政体制改革的回顾与前瞻——第三届中国行政改革论坛论文集》，国家行政学院出版社 2012 年版，第 224 页。

〔2〕　顾家麒：《关于行政机关机构编制立法的若干思考》，载《行政法学研究》1993 年第 1 期。

大致奉行总量控制范围内的弹性调配机制。而编制调配的类型又有横向与纵向两种。对于横向调整，即本级人民政府有关部门行政编制的调整，该级人民政府有权在总额范围内进行。对于纵向调整，即在同一个行政区域不同层级之间调配使用行政编制的，应当由省级人民政府的机构编制管理机关报国务院机构编制管理机关审批。在这里，虽然明确了编制总量和编制调配的提出机关和审批机关，但缺乏总量核定和调配决定的程序性约束。有鉴于此，有必要增加更为丰富的程序性条款，在总量核定和调配决定过程中，设置理由说明、科学论证、公众参与、审查批准等程序，并为编制变更设置定期评估的程序机制。

其中，理由说明要求编制总量和编制调配的提出机关在报送审批时，应当依据相应法律规范或党内法规规定的内容，对总量核定和调配决定进行充分的理由说明，其内容应当包括核定、决定的合法性、科学性、合理性以及财政预算管理的相关内容。科学论证则要求在特定范围内，负责审核的机构编制管理部门通过座谈会、讨论会、论证会的形式，引入外部专家意见，从科学性、合理性等角度进行论证，对提出机关的理由说明进行验证。公众参与的目的是确保民众对编制管理活动的了解和参与，因为编制管理活动涉及政府的规模，尤其是在地方层面，当地民众与政府部门的接触更为密切，通过公众参与的方式，有助于增强对政府规模的约束，避免膨胀怪圈，也有助于提升当地民众对地方政府的信赖感。审查批准则是由审查机关根据前期程序获得的材料并依据相应法律规范规定的标准进行审批。而在核定、决定后，还有必要通过定期评估的程序机制对此前的核定、决定予以评估，为此后的总量核定和调配决定提供依据。

4. 建立编制管理信息公开制度

编制管理信息公开制度的核心功能在于为强化监督提供便利条件。编制法定化需要强化编制规定的刚性，而建立编制管理信息公开制度有助于刚性的强化。具体来看，该制度包括两个方面：

一方面，在组织系统内部建立共享的信息平台，将编制管理信息与组织人事、财政预算管理信息进行共享，并在此基础上建立实名制管理机制，通过全国统一编号的编制证书制度实施精细化管理，其目的在于借助组织人事、财政预算管理制度对编制管理进行约束。从某种程度上说，这是行政组织系统内部自我监督的一种方式。

另一方面，则是通过将编制管理信息向公众公开的方式来接受监督，以此减少编制膨胀、"吃空饷"、违法滥设职位或领导职数等情况，避免编制腐败，同时也能够为总量核定和调配决定过程中的公众参与提供日常性信息。

5. 增加责任条款以强化刚性约束

针对当前编制管理法律规范责任条款不足，可操作性较低的问题，有必要在完善规范依据过程中，进一步增加责任条款。对此，一方面是要进一步规定可以适用的行政处分种类，细化不同行政处分种类对应的违法违规情形，改变现有编制法律规范当中责任条款过于简陋的现状；另一方面，有必要明确编制管理过程中涉及的主要责任人可能承担的刑事责任，如因触犯滥用职权、玩忽职守、徇私舞弊罪名而承担相应的刑事责任。之所以需要强调这一点，是因为当前法律规范仅针对机构编制管理机关工作人员规定了刑事责任，但编制管理活动常常涉及机构负责人，唯有明确此类人员的刑事责任，方能真正强化编制管理的刚性约束。

综上所述，作为行政体制改革进程中法治化建设的一个重要组成部分，同时也是行政组织法律规范体系中待完善的一部分，编制法定化为总量法定提供刚性约束，同时也为统筹使用各类编制资源和动态调整设定了规范依据，有助于为将来的行政体制改革提供具有稳定性和可预期性的组织法治保障。

主要参考文献：

1. 魏礼群主编：《建设服务型政府——中国行政体制改革 40 年》，广东经济出版社 2017 年版。

2. 汪玉凯等：《中国行政体制改革 30 年回顾与展望》，人民出版社 2008 年版。

3. 应松年：《完善行政组织法制探索》，载《中国法学》2013 年第 2 期。

4. 杨小军：《行政执法体制改革法律依据研究》，载《国家检察官学院学报》2017 年第 4 期。

5. 石亚军：《当前推进政府职能根本转变亟需解决的若干深层问题》，载《中国行政管理》2015 年第 6 期。

6. 马怀德：《健全综合权威规范的行政执法体制》，载《中国党政干部论坛》2013 年第 12 期。

7. 袁曙宏：《深化行政执法体制改革》，载《行政管理改革》2014 年第 7 期。

8. 马怀德：《城市管理执法体制问题与改革重点》，载《行政管理改革》2016 年第 5 期。

9. 朱维究、芦一峰：《我国政府机构编制法定化理论研究评述与前瞻》，载魏礼群主编：《中国行政体制改革的回顾与前瞻——第三届中国行政改革论坛论文集》，国家行政学院出版社 2012 年版。

10. 顾家麒：《关于行政机关机构编制立法的若干思考》，载《行政法学研究》1993 年第 1 期。

第五章　行政决策[*]

　　党的十八以来，依法治国得到了前所未有的重视。习近平总书记在省部级主要领导干部学习贯彻十八届四中全会精神全面推进依法治国专题研讨班开班式上指出，要把全面依法治国放在"四个全面"的战略布局中来把握，深刻认识全面依法治国同其他三个"全面"的关系，努力做到"四个全面"相辅相成、相互促进、相得益彰。全面依法治国因而在整个国家治理中具有了更加重要的战略地位和战略意义。能不能做到依法治国，关键在于党能不能坚持依法执政、各级政府能不能依法行政。从实现"四个全面"战略布局的站位出发，各级政府必须依法全面履行职能，坚持法定职责必须为、法无授权不可为，健全依法决策机制、完善执法程序，严格执法责任，做到严格规范公正文明执法。[1]

　　在依法行政中，行政决策的科学化、民主化、法治化具有更加突出的地位。与个别化的行政处理通常只关涉特定当事人的合法权益不同，行政决策经常会通过对公共资源的配置，影响不特定多数人的利益。因此，从某种意义上说，行政决策的法治化，具有比行政处理的法治化更为重要的地位和意义。

---

　*　成协中，中国政法大学法学院教授。
　〔1〕　习近平：《加快建设社会主义法治国家》，载《习近平谈治国理政》（第二卷），外文出版社 2018 年版，第 120 页。

在传统行政法治之下，行政活动的正当性主要围绕行政行为（行政处理）的法治化而展开。作为传统行政法治的核心概念，行政行为最初是奥托·迈耶以司法行为或司法权为蓝本而构建。包括行政行为的内涵、行政行为的效力体系、行政正当程序等内容，其渊源均可追溯至司法行为。这种以单方的、高权的、个体化的行政行为为核心而构建的传统行政法治，是以自由主义为基本理念，以防御和对抗为基本的制度构造，以法秩序安定和个体权益保障为主要功能期待。传统行政法治主要以行政活动的法律形式理论为核心，通过判断行政活动的"法效力"，将行政活动导入行政行为、法规命令、行政规则、内部指令等不同的法律形式，并据此指向不同的程序法或诉讼法路径。在此种法治理念下，行政活动的正当性主要追溯至实在法规范（规则和原则），通过审查行政活动与实在法规范的"一致性"而确保立法意图在行政实践中得到体现。

随着现代国家任务的转变和行政方式的拓展，法律规范中授权规范、不确定法律概念、裁量权规范的大量存在，追溯至立法以寻求行政活动的正当性根据越来越难以为继。现代行政的发展早已超越了传统的司法性职能范畴，其核心功能在于综合运用多种政策工具，例如设定优先次序、分配资源、研究、规划、确定目标等，确保公共利益的最大化实现。在这种背景下，传统行政法体系面临越来越大的理论困境和张力。在面临当代全球化、信息化、风险社会等诸多挑战的背景下，如何正视行政的社会塑造与秩序形成功能，如何发挥行政作为一种积极的、能动的、整体的、持续的权力形态的积极效能，实现社会利益的最大化，需要我们走出狭隘、封闭的概念法学桎梏，面向以行政决策为中心的现代行政法治。

目前，行政决策法治化作为法治政府建设的重要内容，已经在多个国家层面的政策中有所体现。2004 年《全面推进依法行政实施纲要》提出要建立健全科学民主决策机制，"实行依法决策、科学决策、民主决策"；2008 年《国务院关于加强市县政府依法行政的决定》提出完善市县政府行政决策机制，并确立了重大行政决策的六项制度：听取意见制度、听证制度、合法性审查制度、集体决定制度、实施情况后评价制度、责任追究制度。2010 年《国务院关于加强法治政府建设的意见》又进一步提出，"加强行政决策程序建设，健全重大行政决策规则，推进行政决策的科学化、民主化、法治化"，"要把公众参与、专家论证、风险评估、合法性审查和集体讨论决定作为重大决策的必经程序"。

党的十八大以来，行政决策法治化得到了进一步的强调。习近平总书记明确提出："要以建设法治政府为目标，建立行政机关内部重大决策合法性审查机制，积极推行政府法律顾问制度，推进机构、职能、权限、程序、责任法定化，推进各级政府事权规范化、法律化。"[1] 在《关于〈中共中央关于全面推进依法治国若干重大问题的决定〉的说明》中，习近平总书记又一次提出："建立行政机关内部重大决策合法性审查机制，积极推行政府法律顾问制度，保证法律顾问在制定重大行政决策、推进依法行政中发挥积极作用；建立重大决策终身责任追究制度及责任倒查机制。"中共中央、国务院联合印发的《法治政府建设实施纲要（2015－2020年）》指出，完善重大行政决策程序制度，明确决策主体、事项范围、法定程序、法律责任，规范决策流程，强化决策法定程序的刚性约束。这反映出行政决策的法治化已经成为全面推进依法治国背景下建设法治政府的重要组成部分，具有无与伦比的重要地位。如何从理论上和制度上回应对于行政决策，尤其是重大行政决策的规范化需要，成为当下行政法学迫切需要面对的课题。

一、我国行政决策制度概览

（一）行政决策规范化的制度历程

1997 年，党的十五大明确提出了"依法治国，建设社会主义

---

〔1〕 习近平：《加快建设社会主义法治国家》，载《求是》2015 年第 1 期。

法治国家"的伟大目标。1999 年，九届人大二次会议通过的宪法修正案将"中华人民共和国实行依法治国，建设社会主义法治国家"写入我国《宪法》，赋予了依法治国方略以宪法地位，使依法治国方略获得了宪法性的根本保障。这标志着建设法治国家已经成为中国社会主义现代化的目标之一。行政决策的法治化作为一项政策目标的提出，比建设社会主义法治国家的目标提出要更晚一些。2004 年国务院《全面推进依法行政实施纲要》首次对依法决策提出了明确的制度要求。这些制度要求主要包括三个方面：①健全行政决策机制。建立健全公众参与、专家论证和政府决定相结合的行政决策机制。实行依法决策、科学决策、民主决策。②完善行政决策程序。要求建立行政决策公开、专家论证、听取意见、合法性审查等几项程序制度。③建立健全决策跟踪反馈和责任追究制度。这些制度要求，成为后来地方推动重大行政决策立法的重要规范基础。

2008 年通过的《国务院关于加强市县政府依法行政的决定》进一步提出完善市县政府行政决策机制，并确立了重大行政决策的六项制度目标：①完善重大行政决策听取意见制度；②推行重大行政决策听证制度；③建立重大行政决策的合法性审查制度；④坚持重大行政决策集体决定制度；⑤建立重大行政决策实施情况后评价制度；⑥建立行政决策责任追究制度。

2010 年《国务院关于加强法治政府建设的意见》则在前述制度的基础上更进一步，提出"要把公众参与、专家论证、风险评估、合法性审查和集体讨论决定作为重大决策的必经程序"，并对听取意见和听证制度、合法性审查制度、集体决策制度、风险评估制度等作出了具体的要求。如"作出重大决策前，要广泛听取、充分吸收各方面意见，意见采纳情况及其理由要以适当形式反馈或者公布。完善重大决策听证制度，扩大听证范围，规范听证程序，听证参加人要有广泛的代表性，听证意见要作为决策的重要参考。重大决策要经政府常务会议或者部门领导班子会议集体讨论决定。重大决策事项应当在会前交由法制机构进行合法性审查，未经合法性审查或者经审查不合法的，不能提交会议讨论、作出决策"。

2014 年中共中央发布《十八届四中全会决定》，对依法决策提出了三个方面的明确要求。其一，健全依法决策机制。把公众参与、专家论证、风险评估、合法性审查、集体讨论决定确定为重大行政决策法定程序，确保决策制度科学、程序正当、过程公开、责任明确。建立行政机关内部重大决策合法性审查机制，未经合法性审查或经审查不合法的，不得提交讨论。其二，积极推行政府法律顾问制度，建立以政府法制机构人员为主体、吸收专家和律师参加的法律顾问队伍，保证法律顾问在制定重大行政决策、推进依法行政中发挥积极作用。其三，建立重大决策终身责任追究制度及责任倒查机制，对决策严重失误或者依法应该及时作出决策但久拖不决造成重大损失、恶劣影响的，严格追究行政首长、负有责任的其他领导人员和相关责任人员的法律责任。

2015 年底中共中央、国务院印发的《法治政府建设实施纲要（2015-2020 年）》提出要推进行政决策科学化、民主化、法治化，目标是：行政决策制度科学、程序正当、过程公开、责任明确，决策法定程序严格落实，决策质量显著提高，决策效率切实保证，违法决策、不当决策、拖延决策明显减少并得到及时纠正，行政决策公信力和执行力大幅提升。

在这些文件的直接推动和指导下，各地通过地方立法，将前述文件对重大行政决策的程序要求转化为更为具体、更具规范性和操作性的法定程序，极大地提升了各地重大行政决策民主化、科学化、法治化的水平。

（二）行政决策科学化、民主化、法治化的目标确立

改革开放四十年，我国经济发展取得举世瞩目的伟大成就，各级政府决策总体上是正确的、成功的。如果政府决策频频失误、失

败，中国经济不会有现在的体量规模和发展水平。近年来，各级行政机关科学民主依法决策机制不断完善，各级领导干部科学民主依法决策的意识和能力也逐步提高。同时也要看到，政府决策实践中还存在着比较突出的问题：一些决策尊重客观规律不够，听取群众意见不充分，乱决策、违法决策、专断决策、拍脑袋决策、应决策而不决策等问题比较严重，一些关系国计民生的重大项目因群众不理解、不支持而不能出台，或者决策后一遇少数人反对就匆匆下马的事件时有发生，既给国家利益造成重大损失，也严重影响政府公信力和执行力。

为了适应今后一个时期我国经济发展的新常态，政府的角色、作用及决策领域、决策方式都有必要进行相应调整，以优化政府决策，更好地发挥政府作用，充分释放经济社会发展动能。"四个全面"战略布局将法治提升到党和国家工作全局前所未有的位置，也对行政机关依法决策、依法行政提出了更高要求。党的十八大，特别是《十八届四中全会决定》把健全依法决策机制作为深入推进依法行政、加快建设法治政府的重要方面，从制度建设、合法性审查、政府法律顾问和责任追究等四个方面对此提出了要求。为解决行政决策实践存在的突出问题，落实中央有关科学民主依法决策的最新精神和部署，《法治政府建设实施纲要（2015-2020年）》提出了推进行政决策科学化、民主化、法治化的具体目标、清晰路线和完整框架。这个目标就是："行政决策制度科学、程序正当、过程公开、责任明确，决策法定程序严格落实，决策质量显著提高，决策效率切实保证，违法决策、不当决策、拖延决策明显减少并得到及时纠正，行政决策公信力和执行力大幅提升。"这个目标着眼于基本建成法治政府总体目标对规范行政决策活动的要求，是对法治政府建设衡量标准中"行政决策科学民主合法"的具体展开。这个目标立足于当前我国依法行政实际，反映了现阶段推进行政决策科学化、民主化、法治化的最大共识，是一个实事求是的目标、切实可行的目标。

（三）重大行政决策的主要制度构成

1. 重大行政决策的概念界定和主要范围

对于何种事项属于重大行政决策事项，是进行制度建设时必须解决的首要问题。一般而言，有三种立法技术：一是概括式；二是列举式；三是否定排除式。目前大多数重大行政决策的立法文本，采取前述两种或三种立法技术。

一般而言，在地方的立法中，主要通过事项本身的重大与否来确定是否列入重大行政决策范围，也即考察事项的影响范围、持续时间、成本多少等因素。但有时候也根据决定主体来推定是否属于"重大"。《湖南省行政程序规定》第 31 条在阐明重大行政决策的概况定义之后，具体列举了下列行政决策事项：①制定经济和社会发展重大政策措施，编制国民经济和社会发展规划、年度计划；②编制各类总体规划、重要的区域规划和专项规划；③编制财政预决算，重大财政资金安排；④重大政府投资项目；⑤重大国有资产处置；⑥资源开发利用、环境保护、劳动就业、社会保障、人口和计划生育、教育、医疗卫生、食品药品、住宅建设、安全生产、交通管理等方面的重大措施；⑦重要的行政事业性收费以及政府定价的重要商品、服务价格的确定和调整；⑧行政管理体制改革的重大措施；⑨其他需由政府决策的重大事项。《浙江省行政程序办法》虽然将重大行政决策作为一部分单独予以规定，但并未对何为重大行政决策作出界定。《浙江省重大行政决策程序规定》第 2 条则列举了如下决策事项：本规定适用于本省县级以上人民政府及其部门（以下统称决策机关）的下列重大行政决策（以下简称决策）事项：①经济和社会发展等方面的重要规划和重大改革措施；②社会保障、卫生和计划生育、教育等民生领域和环境保护、资源分配等方面的重大政策；③由政府组织实施的对相关群体利益可能造成较大影响的重大建设项目；④决策机关确定的其他决策事项。具体决策事项，由决策机关根据前款规定并结合决策中的相关因素确定；决策机关根据实际需要，可以制定决策事项目录，向社会公布。同时，该规定第 3 条明确将某些类型的决策事项排除在本规定的适用范围之外，具体包括突发事件应对、立法、城乡规划、土地利用总体规划、土地和房屋的征收与补偿、政府定价、地方标准制定等相关法律、法规另有决策程序规定的事项，其决策活动适用相关法律、法规的规定。从上述实例中可以看出，除肯定性列举之外，一般地方立法都对重大行政决策事项进行了一定的反向排除，排除范围主要包括以下三类：①政府制定规范性文件的行为；②突发事件的紧急处理；③人事处理和行政问责。

虽然通过正面肯定与反面排除相结合的做法，可以对重大行政决策事项作出比较明确的规定，但是现代行政管理的复杂性使得很多事项的性质难以得到完全清晰的界定。在众多的地方立法中，均是授权行政机关对某些事项是否属于重大行政决策事项进行裁量，或是通过兜底条款确保行政决策范围的开放性。拥有"其他事项"判断和界定权力的一般是行政决策程序的启动者，在实践中通常是政府行政首长。要防止行政决策程序的启动者滥用或者错用自由裁量权，需要从两方面着手：一是对行政决策概念进行准确清晰的界定，明确行政决策概念的内涵，同时尽量详尽、具体地列举已知的行政决策事项；二是完善行政决策的启动程序，赋予公众建议权，并设置公众意见的反馈机制及决策动议审议机制。

总的来看，何为重大行政决策事项，是重大行政决策立法的一个原始性问题和关键问题。现在，多数地方立法采取"概括定义+明确列举+目录清单+否定排除"的做法，大体能够确定重大行政决策程序规定的适用范围。但仍需要进一步明确其与党委、人大在地方重大事项上决策权的分配。

2. 重大行政决策的法定程序

重大行政决策程序，基本上按照启动、决定、公布的模式进行，但是其中穿插了一些保障重大行政决策科学性、民主性、合法性的系列制度，基本上符合行政决策的规律。

（1）启动程序。重大行政决策程序的启动有多种方法，实践中较为常见的是以下两种：其一，由政府通过规划的形式，预先计划本年度或者此后多年度的决策事项。其二，发生实际需要时临时启动。从实际情况来看，采用较多的是后一种方式。

（2）信息公开。政府信息公开是重大行政决策程序设计的核心制度之一。若没有足够的信息公开做支撑，重大行政决策的科学化和民主化就没有了根基。我国政府信息公开制度的规范依据主要2008年5月1日起开始实施的《政府信息公开条例》。因为该法规的发布时间略早于《国务院关于加强市县政府依法行政的决定》，故在各地制定的重大行政决策程序中，都较好地贯彻了《政府信息公开条例》的有关规定。在《湖南省行政程序规定》中，第31条、第34条、第36条、第37条、第42条分别要求公开重大行政决策的事项、重大行政决策方案草案、专家论证意见、公众意见、重大行政决策结果，从决策事项、依据、过程到结果都要求公开，形成了一套完整的重大行政决策公开制度。[1]

（3）听取意见。重大行政决策必须具有良好的民主性和科学性的支撑。前者主要体现在听取公众的意见，后者主要依靠的是听取专家的意见。听取意见制度必须贯穿于重大行政决策程序的全过程。我国重大行政决策立法中，公众参与主要在决策启动、方案草案形成、决策公布等几个阶段体现，具体的形式包括座谈会、协商会、开放式听取意见、发送意见函等，[2] 对象包括人大代表、政协委员、政府参事、民主党派、人民团体、专家学者以及社会各界

---

〔1〕　湖南省人民政府法制办编：《湖南省行政程序规定释义》，法律出版社2008年版，第74页。

〔2〕《达州市市县政府重大行政决策程序规定》（2009年8月1日）。

人士。专家的参与则主要在方案草案形成、评估等几个阶段。[1]

（4）专家咨询。参与重大行政决策程序的专家主要来自由政府及其部门组建的专家委员会或者是第三方服务机构。目前，很多地方制定了专门的专家咨询办法，如《四川省人民政府重大决策专家咨询论证实施办法（试行）》《黑龙江省政府重大决策专家咨询论证制度》。《黑龙江省政府重大决策专家咨询论证制度》第2条规定，省政府重大决策事项调查研究的专家主要从省政府重大决策咨询专家组成员中遴选，必要时补充外部专家。该省还为此组建了多个委员会，如：涉及全省经济社会发展和人民群众切身利益以及专业性、技术性较强决策事项的咨询论证工作由省科技经济顾问委员会负责；涉及法律性较强决策事项的咨询论证工作由省政府法制咨询委员会负责；涉及安全生产监督方面的决策事项由省安全生产咨询委员会负责；其他需要咨询论证事项由咨询研究机构负责。这一制度体现了专家的专业化价值，在一定程度上值得借鉴。

（5）合法性审查。合法性审查主要解决的是重大行政决策的依法化问题，同时也是决策科学化、民主化的重要保障。[2] 因此，我国地方立法中普遍建立了合法性审查责任制。《湖南省行政程序规定》第34条规定："决策承办单位应当对重大行政决策方案草案进行合法性论证。"此处的合法性论证，主要是指决策承办单位的法制机构或外聘法学家对重大行政决策方案中的下列问题进行审查：①是否超越法定权限；②是否违反上位法的规定和世界贸易组织规则；③是否适当；④是否违反法定制定程序；⑤是否存在其他法律方面的问题。[3] 当前，对重大行政决策的合法性进行审查是

---

〔1〕 专家在某种情况下可以作为公众的一部分，在重大行政决策的部分环节，又可作为单独的主体看待。

〔2〕 朱最新：《论重大行政决策进行合法性论证的必要性》，载《党政干部论坛》2006年第3期。

〔3〕 湖南省人民政府法制办编：《湖南省行政程序规定释义》，法律出版社2008年版，第59页。

重大行政决策程序必经的一个环节，在立法中应当明确合法性审查的必备性和效力。

（6）集体决定。重大行政决策的决定是整个程序中的核心一环。在重大行政决策经历过征求意见和专家论证等环节之后，正式进入最终的讨论决定阶段。[1] 我国行政历来有民主集中制的传统，提倡集体决策。集体决策的主要作用在于使不同的意见可以充分交流，减小决策风险，增加其合法性基础。《国务院关于加强市县政府依法行政的决定》规定，重大行政决策未经集体讨论作出决定的，对负有领导责任的公务员进行处分。

3. 重大行政决策的监督

对于重大行政决策的监督，主要通过两类制度来体现：一是重大行政决策做出之后的实施评价制度；二是重大行政决策的责任追究制度。

决策后评价制度可以采取抽样调查、跟踪调查、评估等多种方式展开，主要是为了发现重大行政决策在实行过程中可能出现的问题，给予及时补正。其中，评估是最为正式和主要的后评价方式。一般来说，评估是指评估者运用特定的方法和手段，对行政决策的制定、执行以及其运行效果进行评价与估价的动态过程，其主要目的是检验行政决策的质量，决定政策终结与否并监督检查行政决策是否得到认真执行。[2] 评估的主要内容可包括行政决策内容的合法性、行政决策目标的明确性、行政决策方案的科学性以及行政决策程序的合理性、行政决策执行效率和效果。《湖南省行政程序规定》第44条原则性地规定了决策机关应当定期对重大行政决策执

---

〔1〕 如《本溪市人民政府工作重大事项行政决策程序规定》（2006年5月24日）："要严格执行决策工作程序，凡未经征求意见和进行事先协商、协调，没有形成多个比较方案，没有对决策方案在实施中可能产生的负效应进行分析并提出相应对策的事项，不得提交市政府全体会议、常务会议或市长办公会议讨论。"

〔2〕 刘莘主编：《法治政府与行政决策、行政立法》，北京大学出版社2006年版，第98页。

行情况进行评估，并将评估结果向社会公开。

责任追究制度是中国重大行政决策制度的归宿所在，是其他制度是否能发挥作用的关键。启动责任追究的主体在我国一般是人事任免机关和监察机关。责任一般分为直接责任、主要领导责任和重要领导责任。目前，已经有部分地方制定了专门的责任追究办法。如《惠州市行政决策过错责任追究暂行规定》《深圳市行政决策责任追究办法》。《深圳市行政决策责任追究办法》主要针对的是行政机关及其工作人员不履行或者不正确履行职责，或者在本单位重大事项决策中不履行职责或不正确履行职责，造成人身、财产损失、环境破坏或者其他不良社会影响的行为。不履行职责包括拒绝、放弃、推诿职责等情形；不正确履行职责，包括无合法依据以及不依照规定程序、规定权限和规定时限履行职责等情形。《重庆市政府重大决策程序规定》还专门规定了重大决策档案等制度。

（四）重大行政决策立法的成就与经验

2004年《全面推进依法行政实施纲要》出台后，在中央的政策要求和引导下，地方开展了轰轰烈烈的重大行政决策立法。经过十多年的发展，学术界和实务界就重大行政决策的立法的范围、程序、主要制度等相关问题已经形成了相当程度的共识。这为中央层面的统一立法积累了丰富的制度素材和经验。

近年来，重大行政决策地方立法的成就可以总结如下：其一，通过地方立法对重大行政决策进行规定，基本实现了重大行政决策的规范化。实践中违反法定程序决策的情形明显减少。其二，重大行政决策立法的目标基本明确，即实现重大行政决策的科学化、民主化、法治化。其三，重大行政决策程序的制度构成基本稳定。在2012-2015年间出台的地方决策程序规定中，多数对重大行政决策程序的五大制度单独设章规定，使得制度的可操作性日益增强。

与此同时，近年来的地方立法实践也暴露出一些亟待解决的问题。与中央关于重大行政决策法治化的高要求形成鲜明对比的是，重大行政决策法治化在实践中遭遇到了一定的现实困境：有的地方无决策程序规定，有的地方无法完全落实制定颁布的决策程序。造成这种困境的原因固然是多方面的，但地方立法位阶过低，难以对重大行政决策形成有效规范无疑是其中最重要、最突出的原因。目前，地方重大行政决策程序规定位阶普遍较低，实际约束力弱，政府规章与行政规范性文件不能作为法院审理行政案件的依据，导致很难通过司法审查强化其约束力。通过对 326 份地方规定的分析可以发现，其中仅 36 部是地方政府规章，约占地方立法总数的 11%；其他 290 部都为行政规范性文件，约占地方立法总数的 89%，没有一部为地方性法规。[1] 为解决这一问题，需要在中央层面出台相应立法，发挥实质性规范作用，提升对政府重大行政决策活动的规范力度，实现将重大行政决策纳入法治化轨道的立法目的。

二、行政决策科学化、民主化、法治化面临的困境

"天下之事，不难于立法，而难于法之必行。"近年来，我国法治政府建设取得长足进步，不仅中国特色社会主义法律体系基本形成，而且延续数千年来的人治传统正在被法治思维和法治方式所取代。然而也要看到，无论行政决策中的"一言堂""一支笔"现象，还是政策执行中出现的"中梗阻""最后一公里"难题，抑或各级领导干部中存在的以权谋私、以权枉法问题，"法之必行"仍是一道待解难题，有法不依、有法难依仍是摆在我们面前的"法治痛点"。为此，习近平总书记在省部级主要领导干部学习贯彻十八届四中全会精神全面推进依法治国专题研讨班开班式上强调，"全面依法治国必须抓住领导干部这个'关键少数'"，"各级领导干部尤其要弄明白法律规定我们怎么用权，什么事能干、什么事不能干，心中高悬法律的明镜，手中紧握法律的戒尺，知晓为官做事的

---

〔1〕 王万华、宋烁：《地方重大行政决策程序立法之规范分析——兼论中央立法与地方立法的关系》，载《行政法学研究》2016 年第 5 期。

尺度"。然而，尽管中央政策层面多次强调要进一步提升重大行政决策的科学化、民主化、法治化水平，但这些政策目标在实践中并未得到全面有效的落实。究其原因，主要有如下几方面。

（一）理论上的困境

1. 行政决策的非型式化

基于国家任务的转变和行政活动方式的拓展，在现代行政国家，行政决策作为一种灵活的、高效的行政方式，已经成为政府实现国家任务的主要方式。但是，行政决策并非一个性质明确的法律概念。行政学上的行政决策，通常着眼于其行政决策公益目的的实现，强调其目的导向。[1] 而行政法学上的行政决策，则强调从法律效果的角度认识行政决策的作出给相对人合法权益造成的影响。由于行政决策表现形式的多样化，其法律效果难以通过理论上的分析实现整齐划一，一直以来行政行为分类理论未将行政决策纳入理论系统的特定类别，所以行政决策在人们的思维和知识系统中没有清晰的定位，致使其长期被行政法学所冷落。[2] 但这不应成为行政法学者忽视行政决策的充分理由。

重大行政决策这一概念在行政法学界饱受批判和质疑。其根源在于两个方面：一是这一概念在迈耶创建的行政法学体系中难觅踪迹。面对这一从行政学、政治学中移植过来的概念，相当多的行政法学者无所适从，本能地加以排斥。二是这一概念的内涵和外延过于宽泛，难以统一。从既有的地方立法实例也可以看出，各地界定的重大行政决策的范围并不完全相同。现有地方立法中关于重大行政决策的行为类型，如有关规范性文件制定、重大规划制定、预算编制、区划变更、应急预案制定等，都与现行制定法对单项行为的

---

〔1〕 杨海坤、李兵：《建立健全科学民主行政决策的法律机制》，载《政治与法律》2006 年第 3 期。

〔2〕 邓慧强：《行政决策被传统行政法理论遮蔽原因之比较分析》，载《邵阳学院学报（社会科学版）》2011 年第 3 期。

规范存在重合。"从对各地例举条款的内容来看，也基本都是对行政立法、行政规划、行政征收、行政收费等事项的重申和复写，而对于此类行为的法定程序，大多都已经在其相应的部门行政法上得到了规范，即使没有得到规范的事项，地方性行政程序规定也多是无权加以干涉的。"〔1〕为此，学者建议："只将重大行政决策作为一种政策性宣传或程序性理念予以对待，重大行政决策法治化问题的重要性，只能被融入到这一载体之中，以法治理念或法治精神的方式，最后被分散到各部门行政法上加以实现。……这样做的好处在于，作为政策性宣传或程序性理念的重大行政决策，由于本身并不会被单独性地具化成一种制度，不会与我国行政法学体系与行政法体系之间构成冲突，如此，它的概念缺陷问题便能够在最大程度上得到规避。"〔2〕

笔者理解并基本赞同学界同仁对于行政决策概念使用的质疑与批评。但同样需要指出和坚持的是，重大行政决策作为一个法律概念已经得到明确，并极有可能被列入将来的统一行政程序法，在此背景下，学术界继续坚持这种一味排斥的态度，并无益于现代行政法体系的建立，也无益于法治政府的目标实现。至于接受这一概念之后如何界定其内涵与外延，如何处理其与特别法的关系，如何建构既多元又统一的程序规范，则是学术界更应认真对待的课题。

在现代社会，行政决策已经成为行政权作用的重要方式，成为行政主体调整社会利益、分配社会资源的重要制度媒介。〔3〕对于

---

〔1〕　熊樟林：《重大行政决策的概念证伪及其补正》，载《中国法学》2015 年第 3 期。

〔2〕　熊樟林：《重大行政决策的概念证伪及其补正》，载《中国法学》2015 年第 3 期。

〔3〕　有学者直接将行政决策界定为，行政决策主体基于国家法律和政策，根据预定目标，作出旨在分配社会资源和价值的，从而设立、变更和终止行政法上的法律关系的对策行为。参见戴建华：《作为过程的行政决策——在一种新的研究范式下的考察》，载《政法论坛》2012 年第 1 期。

行政决策的性质，笔者认为大体可从如下五个方面认识：①行政决策针对不特定当事人作出，不具有直接的法律拘束力，不能直接创设、变更或消灭相对人的权利义务，这一点区别于行政行为；②行政决策不具有"法规范"的效力，不能直接作为评价规范和制裁规范，这一点将其区别于行政立法；③行政决策具有问题导向、过程渐进、利益调控等特征，其制度功能指向公益的最大化实现，而非个体权益的维护；④行政决策的形态多样，其既可能表现为各种规划计划，亦可能表现为一种利益分配方案，对于其效力的认定需要结合其表现形态而具体判断；⑤行政决策的权力来源多样，其既直接源于立法授权，又可能源于自有职权。

如果说"规则取向"的行政立法和"个案取向"的行政决定主要是服务于传统"消极行政"的秩序关注，那么行政决策则具有"目标取向"，是政府积极干预社会福利和社会基本建设的职能体现，具有"积极行政""管制行政"的显著特点。行政决策在行政领域的兴起反映的正是现代行政职能的变化。要求我们加强政府行政立法和法院司法审查的同时，在"积极行政"的前提下，以行政过程为中心建构"正当行政"的理论和制度体系。在这一新的法治任务中，作为政府行政的重要政策工具的"行政决策"，其在属性上不同于传统的"依法行政"，需要在复合的合理化层次上做出回应。[1]

2. 行政处理与行政决策价值目标上的差异

在以"目的—手段"为基本范式的现代法治框架下，立法和司法对行政活动的规范主要是一种形式规范、外部规范，难以深入到

---

[1] 田飞龙：《行政决策程序的法治定位及其合理化需求》，载《江苏警官学院学报》2011年第3期。

具体行政过程之中。[1] 然而，现代行政之正当性难以通过追溯至立法或司法而得到实现，必须从行政过程本身中获得。实际上，无论从分权制衡，还是从功能最适的角度考察，行政过程本身足以为现代行政提供正当性资源。首先，从分权制衡的角度考虑，同属国家权力之行政权在各国宪法上都具备一定的独立性，并非完全从属于立法或司法。行政保留的理论基础来自宪法上的权力分立原则，其作用在于维护行政权的自主性，防止其他权力部门的侵害，以维持整体国家权力的平衡与和谐。[2] 其次，从"功能最适"的角度分析，立法权固然具有多元民主基础，以及严谨、公开、透明的决定程序等功能要素，导出重要国家事务仅能由立法者以法律规定，才能达成"尽可能正确"结果，进而证成法律保留原则之存在；然行政权也能根据行政之专业、灵活、弹性、快速、效率等因素，导出特定事项无须法律之授权，由行政自行规范，以发挥最大功能作为判准，始足以达到"尽可能正确"的结果。[3] 最后，从现代国家任务和行为性质的匹配性上看，行政所具有的能动性、灵活性、整体性、持续性等特质，最有利于实现法秩序的安定和公共利益之最大化。立法作为一种规范提供者，在高度专业化、信息化的现代社会，难以实现充分的规范供给和秩序维护责任。司法的被动性、个案性角色，也难以承担社会利益的分配和调控职能。

　　而通过行政过程为行政活动提供正当性资源，主要体现为行政过程的科学理性。依赖科学进行决策具有很悠久的历史，如 19 世纪初美国学者提出专业性的行政机关必须与政治相隔离。[4] 美国

---

〔1〕　类似批评，可参见朱新力、唐明良：《法治政府建设的二维结构——合法性、最佳性及其互动》，载《浙江学刊》2009 年第 6 期；江利红：《以行政过程为中心重构行政法学理论体系》，载《法学》2012 年第 3 期。

〔2〕　廖元豪：《论我国宪法上的行政保留》，载《东吴大学法律学报》1990 年第 1 期。

〔3〕　参见许宗力：《法与国家权力》，月旦出版公司 1995 年版，第 138-139 页。

〔4〕　See Woodrow Wilson, "The Study of Administration", *2 Pol. Sci. Q.* 197, 210 (1887).

《联邦行政程序法》要求行政机关要详细列明其所制定规则的基础，在法院依据专断和反复无常标准对行政机关的规则制定行为进行审查时，法院反复提出，行政机关必须证明他们的决定具备"审慎理性"（careful reasoning）。[1] 为满足这一标准，行政机关必须运用他们的专业知识来收集事实，资助或亲自进行相关的科学研究。在具体管制过程中，科学证据已经成为支撑管制决定正当性的关键证据。[2] 通过政府自有机构、政府合同委托机构、民间独立机构以及大学内部机构等多系统运转，将政治权力对知识的强制可能性降至最低，通过知识来源和竞争机制的多元化化解知识垄断，从而为具体的行政决策提供真正科学意义上的理性支撑。使用科学知识来证成行政决定之正当性，成为提升行政决定理性，并增强行政合法性的重要制度工具。[3]

3. 统一行政决策程序的可能性

如果承认行政机关作为决策者的地位，承认行政机关通过行政决策行使行政职权具有一定的正当性，那么接下来面临的问题就是，采取何种方式来对行政决策，尤其是重大行政决策程序进行规范。目前地方立法关于行政决策程序的立法，主要思路是将某些类型的决策行为纳入重大行政决策的范围，然后确定其要遵守的程序规范。有学者对这种做法提出了三方面的批评：①过于理想的统一程序观；②过于苛刻的行政自制观；③过于薄弱的合法性审查——行政决策中设立的合法性审查机制是一种自我裁判、无权裁判、无

---

〔1〕 See e. g. Motor Vehicle Mfrs. Ass'n v. State Farm Mut. Auto. Ins. Co. , 463 *U. S.* 29, 48（1983）. See also Coglianese, Cary and Marchant, "Shifting Sands: The Limits of Science in Setting Risk Standards", *U. of Pen. L. Rev.* , Vol. 152, p. 1255（2004）.

〔2〕 See Alon Ronsenthal et al. , "Legislating Acceptable Cancer Risk from Exposure to Toxic Chemicals", 19 *Ecology L. Q.* 269, 270（1992）.

〔3〕 See Jerry L. Mashaw, "Small Things Like Reasons Are Put in a Jar: Reason and Legitimacy in the Administrative State", 70 *Fordham L. Rev.* 17, pp. 23-25（2001）.

法裁判。[1] 这种批评有一定道理，指出了现行重大行政决策程序立法制度设计和实施中的诸多症结。但是，这些批评也不足以全盘否定重大行政决策程序法治本身的正当性。

首先，统一的重大行政决策程序是否可能？这一问题正如同统一的行政程序是否可能一样。不同类型的重大行政决策之间当然会有差异，但同为行政机关的职权行使方式，其并非完全没有共性。当然，现有的程序设计不一定完全把握住了这些共性；但如果完全否认他们之间存在共性并借此推论出统一的重大行政决策程序是不可能的，也绝不科学和正确。现有重大行政决策程序立法中的不足，不足以否定这种统一行政程序立法本身的可能性。

其次，行政自治观是否可能和有效的问题。统一的行政程序立法尚未出台时，通过地方立法，健全和规范重大行政决策程序，虽非最为理想最为完美的做法，但也并非绝无可能和绝无功效。法国的行政法治，基本上就是以行政自治为理念而建立起来的，初衷就是防范立法和司法对行政的过度干预。而且，重大行政决策程序的自制，并不否定这种决策程序的法定化和外部化问题。通过将这些决策程序上升为法定程序，重大行政决策程序已经不再是一个纯粹的、封闭的过程，而是包括了利益相关者、公众、专家、监督机构等共同参与的行政过程。

最后，关于合法性审查薄弱的问题。现有重大行政决策程序立法将合法性审查作为一种法定程序予以确立，对于提升行政决策的质量和合法性自然有所助益。前述将合法性审查机制批评为自我裁判、无权裁判、无法裁判，有些无的放矢。这种合法性审查并非行政决策合法性的唯一担保机制，也并不妨碍和排斥其他主体通过法定方式对其进行合法性审查。

---

〔1〕　参见熊樟林：《重大行政决策的概念证伪及其补正》，载《中国法学》2015 年第 3 期。

4. 以行政过程为中心与以司法审查为中心

在我国，行政决策的法治建构，究竟应当以行政过程为中心，还是应当以司法审查为中心呢？如果参照美国法上的经验，尽管学理的探讨仍然强调非立法性规则程序规制的必要性，但这一主张并未获得学界的普遍承认，在立法层面亦未见修法举动。美国法上关于非立法性规则的性质及法院对其尊重程度的深入讨论，基本可以判断这种非立法性规则的规制仍主要有赖于司法审查。正如路易斯·贾菲所解释的：司法审查的可得性是行政权力体系的必要条件，即便不是逻辑上的也是心理上的。[1] 然而，无论是美国的非立法性规则，还是我国语境中的行政决策，都不是对制定法的解释，亦非对制定法所立规范的简单涵摄，而更多是在法定授权下或自主性职权下，基于对管制事务的综合性考量而做出的一种政策安排。在此情景中，行政机关需要广泛收集管制信息，需要全方位地听取利益相关人的利益诉求，需要充分听取专家意见，需要在多种政策选择之间进行权衡。这种政策选择尽管与法律相关，但其不是一个法律问题。在政策选择上，行政机关应当更具优势。正如有学者指出的：一旦审查法院发现，行政机关已经跨越门槛，进入被授权的政策制定领域，法院必须接受行政机关的政策选择，除非他们是专断的，或构成对国会授予该行政机关的政策制定裁量权的滥用。[2] 为此，我国行政决策的法治建构，也应当充分尊重行政机关在信息收集、利益衡量、政策选择方面的专业优势，建构以决策程序为核心的法治规范模式。当然，以决策程序为中心的法治建构，并不否定司法审查在决策规制方面的制度能力。

---

[1] Louis L. Jaffe, *Judicial Control of Administrative Action*, Boston: Little, Brown & Co., 1965, p. 320.

[2] Charles H. Koch Jr., "Judicial Review of Administrative Policymaking", *William and Mary Law Review*, Volume 44, 375, 2002.

（二）实践中存在的突出问题

1. 行政决策的规范依据不足

2019 年中央层面正式施行《重大行政决策程序暂行条例》。[1]据了解，只有十余个省级政府出台了专门的政府规章。在绝大多数地区和领域，重大行政决策所应当遵循的实体和程序规范都付之阙如。尽管某些被列入重大行政决策范围的行为类型已经受到了特别单行立法的规范，但总体而言，大部分重大行政决策的程序规定并不周延。正是由于绝大多数重大行政决策没有得到有效的程序规制，从中央到地方，才出现了如此强烈的加强行政决策程序立法的需求。

2. 公众参与沦为形式

公众参与是民主决策的重要体现，也是与群众关系最直接最密切的决策程序。实践表明，决策中的公众参与工作做得越实越细越透，越能夯实决策的社会基础，越有利于决策后的执行和实施。反之，有的涉及群众切身利益的重大民生决策，如建立垃圾焚烧站、PX 项目等，由于公众参与流于形式，甚至关起门来作决策，导致群众因信息不透明、诉求无回应而陷入巨大焦虑。一些重大项目遭到群众强烈抵制，最终导致决策"决而难行""行而又止"，项目虎头蛇尾、匆匆下马，造成严重损失。党中央、国务院高度重视决策公众参与，不少地方出台的行政决策程序规定也都将公众参与作为必经程序，但实践中公众参与决策仍存在不少问题。一方面，行政机关组织公众参与决策不积极、不主动，存在"先做决策、后补程序"的情况；另一方面，公众参与"有参与、无反馈"等问题严重挫伤了社会公众的积极性，导致有的决策遇冷"无人问津"。

3. 专家被俘获

目前实践中，对专业性技术性决策事项需要履行专家论证程序

---

〔1〕 2019 年 1 月 1 日《重大行政决策程序暂行条例》正式施行。

已形成基本共识，但专家论证在决策中发挥的实际作用并不理想。存在的主要问题：一是专家论证存在形式主义倾向，被"符号化""标签化"。例如，安排专家论证目的只是为了符合项目审批程序的要求，不是真正从专业要求上对项目提出建议，敷衍了事、草草过场。二是专家的科学性、专业性、公信力受质疑。有的行政机关只选择那些"说行""说好"的专家，只听取那些为项目开绿灯、说好话的论证意见，不请那些坚持原则的专家，不顾那些"唱反调"的反对意见、"不可行性意见"，也有的专家或者专业机构为了维持关系，按照预定倾向出具不客观、不科学的咨询论证意见。三是制度保障不足。对专家的条件和专家论证程序等目前缺乏基本规范，影响了决策的科学性，也使专家的社会形象受到损害。

4. 风险评估刚性不足

风险评估是防范决策风险、减少决策失误的重要举措，能够保证决策者在全面清醒认识决策负面影响的基础上进行决策。我国的决策风险评估尚处于起步阶段，风险评估程序的实际履行情况不够理想。存在的主要问题有：一是评估机构不够专业、中立，评估人才比较匮乏，评估机制不够完善，评估过程不够透明；二是评估"走过场"现象比较普遍。已经搞过风险评估的，有的根本没有进行实质的调查和评估工作，仅仅是敷衍潦草评出"低风险"了事。有的虽然搞了评估，但为营造政绩而无视风险专断决策，掩盖负面影响，一意孤行。

5. 合法性审查未作为必经程序予以确立

合法性审查是依法决策的重要保障。随着依法决策观念逐渐确立，行政机关出台规范性文件等决策前，将涉法事项交由法制机构进行合法性审查，已成为各地区各部门决策实践的普遍做法。但实践中仍然存在着一些问题：一是该审查的不送审。审查事项范围尚未覆盖政府决策各个领域，对出台规范性文件、订立政府合同的合法性审查做得较好，对重大投资建设项目等领域决策事项的合法性审查还有待加强；二是明知违法而不敢言。法制机构进行合法性审查面临的压力较大，审查把关很多情况下只能"开路条"，不让"设关卡"，事后出问题追究责任的，法制机构有时容易成为其他部门推卸责任的"挡箭牌"；三是力量薄弱难履职。许多地方和部门的政府法制机构特别是基层市县政府法制机构力量比较薄弱，难以承担越来越多的决策合法性审查工作。

6. 集体讨论决定落实不到位

集体讨论决定是民主决策的重要内容。对重大行政决策实行集体讨论决定，有利于发挥决策机关领导班子的集体智慧，对加强领导班子内部民主监督也具有重要作用。《地方各级人民代表大会和地方各级人民政府组织法》规定，政府工作中的重大问题，须经政府常务会议或者全体会议讨论决定。由此可见，集体讨论决定是落实行政首长负责制的必要制度形式，对重大决策事项未经集体讨论不得作出决策。实践中，重大决策作出前由领导班子进行集体讨论，已成为行政机关的普遍做法。但在具体的执行过程中还存在一些问题，如：进行集体讨论的会议形式不够规范，普遍采取各种专题会议、办公会议等形式；集体讨论"短平快""走过场"，会议过程中"一言堂"现象普遍，除行政首长和分管负责人之外，其他组成人员发表意见不够充分；有的地方把集体讨论当作事后推卸责任的"挡箭牌"。

7. 后评估与监督机制不健全

尽管存在关于重大行政决策后评估和监督问责方面的制度要求，但实践中基于多方面的原因，这些制度要求并未得到很好的落实。绝大多数行政机关对于已经作出的重大行政决策较少开展实施后评估工作。关于行政决策的监督和问责，更是在实践中沦为摆设，较少能发挥实际作用。

三、推进行政决策科学化、民主化、法治化的理论与制度构建

习近平同志多次强调指出，"领导干部要把对法治的尊崇、对法律的敬畏转化为思维方式和行为方式，做到在法治之下、而不是法治之外、更不是法治之上想问题、作决策、办事情"。[1] 这一要求为解决各级领导干部决策不规范的问题指明了方向。要确保各级组织和领导干部在"法治之下"想问题、做决策、办事情，最根本的仍然是加强制度和程序的保障。

（一）完善行政决策科学化的机制保障

1. 科学依据与决策事项的适当剥离

专家通常是指在特定领域内有过专门的系统知识训练和（或）长期的经验积累，其作出正确的、智慧的判断和决定的能力得到该领域内同行或公众普遍认可的人。[2] 专家往往被认为是依据其在专业知识和经验上的优势来作出判断的，也即因此是科学的、权威的、可靠的。当然，在现实生活中，专家经常有着自己在价值取向上的偏好，也会存在知识和理性的受限，甚至可能会被政府或利益团体雇佣成为他们的代言人，从而不当地利用专家头衔介入自己专业优势范围之外的问题。这些都会影响专家论证的科学性、权威性以及可靠性。[3] 为此，必须通过制度设计避免专家在非专业性判断上提供专家意见。其中较为关键的是，将专家咨询的范围局限于"技术性争议"。如在食品风险评估中，专家的作用应当主要就相关事实的认定发表意见，如发生损害的概率有多大、一旦发生可能的损害规模有多大、拟采取的措施成本有多大、可能会产生何种效果等发表意见，而不能代替公共机构作出决策。

---

〔1〕 习近平：《领导干部要做尊法学法守法用法的模范》，载《习近平谈治国理政》（第二卷），外文出版社 2018 年版，第 120 页。

〔2〕 专家得到业内同行或公众普遍认可的属性，与科学理论的属性类似。在库恩看来，一段时期内，作为范式（paradigm）存在的科学理论，就是科学共同体普遍承认的科学成就。参见［美］T. S. 库恩：《科学革命的结构》，李宝恒、纪树立译，上海科学技术出版社 1980 年版。

〔3〕 关于科学专家的局限，参见沈岿：《风险评估的行政法治问题——以食品安全监管领域为例》，载《浙江学刊》2011 年第 3 期。

美国《联邦咨询委员会法》为避免专家介入非专业性问题，明确规定专家咨询的职能主要是就"技术性问题"作出判断和发表意见，而不是提供政策建议，更不是代替公共机构作出决策。[1] 所有对公众与被规制群体产生法律约束力的决定，必须由行政机关自身做出，也由它对决策承担政治上和法律上的责任。[2] 为了避免技术专家陷入管制政策争议，一般来说，科学咨询专家不应被要求推荐特定的管制政策。为此，在实践中，行政机关应当公布相关指南，确保行政机关制定管制政策时明确区分涉及科学判断的问题和涉及经济、政治、伦理等政策判断的问题。

2. 利益申报与冲突的处理

论及专家作用时不少学者提及要建立利益回避制度，即如果咨询专家与咨询事务存在利益关联时，其应当主动回避。[3] 这种回避制度的建立，是为了避免利益冲突，确保程序公正。这与行政程序中的回避制度类似，源于"任何人不得作为自己案件的法官"的正当程序要求。《国家药品审评专家管理办法（试行）》第 21 条就规定，国家药品审评专家若系被审评药品的研制参与者、指导者或为研制单位的领导或参与了相同品种的研制开发等，该专家应主动向药品审评中心申明并在审评中回避。国家药品审评专家若与被审评药品的申报单位、个人有任何其他利害关系，以及存在可能影响到科学、公正审评的其他情况时，也应在审评中回避。

然而，专家咨询不同于行政过程。行政过程之所以要建立利益回避制度，主要是为了防止利益冲突，避免行政官员公私不分。行

---

〔1〕 See 5 U. S. C. Appendix-Federal Advisory Committee Act 9 (b).

〔2〕 例如，美国《联邦咨询委员会法》规定，"除非由法律或总统命令作出特别规定，咨询委员会应拥有提供咨询的职能。根据咨询委员会的报告或提供的建议而采取的措施和政策，仅能由总统或联邦政府的官员作出"。See 5 U. S. C. Appendix - Federal Advisory Committee Act 9 (b).

〔3〕 如宋华琳：《风险规制中的专家咨询——以药品审评为例》，载姜明安主编：《行政法论丛》（第 12 卷），法律出版社 2010 年版，第 141-164 页。

政回避制度建立的前提在于行政官员是纳税人供养的公共官员,其需要为所有人提供均等的公共服务。而专家不是公共官员,而是以其深厚的专业素养提供专业性服务的人员,其无需如公共官员一般遵守平等性的道德义务。要求其进行利益回避欠缺法理上的正当性依据。即使专家与所从事的咨询业务存在一定的利益关联,从技术理性的角度考虑,其专家身份也不应被剥夺。因为特定专家可能在该领域非常稀缺,或者其具有的专业知识无可替代,他的回避将大大降低咨询活动的专业理性质量。

为了平衡专家咨询中的利益冲突和专家理性要求,应当建立如下制度:一是专家被聘用时的利益关联报告制度。即专家获聘进行某项专业咨询时,必须通过书面方式向管制机关提供是否存在与咨询事项存在利益关联的报告。二是利益冲突的认定与处理。接受了咨询专家的利益关联报告之后,行政机关要判断咨询专家与咨询事项存在的利益关联是否构成利益冲突。如果构成利益冲突,原则上该专家不应获聘参与专家咨询。但是,如在某些情形下,即使存在利益冲突,只要其在专业知识方面具有不可替代性,某些专家仍可能作为咨询专家。三是存在利益冲突的专家参与咨询的条件。这主要包括:①专业上的无可替代。存在利益冲突的专家在专业方面的价值超越了其所涉经济联系可能产生的利益冲突的危害;②利益冲突的声明与公告,即行政机关在任命该专家为咨询委员时,必须向其他专家和公众声明该专家存在的利益冲突情形;③任职限制,主要指存在利益冲突的专家不得担任专家咨询委员会的主席或合作主席。四是如果在某些领域,专家数量非常充分,利益回避不会影响专家咨询质量时,可以考虑利益回避制度。

3. 严密的同行评审机制

专家咨询是由相关领域的专家按照科学方法对行政决策中的技术性争议提供判断和解决方案的活动。不具备专业知识的公众和其他领域的专家很难对这些技术性问题发表意见。但现代科学技术的不确定性、知识的开放性，使得我们将专业性问题的判断权交给专家时又必须提高对其专业判断的警惕，防止行政机关或专家借用科学名义行使专断之实。专家咨询之后，由同一领域内专家对专家咨询的结论进行双向匿名评审，有助于从专业角度发现专家咨询结论可能存在的瑕疵与错误，能够更好地提升专家意见的可靠性。同行评审显然比"科盲法官"更能看穿高度技术性、科学性决策的细节。[1]

在管制过程中，同行评审对于提升行政管制的科学理性具有重要价值。一是同行评审能够对行政决定的事实基础，有效地开展质量把关；二是独立的同行评审制度能够提高透明度，使社会各界、立法、行政以及司法机构都能够有效地参与到监督之中；三是外部专家与内部专家之间通过评审的形式开展交流，在对话和碰撞的过程中，很有可能会涌现解决问题的新视角、新思路和新信息，最终改进行政机关的决定。[2] 尽管美国白宫管理与预算办公室（Office of Management and Budget，简称 OMB）要求行政机关在发布重要影响性信息或管制政策前进行同行评审，但是对于同行评审的形式未做规定，留待各行政机关自主选择。与传统的同行评审一样，管制同行评审也可以采取多种形式，一般而言也不具有约束力（non-binding），仅要求审查者必须是独立的，且是本领域的专家，来对审查项目的方法及其推论的科学性进行审查。[3]

尽管经常有学者批评同行评审并非灵丹妙药，其无助于行政机关摆脱困境。但一般的共识是，同行评审有助于管制决定质量的提

---

〔1〕 See E. Donald Elliott, "Science in the Regulatory Process: Strengthening Science's Voice at EPA", 66 *Law & Contemp. Prob.* 45, 46 (2003).

〔2〕 J. B. Ruhl & James Salzman, "In Defense of Regulatory Peer Review", 84 *Wash. U. L. Rev.* 1, 56 (2006).

〔3〕 有学者对同行评审的不同模式进行了类型化，根据其不同形式而赋予其不同的拘束力。See Virelli, Louis J., "Scientific Peer Review and Administrative Legitimacy", *Admin. L. Rev.*, V. 61, no. 4, (2009).

升，其利大于弊。[1] 管制同行评审功能的有效发挥，需要接受如下五个假定：①任何形式的同行评审都比没有同行评审要好。②能够找到中立的、无偏见的、称职的专家，并且他们也愿意来进行同行评审；评审者的独立性、客观性是同行评审得以有效进行的前提。尽管必须承认人类行为的客观性是有限性，但在一个大国，依然能够找到特定领域的专家，他们愿意，也能够来对该领域的科学信息进行审查。③科学信息在事实上不同于其意图引发的政策事项。④部分是由于科学与政策的区分，需要进一步假定，对涉及同行评审的行政行为的司法审查，会将同行评审者的评论作为行政记录的一部分，但不会给予这些评论以"特别权重"。⑤行政同行评审的最终公报必须是公开可获得的。[2]

4. 司法审查的可及性

司法审查对于维护专家意见的科学性也具有积极的作用。尽管专家意见在通常情况下不会直接设定、变更或废止相对人的权利义务关系，在行政法理上不属于法律行为，但其会构成行政决策正当性的基础，成为行政决策做出的参考或依据。如果后续的行政决策被诉至法院，那么法院在审查该行政决策合法性时，就必然涉及对专家意见的尊重程度。

但法院毕竟不是科学领域的专业人士，其不可能过度介入对特定技术问题的深入审查，因此，法院审查的重点应当在于专家咨询程序是否正当，以及行政机关对于专家咨询意见的接受程度及理由（是否根据专家意见作出规制决定，理由何在）。[3] 特别是行政决策过程是否就专家意见进行过匿名评审，如果已进行匿名评审，原

---

〔1〕 See Andson et al., "Regulatory Improvement Legislation: Risk Assessment, Cost-Benefit Analysis, and Judicial Review", 11 *Duke Envitl. L. & Pol'y F.* 89, 131-132 (2000).

〔2〕 Virelli, Louis J., "Scientific Peer Review and Administrative Legitimacy", *Admin. L. Rev.*, V. 61, no. 4, (2009).

〔3〕 类似观点，可参见洪延青：《藏匿于科学之后？——规制、科学和同行评审间关系之初探》，载《中外法学》2012 年第 3 期。

则上法院不应再组织匿名评审；除非诉讼原告能够证明同行评审人的资格、同行评审的程序等有着明显瑕疵以至于会影响同行评审科学性的。[1]

（二）增强公众参与的实效

专家和知识自身存在内在不足并不足以使我们丧失对于科学的信心，只是我们需要打破对专家的迷信，防止专家知识演变为专家专断，更要警惕行政机关与专家联盟所组成的"知识—权力"垄断体制。为防止此种垄断体制的出现：一方面需要通过程序性的制度建构和保障性机制的建立，不断提升行政决策科学性的质量，使专家能够真正就技术性争议发表真知灼见，为实现行政目的提供可资借鉴的技术性方案；另一方面，要打破对专家和知识的迷信，通过广泛的公众参与和开放的决策结构来实现行政决策的复合理性。

1. 与决策事项影响程度相匹配的多层级公众参与形式

作为一种利益表达机制，听证是否应当适用于所有的行政过程呢？答案显然是否定的。听证适用的范围应当取决于公共决策与公众利益的关联程度；换言之，越是与公众利益密切相关的行政决策，听证在其制定与实施过程中所占有的比重就越大。听证会虽然是一种较为正式的公众参与形式，但其运行成本较高、效率较低的特点也决定了其并不适合大范围广泛采用。相反，各种非正式的听证形式应大力推广，过于严格的程序可能阻碍听证"听取意见"功能的发挥。要真正恢复听证制度的听取意见功能，必须对听证制度减负，减缓其程序性要求，而增强其实质性内核，即意见交流与对峙。应当允许行政机关根据管制事务的性质，灵活采取形式多样的听证形式。

为此，应特别强调如下三个方面：其一，正式听证会绝非公共听证的唯一形式，甚至非主要形式。公共听证的核心功能在于听取

---

[1] 沈岿：《风险评估的行政法治问题——以食品安全监管领域为例》，载《浙江学刊》2011 年第 3 期。

不特定利益相关人和公众之意见，凡是有助于此目的实现的形式，皆可纳入公共听证的范围。如美国的公告评论，就属于最主要的非正式听证形式。其二，公共听证通常难以通过一次听证会来实现。鉴于行政决策所涉事项影响群体的广泛性，无论我们如何遴选利益相关人，其总会忽视相关利益群体。为最大限度地听取利益相关人和公众之意见，增强行政决策之科学性与民主性，行政机关不能指望"毕其功于一役"，通过一次听证会将所有争议事项予以解决。越是复杂的决策事项，越是公众关注度较高的决策事项，越应通过尽可能多的听证会来听取利益相关人和公众意见。如此方能最大限度地凝聚共识。其三，行政过程中公共听证的有效运用可能短时间内会影响行政效率，延缓行政决策的作出时间，但通过广泛的公众参与，能够最大限度地提升行政决策之理性和可接受性，提升行政决策作出后的守法概率。

2. 议题的非结构化与价值性

在公共听证过程中，议题的结构化是影响参与意愿和参与实效的重要因素。议题的结构化是指政策问题的解决途径基本确定，无需寻求其他替代的解决方案。结构化的议题会使公众感觉政府已经预设了解决方案，这会降低公众的参与兴趣和参与效能。然而，在我国行政实践中，在价格决策听证中，议题的结构化问题严重。[1]公众在参与听证前，问题的解决方案已基本定型，如此将严重挫伤利益相关人和公众参与的积极性，影响公众听证的实效。

另外，公共听证之目的主要在于为行政决策提供价值性信息，增强行政过程的民主性和行政决策的可接受性。因此，在公共听证过程中，议题的设定应当主要围绕价值性问题而展开，尽量少涉及技术性议题。因为，就目标尚不确定、存在价值冲突的行政管制任

---

〔1〕 具体例证分析，可参见作者对北京市居民天然气价格调整听证会的分析。参见许传玺、成协中：《公共听证的理想与现实——以北京市的制度实践为例》，载《政法论坛》2012 年第 3 期。

务而言，引进大众参与有助于提升理性；但当价值和目标确定之后，关于手段的选择和优化，大众实际上处于知识上的劣势，参与并不能够促进理性。[1] 在实践中，不少地方在举行公共听证中都将专家作为听证代表，这是对听证功能的极大误解。应当将专家代表从听证参加人类别中删除，因为专家表达的是决策科学性的意见，其意见应当通过专家咨询会或论证会的方式得以呈现，而非在公众和利害关系人表达价值性诉求的听证会中呈现。

3. 信息公开与过程开放

公开在依法行政中具有尤为重要的地位。习近平总书记在《关于〈中共中央关于全面推进依法治国若干重大问题的决定〉的说明》中明确提出了加快建设法治政府，其中的一项重要要求就是全面推进政务公开，推进决策公开、执行公开、管理公开、服务公开、结果公开，重点推进财政预算、公共资源配置、重大建设项目批准和实施、社会公益事业建设等领域的政府信息公开。实践中，对于决策过程的公开还存在较大的改进空间，需要按照中央的政策要求进一步推进和完善。

（1）开放的听证程序启动机制。听证程序的启动权不应由政府垄断。为推动行政决策的科学化、民主化，应当赋予利益相关人和公众在听证程序启动方面一定的权限。为此，首先应当赋予利益相关人和公众对于听证程序启动的建议权。其次，应当不断扩大公共决策中听证制度的适用范围。目前的公共听证主要限于价格听证、规划许可听证、环境许可听证，将来可以扩展至公共政策的所有领域和整个过程，不仅包括公共政策的制定，也包括公共政策的实施和评估。例如，重大的工程建设决策、重大的人事任免决策、重大市政设施的布局、城乡规划的编制、土地开发的审批等诸多领域，皆可探索公共听证程序的运用。

---

〔1〕　王锡锌、章永乐：《专家、大众与知识的运用——行政规则制定过程的一个分析框架》，载《中国社会科学》2003 年第 3 期 。

（2）行政决策所涉信息的充分公开。公开是参与的基础。以价格决策为例，如果政府将价格决策过程中的所有资料，包括价格组成、计算方法，影响价格的因素，政府的调查报告等都公开供公众讨论，进而将公众讨论的内容也公开，即使政府最后并未完全吸纳听证参加人的意见，也会得到公众的理解。要确保信息披露的有效性，还应充实听证参加人的知情权。听证举行之前，听证参加人有权就听证事项进行调查，有关各方包括听证申请人、价格主管部门以及其他相关部门都应当积极协助，使其能够对听证事项有全方位的了解。除了法律规定听证代表的查阅、复制、摘抄相关文件材料和要求相关各方对特定问题作出解释、说明的权利外，为了实现对消费者群体利益的特殊保护，还应当赋予消费者代表对评估机构的选择权，以确保其对定价方案的合理性作出科学判断。

（3）听证过程的公开。无论是通过正式听证会的方式，还是通过公告评论方式，甚至通过其他非正式途径，公共听证的过程公开要求都不能被豁免。如果没有过程的公开，利益相关人和公众的意见无法了解其他参与人提出的意见，公共听证也就无法实现意见交流和利益交涉的功能。没有听证过程的公开，公众和利害关系人也无法感知其所提出的意见和诉求究竟是独一无二的，还是也存在其他利益相关者。只有过程公开，关于利害关系人和公众在公共听证过程中所表达的利益诉求最后是否得到了行政机关的充分尊重和合理考量，才能持之有据。

（4）充分的意见交涉。充分的博弈、公开的辩论是达成妥协的重要前提。没有利益相关方代表的"势均力敌"，就没有辩论，也就没有公平和公正。如果缺乏公开的政治辩论，公共政策即使是"一致通过"，也可能隐匿着重大分歧和陷阱。真理越辩越明，没有辩论的听证会，没有意见的交流和对话，没有利益的博弈与妥协，就会成为单向的信息输入，这不利于公共听证的功能发挥。要激活公众和利害关系人的参与激情，必须强化听证过程的质证和辩论，使听证会真正成为一个利益博弈和意见交换的平台。

4. 决策说理与信息反馈制度

政府在听证结束后，应当作出听证报告，并在此报告基础上作出决策。听证报告和决策结果应当一并向社会公开，并对决策依据、决策理由进行充分说明，其中针对反对意见更应逐一进行解释和说明。这种决策理由说明，既有利于调动公众参与的热情，也有助于公众的理解和支持。目前公共听证的过程基本公开，听证笔录也是公开的，但听证报告的公开还未从制度上确立，公共决策的说明理由也未在制度上普遍确立。这两项制度的欠缺，将严重影响听证结果的实效，影响听证参加人和公众对于听证会的制度预期。

（三）提高行政决策的法治化水平

1. 重点加强行政决策的程序建设

重大行政决策是政府为了实现行政目标、针对行政治理过程的重大事项作出的一种处理方案的选择。与个案处理的"要件—效果"不同的是，重大行政决策的论证逻辑框架是"手段—目的"，即政府为完成行政目标而作出的一种方案选择。相对于具体行政行为而言，行政决策更带有全局性，影响到社会公共利益和更大多数人的利益，在行政决策难以通过行政诉讼实现救济的情况下，由政府自身建立决策规则，自觉依法决策，对于建设法治政府、全面实现依法行政具有重大的现实意义。基于重大行政决策范围和内容的复杂性，立法难以对其实体问题作出具体规定，而只能从程序方面强化约束。国务院法制办关于重大行政决策暂行条例征求意见中，就从解决目前重大行政决策的各种突出问题入手，主要确立了一系列重要的法律程序制度，如公众参与、专家论证、风险评估、合法性审查、集体讨论决定等。这些制度创新具有很强的问题导向，针对决策的随意性、"一言堂"等问题，能够从根本上解决"拍脑袋决策，拍胸脯担保，拍屁股走人"的现实顽疾。"这些制度创新是对党的十八大以来中央和各地探索行政决策程序法治化经验的高度概括，闪耀着改革的智慧和创新的勇气。"[1]

2. 加强各领域各行业的行政决策立法

完善重大行政决策程序制度只是"健全依法决策机制"的关键一步、重要一环。要真正起到规范重大行政决策活动的作用，需要建立完善科学民主依法决策制度体系，在制定综合性规定同时，不断完善决策事项相关领域的单行制度。我们不能指望"毕其功于一役"，通过一部综合性的决策程序立法解决重大行政决策的所有问题。综合性立法只能立足于各类决策事项的共性特征，在各方最大共识的基础上，确立各类决策事项的共性程序和共同要求，建立起更加有针对性的决策机制和程序。综合性行政决策程序制度与分类决策程序制度两方面制度总体上并行不悖，原则上应同时适用。在没有冲突和不一致的情况下，叠加适用无疑能够起到更好的规范作用，特别是有立法权的各地区、各部门应当积极行动。对地区、行业或者特定事项有自身特殊性的问题，或者还不具备在全国范围内全面推行、统一实施的要求，宜在国家统一立法的框架内和基础上，由各地区、各部门、各层级根据实际情况探索或者各自作出具体规定，从而最大程度上保证决策程序制度的可行性，推动决策程序制度不断完善。

3. 厘清统一行政决策程序与特别行政决策程序的关系

学界对重大行政决策程序建构的批评之一就是许多被列入重大行政决策范围的行为类型，已经有单行实体法对其程序作出了规范。"从对各地例举条款的内容来看，也基本都是对行政立法、行政规划、行政征收、行政收费等事项的重申和复写，而对于此类行为的法定程序，大多都已经在其相应的部门行政法上得到了规范，即使没有得到规范的事项，地方性行政程序规定也多是无权加以干

---

〔1〕 姜明安：《行政决策，守程序是法治之始》，载《人民日报》2017 年 8 月 17 日。

涉的。"[1]地方立法中为了明确重大行政决策适用范围所采取的肯定列举和否定排除两种方式，也常被批评为"重大行政决策的概念内涵并不清晰"。

这种批评有些吹毛求疵。首先，如前所述，地方行政决策程序立法通过肯定列举和否定排除的方式，能够大致确定当地重大行政决策的范围。重大行政决策的内涵是否清晰是个学术问题。立法主要考虑的只是使用范围是否明确的问题。立法将某些事项排除适用范围，并非表明"凡是没有被现行法调整的决策行为，就是重大行政决策；凡是已被调整的，就不是重大行政决策"，只是在规范竞合时适用"特别法优于一般法"所进行的一种法律适用安排。相较于关于各类单行实体法所规定的单个行政决策程序，统一行政决策程序立法就属于行政决策程序的一般法。在特别法对于个别行政决策程序已经做出规范的情况下，按照法律适用的一般原则，特别法自然应优先适用。其次，尽管某些被列入重大行政决策范围的行为类型已经受到了特别单行立法的规范，但总体而言，大部分重大行政决策的程序规定并不周延。正是由于绝大多数重大行政决策没有得到有效的程序规制，从中央到地方，才出现了如此强烈的加强行政决策程序立法的需求。最后，即使部分重大行政决策事项已经有了单行实体法的规范，这也不完全妨碍统一的重大行政决策程序规定的出台。除了可以适用特别法优于一般法的原则，还可能有另外两种适用方式：①依据程序从新原则，优先适用统一的重大行政决策程序规范。这是由于各个单行实体法对于单个重大行政决策程序的规定可能较为陈旧，不如统一重大行政决策程序规定完善，优先适用后者更有利于重大行政决策的质量提升。②适用更严格的程序规范。即比较单行实体法对于单个重大行政决策的程序规范和统一

---

[1]　熊樟林：《重大行政决策的概念证伪及其补正》，载《中国法学》2015年第3期。

重大行政决策程序规范,哪一程序规范更为严格,更加有利于行政决策的质量提升和合法性确保,就适用哪一程序规范。

4. 明确合法性审查与集体讨论决定的必经程序地位

合法性审查对于提升行政决策质量和正当性具有极为重要的价值。虽然这种合法性审查不能替代重大行政决策作出之后可能引发的行政复议和司法审查,但其仍具有独特的、不容忽视的价值,应当进行进一步的完善而非彻底否定。囿于法制机构本身在行政系统内部的地位,审查的中立性、公正性并不能够得到充分保障。同时,重大行政决策的事前合法性审查除涉及法律问题以外,还往往涉及所调整事项所属领域的一些专业性问题,如不借助相关的专业技术人员,法制机构本身很难有科学的判断。因此,涉及重大行政决策的事前合法性审查,可以考虑设立临时审查委员会,由政府法制机构选定不同的专业技术人员组成临时审查委员会,负责对该重大行政决策进行审查。

同时,提升事前合法性审查的有效性需要设计相应的机制予以保障。其一,应当建立重大行政决策的制定说明制度,事前合法性审查意见或报告的主要部分,都应吸收在重大行政决策的制定说明之中,并随重大行政决策的公开一并公开。合法性审查意见或报告本身不必全部公开,但其主要部分必须作为重大行政决策制定说明的内在组成而公之于众。由此公开要求可以间接地促使其受到更高的重视。其二,建立事前合法性审查工作报告制度。法制机构应就其事前合法性审查工作撰写年度报告,该报告不但应向其所属的重大行政决策的制定机关提供,以便决策机关了解和考核事前合法性审查工作,也应作为政府信息,主动或者依申请公开,以接受公众对事前合法性审查工作的监督。

决策草案经过专家论证和公众参与之后,经由决策承办部门的修改,形成决策修案,进入"政府决定"阶段。集体审议的形式一般是政府常务会议或政府全体会议,通常为政府常务会议。前已述及，人大决策权和行政决策权存在一定的交叉重叠，尤其是在重大的民生和经济社会发展议题上，尽管人大系统可能明确要求由自身承担决策，但由于任务艰巨、专业性强，往往在实践中"抓大放小"，将大部分的决策权授予政府行使，人大的决策权在实践中转化为监督权。但是如何监督呢？实践中有些地方（如湖南等）将负责最终决策的政府常务会议向三方代表公开，即向人大代表、政协代表和公民代表公开，而且在会议审议结束后还适当安排了代表提问环节。这样一种制度安排具有明显的创新价值和实践意义：一是基于中国政治体制的特有结构，将政府常务会议由官僚科层制的封闭结构改造为一个开放式的"民主化论坛"，蕴含着政治文明的中国式创新；二是将人大和政协的政治监督权适当前移至决策过程中，舒缓了决策分权上的紧张；三是将公众参与延伸至政府常务会议阶段，扩展了行政民主的制度内涵，也深化了阳光政府的制度建构。

（四）加强行政决策的跟踪评估与责任追究

1. 行政决策后评估机制

作出决策后，跟踪了解决策执行情况，根据客观情况的变化对原有决策进行必要调整，属于决策完整生命周期的组成部分。实践中，决策后跟踪问效和决策调整都不够规范。例如，缺乏"一张蓝图干到底"的韧性，领导一换届，前任作出的决策就被高高挂起。领导注意力一旦转移、想法一旦发生变化，原来作出的决策就被放在一边或者频繁改动。这一定程度上都与决策法定程序尚不健全、依法决策的意识还没有牢固树立有关系。为保证决策执行，及时发现决策偏差，提高决策纠错效果，《法治政府建设实施纲要（2015-2020年）》规定了决策执行与后评估，要求"决策机关应当跟踪决策执行情况和实施效果，根据实际需要进行重大行政决策后评估"。

关于决策后评估，主要涉及三个问题：

第一，是否评估、何时评估？是否评估、何时评估，都应由决策机关根据实际情况决定。不宜笼统地要求决策作出后都要评估、在一定期间内就要评估。一般来说，当决策实施明显未达到预期效果，或者社会各方面对决策的实施关注度高、提出较多意见的情况下，可以考虑进行决策后评估。

第二，如何评估？需要进行评估的，建议采取规范的工作机制，包括引入第三方专业机构评估、广泛听取社会意见等。事实表明，由独立第三方或者多元主体参与的"异体评估"，相比于"自说自话"的"自体评估"，更有利于了解决策执行的真实情况，对复杂情况提出的应对处置方案往往也更为专业可行。"为了保证决策后评估的准确性和说服力，可以考虑原则上由第三方进行评估，并且要对第三方评估机构的资质条件、选择程序等作出规定。"[1]

第三，评估后怎么办？后续可能采取的处理方式包括采取适当的应急处置措施，或者依照规定程序调整决策。

在决策实施过程中进行持续性评估，具体可以设计为：由决策机关定期组织有关部门、社会组织和专家对决策执行情况和决策效果进行评估，提出修正意见，并向社会公布。这是行政机关的一种自我检查行为，也是一种政策风险自控技术。为了应对实施中出现的政策偏差，必须及时进行政策绩效评估和政策调整。对于重大行政决策实施中出现的新情况、新问题，必须及时研究，提出对策，予以改进。如此，重大行政决策就进入了一个"问题—动议—方案—决策—评估—调整"的有机循环过程，打破了传统上政策流程的封闭性和直线性。

2. 重大决策终身责任追究制度及责任倒查机制

决策责任制度是重大行政决策机制最为关键的保障性制度。责任追究是权责一致的内在要求，是决策制度落实的重要保障。责任

---

〔1〕 李洪雷：《协商民主视野中的重大行政决策程序立法》，载《中国发展观察》2017 年第 Z3 期。

追究制度不完善、落实不到位，科学民主依法决策制度就是一句空文。实践表明，决策失误是最大的失误，重大决策的失误往往会给国家和人民造成难以挽回的重大损失。在《十八届四中全会决定》的基础上，《法治政府建设实施纲要（2015-2020年）》进一步明确，"健全并严格实施重大决策终身责任追究制度及责任倒查机制，对决策严重失误或者依法应该及时作出决策但久拖不决造成重大损失、恶劣影响的，严格追究行政首长、负有责任的其他领导人员和相关责任人员的党纪政纪和法律责任"。

为了确保上述政策目标的实现，需要建立如下配套制度：一是要完善责任追究配套制度，实行决策绩效评估机制，科学判断决策失误；建立决策案卷制度，准确识别责任归属；完善决策过错认定标准和责任追究启动机制，提高责任追究制度的可操作性。二是要建立重大决策责任倒查机制，从决策到执行的各个环节，对参与决策过程从下到上各个主体，层层追溯查明问题责任。三是要通过倒查，搞清楚究竟是决策环节的问题，还是执行环节的问题；究竟是承办部门的问题，还是决策机关的问题；究竟是客观因素导致的，还是主观因素导致的，做到见事又见人，保证失误原因不查清不放过、责任人得不到处理不放过、整改措施不落实不放过。

习近平总书记明确指出："现在，一些党员、干部仍然存在人治思想和长官意识，认为依法办事条条框框多、束缚手脚，凡事都要自己说了算，根本不知道有法律存在，大搞以言代法、以权压法。这种现象不改变，依法治国就难以真正落实。"[1] 在全面推进依法治国的当下，要从根本上改变这种"以言代法、以权压法"的现状，既需要"关键少数"树立法治思维和法治意识，更需要将行政决策纳入法治的轨道，从制度上保障科学决策、民主决策、依法决策。

---

〔1〕 习近平：《加快建设社会主义法治国家》，载《求是》2015年第1期。

主要参考文献：

1. 马怀德：《完善权力监督制约关键在于决策法治化》，载《中国党政干部论坛》2015 年第 3 期。

2. 李洪雷：《协商民主视野中的重大行政决策程序立法》，载《中国发展观察》2017 年第 Z3 期。

3. 王万华、宋烁：《地方重大行政决策程序立法之规范分析——兼论中央立法与地方立法的关系》，载《行政法学研究》2016 年第 5 期。

4. 熊樟林：《重大行政决策的概念证伪及其补正》，载《中国法学》2015 年第 3 期。

5. 成协中：《科学理性导向下的行政正当程序》，载《华东政法大学学报》2013 年第 5 期。

6. 成协中：《科学依据、同行评审与司法审查》，载《行政法学研究》2016 年第 3 期。

第六章 行政规范制定[*]

在现代行政国家的背景下，面对纷繁的行政事务，在民主正当性、科技基础、经济理性以及法治原理上，都面临着较以往更为严峻的考验。而行政主体可以通过制定规范来调整市场和社会，维护公共利益，维护公众福祉，实现任务，这相对个别性的行政处理而言，可以涵盖更为广泛的议题；相对于作出一般性规定的法律而言，又可以更切合行政过程的实际，能够发挥行政机关的专门知识和专业背景，权衡各种利益与价值，更好回应社会诉求。正如英国学者指出的，"规则制定被视为现代官僚社会的一个基本特征，政府过程的结构已为与规则有关的名词来定义，如规则制定、规则适用、规则决定（裁决）和裁量"。[1]

以习近平同志为核心的党中央高度重视法律规则在全面依法治国中的作用，以及在实现国家治理体系和国家治理能力现代化中的作用。习近平总书记曾明确指出，"小智治事，中智治人，大智立法。治理一个国家、一个社会，关键是要立规矩、讲规矩、守规

---

* 宋华琳，南开大学法学院副院长，教授，博士生导师。

〔1〕 Carol Harlow & Richard Rawlings, *Law and administration*, Butterworths, 152 (1997).

矩。法律是治国理政最大最重要的规矩",[1] "不断推进各项治国理政活动的制度化、法律化"。[2]《十八届四中全会决定》也对完善政府立法提出了明确要求:"加强和改进政府立法制度建设,完善行政法规、规章制定程序,完善公众参与政府立法机制。"这一系列指导精神和要求都凸显了行政规范制定在法治国家建设中的重要意义。

本章所讨论的行政规范,包括行政法规、规章和行政规范性文件。行政规范的制定具有减轻立法机关的负担,实现行政任务,作出更为"量体裁衣"式决定的功能。行政规范的制定还有助于经济社会活动的调整,有助于实现行政权的自我拘束,令行政相对人有着更为稳定的预期,择其功能要旨论述如下:

第一,减轻立法机关的负担。在依法律行政原理下,拘束行政权的主要依据是法律。《宪法》第 58 条规定,"全国人民代表大会和全国人民代表大会常务委员会行使国家立法权"。但全国人民代表大会的成员来自各个阶层,人数众多,每年只举行一次全体会议,而且会期有限。而人数较少的全国人民代表大会常务委员会,其每次会议议程众多,立法任务繁重,也很难对日益复杂化的行政实践作出即时的回应,并拟定法律对其进行精细的刻画。因此,行政立法有助于减轻立法者的负担。

第二,实现现代行政任务的需要。在现代社会,本来作为立法意志执行过程承担者的行政,开始进入形成决定国家基本政策的政治过程,乃至发挥中心性的决定性作用。[3] 行政机关在特定领域

---

〔1〕 习近平:《在中共十八届四中全会第二次全体会议上的讲话》(2014 年 10 月 23 日),载中共中央文献研究室编:《习近平关于全面依法治国论述摘编》,中央文献出版社 2015 年版,第 12 页。

〔2〕 习近平:《在首都各界纪念现行宪法公布施行 30 周年大会上的讲话》,载习近平:《习近平谈治国理政》,外文出版社 2014 年版,第 142 页。

〔3〕 参见 [日] 大须贺明:《生存权论》,林浩译,法律出版社 2001 年版,第 52 页。

有专业化的人员、设备和后续的技术支持，例如在环境、健康等高度技术化的行政领域中，公共政策的形成往往要涉及许多复杂的技术问题、事实问题，相对于立法机关而言，行政机关拥有知识、信息、管理经验等方面的优势，通过行政规范的制定，有助于实现行政任务，形成更妥当的公共政策。

第三，"量体裁衣"式行政的需要。中国是一个幅员辽阔的大国，因此各地限于客观因素、自然环境或者历史背景，实际情况存在很大差别。最好的方法或许是容许各地因地制宜，在符合法律法规和国家政策的前提下，结合本地实际情况，自主制定规则，形成符合当地实际情况的政策。实践中，我国地方政府规章及地方主体颁布的行政规范性文件，以其面广量大以及更贴近实际、更直接面对社会关系的特点，构筑起我国规范体系的基础与主要躯干，它以更生动活泼、快捷灵活的规范形式，孕育着地方法治建设的生命与潜能，推动了我国法治建设的进程。

第四，实现行政自我拘束的需要。行政机关在履行法定职责的过程中，依照法定权限和程序制定、公布行政规范，并在一定时期内反复适用，其具有普遍约束力，有助于规范和控制行政权，提高透明度，遏制行政恣意，使得相对人对行政决定有更稳定的预期，进而保障与增进行政实效。[1]

一、行政规范制定的制度概览

（一）行政规范的制定权限

1. 行政法规制定权

国务院有行政法规制定权。我国现行行政法规有六百多部，内容大致涉及有关行政管理的原则、行政管理主体及其职责与任务、行政程序、行政处理（如行政许可、行政给付、行政确认、行政裁

---

〔1〕　参见宋华琳:《功能主义视角下的行政裁量基准——评周佑勇教授〈行政裁量基准研究〉》，载《法学评论》2016 年第 3 期。

决、行政征收、行政强制、行政处罚与奖励等）以及行政救济。

根据《宪法》第 89 条第 1 项规定，国务院"根据宪法和法律，规定行政措施，制定行政法规，发布决定和命令"。行政法规可以规定的事项包括：其一，为执行法律的规定需要制定行政法规的事项；其二，《宪法》第 89 条规定的国务院行政管理职权的事项。[1]

此外，对于《立法法》第 8 条规定的"只能制定法律"的事项，当尚未制定法律时，全国人民代表大会及其常务委员会有权作出决定，授权国务院可以根据实际需要对其中的部分事项先制定行政法规，但是有关犯罪和刑罚、对公民政治权利的剥夺和限制人身自由的强制措施和处罚、司法制度等事项除外。[2] 但《立法法》第 11 条还规定，授权立法事项，经过实践检验，制定法律的条件成熟时，由全国人民代表大会及其常务委员会及时制定法律。法律制定后，相应立法事项的授权终止。由此可见，此类授权制定的行政法规可被视为补救法律真空时期的权宜之计，并非制度常态。

2. 行政规章制定权

行政规章分为国务院部门规章和地方政府规章。根据《立法法》第 80 条的规定，国务院各部、委员会、中国人民银行、审计署和具有行政管理职能的直属机构，可以根据法律和国务院的行政法规、决定、命令，在本部门的权限范围内，制定部门规章。部门规章规定的事项应当属于执行法律或者国务院的行政法规、决定、命令的事项。

根据《立法法》第 82 条的规定，省、自治区、直辖市和设区的市、自治州的人民政府，可以根据法律、行政法规和本省、自治区、直辖市的地方性法规，制定地方政府规章。地方政府规章规定的事项可以是为执行法律、行政法规、地方性法规的规定需要制定规章的事项，也可以是属于本行政区域的具体行政管理事项。

---

〔1〕 参见《中华人民共和国立法法》第 56 条第 2 款。
〔2〕 参见《中华人民共和国立法法》第 9 条。

3. 行政规范性文件的制定权

何为"行政规范性文件",尚无法定的定义。通过对政府法制部门的见解和地方立法规定的整理,通过对实务的观察,可以认为,行政规范性文件是指除行政法规、规章外,各级政府及部门在履行法定职责的过程中,依据法律、法规、规章和上级政府规范性文件的规定,依据法定权限和程序制定的涉及公民、法人或者其他组织权利、义务,在一定时期内反复适用、具有普遍约束力的文件。[1]

各级人民政府及部门根据履行职责的需要,有权制定规范性文件。但规范性文件不得设定下列事项:与法律、行政法规、规章和国务院决定、命令相抵触的事项;行政许可、行政处罚、行政强制以及其他不得由规范性文件设定的事项;减损公民、法人和其他组织合法权益或者增加其义务的事项;超越本级政府、本部门职权范围的事项。[2]

(二) 行政规范的制定程序

本部分将以行政法规和规章为重点,阐述行政规范制定程序的制度概况,其间大致包括立项、起草、听取意见、审查、决定、公布和生效等程序。

1. 立项

就行政法规的立项而言,国务院有关部门认为需要制定行政法规的,应当于国务院编制年度立法工作计划前向国务院报请立项。国务院有关部门报送的行政法规立项申请,应当说明立法项目所要解决的主要问题、依据的党的路线方针政策和决策部署,以及拟确

---

〔1〕 参见国务院法制办公室政府法制研究中心编:《法治政府新热点:〈法治政府建设实施纲要(2015-2020年)〉学习问答》,人民出版社2016年版,第65页。

〔2〕 国务院法制办公室政府法制研究中心编:《法治政府新热点:〈法治政府建设实施纲要(2015-2020年)〉学习问答》,人民出版社2016年版,第65-66页。

立的主要制度。[1] 国务院法制机构对行政法规立项申请和公开征集的行政法规制定项目建议进行评估论证，突出重点，统筹兼顾，拟订国务院年度立法工作计划，报党中央、国务院批准后向社会公布。

就规章的立项而言，国务院部门内设机构或者其他机构认为需要制定部门规章的，应当向该部门报请立项。省、自治区、直辖市和设区的市、自治州的人民政府所属工作部门或者下级人民政府认为需要制定地方政府规章的，应当向该省、自治区、直辖市或者设区的市、自治州的人民政府报请立项。报送制定规章的立项申请，应当对制定规章的必要性、所要解决的主要问题、拟确立的主要制度等作出说明。[2] 国务院部门法制机构及相应地方人民政府法制机构应当对制定规章的立项申请和公开征集的规章制定项目建议进行评估论证，拟订本部门、本级人民政府年度规章制定工作计划，报本部门、本级人民政府批准后向社会公布。

2. 起草

行政法规由国务院组织起草，部门规章由国务院部门组织起草，地方政府规章由省、自治区、直辖市和较大的市的人民政府组织起草。起草专业性较强的规章，可以吸收相关领域的专家参与起草工作，或者委托有关专家、教学科研单位、社会组织起草。[3] 起草时应组建好起草工作班子，制定起草工作方案。起草前期深入扎实搜集和占有资料，并深入调查研究，了解所规范领域的实际情况和相关数据，把握实践中存在的主要问题，汇总意见，搜集整理

---

〔1〕 参见《行政法规制定程序条例》（2001年11月16日中华人民共和国国务院令第321号公布，根据2017年12月22日《国务院关于修改〈行政法规制定程序条例〉的决定》修订）第8条。

〔2〕 参见《规章制定程序条例》（2001年11月16日中华人民共和国国务院令第322号公布，根据2017年12月22日《国务院关于修改〈规章制定程序条例〉的决定》修订）第10-11条。

〔3〕 参见《规章制定程序条例》第15条第3款。

国内外的有关立法资料。撰写调研报告、考察报告等，这些对加快规范制定进度，提高规范制定质量，具有重要意义。[1]

起草部门将行政法规、规章送审稿报送审查时，应当一并报送行政法规、规章送审稿的说明。说明应当对立法的必要性、主要思路、确立的主要制度、规定的主要措施，并征求有关机关、组织和公民意见的情况，各方面对送审稿主要问题的不同意见及其协调处理情况，拟设定、取消或者调整行政许可、行政强制的情况等作出说明。

3. 听取意见

中国古语说，"兼听则明，偏听则暗"。听取意见有助于改进公众对行政规范制定的参与，能更为全面、均衡地搜集规范制定所需信息，使得在规范形成过程中更好考虑各方观点，进而提高规范的质量，改进规范的可接受性。[2]

在行政规范制定过程中，应广泛听取有关机关、组织和公民的意见，听取意见可以采取书面征求意见、座谈会、论证会、听证会、委托研究等多种形式。[3] 法制机构可以将行政法规、规章的送审稿或者修改稿及其说明等向社会公布，征求意见。向社会公布征求意见的期限一般不少于 30 日。[4]

4. 审查

国务院法制机构、部门法制机构、地方政府法制机构对行政法规、规章送审稿进行审查时，重点审查如下五个方面：

第一，审查行政法规是否符合宪法、法律的规定和国家的方针政策，规章是否符合《立法法》确立的立法原则，且符合宪法、法

---

〔1〕 参见《行政法规制定程序条例》第 17 条、《规章制定程序条例》第 18 条及李培传：《论立法》，中国法制出版社 2013 年版，第 286 页。

〔2〕 参见 P. P. Craig, *Administrative Law*, 2nd edition, Sweet & Maxwell, 185 (1989).

〔3〕 参见《立法法》第 67 条、《规章制定程序条例》第 15 条。

〔4〕 参见《行政法规制定程序条例》第 20 条、《规章制定程序条例》第 21 条。

律、行政法规和其他上位法的规定。

第二，是否体现全面深化改革精神，科学规范行政行为，促进政府职能向经济调节、社会管理、公共服务转变；是否符合精简、统一、效能的原则，相同或相近的职能规定由一个行政机关承担，简化行政管理手续；是否切实保障公民、法人和其他组织合法权益，在规定其应当履行的义务的同时，还规定了相应权利的保障和实现途径；是否体现行政机关的职权与职责相统一的原则，在赋予行政机关必要职权的同时，还规定了其行使职权的条件、程序和应承担的责任。

第三，审查行政法规、规章是否与有关的行政法规、规章协调、衔接。

第四，是否正确处理有关机关、组织和公民对行政法规、规章送审稿主要问题的意见。

第五，其他需要审查的内容。

5. 决定和公布

行政法规草案由国务院常务会议审议，或者由国务院审批；部门规章应当经部务会议或者委员会会议决定；地方政府规章应当经政府常务会议或者全体会议决定。[1]

国务院法制机构应当根据国务院对行政法规草案的审议意见，对行政法规草案进行修改，形成行政法规草案修改稿，报请总理签署国务院令公布施行。[2] 法制机构应当根据有关会议审议意见对规章草案进行修改，形成规章草案修改稿，报请本部门首长或者省长、自治区主席、市长、自治州州长签署命令予以公布。[3]

---

〔1〕 参见《行政法规制定程序条例》第 26 条、《规章制定程序条例》第 27 条。

〔2〕 参见《行政法规制定程序条例》第 27 条。

〔3〕 参见《规章制定程序条例》第 29 条。

（三）对行政规范的监督

1. 备案审查

《十八届四中全会决定》指出，"加强备案审查制度和能力建设，把所有规范性文件纳入备案审查范围，依法撤销和纠正违宪违法的规范性文件"。

例如根据《立法法》第 98 条的规定，行政法规报全国人民代表大会常务委员会备案；地方政府规章应同时报国务院和本级人民代表大会常务委员会备案；设区的市、自治州的人民政府制定的规章应当同时报省、自治区的人民代表大会常务委员会和人民政府备案。备案是审查的前提，备案的目的是存案以备审查。例如 2013 年 3 月至 2017 年底，全国人大常委会办公厅共接收报送备案的规范性文件 4778 件，全国人大常委会法工委法规备案审查室对其中报备的 60 件行政法规都进行了审查。

被动审查则是依据《立法法》第 101 条的规定，当国家机关、社会团体、企业事业组织以及公民提出审查建议后，全国人民代表大会有关的专门委员会和常务委员会工作机构应当按照规定要求进行审查，将审查、研究情况予以反馈，并可以向社会公开。十二届全国人大以来共接收各类审查建议 1527 件，在属于全国人大常委会备案审查范围的 1206 件中，建议对行政性法规进行审查的有 24 件，占 2.0%。[1]

目前，全国 31 个省级人民政府均已通过地方立法建立了规范性文件备案审查制度。[2] 应建立规范性文件备案登记、公布、情况通报和监督检查制度。对报送备案的规范性文件，政府法制机构

---

〔1〕《全国人大常委会发布 5 起审查建议案例有何深意》，载澎湃新闻网，http://www.thepaper.cn/newsDetail_forward_1915005，最后访问时间：2017 年 12 月 21 日。

〔2〕卢建华：《我国规范性文件备案审查地方立法若干问题的分析与思考》，载http://www.chinalaw.gov.cn/article/dfxx/dffzxx/hun/200712/20071200048680.shtml，最后访问时间：2018 年 3 月 21 日。

应当依法严格审查，做到有件必备、有备必审、有错必纠。政府法制机构审查的主要内容包括：是否与宪法、法律、行政法规、地方性法规、地方政府规章相一致；是否与其他规范性文件对同一事项的规定相冲突；规定的内容是否明显不当，特别是有无违法增加公民、法人和其他组织的义务或者影响其合法权益，推行地方保护或行业保护等内容；是否符合制定权限和程序。[1]

2. 司法审查

《行政诉讼法》第 63 条第 3 款规定，"人民法院审理行政案件，参照规章"。参照规章的具体含义在于：其一，人民法院认为行政机关根据行政规章作出的行政行为是合法时，应当肯定其效力，并据此对行政行为的合法性作出评价；其二，这一定程度上赋予了法院对规章的选择适用权，法院可以对规章的规定是否合法有效进行判断，对不符合法律、行政法规的规章，不予适用，应当适用法律和行政法规；[2] 其三，判断规章是否可予以"参照"，要看规章的制定是否以相关法律、法规为依据，要防止规章内容出现与法律法规明显抵触的规定；其四，法院认为规章与上位法存在冲突，或者规章之间存在冲突，可以通过《立法法》的有关规定，启动冲突处理机制。[3]

根据《行政诉讼法》第 13 条的规定，人民法院不受理公民、法人或者其他组织对"行政法规、规章或者行政机关制定、发布的具有普遍约束力的决定、命令"提起的诉讼。但《行政诉讼法》第 53 条规定，"公民、法人或者其他组织认为行政行为所依据的国

---

[1] 参见国务院法制办公室政府法制研究中心编：《法治政府新热点：〈法治政府建设实施纲要（2015-2020 年）〉学习问答》，人民出版社 2016 年版，第 68-69 页。

[2] 参见江必新主编：《中华人民共和国行政诉讼法理解适用与实务指南》，中国法制出版社 2015 年版，第 299 页。

[3] 参见江必新主编：《中华人民共和国行政诉讼法理解适用与实务指南》，中国法制出版社 2015 年版，第 299 页；全国人大常委会法制工作委员会行政法室编著、袁杰主编：《中华人民共和国行政诉讼法解读》，中国法制出版社 2014 年版，第 177 页。

务院部门和地方人民政府及其部门制定的规范性文件不合法，对行政行为提起诉讼时，可以一并请求对该规范性文件进行审查。前款规定的规范性文件不含规章"。本条规定了法院对行政规范性文件的附带审查权。启动司法审查的条件包括：①所提请审查的行政规定必须是被诉行政行为的直接依据；②法院在审查被诉行政规范性文件是否具有合法性时，主要审查其是否符合作为上位法的法律、行政法规、地方性法规、自治条例、单行条例、规章，包括是否存在缺少上位法依据、内容与上位法相冲突、制定形式和制定程序不合法等情形；③起诉人只要主观认为被诉行政行为所依据的行政规范性文件不合法即可，并不要求其认识一定正确。但单独对行政规范性文件提起司法审查的，法院不受理。[1]

二、行政规范制定面临的问题与挑战

(一) 部分行政规范有违依法行政原理

1. 违反法律优越原则

从比较法上观之，德国行政法对法律优越原则的讨论，认为法律对行政权处于优先的地位，实质的意义是行政应受既有法律的约束，行政机关不能采取与法律相抵触的行政措施，行政机关对现存法律必须遵守（适用之强制），且需遵循法律规定，正确适用，不得偏离（偏离之禁止）。其法律根据一是现行法律的约束力，二是《德国基本法》第20条第3款的规定"立法权受宪法的限制，行政权和司法权受法律和权利的限制"。[2]

在我国对法律优越原则的讨论中，指一切行政权的行使，不论是权力的还是非权力的作用，都应受现行法律的拘束，不得有违反

---

〔1〕 参见江必新主编：《中华人民共和国行政诉讼法理解适用与实务指南》，中国法制出版社2015年版，第244页。

〔2〕 参见于安编著：《德国行政法》，清华大学出版社1999年版，第25页；陈敏：《行政法总论》，三民书局1998年版，第128页。

法律的活动。这要求行政机关在制定规范时，必须服从以宪法为顶点的法律体系和法律位阶的要求，以上位法作为行政立法的根据。但我国目前的行政规范体系中，相当一部分缺乏来自上位法规范的直接根据，或者根据暧昧。[1]

行政规范的制定中，应践行"不抵触"原则，这是指在法律位阶的层级结构中，下位阶的法律不得与上位阶的法律相冲突。它侧重于行政规范的内容不得与法律相抵触，包括行政法规、规章不得与宪法、法律相抵触，规章不得与行政法规相抵触，地方政府规章不得与行政法规、地方性法规相抵触。

现实中，行政规范与上位法律规范相抵触的现象可谓所在多有，包括而不限于如下情况：

（1）行政规范对法律规范赋予的权利进行了剥夺或限制，或增设了上位法律规范所未设定的义务。

（2）行政规范改变了管辖某一事务的法定行政主体归属，或改变了该行政主体的职权范围。

（3）行政规范延长了行政主体履行法定职责的法定期限，或缩短了法律规定的行政相对人履行权利的期限。例如《行政处罚法》第 29 条第 1 款规定"违法行为在二年内未被发现的，不再给予行政处罚。法律另有规定的除外"。而《海关法行政处罚实施细则》[2]第 8 条第 3 项规定，走私行为在三年以后发现的，可以从轻或免予处罚，前款第 3 项规定的期限，从走私行为发生之日起计算；走私行为是连续状态的，从最后一次走私行为发生之日起计算。该细则是行政法规而非法律，因此不能对追究法律责任的时效做例外规定，因此该细则即构成了同《行政处罚法》的抵触。直至2004 年国务院发布《中华人民共和国海关行政处罚实施条例》后，

---

〔1〕 参见朱芒：《依法行政：应依何法行政》，载《法学》1999 年第 11 期。

〔2〕 1987 年 6 月 30 日国务院批准，1987 年 7 月 1 日海关总署发布；1993 年 2 月17 日国务院批准修订，1993 年 4 月 1 日海关总署令第 44 号发布。

才废除了此违法规定。

（4）行政规范增设违反上位法律规范规定的适用条件。例如根据《行政许可法》第 16 条第 4 款的规定，法规、规章对行政许可条件作出具体规定时，不得增设违反上位法的其他条件。如果相应的法规、规章和规范性文件增设违反上位法的行政许可条件，也构成同上位法的抵触。例如作为行政法规，《互联网上网服务营业场所管理条例》设定了互联网上网服务营业场所经营许可制度，并设定了 7 项行政许可条件。[1] 但之后，作为规范性文件，在《文化部关于加强互联网上网服务营业场所连锁经营管理的通知》[2] 中，将连锁经营作为互联网上网服务营业场所经营许可的条件，属于增设违反上位法的其他条件，构成违法。[3]

（5）行政规范扩大或限缩上位法律规范规定的给予行政处罚的行为、种类和幅度的范围。根据《行政处罚法》第 10 条、第 11 条、第 12 条、第 13 条的规定，行政规范只能在法律、行政法规规定的给予行政处罚的行为、种类和幅度的范围内，作出具体规定。但如果行政规范超出了上位法律规范"给予行政处罚的行为、种类和幅度"的范围，即构成同上位法律规范的抵触。[4]

（6）行政规范违法设定行政许可。《行政许可法》第 12 条规定了可以设定行政许可的事项，如果以行政规范的方式来设定不符合行政许可法规定的行政许可，就构成同上位法的抵触。以地方政府规章《广东省注册安全主任管理规定》[5] 中关于注册安全主任

---

〔1〕 国务院令第 363 号，2002 年 9 月 29 日公布。

〔2〕 文市发〔2003〕15 号，文化部 2003 年 4 月 22 日公布。

〔3〕 参见赵鹏：《行政许可的演化与异化——以网吧行业为个案的分析》，载《北京行政学院学报》2007 年第 4 期。

〔4〕 参见孔祥俊：《法律规范冲突的选择适用与漏洞填补》，人民法院出版社 2004 年版，第 235 页。

〔5〕 广东省人民政府令第 85 号，2003 年 12 月 22 日广东省人民政府第十届第二十九次常务会议通过，自 2004 年 3 月 1 日起施行（现已失效）。

的规定为例，该规章对注册安全主任的资格、条件、申领程序等作了规定。注册安全主任制度属于资格、资质类行政许可事项。在安全生产领域已经颁布了《安全生产法》，该法并未规定注册安全主任制度，因此在法律对此类事项已加以规范，但未规定相应资格、资质的行政许可制度时，地方立法不得设定相应资格、资质的行政许可制度。因此广东省相应地方政府规章中关于注册安全主任制度的规定，构成了与上位法的抵触。[1]

2. 违反法律保留原则

在传统行政法理论中，认为法律保留原则的基本涵义在于，凡属宪法、法律规定只能由法律规定的事项，只能由法律规定，或者必须在法律有明确授权的情况下，才能由行政机关作出决定。[2]法律保留关注焦点是立法、行政的权限分配秩序，即何种事务可以由立法机关决定，何种事务可以由行政机关自行决定。[3]

一般认为，对于限制私人权利和自由、增设私人义务的情形，需要适用法律保留原则，要求有法律依据。[4]例如《行政处罚法》第 14 条规定"除本法第 9 条、第 10 条、第 11 条、第 12 条以及第 13 条的规定外，其他规范性文件不得设定行政处罚"。《行政许可法》第 17 条规定，"除本法第 14 条、第 15 条规定的外，其他规范性文件一律不得设定行政许可"。《行政强制法》第 10 条第 4 项规定，"法律、法规以外的其他规范性文件不得设定行政强制措施"。这些都是法律保留原则的体现。

《立法法》第 80 条第 2 款规定，"没有法律或者国务院的行政法规、决定、命令的依据，部门规章不得设定减损公民、法人和其

---

〔1〕 参见本书编写组：《法律法规询问与答复》，中国法制出版社 2006 年版，第 53-54 页。

〔2〕 参见陈清秀：《依法行政与法律的适用》，载翁岳生主编：《行政法》，中国法制出版社 2002 年版，第 191 页。

〔3〕 李洪雷：《行政法释义学》，中国人民大学出版社 2014 年版，第 72 页。

〔4〕 李洪雷：《行政法释义学》，中国人民大学出版社 2014 年版，第 78 页。

他组织权利或者增加其义务的规范，不得增加本部门的权力或者减少本部门的法定职责"。《立法法》第 82 条第 6 款规定，"没有法律、行政法规、地方性法规的依据，地方政府规章不得设定减损公民、法人和其他组织权利或者增加其义务的规范"。在中共中央、国务院印发的《法治政府建设实施纲要（2015-2020 年）》中，也指出"规范性文件不得设定行政许可、行政处罚、行政强制等事项，不得减损公民、法人和其他组织合法权益或者增加其义务"。但实践中，违反法律保留原则的要求，以行政规范违法限制私人权利和自由、增设私人义务的情形，并不鲜见。

在实务中，地方人民政府常常通过颁布行政规范性文件的方式限制某类群体的合法权益，以实现规制之目的。某些城市的"限购""限行"措施，多是以规范性文件形式颁布，例如北京市人民政府以规范性文件的形式，于 2010 年颁布《北京市人民政府贯彻落实国务院关于坚决遏制部分城市房价过快上涨文件的通知》，规定"对贷款购买第二套住房的家庭，贷款首付款比例不得低于 50%，贷款利率不得低于基准利率的 1.1 倍"。[1] 如无法律授权，即由行政规范来限定行政相对人权益，可能构成对相对人自由和财产的侵害。

（二）行政规范的质量有待改进

习近平总书记对法律规范的质量予以了持续关注，指出要"提高法律的针对性、及时性、系统性"。[2]"人民群众对立法的期盼，已经不是有没有，而是好不好、管用不管用、能不能解决实际问题；不是什么法都能治国，不是什么法都能治好国；越是强调法治，越是要提高立法质量。"[3] 而我国行政规范的内容，关系行政

---

〔1〕 京政发〔2010〕13 号，2010 年 4 月 30 日。
〔2〕 习近平：《习近平谈治国理政》，外文出版社 2014 年版，第 144 页。
〔3〕 习近平总书记 2013 年 2 月 23 日在十八届中央政治局第四次集体学习时的讲话的部分内容。

任务的有效实现,行政权力的自我控制,公众福祉的有效维护,其质量也有待提高。

1. 行政规范存在重复规定的现象

行政规范的制定过程中,也出现了以出台行政规范为"政绩工程"的现象。在此背景下,能否通过一部行政规范得到过多重视,而忽视了行政规范的内在质量和特色,忽视了规范的可操作性,忽视了规范对现实问题和社会现象的因应。

尽管《规章制定程序条例》第 8 条第 2 款规定:"法律、法规已经明确规定的内容,规章原则上不作重复规定。"但在已生效的规章和规范性文件中,还存在重复规定,照抄国家法律、法规的情况。这些行政规范有的照抄照搬了上位法或者同位法中的有关规定,有的是借鉴其他省市、其他部门的规定,造成"南方的与北方的差不多,西部的与东部的难区别",[1] 规范缺少针对性、实际性、可操作性也较差,很难对特定领域、特定部门、特定地区、特定行业的发展和进步起到促进和保障作用,也难以对国家法律制度真正起到配套、补充和完善作用,也不利于我国行政法律规范体系的真正形成。[2]

2. 行政规范欠缺可操作性

《立法法》第 6 条第 2 款规定,"法律规范应当明确、具体,具有针对性和可执行性"。《行政法规制定程序条例》第 6 条第 1 款规定,"行政法规应当备而不繁,逻辑严密,条文明确、具体,用语准确、简洁,具有可操作性"。《规章制定程序条例》第 8 条第 1 款规定,"规章用语应当准确、简洁,条文内容应当明确、具体,具有可操作性"。但行政规范仍存在缺少可操作性的现象。

对以促进和激励组织和个人的行为为立法的核心内容或调整模

---

[1] 夏宏根:《地方立法缺乏地方特色的成因及其对策》,载《人大研究》1997 年第 6 期。

[2] 参见李培传:《论立法》,中国法制出版社 2013 年版,第 261-262 页。

式的"促进型规范"而言，有学者将其视为"棉花法"，意即适用性不强，此种行政规范中对于倡导性的规定和行为，往往未能设置必要的激励；行政规范也未能针对市场和社会主体设定必要的义务和责任；对于不可欲的行为，也往往欠缺必要的制裁措施。[1] 这造成了"胡萝卜不甜，大棒不疼"的现象，削弱了行政规范的可操作性。

对以管理和限制组织和个人的行为为主要规范内容的行政规范而言，或可将其称为"管理型规范"或"限禁型规范"。此类法律规范若要保持完整性，则由假定、处理与制裁三个要素组成，行为模式和法律后果是其中不可缺少的两个重要组成部分。但实践中，有的行政规范有法律后果的规定，但缺乏行为模式的要求，有的则有行为模式的要求但没有法律后果的规定。当法律责任的规定与其他实体规定相脱节时，有可能造成有义务却不履行，或法律规定的责任难以落实，使得行政规范的制度设计失去其预期的功效。[2]

3. 行政规范未能体现治理改革的新理念

《十八届三中全会决定》指出，全面深化改革的总目标是推进国家治理体系和治理能力现代化，必须更加注重改革的系统性、整体性、协同性。习近平总书记多次强调指出，"凡属重大改革都要于法有据。在整个改革过程中，都要高度重视运用法治思维和法治方式，发挥法治的引领和推动作用，加强对相关立法工作的协调，确保在法治轨道上推进改革"。[3] 目前实践中，存在行政规范滞后于改革的现象，有的行政规范内容未能体现全面深化改革的精髓，未能体现简政放权和监管创新的理念。

---

　〔1〕　参见罗英：《供给侧结构性改革背景下的质量促进型立法研究》，载《求索》2017 年第 9 期。

　〔2〕　参见周汉华：《药品安全与法律责任制度的完善：对〈药品管理法〉修改的政策建议》，载吴敬琏主编：《比较》第 58 辑，中信出版社 2012 年版。

　〔3〕　习近平总书记于 2014 年 2 月 28 日在中央全面深化改革领导小组第二次会议的讲话的部分内容。

我国的行政规范中，相对较多运用了传统的行政管理手段，特别是事前的行政许可，事后的行政处罚、行政强制等手段。尽管我国当前正在推进简政放权和行政审批制度改革，甚至早在 2004 年颁布的《国务院关于印发全面推进依法行政实施纲要的通知》中就指出"凡是公民、法人和其他组织能够自主解决的，市场竞争机制能够调节的，行业组织或者中介机构通过自律能够解决的事项，除法律另有规定的外，行政机关不要通过行政管理去解决"，[1] 但我国行政管理和行政规范制定实践中，还是存在"对审批迷恋，对监管迷茫"的情形，或者说存在"会批不会管"的现象。

以网约车监管为例，交通运输部等七部委于 2016 年颁布了《网络预约出租汽车经营服务管理暂行办法》的联合规章，[2] 面对共享经济、简政放权、互联网治理的背景，该规章依然将事前许可作为监管的主要手段，规定了《网络预约出租汽车经营许可证》《网络预约出租汽车运输证》。而根据中国政法大学对 190 个城市网约车细则的梳理，有 175 个城市对车辆准入条件规定了轴距、车价、排量、车龄中的两种以上限制，有 130 个城市要求网约车平台在本地设立分支机构或企业法人，有 146 个城市要求网约车司机需有本市户籍或本地居住证。[3] 这些规定存在诸多合法性瑕疵，涉嫌违法增设行政许可条件和设定不符合公平竞争要求的措施。就制度建构的理想而言，应当在私人自治、市场竞争、行业自律、事中事后管理方式、民事责任机制不能奏效时，才考虑引入事前规制，以期尽可能削减给行政相对人带来的规制负担，给行政相对人更多

---

〔1〕《国务院关于印发全面推进依法行政实施纲要的通知》（国发〔2004〕10号）。

〔2〕《网络预约出租汽车经营服务管理暂行办法》，交通运输部、工业和信息化部、公安部、商务部、工商总局、质检总局、国家网信办 2016 年第 60 号。

〔3〕 参见林华、葛丁晨、张怡铮、周辉：《中国地方网约车和顺风车政策专题研究报告》，载中国政法大学法治政府研究院编：《中国法治政府发展报告（2017）》，社会科学文献出版社 2018 年版，第 162-177 页。

自由，给市场更多选择。

在利益阶层高度分化、社会结构日益复杂的现代社会，不能寄希望于单单通过"命令—控制"型的刚性行政管理方式，也不能主要依赖某种单一的行政管理方式来解决某一具体行政领域的所有问题。中国不同领域的经济组织形态各异，不同违法行为的成因不同，表现形式不同，这决定了现代行政法应因时而动，在未来行政规范的制度设计中，应使用"组合拳"，而非"单打一"，应通过优化和完善已有行政管理方式，通过事前与事后管理方式相结合，通过"命令—控制型"监管与激励性监管相结合，来引导和改变相应行为主体的行为方式，进而实现行政任务。

（三）行政规范制定程序有待改进

1. 行政规范制定过程中公众参与的缺失

对权利可能被行政规范影响的公众而言，应当赋予其参与行政规范制定过程的程序性权利。如果剥夺公众的参与机会，本身有可能构成对其基本权利的侵犯。[1] 我国《立法法》第 5 条规定，"保障人民通过多种途径参与立法活动"，根据《行政法规制定程序条例》《规章制定程序条例》等法规的规定，在行政规范制定过程中，制定机构应就其中涉及的主要问题，深入基层进行实地调查研究，听取基层有关机关、组织和公民的意见。

当前公众参与缺失之一在于，我国行政法规、规章和行政规范性文件的制定过程中，何时制订行政规范，制订哪些行政规范，规范的主旨为何，规范的主要内容为何，规范规定的主要法律制度、管理方式和法律责任为何，几乎完全操控于行政机关控制之手。公众参与多在规范框架乃至内容基本形成之后才进行，参与节点过晚导致公众很难对行政规范中的实体性法律制度有所影响。

当前公众参与缺失之二在于，行政机关在征求公众意见时，往

---

〔1〕　参见谢立斌：《公众参与的宪法基础》，载《法学论坛》2011 年第 4 期。

往不提供相应的立法背景材料，或提供资料过于简单，公众个体很难理解行政规范中蕴涵的诸多专业性、技术性和政策性表述，也很难判断某一规范条文背后所涉及的政策考量、利益争议，导致提出的意见缺乏针对性，很多时候只是表明自己的态度或立场，很难对具体的规范条文提出有建设性、可操作性的替代方案。[1] 这使得公众意见很难对行政规范内容产生实质性影响。[2]

当前公众参与缺失之三在于，行政机关对公众提出的意见缺少适当的信息反馈。纵然行政机关在规范制定中吸纳了公众提出的可贵意见，一般也殊少反馈。即使在少数情况下对公众意见给予反馈，总体上也较为概括，很少阐述具体的理由依据和考虑的因素，更缺少与公众展开的沟通交流。[3]

我国行政规范制度形成过程依然是行政主导式的，呈现出浓烈的"炉内灶"特色，相对更为注重征求本行政部门、行政系统或相关事业单位的意见，侧重在政策执行系统内达成妥协和合意，而相对忽视征求公众的意见，忽略回应行政相对人的诉求。这最终导致政策内容过于有利于行政体系，而不利行政相对人；过于有利于强势利益团体，而不利于组织化程度较低的团体和个人。

2. 可能受到利益团体的不当影响

由行政机关主导行政规范制定，更加符合行政决策的"专家"模型。该模型假定行政机关人员为专业精英，假定行政机关在知识、信息、技术、资源和管理经验等方面都有着自己的优势，认为它可以更好地整合信息和技术资源，超越私人利益，为了"公共利益"制定规范。[4]

---

〔1〕 参见曾娜：《电子化行政立法研究》，知识产权出版社 2017 年版，第 89 页。

〔2〕 参见李倩：《政策形成过程中的公众参与：以中国医疗政策改革为例》，载《华东政法大学学报》2014 年第 3 期。

〔3〕 参见曾娜：《电子化行政立法研究》，知识产权出版社 2017 年版，第 89 页。

〔4〕 Anthony Ogus, *Regulation: Legal Form and Economic Theory*, Clarendon Press, 152 (1994).

然而,行政机关同时也有追求自身机构利益最大化的倾向,有可能尽量扩张自己的职权,为自己攫取利益。随着我国的经济成分、组织形式、就业方式和分配方式日益多样化,社会结构不断分化与重组,使得各种利益表达日趋实心化,各种利益团体也逐渐浮出水面,那些占据经济优势的利益团体,也有可能凭借手中集聚的资源,通过诸多正式的或非正式的手段影响行政规范的形成。[1]

在行政规范制定过程中形成了复杂的政策网络,跨国公司、大中企业、行业协会商会等资源相对集聚的利益群体,其可能在行政规范制定过程中施加更多权重乃至不当影响。例如,跨国公司一般会设有被冠以"政府事务部""公共事务部""法律及政府事务部"之名的公共事务部,来形成公司对特定议题的应对策略;利用各种途径向政府机关表达自己的利益和对行政规范实体内容的诉求;利用传媒向公众和社会传递公司的见解,来间接影响行政规范的形成。[2] 一般而言,行政规范涉及的主题透明程度越高,专业性相对较弱,社会关注程度越高,则特定利益团体在行政规范形成中发挥的作用相对较低;如果行政规范涉及的主题透明程度较低,专业性相对较强,社会关注程度较低,则特定利益团体在行政规范形成中可能发挥更重要的作用。[3] 要警惕特定利益团体创设出某些隐性的途径,通过非正式的方式来影响行政机关,这其间存在游说、共谋与腐败的风险,并可能影响行政规范的科学性、民主性、公正性。

(四)行政规范制定中影响评估机制的缺失

行政立法的影响评估发轫于美国行政规制的成本收益分析。

---

〔1〕 参见宋华琳:《部门行政职权冲突要理顺》,载《新京报》2004 年 1 月 13 日。

〔2〕 参见宋华琳:《跨国公司如何影响中国行政规制政策》,载《行政法学研究》2016 年第 1 期。

〔3〕 参见宋华琳:《政府规制改革的成因与动力——以晚近中国药品安全规制为中心的观察》,载《管理世界》2008 年第 8 期。

"成本收益分析"（Cost-Benefit Analysis）意指对一个拟议项目将导致的所有社会和经济成本加以评估。1980 年以来，美国政府日益关注成本和收益之间的权衡。而美国白宫管理与预算办公室（Office of Management and Budget，简称 OMB）在其间发挥了重要的作用。

美国总统以行政命令的方式，设定了行政规制的成本收益分析，要求行政机构在确有"必要"时才制定规则，在制定重大的规则前，必须先对实施这项规则所花费的成本和可能得到的效益进行分析，将分析结果向管理与预算办公室汇报，由该办公室审查该规则是否确实需要。行政机构还要对规则的替代进路的成本和收益，对不规制所产生的成本和收益加以分析。行政机构所制定的规则应付出尽可能小的成本，来获得尽可能大的收益，如果行政机构没有选择相对花费较少的方案，那么必须为此说明理由。[1]

目前，世界许多国家将行政规制成本收益分析拓展至规制影响分析（Regulatory Impact Analysis），在制定行政规范时通常的考量是：规制产生的收益应足以说明其成本的合理性，要考虑规制影响在全社会的分布情况。其目标在于出台符合福利水平最大化要求的公共政策。成本收益原则也正在成为行政规制机构的"思维习惯"（habit of mind）。

在《行政许可法》第 19 条中，规定起草法律草案、法规草案和省、自治区、直辖市人民政府规章草案，拟设定行政许可的，起草单位应当采取听证会、论证会等形式听取意见，并向制定机关说明设定该行政许可的必要性、对经济和社会可能产生的影响以及听取和采纳意见的情况。其后，国务院 2004 年 3 月 17 日发布的《全

---

〔1〕 美国公法学者对成本收益分析的研究文献，参见 Cass R. Sunstein, "Cost-Benefit Default Principles", 99 *Mich. L. Rev.* （2001）; Cass R. Sunstein, "Is Cost-Benefit Analysis for Everyone?", 53 *Admin. L. R.* , pp. 299-314 （2001）; Eric A. Posner, "Cost-Benefit Analysis as a Solution to a Principal-agent Problem", 53 *Admin. L. R.* , pp. 289-297 （2001）.

面推进依法行政实施纲要》中规定"积极探索对政府立法项目尤其是经济立法项目的成本效益分析制度。政府立法不仅要考虑立法过程成本，还要研究其实施后的执法成本和社会成本"。在随即发布的《国务院办公厅关于贯彻落实全面推进依法行政实施纲要的实施意见》中，也规定"探索建立有关政府立法项目尤其是经济立法项目的成本效益分析制度"。

在中国目前行政立法和行政规范性文件的制定过程中，尚未真正建立起相应的影响评估或成本效益分析制度。其原因是多方面的：

第一，从组织体制上，中国尚缺少可与美国的管理和预算办公室或信息和规制事务办公室的组织机构，就行政机关及其法制工作者的职责权限、组织架构、人员背景而言，都不足以胜任相应的工作。

第二，行政机关未能针对相应规范议题搜集完整、真实的信息，对搜集信息的遴选、分类和利用工作也有待加强，对行政规范的评估报告也多是定性的推理和判断，缺乏数据的有力支撑。

第三，我国相对欠缺科学理性主义的精神，在行政治理中往往更重视事物的质的规定性。行政规范制定中，更倾向于以政策性口吻和语言技巧表现出规范的原则性和包容性，虽然看似能规范一切，实则难以起到作用。[1] 对行政活动的成本、收益和影响加以分析权衡的理念，也未能得到政府部门更为广泛的接受。

第四，在中国行政规范的制度设计中，其行政管理方式的"箭囊"中，可以使用的管理工具过少，往往欠缺对替代管理方式的认识，备选方案也相对较少，因此就每每失去了对不同管理方式加以

---

〔1〕 参见李向东：《行政立法前评估制度研究》，中国法制出版社 2016 年版，第 120、141 页。

比较和评判的基础。[1]

上述这些问题使得我国行政规范的影响评估机制和成本收益分析制度更多停留在纸面规定，而未能真正付诸实施。

三、行政规范制定制度的完善

在未来行政规范制度的制定改革中，应秉承依法行政原理，改进行政规范制定程序，在行政规范制定中引入影响评估制度，以捍卫行政规范的合法性，实现行政规范制定中的程序公正，促进行政规范的内容更为合理。

（一）行政规范制定应秉承依法行政原理

1. 符合一般行政法律的要求

《行政许可法》《行政处罚法》《行政强制法》作为规范一般行政活动的法律，体现了对行政权的规范与控制。行政规范制定过程中，当涉及对行政许可、行政处罚、行政强制的规定，或在对行政权的权限、范围和幅度进行规定时，应符合这几部法律的要求，不得与这几部法律的规定相抵触。

例如，根据《行政许可法》第 15 条的规定，地方政府规章不得设定应当由国家统一确定的公民、法人或者其他组织的资格、资质的行政许可；不得设定企业或其他组织的设立登记及其前置性行政许可。其设定的行政许可，不得限制其他地区的个人或企业到本地区从事生产经营和提供服务，不得限制其他地区的商品进入本地区市场。根据《行政许可法》第 16 条第 4 款的规定，法规、规章对实施上位法设定的行政许可作出的具体规定，不得增设行政许可；对行政许可条件作出的具体规定，不得增设违反上位法的其他条件。根据《行政许可法》第 17 条的规定，除该法第 14 条、第

---

〔1〕 参见于立深：《成本效益分析方法在行政法上的运用——以〈行政许可法〉第 20、21 条为例》，载《公法研究》第 4 卷，中国政法大学出版社 2005 年版，第 120-121 页。

15 条规定外，其他规范性文件一律不得设定行政许可。

根据《行政处罚法》第 10 条第 2 款的规定，法律对违法行为已经作出行政处罚规定，行政法规需要作出具体规定的，必须在法律规定的给予行政处罚的行为、种类和幅度的范围内规定。根据《行政处罚法》第 12 条、第 13 条的规定，规章可以在法律、法规规定的给予行政处罚的行为、种类和幅度的范围内作出具体规定。根据《行政处罚法》第 14 条的规定，行政法规、规章之外的其他规范性文件不得设定行政处罚。

根据《行政强制法》第 10 条的规定，规章和其他规范性文件不得设定行政强制措施。根据《行政强制法》第 11 条的规定，法律对行政强制措施的对象、条件、种类作了规定的，行政法规、地方性法规不得作出扩大规定。

2. 符合依法行政原则的要求

行政规范的制定首先应符合依法行政原则，这要求行政规范制定恪守法律优越原则与法律保护原则的要求。法律优越原则要求行政规范服从法律位阶的要求，以上位法作为行政立法的根据，行政规范的内容不得与法律相抵触。法律保留原则要求在没有法律依据的情况下，行政规范不得限制私人权利和自由，不得增设私人义务。[1]

3. 符合平等原则的要求

我国《宪法》第 33 条第 2 款规定，"中华人民共和国公民在法律面前一律平等"。《十八届四中全会决定》将"坚持法律面前人人平等"确定为全面推进依法治国必须坚持的五大原则之一，将"平等"界定为"社会主义法律的基本属性"，进而提出"加快完善体现权利公平、机会公平、规则公平的法律框架"。

在行政规范的制定中，践行平等原则的核心要义在于：相同情

---

〔1〕　参见李洪雷：《行政法释义学》，中国人民大学出版社 2014 年版，第 78 页。

况相同对待，不同情况差别对待。[1] 例如，在行政规范的制定中，应平等对待城市居民与农村居民，平等对待外资企业与国内企业，平等对待大企业与中小企业，对相对处于弱势地位或不利地位的主体予以平等对待，进而通过规范的制定与实施来保障不同群体之间的机会平等与规则平等。[2]

（二）改进行政规范制定程序

1. 改进行政规范制定中的公众参与程序

习近平总书记对公众参与立法给予了高度重视，指出"民主立法的核心在于为了人民、依靠人民。要完善科学立法、民主立法机制，创新公众参与立法方式，广泛听取各方面意见和建议"[3]。行政规范制定中的公众参与，是通过允许、鼓励利益相关方和一般社会公众，就与其利益相关或者涉及公共利益的重要问题，以提供信息、表达意见、发表评论、阐述利益诉求等方式参与立法和决策过程，进而提升行政规范制定公正性、正当性和合理性的一系列制度和机制。[4]

行政机关在法律上是公共利益的实现者和维护者，其掌握公共权力、从事公共服务，这决定行政机关在规范制定时要以促进公共福祉，回应公众诉求为依归。从公益实现的角度，应改进行政规范

---

〔1〕 参见章剑生：《"选择性执法"与平等原则的可适用性》，载《苏州大学学报（法学版）》2014年第1卷第4期；［德］克里斯托夫·默勒斯：《德国基本法：历史与内容》，赵真译，中国法制出版社2013年版，第52页。

〔2〕 例如在184个制定网约车管理细则的城市中，北京市、上海市、天津市、平凉市、商丘市、驻马店市、东营市和通化市8个城市要求网约车司机必须具有本地户籍，这即违反了行政法上的平等原则。参见林华、葛方晨、张怡静、周辉：《中国地方网约车和顺风车政策专题研究报告》，载中国政法大学法治政府研究院编：《中国法治政府发展报告（2017）》，社会科学文献出版社2018年版，第174页。

〔3〕 习近平：《关于〈中共中央关于全面推进依法治国若干重大问题的决定〉的说明》，载《人民日报》2014年10月29日，第2版。

〔4〕 参见吴浩主编、李向东副主编：《国外行政立法的公众参与制度》，中国法制出版社2008年版，前言。

制定过程中的公众参与程序，以更好听取、吸收和平衡处理公众的各种意见，[1] 使政府出台更为精巧、更为合理、更量体裁衣式的制度设计，使行政规范更具有回应性、灵活性，减少给行政相对人的不必要负担，增加行政规范的可接受性。

未来应赋予行政相对人行政规范制定的立项请求权，行政相对人得依法向有行政规范制定权的行政机关提出有关制定、修改或废除某项行政规范的申请，该行政机关应当依法对行政相对人的申请作出相应处理，[2] 并尽早令行政相对人参与规范形成的过程。

行政机关就行政规范内容征求公众意见时，应尽可能详细提供相应的背景材料，并对行政规范内容给予解释和说明，以有助于公众理解行政规范中蕴涵的诸多专业知识、技术知识和政策考量，从而更为有的放矢地就行政规范的完善提出意见和建议。行政机关应加强与社会公众的沟通，及时反馈社会公众意见采纳情况和理由，广泛凝聚社会共识。

应进一步深化和拓展行政规范制定过程中公众参与的形式，形式可以是座谈会、论证会、听证会、公开征求意见等多种形式。就座谈会形式而言，可以是圆桌讨论会议，通常由五六人至十余人乃至数十人聚集在一起，在一个主持人的引导下，就行政规范制定中的政策选项、政策议程、政策目标、具体行政管理措施、法律责任等进行讨论，并研判不同制度设计可能面临的不同问题和困难。座谈会的议题相对开放，意见相对发散。

相对座谈会而言，论证会形式相对更为正式，议题相对更为聚焦，讨论以行政规范草案为基础。论证会不仅应有专家和普通公众代表，还应有来自行政相对人的代表。例如在《药品注册管理办

---

〔1〕　参见朱芒：《论我国目前公众参与的制度空间：以城市规划听证会为对象的粗略分析》，载《中国法学》2004年第3期。

〔2〕　参见崔卓兰、于立深：《行政规章研究》，吉林人民出版社2002年版，第162页。

法》《药品生产质量管理规范》《药品召回管理办法》等规章起草、修订的多次论证会中,都有药品生产、经营企业代表参加,他们来自实务界,相对于高等院校、科研机构的专家而言,可能更了解实际情况,其参与有助于提供更多的观点和素材以改进行政规范制定的质量。[1]

当行政规范直接涉及重大公共利益或各方利害关系人利益时;或者涉及重要利益调整,对公民、法人或者其他组织的权利义务有较大影响时;或者起草过程各方利害关系人对规范内容有重大分歧时,可以举行听证会,听取有关机关、组织和公民的意见。[2]

行政规范制定者还可以通过其他方式公开征求意见。例如,可以将行政规范征求意见稿公开在政府网站上,通过电子邮件或参与平台来开放式征求意见。可考虑以政府门户网站为基础,建立统一的决策参与互动平台,并探索利用官方微博、微信等各种创新方式推动公众参与。[3]

2. 规范利益团体参与行政规范制定的程序

现实中,包括跨国公司、国有企业、中小企业、行业协会商会、消费者组织、社会团体等在内的不同利益团体均试图发展与政府的关系,通过发表其自认为合理且有利于自身的见解,来影响行政规范制定的优先次序和实体内容。

应合理看待利益团体在行政规范形成过程中的作用。特定的利益团体可能在市场活动中具有信息、知识、技术、管理等方面的丰富经验,在某些领域或可形成合理化的见解,有可能通过对行政规范施加外的影响,来推动有益的制度变革。例如,跨国公司每每

---

[1] 笔者以学者身份参与了上述几部规章的起草或修订论证会,多次论证会上都有企业代表参加。

[2] 参见《市场监督管理行政处罚听证暂行办法》(国家市场监督管理总局令第3号,2005年12月30日公布)。

[3] 参见国务院法制办公室政府法制研究中心编:《法治政府新热点:〈法治政府建设实施纲要(2015—2020年)〉学习问答》,人民出版社2016年版,第78页。

倡导全球规制，要求信息公开、平等对待、简化程序、打击假冒伪劣产品，这也符合我国企业和公众的利益，也与当前简政放权、行政审批改革、加强市场监管等改革方向相一致，使得法律制度更趋全球化。

利益团体的参与构成了政策网络中的"对话网络"（webs of dialogue），这些主体的参与对行政规范的形成有影响力，但无控制力。[1] 不同利益主体通过提供思想、观点、视角，提供假定、证据、词汇和表述方式，来影响行政规范的内容。[2] 中国行政规范的形成依然是行政主导，很难被某一特定利益团体"俘获"，但利益团体有可能对行政机关施加正向或负向的影响。利益团体以非正式的方式参与行政规范制定，其间或存在复杂的利益网络，这有可能使我国的行政规范有所偏颇，乃至蕴含侵害公众权益的可能。这要求改革行政规范制定程序，通过不同利益群体的参与，行政规范制定过程得到合法化。[3]

在行政规范制定过程中，不同利益群体之间并非势均力敌，也不一定能得到同样的对待。社会心理学和组织行为学研究成果认为，人们更愿意接受社会、经济、政治地位较高群体的观点。[4] 在政策形成过程中，行政机关或许更容易受强势利益团体的影响，而相对较少受中小企业和普通公众的影响。因此应建构开放、反思、多元的政策形成程序，让不同主体在政策形成中享有相称的权重，防止特定利益团体的声音占过重的比重，还应理性听取企业、

---

〔1〕 John Braithwaite & Peter Drahos, *Global Business Regulation*, Cambridge University Press, 553（2000）.

〔2〕 Daniel Carpenter & David A. Moss（Editors）, *Preventing Regulatory Capture*: *Special Interest Influence and How to Limit It*, Cambridge University Press, 155（2014）.

〔3〕 参见王锡锌:《公众参与和行政过程——一个理念和制度分析的框架》,中国民主法制出版社 2007 年版, 第 44 页。

〔4〕 Daniel Carpenter & David A. Moss （Editors）, *Preventing Regulatory Capture*: *Special Interest Influence and How to Limit It*, Cambridge University Press, 86（2014）.

协会、专家、消费者、媒体的观点和立场，特别应注重听取受不利影响的利害关系人的意见，让不同主体展开平等和有效的协商，使得行政规范内容更趋合理化。[1] 同时通过规则制定程序的规范、行政监督机制的完善、公务员职业伦理的强调，来尽量避免特定利益团体以非正式的途径影响行政规范的形成。[2]

（三）完善行政规范制定的评估制度

1. 改进行政规范制定中的后评估制度

《立法法》第 63 条规定了对有关法律或者法律中有关规定进行立法后评估。根据《行政法规制定程序条例》第 37 条和《规章制定程序条例》第 38 条的规定，可以对有关行政法规、规章或其中的有关规定进行立法后评估，并将评估结果作为修改、废止有关行政法规、规章的重要参考。国务院法制办曾尝试对《艾滋病防治条例》《特种设备安全监察条例》等 6 部行政法规进行后评估，原国家民航总局、水利部、交通运输部、原国土资源部都曾建立立法后评估制度，对规章和规范性文件进行后评估。[3]

后评估制度的功用在于了解行政规范的运行情况，印证制度设计和运行过程中存在的问题。相对于常规调研和执法检查而言，后评估制度更强调"数据会说话"，注重数字统计和分析，注重具体案例和数据，能更客观地反映情况。在未来，应逐步拓宽后评估制度适用范围，对更多行政法规、规章和行政规范性文件尝试展开后评估，并在征求行政执法机关、行政相对人、专家等的基础上，形成更为科学合理的后评估方案；在评估过程中，通过实地调研和问

---

〔1〕 参见朱芒：《论行政程序正当化的法根据——日本行政程序法的发展及其启示》，载《外国法译评》1997 年第 1 期；蔡秀卿：《多元价值与行政程序》，载蔡秀卿：《现代国家与行政法》，学林文化事业有限公司 2003 年版，第 128-129 页。

〔2〕 参见宋华琳：《跨国公司如何影响中国行政规制政策》，载《行政法学研究》2016 年第 1 期。

〔3〕 参见李向东：《行政立法前评估制度研究》，中国法制出版社 2016 年版，第 127-129 页。

卷调查相结合，运用社会学调查分析方法，以提高评估的精确性。[1]

2. 强化行政规范制定的前评估

国外行政规则制定中的影响评估制度，着力于规则形成之前，而我国可能是为了让行政规范能得以通过，加之欠缺前评估所需的评估技术、指标和所需信息，因此着力点放在了行政规范制定的后评估。在未来的制度改革中，应加强前评估制度在行政规范制定中的权重。前评估应包括必要性评估、备选方案评估和影响评估。

第一，在必要性评估中，应着重说明制定行政规范的必要性，说明行政规范拟解决哪些问题，拟推行的主要制度如何能有效解决问题。

第二，在备选方案评估中，规范制定者应首先提出备选方案，备选方案可以是干预程度不同的行政管理方式，也可以是作为替代方案的行业协会自律、企业责任、市场竞争、个人自我管理等方式，规范制定者应对不同备选方案的优劣进行比较。我国目前行政规范的制定过程中，可资选择的备案方案过少，这也影响了"更好行政"的实现。

第三，在影响评估中，规范制定者应比较不同备选方案的成本和收益，评估实施特定行政规范、特定管理方式对经济社会可能产生的影响。行政机关制定的规范应付出尽可能低的成本，来获得尽可能高的收益。

在行政规范前评估过程中，各行政机关的法制机构应把握好自己的职责，拟定备选方案，收集相应信息，比较成本和收益，但这也需要行政机关的内设业务部门的配合。对于在行政规范制定过程中有较大争议的事项，法制机构可以委托有关专家、教学科研单

---

[1] 参见李向东：《行政立法前评估制度研究》，中国法制出版社 2016 年版，第 131 页。

位、社会组织进行评估。

主要参考文献：

1. 胡建淼主编：《法律适用学》，浙江大学出版社 2010 年版。

2. 李向东：《行政立法前评估制度研究》，中国法制出版社 2016 年版。

3. 王锡锌：《公众参与和行政过程——一个理念和制度分析的框架》，中国民主法制出版社 2007 年版。

4. 杨登峰：《法律冲突与适用规则》，法律出版社 2017 年版。

5. 曾娜：《电子化行政立法研究》，知识产权出版社 2017 年版。

6. 宋华琳：《跨国公司如何影响中国行政规制政策》，载《行政法学研究》2016 年第 1 期。

7. 谢立斌：《公众参与的宪法基础》，载《法学论坛》2011 年第 4 期。

8. 朱芒：《依法行政：应依何法行政》，载《法学》1999 年第 11 期。

第七章

行政执法改革[*]

党的十九大报告对"建设法治政府，推进依法行政，严格规范公正文明执法"作出重要部署，开启了建设法治政府的新征程。"全面推进依法治国的重点应该是保证法律严格实施。"行政执法是法律实施的关键环节，一定意义上讲，行政执法成效是衡量法治政府建设最直观、最普遍、最可信的标尺。如何能够规范行政执法方式，如何能够规范行政执法结果运用，如何能够做好行政执法与刑事司法相衔接，如何能够规范行政执法效能评估，对这些问题的回答有助于落实严格规范公正文明执法的要求，进而彰显法治权威、带动全民守法，切实增强人民群众的法治获得感，这是党的十九大提出的时代命题，也是协调推进"四个全面"战略布局、建设新时代中国特色社会主义法治体系的必然要求。

一、行政执法方式的规范化

（一）行政执法信息化与个人信息收集的规范化

习近平总书记指出，"从社会发展史看，人类经历了农业革命、工业革命，正在经历信息革命"。[1] 信息革命对社会产生的影响遍

---

* 赵鹏，中国政法大学法治政府研究院副院长，副教授。
〔1〕 习近平：《在网络安全和信息化工作座谈会上的讲话》，人民出版社 2016 年版，第 21-22 页。

及每一个领域，行政执法也不例外。行政执法信息化，是指将电子计算机和互联网信息技术应用到行政执法过程中，以信息为载体和工具，优化行政执法手段、更新行政执法方式、丰富行政执法资源的行为。行政执法信息化的本质是利用电子计算机和互联网信息技术等现代科技对行政执法的全面改良，有利于实现严格规范公正文明执法的要求。党的十八届四中全会通过的《中共中央关于全面推进依法治国若干重大问题的决定》明确提出"加强行政执法信息化建设和信息共享，提高执法效率和规范化水平"，这一要求为大数据时代行政执法的发展指明了方向。

1. 行政执法信息化的时代背景

我国政府高度重视信息化工作。早在 20 世纪 80 年代中期，国家就作出了实施国民经济信息化的战略决策，成立了国家信息中心，召开了国民经济信息化工作会议。[1] 1996 年 1 月，国务院成立了信息化工作领导小组，该小组于 1997 年 4 月在深圳召开了首次全国信息化工作会议，通过了《国家信息化"九五"规划和 2010 年远景目标》，初步形成了国家信息化发展的总体思路。党的十五届五中全会将信息化提到了国家战略的高度，明确提出"大力推进国民经济和社会信息化，是覆盖现代化建设全局的战略举措"。党的十六大将信息化视为经济建设的重要抓手，提出了"信息化是我国加快实现工业化和现代化的必然选择。坚持以信息化带动工业化，以工业化促进信息化，走出一条科技含量高、经济效益好、资源消耗低、环境污染少、人力资源优势得到充分发挥的新型工业化路子"。在上述精神的引领下，我国的信息化事业得到迅猛发展。

进入大数据时代以来，信息的重要性进一步体现，信息化建设工作也随之发生了迭代和升级。近年来，我国政府对大数据、云计算、物联网等现代互联网科技语境下的信息化工作给予了更高程度

---

〔1〕 陈拂晓：《我国党政机关的信息化建设》，载《中国信息界》2008 年第 4 期。

的重视，密集出台了一系列措施，以保证在信息战中取得先机。2015 年 3 月 5 日，十二届全国人大三次会议审议的《政府工作报告》中正式提出了"互联网+"行动计划，"互联网+政府"的"电子政务"也作为当届政府的工作重点之一得到推行。2016 年 7 月，中共中央办公厅、国务院办公厅发布了《国家信息化发展战略纲要》，明确提出了"深化电子政务，推进国家治理现代化"的工作目标，要求完善部门信息共享机制，建立国家治理大数据中心。加强经济运行数据交换共享、处理分析和监测预警，增强宏观调控和决策支持能力。[1] 2016 年 12 月，国务院发布了《"十三五"国家信息化规划》，"建立统一开放的大数据体系"被列为"十三五"期间国家信息化的重大任务和重点工程。为实现这一目标，该《规划》进一步要求"全面推进重点领域大数据高效采集、有效整合、安全利用，深化政府数据和社会数据关联分析、融合利用，提高宏观调控、市场监管、社会治理和公共服务精准性和有效性"。[2]

2017 年，国家发改委发布《"十三五"国家政务信息化工程建设规划》。该《规划》提出，要把推进国家治理体系和治理能力现代化作为政务信息化工作的总目标，大力加强统筹整合和共享共用，统筹构建一体整合大平台、共享共用大数据、协同联动大系统，推进解决互联互通难、信息共享难、业务协同难的问题，将"大平台、大数据、大系统"作为较长一个时期指导我国政务信息化建设的发展蓝图，构建一体化政务治理体系，促进治理机制协调

---

〔1〕《中共中央办公厅、国务院办公厅印发〈国家信息化发展战略纲要〉》，载中国政府网，http：//www.gov.cn/zhengce/2016-07/27/content_5095336.htm，最后访问时间：2018 年 3 月 28 日。

〔2〕《国务院关于印发"十三五"国家信息化规划的通知》，载中国政府网，http：//www.gov.cn/zhengce/content/2016-12/27/content_5153411.htm，最后访问时间：2018 年 3 月 28 日。

化和治理手段高效化，形成部门联动的协同治理新局面。[1] 行政执法的信息化作为政务信息化的一个重要组成部分，在政府的大力倡导下得到了长足的发展。

2. 我国行政执法信息化实践

目前，我国各级政府及其所属部门已经在信息化建设上取得了一定的成就，行政执法信息化作为其中的一个重要组成部分，正随着信息化进程的加速而不断发展进步。我国公安部门属于行政执法信息化建设较早、成熟度较高的部门。[2] 早在1994年，公安部就建成了"全国犯罪信息中心"（CCIC），并于1998年正式启动"金盾工程"，形成了以全国公安综合业务通信网、全国违法犯罪信息中心（CCIC）、全国公安指挥调度系统工程、全国公共网络安全监控中心四项主要内容为核心的信息系统。[3] 近年来，公安信息化工程建设和信息系统日益完善，已基本建成纵向相互连通，横向包含各警种业务，并力求与其他公共部门如法院、检察院、安全、司法、海关、工商、税务等相连通的信息共享体制。[4]

在建设"美丽中国"精神的指引下，环保领域的行政执法信息化建设也得到大力推进。国务院办公厅于2015年7月发布的《生态环境监测网络建设方案》提出了包括完善生态环境监测网络、实

〔1〕《国家发展改革委关于印发"十三五"国家政务信息化工程建设规划的通知》，载中国政府网，http://www.gov.cn/xinwen/2017-08/24/content_5220193.htm，最后访问时间：2018年3月28日。

〔2〕张景华：《公安信息化建设可持续发展之探讨》，载《公安研究》2009年第5期。

〔3〕刘静：《何谓"金盾工程"——访公安部科技局局长司同军》，载《人民公安》1999年第9期。

〔4〕李润森：《开拓进取 科技强警——全国公安工作信息化工程（金盾工程）概述》，载《公安研究》2002年第4期。

现生态环境监测信息集成共享在内的生态环境监管网络建设要求。[1] 环保部于 2016 年 3 月发布了《生态环境大数据建设总体方案》，明确了环境治理信息化未来方向。[2] 目前，《环境信息共享互联互通平台总体框架技术规范》等 12 项国家环境保护标准已经落地，环保部各业务司局也相继完成了环境质量监测系统、建设项目管理系统、环境统计业务系统、排污申报系统、排污收费系统等系统的建设和集成整合。[3]

2015 年 12 月，中共中央、国务院发布的《关于深入推进城市执法体制改革改进城市管理工作的指导意见》明确提出，要加快城市管理和综合执法档案信息化建设，依托信息化技术，综合利用视频一体化技术，探索快速处置、非现场执法等新型执法模式，提升执法效能。[4] 这一要求为城市管理执法的现代化、科技化指明了方向。事实上，早在 2012 年，北京市就提出要搭建集感知、分析、服务、指挥、监察"五位一体"的城管物联网平台，试图通过设立感知设备，实时获取城市环境秩序事件状态，对执法资源状态进行实时掌握，为科学的指挥调度、执法资源配置等提供科技支撑。[5]

3. 行政执法信息化的价值

第一，提高执法效率。行政违法行为的多发、频发，与执法资

〔1〕《国务院办公厅关于印发生态环境监测网络建设方案的通知》（国办发〔2015〕56 号），载中国政府网，http://www.gov.cn/zhengce/content/2015-08/12/content_10078.htm，最后访问时间：2018 年 3 月 28 日。

〔2〕《关于印发〈生态环境大数据建设总体方案〉的通知》，载中华人民共和国环境保护部，http://www.zhb.gov.cn/gkml/hbb/bgt/201603/t20160311_332712.htm，最后访问时间：2018 年 3 月 28 日。

〔3〕 王颖、薛凡：《环境信息化发展进程与规划初探》，载《中国环境科学学会环境信息化分会会议论文集》。

〔4〕《中共中央 国务院关于深入推进城市执法体制改革改进城市管理工作的指导意见》，载中国政府网，http://www.gov.cn/zhengce/2015-12/30/content_5029663.htm，最后访问时间：2018 年 3 月 28 日。

〔5〕 宋刚、刘建敏、陈泓洁、魏雷、丁顺福：《执法城管通移动应用服务平台设计与应用》，载《电子政务》2015 年第 8 期。

源的匮乏和执法效率的低下一直是我国行政执法难以解决的顽疾。推进执法信息化,将有效缓解这一问题。海量的信息与信息分析技术相结合,能够最大程度地发挥现代信息系统的功能和作用,充分保障公共治理的有效性和精确性。如公安系统可以从传统的"蹲点""拉网"式执法,转变为通过分析违法犯罪嫌疑人的活动轨迹、数据而实现精确锁定。再如,城市管理部门可以通过航拍摄像、电子地理信息系统等设施系统收集基础数据,开发精细化管理模式。深圳市就利用卫星技术设置电子围栏进行实时监控。在禁止踏入的公共区域周边设置电子光线辖区,当有人跨越禁区时,指挥中心会在第一时间收到提示,进行实时监控和就近执法。[1] 现代信息科技的引入,为提高行政执法效率注入了一针强心剂。

"科学技术是第一生产力",执法信息化不仅在"量"上改变了行政执法的效率,还有可能在"质"上改变行政执法的方式。传统的行政执法多是通过事后惩戒的模式对当事人和潜在的违法者形成震慑。然而,在风险普遍化的社会环境下,这一模式难以满足社会治理的实际要求,在有效降低、防止损失发生上效果并不理想。推进执法信息化,保障行政机关在互联网条件下享有充足的信息资源,能够为行政机关有效防控风险、作出科学决策提供信息基础,从而促使行政机关的执法重点从"事后惩戒"转向"事前预防"和"事中控制",取得更为优良的执法效果。据新闻媒体报道,北京、浙江等地建立的社会治安评估预警等大数据中心,依托大数据技术,通过对警情、发案量等数据的量化分析,实现了治安形势精准研判、风险隐患精确预警。[2]

第二,完善执法监督。行政执法直接关涉相对人切身利益,所

---

[1] 仝晨曦:《数字化城管执法系统研究——以深圳市罗湖区为例》,载《中国管理信息化》2017年第17期。

[2] 蔡长春:《大数据为政法工作插上科技翅膀》,载《法制日报》2016年1月27日,第1版。

面临的矛盾往往较为尖锐，在保障执法目的达成与保护相对人权益之间天然存在障碍。因而，如何保障行政执法活动的合法性一直是法治政府建设的难点与重点。推进执法信息化，可以实现行政执法的"全程留痕"，有利于完善和加强对行政执法的监督，同时也有利于防控执法风险。以执法记录仪为例：2016 年 7 月，公安部颁发的《公安机关现场执法视音频记录工作规定》明确各级公安机关应当充分配备相关仪器设备，加强对现场执法视音频资料的使用管理。[1] 2017 年 1 月，国务院办公厅发布的《推行行政执法公示制度执法全过程记录制度重大执法决定法制审核制度试点工作方案》提出了执法全过程记录的要求，要求推行音像记录、提高信息化水平、强化记录实效。[2] 公安现场执法记录仪作为集数码摄像、数码照相、对讲送话器功能于一身，能够对执法过程进行动态、静态的现场情况数字化记录的电子设备，能够实现定位、回放、保存等功能。[3] 在诸多社会热点事件中，执法记录仪均起到了还原事件原貌，保障执法行为的可追溯性的重要作用。

4. 行政执法信息化中的个人信息保护

推进行政执法信息化，将极大增强行政机关收集、分析、处理信息的能力，行政机关可能基于此而获得海量信息，形成规模庞大、涵盖广泛的数据库。这些信息或数据中，将无可避免地涉及大量个人信息。个人信息中所包含的隐私、名誉等人格利益有可能因为行政机关的信息泄露、信息滥用行为而遭到严重侵犯。例如，警

---

〔1〕《公安机关现场执法视音频记录工作规定：六种执法活动须视音频记录》，载正义网 http://www.jcrb.com/xztpd/dkf/201612/2016FZJC/7Y/201612/t20161228_1700977.html，最后访问时间：2018 年 3 月 29 日。

〔2〕《国务院办公厅关于印发推行行政执法公示制度执法全过程记录制度重大执法决定法制审核制度试点工作方案的通知》（国办发〔2017〕14 号），载中国政府网 http://www.gov.cn/zhengce/content/2017-02/10/content_5167071.htm，最后访问时间：2018 年 3 月 29 日。

〔3〕 刘健楠：《公安现场执法记录仪使用研究》，载《湖北警官学院学报》2013 年第 11 期。

务系统中的个人信息一旦出现错误，将有可能导致错误的盘查、强制检查，对公民人身自由造成侵犯；而违法收集、标注负面信息，则构成对宪法平等原则和人格尊严的侵犯。[1] 因此，在推进行政执法信息化的同时，应当建立健全个人信息保护制度，减少和消弭大数据时代信息价值与信息安全之间的内在张力。总体来说，行政机关收集、处理个人信息，应当遵循如下原则：

第一，合法原则。这一原则是行政法合法原则在个人信息保护中的体现，要求行政机关在收集个人信息时，必须做到主体合法、内容合法、形式合法、程序合法、依据合法、使用合法，也即合法要求贯穿了行政机关信息收集处理的全过程。[2] 具体来说，信息收集主体必须具有法规范明确赋予的权力，且不能超越职权收集个人信息；所收集的信息内容必须是履职所必要；收集信息的形式和程序也应当遵循法规范的特定要求，如征得当事人同意、进行利益衡量等；信息使用的方式和途径也应当符合法规范的要求，尤其是对敏感信息的收集和利用，必须特别划定范围，实现公共安全权力对个人隐私权的消极不侵犯。[3]

第二，公开原则。公开和透明是行政程序的基本要求，也是行政机关收集处理个人信息的基本要求。行政机关对个人信息进行收集、加工、存储、转移、使用等所依据的规则及信息处理的具体情况均应该向信息主体公开，因为这是保障信息主体知情权、自决权以及其他权利的前提和基础。在行政执法过程中，行政机关应当以明确的方式告知信息主体收集使用个人信息的目的、用途、方式、信息主体权利、救济途径等内容，避免出现"信息黑箱"。当然，

---

〔1〕 孙平：《系统构筑个人信息保护立法的基本权利模式》，载《法学》2016 年第 4 期。

〔2〕 杨晓娇：《实名制环境下个人信息保护的基本原则重构》，载《科技与法律》2014 年第 6 期。

〔3〕 王秀哲：《大数据时代公共安全领域个人信息保护的政府责任》，载《理论探讨》2017 年第 4 期。

告知有可能影响到公共利益或行政目的时，信息主体的知情权要受到一定的克减。

第三，目的拘束原则。目的拘束原则是个人信息收集、处理、使用所必须要遵循的一项重要原则，在世界诸多国家和地区的个人信息保护规范中都有明文规定。我国个人信息保护领域的推荐性国家标准《信息安全技术 个人信息安全规范》，同样也将"目的明确原则"列为个人信息安全的基本原则。一般来说，目的拘束原则包含了两个方面的要求：其一，要求收集个人信息时必须明确说明收集信息的目的；其二，对个人信息的收集、处理、利用必须以这一目的为限。恪守目的拘束原则，可以保证行政机关的信息行为受到预定目的的限制，并通过对预定目的的考量约束行政机关对信息的收集使用，防止恣意。

第四，信息最小化原则。信息最小化原则又称为信息的必要性原则，或信息的最少够用原则。该原则一般要求行政机关对个人信息的收集、利用应当以实现特定行政目的之需要为限，留存不得超过特定目的所必需期限，在特定目的达成后应当及时删除。[1] 这一原则与目的拘束原则存在逻辑上的关联，旨在保障行政机关不会"过度"掌握对其达成行政任务不必要的信息，从而影响到信息主体的自由，或是升高信息泄露和被滥用的风险。

第五，安全管理原则。行政执法机关为达成执法目的，收集了大量的个人信息，形成了庞大的信息库。且由于行政权力存在于信息收集的全过程，行政机关所收集到的信息在准确性、敏感性、完整性上都超过一般机构或公司所收集到的信息，这些信息一旦发生安全事故，将对公民造成财产、人格上的严重损害。因此，行政机关应当积极承担维护个人信息安全的义务，确保信息安全。我国《网络安全法》在第三章第二节专门规定了关键信息基础设施的运

---

〔1〕 范为：《大数据时代个人信息保护的路径重构》，载《环球法律评论》2016 年第 5 期。

行安全要求，公共服务与电子政务均被纳入了关键信息基础设施范围当中。这意味着行政机关在落实安全管理要求时，应当遵守《网络安全法》在技术和制度等方面的要求。

第六，权责一致原则。权责一致是一项重要的公法原则，其不仅意味着行政机关的职权与职责是有机统一体，还意味着行政机关违法行使职权应当承担相应的责任。在个人信息的收集、使用过程中，如果因为行政机关及其工作人员的违法行为给公民造成损害的，应该承担相应的公法责任。责任的具体形式包括停止收集和处理个人信息，停止使用个人信息，消除不良影响等救济责任和对损失的赔偿责任。[1]

目前来看，我国尚未制定专门的《个人信息保护法》，已有的个人信息保护规则主要针对市场主体设定，对于行政机关收集、处理、利用个人信息尚无系统规范。部分法规、规章和规范性文件如《电力监管机构现场检查规定》《财政检查工作办法》《北京市公共安全图像信息系统管理办法》对行政执法领域的个人信息保护有一些规定，但比较零散且立法位阶较低。由行政规章来界定或者限制基本权利和利益，本身就已经违反或弱化了法治原则，[2] 不符合法治的长久之计。因此，出台专门的《个人信息保护法》，对行政机关执法过程中所涉及的个人信息保护问题进行系统性规定，应当是一项重要且紧迫的工作。

（二）行政执法方式的创新与规范

行政执法方式是指行政执法所采取的方法及其表现形式。理论上对其内涵的界定存在多种学说，包括具体行政行为表现形态说、

---

[1] 杨晓娇：《实名制环境下个人信息保护的基本原则重构》，载《科技与法律》2014 年第 6 期。

[2] 于立深：《论政府的信息形成权及当事人义务》，载《法制与社会发展》2009 年第 2 期。

执法权配置模式说和执法权行使的特征表现说。[1] 行政执法方式的选择对于行政执法目标的实现、行政相对人权益的保护等，都具有重要影响。我国现行的行政执法方式是伴随经济体制由计划经济向市场经济转变、公共行政由"管理"向"执法"转变的产物。因而存在行政执法权行使分散化、执法活动运动化、执法手段强制化等方面的弊端，[2] 以及封闭执法、选择性执法等方面的问题。[3]

2010 年，《国务院关于加强法治政府建设的意见》中指出要"改进和创新执法方式，坚持管理和服务并重、处置与疏导结合，实现法律效果与社会效果的统一"。2012 年，习近平总书记在首都各界纪念现行宪法公布施行 30 周年大会上指出，国务院和地方各级人民政府作为国家权力机关的执行机关，作为国家行政机关，负有严格贯彻实施宪法和法律的重要职责，要规范政府行为，切实做到严格规范公正文明执法。2013 年，《十八届三中全会决定》正式提出要"推进国家治理体系和治理能力现代化"。2017 年，党的十九大报告提出要"建设法治政府，推进依法行政，严格规范公正文明执法"。可见，推进行政执法创新，保障行政执法的法律效果与社会效果是执法改革中一直追求的目标。近年来，在依法治国战略和法治政府建设的推动下，我国在理论上和实践中都对行政执法方式的创新进行了有益探索，并取得了一定的成果。未来，进一步的发展可以考虑以下两个方面：

1. 从强制执法到协商执法

在计划经济体制下，行政主体与行政相对人的一般关系是"命

〔1〕 戴浩飞：《治理视角下行政执法方式变革研究》，中国政法大学出版社 2015 年版，第 27-29 页。
〔2〕 陈应珍：《论行政执法方式的创新及其保障》，载《江南大学学报（人文社会科学版）》2008 年第 6 期。
〔3〕 肖金明：《论政府执法方式及其变革》，载《行政法学研究》2004 年第 4 期。

令—服从"的关系，行政更多地具有管理、命令、强制的色彩，[1]
行政执法方式也体现出较强的强制性，其具体表现形式是行政命
令、行政处罚和行政强制等刚性手段。这种主要依靠单方强制性的
行政执法方式，虽然可以高效地完成行政执法任务，却容易侵害行
政相对人权益，引发执法冲突，不利于行政管理目标的实现。多数
城管执法和房屋拆迁执法中的悲剧，[2] 都是过分倚靠强制执法方
式弊端的集中体现。

与强制执法相对应的行政执法方式是协商执法，即在行政执法
过程中放弃传统的以命令或直接强制执行为代表的方式，而是采用
商谈、说服、诱导、劝诫等方法，谋求行政相对人的理解、同意和
配合，从而达到行政目的的一种执法方式。协商执法具有合作性、
平等性、参与性和服务性等特征，主要采取行政指导、行政合同、
行政奖励、行政给付等柔性方式，[3] 也有学者称之为柔性执
法。[4] 随着行政民主化趋势的推进，协商执法较之强制执法更加
契合服务行政、公众参与、合作治理等现代行政理念的要求，因而
展现出更加强大的生命力。

在我国近年的行政执法实践中，对协商式行政执法方式的探索
和实践从未停止过。行政约谈作为一种典型的协商执法方式，虽然
对其理论上到底属于行政指导行为、行政契约行为抑或一种全新的
行政行为仍存在一定争议，但在实践中已经得到了广泛运用，特别

---

〔1〕 姜明安主编：《行政执法研究》，北京大学出版社 2004 年版，第 11 页。

〔2〕 参见胡璐曼：《夏俊峰之死》，载《民主与法制时报》2013 年 10 月 14 日，第
1 版；崔晓林：《"燃烧"的宜黄——"9·10"拆迁自焚事件调查》，载《中国经济周
刊》2010 年第 39 期。

〔3〕 卢剑锋：《试论协商性行政执法》，载《政治与法律》2010 年第 4 期。

〔4〕 王春业：《论柔性执法》，载《中共中央党校学报》2007 年第 5 期。

是在价格执法领域，[1] 并被越来越多的立法性文件所明确规定。[2] 此外，各地方也在进行着各种柔性执法的尝试。如武汉城管试图通过"举牌执法"，迫使摊贩们主动收摊；[3] 泰州市则探索对首次违章停车出具"红色罚单"不予处罚。[4] 上述执法方式的新探索是实现行政执法法律效果与社会效果协调统一的一种尝试，正受到理论上的重视和实践中的欢迎。但是，落实到具体执法方式的选择上，以及应当如何为其提供制度化、规范化和法治化保障，仍然任重而道远，尚需理论界和实务界的共同努力。

2. 从封闭、选择执法到开放、公正执法

公开、公平、公正既是法治的基本原则，也是行政执法的基本原则。我国由于长期受"重实体轻程序"思想的影响，行政程序法制的发展较为落后。在具体的行政执法过程中，封闭执法、选择性执法问题比较突出，容易引发个人滥用职权甚至系统性腐败问题。[5] 因此，如何改革当前封闭执法、选择性执法，创新行政执法方式，成为行政执法过程中亟需破解的问题。

例如，2015 年，国务院办公厅印发了《关于推广随机抽查规范事中事后监管的通知》（国办发〔2015〕58 号），要求在全国范围内推广"双随机、一公开"的监管模式，即在监管过程中随机抽取检查对象，随机选派执法检查人员，抽查情况及查处结果及时向

---

〔1〕 郑毅：《现代行政法视野下的约谈——从价格约谈说起》，载《行政法学研究》2012 年第 4 期。

〔2〕 据不完全统计，截至 2014 年，现行有效的行政规范中使用"约谈"的部委规章、地方性法规、地方政府规章以及其他规范性文件已有 178 部之多。参见孟强龙：《行政约谈法治化研究》，载《行政法学研究》2015 年第 6 期。

〔3〕 杨宁：《城管举牌执法 温柔能否治本》，载《人民日报》2012 年 5 月 24 日，第 11 版。

〔4〕 王伟健：《首次违章停车不罚款措施试行一个月后不得不取消 泰州为何叫停柔性执法》，载《人民日报》2013 年 8 月 6 日，第 2 版。

〔5〕 陈国权、陈晓伟、孙韶阳：《选择性执法、非法治化竞争与系统性腐败》，载《浙江大学学报（人文社会科学版）》2015 年第 6 期。

社会公开。该制度旨在解决"一些领域存在的检查任性、选择执法、人情监管、执法扰民等问题","克服检查任性，实行阳光执法、文明执法"。[1] 按照国务院要求，各省市和部委在深入调研和研讨基础上，制定了"双随机、一公开"制度的具体实施办法，对双随机的工作原则、运行程序、保障措施等进行了详细规定，确保工作的制度化、规范化和法治化。[2]

作为行政执法方式创新的一项重要举措，"双随机、一公开"制度对于解决行政执法过程中存在的封闭性和选择性弊端具有重要意义。当然，在具体实践中仍面临一些问题，包括：思想认识不到位，影响双随机监管正常开展；监管的业务标准十分庞杂，不适宜开展双随机监管；执法人员的业务素质参差不齐，不适应"双随机"监管的要求；缺少统一的企业信息数据交换平台，等等。[3] 因此，如何结合基层执法、不同执法领域的特殊性，制定科学合理的抽查项目、比例及频次，是进一步完善该制度需要关注的问题。

（三）重大行政执法决定的法制审核

重大行政执法决定法制审核制度，是指行政主体在作出重大行政执法决定之前，由相关机构及其人员依法对拟作出决定的合法性、合理性进行审核并提出处理意见，未经法制审核或者审核未通过的，不得作出决定的行政执法内部监督制度。[4] 该制度是规范行政执法行为、加强行政执法监督的重要手段，也是加快法治政府建设的重大举措。

---

〔1〕 参见《创新监管机制的突破口——国务院推进职能转变协调小组办公室负责人就推广随机抽查规范事中事后监管工作答记者问》，载中国政府网，http://www.gov.cn/zhengce/2015-08/05/content_2908886.htm，最后访问时间：2018年3月20日。

〔2〕 施京京：《让政府监管执法讲"规矩"不"任性"——全国质监部门积极推动"双随机、一公开"监管工作掠影》，载《中国质量技术监督》2016年第11期。

〔3〕 赖瑞洪、陈利民、魏小芳：《市场监管领域"双随机、一公开"抽查监管的实践与思考——以衢州市试点为例》，载《中国市场监管研究》2017年第11期。

〔4〕 杨东升、韦宝平：《重大行政执法决定法制审核制度论纲》，载《湖北社会科学》2017年第7期。

1. 重大行政执法决定法制审核的制度背景

在我国，虽然对行政执法行为进行法制审核的实践早已有之，[1] 但那仅仅局限于个别执法领域中的少量执法行为，主要限于重大行政处罚决定，审核的范围、方法等地区差异较大，并未形成一套规范化和广泛适用的制度，可操作性不强。重大行政执法决定法制审核制度作为一项国家顶层设计，最早见于《十八届四中全会决定》，该决定提出要"严格执行重大执法决定法制审核制度"。2015年，中共中央、国务院印发《法治政府建设实施纲要（2015-2020年）》，进一步重申要"严格执行重大行政执法决定法制审核制度"，将该制度作为重大行政执法的必经程序进行固定，提出"未经法制审核或者审核未通过的，不得作出决定"。为了落实上述《决定》《纲要》的精神，2017年1月，国务院颁发《推行行政执法公示制度执法全过程记录制度重大执法决定法制审核制度试点工作方案》（以下简称《试点方案》），对试点单位法制审核的主体、范围、内容和程序进行了原则性规定，为各试点单位推进重大行政执法决定法制审核制度指明了方向。

2. 重大行政执法决定法制审核的制度架构及其不足

《试点方案》关于重大行政执法决定法制审核的制度架构主要包括四个方面：审核主体、审核范围、审核内容和审核程序。其中，审核主体由试点单位的法制机构负责，同时要发挥政府法律顾问的作用。审核范围由试点单位结合行政执法行为的类别、执法层级、所属领域、涉案金额以及对当事人、社会的影响等因素确定。审核内容的重点是执法主体、管辖权限、执法程序、事实认定、行政裁量权运用和法律适用等情形。审核程序要根据重大执法决定的实际情况，编制工作流程，明确送审材料，规范工作方式和处理机

---

〔1〕 工商部门早在1993年《工商行政管理机关行政处罚程序规定（试行）》中规定了行政处罚案件法制核审制度，但是该制度与重大执法决定法制审核制度在层级、范围、效果等多方面都有明显区别。

制,规定审核时限,建立责任追究机制。通过《试点方案》的原则性规定及各试点单位的积极探索,重大行政执法决定法制审核取得了显著的成效。《试点方案》初步构建了重大行政执法决定法制审核的制度框架。随后,各省市陆续出台规范性文件,[1] 将该制度框架予以细化和明确,进一步界定了重大行政执法决定法制审核的范围,明确了重大行政执法决定法制审核的内容,明晰了重大行政执法决定法制审核的程序,并根据法制审核工作的实际需要配备了重大行政执法决定法制审核的基础力量。重大行政执法决定法制审核制度的作用初步显现。[2] 重大行政执法决定法制审核制度的价值在于,通过内部法制审核,可以加强对行政执法的监督,完善行政执法程序,提高行政执法水平,为行政机关负责人及其集体决定提供依据,有效规避重大行政执法决定违法,降低行政机关败诉风险。[3]

然而也需要看到,由于该制度尚处于起步阶段,从中央到地方都在试点和探索之中,因而仍存在不少困难和问题。首先,重大行政执法决定法制审核的范围不统一,实践中有采定性列举的,有采定性和定量相结合列举的,标准并不统一且存在较大分歧。审核范围的不确定性,成为影响重大行政执法决定法制审核工作开展的重要因素。其次,重大行政执法决定法制审核的程序不规范,主要表现为启动程序的随意和审核材料的不完整。再次,重大行政执法决定法制审核的作用发挥不明显,有形式化倾向。最后,法制机构人

---

〔1〕 宁夏回族自治区在全国率先以省级文件的形式明确了法制审核的范围、内容和原则,随后宁夏、浙江、江西、云南、甘肃、山西、河北、广东、山东、辽宁、安徽等省、自治区陆续制定《重大行政执法决定法制审核办法》。

〔2〕 马太建:《重大行政执法决定法制审核制度研究》,载《唯实》2017 年第 7 期。

〔3〕 杨东升、韦宝平:《重大行政执法决定法制审核制度论纲》,载《湖北社会科学》2017 年第 7 期。

员力量在数量、知识结构等方面的不足，制约了该制度功能的发挥。[1]

3. 完善重大行政执法决定法制审核制度的路径

由于重大行政执法决定法制审核制度尚处于试点和探索当中，因而，该制度既面临宏观层面的制度架构问题，也面临微观层面的规则细化问题。宏观方面，除了《试点方案》所涉及的审核主体、范围、内容和程序四个方面外，还应当将审核标准、效力、责任等方面的内容纳入制度架构之中。微观方面，应当进一步细化和明确审核范围、内容、标准、程序、方式等，例如：如何界定重大行政执法决定法制审核中"重大"的范围？如何科学规定审核时限的长短？等等。

此外，还应当充分发挥政府法律顾问在重大行政执法决定法制审核中的作用，构建多方参与的法制审核机制。政府法律顾问制度在我国肇始于20世纪80年代，始终在探索中缓慢前行，自党的十八届三中、四中全会提出"普遍建立政府法律顾问制度"后，该制度在我国的发展开始逐步进入快车道。[2] 政府法律顾问作为重大行政执法决定法制审核的主体，有利于充分发挥其专业性、独立性的特点，特别是对于一些疑难、复杂案件，由政府法律顾问作为法制审核主体能够更好地实现监督执法的目标。但是，由于政府法律顾问制度本身目前仍然存在一些问题，如何充分发挥其在重大行政执法决定法制审核中的作用，尚需要政府法律顾问制度自身的进一步完善。[3]

---

〔1〕 马太建：《重大行政执法决定法制审核制度研究》，载《唯实》2017年第7期。

〔2〕 宋智敏：《我国政府法律顾问制度的实践与完善》，载《法学杂志》2015年第3期。

〔3〕 吕立秋：《政府法律顾问制度建设分析和展望》，载《中国法律评论》2015年第2期。

二、行政执法结果的运用

（一）行政执法结果公示与个人信息保护

1. 行政执法结果公示的制度内涵及价值

行政执法结果公示是行政主体在依法履行公共管理职能的过程中，主动将执法决定或结果向社会公开的一种执法制度。作为政府信息公开在执法领域的一种具体表现形式，执法结果公示制度对于强化行政机关的自我约束，构建公开透明的法治政府，提升执法的公信力及规范化水平，都具有重要作用。具体而言，行政执法结果公示具有以下作用。

第一，行政执法结果公示是强化执法监督，提升执法规范化水平的重要手段。党的十八大以来，"坚持严格规范公正文明执法"一直是党和国家推进法治政府建设的一项重要改革举措。习近平总书记也强调，行政机关作为实施法律法规的重要主体，要带头严格执法，切实维护公共利益、人民权益和社会秩序。[1] 要实现严格规范公正文明执法，关键在于提高执法的公信力和透明度。为此，党的十八届四中全会提出要"推行行政执法公示制度"；党中央、国务院《关于全面推进政务公开工作的意见》亦指出，"各级政府要根据各自的事权和职能，按照突出重点、依法有序、准确便民的原则，推动执法部门公开职责权限、执法依据、裁量基准、执法流程、执法结果、救济途径等"，促进执法的公平公正。可见，建立并推行行政执法结果公示制度，已成为当前我国行政执法改革的一项重要工作，直接关系到执法的公信力、执行力和规范化水平。要树立行政机关的良好形象，增强法治权威，行政机关必须及时主动向社会公开包括执法结果在内的相关执法信息，让执法在阳光下运

---

〔1〕 习近平：《在十八届中央政治局第四次集体学习时的讲话》（2013 年 2 月 23 日），载中共中央文献研究室编：《习近平关于全面依法治国论述摘编》，中央文献出版社 2015 年版，第 58—59 页。

行，自觉接受公众监督。

第二，行政执法结果公示是推进政务公开、构建服务型政府的必然要求。近年来，随着服务行政理念的兴起，行政执法不仅强调对社会秩序的维护，更强调对"公民基本福祉的提供与保障"。[1] 由于现代社会信息量膨胀，信息交流不对称的现象更趋明显。为纠正市场机制失灵可能对公众造成的不利影响，由行政机关及时公开相关执法结果信息，有助于公众了解有关情况，增强其应对风险的能力，进而达到规范市场秩序、增进公民福祉的效果。

第三，行政执法结果公示是促进公众参与、提高执法效率的有效途径。一方面，从执行成本及效能来看，由行政机关主动公开执法结果，有助于减少公众获得错误或误导性信息的可能，为公众监督行政执法提供了有利条件，能够极大增强其参与公共事务管理的积极性与主动性，提高公众对于执法效果的认同感。另一方面，执法结果公示会在客观上对违反法定义务的当事人产生一定的名誉或精神压力，进而"借助舆论特有的监督作用在全社会形成一种合力，确保行政义务得以履行，切实提高行政管理效率"。[2]

2. 行政执法结果公示中的个人信息保护问题

目前，行政执法结果公示制度已经广泛应用于食品安全、环境保护、产品质量、土地管理、金融监管等领域。许多具有许可、处罚、强制、征收等执法权的政府职能部门纷纷利用其门户网站和政府信息公开统一平台，将执法过程与结果信息予以公开。从公示的内容来看，违法行为及事实披露是当前行政执法结果公示的主要方面，包括《食品安全法》《产品质量法》《税收征收管理法》《广告法》在内的多部法律都对违法信息披露作出了明确规定，特别是近

---

〔1〕 石珍:《从"行政管理"到"国家治理"：执法理念的法治化回应》，载《四川行政学院学报》2014 年第 4 期。

〔2〕 禹竹蕊:《论行政机关的违法信息披露》，载《广西大学学报（哲学社会科学版）》2012 年第 6 期。

年来伴随公众风险观念和意识的增强，行政机关大量运用此类新型执法手段，取得了比较显著的效果。

从性质上讲，有关违法行为及事实披露的执法结果公示是一种"具有多元化治理功能"[1]的执法手段，根据执法目的和对象不同，可能表现为多种不同的行为类型。例如，公安交管部门对于违章司机处罚信息的公布更多基于维护公共秩序的需要和《行政处罚法》有关结果公开的要求，主要发挥公示、引导的作用，性质上属于事实行为；而公安机关在"扫黄打非"等专项整治行动中对违法者姓名的公布，则具有比较明显的惩戒色彩，更像是一种独立的行政处罚（声誉罚）。此外，价格主管部门对于越权定价、违规收费等价格违法行为的公布，以及环保部门有关污染企业整改名单的公示，则被认为是一种旨在督促相对人积极履行义务的间接强制执行手段。

虽然违法行为及事实披露的形式多样，且有助于提高行政执法的效能，但这类执法结果公示必然会对相对人的名誉、声誉带来不利影响，客观上也存在侵害相对人权益的风险。因而，要充分发挥这类执法结果公示制度的作用，必须正确处理好违法信息披露与相对人权益保障的关系，严格规范信息披露程序，确保执法结果公示符合合法行政和合理行政原则的要求。一方面，行政机关公布违法行为及事实，必须具有明确的法律或行政法规依据。为避免对相对人的合法权益造成侵犯，还应当建立违法信息披露的评估与协商机制，对涉及个人隐私的违法信息披露进行严格控制。另一方面，行政机关对违法行为及事实的披露，还必须符合比例原则的要求，既要保证公示目的正当，又要尽可能采用对相对人权利减损最小的信息公示手段。

---

〔1〕 章志远：《作为行政强制执行手段的违法事实公布》，载《法学家》2012年第1期。

（二）联合信用惩戒的规范化

在现代法治国家，诚实守信不仅是公民个人生活及交往的基本道德要求，同时也是确保社会健康有序发展的重要法律原则。特别是在市场经济的发展过程中，良好的信用秩序对于营造诚信经营的市场环境、降低交易风险及成本、促进社会资源的合理有效配置，均具有重要意义。近年来，我国各类市场主体的信用缺失问题仍旧突出，信用关系混乱、恶意欺诈、偷逃骗税等商业失信行为时有发生，在生产流通领域制假、售假和盗用版权的行为也屡禁不止。因而，如何建立起一套行之有效的信用监管制度，为规范市场经济秩序、引导社会诚信自律提供法治保障，已成为我国在推进法治国家、法治政府、法治社会一体化建设进程中必须解决的一个核心问题。

党的十八大以来，党和国家高度重视社会信用体系建设，并对建立健全有关机制作出了顶层设计和宏观部署。在党的十八届三中、四中、五中全会以及《"十三五"规划纲要》中均强调要加强社会诚信建设，完善社会信用体系，健全信用奖惩机制。[1] 国务院在 2014 年和 2016 年先后制定发布的《社会信用体系建设规划纲要（2014-2020 年）》《国务院关于建立完善守信联合激励和失信联合惩戒制度加快推进社会诚信建设的指导意见》对"促进信用信息互联互通、协同共享"，"依法依规运用信用激励和约束手段，构建政府、社会共同参与的跨地区、跨部门、跨领域的守信联合激励和失信联合惩戒机制"提出了具体的改革方向和工作要求。

在上述制度构建的基础上，党的十九大报告明确提出，要推进

---

〔1〕 党的《十八届四中全会决定》明确提出，要"加强社会诚信建设，健全公民和组织守法信用记录，完善守法诚信褒奖机制和违法失信行为惩戒机制，使尊法守法成为全体人民共同追求和自觉行动"；2015 年《中共中央关于制定国民经济和社会发展第十三个五年规划的建议》也强调，要"加强社会治理基础制度建设，建立国家人口基础信息库、统一社会信用代码制度和相关实名登记制度，完善社会信用体系"。

诚信建设,"强化社会责任意识、规则意识、奉献意识",提高社会治理的法治化、智能化、专业化水平。正是在这样的背景下,行政机关愈发重视对信用监管手段的运用,通过建立跨部门间信息共享与联合惩戒机制,加大对失信违法主体的惩戒力度,努力"构建'一处失信、处处受限'的信用惩戒大格局",[1] 为营造诚信、自律、互信的社会、经济发展环境提供了有力保障。

1. 联合信用惩戒机制的内涵及特征

联合信用惩戒是多个监管部门(行政机关与有关机构、组织)为维护社会信用秩序,在实现部门或机构间信用信息共享的基础上,依法对失信违法行为人共同实施惩戒的一种执法机制。根据国家有关政策的要求,联合信用惩戒具有如下四个方面的特征:

第一,实施联合信用惩戒的主体是多层次的。既包括工商、食药、税务、交通、安监等行业主管部门,也包括司法机关(如法院)和其他参与公共事务管理的社会组织(如银行、保险公司、行业协会等)。

第二,联合信用惩戒的适用范围广,涉及行政管理的多个领域。有关部门和社会组织不仅可以对食品药品、安全生产、生态环境等领域危及公众生命健康的失信行为进行处理,还可以对商业欺诈、偷逃骗税、无证照经营等破坏市场公平竞争秩序的行为,以及拒不履行法定义务的失信行为采取信用惩戒措施。

第三,实施联合信用惩戒的手段具有多样性。有关部门和社会组织可以根据监管对象的不同采取有针对性的信用惩戒手段,既包括限制特许经营、行业禁入、限制从事相关交易活动等行政性监管措施,也包括限制消费、拒绝提供贷款、行业内谴责批评等市场性、社会性惩戒手段。

---

〔1〕《习近平主持召开中央全面深化改革领导小组第二十五次会议》,载中国政府网,http://www.gov.cn/xinwen/2016-06/27/content_5086105.htm,最后访问时间:2018年3月23日。

第四，联合信用惩戒是一种事中事后监管手段。通过运用行政、经济、道德等多种措施，以达到促使失信者付出相应经济和名誉代价，实现惩戒、威慑目的。特别是已向社会公布的信用惩戒信息，"实际形成了一种负面信用评价，其持续性和影响面与传统监管不可同日而语"。[1]

2. 当前联合信用惩戒机制存在的主要问题

近年来，联合信用惩戒机制的实施，为推动我国社会信用体系建设与社会诚信氛围形成提供了重要助力，已成为有效规范市场秩序、助推国家治理体系与治理能力现代化的关键举措。例如，据报道，从 2015 年国家工商总局与 37 个部门签署《失信企业协同监管和联合惩戒合作备忘录》起，至 2016 年上半年短短几个月的时间里，工商、市场监管部门已累计向其他部门提供数据超过 32 亿条；全国列入经营异常名录的市场主体达 290 余万户，通过对被列入异常名录的市场主体"在银行贷款、政府招投标、开设网店、评选先进甚至商品房出售等方面"实施限制，促使 36 万余户企业主动履行了公示义务或纠正其违法行为。[2]

但实践中，由行政机关主导的联合信用惩戒机制仍存在以下问题：

第一，现有规定以政策性文件为主，尚缺乏较高位阶的法律依据。虽然党中央、国务院有关顶层设计的文件已经为联合信用惩戒机制的构建提供了基本的制度框架，包括国家发改委、中国人民银行、国家工商总局在内的多个国务院部门也联合发布了许多关于对

---

〔1〕 王红一：《何为信用惩戒》，载《检察日报》2015 年 12 月 2 日，第 7 版。
〔2〕 王国明：《工商部门在失信联合惩戒中发挥重要作用》，载《中国工商报》2016 年 6 月 21 日，第 1 版。

严重失信人员开展联合惩戒的《合作备忘录》,[1] 少数地方出台了专门针对信用信息管理的地方性法规和规章;[2] 但总体而言,当前有关联合信用惩戒的规范仍以政策性文件为主,规章以上的法规范较少,在国家层面亦缺乏统一的信用信息规制立法,呈现出效力位阶偏低的状况。故正如学者所言,"从依法行政原则出发,政府基于信用状况进行联合奖惩,作为影响相对人权利义务的行政活动,须受依法行政原则和《立法法》等法律规范的约束"。[3]

第二,现有规定以概括性规定为主,尚缺乏精细化的程序制度建构。例如,部分省市有关信用信息管理的地方立法只笼统规定行政机关依法实施联合信用惩戒,对纳入严重失信名单的人员可以采取特别惩戒措施,但对失信名单的制作程序、名单纳入标准、当事人的陈述申辩途径、时限等程序问题缺乏具体规定,为下位规范的制定预留了过大的裁量空间。

第三,实施联合信用惩戒的基础条件尚不完善,部门间信用信息共享、联动的信息化建设还有待加强。信用信息共享与大数据分析应用是行政机关实施联合信用惩戒的基础。但目前,除了由工商部门监管的市场准入领域外,食品药品、安全生产、虚假广告等其他领域的信息应用建设水平还相对较低;不同行政机关"在信息系统建设、数据分析应用水平、联合监管观念等方面存在诸多不一致,造成部门间配合协同相对松散,工作进度不一致、信息归集不

---

〔1〕 例如,国家发改委、工商总局等部门《关于印发〈失信企业协同监管和联合惩戒合作备忘录〉的通知》(发改财金〔2015〕2045 号),国家发改委、证监会、人民银行等单位《关于印发〈关于对违法失信上市公司相关责任主体实施联合惩戒的合作备忘录〉的通知》(发改财金〔2015〕3062 号),国家发改委、食药监督管理总局等单位《关于对食品药品生产经营严重失信者开展联合惩戒的合作备忘录》(发改财金〔2016〕1962 号),等等。

〔2〕 地方性法规如《湖北省社会信用信息管理条例》《上海市社会信用条例》《无锡市公共信用信息条例》等;地方政府规章如《上海市公共信用信息归集和使用管理办法》《重庆市企业信用信息管理办法》等。

〔3〕 王瑞雪:《政府规制中的信用工具研究》,载《中国法学》2017 年第 4 期。

及时、共享数据不准确现象时有发生"。[1] 这些都严重制约了联合信用惩戒机制功能的发挥。

3. 对联合信用惩戒机制的完善

综上所述，要充分发挥联合信用惩戒的制度价值及功能，还必须从完善相应立法、促进部门联动等方面入手，进一步健全联合信用惩戒机制。具体而言：

第一，加快完善有关联合信用惩戒的法律、法规。推动国家层面的统一立法，将现有政策及当前执法实践中积累的有益经验以法律的形式固定下来，进一步明确联合信用惩戒的措施、方式及程序，为相关部门实施信用监管提供明确的法治指引及保障。

第二，合理界定联合信用惩戒的对象范围，探索建立更加科学、规范的惩戒清单制度和信用修复制度。联合信用惩戒机制的运用，也必须受到比例原则的约束。在确定适用对象和采取惩戒措施的严厉程度方面，也必须对手段、目的及可能对相对人造成的损害进行权衡，避免将轻微违反道德要求或明显与执法目的不相关的失信行为纳入联合信用惩戒管理，防止对已被列入"黑名单"的相对人采取过于严苛的惩戒措施。[2] 此外，还应当为失信行为人提供必要的信用修复机制，鼓励其通过自我纠错、参与社会公益服务等方式修复个人信用。

第三，加大对政府信用信息监管平台的建设力度，优化部门间协同监管与信用信息共享机制。一方面，要继续提升政府信用信息管理平台的功能，探索推动政府与相关社会组织（如征信机构、金融机构、行业协会等）业务系统间的深度融合，确保数据开放、业

---

〔1〕 祝京涛、吴非燕：《推进信用监管还需加力——北京市协同监管和联合惩戒现状、难点及对策分析》，载《中国工商报》2017年1月12日，第7版。

〔2〕 例如，2017年《铁路旅客信用记录管理办法（试行）》将旅客"在动车组列车上吸烟或者在其他列车的禁烟区域吸烟"的行为规定为失信行为，纳入铁路旅客信用信息管理记录并将档案留存5年的做法，就存在惩戒措施是否超过必要限度、是否合理的问题。

务联动、惩戒及时，形成覆盖全面的信用信息动态监管网络；另一方面，要加强不同监管部门间的协作配合，探索建立跨地区、跨部门、跨领域的信用体系建设合作机制与部门联席会议制度，增强部门间的信用信息共享和信用评价结果互认。

三、行政执法与刑事司法的衔接

（一）刑法对行政监管秩序的保障

1. 刑法具有维护行政监管秩序的功能

秩序、公平和个人自由是法律制度的三项基本价值。[1] 这里的秩序是指社会秩序，不包括自然秩序。社会秩序是人类社会共同体存在、运动、变化过程中，社会结构和社会活动的相对稳定、协调的一种状态。[2] 社会秩序是与法律永远相伴随的基本价值。社会秩序需要一整套普遍性的法律规则来建立。[3] 刑法作为一国法律制度的重要组成部分，社会秩序同样是其基本价值之一。甚至有学者认为，对统治阶级和立法者来说，社会秩序是刑法的最高价值。[4] 刑法作为一种行为规范，通过发挥其调整社会关系的作用来实现其价值。刑法学者将刑法在社会中可能并且应该发挥的有利作用称为刑法的机能（功能）。对于刑法的机能，学界主要有"二机能说"和"三机能说"。[5] "三机能说"认为刑法的机能包括：规律机能、保障机能和保护机能。其中，保护机能的一个主要表现就是社会秩序的维护。[6] 可见，刑法的功能与其他法律相同，主

---

〔1〕 ［英］彼得·斯坦、约翰·香德：《西方社会的法律价值》，王献平译，郑成思校，中国人民公安大学出版社1990年版，第2页。

〔2〕 曲新久：《论社会秩序的刑法保护与控制》，载《政法论坛》1998年第4期。

〔3〕 ［英］彼得·斯坦、约翰·香德：《西方社会的法律价值》，王献平译，郑成思校，中国人民公安大学出版社1990年版，第38页。

〔4〕 康均心：《刑法基本价值的形式》，载《法制与社会发展》1997年第2期。

〔5〕 赵秉志、魏昌东：《当代中国刑法哲学研究述评》，载《中国法学》2006年第1期。

〔6〕 陈小虎：《刑法机能探究》，载《社会科学》2004年第4期。

要在于规范人际关系，确保社会共同生活的基本价值，以建立社会共同生活所需的和平与秩序，只是在维护秩序的方式上与其他法律有所差异。[1] 并且有学者认为，无论是基于刑法规范主义还是刑法功能主义，在当代社会中刑法的秩序保护功能注定成为主导。[2] 行政管理秩序是行政法确立和维护行政法律关系所形成的一种社会秩序。[3] 行政管理秩序关乎国家目的与国家任务的实现。因此，刑法应当积极发挥其秩序保障功能，确保行政监管秩序不受破坏。

2. 行政刑法以保障行政监管秩序为目的

首先，刑法具有广泛性，几乎所有部门法所保护和调整的社会关系都受到刑法的保护与调整，行政法也不例外。[4] 其次，由于刑法具有严厉性，其他法律的实施都依赖刑法的保障。最后，根据刑法谦抑性原则，刑法具有补充性，只有当其他法律不足以抑止违法行为时，才能适用刑法。[5] 所以，刑法在法律体系中处于保障法的地位。[6] 如果把其他部门法比作第一道防线，刑法则是第二道防线。[7] 正如卢梭所言，"刑法在根本上与其说是一种特别法，还不如说是其他一切法律的制裁力量"，[8] 刑法因此也被称为第二规范。[9] 刑法中保障行政法的那部分规范被称为行政刑法。行政刑法是指国家为了维护正常的行政管理活动，实现行政管理目的，

---

〔1〕 林山田：《刑法通论》，三民书局 1996 年版，第 12 页。

〔2〕 陈晓明：《风险社会之刑法应对》，载《法学研究》2009 年第 6 期。

〔3〕 刘艳红：《行政犯罪分类理论反思与重构》，载《法律科学（西北政法大学学报）》2008 年第 4 期。

〔4〕 赵秉志：《刑法总论》，中国人民大学出版社 2007 年版，第 27 页。

〔5〕 张明楷：《论刑法的谦抑性》，载《法商研究》1995 年第 4 期。

〔6〕 张明楷：《刑法在法律体系中的地位：兼论刑法的补充性与法律体系的概念》，载《法学研究》1994 年第 6 期。

〔7〕 高铭暄、马克昌：《刑法学》（第五版），北京大学出版社、高等教育出版社 2011 年版，第 7-8 页。

〔8〕 ［法］卢梭：《社会契约论》，钟书峰译，法律出版社 2012 年版，第 50 页。

〔9〕 蔡道通：《当代刑法的两大基本理念及其意义》，载《南京师大学报（社会科学）》2003 年第 4 期。

规定行政犯罪及其刑事责任的法律规范的总称。[1] 当行政法所规定的行政措施不能有效抑止危害行政管理秩序的行为时，就需要发动行政刑法。行政刑法规范是空白刑法规范，即刑法只规定了罪名或部分构成要件及法定刑，而将犯罪构成要件的一部分或全部委诸给行政法（包括法律、法规和规章）规定；被委托的行政法对犯罪构成要件起补充说明作用。[2] 我国《刑法》条文中一般以"违反……规定/制度/管理法规"的形式表述行政刑法规范，典型如污染环境罪："违反国家规定，排放、倾倒或者处置有放射性的废物、含传染病病原体的废物、有毒物质或者其他有害物质，严重污染环境的，处三年以下有期徒刑或者拘役，并处或者单处罚金；后果特别严重的，处三年以上七年以下有期徒刑，并处罚金。"

行政刑法这一概念是随着行政犯罪（行政犯）概念的出现而产生的。[3] 行政刑法的目的在于打击和预防行政犯罪，进而保障行政管理秩序。行政犯罪与刑事犯罪（刑事犯）概念相对应。行政犯又称法定犯，是指行为之本质并非当然违反社会正义，而是因行政上之需要，达成行政上之目的，而对于违反行政法律之规定者，科予刑法上所定刑名之制裁手段；刑事犯又称自然犯，是基于过去自然法之观念，指行为的本质由于违反公共秩序、善良风俗，为一般社会正义所不容许，而应以刑罚手段加以处罚的犯罪行为。[4] 刑事犯是"自体恶"，不需经法律规定，已存于行为的本质中，而行政犯是"禁止恶"，源自于法律禁止之规定。[5] 但二者之区分极为困难，被认为是"使法律学者绝望之区别"。[6] 对此，刑法学界有

---

〔1〕 张明楷：《行政刑法辨析》，载《中国社会科学》1995年第3期。
〔2〕 刘艳红：《空白刑法规范的罪刑法定机能——以现代法治国家为背景的分析》，载《中国法学》2004年第4期。
〔3〕 张明楷：《行政刑法辨析》，载《中国社会科学》1995年第3期。
〔4〕 韩忠谟：《刑法原理》，三民书局1995年版，第78-79页。
〔5〕 林纪东：《行政法》，三民书局1983年版，第367页。
〔6〕 林纪东：《行政法》，三民书局1983年版，第367页。

"量的差异论""质的差异论""质量的差异说"等理论。[1] 与此相关,学者对行政刑法的性质也持不同观点,主要包括:"行政法说""刑事法说""双重属性说""独立说"。[2] "行政法说"认为,行政刑法属于行政法的范畴;[3] "刑事法说"认为,行政刑法属于刑法的范畴;[4] "双重属性说"则认为,行政刑法兼具行政法与刑法的双重性质;[5] "独立说"认为,行政刑法在形式上既不属于行政法,也不属于刑法,而是一种独立的具有自身特性的法律规范。[6] 但无论学者采用何种学说,基本上都认为行政刑法之目的在于确保行政管理目的实现,维护行政管理秩序。

3. 我国行政刑法保障行政监管秩序的不足及改进

贝卡利亚称"刑罚的目的仅仅在于:阻止罪犯再重新侵犯公民,并规劝其他人不要重蹈覆辙"。[7] 而刑法维护秩序的有效性取决于刑法预防功能的现实成效,不在于刑法的严厉性而在于其不可避免性及及时性。[8] 行政刑法对行政监管秩序的保障,同样取决于行政刑法预防功能的实现。刑法预防功能的实现要求刑罚具有遏

---

〔1〕 量的差异论认为构成行政犯和刑事犯的不法行为在本质上无差异,仅在损害性、危险性和可责性上有量的不同;质的差异理论主张不法行为在本质上即有不同,存在质的价值差异;质量的差异说则综合了前两种观点,认为行政不法和刑事不法在质和量上均有区分。郭润生、刘东生:《行政刑罚基本问题初探》,载《山西大学学报(哲学社会科学版)》1998年第3期。

〔2〕 宋寒松、陈小炜:《行政刑法理论在中国的发展及转向》,载《社会科学战线》2017年第10期。

〔3〕 卢建平:《论行政刑法的性质》,载《浙江大学学报(社会科学版)》1993年第3期。

〔4〕 张明楷:《行政刑法辨析》,载《中国社会科学》1995年第3期。

〔5〕 周佑勇、刘艳红:《行政刑法性质的科学定位(下)——从行政法与刑法的双重视野考察》,载《法学评论》2002年第4期。

〔6〕 李晓明:《行政刑法新论》,法律出版社2014年版,第29页。

〔7〕 [意]贝卡里亚:《论犯罪与刑罚》,黄风译,中国大百科全书出版社1993年版,第42页。

〔8〕 蔡道通:《当代刑法的两大基本理念及其意义》,载《南京师大学报(社会科学)》2003年第4期。

制性、有效性、必要性、相应性、确定性、及时性与通晓性。[1]
当前，我国行政执法与刑事司法在部分领域存在一定的脱节现象，
行政刑罚丧失了确定性（不可避免性），因而不能有效发挥行政刑
法的预防功能，导致行政监管秩序无法得到刑法的有效保障。习总
书记曾在 2014 年 1 月 7 日中央政法工作会议上明确指出："现在有
一种现象，就是在环境保护、食品安全、劳动保障等领域，行政执
法和刑事司法存在某些脱节，一些涉嫌犯罪的案件止步于行政执法
环节，法律威慑力不够，健康的经济秩序难以真正建立起来。"[2]
因此，就我国当下而言，发挥行政刑法对行政秩序的保障作用需要
特别强调刑罚的确定性（不可避免性）。有鉴于此，《中共中央关
于全面深化改革若干重大问题的决定》明确提出要"完善行政执法
与刑事司法衔接机制"。《中共中央关于全面推进依法治国若干重大
问题的决定》进一步指出："健全行政执法和刑事司法衔接机制，
完善案件移送标准和程序，建立行政执法机关、公安机关、检察机
关、审判机关信息共享、案情通报、案件移送制度，坚决克服有案
不移、有案难移、以罚代刑现象，实现行政处罚和刑事处罚无缝对
接。"所以，有效发挥刑法对行政监管秩序的保障作用、健全行政
执法和刑事司法衔接机制是当务之急。

（二）行政执法与刑事司法衔接的体制、机制保障

一直以来，我国政府重视行政执法与刑事司法的衔接问题。早
在 2001 年，国务院就制定了《行政执法机关移送涉嫌犯罪案件的
规定》，以保证行政执法机关向公安机关及时移送涉嫌犯罪案件。

---

〔1〕 遏制性指刑罚以遏制犯罪的目的；有效性指刑罚必须具有遏制犯罪的作用；
必要性是指刑罚应以足以遏制犯罪为必要，并足以遏制犯罪为限度；确定性是指刑罚应
是不可避免的；相应性是指刑罚应该与犯罪相适应；及时性是指刑罚与犯罪相联系的时
间应该尽量紧凑。通晓性是指刑罚应该为大众所知晓。邱兴隆：《刑罚应该怎么样：一般
预防的规诫》，载《政法论坛》2000 年第 2 期。

〔2〕 中共中央文献研究室编：《十八大以来重要文献选编》（上），中央文献出版社
2014 年版，第 722-723 页。

此后，行政机关和司法机关先后联合发布了多项规范性文件，以促进行政执法与刑事司法的衔接。[1] 2011 年 2 月，中共中央办公厅、国务院办公厅转发了国务院法制办等八部门共同制定的《关于加强行政执法与刑事司法衔接工作的意见》，以解决行政执法领域有案不移、有案难移、以罚代刑的问题。尽管如此，行政执法与刑事司法衔接不畅的问题仍然突出，引起了党中央的高度重视。党的十八届三中、四中全会的决定都指出，要健全行政执法与刑事司法衔接机制。《法治政府建设实施纲要（2015－2020 年）》在此强调："健全行政执法和刑事司法衔接机制，完善案件移送标准和程序，建立健全行政执法机关、公安机关、检察机关、审判机关信息共享、案情通报、案件移送制度。"具体而言，完善行政执法与刑事司法衔接的体制、机制保障包括以下方面：

1. 完善行政刑法的立法机制

行政刑法属于刑法典之外的附属刑法。附属刑法是附属于行政法、经济法等非刑事法律中的追究刑事责任的条款。[2] 刑法理论上，将在行政法、经济法等非刑事法律中设置刑法规范的立法方式称为散在型立法方式。散在型立法方式又可分为"依附性"的散在型立法与"独立性"的散在型立法。我国行政刑法立法主要采用依附性的散在型立法。在依附性的散在型立法下，行政法中的行政刑法规范只规定了行政犯的构成要件，而罪名与刑罚必须依附于刑法典。离开刑法典，这些刑法规范就无从发挥作用。[3] 这种立法方

---

〔1〕　例如：2001 年《人民检察院办理行政执法机关移送涉嫌犯罪案件的规定》、2004 年《最高人民检察院、全国整顿和规范市场经济秩序领导小组办公室、公安部关于加强行政执法机关与公安机关、人民检察院工作联系的意见》；2006 年《最高人民检察院、全国整顿和规范市场经济秩序领导小组办公室、公安部、监察部关于在行政执法中及时移送涉嫌犯罪案件的意见》。除此以外，国务院各部委还就各自行政执法领域制定了相应规范性文件。

〔2〕　陈忠林、王昌奎：《刑法概念的重新界定及展开》，载《现代法学》2014 年第 4 期。

〔3〕　陈兴良：《论行政处罚与刑罚处罚的关系》，载《中国法学》1992 年第 4 期。

式的缺陷在于单行法和刑法典之间会出现无法衔接的情况，主要表现为许多单行法中所规定的"依法追究刑事责任"的情形，在刑法典中没有对应的罪名。例如《草原法》第 66 条规定，"非法开垦草原，构成犯罪的，依法追究刑事责任"，但刑法典中仅规定了非法转让、倒卖土地使用权、非法占用农地罪，没有规定非法开垦农用地罪。[1] 简要地说，依附性的散在型立法导致了行政刑法"附而不属"的问题。[2] 为解决这一问题，有学者建议我国刑法立法采用"二元立法机制"，在刑法和行政法中分别建立罪刑规范，将附属刑法变成真正的行政刑法。[3] 换言之，应当采用独立性的散在型立法方式，在单行法中设置具有独立罪状和法定刑的刑法规范。独立性的散在型立法方式是各国广泛采用的一种刑法立法方式，它在协调行政处罚与刑罚处罚方面具有重要作用，而且根据我国立法权限的安排，完全可以在行政法中规定独立性的刑法规范。采用"二元立法机制"能够实现刑法与行政刑法的并立体系，从而有效加强行政执法与刑事司法的衔接，进一步推动我国的刑事法治进程。[4]

2. 完善联合办案制度

证据的衔接是行政执法与刑事司法衔接的主要问题。行政处罚证据是行政机关实施行政处罚的事实根据。行政处罚的证明标准指

---

〔1〕 郝晓玲、董玉明：《经济法中的刑事责任条款实证研究》，载《北京政法职业学院学报》2005 年第 3 期。

〔2〕 我国著名刑法学家储槐植教授曾指出："刑法的本性是保障法，而决定各种行政犯罪本性的应该是相应的行政法。我国没有典型意义上的行政刑法，只有附属刑法，而附属刑法只在最后的法律责任中规定违反本法构成犯罪的，追究刑事责任，导致附属刑法'附而不属'，司法实践中适用不便。"石亚淙：《推进网络空间法治化有效惩治网络犯罪》，载《人民法院报》2016 年 7 月 6 日，第 6 版。

〔3〕 陈兴良：《经济刑法学（总论）》，中国社会科学出版社 1990 年版，第 135 页；张明楷：《刑法的基础观念》，中国检察出版社 1995 年版，第 337 页；李晓明：《论刑法与行政刑法的并立》，载《法学杂志》2017 年第 2 期。

〔4〕 李晓明：《论刑法与行政刑法的并立》，载《法学杂志》2017 年第 2 期。

行政机关在行政处罚程序中利用证据证明违法案件事实和行政处罚程序事实所要达到的程度。[1] 我国《行政处罚法》没有明确规定行政处罚的证据规则。学者对行政处罚的证明标准持不同的观点，例如，最大程度的盖然性标准、证据优势标准、明显优势证据标准。[2] 但理论界一致认为，行政处罚证据的证明标准应当高于民事诉讼的证明标准而低于刑事诉讼的证明标准。实践中，行政执法机关采用的行政处罚证据证明标准明显低于刑事诉讼的证据证明标准。因此，当行政执法机关向公安机构移送案件时，公安机关会认为行政机关移送涉嫌犯罪的案件证据没有达到刑事立案标准而不予受理。即便受理，因时过境迁，许多需要补充的重要证据也难于取得。另外，犯罪构成要件与行政处罚责任的构成要件存在较大差异，主要是关于行为人的主观方面。就行政处罚而言，理论界对相对人主观上是否要求其具有故意或过失有不同的主张，包括过错原则、过错推定原则、客观违法原则；立法上则较少要求相对人具有主观过错；而实践中，除了法律法规明确规定外，普遍采用客观违法标准。行政法这种对行为人主观方面的认识与刑法理论有较大差异。根据我国刑法上的四要件理论，行为人构成犯罪必须在主观上存在故意或过失。因为此种差异的存在，行政机关取证时往往忽视相对人的主观方面，因而达不到公安机关的要求。此外，公安机关对于多种类型的案件缺乏相应的专业知识，不能快速地侦查犯罪。为解决上述衔接问题，有赖于建立动态的联合办案机制。行政执法机关与公安部门可通过建立常态化的联合办案机制，实现公安机关前期介入，双方联合执法、互补长短，以有效解决行政执法与刑事司法衔接的程序性问题。

---

〔1〕 徐继敏：《试论行政处罚证据制度》，载《中国法学》2003 年第 2 期。

〔2〕 徐继敏：《试论行政处罚证据制度》，载《中国法学》2003 年第 2 期；郑钟炎、程竹松：《论我国行政程序法典证据制度的构建——借鉴美国联邦行政程序法中的证据制度》，载《法治论丛》2003 年第 2 期。

3. 加强检察监督

根据国务院《行政执法机关移送涉嫌犯罪案件的规定》，人民检察院应对行政执法机关是否移送涉嫌犯罪案件，以及公安机关是否予以立案进行监督。据此，最高人民检察院曾陆续出台了多项意见和规定。2015年最高人民检察院为贯彻《中共中央关于全面推进依法治国若干重大问题的决定》提出："加快推进'两法衔接'信息共享平台建设和应用，明确信息共享范围、录入时限，推动健全实名制信息快速查询协作执法机制。完善案件移送标准和程序，推动建立责任追究机制，坚决克服有案不移、有案难移、以罚代刑现象，实现行政处罚和刑事处罚无缝对接。"[1] 但实践中，检察机关对行政执法机关移送涉嫌犯罪案件的监督也存在较多问题，主要是发现案件线索难、监督权无法落实。究其原因，首先是因为检察机关难以获取真实、充分的行政处罚案件信息。其次，即便获取了足够的信息，有限的人力资源也难以在海量的行政处罚中发现应移送而未移送、应立案而未立案的违法案件。对此，一方面要加强行政机关公开行政处罚信息的义务；另一方面，要建立完善的信息共享平台，要探索应用先进的信息技术，实现关键信息的自动识别，有效筛选违法案件的信息。此外，还要建立和落实责任追究机制，防止检察程序空转。

四、行政执法效能管理的规范化

行政执法效能管理，是指行政执法机关改进工作作风，增强服务意识和工作能力，加强廉政建设和效能监督，提高工作效率、管理效益和社会效果的综合性工作。

行政执法效能与行政执法效率、行政执法效果是三个既相互关

---

〔1〕 2015年5月《最高检关于贯彻落实〈中共中央关于全面推进依法治国若干重大问题的决定〉的意见》，载最高人民检察院官网，http://www.spp.gov.cn/zdgz/201502/t20150205_90164.shtml，最后访问时间：2018年3月19日。

联又有所区别的概念。行政执法效果的追求在于达到一定的行政执法结果；而行政执法效率的追求则主要将经济学的"成本—效益"分析模型运用于行政执法实践之中，分析行政执法的投入与产出之间的关系，进而寻求行政资源与行政成本的最小化。当执法者以一定的执法投入获得较大的执法收益，或以较少的执法投入获得一定的执法收益时，该行政执法就是有效率的。因此，行政执法效率的追求注重方法之使用；而行政执法效果的追求则注重结果之衡量。相比较而言，行政执法效能则在一定程度上综合了行政执法效果与行政执法效率的考量，是对行政执法的工作项目执行的效果和效率的双重判断。有学者认为，从实施效果来看，行政效能强调的是数量与质量的统一、功能与价值的统一、目的与手段的统一、过程与结果的统一。[1] 具体到行政执法领域，在行政执法具有效率的基础上，如果行政执法也能很好地达成组织所设定的目标，便认为该行政执法是有效能的。

2015 年，党的十八届五中全会《中共中央关于制定国民经济和社会发展第十三个五年规划的建议》中提出"深化行政管理体制改革，进一步转变政府职能，持续推进简政放权、放管结合、优化服务，提高政府效能，激发市场活力和社会创造力"。因此，有关行政执法机关必须树立效能意识，重视行政执法的效能，在提高行政执法效率的基础之上不断提升行政执法能力，全面优化行政执法的质量和效果。

（一）行政执法效能管理的背景

近四十年来，为了回应社会要求政府瘦身及重建政府角色的需求，改变传统行政模式，各主要发达国家均不同程度地开展了公共管理改革，希望建构符合未来发展需求的政府治理模式。其中，提升政府效能是政府改革的核心。1979 年，英国在保守党领袖撒切

〔1〕 马春庆：《为何用"行政效能"取代"行政效率"——兼论行政效能建设的内容和意义》，载《中国行政管理》2003 年第 4 期，第 28-30 页。

尔夫人主政期间，着力推动行政效率稽查（Efficiency Scrutiny）、财务管理改革（Financial Management Initiative，简称 FMI）和续阶改革（Next Step Program）三大改革。1991 年梅杰出任首相后，进一步提出"公民宪章"（Citizen's Charter）的改革计划。上述改革均以建立行政效能管理制度为重点，借以提升国家的核心竞争力。[1]美国前总统克林顿上任以后，指定副总统戈尔组成政府改革委员会，于 1993 年发表了"国家效能评估报告"（the Report of National Performance Review，简称 NPR），1993 年通过《政府绩效与结果法》（Government Performance and Result Act，简称 GPRA），将政府效能评估带向法律层次。《政府绩效与结果法》的最重要概念就是要求联邦政府各机关必须采行策略管理，将企业界实施多年的管理理念首度全面地引进政府的管理运作过程。该法主体乃是规定各机关如何提出环环相扣的策略计划书、绩效计划书、计划绩效报告书和提供扩大管理弹性空间的法源，最后则是授权进行试行专案。[2]国外学者关于政府效能的研究，主要集中在政府效能管理理论和实践成果的介绍，主张一个高效能的政府不仅需要完善自身的组织结构，改进工作方法，而且还需要结合其他的管理系统进行全面而彻底的改造。[3]

与世界其他国家的实践类似，党中央、国务院高度重视我国的政府效能建设。习近平总书记指出，"执法是把纸面上的法律变为现实生活中活的法律的关键环节"，[4] 因此政府效能建设的关键是行政执法效能建设。推进严格执法，重点是解决执法不规范、不严

---

〔1〕 刘闻佳：《英国政府绩效管理改革与发展的启示与借鉴》，载《西南农业大学学报（社会科学版）》2012 年第 6 期。

〔2〕 林鸿潮：《美国〈政府绩效与结果法〉述评》，载《行政法学研究》2005 年第 2 期。

〔3〕 林培源：《政府效能研究述评与展望》，载《湖北经济学院学报》2016 年第 3 期。

〔4〕 习近平：《加快建设社会主义法治国家》，载《求是》2015 年第 1 期。

格、不透明、不文明以及不作为、乱作为等突出问题。要以建设法治政府为目标，建立权责统一、权威高效的行政执法体制。

（二）行政执法效能管理的现状

我国行政执法效能管理经历了一个相对长期的探索实践过程。党的十五大首次肯定了行政执法评议考核的地位和作用。1999 年11 月 8 日《国务院关于全面推进依法行政的决定》指出"要积极推行行政执法责任制和评议考核制，不断总结实践经验，充分发挥这两项相互联系的制度在行政执法监督中的作用"。2005 年修订《国务院工作规则》时，把"建立健全公共产品和服务的监管和绩效评估制度"写入其中。同年，国务院《全面推进依法行政实施纲要》明确了"积极探索行政执法绩效评估和奖惩办法"。2005 年 7月 9 日国务院办公厅又发布了《关于推行行政执法责任制的若干意见》，其中重点讨论了行政执法评议考核制的基本要求、主体、内容和方法，并于 2006 年开始实施。2006 年 9 月 4 日，在国务院召开的全国电视电话会议上，温家宝总理进一步强调指出"绩效评估是引导政府及其工作人员树立正确导向、尽职尽责做好各项工作的一项重要制度"。2013 年，《中共中央关于全面深化改革若干重大问题的决定》指出"优化政府机构设置、职能配置、工作流程，完善决策权、执行权、监督权既相互制约又相互协调的行政运行机制。严格绩效管理，突出责任落实，确保权责一致"。2015 年，中共中央、国务院印发的《法治政府建设实施纲要（2015 - 2020年）》中在论及"坚持严格规范公正文明执法"的目标时指出："权责统一、权威高效的行政执法体制建立健全，法律法规规章得到严格实施，各类违法行为得到及时查处和制裁，公民、法人和其他组织的合法权益得到切实保障，经济社会秩序得到有效维护，行政违法或不当行为明显减少，对行政执法的社会满意度显著提高。"《纲要》虽未直接使用"行政执法效能"的概念，但有关"权责统一、权威高效"的表述涵盖了行政执法效能的内涵。

在地方上，政府效能建设在福建省率先展开。2000年，时任福建省省长习近平同志指出："机关效能建设的最终目的是解决效率问题、作风问题、廉政问题，解决为人民服务的问题。"他亲自倡导、大力推动机关效能建设，取得了明显成效。2013年11月29日，福建省第十二届人民代表大会常务委员会第六次会议通过《福建省机关效能建设工作条例》，并于2014年1月1日正式施行。经过十几年发展，我国行政执法效能建设逐渐向全国纵深推进，各地政府及相关行政执法部门积极开展效能建设。行政执法效能建设成为各地政府和相关部门的重要发展目标，有力地推进行政体制改革。例如，国家税务总局建立了以执法责任制为核心的考核机制，并引入行政执法效能评估和责任追究机制，形成以法律法规赋予税务机关的职责与权力为依据，以严密科学的岗位责任体系为基础，以量化细致的工作规程为基点，以评议考核为手段，以过错责任追究为保障，以信息化手段为方式的执法行为效能管理机制。这种机制促使税收执法各岗位之间密切衔接，有效地减少了过去税收执法中容易发生的"暗箱操作"、滥用职权等问题，使税收执法效能评估从单一的结果控制转向过程与结果并重控制，大大提高了执法质量。

在北京，市级国家行政机关效能管理在借鉴吸纳政府评估的4E模式、平衡记分卡、360度考评等理论的基础上，形成了以"三效一创、十一大指标"为核心的绩效管理指标体系。其中，人均行政检查量考核年内本系统市区两级行政检查数量与监管执法类岗位核定人数的比值；人均行政处罚量考核年内本系统市区两级行政处罚案件数量与监管执法类岗位核定人数的比值；检查量相对值考核本年度行政检查量与上年度行政检查量的差值；处罚量相对值考核本年度行政处罚量与上年度行政处罚量的差值；行政处罚职权履行率考核年内本系统市区两级行使过的处罚职权数量与本系统行政处罚职权总数的比值；行政处罚职权履行均衡度考核年内履行2次以上的行政处罚职权数与年内行使过的处罚职权数量的比值；处罚职权履行率相对值考核本年度职权履行率与上年度职权履行率的差值；处罚职权履行均衡度相对值考核本年度职权履行均衡度与上年度职权履行均衡度的差值；"12345"举报案件查处率考核对"12345"热线举报线索进行立案调查的案件数量与"12345"热线分派的举报线索数量的比值；行政执法重心吻合率考核年内"12345"热线举报次数最多的5种违法行为与履职次数最多的20项处罚职权匹配的比例；执法岗位关联率考核执法岗位实际关联执法人员数量与执法岗位核定执法人员人数的比值；等等。

在广州，市人民政府依法行政考核中涉及行政执法的考核内容主要有：①行政执法的主体资格是否符合规定；②行政执法行为是否符合执法权限；③适用执法依据是否规范；④行政执法程序是否合法；⑤行政执法决定的内容是否合法、适当；⑥行政执法决定的行政复议和行政诉讼情况；⑦行政执法案卷的质量情况；⑧行政执法部门履行法定职责的情况；⑨行政执法责任制及相关制度的建立落实情况；⑩规范性文件制定、备案审查和清理情况；⑪每年立法计划的执行情况；⑫其他行政执法评议考核内容。

虽然我国在行政执法效能建设方面取得了许多成就，但在行政执法效能管理规范化方面仍然存在着一定不足。具体表现在如下四个方面。

第一，"行政执法效能管理"的概念和内涵仍不明确。虽然国内外学者从不同角度对"行政执法效能"定义进行界定，但至今没有形成统一的概念。在行政执法效能管理实践中，存在着"执法效能""执法绩效"等不同表述相互混用的情况。就各地及各部门的行政执法效能管理专项立法而言，除福建省使用"政府效能"外，其余绝大多数均使用"绩效"一词，如《深圳市政府绩效评估指导书》《深圳市政府绩效评估指标体系》《北京市市级国家行政机关绩效管理暂行办法》等。不仅如此，行政执法效能的内涵不一，涉及行政执法制度建设、行政执法行为规范、行政执法能力建设、行政执法效果评价、行政执法监督、行政执法工作情况等不同内容，缺乏相对明确的内涵标准。

第二，行政执法效能管理的标准过于笼统。一方面，行政执法内涵丰富，包括行政命令、行政征收、行政征用、行政许可、行政检查、行政处罚、行政强制等狭义的行政执法行为，以及行政指导、（指导性的）行政规划和计划、行政契约（行政合同）、行政经营、行政资助等新型的行政管理行为。不同行为之间差异极大，使得现有行政执法效能评估的标准失于笼统，难以精确评价行政机关的执法效能。另一方面，由于各执法机关工作性质、工作特点差异大，部门之间、被考核者之间缺乏可比性，考核者无所适从。对执法任务普遍较重的部门和执法任务较轻的部门的考核标准缺乏科学性、客观性，甚至造成工作做得越多，毛病越多，对行政执法效能管理产生负向激励。此外，现有行政执法效能评价在执法效果的考核上也多将执法次数或罚款金额作为最重要的量化考核指标，造成执法对象为普通公民的行政机关和执法对象为企业的行政机关之间对行政执法效能考察的不同敏感性，容易产生"一年的处罚金额抵不过一单"的现象。

第三，行政执法效能管理工具有待进一步研发。行政执法效能评估是行政执法效能管理的重要手段，然而目前，国内对行政执法效能评估的方法和工具研究大多停留在引介层面，没有进行合理的论证和选择，对中国行政管理体制改革的实践也缺乏有效性和针对性。

第四，指导行政执法效能管理的文件法律位阶普遍不高。截至2017年10月，各设区的市以上人大（含常委会）及政府发布的明确以"绩效"或"效能"作为标题关键词的地方性法规共计4部、地方政府规章13部、规范性文件1790部。在这些明确以"绩效"或"效能"作为标题关键词的规范中，绝大多数为行政规范性文件。前述《北京市市级国家行政机关绩效管理暂行办法》《深圳市政府绩效评估与管理暂行办法》《深圳市政府绩效评估与管理指标确定及数据采集规则》《深圳市政府绩效评估与管理方法和程序操作规则》《深圳市政府绩效评估与管理结果运用规则》等都是规范性文件。很显然，作为评估依据的规范依据的法律位阶过低，这不仅说明本领域缺少制度化、规范化、法治化的顶层设计，也因缺乏高位阶法律制度而丧失持续性的指导价值。

（三）行政执法效能管理规范化的要点

当前，中国特色社会主义法律体系已经基本形成并不断完善，保证法之必行，成为建设法治政府的重点和关键。习近平总书记强调：全面推进依法治国的重点应该是保证法律严格实施。"保证法律严格实施"既有效果的要求，也有效率的考量。从一定意义上讲，行政执法的效能是衡量法治政府建设成效的直观、普遍和可信的标尺。只有强化行政执法效能管理，才能做到严格、规范、公正、文明执法，才能彰显法治权威、带动全民守法，切实增强人民群众的法治获得感。

强调行政执法效能管理的规范化，是坚持改革方向、问题导向，适应推进国家治理体系和治理能力现代化要求，直面法治建设领域突出问题，回应人民群众期待的、对依法治国具有重要意义的改革举措。我国的行政执法效能管理规范化，应当立足我国国情，从实际出发，坚持走中国特色社会主义法治道路，既与时俱进、体现时代精神，又不照搬别国模式。

第一，行政执法效能管理应当是一个动态的过程。行政执法效能管理是与行政组织的目标结合在一起的，它的核心价值指向行政组织的根本目标和职能。因此，行政执法效能管理不仅仅应当关注行政执法行为的结果，还应当关注行政机关在实现这些结果时所付出的代价和成本。行政执法效能管理的过程，应当蕴涵在行政组织活动的全过程中。

第二，行政执法效能管理应当坚持定性与定量相结合。适当的定性分析是行政执法效能评估的重要指针。不过，由于政府的自身特点和官僚体制不透明的操作过程，社会很难对政府的活动及其结果获得了解和进行监控。因此，行政执法效能管理也需要以量化的方式评价和反映行政组织的工作效果，使社会了解行政执法的基本状况和实际效果，并清晰地指出行政执法是否朝着实现行政目标的方向前进，为客观评价行政执法运作的合法性和成功度提供可靠的依据和支撑。

第三，行政执法效能管理应当关注行政执法目标和价值的多样性及层次性。行政执法目标的多样性表现为，作为社会管理者的政府的某项执法活动大都是各种目标的集合体，包含各种社会价值。目标的层次性表现为，在具体的政策和政府行为中，行政执法追求的众多目标表现出一定的层次感和主次性，各种目标和价值应该在一定的秩序中寻求和谐与共存。因此，不能简单地以一种标准来衡量和评价政府的整体效能，而必须从不同的目标和价值的角度对政府的产出进行分析。

第四，应当用法治手段不断推进行政执法效能管理。党的十九大提出，"全面依法治国是国家治理的一场深刻变革，必须坚持厉行法治"。行政执法效能管理也应当在法治的框架内探索推进。要通过一定位阶的立法，逐步将行政执法效能管理纳入法治轨道，建立健全行政执法效能管理的制度机制，明确管理对象，完善管理标准，优化管理方式，规范管理程序，落实考核结果。

第五，应当在全面深化改革中不断提升行政执法效能。党的十九大提出，全面深化改革是习近平新时代中国特色社会主义思想的基本方略之一，"必须坚持和完善中国特色社会主义制度，不断推进国家治理体系和治理能力现代化，坚决破除一切不合时宜的思想观念和体制机制弊端，突破利益固化的藩篱，吸收人类文明有益成果，构建系统完备、科学规范、运行有效的制度体系，充分发挥我国社会主义制度优越性"。我国行政执法效能管理应进一步学习借鉴国外先进经验，针对中国特点，逐步建立起科学规范的行政执法效能管理体系。要以着力解决权责交叉、争权诿责问题为重点，以建立权责统一、权威高效的行政执法体制为目标，不断深化行政执法体制改革。

主要参考文献：

1. 应松年、袁曙宏主编：《走向法治政府依法行政理论研究和实证调查》，法律出版社 2001 年版。

2. 马怀德：《健全综合权威规范的行政执法体制》，载《中国党政干部论坛》2013 年第 12 期。

3. 肖金明：《行政处罚制度研究》，山东大学出版社 2004 年版。

4. 姜明安主编：《行政执法研究》，北京大学出版社 2004 年版。

5. 周继东：《深化行政执法体制改革的几点思考》，载《行政法学研究》2014 年第 1 期。

6. 周佑勇、刘艳红：《行政刑法性质的科学定位（上）——从行政法与刑法的双重视野考察》，载《法学评论》2002 年第 2 期。

7. 周佑勇、刘艳红：《行政刑法性质的科学定位（下）——从行政法与刑法的双重视野考察》，载《法学评论》2002 年第 4 期。

8. 关保英：《执行与处罚的行政权重构》，法律出版社 2004 年版。

9. 中国行政管理学会课题组：《推进综合执法体制改革：成效、问题与对策》，载《中国行政管理》2012 年第 5 期。

第八章

完善行政许可制度[*]

　　规制国家^[1]的出现是现代工业化民主国家的必要形态，在保护各种各样的经济价值和社会价值方面，规制已经成为政府的基础性手段。但规制膨胀（regulatory inflation）的问题也随之出现。针对规制膨胀现象，世界范围内于 1970 年代早期出现的规制缓和（deregulation）与规制改革，是以明确、连续的方式解决规制本质问题、克服规制作为政策工具之局限性的最早尝试，^[2]引发了诸多有关市场与政府关系的学说主张。近十余年来，新型规制数量的增长显而易见，学者将其称为"再规制"（re-regulation）现象。^[3]当然，这也只是简单的描述，如 2008 年全球金融危机后各国一改放松经济规制的做法而强化政府规制，使人们更加感到规制的复杂

---

* 高秦伟，中央财经大学法学院教授，博士生导师。

　　〔1〕 See G. Majone, "The Rise of the Regulatory State in Europe", 17 *West European Politics* 77 (1994); M. Moran, *The British Regulatory State: High Modernism and Hyper-Innovation*, Oxford University Press, 2003.

　　〔2〕 参见经济合作与发展组织编：《OECD 国家的监管政策——从干预主义到监管治理》，陈伟译，法律出版社 2006 年版，第 5 页。

　　〔3〕 See Stephen G. Wood, "Regulation, Deregulation and Re-regulation: An American Perspective", 1987 *Byu L. Rev.* 381 (1987).

性、反复性等问题。[1] 由此也可以看出，无论经济社会如何发展，有关市场与规制之间的互动关系，仍然是各国政府改革重点探讨的话题。虽然规制理论不断变迁，学者们提出了诸多的概念与学说，但核心话题则不外乎市场与政府之间的关系。

中国的改革开放特别是规制改革在时间上基本与国外规制改革同步，内容略有差异但也有相似之处，这种相似之处即表现为对市场、政府之间关系的探索。在中国从全能政府向有限政府转变的大背景之下，政府既培育市场，亦极为重视行政许可与规制的作用。[2] 正如习近平总书记所言："在市场作用和政府作用的问题上，要讲辩证法、两点论，'看不见的手'和'看得见的手'都要用好，努力形成市场作用和政府作用有机统一、相互补充、相互协调、相互促进的格局，推动经济社会持续健康发展。"[3] 改革开放初期，在推行社会主义商品经济及推进经济体制改革的背景下，要求实行政企分开。于是，行政机关开始引入事先许可的方式，对相关产品或活动予以管控，行政许可逐步成为政府直接管理经济活动和社会事务的重要措施。[4] 例如在 1984 年 9 月 20 日通过的《药品管理法》中，即已规定了药品生产企业许可证、药品经营企业许可证、制剂许可证、新药证书和药品批准文号制度。2004 年，《行政许可法》的颁行更是具有里程碑式的意义。[5] 2013 年至今，国

---

〔1〕　See Ioannis Glinavos, *Redefining the Market-State Relationship*: *Responses to the Financial Crisis and the Future of Regulation*, Routledge, 2014; Robert Baldwin, Martin Cave & Martin Lodge, eds., *The Oxford Handbook of Regulation*, Oxford University Press, 2013, p. 4.

〔2〕　参见马怀德:《〈行政许可法〉再造有限、透明、服务政府》，载《理论参考》2003 年第 10 期；马怀德:《行政许可权初探》，载《中外法学》1991 年第 3 期。

〔3〕　习近平:《"看不见的手"和"看得见的手"都要用好》，载习近平:《习近平谈治国理政》，外交出版社 2014 年版，第 116 页。

〔4〕　参见杨解君主编:《行政许可研究》，人民出版社 2001 年版，第 33 页。

〔5〕　参见国务院行政审批制度改革工作领导小组办公室编:《行政审批制度改革》，中国方正出版社 2004 年版，第 5 页。

务院已经先后取消和下放多批行政审批等事项,[1] 国务院各部门又公布"权力清单",涉及领域广泛、简政放权力度极大。[2] 但是,如何防止许可项目再次增加、如何实现"更好规制"(better regulation),[3] 切实保障公民的健康、安全与环境,不仅局限于许可的数量减少或者"规制缓和""更少规制"(less regulation),而是关注规制质量,以规制促进经济社会发展。为此,中国政府还需要作出更多的努力。本章结合中国行政许可法制定、实施中存在的问题,探讨行政许可与规制改革的新动向,分析政府、市场、社会之间的互动,提出行政许可法的完善方向并探讨其对于行政法(学)的意义。

一、作为规制手段的行政许可在经济社会发展中的作用

任何一个民主政府的核心职能均在于促进经济增长与社会福祉。政府通过保障宏观经济稳定、增加就业、教育培训、实现平等机会、促进产业创新、改善健康安全与环境标准等各种政策来实现这一目标。政府规制的正当性在于:防止市场垄断权力的滥用;改善信息不对称问题;消除外部性。同时,政府还为了实现公民社会

---

〔1〕 "行政许可"与"行政审批"是既有联系又相区别的概念,在内容上有很多交叉的地方,此处重点不在于区分两者,所以视为同一概念且相互并用,而且认为至少应在《行政许可法》的框架之下探讨两者的关系。相关论述可参见周汉华:《政府监管与行政法》,北京大学出版社 2007 年版,第 182—183 页。

〔2〕 自党的十八大以来,党中央和国务院把简政放权、放管结合、优化服务作为全面深化改革的"先手棋"和转变政府职能的"当头炮",推动政府职能向创造良好发展环境、提供优质公共服务、维护社会公平正义转变。所谓"简政放权",就是简化、取消过多、过滥、过繁的行政审批,向方便企业和老百姓办事的基层行政机关下放行政审批权,或者直接取消行政审批从而向社会放权,促进大众创业、万众创新。简政放权成为今后一个时期各级政府的工作方向和改革着力点,也是建设法治政府应当遵循的原则。参见习近平:《谋求持久发展 共筑亚太梦想——在亚太经合组织工商领导人峰会开幕式上的演讲》,载《人民日报》2014 年 11 月 10 日,第 2 版。

〔3〕 See Robert Baldwin, Martin Cave & Martin Lodge, eds., *The Oxford Handbook of Regulation*, Oxford University Press, 2013, pp.7-8.

的、环境的与文化的目标而采取规制措施。这些目标包括：收入与福利的再分配；平等接受健康与其他基本服务；保护国内动物与植物；对国内电影与艺术产业加以扶持等。规制按照内容可以分经济性规制与社会性规制两种，[1] 前者的改革与完善通过行政许可的削减、简化与整合（如确立备案制度、规范适用事前确认程序等），发挥市场的决定性作用。根据学者的总结，两者各有特点——社会性规制越来越严格，越来越广泛化；经济性规制越来越放松，越来越最低限度化。[2] 但是，2008 年全球金融危机后，各国又再次强化规制，这使得先前对经济规制的诸多认识变得扑朔迷离。而后者，特别是涉及安全、健康与环境的诸多领域，包括中国在内的世界各国均通过再规制、提升规制质量等手段加以实现更好规制的目标。[3]

行政许可制度无疑是政府规制的重要手段之一。作为有效的事前控制手段，行政许可制度的作用既在于可以保护公民、法人和其他组织的权益免受侵害，也有利于保护自然环境、保持经济持续发展，有利于国家对重要经济社会事务的有效调控。[4] 行政许可与规制影响到公众生活的方方面面，如果设计合理，则多数是必需的，特别是涉及促进健康、安全与环境的规制与行政许可。[5] 但

---

〔1〕 所谓经济规制是对企业及其经济活动的规制；所谓社会规制是指以保障人民的生命安全和身体健康，确保人民的生活秩序为目的而进行的规制。参见杨建顺：《规制行政与行政责任》，载《中国法学》1996 年第 2 期；[日] 植草益：《微观规制经济学》，朱绍文、胡欣欣等译校，中国发展出版社 1992 年版，第 24 页。

〔2〕 参见杨建顺：《行政规制与权利保障》，中国人民大学出版社 2007 年版，第 343 页。

〔3〕 See Stephen Breyer, *Breaking the Vicious Circle: Toward Effective Risk Regulation*, Harvard University Press, 1993.

〔4〕 参见湛中乐：《中国加入 WTO 与行政审批制度改革》，载《中外法学》2003 年第 2 期。

〔5〕 如 2014 年 8 月 27 日国务院常务会议指出，简政放权并非一放了之，后续监管须相应跟上。继续推进简政放权、放管结合，重点解决"会批不会管""对审批迷恋、对监管迷茫"等问题。

是，也有许多的规制与行政许可是不必要的，世界各国规制改革的目标就在于消除过度规制、规制过时、规制不作为等现象，实现政府与市场、社会之间的均衡。[1] 规制缓和、减少行政许可的效果极为明显。如中国 2014 年 3 月至 8 月，全国新登记市场主体659.59 万户，同比增长 15.75%；注册资本（金）10.79 万亿元，同比增长 66.70%。至 2014 年 8 月底，全国个体私营经济从业人员实有 2.37 亿人，比 2013 年底增加 1848.05 万人。个体经营和私营企业成为吸纳新增就业的主渠道。工商注册制度便利化步伐加快，大大缩短了申请人办事时间，节约了企业办事成本；降低了企业设立的资金成本，提高了资金使用效率；推动了社会诚信体系建设，企业认缴注册资本趋向理性，诚信意识不断增强。[2]

在改革过程中，虽然出现了一些此起彼伏，但总的趋势呈现出从规制缓和（如减少行政许可、价格规制），到再规制（新的社会性规制的增加），再到如今的既融合规制缓和、再规制理念，又特别关注规制质量，尤其引人注意的是"更好规制"理念的提出。"更好规制"的核心理念在于并非简单地废除或者取消规制，而是如何改进规制体制的设计和运行，关注规制质量。这一理念的提出是对片面减少规制数量导致政府规制能力削弱，且损坏了市场在资源配置中的决定作用的反思；同时也是对一味强调规制、否定市场作用的再否定，本质恰在于处理好市场与规制之间的关系，从实际需要出发，既承认规制是必要的"恶"，又强调市场的基础作用，

---

　　〔1〕 1980 年代之后许多国家奉行新自由主义，过于强调市场，忽视了政府的作用，结果是推行新自由主义所倡导的华盛顿共识的国家经济普遍崩溃停滞，危机不断，发展的绩效比改革前还差。参见林毅夫：《政府与市场的关系》，载《国家行政学院学报》2013 年第 6 期。华盛顿共识是"位于华盛顿的若干机构（美国财政部、美国联邦储备委员会、国际货币基金组织和世界银行）向拉丁美洲国家提供政策建议的最低共识"的简称，是曾任世界银行副行长和首席经济学家 John Williamson 于 1989 年提出的。核心内容是财政节俭、私有化、市场自由化。
　　〔2〕 参见国家工商总局党组：《加快转变政府职能 努力创造公平竞争环境》，载《人民日报》2014 年 9 月 23 日，第 12 版。

且追求政府规制的高质量化输出。

中国目前对于行政许可的主流认识是指：由行政机关制定并执行的直接干预市场配置机制或者间接改变企业和消费者的供需决策的一般规则或特殊行为，相当于经济学中所称的政府规制或者行政规制的定义。但事实上，政府规制的概念更为广泛，其对市场交易行为的控制方式主要有：对企业进入某一市场或者人员进入某一职业的进入限制、对特定产业部门费率及其结构的确定、对产品和服务质量以及产品安全性能等特征的限制、对作业场所健康和安全条件的限制、对排污和公共资源利用的限制以及对特定行业的合同条款内容的限制等。[1] 由此对应的政府规制的手段更为丰富，行政许可仅是其中之一。

按照严格依法行政的理念，中国《行政许可法》立法时对现实中的多种行政许可类型进行了抽象与归类，将行政许可划分为普通许可、特许、认可、核准、登记等五大类。这样规定的益处在于较为清晰明确，具有较强的操作性；但不足在于可能成为行政机关规避适用《行政许可法》的依据，因此在实践中产生了诸多所谓的"非行政许可审批"事项。[2] 事实上，无论是当年起草《行政许可法》的初衷，还是《行政许可法》的立法目的，都是想将所有的行政许可行为，不管名称如何，均要受到行政许可法的调整，使

---

〔1〕 参见汪永清主编：《行政许可法教程》，中国法制出版社2011年版，第1-2页。

〔2〕《行政许可法》颁布实施后，实务部门出现了"非行政许可审批项目"的概念，有的地方称"非许可行政审批项目"。《国务院办公厅关于保留部分非行政许可审批项目的通知》（国办发〔2004〕62号）中的"非行政许可审批项目"主要是指"政府的内部管理事项"。《吉林省人民政府办公厅关于转发省级非行政许可审批项目清理工作方案的通知》（吉政办明电〔2005〕12号）中明确，"非行政许可审批项目"清理范围包括："（一）行政机关要求其他行政机关及其不直接管理的事业单位，到行政机关办理有关手续后，方可从事活动的行为；（二）对行政管理相对人享有某些优惠待遇的资格、身份以及其他民事权利、民事关系的确认行为；（三）行政许可以外的要求行政管理相对人到行政机关办理有关手续后，方可从事活动的其他行为。"

其排除适用的范围很小。《行政许可法》颁行未久就出现此类情形，不得不说是对法治的误读。同时，孤立地看待行政许可，未将其与政府规制的其他手段关联起来，也产生了许多问题，如行政许可削减之后，市场一旦出现失灵如何应对？特别需要指出的是，当前中国固然以减少行政许可数量为主，[1] 但是应意识到规制与行政许可在经济社会发展中的积极作用，而更应以提升规制质量为主要理念，实现"更好规制"。如在中国中央政府削减行政许可数量行为的影响下，一些地方试行"零审批"，简单地说，就是取消了部门的审批环节，取而代之的是承诺制、备案制、监管验收制。[2] 强调市场的决定性作用，并不是完全要否定和废止所有的规制，不可否认的是，应当肯定和强化的规制同样大量存在。[3] "从传统的直接控制到市场主体与政府规制互动，这种转变需要市场经济环境的整备，需要市场主体的培育，需要政府在这些行业中发挥其应有的作用。"[4] 而且，目前中国政府仍然要面对一个未能发展成熟的市场，那么完全否定与绝对地废止所有的规制显得就有些贸然。在市场经济条件下，政府也许只是一个协调者，但是实践证明，市场失灵的情形难以避免，于是政府的职能与理念也应发生变化，首要的任务就在于弥补市场不足。规制便是政府的重要手段。

总之，纵观西方发达国家规制改革的历程，虽然出现过规制缓和的现象，使其竞争力、技术革新能力和社会财富得到了长足的发展，但是随着时间的推移，许多国家意识到规制缓和、市场自由化

---

〔1〕《国务院关于严格控制新设行政许可的通知》（国发〔2013〕39号）。

〔2〕 参见《海宁率先在全省探索工业企业投资项目"零审批"》，载 http://www.jiaxing.gov.cn/zwxx/szfxx/gzdt_9991/zwdt/201401/t20140107_304604.html，最后访问时间：2014年1月12日。

〔3〕 没有市场，没有民间工商企业，政府就无法兑现它对公民所作的创造和繁荣的承诺。同样，如果没有政府适当的规制与监督，市场和工商企业就不能良性运转。参见〔美〕J. 布拉德福特·德龙：《政府与工商业的双人舞》，载吴敬琏主编：《比较》（第1辑），中信出版社2002年版，第121页。

〔4〕 杨建顺：《论经济规制立法的正统性》，载《法学家》2008年第5期。

无法解决政府面临的所有问题，市场化、民营化导致政府垄断演变为私人垄断，对经济社会可持续发展与社会福祉最大化产生了负面影响。对此，西方国家进行了反思与规制改革理念的再调整，至今其规制实践与理论并未放弃利用行政规制来弥补市场失灵的缺陷。当然，面对人们质疑传统行政规制的不足时，政府也在不断提升行政规制质量与规制改革，在实际的资源配置过程中，市场与政府并用成为普遍的做法与最佳配置。那么，在此意义上，当前和今后一个时期，中国政府深化行政体制改革、转变政府职能的总要求为简政放权、放管结合、优化服务协同推进，无疑具有时代意义。[1]

二、行政许可与规制的设定和实施

尽量减少行政许可与规制是全球化的趋势，但必须强调的是，中国《行政许可法》有着自己独特的问题意识，因此在单纯强调数量减少的同时，还有必要对相关的问题进行分析，如为什么要设定此项行政许可？是否要考虑其他因素？是否有新的替代措施？《行政许可法》自 2004 年 7 月 1 日开始实施，至今已十年有余，被认为是"政府的一次自我革命"，有助于建立符合现实需要的有限政府、法治政府。但由于当时对于政府、市场、社会之间的关系定位并不清晰，对于行政许可与规制的作用等认识并不全面，该法仍然存在诸多的问题，需要对行政许可与规制的设定和实施进行系统考量。如《行政许可法》在体系上虽然强调行政许可设定的重要性（第二章，共 11 个条文），但规定过于原则性与概括性，对于面临的问题是什么、是否需要政府介入、是否需要行政许可进行规制的考量不多，导致行政机关在此方面的裁量权过多。"公共利益"

---

〔1〕 参见习近平：《"看不见的手"和"看不见的手"都要用好》，载习近平：《习近平谈治国理政》，外交出版社 2014 年版，第 116—118 页；《李克强在全国推进简政放权放管结合职能转变工作电视电话会议上的讲话》，载 http://www.gov.cn/guowuyuan/2015-05/15/content_2862198.htm，最后访问时间：2018 年 3 月 12 日。

"国家安全""公共安全"等不确定性法律概念没有得到清晰界限，在实践中很难操作。《行政许可法》对行政许可的条件和标准并未作详细的规定。[1] 条件笼统，导致行政机关可能会根据自身的利益指出某个行业涉及公共健康安全，从而创造不必要的许可。缺乏理由说明导致相关的成本如何、收益如何均无从查阅。[2] 过于强调法律、行政法规的行政许可设定权，未赋予行政规章行政许可设定权，这在现实中可能会遏制地方政府的行政能动性，阻碍地方发展。[3] 特别是在国际领域，有学者指出中国"未建立起专门针对国际公约修正案默认接受生效程序相应的立法机制，这必然导致国内立法的滞后，影响我国对国际公约的履约能力，尤其是时效性的要求无法满足"。[4] 虽然我们已经意识到贸易政策合规制审查的重要性并颁布了相关的规定，[5] 但目前尚未进入实际操作阶段。再如《行政许可法》有两章来规定行政许可的实施（第三章、第四章），但要么是规定受理机关，要么是规定颁发行政许可的程序，[6] 对于行政许可是否清晰、易于理解或者行政机关指导行政相对人如何实施行政许可并无规定。《行政许可法》第六章专门规定了对行政许可的监督检查，但是手段单一，遵从率较低。因此，需要系统化思考《行政许可法》的立法框架与思路。

---

〔1〕 参见邹玉政：《我国行政许可范围设定制度的检讨与完善》，载《理论导刊》2006 年第 4 期。

〔2〕 参见高秦伟：《行政许可与政府规制影响分析制度的建构》，载《政治与法律》2015 年第 9 期。

〔3〕 参见张国强、张丽：《扩大行政许可设定权的地方立法思考》，载《上海政法学院学报》2006 年第 3 期。

〔4〕 梁桂青：《关于完善我国行政许可设定若干问题的思考》，载《学术论坛》2005 年第 8 期。

〔5〕 参见《国务院办公厅关于进一步加强贸易政策合规工作的通知》（国办发〔2014〕29 号）。

〔6〕 有关行政许可实施程序的缺陷，参见卜蕾：《〈行政许可法〉研究综述——从〈行政许可法〉的困境出发》，载《法律文献信息与研究》2007 年第 2 期。

国外在设定与实施行政许可展开规制之时，需要考量以下因素以及展开以下步骤，[1] 这些值得中国修改《行政许可法》时加以借鉴：[2]

（一）是否清晰地界定了需要解决的问题？

有待解决的问题应该得到准确表述，说明其质和量并解释其出现的原因。这些原因可能包括：市场失灵（如错误或不对称的信息、存在外部性、自然垄断）；规制失灵（政府对竞争的限制并未实现公共利益）；无法接受的危害或者风险（如健康与安全危害、环境风险）；社会正义及平等问题。目前中国许多行政机关在设定行政许可或者规制时，很少对此加以分析。实践中，公众依然感到行政审批项目过多，范围过宽。关键在于并未清晰界定政府所面临问题的性质，而政府认为出现混乱就必然要引发行政许可与政府规制。[3] 结果导致不少行政许可的事项是政府不该管、管不了、实际上也管不好的事，或者属于通过转变政府职能、强化事后监督能够解决的事，对这些事项设立行政许可实际妨碍了市场机制在资源配置中决定性作用的发挥，影响了自然人、法人和其他组织的自主性、积极性。[4]

（二）政府行动是否合理？

政府干预应该基于明显的证据，这些证据应该说明政府行动是

---

〔1〕 参见经济合作与发展组织编：《OECD 国家的监管政策——从干预主义到监管治理》，陈伟译，高世楫校，法律出版社 2006 年版，第 10-11 页。

〔2〕 有学者指出根据《行政许可法》的规定，需要建立一些制度，如成本收益制度、独立的检验制度、替代行政许可手段的行业自律制度、信息披露制度、标准管理制度、反垄断执法制度、惩罚性民事救济制度等。参见周汉华：《政府监管与行政法》，北京大学出版社 2007 年版，第 205-206 页。

〔3〕 关于这一点，最近几年出现的网络约租车及其规制，就可以充分说明问题。参见高秦伟：《分享经济的创新与政府规制的应对》，载《法学家》2017 年第 4 期；黄锴：《共享经济中行政许可设定的合法性问题研究——以〈上海网约车新规〉为分析对象》，载《政法论丛》2017 年第 4 期。

〔4〕 参见汪永清主编：《行政许可法教程》，中国法制出版社 2011 年版，第 14 页。

合理的，要考虑到问题本质、可能的行动收益和成本（基于对政府效力的现实评价）以及解决这一问题的替代机制。如前所述，在我国行政实践中，为什么设定、为什么取消行政许可，缺乏充足的理由说明，经常无法通过 WTO 规则的验证、无法回应公众需求且会遏制企业的创新力。[1] 通过行政许可等一系列的规制措施来调整经济与社会的发展是各国的通行做法，面对规制不断增多、僵化的情形，1970 年代末，美国率先开始实行规制影响分析制度（主要以成本收益分析为主），目前已经形成了较为完善的制度。[2] 所谓规制影响分析制度就是对已制定和拟制定的规制进行系统的评估分析，对已制定规制的实施情况和产生的实际效果进行评价，对拟制定的规制可能产生的效果和风险进行估量，为政府规制的颁布与修改提供信息和依据的制度安排。[3] 目前，中国对于哪些行政许可应该取消、哪些应该下放，缺乏必要的论证，至少需要将《行政许可法》第 19 条、第 20 条确立的公众参与、许可评价制度真正加以落实。

（三）规制是不是政府行动的最佳方式？

规制者应该在规制的早期阶段，对大量的规制和非规制政策工具进行充分比较，并思考成本、收益、分配效应以及行政管理性要求等相关问题。回应性规制（Responsive Regulation）是 1990 年代

---

〔1〕 参见安佰生：《论技术壁垒的实质》，载《中国标准化》2017 年第 1 期。

〔2〕 See Thomas O. McGarity, *Reinventing Rationality: The Role of Regulatory Analysis in the Federal Bureaucracy*, Cambridge University Press, 2005; R. H. Pildes & C. R. Sunstein, "Reinventing the Regulatory State", 62 *Univ. of Chi. L. Rev.* 1 (1995). 在过去的三十余年里，规制影响分析（RIA）由理念变成实践，并从美国扩展至全球。1990 年代仅有少数 OECD 国家运用，至 2008 年所有 OECD 国家均建立了该制度，几乎所有欧盟成员国进入 RIA 制度化运作阶段。参见 OECD, Indicators of Regulatory Management Systems, OECD, 2009.

〔3〕 参见高秦伟：《美国规制影响分析与行政法的发展》，载《环球法律评论》2012 年第 6 期；马英娟：《美国监管影响分析制度述评》，载《法商研究》2008 年第 1 期。

出现的一种新的规制理念，它试图用一种高度灵活的、因条件而异的、适应性强的规制进路来替代传统的通过命令控制规制增强威慑与提升遵从理念。考虑如何根据个别情况调整规制策略时，回应性规制设计出一个"规制金字塔"，列举了不同类型的规制工具。它的主要内涵是：需要沿着金字塔的表面逐级提升；存在可靠的顶峰，如果激活，足以有力地制止最过分的违法者。逐级提升便于规制者作出针锋相对的回应，以形成回应性规制的基础；同时又具有威慑价值，确保公平价值。[1]

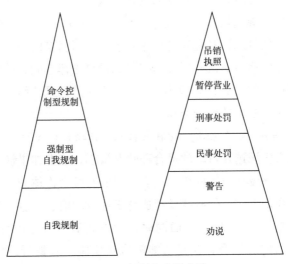

图 8-1　规制金字塔[2]

〔1〕　See Neil Gunningham, Enforcement and Compliance Strategies, in Robert Baldwin, Martin Cave & Martin Lodge, *The Oxford Handbook of Regulation*, Oxford University Press, 2013, p. 126.

〔2〕　资料来源：Ian Ayres & John Braithwaite, *Responsive Regulation: Transcending the Deregulation Debate*, Oxford University Press, 1992, pp. 39, 35.

实践中，我国政府常出现取消或下放行政许可之后缺乏其他替代手段的情况。一旦发生重大事件，或者重启行政许可的设定，或者以报告、备案等手段变相设定行政许可，就无法根本真正打破"一放就乱，一乱就收，一收就死""精简—膨胀—再精简—再膨胀"的怪圈。当下提出重视"事中事后监管"，但其具体的内涵仍需要进一步讨论。[1]

（四）规制有法律基础吗？

规制过程应该是精心安排的，以便所有的规制决策都严格遵从法治的要求。也就是说，规制的责任应该明确，以确保所有规制都得到更高层的规制授权、与契约责任相一致并遵守有关法律原则，如明确性、比例原则和适当的程序要求。中国目前的问题在于行政组织立法比较粗疏，没有明确的权限职责与法律基础，政府经常会因为经济社会的发展扩张权力，究其本质仍然是政府职能的界定，政府与市场、社会的界分问题。

（五）哪一级（几级）政府采取此种行动最合理？

规制者应该选择行动的最合理政府级别，或者如果涉及多个政府级别，应该设计出不同级别政府之间的有效合作体制。目前中国行政许可强调下放，但有些是否适合于地方政府、适合于哪一级地方政府实施缺乏论证；[2] 而同时，地方政府是否有配套的措施、地方政府如何有效合作，是否能够真正实施、监督行政许可的实现，至少现在还未见成效。如果仅仅是为了下放而下放，则很难实

---

〔1〕 目前的一些探索可参见《国务院关于促进市场公平竞争 维护市场正常秩序的若干意见》（国发〔2014〕20号）；《浙江省文化厅关于进一步深化行政审批制度改革加强事中事后监管的通知》（浙文市〔2014〕11号）；《荣成市人民政府办公室关于加强行政审批事中事后监管工作的通知》（荣政办发〔2014〕35号）；《企业信息公示暂行条例》；等等。

〔2〕 如国务院拟将《易制毒化学品管理条例》中"生产第一类中的药品类易制毒化学品审批"下放至省级药品监管部门，然而省级部门是否有能力审批暂且不说，相应的措施是否到位呢？

现规制的公共利益取向。

（六）规制的收益能抵消成本吗？

规制者应该估计出每项规制建议和可替代措施的预期总成本与总收益，应该把估计结果以容易理解的格式提供给决策者。采取行动前，应该按照政府行动的收益来衡量其成本的合理性。规制影响分析的作用是提供必要信息，以帮助作出最佳的规制决定。当然，各国在设计实施规制影响分析时，也要把该国的体制、社会、文化和法律背景考虑在内。同时，需要有一个类似的组织（如美国的信息与规制事务办公室）来对重大规制项目进行评估，并改革设定程序等。[1] 有关部门是规制影响分析报告的主要起草者，通过这种方式来对行政许可设定进行事前把关，可以很好地履行《行政许可法》的相关规定，此种做法受到各国青睐。[2] 除此之外，依靠法院来审查行政机关增设的行政许可是否违反了行政许可法也是很好的做法，虽然这一做法存在一定困难。[3]

（七）规制对全社会造成影响的分布情况是否透明？

分配和公平会受到政府干预的影响，从这一意义上讲，规制者应该使规制成本和收益在不同社会集团之间的分布情况透明化。在许多国家，公众咨询过程通常与规制影响分析联系在一起，公众咨询经常围绕着那些对拟定规制的目标和效果进行说明的规制影响分

---

〔1〕 可资借鉴的是，美国总统于 2011 年 1 月 18 日颁布了题为《改进规制与规制审查》的行政命令。*Improving Regulation and Regulatory Review*, Executive Order 13563, January 18, 2011.

〔2〕 参见刘权：《作为规制工具的成本收益分析——以美国的理论与实践为例》，载《行政法学研究》2015 年第 1 期；席涛：《美国的成本—收益分析管制体制及对中国的启示》，载《经济理论与经济管理》2004 年第 6 期。

〔3〕 See Robert J. Jr. Jackson, "Comment: Cost-Benefit Analysis and the Courts", 78 *Law & Contemp. Probs*, 55 (2015); Caroline Cecot & W. Kip Viscusi, "Judicial Review of Agency Benefit-Cost Analysis", 22 *Geo. Mason L. Rev.* 575 (2015).

析文件而展开。[1]

（八）规制是否清楚、一致和被规制者易理解与掌握？

规制者应该评估一下规制能否被可能的被规制者理解，为达到这一目的，应该设法确保规制内容和结构尽可能清楚。

（九）所有利益相关方都有机会陈述自己的观点吗？

规制应该以公开、透明的方式制定，应该通过合理程序保证各利益相关方（如受影响的企业和工会、其他利益集团或其他各级政府）能有效而及时地提出自己的意见。

（十）如何实现规制遵从？

规制者应该评估规制得以发挥作用的激励机制与机构，应该设计具有回应性的实施战略，以便最有效地利用上述激励机制和机构。"良好的实施可以弥补规制设计的不足，而不好的实施则可能削弱经过审慎设计的规制。"[2] 诸多经验与相关的研究都表明，未得到充分遵守是许多规制失灵的根本原因。"没有监督检查，行政许可制度就缺乏保障，难以保证落到实处。"[3] 有鉴于此，中国《行政许可法》第六章规定的"监督检查"作出了较为全面的规定。之所以重视行政许可的监督检查制度，主要是因为"在现实中，行政机关重许可、轻监管或者只许可、不监管的现象比较普遍；行政机关实施行政许可，往往只有权力、没有责任，缺乏公开、有效的监督制约机制。为了解决这个问题，草案就强化监督、严格责任作了明确规定"。[4] 然而，中国行政许可实践中规制得到遵从的情况并不令人乐观。相比之下，国外层面极为重视规制的遵

---

〔1〕 参见吴浩、李向东编写：《国外规制影响分析制度》，中国法制出版社 2010 年版，第 6 页。

〔2〕 Robert Baldwin & Martin Cave, *Understanding Regulation: Theory, Strategy, and Practice*, Oxford University Press, 1999, p. 96

〔3〕 汪永清主编：《行政许可法教程》，中国法制出版社 2011 年版，第 204 页。

〔4〕 杨景宇：《关于〈中华人民共和国行政许可法（草案）〉的说明》，2002 年 8 月 23 日在第九届全国人民代表大会常务委员会第二十九次会议上的报告。

从，加拿大曾经颁布一份《设计政策遵从的战略手段》，为政府实施规制作出指导。而目前较为成功的当属荷兰，其司法部与伊拉斯姆斯大学（Erasmus University）合作设计了遵从行为的十一个关键决定因素，司法部下属法律评估稽查部（Inspectorate of Law Assessment）负责实施对法律及法律草案的设计、实施提出评估意见。这十一个关键因素分别为：对规则的认识；成本收益考虑；认同程度；恪守规范；非正式控制；非官方报道的概率；控制概率；发现概率；选择性；制裁概率；制裁严厉程度。[1]

　　习近平总书记的相关论述同样为行政许可和规制改革提供了指导：其一，要发挥市场在资源配置中的决定性作用。做出"使市场在资源配置中起决定性作用"的定位，有利于全党全社会树立关于政府和市场关系的正确观念，有利于转变经济发展方式，有利于转变政府职能，有利于抑制腐败现象。[2]习近平总书记指出，通过发挥市场的作用实现和培育经济的增长点，要真正把市场机制公平竞争、优胜劣汰的作用发挥出来。[3]理论和实践都证明，市场配置资源是最有效率的形式。市场决定资源配置是市场经济的一般规律，市场经济本质上就是市场决定资源配置的经济。其二，"看不见的手"和"看得见的手"都要用好。习近平总书记指出，既要遵循市场规律、善用市场机制解决问题，又要让政府勇担责任、干好自己该干的事。市场作用和政府作用是相辅相成、相互促进、互为补充的。要坚持使市场在资源配置中起决定性作用，完善市场机制，打破行业垄断、进入壁垒、地方保护，增强企业对市场需求变化的反应和调整能力，提高企业资源要素配置效率和竞争力。发挥

---

〔1〕　参见经济合作与发展组织编：《OECD 国家的监管政策——从干预主义到监管治理》，陈伟译，高世楫校，法律出版社 2006 年版，第 96~97 页。

〔2〕　参见习近平：《关于〈中共中央关于全面深化改革若干重大问题的决定〉的说明》（2013 年 11 月 9 日），载《十八大以来重要文献选编》（上），中央文献出版社 2014 年版，第 499 页。

〔3〕　参见习近平：《在中央经济工作会议上的讲话》（2014 年 12 月 9 日）。

政府作用，要在尊重市场规律的基础上，用改革激发市场活力，用政策引导市场预期，用规划明确投资方向，用法治规范市场行为。[1] 其三，发挥政府作用，不是简单下达行政命令。习近平总书记指出对政府职能的认识和定位，是随着改革开放和社会主义市场经济发展而发展的，总体上看，现在政府职能转变还不到位，政府对微观经济运行干预过多过细，宏观经济调节还不完善，市场监管问题较多，社会管理亟待加强，公共服务比较薄弱。对此必须改革政府机构、转变政府职能，增强市场和社会发展活力。[2] 其四，简政放权。习近平总书记指出要深化行政审批制度改革，推进简政放权，深化权力清单、责任清单管理，同时要强化事中事后监管。[3] 行政许可和规制改革的重点就是要解决市场体系不完善、政府干预过多和监管不到位的问题。其五，要处理好改革和法治的关系。改革和法治相辅相成、相伴而生。对待行政许可和规制改革之时，要纠正一些认识上的误区。一种观点认为，改革就是要冲破法律的禁区，现在的法律妨碍了改革，而改革要上路、法律要让路。另一种观点认为，法律就是要保持稳定性、权威性、适当的滞后性，法律很难引领改革。习近平总书记指出，这两种看法都不是全面的。应在法治下推进改革，在改革中完善法治。对实践条件还不成熟、需要先行先试的，要按照法定程序作出授权，既不允许随意突

---

〔1〕《习近平在中共中央政治局第三十八次集体学习时强调——把改善供给侧结构作为主攻方向 推动经济朝着更高质量方向发展》，载《人民日报》2017年1月23日，第1版。

〔2〕 习近平：《在党的十八届二中全会第二次全体会议上的讲话》，载中共中央文献研究室编：《习近平关于全面深化改革论述摘编》，中央文献出版社2014年版，第73-74页。

〔3〕 参见习近平：《在参加十二届全国人大四次会议上海代表团审议时的讲话》（2016年3月5日）。

破法律红线，也不允许简单以现行法律没有依据为由迟滞改革。[1]

从以上的规制流程来看，如今的规制改革涉及范围越来越广，不仅仅体现为许可或规制数量的减少，更涉及从整个政府层面推行革新，以改善、提高规制质量为目标，为规制提供明确的政策支持，包括运用规制影响分析方法、公开咨询机制、透明度要求以及关注规制替代方式等内容。[2]为了更好地理解这种变化，以下将重点展现实践中有关规制替代方式的运用，这对于丰富规制方式、丰富规制主体的理解以及探讨中国"事中事后监管"方式的构建具有重要的意义。[3]

三、规制及其替代方式

作为弥补市场失灵、调整政府与市场、社会关系的工具，规制只是政府用来实现其公共政策目标的各种政策工具中的一种。对政府规制问题的研究首先在于探讨政府与市场的合理边界问题，"现在国际学术界对政府到底干预不干预经济这个问题已经没有什么争论了，争论的焦点是干预的范围和深度的问题，实际上就是规制问题"。[4]各国政府为此从宪法与行政组织法的角度界定政府职能，限制行政许可与规制的范围，中国政府简政放权的重要目标之一也在于科学界定政府职能，完善行政组织法、行政程序法与丰富行政行为类型。与此同时，从国外的情况来看，规制者的规制"工具

---

〔1〕参见习近平：《在省部级主要领导干部学习贯彻党的十八届四中全会精神 全面推进依法治国专题研讨班上的讲话》（2015年2月2日），载中共中央文献研究室编：《习近平关于全面从严治党论述摘编》，中央文献出版社2015年版，第51—52页。

〔2〕参见骆梅英：《行政审批制度改革——从碎片政府到整体政府》，载《中国行政管理》2013年第5期。

〔3〕本章对"规制""监管"并不作区分，视为同义。参见马英娟：《监管的语义辨析》，载《法学杂志》2005年第5期。

〔4〕[法]让-雅克·拉丰、让·梯若尔：《政府采购与规制中的激励理论》，石磊、王永钦译，上海人民出版社、上海三联书店2004年版，第5页。

箱"（tool-box）也在不断扩大，因为人们对传统命令与控制型（command-and-control）规制的替代措施给予了更多关注，形成了规制与非规制政策工具相互融合的"工具箱"。[1] 具体内容如下表所示。

表 8-1 规制及其替代方式的"工具箱"[2]

竞 争							垄 断				非常规经济活动
市场驱动的解决方案				政府驱动的解决方案							
市场自由	一般竞争政策调控下的自由市场	强制性信息披露（以增加消费者选择）	私人自我规制（自愿协议、私人标准）	政府设立的市场激励（税收、定价信号、产权）	过程规制（要求企业评估风险采取最节约成本的行动）	绩效规制（由政府设立标准目标）	命令与控制规制	受规制的私人垄断者	向私人部门外包的垄断者	公司化的公共垄断者	公共垄断	政府的经济活动禁令

传统行政法学虽然以行政的方式为主要观察对象，但较为强调

---

[1] 有关信息时代规制工具的探讨，参见 Christopher Hood, "The Tools of Government in the Information Age, in Michael Moran, Martin Rein & Robert E. Goodin", eds. , *The Oxford Handbook of Public Policy*, Oxford University Press, 2006, pp. 469-481.

[2] 资源来源：经济合作与发展组织编：《OECD 国家的监管政策——从干预主义到监管治理》，陈伟译，高世楫校，法律出版社 2006 年版，第 55 页。

其适法性,对于行政行为如何与所调整的事件匹配的问题很少关注。[1] 近年来,人们开始广泛地关注政府工具的多样化形态及其匹配的问题,如有学者指出要注重规制目的与方式之间的相互匹配。[2] 更有学者提出了"回应性规制"(responsive regulation)的理论,强调规制主体、策略和方式的多样化,规制主体不仅仅包括政府机构,还包括社会团体等非政府组织,甚至包括被规制者。从策略上看,规制不仅包括政府通过制定法律并强制执行的命令控制型规制(command-and-control regulation),还包括行业与企业的自我规制(self regulation)。在方式上,有比较温和的说服教育、比较严厉的行政处罚和更为严厉的刑事处罚等。[3] 政府在规制策略与方式要有"回应性",要根据被规制者的情况,采用针锋相对(tit-for-tat)的策略与方式。例如,对具有守法意愿的企业,鼓励自我规制,尽量使用温和的说服教育方式;对于那些违法企业则以命令控制型规制加以拘束。这一理论认为,要达到最佳效果,宜将自我规制与说服教育等相对温和的方式作为首选,将直接规制、强制措施作为威慑方式,在温和的策略与方式无法发挥作用时再加以使用。[4] 这样一些理论,特别是强调调动被规制者的积极性、强调规制手段多元化的观点,是对政府一味通过严厉的法律制裁来约束被规制者行为而不注重社会价值体系建构的做法的反思,对于当下中国发展极具指导意义。[5]

---

〔1〕 参见赵宏:《行政法学的体系化建构与均衡》,载《法学家》2013 年第 5 期;赵宏:《法律关系取代行政行为的可能与困局》,载《法学家》2015 年第 3 期。

〔2〕 See Joseph P. Tomain & Sidney A. Shapiro, "Analyzing Government Regulation", 49 *Admin. L. Rev.* 385 (1997).

〔3〕 参见谭冰霖:《论第三代环境规制》,载《现代法学》2018 年第 1 期。

〔4〕 See Ian Ayres & John Braithwaite, *Responsive Regulation: Transcending the Deregulation Debate*, Oxford University Press, 1992.

〔5〕 参见杨炳霖:《回应性管制——以安全生产为例的管制法和社会学研究》,知识产权出版社 2012 年版,第 6 页。

(一) 国外规制及其替代方式

长期以来,国外法学界对规制方式或者规制工具进行了广泛而深入的研究,如日本学者植草益区分了直接规制(主要是由政府认可和许可的法律手段直接介入经济主体决策)与间接规制(依照反垄断、民商法等制约不公平竞争为目的的规制),并关注其互动。[1] 英国学者奥格斯认为,在社会性规制领域主要有信息规制、标准、事前许可、经济手段、私人规制等规制形式;在经济性规制领域,则有国有化、价格规制、公共特许等规制形式。[2] 而美国学者则认为,规制方式包括价格规制、进入退出规制、信息规制、激励型规制工具等。[3] 还有一些学者则以罗列的方式,对规制及其替代方式进行了研究,内容丰富但体系性并不强。[4] 这一特征也体现在实践之中,最近各国政府对于规制的替代方式及其使用也呈现出此种开放性的特点。以下从实践层面介绍英国、经济合作与发展组织(OECD)、加拿大的规制替代方式。

英国政府规制替代性方式主要包括以下六项:[5] ①没有任何新的政府介入,可能的情况是使用现有的规制;简化或者厘清现有的规制;提升现有规制的实施水准;将法律救济变得更容易获得或者低成本;或者什么也不改变。②信息与教育。信息与教育可以帮

〔1〕 参见 [日] 植草益:《微观规制经济学》,朱绍文、胡欣欣等译校,中国发展出版社 1992 年版,第 21-23 页。

〔2〕 See Anthony Ogus, *Regulation: Legal Form and Economic Theory*, Clarendon Press, 1994. 中译本参见 [英] 安东尼·奥格斯:《规制——法律形式与经济学理论》,骆梅英译,苏苗罕校,中国人民大学出版社 2008 年版,第七至十五章。

〔3〕 参见 [美] 约瑟夫·P. 托梅恩、西德尼·A. 夏皮罗:《分析政府规制》,苏苗罕译,载《法大评论》(第三卷),中国政法大学出版社 2004 年版。

〔4〕 参见朱新力、唐明良:《现代行政活动方式的开发性研究》,载《中国法学》2007 年第 2 期。

〔5〕 See Using Alternatives to Regulation, https://www.gov.uk/government/policies/reducing-the-impact-of-regulation-on-business/supporting-pages/using-alternatives-to-regulation, last visited in Dec 7, 2013.

助消费者与公众作出更为明智的决定，如分级体系、标签制度、独立的建议、信息披露等。③自我规制。一个产业或者职业团体会颁布自己的业务守则（codes of conduct）来促进道德性的行为、提高规制遵从率或防止政府过度规制。[1] 包括单边守则，如零售业制定的退货政策（比法定最低标准要高）；或者协商性守则，典型如责任关怀制度（Responsible Care）。[2] ④合作规制（Co - Regulation）。合作规制是自我规制和政府规制的结合，如一个产业与政府合作来发展业务守则（a code of practice）。该守则通常由产业或协会而非政府实施。合作规制类型包括：认可型的守则（如由医疗协会为医生制定的专业性的守则）、法定型的守则、批准型的守则、商业协会守则以及由国际标准组成的标准与认证。[3] ⑤经济手段（Economic Instruments）。使用经济手段来改变人们的行为，调整企业与公民的经济动机。人们自我作出决定，依据在于一项行为的收益高于成本。具体的手段包括：税收与补贴；配额与许可，如欧盟二氧化碳排放交易项目；拍卖；企业竞争。⑥什么时候使用规制？当我们将传统规制视为最后的手段时，也必须要思考：当自我规制与其他方式无法实现我们的目标时；成本收益分析表明规制比自我

---

〔1〕 See Ira S. Rubinstein, "Privacy and Regulatory Innovation: Moving beyond Voluntary Codes", 6 *ISJLP* 355, 357 (2011).

〔2〕 亦译作责任照护，其内涵包括对健康、安全和环境保护行为持续改进的承诺，以及关于公开与此倡议相关的活动和取得成绩的承诺。责任关怀目前已经成为西方化工界经营管理战略及理念的一个不可分割的重要组成部分。责任关怀最早起源于加拿大化工协会，后于1988年被美国化学制造协会（CMA）采纳并加以发展。目前，责任关怀已被化工协会及其四十多个成员国采用。1980年代中后期，发生在美国等西方工业国家的一系列化工行业事故灾难，使化工界认识到自身在健康卫生、劳动安全和环境保护方面普遍缺乏良好的管理。正是在这样的背景下，责任关怀作为能够改进化工行业表现的有效方法提出，继而发展起来。国外大公司二十多年的经验表明，责任关怀中所包含的职业道德标准及其在改进健康卫生、增强职业安全、健全环境保护方面的效力能使全球的化工行业保持和谐。

〔3〕 See Margot Priest, "The Privatization of Regulation: Five Modes of Self - Regulation", 29 *Ottawa L. Rev.* 233, 245–51 (1998).

规制或者其他方式更易接受时。

OECD 将传统规制的替代方式分为三类：基于市场的工具、自我规制与合作规则以及信息、教育项目。[1] 其一，基于市场的规制工具（market-based regulatory instrument），包括税收、补贴、可交易的项目。在环境领域适用较多，如美国《清洁空气法》中的排污权交易。[2] 还有押金/退款制度（deposit refund system）。[3] 其二，自我规制与合作规制（self-regulation and co-regulation）。这种方式还包括了自愿性倡议、自愿性规范、自愿性协议。自我规制是指企业特别是产业、专业组织自愿发展规则或者规范，对企业的行为加以规制或者指导，如业务规范、基于认证的产业安排、自愿采纳的标准（codes of practice; industry based accreditation arrangements; and voluntary adoption of standards）。企业之所以参与到这些自愿方式之中，原因在于可以避免过度的政府规制，但是政府可能会在未来采取规制措施。这样一种可信的威胁，能够鼓励一个行业自己解决问题，而不是真的要使用政府规制。同时，通过参与自愿性行业协会，企业可以提升自己的知名度，会因此增加销售额、扩大市场占有率。多数企业自愿采取这些方式，遵从率也会进一步提高。一个典型例子是化学行业的责任关怀计划，其目标是加速推进化工行业

---

〔1〕 See OECD, Alternatives to Traditional Regulation, http://www.oecd.org/gov/regulatory-policy/42245468.pdf, last visited on July 8, 2012.

〔2〕 See Robert W. Hahn & Robert N. Stavins, Incentive-Based Environmental Regulation: New Era from an Old Idea? 18 *Ecology L. Q.* 1（1991）; Richard B. Stewart, Models for Environmental Regulation: Central Planning Versus Market-Based Approaches, 19 *B. C. Envtl. Aff. L. Rev.* 547, 551（1992）.

〔3〕 押金是对可能造成污染的产品的销售征收的附加费。当符合某些条件时，如把用过的或废弃的物品送到集中地，从而避免了污染，这笔费用就可退还。参见朱晓勤：《欧盟国家的若干环境经济法律制度》，载《世界环境》2000 年第 1 期；张汉林、蔡春林等编译：《韩国规制改革——经济合作与发展组织考察报告》，上海财经大学出版社2007 年版，第 199-200 页。

的环境改善，手段是鼓励采用合理的环境管理规范。[1] 法国企业自愿参加，唯一的制裁措施就是被从这一计划的成员协会中除名，但这确实改进了环保措施。其三，信息与教育（information and education），许多情况下政府要求企业向消费者提供大量的信息，或者政府可以提供信息。有时政府鼓励、说服企业提供产品信息（并无正式的要求）、标签要求、披露信息等。但是，OECD 不同的国家也存在不同的分类：如基于绩效的规制、基于过程的规制、[2] 合作规制、经济方式、信息与教育、指南、自愿性方式等。[3]

加拿大政府的替代性规制方式（alternatives to regulation）包括：税收（taxation）、财政支出（expenditure）、贷款与贷款担保（loans and loan guarantees）、使用者付费（user charges）、国有（public ownership）、说服（persuasion）、私法权利与程序的修正（modification of private law rights and procedures）、保险（insurance）等。[4] 其中，说服即促进自愿的行为；私法权利与程序的修正包括修改"原告资格"，允许更多的利益相关方采取法律行为，修改民事程序扩展集团诉讼等。在加拿大，规制的各种可供选择的方式（alternative forms of regulation）主要包括：直接的产品控制、供应者准入与退出控制、产品过程控制、信息控制、可市场化的权利。这些均统一称为命令与控制型规制。直接的产品控制包括价格控

---

〔1〕 参见王林萍、林奇英：《化工行业的社会责任关怀》，载《环境与可持续发展》2007 年第 2 期。

〔2〕 如食品安全规制中采纳的危害分析与关键控制点（HACCP）项目。对食品产业而言，传统规制中突击检查或最终产品的抽样检查既消极又低效。而危害分析与关键控制点是用以识别、评估及控制各种食品危害的预防系统，过程控制现已成为世界性的食品安全准则。

〔3〕 See OECD, *Regulatory Policies in OECD Countries: From Interventionism to Regulatory Governance*, "Annex II Regulatory Alternatives", 2002.

〔4〕 See assessing regulatory alternatives, http：//www. dpac. tas. gov. au/_ _ data/assets/pdf_ file/0015/121137/18_ Canadaassessing_ reg_ alternatives_ e. PDF, last visited Dec. 12, 2017.

制，如对自然垄断的公用事业；数据控制，如天然气出口；产品品质控制，如尺寸、外观、质量、安全等；供应者准入与退出控制，经常使用许可控制准入与退出，用以限制对普通财产资源的使用（如广播）、限制对自然资源的进入、对竞争市场（如卡车运输）的供应活动进行控制与监督；产品过程控制，主要涉及规制中的技术或者绩效标准；信息控制，要求披露产品的特征、生产过程等相关信息，如标签；可市场化的权利是一种"市场友好型"的规制，如水权交易。

（二）各种方式的比较研究

传统的规制工具被称为命令控制型规制，主要是为了弥补市场自身无法解决的垄断、外部性、信息不对称等不足，而采取事先许可、事后制裁（典型为行政处罚）、行政强制等方式。[1] 然而，命令与控制型规制受到了极大的批评，其经常被认为效率较低甚至是非理性的，[2] 虽然其取得了一定的成果，但经常不计成本，效率低下，有时甚至事倍功半。[3] 更为严重的是，命令控制型规制有时还可能会被产业俘获，有时又无法回应经济社会发展而导致企业遵从成本较高。

有鉴于命令与控制型规制的不足，人们又将目光重新投注于市场。[4] 以环境规制为例，先前的命令控制型规制主要针对"外部性"，之所以称为外部性，是因为如果没有规制者干预，则污染者"内部"的经济计算排除了"外部"环境损害的成本，故规制目标

---

〔1〕 参见谭冰霖：《环境规制的反身法路向》，载《中外法学》2016 年第 6 期。

〔2〕 See Bruce A. Ackerman & Richard B. Stewart, "Reforming Environmental Law", 37 *Stan. L. Rev.* 1333, 1334–40 (1985); Richard B. Stewart, "Models for Environmental Regulation: Central Planning Versus Market-Based Approaches", 19 *B. C. Envtl. Aff. L. Rev.* 547, 550–51 (1992).

〔3〕 See Howard Latin, "Ideal Versus Real Regulatory Efficiency: Implementation of Uniform Standards and 'Fine-Tuning' Regulatory Reforms", 37 *Stan. L. Rev.* 1267 (1985).

〔4〕 See Symposium, "Free Market Environmentalism", 15 *Harv. J. L. & Pub. Pol'y* 297 (1992).

在于让企业考量外部成本。[1] 市场化的环境解决方案大致有四种：一是庇古提出的税，如环境税、能源税，但是税率比较难以确定。二是科斯财产权的方式，如果要保护大象，就让人们对大象有所有权，这样所有者就有动力去保护他们的大象。不足在于有些物质难以确定所有权。三是创立可交易的排污权。这种方式基于命令与控制型规制，但增加了科斯财产权的理论，政府确定污染的上限，企业可在自己的允许范围进行交易。此种方式的不足在于，无法产生更为经济有效的结果。四是绿色产品等友好产品方式，但其效力问题值得关注。[2]

　　近些年来，如前述各国实践中开始重新反思政府与市场的关系，[3] 他们既认知到了命令控制型规制的不足，也认知到了市场型规制又必须依赖命令与控制型来保证所设定的目标，热衷于市场型方式的人们低估了财产、许可、交易等概念的实施难度，进而在此基础上提出了最基本的理念就在于要鼓励企业与产业的自我规制。如英国 2003 年的《通讯法》将鼓励自我规制作为规制者（Ofcom）的义务。[4] 再如欧盟 2018 年实施的《统一数据保护条例》第 38 条规定成员国、规制机关以及欧盟委员会应当鼓励拟定行为准则，以促进条例的合理实施。[5]

　　在西方国家，自我规制涉及诸多的领域，如金融、广告、网

---

〔1〕　See Carol M. Rose, "Environmental Lessons", 27 *Loy. L. A. L. Rev.* 1023 (1994).

〔2〕　参见臧传琴：《环境规制工具的比较与选择——基于对税费规制与可交易许可证规制的分析》，载《云南社会科学》2009 年第 6 期。

〔3〕　具体分析参见［美］维托·坦茨：《政府与市场——变革中的政府职能》，王宇等译，商务印书馆 2014 年版。

〔4〕　See Ian Bartle and Peter Vass, "Self-Regulation Within the Regulatory State: Towards A New Regulatory Paradigm?", *Public Administration Volume*, Issue 4, 2007: 886.

〔5〕　参见高富平主编：《个人数据保护和利用国际规则——源流与趋势》，法律出版社 2016 年版，第 188 页。

络、媒体、体育产业等。[1] 关注自我规制需要关注四项因素:与政府的关系;自我规制者的作用;自我规制规则的拘束力;自我规制与产业的关系(自愿还是强制参加)。之所以要展开自我规制,或者将自我规制融入进政府规制之内,主要的考量因素在于对专业(expertise)与效率(efficiency)的关注。而对自我规制的担心,则与强制执行(mandate)、责任、程序公正有关。

相比于行政机关,自我规制组织拥有大量的专业与技术知识。如金融服务从业者掌握的知识要远胜于行政机关的公务员,当然行政机关可以吸引大量的专业人士,但要始终保持专业与信息能够与时并进,自我规制者无疑具有相当大的优势,且让自我规制者实施规制,规制遵从率与效率也相对较高。不过,自我规制在执行过程中,受到了民主合法性的质疑,特别是会影响到那些自我规制组织之外的人或者公共利益的问题,因此公众要求政府对这一问题作出回应。与此同时,由于可能会被产业所俘获,因此责任问题也成为人们批评自我规制的主要原因。引入司法审查是提升自我规制责任的方法,学者认为法院应该关注于行为的特征,"公"的特征不仅仅局限于国家与个人之间的关系,还应该将范围扩展至社会。[2] 自我规制组织并不适用一些程序性的要求,因此也受到人们的诟病。如今,有关程序性的要求则成为改造自我规制组织的重点。[3]

有鉴于此,自我规制的形态又出现了"强制型自我规制"(enforced self-regulation)、"后设规制"(meta-regulation)、合作规制

---

〔1〕 See Tanina Rostain, "Self-Regulatory Authority, Markets and the Ideology of Professionalism", in Robert Baldwin, Martin Cave & Martin Lodge eds. , *The Oxford Handbook of Regulation*, Oxford University Press, 2010, p. 169.

〔2〕 See Robert Baldwin, Martin Cave, Martin Lodge, *Understanding Regulation: Theory, Strategy, and Practice*, second Edition, Oxford University Press, 2012, p. 144.

〔3〕 参见高秦伟:《私人主体与食品安全标准制定——基于合作规制的法理》,载《中外法学》2012 年第 4 期;李洪雷:《论互联网的规制体制——在政府规制与自我规制之间》,载《环球法律评论》2014 年第 1 期。

等术语与现象。从内涵来看，合作规制强调政府与企业之间的协作，指产业协会在实施自我规制时受到政府某种程度的监督或者/以及批准。强制型自我规制指将规制职能分包给被规制的企业，对于企业自己制定且受到公开批准的规则，如果违反的话则会受到法律的制裁。[1] 后设规制是行政机关并不直接实施规制，而是实施监督。[2] 每个企业制定自己的规则，这些规则会被行政机关审查。自愿制定规则可以较低的成本遵从规制要求，以环境领域为例，各个企业个性化的规则可以提升规制目标，针对不同企业的规则可以更加精确，而面向全产业的规则在制定时则过于复杂、模糊，而且难以实现。[3] 针对每个企业则较为容易制定规则，管理者可能会作出某种创新，提升规制水平。[4] 许多国家行政资源有限，检查所覆盖的范围更是有限。而后设规制可以延长、拓展行政机关的监督范围。一些企业无法制定有效的规则，不过这些企业管理者并不将遵从视为义务，而认为是与检察官相协商的好机会。[5] 行政机关的官员会告诉管理者如何做。不过，对小型企业而言，并不喜欢自我规制，更倾向于命令与控制型规制。在审计型的自我规制（audited self-regulation）中，一个私人性质的自我规制组织（SRO）被赋权去实施与执行法律、行政机关的规制，行政机关审查权保留

---

〔1〕 See Ian Ayres & John Braithwaite, *Responsive Regulation: Transcending the Deregulation Debate*, Oxford University Press, 1992, ch. 4.

〔2〕 参见刘鹏:《中国食品安全——从监管走向治理》，中国社会科学出版社 2017 年版，第 8-15 页。

〔3〕 On the complexity of across-the-board rules see Robert Baldwin, *Rules and Government*, Oxford University Press, 2004, p. 162.

〔4〕 See Neil Gunningham & Joseph Rees, "Industry Self-Regulation: An Institutional Perspective", 19 *Law & Pol'y* 363 (1997); Walter W. Powell & Paul J. DiMaggio (eds), *The New Institutionalism in Organizational Analysis*, University of Chicago Press, 1991.

〔5〕 See Robyn Fairman & Charlotte Yapp, "Enforced Self-Regulation, Prescription, and Conceptions of Compliance within Small Business: The Impact of Enforcement", 27 *Law & Pol'y* 491, 512-14 (2005).

于规制机关。[1] 在审计型的自我规制中，自我规制组织是产业型的组织，其设定规则与标准用以规制产业中的企业。长期以来使用审计型的自我规制是 1965 年法律创立的老年病人医疗照顾制度（Medicare），[2] 法律确定由医院产业协会认可的医院拥有资格提供该制度资助的服务，联合委员会（the Joint Commission, JC）为产业协会名称，替代健康与人类服务部对医院质量的规则。[3]

从以上的分析来看，因应不同的环境、不同经济社会发展的需求，各国政府一直在不断调整规制的方式，不断关注着规制的替代工具，也因各国政治、历史文化以及法学体系的不同，导致名称各异。以第三层次的自我规制而言，虽然并不具有一定的体系性，但其以解决问题为中心，强调工具的开放性特征，这也从另一个侧面说明了规制改革需要不断持续展开与进行。通常情况下，我们认为规制的发起人为规制者，规制者与被规制者之间基本处于对立关系。然而，从以上的分析来看，规制主体的多元化随着规制及其替代方式的多元化正在成为一种趋势，传统的被规制者积极参与规制过程，甚至一些事项则完全由被规制者进行自我规制，转变为"规制者"。这种参与，不仅有利于弥补政府规制资源的不足，而且有利于缓解规制者与被规制者的紧张关系，提升规制的遵从率。同时，从各国理论与实践来看，虽然规制及其替代方式的体系性不强，特别是新的方式多以罗列为主，但其中的理念却是一贯的。如

---

〔1〕 See Douglas C. Michael, "Federal Agency Use of Audited Self-Regulation as a Regulatory Technique", 47 *Admin. L. Rev.* 171 (1995).

〔2〕 42 U. S. C. § 1395bb (a); See generally Eleanor D. Kinney, "Private Accreditation as a Substitute for Direct Government Regulation in Public Health Insurance Programs: When Is It Appropriate?", 57 *Law & Contemp. Probs.* 47 (1994); Timothy Stoltzfus Jost, "Medicare and the Joint Commission on Accreditation of Healthcare Organizations: A Healthy Relationship?", 57 *Law & Contemp. Probs.* 15 (1994).

〔3〕 Michael J. Astrue, "Health Care Reform and the Constitutional Limits on Private Accreditation as an Alternative to Direct Government Regulation", 57 *Law & Contemp. Probs.* 75, 77 (1994).

对规制本身就存在多种方式，而绝非仅仅使用事前许可的工具；如对私人自治的关注，主张要充分利用侵权法，[1] 完善私人实施（private enforcement）机制，[2] 强调司法的作用。[3] 首先，产品责任等民法方式作为规制的替代措施长期存在，受到各国的重视。当然其也有不足，特别是在健康、安全与环境领域，可能会因诉讼成本过高或者举证较难而难以发挥作用。其次，良好的企业行为也可以成为传统规制的替代方式，[4] 一般被称为企业社会责任（corporate social responsibility，简称 CSR），先前由消费者、投资者、行业协会、非政府组织所推动，如今企业则成为建构企业社会责任的主体。[5] 但是这些年则受到政府的高度重视，[6] 扩大了政府对软法、自愿性标准的关注，提升了规制的质量。再次，是由私人或者

---

〔1〕　如《侵权责任法》第 41 条规定，因产品存在缺陷造成他人损害的，生产者应当承担侵权责任。《侵权责任法》第 47 条规定，明知产品存在缺陷仍然生产、销售，造成他人死亡或者健康严重损害的，被侵权人有权请求相应的惩罚性赔偿。具体分析可参见 [荷] 威廉·范博姆等主编：《侵权法与管制法》，徐静译，中国法制出版社 2012 年版。

〔2〕　具体分析可参见李波：《公共执法与私人执法的比较经济研究》，北京大学出版社 2008 年版；王波：《规制法的制度构造与学理分析》，法律出版社 2016 年版，第 218-265 页。

〔3〕　参见宋亚辉：《论公共规制中的路径选择——行政规制、司法控制抑或合作规制?》，载《法商研究》2012 年第 3 期。

〔4〕　See Robert Agranoff & Michael McGuire, *Collaborative Public Management: New Strategies for Local Governments*, Georgetown University Press, 2003; Ian Ayres & John Braithwaite, *Responsive Regulation: Transcending the Deregulation Debate*, Oxford University Press, 1992, pp. 3-19; Eugene Bardach & Robert A. Kagan, *Going by the Book: The Problem of Regulatory Unreasonableness*, Routledge, 1982.

〔5〕　See David Vogel, *The Market for Virtue: The Potential and Limits of Corporate Social Responsibility*, Brookings Institution Press, 2005, p. 16; Doreen McBarnet, "Corporate Social Responsibility Beyond Law, Through Law, For Law: The New Corporate Accountability", in Doreen McBarnet, Aurora Voiculescu & Tom Campbell eds., *The New Corporate Accountability: Corporate Social Responsibility and the Law*, Cambridge University Press, 2007, pp. 9, 45-54.

〔6〕　See Laura Albareda et al., "The Changing Role of Governments in Corporate Social Responsibility: Drivers and Responses", 17 *Bus. Ethics. Eur. Rev.* 347, 347 (2008); Josep M. Lozano, Laura Albareda & Tamyko Ysa, *Government and Corporate Social Responsibility: Public Policies Beyond Regulation and Voluntary Compliance*, Palgrave Macmillan, 2008.

政府立法规定的保险项目，如工人赔偿金、责任险。复次，强调充分利用市场竞争机制，充分利用《反垄断法》《反不正当竞争法》《价格法》、知识产权法等克服某些市场失灵。最后，通过契约的规制，如环境自愿协议、政府购买服务。[1] 其他的方式提法较多，如：有人认为应该包括标准制定（区分标准与技术法规）；信息披露（价格信息、披露质量信息、交易信息）；事后监督（备案、行业协会的作用）；激励性规制（税收、补贴、公共基金、商业保险等）。这些显示了规制及其替代方式的开放性。

（三）中国情况分析

1. 历史发展及其问题

改革开放以来，中国先后进行了七次大规模比较集中的行政体制改革，其中关于行政许可或者行政审批改革最为引人关注。[2] 2001 年 9 月成立国务院行政审批制度改革工作领导小组，开启了行政许可制度改革的大幕。这场改革的重要原因来自于加入 WTO 的压力，据统计，从 2002 年起至 2012 年，国务院已分六批共取消和调整了 2497 项行政审批项目，占原有总数的 69.3%，31 个省（区、市）本级取消和调整了 3.7 万余项审批项目，占原有总数的 68.2%。到目前为止，可以看出改革多以削减行政许可的数量为主要工作。但实践中，为什么企业和公众仍然反映行政许可的项目依然繁多呢（如下表所示）？究其原因，有以下五个层面值得考量：其一，政府与市场的界线一直不清晰，不仅行政许可事项多，且政府对市场干预也多。其二，改革自上而下，中央政府有决心，但地方政府能否主动按照市场要求改革，系影响效果的重要原因。同时，这种自上而下展开的规制改革，也有人称为"政府以规制的手

〔1〕参见《国务院办公厅关于政府向社会力量购买服务的指导意见》（国办发〔2013〕96 号）。

〔2〕参见张卿：《行政许可——法和经济学》，北京大学出版社 2013 年版，第 4-12 页。

段来放松规制"：一方面，中央政府凭借自己的控制力抑制了规制体制的发展；[1] 另一方面，各级政府进行规制缓和的制度创新集中于行政垄断权的取消与削弱，实践中这种规制的放松与政府的投资行为又结合在一起，导致规制权力资本化，实难达到既定目标。[2] 其三，相应的配套制度是否存在也会影响改革的效果，如事中事后规制方式、有无其他替代方式，这应该也是行政审批制度改革的题中之义。取消许可之后，由于没有相应的替代措施，可能会出现过渡性问题甚至暂时的混乱，需要通过加强事中与事后的规制来解决。但由于规制理念过于陈旧，出现问题时，想当然地又采取恢复许可的方式，导致许可的再反复，即常说的"一管就死、一放就乱、一乱就收"的恶性循环，这似乎已成为中国行政法治的必然"规律"。[3] 目前只改革行政许可制度，没有其他配套制度，行政许可改革可能很难全面推进。同时，哪些由政府来完成，哪些由社会来完成，尚未形成共识。其四，经济社会的发展，市场、公众对于政府的服务水平提出了更高的要求，不能只考虑许可数量的多少，目前改革的复杂性说明了这一点（比如城市的空气污染问题，公众就期待政府作出规制与许可限制）。其五，还要意识到行政许可不是没有就好，其是任何社会存在与发展都不可或缺的制度，但又必须根据经济社会发展的需要与时俱进地展开改革。

---

〔1〕　参见《国务院关于严格控制新设行政许可的通知》（国发〔2013〕39 号）；《国务院关于清理国务院部门非行政许可审批事项的通知》（国发〔2014〕16 号）；《国务院关于印发 2015 年推进简政放权放管结合转变政府职能工作方案的通知》（国发〔2015〕29 号）。

〔2〕　参见宋敏：《中国规制治理的制度性缺陷及其改革模式》，载《中国矿业大学学报（社会科学版）》2012 年第 4 期。

〔3〕　参见高帆、李岳德：《市场经济与行政许可制度》，载《中国法学》1994 年第 3 期。

表 8-2　主要国家和地区开办企业排名、所需要程序、时间、
成本和实缴资本对比[1]

经济体	开办企业排名	程序/个	时间/天	成本（占人均国民收入百分比）	实缴资本下限（占国民收入百分比）
新西兰	1/1	1/1	0.5/0.5	0.3/0.3	0.0/0.0
中国香港特别行政区	2/8	3/3	2.5/2.5	0.8/1.4	0.0/0.0
新加坡	3/6	3/3	2.5/2.5	0.6/0.6	0.0/0.0
澳大利亚	4/7	3/3	2.5/2.5	0.7/0.7	0.0/0.0
中国台湾地区	17/15	3/3	10.0/10.0	2.3/2.2	0.0/0.0
美国	20/46	6/6	5.0/5.6	1.5/1.2	0.0/0.0
墨西哥	48/67	6/6	6.0/6.3	19.7/18.6	0.0/0.0
俄罗斯	88/34	7/4.4	15.0/111.2	1.3/1.2	1.2/0.0
巴西	123/167	13/11.6	107.5/83.6	4.6/4.3	0.0/0.0
中国	158/128	13/11	33.0/31.4	2.0/0.9	78.2/0.0
印度	179/158	12/11.9	27.0/28.4	47.3/12.2	124.4/111.2

（例：2/8，第一个数字为 2014 年，第二个数字为 2015 年。）

　　事实上，这些问题的解决方案在《行政许可法》中也有体现，
如第 11 条与第 13 条，涉及行政许可设定的原则以及可以不设行政
许可的事项，甚至权威的领导小组也指出行政许可"是政府实施管

---

〔1〕 资料来源于世界银行：2014 年、2015 年《全球营商环境报告》，载 http：//
chinese. doingbusiness. org，最后访问时间：2015 年 1 月 1 日。

理的一种方式，但不是唯一的，在有的情况下也不是最有效的手段"。[1] 虽然《行政许可法》第 13 条规定了设定行政许可的原则，即公民、法人或其他组织能够自主决定的、市场竞争机制能够有效调节的、行业组织或者中介机构能够自律管理的、行政机关采用事后监督等其他行政管理方式能够解决的，可以不设行政许可。由此确立了先个人、市场再社会自律至政府规制，在政府干预上又确定了事后监督先行，行政许可次之的介入顺序。但是长期以来，中国各级政府习惯于以许可代替规制（甚至以罚代管），对于规制的涵义理解不清，对如何加强事中事后规制更不熟悉，对于其他的替代性规制手段也不了解。[2] 如此，在中国简政放权的大背景之下，改革实践一旦出现放管脱节的情况，就极有可能出现行政许可制度改革目标难以实现，甚至逆流回潮的现象。因此，对于规制方式及其替代性手段的研究构成了中国今后行政许可制度改革、规制理念转变的重要内容。

2. 相关改革举措

十八大以来，党中央和国务院紧紧围绕处理好政府与市场关系，按照市场在资源配置中起决定性作用和更好发挥政府作用的要求，始终抓住"放管服"改革这一牛鼻子，坚韧不拔地推进这一"牵一发动全身"的改革，加快政府职能转变。这是一场从理念到体制的深刻变革，是一场刀刃向内的自我革命。而对于推动"放管服"改革、转变政府职能这一系统整体，首先要在"放"上下大功夫，做好简政放权的"减法"（如下表所示）。与此同时，为了防止许可事项反复，还创设了"权力清单""负面清单""责任清单"制度。其次，通过制度设计，在放权的同时又切实以维护公平

---

〔1〕 国务院行政审批制度改革工作领导小组办公室编写：《行政审批制度改革》，中国方正出版社 2004 年版，第 3 页。

〔2〕 参见张卿：《论行政许可的优化使用——从法经济学角度进行分析》，载《行政法学研究》2008 年第 4 期。

竞争秩序为目标，不断创新规制方式和规制理念，强化市场规制。如建立了"双随机、一公开"规制模式，提升执法实效；[1] 建设了以信用为核心的新型市场规制机制。[2] 最后，政府规制与优化政府服务相结合，提速减负并举。2015 年 5 月，李克强总理在全国推进简政放权放管结合职能转变工作电视电话会议上强调：各级政府及其工作人员都要有这样一个服务理念，就是宁可自己多辛苦，也要让群众少跑路。如推进"互联网+政务服务"，以技术促进服务；依托实体服务中心（政务服务中心），整合政务服务资源，提高办事效率；简化证明、优化手续，方便群众等。[3]

---

〔1〕 参见《国务院办公厅关于推广随机抽查规范事中事后监管的通知》《国务院关于"先照后证"改革后加强事中事后监管的意见》《国务院关于印发"十三五"市场监管规划的通知》《关于新形势下推进监管方式改革创新的意见》《关于做好"双随机、一公开"监管工作的通知》《随机抽查事项清单（第一版）》《随机抽查工作细则》《关于推广随机抽查规范事中事后监管工作的实施方案》等文件。

〔2〕 参见《国务院社会信用体系建设规划纲要（2014-2020 年）》（国发〔2014〕21 号）；《国务院关于"先照后证"改革后加强事中事后监管的意见》（国发〔2015〕62 号）；《国务院关于建立完善守信联合激励和失信联合惩戒制度加快推进社会诚信建设的指导意见》（国发〔2016〕33 号）。

〔3〕 参见《国务院关于加强推进"互联网+政务服务"工作的指导意见》（国发〔2016〕55 号）；国务院办公厅印发《政务信息系统整合共享实施方案》（国办发〔2017〕39 号）；《国务院办公厅关于简化优化公共服务流程方便基层群众办事创业的通知》（国办发〔2015〕86 号）；公安部、发展改革委、教育部、工业和信息化部、国家民委、民政部、司法部、人力资源社会保障部、国土资源部、住房城乡建设部、卫生计生委、中国人民银行关于印发《关于改进和规范公安派出所出具证明工作的意见》（公通字〔2016〕21 号）；《民政部关于进一步规范（无）婚姻登记记录证明相关工作的通知》（民函〔2015〕266 号）等文件。

表 8-3　各类行政审批事项的对比（2013-2017 年底）[1]

	本届政府成立之初	五年来取得的成效	完成情况
国务院部门各类审批	1526 项	截至 2017 年 9 月，本届政府已累计削减行政审批事项 697 项，约占总数的 41%	提前完成本届政府减少 1/3 行政审批事项的目标
地方各类审批	1.7 万项	不少地方削减事项超过 70%	
国务院部门管理的职业资格类证照	950 类	截至 2017 年 6 月，取消职业资格许可和认定事项 434 项、削减 70% 以上	
非行政许可审批事项	453 项	今后不再保留"非行政许可审批"这一审批类别，彻底终结"非行政许可审批"这一历史概念	
中央核准的投资项目数量		截至 2017 年 6 月，2013 年、2014 年、2016 年连续 3 次修订《政府核准的投资项目目录》，中央层面核准的投资项目数量累计减少 90%；外商投资项目 95% 以上已由核准改为备案管理	

应该指出的是，包括中国在内的世界多国在政策工具选择方面一般均基于习惯和组织文化而展开，而不是就不同工具对于解决相关政策难题的适用性所作的理性分析，当然中国的问题更为严重。因此，有必要进行规制理念革新，鼓励规制机关能够系统运用比较

---

　　[1]　参见李明征主编：《法治政府建设新成就——党的十八大以来全面推进依法行政成绩单》，中国法制出版社 2017 年版，第 18 页。

方法，权衡各种工具进而实现规制目标。对中国而言，行政机关特别偏好采用传统的命令与控制规制。但需要注意的是，行政许可仅仅只是其中的一种。同时，如果要使用规制的替代方式，需要对可能产生的问题提前加以研究：这些新工具的效能如何？与现有机制如何协调？因而在理念革新层面，不仅要注重综合利用各种工具，还要意识到规制的替代方式往往用于弥补传统规制的不足，而不是完全取代传统规制，或者完全"不规制"。[1]

　　研究规制的替代方式时，要针对不同的规制对象加以研究。如一些国家是在健康、安全、环境规制、消费者保护等领域展开了较多的探讨和研究工作，信息宣传活动甚至助推（nudge）等方式作为规制替代措施得到了越来越广泛的运用。[2] 对此，理论上有学者针对不同规制对象的政策工具组合成为几类：[3] 内在互补性的，以及内在不相容但在处理好实施次序后才具有互补性的（或不依赖于特定环境的）。被确认为内在互补性的组合包括：信息化战略和所有其他工具、自愿主义和命令与控制规制、广泛的经济手段和强制性报告与监控。内在不相容的组合包括：自我规制与广泛的经济手段、命令与控制规制与广泛的经济手段。这些均说明了规制的多元化、灵活性特点，一部《行政许可法》可能难以应对，不仅要科学修改其内容（如地方许可设定权），还要考量市场机制、行业自律机制、其他替代机制的应用，并将其理念渗透于具体部门法修改之中（如食品安全、网络治理等）。

---

〔1〕 当然，有时不规制也是规制，强调司法机关的作用，或者通过诉讼的实现来规制目标。See Andrew P. Morriss, Bruce Yandle & Andrew Dorchak, *Regulation by Litigation*, Yale University Press, 2009; Daniel P. Kessler, ed., *Regulation versus Litigation: Perspectives from Economics and Law*, University of Chicago Press, 2011.

〔2〕 参见［美］理查德·泰勒、卡斯·桑斯坦:《助推——如何做出有关健康、财富与幸福的最佳决策》，刘宁译，中信出版社2015年版。

〔3〕 See Neil Gunningham, Peter Grabosky, Darren Sinclair, *Smart Regulation: Designing Environmental Policy*, Oxford University Press, 1998.

当然，行政机关、公众等仍然对规制的替代方式把有一定的怀疑。比如，公众发现规制替代措施是一种"软"规制选择，可能的担心在于其会以牺牲公共利益与消费者保护为代价来偏袒企业利益（产生规制俘获）。为了解决这些问题，政策制定者必须要求替代方式作出者在设计之时加入公告、信息披露、可问责性等的要求。[1]应考虑规制与规制替代措施之间的协调、衔接问题。许多国家在规制层面，提出了基于绩效的规制（performance-based regulation）、基于过程的规制（process-based regulation）等，[2]虽然有政府规制，但鼓励相对人制定自我规制措施贯彻政府规制的要求，一方面规制时要尽量提出明确的目标，另一方面自我规制措施（如食品企业的 HACCP）或者合作规制在设计时要尽量符合规制目标，设计时要注重透明度原则，政府要设计新的监督规范并加以协调、衔接，防止规制俘获的出现。[3]

现阶段，特别是中国，很难提供一个指南来规范规制替代方式的最佳作法，国际亦是如此，毕竟实践积累不够。那么究竟何时使用替代的替代方式，何时使用某种具体的替代方式呢？可行的方法是将一要求纳入规制影响分析的过程，并结合具体的规制领域展开讨论。这使得规制者可以在规制的早期及时考虑对规制替代方式的关注。中国学术层面，对于规制及其替代方式的关注较多出于环境

---

〔1〕　参见高秦伟：《私人主体的行政法义务?》，载《中国法学》2011 年第 1 期。

〔2〕　See Cary Coglianese, "The Limits of Performance-Based Regulation", 50 *U. Mich. J. L. Reform* 525（2017）; Cary Coglianese, Jennifer Nash & Todd Olmstead, "Performance-Based Regulation: Prospects and Limitations in Health, Safety, and Environmental Protection", 55 *Admin. L. Rev.* 705（2003）.

〔3〕　参见 [德] 施密特·阿斯曼：《秩序理念下的行政法体系建构》，北京大学出版社 2012 年版，第 161-168 页。

领域，[1] 而在行政法学文献中体现不多。如前所述，在中国实践中，特别是 2013 年以来，中央政府对此问题极为重视，通过一系列的文件（诸如《关于促进市场公平竞争维护市场正常秩序的若干意见》《企业信息公示暂行条例》《关于严格控制新设行政许可的通知》《关于政府向社会力量购买服务的指导意见》《关于整合检验检测认证机构的实施意见》《社会信用体系建设规划纲要（2014-2020 年）》等）强调创新规制方式，加强对事中事后规制的重视与使用。这些举措提升了行政效率，但需要从理论的角度予以深入探讨。中国行政法学对行政行为的研究虽然与西方传统学理相同，但由于实践操作的需要，行政行为走上了更为精细化的道路，关注行政处罚、行政许可、行政强制、行政征收等，甚至专门予以立法。虽然宜于贯彻依法行政原则，然而却导致行政机关在处理政府与市场关系时仅仅关注这些强制性的工具，而较少采用其他的自愿性工具、混合性工具，[2] 过于强调政府规制的作用，而很少关注规制的替代方式。随着中央政府放松大量的行政许可事项，我们恰恰需要去关注诸多的规制替代方式及其如何相互衔接使用。

四、规制理念与制度的改革

规制缓和（放松规制）是为了减少垄断的非效率，获取竞争性的进入、降低交易成本、防止规制的低效率，对现有的规制进行改

---

〔1〕 最为典型的一篇论文是张会恒：《政府规制工具的组合选择——由秸秆焚烧困境生发》，载《改革》2012 年第 10 期。作者探讨了命令控制型规制（指政府采用直接行政命令加上严格的监督和执法，通过管理生产过程或产品使用来限制特定污染物的排放，或在特定时间和区域内限制某些活动等直接影响污染者的环境行为方面的制度措施，具体手段如禁令、许可证、配额、使用限制等）、激励型规制工具（以环境税费和排污许可交易为代表的经济激励型规制手段）、环境自愿协议规制工具（规制者与被规制者之间，在前者的鼓励与支持下，后者自愿与前者达成协议）等手段，主张强制性规制与非强制性规制相结合。

〔2〕 See Michael Howlett & M. Ramesh, *Studying Public Policy: Policy Cycles and Policy Subsystems*, Oxford University Press, 1985, p. 82.

善，减少并缓和现有规制。中国目前所做的简政放权实际上就是在这个层面上展开的，而事实上无论是经济社会发展的实际需要，还是从国外趋势来看，规制改革的实践及其体现的理念才是我们应该予以重点关注的。规制改革不仅要消除一些不必要的规制，同时也要关注规制质量，这可能体现为强化某些领域的规制。许多国家均经历了这一理念的转变，如日本规制改革在 1999 年之前一直强调规制缓和，后来才将规制缓和委员会更名为规制改革委员会。

（一）规制改革

规制改革的目标是，促进经济社会的发展并提升应变能力。持续而影响深远的社会、经济和技术变革要求各国政府考虑各种规制体制的累积效果，以确保规制体制和程序是相关的、强有力的、透明的、负责任的和有前瞻性的。从这个意义上讲，规制改革不是一次性的努力，而是动态的、长期的进程。事实上，规制改革的概念在过年几十年也发生了很大的变化。如 20 世纪 80 年代强调缩小政府规模，但这种单一性的努力无法替代连续的、整个政府范围内的改革，无法建立有利于企业创建和发展、生产力提高、竞争、投资和国际贸易的规制环境。因此，到了 20 世纪 90 年代，质量与绩效成为规制改革的核心理念。人们意识到规制改革并非简单地取消或修改部分法规，而涉及程序、机制、公共与私营部门的观念转变等问题。"谁是规制者？规制什么？如何规制？"是规制改革的三个核心问题。

1. 规制者

规制者首先的形态是规制机关，一般较为官僚化，而如今私人主体在一些特定的情形之下也可以成为规制者。因此，按不同主体来划分规制，分为第一方规制、第二方规制与第三方规制。[1] 但

---

〔1〕 参见刘亚平、游海疆：《"第三方规制"：现在与未来》，载《宏观质量研究》2017 年第 4 期；高秦伟：《论政府规制中的第三方审核》，载《法商研究》2016 年第 6 期。

这一划分也与"如何规制"有关。第一方规制即自我规制，规制者也是被规制者。第二方规制的典型是政府规制，一方为政府，另一方为企业。企业对企业的规制也是第二方规制，如大型超市通过合同为食品生产经营者设定标准。[1] 第三方规制，典型如"审计"（auditing）或者第三方治理。[2] 对于规制的理解见仁见智，以国家为主的规制是指国家制定的法律规范，而以社会为主、关注全球化的学者则认为规制主体超越了国家，如公民—公民、公民—政府、公民—产业、产业—产业的规制，因而包括了各种规范，如社会规范、专业规范（professional norm）。各学科对规制的理解虽然不同，但对法律学者而言，规制既意味着一系列的法律工具、文书等静态表现，也表现为动态的执行，需要回应每个学科以及经济社会发展的需求。传统的规制被定义为："由公共机构所实施的受到公众价值保护的持续控制活动。"[3] 但是现在，规制则被定义为："制定规范的程序或者过程，进而监督、反馈受到规范控制的行为到既有体制之中。"[4] 后者被许多学者称为"新治理"，或者有人称为"新规制国家"。[5] 这样宽泛地定义规制，特别是将自我规制的形态纳入规制领域，从实践来看，确实提升了规制适应一国的经

〔1〕 See David Levi-Faur, "Regulatory Capitalism and the Reassertion of the Public Interest", *Policy and Society*, Vol. 27 (3), 2009, pp. 181-191.

〔2〕 参见陈潭：《第三方治理：理论范式与实践逻辑》，载《政治学研究》2017 年第 1 期。

〔3〕 P. Selznick, "Focusing Organizational Research on Regulation", in Roger G. Noll ed., *Regulatory Policy and the Social Sciences*, University of California Press, 1985, p. 363.

〔4〕 Colin Scott, "Analysing Regulatory Space: Fragmented Resources and Institutional Design", *Public Law* (Summer 2001), pp. 329-353, 283.

〔5〕 See Orly Lobel, "The Renew Deal: The Fall of Regulation and the Rise of Governance in Contemporary Legal Thought", 89 *Minn. L. Rev.* 342 (2004-2005); David M. Trubek & Louise G. Trubek, "New Governance and Legal Regulation: Complementarity, Rivalry, and Transformation", 13 *Colum. J. Eur. L.* 539 (2006-2007); Bradley C. Karkkainen, "New Governance in Legal Thought and in the World: Some Splitting as Antidote to Overzealous Lumping", 89 *Minn. L. Rev.* 471 (2004-2005).

济社会发展以及全球化的趋势。因此，规制的内涵可以理解为：颁布规范并由社会、产业、公共机关监督与实施的过程。

2. 规制内容

规制的内容涉及进入、退出、成本、内容、偏好、技术与绩效等。进入规制一般为许可的形态，退出规制则因企业未能遵从正确的行为、言论等而被逐出市场。成本规制涉及服务或者产品以可接受（最低、最高）的成本加以提供，如价格上限、利润率（price cap, rate of return）。内容规制涉及如出版、媒体、网络等所提供的信息及其完整程度，如广告规则、可接受的语言、暴力、性等。偏好规制由专业、教育、社会化的程序来提供。技术规制是指，使用某种技术作为规制的方式。绩效规制则涉及结果，具体如何实现由被规制者自己确定。[1] 当然，最为典型的划分是经济性规制与社会性规制。[2] 经济性规制侧重于竞争、消费者权益的保护。社会性规制关注健康、安全与环境领域（经常称为"风险规制"），[3] 目的在于通过消除、降低风险使人们的生活更加安全。许多国家利用社会性规制促进社会团结与平等，此时规制国家与福利国家的差别似乎并不太明显。[4] 如今，即使两者在实践中的区分并不是那么清晰，但对于我们认知规制及其历史发展、不同内容仍具有重要的意义。最近这些年来，两种类型的规制相互融合之势渐增，有些

---

〔1〕 See Cary Coglianese & David Lazer, "Management-Based Regulation: Prescribing Private Management to Achieve Public Goals", 37 *Law & Soc'y Rev.* 691 (2003).

〔2〕 参见宋亚辉：《社会性规制的路径选择——行政规制、司法控制抑或合作规制》，法律出版社 2017 年版；杨建顺：《规制行政与行政责任》，载《中国法学》1996 年第 2 期；[日] 植草益：《微观规制经济学》，朱绍文、胡欣欣等译校，中国发展出版社 1992 年版，第 24 页。

〔3〕 See Stephen Breyer, *Breaking the Vicious Circle: Toward Effective Risk Regulation*, Harvard University Press, 1993, p. 3. 中文文献参见金自宁：《风险规制与行政法治》，载《法制与社会发展》2012 年第 4 期。

〔4〕 参见卢超：《规制、司法与社会团结——美国土地开发负担政策的考察》，上海人民出版社 2016 年版。

规制机构甚至成为两者兼具的"整合型的机构"。

3. 如何规制

规制工具或者方式在传统上以命令控制型规制为主，此外还包括诸如建议、和解、约谈、协商、推荐性标准、第三方规制等。[1]"如何规制"既涉及规制主体的选择，也涉及规制工具或方式的运用。现代规制理论从主体的角度、政府介入的强度来分，可分为政府规制、合作规制与自我规制三类。现代规制理论认为政府规制依据详细的规则展开并得以发现、惩罚所有的违法行为，但这种方式成本较高、效率低下、对市场干预过多，对市场形态不作区分而采取"一刀切"的措施，难以与行业保持同步发展且经常阻碍创新。而自我规制虽然有灵活、低成本、高合规率等优势，但缺乏责任性和透明度。如何使两者有效结合，构成了现代规制理论的核心议题。进行合作规制的设计时，应当注意：首先，合作而不是对抗，要将企业社会责任作为激励提升企业自我规制的衡量水准。合作规制现象在其他领域并不鲜见，其需要企业更多的合作、履行更多的社会责任。其次，合作规制模式依赖企业或者协会等组织行使政府的某些传统职能，弥补政府规制的不足。再次，合作规制的规则较政府规制更为开放，仅规定所欲实现的目标，赋予参与方充分的裁量权以发展实施计划。最后，企业或者协会组织积极参与规则的形成，导致合规率极大提升。合作规制可以发挥政府、私人主体各自的特长和优势，因而备受各国青睐。[2] 长期以来，中国的立法与实践显然是将政府规制、自我规制的作用截然分开，要么放任企业任意作为，要么由政府直接介入，强调了对抗而忽略了合作的内涵，导致规制效果不尽如人意。现代规制理论区分合作

---

〔1〕 See William McGeveran, "Friending the Privacy Regulators", 58 *Ariz. L. Rev.* 959, 992 (2016).

〔2〕 See Darren Sinclair, "Self-Regulation Versus Command and Control? Beyond False Dichotomies", 19 *Law & Pol'y* 529, 544 (1997).

规制与自我规制不仅仅在于政府介入程度的差异，更在于责任、规范制定、裁决、制裁、公众参与等方面的差异。[1] 现代规制光谱如下表所示：

表 8-4　现代规制的光谱

规制工具或者方式的多元化运用		
政府规制	合作规制	自我规制
强制	强制与自愿的混合	自愿
规范具有强制性	规范初始时并不具有强制性，但多数情况则因政府的介入而具有强制性	规范并不具有强制性
公共机关	公共机关和私人主体的混合	私人主体
政府设定规制目标和方式	政府设定规制目标；私人主体设定实现的方式	私人主体设定规制目标和方式

（二）行政许可法的完善

《行政许可法》的制定是中国为合理界定市场、社会与政府关系的努力，特别是其第 11 条、第 12 条、第 13 条确定了政府介入的范围、顺序，如私法自治优先原则、市场机制优先原则、社会自律优先原则和事后机制优先原则。[2] 当然这种努力与目标并无法毕其功于一役，而是需要各种主体特别是政府的积极探索。同时，随着中国政府近几年规制缓和、简政放权、减少行政审批、加强事

---

〔1〕　See Ira S. Rubinstein, "Privacy and Regulatory Innovation: Moving beyond Voluntary Codes", 6 *Isjlp* 355, 371 (2011).

〔2〕　参见王贵松：《简政放权的简放之道》，载《中国法律评论》2015 年第 2 期；李诗林：《论行政许可设定范围的合理界定——对〈行政许可法〉第 13 条的批评性思考》，载《行政法学研究》2008 年第 3 期。

中事后监管等举措的不断展开，理论界和实务界对于行政许可、政府规制的认知更加深入，有必要重新探讨《行政许可法》的框架及其功能、局限，有必要将中国政府规制理念渗透于修法之中，成为指导中国政府改革的法律依据。如此作为，不仅可以解决改革于法有据的问题；[1] 更为重要的是可以将行政许可放置于政府规制的宏观视野下，将事前、事中与事后规制措施相结合，从整体上推进行政法治。至少要在方法论上可以解决传统"重审批、轻监管"的现象，促使政府更加注重各种规制手段的综合运用。

从前述分析来看，中国的规制理念与风格均不够成熟。应当建立规制的"百宝箱"，结合实际需要抽取各种工具。除行政许可外，要对行政处罚、行政强制、行业禁入（debar）、召回等制度加强研究。对替代性的方式更要研究，结合使用。长时间以来，行政许可与规制改革一直是外在因素推动进行的，比如2001年我国开始行政审批制度改革，其主要目的就是为在加入WTO后，能够尽快适应WTO的规则，转变政府职能，使计划经济下的审批制度得到全面清理。[2] 现如今，应当通过强调由内部因素推动改革。诚如学者所言："中国经济的发展，已经不是速度和数量的问题，而是如何提高质量的问题。"[3] 提高"质量"的重要机制在于国家的经济和社会规制体系的完善。在这一点上，中国的行政许可完善思路应该与国外是一致的，即以追求规制质量、提升政府服务水准为目标。[4]

---

〔1〕 参见张步峰：《新一轮行政审批改革的形式法反思——以国务院文件与〈行政许可法〉的关系为中心》，载《财经法学》2015年第2期。

〔2〕 参见薛澜：《行政审批改革的最大难点》，载《人民论坛》2013年第25期。

〔3〕 薛澜：《行政审批改革的最大难点》，载《人民论坛》2013年第25期。

〔4〕 习近平总书记指出："政府要为企业发展营造良好环境，加快推进审批制度、融资制度、专利制度等改革，减少重复检测认证，施行优质优价政府采购制度，减轻企业负担，破除体制机制障碍。"参见习近平：《在网络安全和信息化工作座谈会上的讲话》，人民出版社2016年版，第21-22页。

　　OECD 的经验表明，有效的规制体系一般由三部分组成：规制政策、规制机制、规制工具，三者相辅相成。[1] 规制政策（regulatory policy）泛指清晰、灵活、连贯一致并以提高规制质量为目的的政府整体性（whole-of-government）政策，其中包括政策目标、政策行为及实施行动相关的法规。规制政策是否有效一定程度上取决于最高领导层是否支持，领导人的政治支持有利于克服对立情绪，强化透明度，明确政府目标。规制机制（regulatory institution）是确保法规在各种法律和机制框架内得以成功的关键，包括中央监督部门（负责规制政策的协调统一）、独立规制机构（负责规制政策的执行）等。规制工具（regulatory tools）的合理使用，可以提高规制质量、推动规制改革。常见的规制工具有以下六种：①行政简化，即简化政府手续和文牍。②规制影响分析（RIA），确保选择最佳的规制手段。③透明度和交流，法规的适用人群应对法规有所了解，并清楚法规对他们的要求。④规制的替代方式（alternatives to regulation），政府应尝试市场导向等非规制手段来促成规制目标的实现。⑤遵从和执行，这决定法规是否能实现其既定目标，有法不依等于没有法规。⑥确保行政公正、问责的相关工具，规制者要能面对问责任，确保各种申诉渠道的畅通、有效。由此可见，中国行政许可法的完善是一项综合性的工程，在内容上至少包括了政府职能的适当定位、规制决策的合理性保障、社会组织和地方政府的承接、规制内容的明确化和简法化、规制程序的透明化等制度的设计。[2] 限于篇幅，本部分主要关注规制影响分析制度对行政

---

〔1〕 参见王云霞：《改善中国规制质量的理论、经验和方法》，知识产权出版社2008 年版，第四章。

〔2〕 参见马怀德：《行政审批制度改革的成效、问题与建议》，载《国家行政学院学报》2016 年第 3 期；马怀德：《完善行政审批制度改革程序》，载《北京日报》2016 年 11 月 14 日。

许可法完善的作用。[1]

　　提升规制质量是各国行政法理论与实践中的重点议题,许多国家和地区的政府采取了规制影响分析机制、采纳规制替代方式(Regulatory Alternatives)、考虑公众参与、完善责任体系等措施来实现规制有效性与高质量的目标。我们知道,《行政许可法》在制定过程中讨论最多、难度最大的问题就是如何划定一个界限,明确哪些事项需要设定许可,哪些事项根本不需要设定许可。这个问题的重要性不言自明,即使《行政许可法》作出了一些原则性的规定,实践中一些不该设立的行政许可事项仍然以某种方式"合法化"。为了科学设定行政许可,除了从合法性角度对设定主体加以规范之外(当然收权的做法亦值得反思),要贯彻《行政许可法》规定的原则,还需要从合理性角度对行政许可本身进行规范。[2]国外的规制影响分析正是实现合理性要求的具体制度,未来修改该法应该予以强化。规制影响分析的具体方法如下表所示:

---

　　〔1〕　相关学者的建议可参见李洪雷:《〈行政许可法〉的实施:困境与出路》,载《法学杂志》2014 年第 5 期;王克稳:《行政审批(许可)权力清单建构中的法律问题》,载《中国法学》2017 年第 1 期。

　　〔2〕　参见周汉华:《行政许可法——困境与出路》,载洪范法律与经济研究网,http://www.hongfan.org.cn/file/upload/2008/12/31/1230973071.pdf,最后访问时间:2010 年 12 月 28 日。作者指出:"如果不能做到合法与合理的统一,行政许可法的功效必然会大打折扣,影响法律的实施",载吴敬琏、江平主编:《洪范评论》(第 2 卷第 2 辑),中国政法大学出版社 2005 年版。

表 8-5　规制影响分析的方法[1]

概　念	描　述	优　点	缺　点
成本收益分析	如果收益超过成本，则规制方案可行	既反映规制的积极效果与负面效果，也保证政策符合最大利益的需要	某些重要的收益元素可能无法量化，因此权重很低。如果受政策负面影响的人无法获得补偿，则该标准具有较低的说服力
成本效果分析	计算单位收益的成本。优先考虑能够以不增加更多的成本而产生相同或更多收益的政策	排除效率明显偏低的政策并提供政策在产生收益时的相对功效指数	无法解决对收益最佳水平的选择。当存在不同的收益水平并且一项政策不能以较低的成本产生较大的收益时，则该准则不具有决定性
风险分析	对受政策影响的风险范围和有关健康后果进行定量分析	可以告诉决策者政策是否将在很大程度上降低风险	风险影响多样性且难以对等。无法解决降低风险所需的成本或者评估除风险以外的其他影响
风险—风险分析	综合评价政策的所有风险效果，包括成本、结余，确保政策能够降低风险	更为完整的风险分析形式，对规制其他影响可以产生成本有一定的认知	并未认知到规制最终并不影响风险的其他效果；风险影响可能是多样性的且不对等
成本评价	评估规制对企业、消费者和工人产生的成本，可能包括试图确保成本不太高的努力	试图综合确定社会为规制付出的总价，并提供对其经济可行性的认知	未涉及规制的收益，也不能确认付出特定数量的成本而取得的积极效果是否值得

---

[1] 资源来源: W. Kip Viscusi, *Improving The Analytical Basis for Regulatory Decision-making*, OECD, 1997, p. 176.

中国的规制体制处于不断发展与完善之中，规制质量的提升更是题中之义，那么规制影响分析的建立显得极为必要。在建构策略上我们必须意识到，建构该制度一定要获得高层政府的支持方能有效，各国经验证明了这一点。[1] 而且，建构过程应该是个漫长、渐进的过程，有必要从逐渐展开、系统规划。如在层级上，中央政府要引入规制影响分析，结合地方探索经验，逐渐推广；在领域上，可从个别、比较容易开展规制影响分析的领域（如商贸领域），从量化与数据获取较为容易的领域开始，积累经验，逐步扩展到一般的规制领域；在程度上，可以先从描述性分析开始，逐步推进到定性分析与量化分析相结合的形态，辅以规制影响分析报告，最后用法律文件将规制影响分析制度的具体实施办法明确固定下来，并建立专责机关负责实施。实施步骤可分为长远目标与近期目标。

1. 长远目标

首先要立法。要使规制影响分析制度持续发挥提升行政规制、行政许可合理性的作用，必须在立法中明确规制影响分析的要求，将之纳入立法与决策程序之中。如《韩国行政规制基本法》第二章就明确规定了规制影响分析及其审查的要求，根据规定，规制影响分析书的内容应包括：①制定或强化规制的必要性；②规制目的实现的可能性；③是否有其他替代手段及是否与现有规制重复；④规制施行后，受规制的集团或国民应负担的成本和收益的比较分析；⑤是否有限制竞争因素；⑥规制内容的客观性和明确性；⑦制定或强化规制所需要的行政机构、人力及预算的支出；⑧有关民愿事务的处理内容和程序等是否合理。[2] 当然，一些国家规制影响分析的法律依据既可能是行政命令（如美国），也可能是内阁方针或财

---

〔1〕 OECD, *Regulatory Impact Analysis: Best Practices in OECD Countries*, OECD, 1997.

〔2〕 参见《韩国行政规制基本法》第二章；李秀峰、陈晔：《韩国行政规制基本法的制定与实施》，载《国家行政学院学报》2003 年第 1 期。

务委员会决定（如加拿大），它们的共同属性是分析依据的权力来源是中央层面的，这样就保证了它的强制执行力。

其次是组织设计。除行政许可设定与实施机关应负责提交规制影响分析报告之外，对该报告进行审查的机关的设立也极为重要，其可以从宏观的角度来整合规制资源，保证规制影响分析得以实施。从各国的经验来看，设立中央层面的统一审核评估机构非常重要，该机构的职能在于审查和协调规制机构在制定、修改、实施和评估规制政策过程中出现的相关问题，即内部协调；听取专家学者、利益团体和相关人员的意见，即外部协调。建立这个机构，目的是将政策制定、执行与审查、协调相分离，保证政策的客观性和有效性。履行集中审查职能。将规制的制定权与审查权相分离，对程序性和实质性条款进行更客观、更专业、更技术的审查，可以保证规制与法律、行政命令之间的协调一致；履行规制机构之间的协调职能，避免规制机构之间在一些问题上的规制重复、冲突与真空，使规制机构之间在规制理念、程序、方法与对象上协调一致；履行规制"规制者"的职能，避免狭隘的部门偏见与利益冲突，广泛征求利害关系人、专家学者、同行评议人的意见，提升规制质量，防止俘获问题。

2. 近期目标

第一，应在条件成熟时，修改《行政法规制定程序条例》和《规章制定程序条例》中的有关条款，建立提议、制定、事后评估行政法规和规章的规制影响分析制度。两部条例（各自的第 17 条与第 18 条）均有立法说明，但说明中都没有关于制定行政法规和规章的影响分析，没有成本收益、成本效果性分析与评估。这也导致如今一些部门或地方规制随意设定，公众参与度不够，应该通过规制影响分析程序与方法，促使相应的机关在制定许可或者设定规制时，深入调查把握必要性，了解其对经济、社会、环境的影响，量化成本与收益，提高规制的质量，扩大社会福祉。

第二，建立规制影响分析的原则、程序与方法。许多的规制在设定时争议很大，各方各持己见，并无相应的根据，因此建立规制影响分析制度极为必要。但是如何操作，需要专门立法加以确定。要分析规制对经济、社会、环境的影响，决定是否有必要规制。当前，可以在专门的领域展开试点，如由商务部对涉及 WTO 的立法进行规制影响分析与审查。

虽然近些年来我国在食品药品、环境保护、生产安全、金融保险等领域建立了一系列的政府规制机构，颁布了有关法规，但是由于缺乏有效的规制工具，颁布了一些不够科学的规制政策，导致规制质量不高，规制目标无法顺利实现。因此，要研究适合我国国情的规制影响分析的指导原则和适宜于现有人力资源、数据资料和法律框架的评估步骤与方法。可以在一定程度上借鉴国外经验，制定具有中国特色的规制影响分析指南；同时应明确评估机构以及各职能单位的权责义务，要从更好的规制理念出发，关注各种规制形态。

(三) 行政法学的任务

长期以来，西方行政法学者在论述规制及其改革之时，总是基于市场与政府的界分为前提而展开。[1] 实践中亦如此，市场与政府的界分成为规制实施的必要前提。即使出现了所谓的"后规制国家"的提法，[2] 混淆、模糊了公与私、政府与市场的界分，但作为方法论仍然是有意义的，而规制本身的作用亦不能因此予以全面否定。这一点对于中国以及其他的发展中国家极为重要，我们仍然是在建立有效的规制体系，而不是否定它。[3] 而在西方国家，伴

---

〔1〕 See Terence Daintith, *Regulation*, J. C. B. Mohr (Paul Siebeck), 1997, pp. 8-9.

〔2〕 See Colin Scott, "Regulation in the Age of Governance: The Rise of the Post-Regulatory State", in Jacint Jordana & David Levi-Faur, *The Politics of Regulation: Institutions and Regulatory Reforms for the Age of Governance*, Edward Elgar, 2004, pp. 145-161.

〔3〕 See Brian Levy & Pablo T. Spiller, *Regulations, Institutions, and Commitment: Comparative Studies of Telecommunications*, Cambridge University Press, 1996.

随着严重的经济社会危机的出现，强化政府规制亦成必然（如英国的 BSE 事件、全球金融危机）。因此可以说，在规制、规制缓和、更好的规制之间形成了一个循环光谱，市场与政府会因不同的情境而作出不断的调整，这种变化导致行政法（学）也在不断地变迁，需要行政法学予以回应。

第一，其他学科知识引入行政法学领域。进入 21 世纪以来，不同的法律学派都在思考如何弥补传统规制理论的不足，为新的时代引入新的体制。虽然并未就新的体系特别是名称达成共识，但普遍一致的观点是集中式的规制与放权式的规制缓和完全对立、水火难容的二分法已经过时，相互结合、相互补充成为一种趋势。[1] 当然，这种趋势也是对实践中的许多政策创新方式在法律上的回应，如行政机关除使用传统的规制之外，还会颁布大量的非拘束性的指南；在诸多新的领域（如网络、新能源）中，为私人主体提供了大量的机会实行自我管理或者合作规制。行政法领域也开始从规制模式（regulatory model）转向了治理模式（governance model），不仅仅关注传统以政府为主的规制，同时还关注分权、规制缓和、民营化等内容，强调政府、产业、社会为实现公共利益而共享责任。法学界对这种新的趋势有不同的称谓，如"反身法"（reflexive law）、"软法"（soft law）、"合作治理"（collaborative governance）、"民主实验主义"（democratic experimentalism）、"回应性规制"（responsive regulation）、"规制外包"（outsourcing regulation）、"重构性法律"（reconstitutive law）、"后规制法"（post-regulatory law）、"新兴规制"（revitalizing regulation）、"规制多元主义"（regulatory pluralism）、"分权化的规制"（decentering regulation）、"后设规制"（meta-regulation）、"契约型法律"（contractarian law）、"交往型治理"（communicative governance）、"协商型治理"（negotiated gov-

---

〔1〕 See Orly Lobel, "The Renew Deal: The Fall of Regulation and the Rise of Governance in Contemporary Legal Thought", 89 *Minn. L. Rev.* 342, 343 (2004–2005).

ernance)、"反稳定型权利"(destabilization rights)、"合作型执行"(cooperative implementation)、"互动型遵从"(interactive compliance)、"公共实验室"(public laboratories)、"深度民主与赋权型、参与式治理"(deepened democracy and empowered participatory governance)、"实用型法律界"(pragmatic lawyering)、"非竞争型伙伴关系"(nonrival partnership)以及"勇敢型法律体系"(a daring legal system)。[1]

这些提法的本质均是将其他学科的知识引入行政法学领域,略显杂乱。为此,如美国学者提出"新治理"模式在于将不同的学术观点整合成一个系统化的理论。[2] 不过有学者认为该种努力似乎并不完全成功,因为"新治理"这一概念仍然过于混乱、内容庞杂,又与"企业治理""全球治理""善治"等术语交织在一起,系统化、综合化的难度相当大。[3] 同时,"新治理"只是在对目前各国政府创新性的实践进行描述,是否具有"法律思维"或者"法学方法"仍然值得怀疑。新治理模式主张与注重许可的传统规制模式相区别,[4] 而强调合作、多元、多层、适应性、问题解决为中心的模式,并列举了美国、欧洲的大量事例,但对于法学有什么实质意义呢?对此学者质疑所谓的新治理模式,认为不过是对现有的一些创新进行了概括与描述,显得有些零乱。[5] 也有学者认为,规制中的灵活性是否能应对未来环境法的偶然事件或者必然趋

---

〔1〕 See Orly Lobel, "The Renew Deal: The Fall of Regulation and the Rise of Governance in Contemporary Legal Thought", 89 *Minn. L. Rev.* 342, 346–47 (2004–2005).

〔2〕 See Bradley C. Karkkainen, "'New Governance' in Legal Thought and in the World: Some Splitting as Antidote to Overzealous Lumping", 89 *Minn. L. Rev.* 471, 472 (2004–2005).

〔3〕 See R. A. W. Rhodes, "The New Governance: Governing Without Government", 44 *Pol. Stud.* 652 (1996).

〔4〕 See Richard B. Stewart, "Administrative Law in the Twenty-First Century", 78 *N. Y. U. L. Rev.* 437, 440–441 (2003).

〔5〕 See Mark Tushnet, "A New Constitutionalism for Liberals?", 28 *N. Y. U. Rev. L. & Soc. Change* 357, 358–359 (2003).

势，仍然值得推敲。[1] 新治理模式过于强调与传统规制模式的区别，并试图将自己的主张推广到各个领域，但在推广时却并无统一的学术理论。"新治理"倡导的学者还在文章中列举了 23 个相关的术语，令人费解与迷惑。[2] 同时，将如此多的术语综合成一个理论体系，本身就是一种风险，如同新治理模式在反对传统规制模式过于固定化、一成不变一般。还有学者们依赖德国法学者的"法律自创生性"（autopoietic）与"反身法"（reflexive law）理论作为新治理模式存在的依据，[3] 但也有一些持新治理观点的学者并不认为该理论发挥了作用，[4] 因为托依布纳指出，自创生性法律的特点在于法律的自治、规范的封闭性、动态稳定性等，那么在一个封闭的自治、自我限制、自我规制的体系中，法律构成了自我指涉的环状链条。[5] 而现实却是开放与动态发展的。当然，虽然批评质疑不断，但学者还是认为有关新治理的文献确实代表了法学、公共政策学甚至社会科学界的一个重要趋势，[6] 无论是国外，还是中国的学者、实务工作者均有必要对此进行关注与研讨。

　　新治理理论的倡导者认为新治理理论正在形成一个新的法学学

〔1〕 See Daniel A. Farber, "Triangulating the Future of Reinvention: Three Emerging Models of Environmental Protection", 2000 *U. Ill. L. Rev.* 61, 75.

〔2〕 See Orly Lobel, "The Renew Deal: The Fall of Regulation and the Rise of Governance in Contemporary Legal Thought", 89 *Minn. L. Rev.* 342 (2004-2005).

〔3〕 See Eric W. Orts, "Reflexive Environmental Law", 89 *Nw. U. L. Rev.* 1227, 1254-1255 (1995); Sanford E. Gaines, "Reflexive Law as a Legal Paradigm for Sustainable Development", 10 *Buff. Envtl. L. J.* 1 (2002).

〔4〕 See Michael C. Dorf, "The Domain of Reflexive Law", 103 *Colum. L. Rev.* 384, 398-399 (2003).

〔5〕 See Gunther Teubner, "The King's Many Bodies: The Self-Deconstruction of Law's Hierarchy", 31 *Law & Soc'y Rev.* 763, 764-765 (1997).

〔6〕 See Bradley C. Karkkainen, "New Governance in Legal Thought and in the World: Some Splitting as Antidote to Overzealous Lumping", 89 *Minn. L. Rev.* 471, 478 (2004-2005).

派，其从法学理论层面回应了当代政府规制的最新发展。[1] 在形成过程中，一些观点之间肯定存在相异之处，但这些差异均以传统规制模式为参照点，这也是新的法学学派形成之时的必然现象，而且新的法学学派形成将是一个持续不断发展的过程。强调学理的综合性极为重要，但时间较长。新治理的概念难以统一，其中"治理"而不是"统治"（government）意味着对经济与社会的规制从政府统治的垄断转向也包括了其他主体，所谓"新治理"中的工具事实上之前已经存在，"新"在自觉，即自觉地使用这些方式作为传统规制工具的替代或者补充。[2] 然而，行政法学的任务在于反思法律与新治理之间的关系如何，法律或者法学如何从新治理中获得某些变化。对此，学者们的探讨并不多见。[3] 将其他学科的知识或者术语（如"治理"）引入规制理论和行政法学中，可能仍然要使用法学方法来理解这些规制理念的变迁。如此，方有助于建立更为理论化、整合型的体系，从而指导政策制定者更好地解决不断出现的新问题，既保证对现有法律框架的尊重，又能够融合民主思想回应新的挑战。

第二，行政法学体系化的思维。对一门学科而言，体系化建构意义重大。[4] 体系化的结果是将那些能够持久作用，并具有相对普遍性的理论从纷繁复杂的法律事实中予以筛检、提炼、概括，并在学科中固定下来。出现新问题之时，稳定的行政法学体系就像一

---

〔1〕 See Orly Lobel, "Setting the Agenda for New Governance Research", 89 *Minn. L. Rev.* 498, 499 (2004—2005).

〔2〕 See David M. Trubek & Louise G. Trubek, "New Governance & Legal Regulation: Complementarity, Rivalry, and Transformation", 13 *Colum. J. Eur. L.* 539, 543, n. 9 (2006—2007).

〔3〕 See Gráinne de Búrca and Joanne Scott, *Law and New Governance in the EU and the US*, Hart Publishing, 2006, p. 4.

〔4〕 参见赵宏：《法治国下的目的性创设——德国行政行为理论与制度实践研究》，法律出版社 2012 年版，第 76—82 页。

个随时可供使用的巨大"仓库",能够为立法者提供资源,这些立法亦会更加稳定、科学,更富有持久的生命力。

本章前面部分重点论述了行政许可和规制的变化和内涵,但是本质上仍然属于对现实的描述,诸如强调多元主体的参与,或者强调非强制行政手段及平等协商的运用。这些理论主张或者制度设计均具现实意义,但不足之处在于缺乏体系化、整合性理念的建构,从形式上看仅仅系多元主体、多种方式、多种规范的混杂,遇到其他新生事物时,并未真正实现减轻法律实务上之负担、法律解释学上之功能以及法政策上之功能,[1] 可能仅是简单的概念累积和制度堆砌,并没有严密的逻辑关系;可能对法治所需的连续性、可预期性和稳定性产生阻碍;亦可能将导致"合作规制"蜕变为各方逃避责任的场域。虽然强调各方主体参与,但各方事实上在达成合意方面存在很大的困难。[2] 因此,行政法学并不能满足于对个别法律规定及法律制度作诠释性整理或者立法政策学上的呼吁,而是要就具体规定或者制度发生效力的条件加以探究。只有从理论上探讨,以行政法学体系化方式的反思,才能让个别机制与其他制度相互衔接,才能够使行政法实现其既定的立法目标和秩序任务。体系化不仅要回应现实,还要与现实保持"必要距离",防止便宜主义的做法;要有必要的解释能力,否则"永远疲于应付现实变化,而未经过滤沉淀的仓促回应又时时冲击和打破它刚刚建立起的稳定和平衡"。[3] 未来,行政法学有必要从目前过多关注多元主体的行动者中心主义转向对规制结构(regulatory structure)的关注,也就是说,规制问题的重心应从何者以何种方式规制何者,转变成为在规

---

〔1〕 参见〔德〕施密特·阿斯曼:《秩序理念下的行政法体系建构》,林明锵等译,法律出版社 2012 年版,第 5–6 页。

〔2〕 See Mark Seidenfeld, "Empowering Stakeholders: Limits on Collaboration as the Basis for Flexible Regulation", 41 *Wm. & Mary L. Rev.* 411, 450 (2000).

〔3〕 赵宏:《法治国下的目的性创设——德国行政行为理论与制度实践研究》,法律出版社 2012 年版,第 86 页。

制结构内，行动者采取行为、结构如何塑造行为以及在法律框架条件内以此是否仍可达成所拟达成的目的。规制结构将演变成为融合程序和实体内容的概念，在这个框架内展开对行为标准、行动者与工具间的作用关联性、替代关系与补充关系的讨论。

五、结语

在过去的几十年间，没有什么能比行政许可和规制改革更让人如此关注。在中国，行政许可和规制改革正成为现代、有效政府的核心要素。世界各国政府对于经济社会活动的规制，范围也越来越宽，程度也越来越深。在这个过程中，规制与规制缓和这一对矛盾的博弈始终贯穿于经济社会发展、政府职能定位与法治建设的演变之中。20 世纪后半叶见证了如此的发展路径：70 年代以前西方各国均进行了以加强规制为主的政府干预；70 年代起又开始了大规模规制缓和的运动；而 90 年代后又开始了再规制。2007 - 2009 年的金融危机，各国以前实施的规制缓和策略让位于严格的政府规制，这使得目前的规制与市场的关系变得更为复杂。[1] 英国于 1985 年建立的规制缓和委员会于 1997 年改名为更好规制委员会，体现出了规制的问题关键并不在于数量，而在于质量的问题。而中国自 2013 年起，将深化行政审批制度改革作为转变政府职能的突破口与重要抓手，体现了党中央、国务院推进审批制度改革的坚定决心和各部门落实中央改革决策的较高执行力。但是改革越是深入，涉及的行政许可项目越是复杂，触及的利益越深，遇到的改革阻力越大。为了巩固既有的成果，又要继续推进取消和下放行政审批事项，理论支持必不可少。当然，中国的规制改革，既要坚持从中国实际出发，又要借鉴世界上优秀的法治文明成果，同推进国家

---

〔1〕 See Robert Baldwin, Martin Cave & Martin Lodge, *Understanding Regulation*：*Theory*，*Strategy*，*and Practice*，Second Edition, Oxford University Press, 2012, p. 1.

治理体系和治理能力现代化相适应。[1]

　　本章结合中国实践以及相关政策的要求，指出在新时代下，行政许可和规制理念应该予以转变。规制理念转变的首要原因在于经济社会发展了变化，法律与治理模式也应相应地变化，弥补相关的差距并适应环境的发展与需要。[2] 经济社会发展的复杂性、不可预期性、动态性，都导致法律必须以多元化的样态来加以回应，21世纪的规制国家不再存在一成不变（one-size-fits-all）的解决方案。以网络技术为例，新技术让复制、传送、交易等变得极为容易，自我规制无论在成本还是收益方面都要优于政府规制。其次是内部的推动。传统规制工具本身有着诸多的局限性，产生了"干预型国家的危机"，[3] 按照进化论的观点，法律本身也需要完善、改进。规制国家下实质性的法律在许多情况下无法穷尽某些变化，无法有效地产生有意义的行为变化，经常会破坏其他子系统而产生一定的风险。从 20 世纪 70 年代开始，规制领域从大量的经济领域转向了社会性规制，目标在于提供健康、安全、环境与生活质量。[4] 这种规制较为复杂，授予规制机关更多的跨行业的管辖权，需要不同类型的知识、信息与公众支持。传统模式下，规制遵从依赖于统一的规范；而新的理念之下，法律控制可能变得更为动态化、反身性与灵活性，可能首先会依靠子系统本身采取内部的自我规制。一些公共价值开始融入私人主体的经济生活之中，而行政机关也经常从私人组织与基于市场的管理模式那里学习到许多的先进经验。理

---

　　[1]　参见习近平：《加快建设社会主义法治国家》，载《十八大以来重要文献选编》（中），中央文献出版社 2016 年版，第 186-187 页。

　　[2]　See Daniel J. Fiorino, "Rethinking Environmental Regulation: Perspectives on Law and Governance", 23 *Harv. Envtl. L. Rev.* 441, 464-67 (1999).

　　[3]　See Gunther Teubner, "Substantive and Reflexive Elements in Modern Law", 17 *Law & Soc'y Rev.* 239, 267 (1983).

　　[4]　See Peter H. Schuck, "The Politics of Regulation", in *The Limits of Law: Essays on Democratic Governance* 117, 123 (2000).

念变迁总是将新的非正式的做法转变为正式的做法，如此循环反复。[1] 此外，规制改革虽属国内议程的组成部分，但是随着中国国际贸易日益增长，市场开放性与透明度也要求我们展开规制改革。完善的规制体制可以提升市场开放度、透明度，规制合作能够促进与国外体系相接近，进而提升认知度。如果说国内规制改革是发挥市场资源的有效配置，那么国际层面主要是促进贸易增长。中国政府提出的"放、管、服"正是这种转变的体现，具有中国特色和时代意义。为此，要加强对《行政许可法》实施与修改的研究，关注规制方式多元化建构、引入规制影响分析制度等，拓展政府规制的视野，使之与宏观调控、环境保护等政府职能相契合，充分发挥市场、社会、政府各自的作用。作为学科，行政法学不仅应该关注实践的变化，更应该具有反思和体系化的能力，从而使学科更具有持续力和解释力。

主要参考文献：

1. 习近平：《决胜全面建成小康社会 夺取新时代中国特色社会主义伟大胜利——在中国共产党第十九次全国代表大会上的报告》，载《人民日报》2017年10月28日。

2. 国务院行政审批制度改革工作领导小组办公室编：《行政审批制度改革》，中国方正出版社2004年版。

3. 应松年、杨解君主编：《行政许可法的理论与制度解读》，北京大学出版社2004年版。

4. 马怀德：《行政许可》，中国政法大学出版社1994年版。

5. 周汉华：《政府监管与行政法》，北京大学出版社2007年版。

6. 汪永清主编：《行政许可法教程》，中国法制出版社2011年版。

7. 马怀德：《行政审批制度改革的成效、问题与建议》，载《国家行政学

---

[1] See Todd D. Rakoff, "The Choice Between Formal and Informal Modes of Administrative Regulation", 52 *Admin. L. Rev.* 159, 170 (2000).

院学报》2016 年第 3 期。

8. Robert Baldwin, Martin Cave & Martin Lodge, eds. , *The Oxford Handbook of Regulation*, Oxford University Press, 2013.

9. Ian Ayres & John Braithwaite, *Responsive Regulation: Transcending the Deregulation Debate*, Oxford University Press, 1992.

10. Stephen G. Wood, "Regulation, Deregulation and Re-regulation: An American Perspective", 1987 *Byu L. Rev.* 381 (1987).

<table>
<tr><td>第
九
章</td><td></td></tr>
</table>

合作行政与行政法的制度革新[*]

　　传统学者描摹现代国家的任务范畴时，总是将履行行政职能、完成行政任务纳入国家的垄断性事务下。[1] 这种归纳符合国家与社会二元分立的一般构想，而由国家来垄断行政事务，不仅因为具体落实法律、对社会予以能动塑造素来都是国家权力的传统构成，从"法治国"角度而言，这一归纳同样包含了藉由"公共任务国家化"，进而使其"法律化"，[2] 并最终对行政予以有效规范的基本思考。但伴随行政任务的持续更新与行政现实的急剧变化，这种由国家垄断行政事务的模式却凸现重大缺陷。相应地，一种尝试修正和填补传统模式缺陷的合作行政（kooperative Verwaltung）应运而生，反映在行政实践中则体现为席卷全球的"行政任务去国家化与民营化"（Entstaatlichung und Privatisierung von Verwaltungsaufgaben）的公共改革浪潮。行政实践和行政模式的转变同样给现代行政法学理带来剧烈震荡，而行政法学理也因此需要在"合作行政"的全新模式下进行"典范转移"和整体变迁。

　　近年来，党和国家的大政方针政策中对公共行政的这一变革趋

---

　　[*] 赵宏，中国政法大学比较法学研究院教授。

　　〔1〕 Hartmut Maurer, Staatsrecht Ⅰ, Verlag C. H. Beck Muenchen, 2003, S. 5.

　　〔2〕 Franz-Xaver Kaufmann, Diskurs ueber Staatsaufgaben, in: D. Grimm（Hrsg.）, Staatsaufgaben, suhrkamp taschenbuch 2631, Baden-Baden, 1996, S. 21. 在此，"法律化"既是"公共任务国家化"的表现，也是对"公共任务的国家履行"予以管制的手段。

势做出了积极的回应,合作治理、公私兼顾通常成为党中央、国务院的政策法规文件所强调的治理思路,成为我国推动国家治理体系与治理能力现代化的重要举措。习近平总书记多次提出并强调,政府和市场的作用不是对立的,而是相辅相成的。要找准市场功能和政府行为的最佳结合点,切实把市场和政府的优势都充分发挥出来,更好地体现社会主义市场经济体制的特色和优势,努力形成市场作用和政府作用有机统一、相互补充、相互协调、相互促进的格局。[1] 党的十九大报告从社会治理的角度提出,要完善党委领导、政府负责、社会协同、公众参与、法治保障的社会治理体制,提高社会治理社会化、法治化、智能化、专业化水平。上述论断和指导精神彰显了我国顶层设计对公共行政方式变革的及时回应。以上述思考为脉络,本章尝试在简单铺陈合作行政的制度背景、内容构成、典型类型的基础上,对合作行政在我国的实践现状和基本问题进行重点分析,并在此基础上通过借镜域外经验,总结我国行政法学理和实践在"合作行政"背景下需要进行的革新。

一、合作国家与合作行政的兴起

"合作行政"的概念源于"合作国家"(kooperativer Staat)。"合作国家"代表的是一种与传统管制国家迥异的国家模型。这种国家模型摒弃了传统国家所呈现出的"公共任务国家化""权力集中化"等趋向,尝试在国家与社会之间建立一种交互合作的关系。合作国家构成了合作行政的基本背景,同样也形塑出了合作行政的内容构成。因此,对合作行政的探讨首先须回溯至作为基本背景的合作国家。

(一)作为合作行政背景的合作国家

首次提出"合作国家"概念的是德国学者里特尔(Ernst-Has-

---

〔1〕 中共中央宣传部编:《习近平总书记系列重要讲话读本》(2016年版),学习出版社、人民出版社 2016 年版,第 150-151 页。

so Ritter)。里特尔在其 1979 年发表的《合作国家：对国家与经济关系的考察》一文中对合作国家的兴起、原则以及这一国家模型对于法治和民主所带来的震荡进行了系统阐释，此文也因此被誉为这一领域的奠基之作。

1. 干预国家的假定及其问题

里特尔在文中首先论及，传统的国家/社会关系常常被定义为一种单一的过程，即国家向社会的作用过程，"国家在这一过程中属于积极的、做出要求的、施加影响的部分，而社会则表现为被动的，由上述措施所导引的领域"。[1] 概言之，国家藉由单方的高权措施来完成对社会的导引和塑造，而这也就是所谓干预性国家的基本形态。但在里特尔看来，上述认知却建立在如下假定的基础上：其一，国家面对的是结构相对简单的外部环境，因为只有环境的复杂性被缩减，以抽象性法律为代表的单边的高权措施才会奏效；其二，国家所欲达到的规制效果，能够通过单一的、简单构建的作用链条获得实现，换言之，国家无需应对复杂的、需要差异性解决方案的情形；其三，外部生活关系是稳固的、鲜少发生变动的，唯有如此，单方的高权措施才能持续地、不受中断地发挥规制作用；其四，国家掌握了所有能够促成正确判断的重要信息；其五，国家所设定的经济政策目标，其实现无需受到社会主体和经济主体对这一目标的认同与配合的影响。[2]

但上述假定显然伴随实践的巨变成为与现实完全相异的假设。事实是，现代国家不仅需要考虑外部环境的复杂性，还必须提供差异性的对策予以应对；不仅需要顾及社会主体和经济主体的感受，还要依赖于他们的积极协作；不仅要发布抽象的一般规则，还要挖

---

[1] ［德］恩斯特-哈绍·里特尔：《合作国家：对国家与经济关系的考察》，赵宏译，载《华东政法大学学报》2016 年第 4 期。

[2] ［德］恩斯特-哈绍·里特尔：《合作国家：对国家与经济关系的考察》，赵宏译，载《华东政法大学学报》2016 年第 4 期。

掘出差异化的、具有适应力的，对于国家/社会的相互妥协保持开放的经济政策导引工具。概言之，对于国家和经济主体之间行为的协调确定，已不再只是借助单边的或高权的规制手段就可达成，"主导国家/社会关系的单边性原则也因此需要为双边或是协作原则所替代"。[1] 与理论滞后相反的是，"协作关系"或曰"共同协作"早已在国家实践中普遍展开。甚至，很多国家作用尽管都披着单方的、高权规制的传统外衣，但其内容却是国家与相对方通过相互协商和双边议定而达成。这些发展都成功地导出了国家/社会之间的相互协作，国家也因此从单边的高权发布台上退了下来，进入了与社会彼此连接、相互作用、信息和给付交换分享、行为彼此确定的平台。

2. 合作原则的内涵

尽管里特尔坦诚，共同协作并非一个能够被描述为典型的、由明确的"规范和法律关系"组成的法律制度，但他仍旧归纳出了"国家/社会的合作原则"的基本内容构成。"合作"首先标志着一种事实确认：这一概念是对国家与经济之间的相互影响、共同设定目标、共同致力于目标实现的协作的现实过程的综合。其次，这一概念还可理解为一种协调原则，这一原则对于当下致力于达成现代规制目标的法律改革的解释和适用都应发挥作用。再次，合作还可以被理解为一种形成原则，从这一原则出发，会衍生出许多与规划国家的理性相符的新的行为方式和法律制度。最后，在合作概念的背后还隐藏了国家与社会的规范模式，这种模式为新的经济宪法提供了基本指导。[2]

---

〔1〕 ［德］恩斯特-哈绍·里特尔：《合作国家：对国家与经济关系的考察》，赵宏译，载《华东政法大学学报》2016 年第 4 期。

〔2〕 ［德］恩斯特-哈绍·里特尔：《合作国家：对国家与经济关系的考察》，赵宏译，载《华东政法大学学报》2016 年第 4 期。

3. 合作国家与多元社会

国家的模型从单方的管制性国家过渡至需要与社会协作的合作国家，而与之相对的社会也同样演变为"合作化的多元主义社会"。[1] 在这个社会场域中活动的已经不复是单个企业或单个个体，社会的塑成也已不复是宪法理论所设定的"理性主导下的自我规制"。社会的真实场景演变为大型企业和组织化的社会群体为社会产品的分配而进行的激烈竞争。与等级社会不同，群体社会以结社自由，成员的多元性以及群体之间的自由流动为原则，个人对于社会过程的参与逐渐被群体所替代。概言之，"合作化的多元主义社会是一种聚合性的、群体化组织的社会"。[2] 但与此同时，这种社会同样也呈现出如下特征：它已经成为摆脱了利己主义的竞争原则，并培育出对共同体的责任感的社会，其成员同样摆脱了"纯粹的利益逻辑的无责性"（Unschuld der reinen Interessenlogik），[3] 而背负了对于公共福祉的协作义务。而社会主体和经济主体共同服务于公共目标，也当然成为公共任务通过国家/社会之间的协作得以合作完成的前提基础。

4. 合作国家对传统学理的挑战

现代国家理论和法治理论都毫无疑问地建立在国家/社会的二元分立观念之下。国家与社会的分离意味着距离，意味着不混同和不同一，而这种不混同和不同一成为现代法治理论的思想根源。但国家/社会的合作现实却表明，国家与社会间的现实关系并无法通过一种规范化的二元主义模式予以界定，合作国家的发展虽然没有改变社会与国家之间的距离、不混同和不同一，却是对国家和社会

---

〔1〕 ［德］恩斯特-哈绍·里特尔：《合作国家：对国家与经济关系的考察》，赵宏译，载《华东政法大学学报》2016 年第 4 期。

〔2〕 ［德］恩斯特-哈绍·里特尔：《合作国家：对国家与经济关系的考察》，赵宏译，载《华东政法大学学报》2016 年第 4 期。

〔3〕 H. Krueger, oeffentliche Elemente der Unternehmensverfassung, in: J. H. Kaiser (Hrsg.) Planung V, 1971, s. 19/47.

之间相互渗透、互相交叉的现实的全新描述。

　　合作国家的出现首先对法治理念提出重大挑战。合作国家很多时候是以高权措施的退场为前提，而大部分的合作过程也是在法治国典型的作用形式之外的轨道上运行。在合作国家之下，法律作为导引工具的重要性被大大弱化，国家与社会主体、经济主体之间的协作在更多时候并非通过法律服从义务或不服从的惩戒措施获得实现，相反，"法律作为导引工具往往只出现于双方因缺乏合作动力而必须施加压力时使用，或者在合作因为参与者众多而难以展开时使用"。[1] 尽管法治国的保障并未因合作国家的出现而彻底熔断，却确实地触及了其核心部分。合作国家同样深刻影响了代议制民主的传统观念。经典的民主概念是，将国家意志的作用和表达最终都回溯至平等和自由的个人。而合作国家的实践却使国家和社会之间又产生出一个意志形成的子系统。而这个子系统大量承担着议定、协商的重要功能。在宪法实践中，这些子系统常被评价为"政治决策的前阶段"或者"权力的前院"，[2] 但它们的作用范围在法律上却很少被人把握，其在国家政治生活中的权重也未获真正重视。

　　合作国家对传统法治和民主观念带来重大挑战，而法学要在合作国家之实践迅速发展的背景下继续保持规范效力，就必须对如下问题予以回应：首先，应对合作关系的各个连接环节予以制度化和规范化，由此才能使合作各方的责任具有可计算性；其次，应尽最大可能地使合作过程予以公开，由此才能使共同协作不致演变成"暗箱操作"；再次，必须使合作关系的公开化、多元化和参与机会获得制度保障，由此合作才不致演变为封闭的卡特尔集会；最后，必须在客观功能化的意志形成与代议制的一般民主意志之间建立起

---

〔1〕［德］恩斯特-哈绍·里特尔：《合作国家：对国家与经济关系的考察》，赵宏译，载《华东政法大学学报》2016年第4期。

〔2〕［德］恩斯特-哈绍·里特尔：《合作国家：对国家与经济关系的考察》，赵宏译，载《华东政法大学学报》2016年第4期。

新的一致性。[1]

（二）合作行政的内容构成与典型类型

以合作国家为背景，合作行政作为一种全新的行政模式相继而生。在合作行政的模式下，国家或行政机关不再居于核心地位，行政职能通过分散的、多中心的结构模式予以实现；相对人也不再只是被管制的客体，同样成为分担管制功能和任务的主体。在管制方式上，行政机关也不再拘泥于传统的高权方式，相对人的参与协助，使行政管制以一种交互合作的方式进行。[2] 合作行政的勃兴同样是因为传统规制方式与行政现实之间的"严重脱钩"。传统行政以行政机关的单方决定模式（Einseitige Entscheidungsschema）为核心，其成立的前提预设同样是：行政机关不仅能够通过职权调查获取所有重要信息，也同样拥有能够做出正确决定的所有经验知识；而法律为行政机关提供的又是由"构成要件"和"法律后果"组成的条件构造，在这一构造下，行政在所掌握信息的基础上，只要依循法律涵摄技术，就能够得出具体个案中"合法的"同样也是"正确的"决定。如果说，这一预设和这种单方决定模式在行政主要表现为侵害行政的单一样态下尚能够成立和奏效，那么伴随现代行政任务的膨胀，其成立基础和有效性却彻底坍塌。在现代行政法中，行政任务广泛拓展至生存照顾、给付提供、政策导引、风险管制等诸多方面，并覆盖环境法、建筑法、科技法等诸多领域。这些新兴行政领域的复杂多样，以及高度专业和迅速变化的特质，都使原本仅由行政机关所主导的行政决定作成程序凸现严重缺陷。从尽可能广泛的渠道获取充分的决策信息，尽可能全面地提取、权衡各种相互冲突的私益，尽可能地在合法性框架内兼顾各方利益，这些

〔1〕 ［德］恩斯特-哈绍·里特尔：《合作国家：对国家与经济关系的考察》，赵宏译，载《华东政法大学学报》2016 年第 4 期。

〔2〕 Wolf Hoffmann‐Riem, Tendenzen in der Verwaltungsrechtsentwicklung, DOEV 1997, S. 234.

需求都迫使行政机关越来越倚重与公众的相互协商与共同合作。基于这一背景，合作行政最初只是作为一种修正或填补传统程序缺陷的辅助性模式而出现，但发展至今已成为很多新兴领域，例如经济法、社会法、环境法、租税法以及保险法等领域的关键行为手段。这些变化甚至让德国著名公法学者哈特穆特·鲍尔（Hartmut Bauer）断言，"合作化的国家以及合作化的行政必将成为行政法学理的核心命题"。[1]

1. 合作行政的内容构成

与国家从某项传统任务领域彻底退出，将其完全交由私人自治和市场决定的"解除管制"不同，"合作行政"意味着尽管国家仍旧保留某项行政职权，但这项职权的执行主体已经不再仅局限于国家，而是由国家和私人合作完成。"合作行政"的核心在于私人对于行政的参与（Partizipation），这种参与又远远超出了行政单方决定模式下，相对人通过表达意见、加入程序而对决定结果间接施加影响的程度和范围，它使行政机关和私人在公共治理中结为"公私协力的伙伴"（Public-Private-Partnership），[2] 行政机关不再单方面地定义与实现公共福祉，私人也可同样以管制主体的身份分享行政职权。在行政任务的履行由国家垄断转变为行政与私人分工协作的过程中，合作行政也渐渐凸显其在行为类型、行政程序、正当性基础以及国家责任形态等方面与传统行政迥异的特质。

（1）非型式化行为作为行为模式。传统行政的行为方式多是行政行为、行政合同以及法规命令等"型式化行为"（formale Verwal-

〔1〕 Hartmut Bauer, Verwaltungsrechtslehre im Umbruch? Die Verwaltung 25（1992），S. 313.

〔2〕 Lerke Osterloh/Hartmut Bauer, Privatisierung von verwaltungsaufgaben, VVDStRL 54, 1994, S. 657. ff.

tungshandeln)。[1] 这类行为的概念、范畴、类型、体系以及与其他体系间的关联在长期的行政实践中已相对完备且固定，换言之，都已"型式化"或"程式化"。[2] 这种"型式化"工作的目标是通过创建某些规范的、稳定的、制度化的"型式构造"（formelle Handelungsklammer），[3] 并将其作为行政活动的基本单元，由此来达到简化行政的目的。而创建型式化行为类型，并将其与特定的构成要件和法律后果相连，同样有助于对抗可能的行政恣意，强化对行政的适法性控制。[4] 但在能动灵活的合作行政中，行政所适用的更多是"非型式化行为"。这些非型式化行为主要表现为行政机关在决定前程序中（Vorverfahren）与当事人所进行的接触、沟通、协商，对当事人所做的非型式化的承诺、指示、合意以及决定作出后的磋商（Nachvernandlungen）。[5] 与型式化行为相比，此类行为的拘束意思（Bindungswille）和规范范围（Regelungsumfang）并不明确。[6] 里特尔曾在《合作国家》一文中说明，即使由行政相对

---

〔1〕 Eberhard Schmidt-Assmann, Lehre von den Rechtsformen des Verwaltungshandelns, in: ders, Aufgaben und Perspektiven verwaltungsrechtlicher Forschung, Tuebingen: Mohr Siebeck, 2006, S. 540ff. 我国台湾地区学者将"formale Verwaltungshandeln"译为"型式化行为"，旨在强调行政方式的型式化、类型化、制度化特征。参见林明锵:《论型式化之行政行为与未型式化之行政行为》，载翁岳生六秩诞辰祝寿论文集:《当代公法理论》，月旦出版公司 1993 年版，第 341 页下。

〔2〕 Fritz Ossenbuehl, Die Handlungsformen der oeffenlichen Verwaltung, JuS 1979, S. 681 ff.; Erberhart Schmidt Assmann, Das allgemeine Verwaltungsrecht als Ordnungsidee und System, Heiderberg, 2002, S. 10. ff.

〔3〕 Hartmut Bauer, Verwaltungsrechtslehre im Umbruch? Die Verwaltung 25（1992），S. 317.

〔4〕 参见赵宏:《行政行为作为行政法教义学核心的困境与革新——兼论我国行政行为学理的进化》，载《北大法律评论》2014 年第 2 期，第 512 页。

〔5〕 Hartmut Bauer, Verwaltungsrechtslehre im Umbruch? Die Verwaltung 25（1992），S. 301.

〔6〕 Eberhard Schmidt-Assmann, Lehre von den Rechtsformen des Verwaltungshandelns, in: ders, Aufgaben und Perspektiven verwaltungsrechtlicher Forschung, Tuebingen: Mohr Siebeck, 2006, S. 540ff.

人相互议定的行政合同，对于合作化规划的达成也不具备足够的灵活性。行政合同只是存在于合同主体之间的点状的制度设置，它只适用于短期规划，这一领域中，不确定的因素较少，为达到既定目标所需的必要手段也能提前予以确定。而对于长期的合作规划，稳定的合同框架反而抑制了合作双方根据未来的情势变动予以灵活处理的可能。取而代之的应是一种持续的制度性联系，是共同协作的框架条件。

相比抽象僵化的型式化行为，这些非型式化行为更柔软灵活，更具弹性和创新性，达成行政目的时也更便捷和高效。[1] 而这类行为在合作行政中的大量涌现，同样是因为行政机关为回避型式化行为太过严苛僵化、制式呆板的结果。未型式化行为在实现现代行政管制任务方面所具有的优势，甚至让很多德国学者预言"其未来很有可能在整体的行政方式中后来居上，取代型式化行为而占据优位"。[2] 值得注意的是，非型式化行为克服了型式化行为僵化严苛的弊病，但也带来法律规范上的极大困难，这同样对传统行政法学理带来挑战。

（2）私法化程序和组织机构的纳用。行政程序虽然属于行政法学理的固定构成，但传统行政程序却是以行政机关的单方决定模式为核心特征，它虽然也重视相对人的程序权利，尤其是参与权利的保障，但因为以行政权为思考主轴，程序设置主要着眼于如何保障行政机关在个案中做出正确合法的决定。这就导致在传统行政程序模式下，相对人的参与和作用并未获特别强调，公法决定的作出过程也被设置地相对固定和僵化。而在合作行政模式下，私人主体由

---

〔1〕 Eberhard Schmidt-Assmann, Lehre von den Rechtsformen des Verwaltungshandelns, in: ders, Aufgaben und Perspektiven verwaltungsrechtlicher Forschung, Tuebingen: Mohr Siebeck, 2006, S. 540ff.

〔2〕 Fritz Ossenbuehl, Die Lehre von den Rechtsformen des Verwaltungshandelns, DVBL, 1989, S. 622.

管制客体一跃而升为与行政一样的管制主体，不仅传统的行政单方决定模式被打破，且适用于私人行为的"私法化程序"也被导入行政流程中。相比传统行政程序，私法程序更柔软、灵活、弹性，且注重法律关系主体的互动往来和意思等值。其典型即德国于 1996 年在《许可程序加速法》（Genehmigungsverfahrensbeschleunigungsgesetz）中引入的"星式程序"和"圆桌式会谈"的程序。[1] 这些程序有利于法律关系主体进行充分沟通和协商，行政程序也因此呈现出合作式、沟通式、讨论性、透明度高的现代化特点。[2] 与此同时，在合作行政之下，因为行政的正当性已经不再取决于行政机关依据法律涵摄技术在具体个案中得出的合法决定，相反，决定是否通过各个不同的利益主体充分参与、热烈讨论和相互妥协而达成，成为行政决定具有可理解性、可接受性，进而具有正当性的基础。这也使公法对于行政决定程序理性的需求大幅提高，行政程序理论也从传统行政中的辅助性角色跃升为"具有枷锁效力（katechonitische Wirkung）的杠杆"，[3] 且发展成可与行政行为法教义学并列的教义体系。

合作行政带来的不仅有私法程序，同样包含私法组织机构的纳入。"现代国家的决策力与行动力系依其组织法之结构而定"，[4] 行政组织法不仅将行政建构成法律上的行为体，同样也会影响行政事务的处理过程及其决定，并进而塑造出一个关联管制体（Kontextsteurung）。[5] 但传统行政法对于行政组织以及行政组织法并未

---

〔1〕 参见德国《联邦行政程序法》第 70a 条。

〔2〕 Vgl. Stelkens/Bonk/Sachs, VwVfG, (Fn. 13), §71e, Rdnr. 4.

〔3〕 Eberhard Schmidt - Assmann, Das Allgemiene Verwaltungsrecht als Ordnungsidee: Grundlagen und Aufgaben der verwaltungsrechtlichen Systembildung, Heiderberg, 2002, S. 337.

〔4〕 Eberhard Schmidt - Assmann, Das Allgemiene Verwaltungsrecht als Ordnungsidee: Grundlagen und Aufgaben der verwaltungsrechtlichen Systembildung, Heiderberg, 2002, S. 207.

〔5〕 Eberhard Schmidt - Assmann, Das Allgemiene Verwaltungsrecht als Ordnungsidee: Grundlagen und Aufgaben der verwaltungsrechtlichen Systembildung, Heiderberg, 2002, S. 207.

给予充分关注。组织法被归纳为内部法，在程序上和法律保护上通常都受到较低的法治国约束。又鉴于国家/社会的二元区分，行政组织与私人组织或经济组织之间的区别被予以特别强调。但伴随合作行政的拓展，二者之间的区分却日渐模糊，德国学者 Helmut Klages 曾犀利指出，"由马克斯·韦伯所描述的高度形式化与高度集权化的、层级构造的官僚组织，已经转变为广泛的、非形式化的、分权的、通过水平网络和合作关系决定的'花体'组织世界"。[1] 去管制化、公私合作、行政民营不仅使经济化、市场化的组织形式成为行政任务履行时纳用的组织形态，因公共任务的民营还大量滋生了国家与社会的合作性组织。

（3）理性与正确性取代合法性成为行政正当的判断基准。在传统模式中，行政的正当性从整体上主要源于立法的"民主授权"，而在具体决定中则表现为消极方面不抵触法律（法律优先），积极方面有法律授权（法律保留），即具体行政决定是在谨守"依法行政"原则中获得正当基础。[2] 但在合作行政下，因行政现实的复杂化与利益主体及利益格局的多元化，僵化严苛地谨守法律，已不能再为行政，尤其是复杂的行政个案决定提供充分的正当性基础。多样复杂的行政现实使人们不再仅仅关注具体行政是否"合法律地做出"。相反，该决定是否通过各不同的利益主体充分参与、热烈讨论和相互妥协而达成，行政决定是否为法律所容许的多种合法选项中，"最符合客观现实（sachrichtig）、最具理性（rational）的最适决定"，[3] 成为行政决定获得信赖与认可，进而获得正当性的基础。

---

〔1〕　Klagers, in: Hill/Klagers, Reform der Landesverwaltung, S. 7（12）.

〔2〕　Hans Heinrich Rupp, Grundfragen der heutigen Verwaltungsrechtslehre, Tuebingen: Mohr Siebeck, 2. Aufl., 1991, S. 113.

〔3〕　Andreas Vosskuhle, Neue Verwaltungsrechtswissenschaft, in: Wolfgang Hoffmann-Riem/Eberhard Schmidt-Assmann/ Andreas Vosskuhle（Hrsg.）, Grundlagen des Verwaltungsrechts, Baden-Baden: Nomos, Bd. I , 2006, S. 17.

决定行政正当性转变的，还有法律规制模式的变革。传统行政下，法律为行政提供的是一种典型的"条件模式"。这种模式由一定的构成要件和法律后果组成，如果构成要件获得满足，就会导向相应的法律后果。相应地，对行政合法性和正当性的判定也主要依据行政机关是否遵守了条件模式下的法律涵摄步骤。[1] 但在合作行政所覆盖的新兴领域，为适应新兴行政对于行政自主性的需求，法律管制开始改采"目的模式"。[2] 这种模式并未明确规定构成要件，而仅规定法律所要达成的目的，至于达成目的的手段则由承担管制职能的决定者自行决定。从这个意义上说，决定者相较从前获得了更多的自主空间。相应地，为确保这一过程中的行政理性，对行政正当性的评价基准也就必然超越之前单纯的合法性，而扩充为行政效能（Effizienz）、行政过程的透明（Transparenz）和亲民性（Buergernaehe），以及行政决定的可接受性（Akzeptabilitaet）和可理解性（Verstaendlichkeit）等综合指标，这些指标也因此取代单纯的"行政合法性"，成为行政新的正当性基础。[3]

（4）从履行责任到担保责任的责任形态更迭。在传统行政模式下，行政承担的主要是执行责任（在给付行政中表现为自己提供给付）。公私协力和合作行政虽然使行政不再独揽这种执行责任，甚至将执行责任完全交托给民间力量，但并不意味着行政在此领域的全面放手和责任免除，而只是其承担责任的具体形式和内容发生更迭，履行责任被担保责任（Gewaerhleistungspflicht）[4] 所替代，而

[1] Eberhard Schmidt-Assmann, Verwaltungslegitimation als Rechtsbegriff, Aoe R 116, 1991, S. 329.

[2] Winfried Brohm, Die Dogmatik des Verwaltungsrechts vor den Gegenwartsaufgaben der Verwaltung, in: VVDStRL 30（1972）, S. 245.

[3] Reiner Schmidt, Flexibilitaet und Innovationsoffenheit im Bereich der Verwaltungsmassstaebe, in: Wolfgang Hoffmann-Riem/ Eberhard Schmidt-Assmann（Hrsg.）, Innovation und Flexibilitaet des Verwaltungshandelns, Tuebingen: Mohr Siebeck, 1994, S. 67.

[4] Markus Heintzen, Beteiligung Privater an der Wahrnehmung oeffentlicher Aufgaben und Staatliche Verantwortung, VVDStRL 62（2003）, S. 220. ff.

合作国家也因此又被称之为担保国家。

广义的担保责任是一种层级化的、体系化的责任整体（abge-stufte Verantwortlichkeit），[1] 它覆盖了国家将行政事务转交他人完成的整体过程中的不同义务，且囊括了国家在公私合作背景下的复杂责任样态。德国学者将行政在公私协力下的责任类型归纳为如下几种：其一，给付不中断的担保责任，这种责任主要适用于实质民营化，即国家将某项任务从根本上转移至私人部门的情形，此时，尽管行政给付完全由私人提供，但国家有义务对民众担保攸关民生的公共服务的供给不发生中断；其二，维持与促进竞争的担保责任，针对具有替代性或多重选择的公共服务，国家应确保存在能够促进产品品质提升和价格合理化的正当竞争；其三，持续性的合理价格与一定给付品质的担保责任，对于没有替代性的公共服务，国家应担保私人提供给付的价格和品质持续性地保持合理和良好；其四，对私人履行行政职责造成的损害的国家赔偿责任，无论行政助手还是藉由委托承担行政职能的私人，其职务行为造成第三人权利受损的，应由国家承担赔偿责任，这一点同样在国家赔偿的理论和实务中获得肯定；其五，对民营化措施实施之后可能产生的后果持续承担的责任，例如对于既有人员的安置责任，对私人履行公共事务的行为是否妥当、是否需要修正、是否需要引入修正措施的持续性的观察责任等。[2] "行政责任"（Verwaltungsverantwortung）[3] 体系描摹出了行政在公私协力以及民营化模式下的整体义务类型，而合作行政也因此在这一意义上展现出公共治理从"国家任务到行政

---

〔1〕　Eberhard Schmidt-Assmann, Verwaltung in Privatrechtsform, 1994, S. 200.

〔2〕　许宗力:《论行政任务的民营化》，载翁岳生教授祝寿论文编辑委员会编:《当代公法新论》（中），元照出版社 2011 年版，第 606—609 页。

〔3〕　Eberhart Schmidt-Assmann, Zur Reform des Allgemeinen Verwaltungsrechts: Reformbedarf und Reformansaetz, in: *Hoffmann-Riem/ Schmidt-Assmann/Schuppert*, Reform des allgemeinen Verwaltungsrechts, Baden-Baden 1993, S. 43. ff.

责任"[1] 的重要嬗变。

2. 合作行政下的行政任务民营

如果说合作行政描述的是现代行政下行政机关和私人在公共治理中所达成的"公私协力的伙伴"（Public-Private-Partnership）模式，那么行政任务民营（Privatisierung von Verwaltungsaufgaben）则是其典型的体现。时至今日，行政任务民营已经成为席卷全球的公共行政改革浪潮。民营化的普遍推进，是源于现代国家在行动能力上遭遇的界限与障碍。而行政任务民营在提升行政效力、纾解财政压力、有效利用民间资源与技术、使国家摆脱任务负累等方面所表现出的巨大优势，又使其范围不管拓展，甚至覆盖原本被认为属于"国家绝对保留"范畴的危险防御、监狱管理等领域。

尽管行政任务民营化在全球高歌猛进，但由于类型斑驳复杂，至今尚未形成法教义学上的确定内涵。这一概念只是描述了在合作国家和合作行政背景下，一种原本由公共机构履行的事务，开始向私人领域转移的重新分配过程（Umverteilungsprozesse Hinzu Privaten）。[2] 在"国家任务国家履行"至"国家任务彻底转移给私人"的秩序两极之间，会存在诸多层级差异，它们共同构成了丰富多变、斑驳复杂的民营化光谱。

德国学者 Friedrich Schoch 曾将行政任务民营划分为如下四种类型，而这四种类型也被称为迄今有关行政任务民营化的经典分类：其一，机构民营化（Organisationsprivatisierung）。机构民营化是指行政主体通过设立私人经济体（如有限责任公司或股份有限公司），借由私法方式完成某项行政任务。[3] 这种民营化是纯粹形式上的

---

[1] 许宗力：《论行政任务的民营化》，载翁岳生教授祝寿论文编辑委员会编：《当代公法新论》（中），元照出版社 2011 年版，第 610 页。

[2] Hans Herbert v. Arnim/Rolf/ Borell/Gustav Vogt, Privatisierung oeffentlicher Dienstleistungen, Karl-Braeuer-Institut des Bundes der Steuerzahler, 1978, S. 9.

[3] Friedrich Schoch, Privatisierung von Verwaltungsaufgaben, DVBL. 1994, S. 963.

民营化，其立意在于借鉴私法组织的灵活性，提高行政效率，并借此免除预算法以及公务员法等对法律对于公法组织的约束。[1] 其二，财产民营化（Vermoegensprivatisierung）。财产民营化是指国家或地区的财产被转移至私人手中。[2] 其本质在于政府的淡出，而主要形式则是出售，这种类型民营化的目的主要为了缓解国家财政负担，解决财政赤字，清偿政府债务。其三，实质民营化（materielle Privatisierung）。实质民营化又称为"任务民营化"，即国家将某项任务从根本上转移至私人部门，国家和地区也因此不再承担此项任务。实质民营化的目的在于，"通过任务缩减减轻国家负担"，同时"期望这些任务可在自由的经济竞争下，以更完善、更有效率且更节省支出的方式完成"。[3] 其四，功能民营化（funktionale Privatisierung）。功能民营化意味着履行某项任务的权能和责任仍旧属于公法主体，而任务的具体实施（给付提供或任务实施）则纳入了私法主体。功能民营化的本质在于，行政任务的部分民营化。因其设计公私合作，因此又常常与公私伙伴关系（PPP）紧密相连。这种模式的启用，除有节约财政支出的考虑外，国家还寄望通过公私合作来利用民间企业的专业能力、民间创意、私人行政潜能和私人资金等。现实中，上述类型可能交叠合体，民营化的程度差异也因此会产生错综复杂的变化。德国学者也因此又总结出"部分民营化"（Teilprivatisierung）的类型，来描述从国家承担全部的履行责任到国家放弃所有责任之间的"过渡机制"（graduelle Abstufung），[4] 并认为其拥有重要的学理探讨价值。

　　学理上对行政任务民营的归纳整理包括探讨民营化的"法律容许性"（rechtliche Zulaessigkeit），通过诉诸既有的法秩序来寻求民

---

[1]　Hartmut Maurer, Allgemeines Verwaltungsrecht, 18. Aufl., 2011, §23 Rn. 64.

[2]　Friedrich Schoch, Privatisierung von Verwaltungsaufgaben, DVBL. 1994, S. 963.

[3]　Friedrich Schoch, Privatisierung von Verwaltungsaufgaben, DVBL. 1994, S. 963.

[4]　Friedrich Schoch, Privatisierung von Verwaltungsaufgaben, DVBL. 1994, S. 966.

营化的界限（Grenzen der Privatisierung），并提炼出一般性的规则，来对繁冗芜杂的民营化现实予以调控（Rechtssteuerung）。从法律的容许性而言，迄今大部分推行行政任务民营化的国家均已排除了民营化的秩序障碍，宪法和一般法均对民营化予以许可，在很多国家甚至借由一般法而对行政任务民营施以"压力"（Privatisierungs-druck）。[1] 传统学理探讨民营化的界限时，总是惯于划出某些任务领域，将其归之于"国家的绝对保留"（Staatsvorbehalt）范畴。但伴随现实中民营化领域的一再拓展，所谓"国家绝对保留"的范围逐渐丧失说服力，在诸多传统上由国家武力独占的领域，人们也都看到了民营化的潜能和作为。这也使学者开始普遍确认，"在国家任务的视角之下，原则上已经无法划出某一任务领域，完全不得进行民营化"。[2] 国家任务中已经不包含民营化的禁区，这并不意味着民营化自此就再无界限。为避免民营化所产生的国家逃避责任、行政摆脱公法约束以及因滥用私人而导致的公共服务价格上涨、任务不履行或"不良履行"的危险，行政在进行民营化权衡时，必须借助"一种以任务为导向的、客观的和与具体情境紧密相连的个案分析方法"，[3] 对民营化的目标、对象、模式、作用和结果进行复杂的考量。而权衡民营化方案时应考虑的基本权利保护、社会国、法治国、民主国、经济原则等，也因此构成了具体民营化决定的"界限"。最后，为避免民营化的潜在弊端，法律必须对民营化的整体过程，包括决定作出（Entscheidungsfindung）、决定落

---

〔1〕 例如德国在《预算法》里规定，国家负有义务检验，"国家任务或包含公共目的的经济活动，能够在多大程度上通过去国家化或民营化完成"。学者认为，这是对"民营化"施加温和的压力。Peter J. Tettinger（Hrsg.），Rechtlicher Rahmenfuer Public-Private-Partnerships auf dem Gebiet der Entsorgung, 1994, S. 25ff.

〔2〕 Hartmut Bauer, Neue Tendenzen des Verwaltungsrecht im Zeitalter der Privatisierung，载李建良主编：《2011 行政管制与行政争诉：民营化时代的行政法新趋势》，李建良译，"台湾地区中央研究院"法律学研究所印，第 93 页。

〔3〕 Grupp, Rechtsprobleme der Privatfinanzierung von Verkehrsprojekten, DVBL. 1994, 140.

实（Entscheidungsumsetzung）、任务转移（Aufgabenuebertragung）以及后续责任（Verantwortlichkeiten）等整个过程进行规范调控,[1]而且必须为民营化配备以"再国家化"（Restaatlichung）[2]的可能。

3. 作为行政任务民营典型类型的"公私合作"（Public-Private Partnerships，PPP）

"公私合作"常常被作为民营化的典型标志。与行政任务民营化一样，公私合作同样不具备统一的教义学内涵。因其本身变动不居、类型斑驳复杂，公私合作更多地被作为一项集合性概念（Sammelbezeichnug），包含了所有"公私之间自愿的、正式的和长期的，以共担责任、通过纳用私人资源来完成公共任务为目标的合作"。[3]如果说，行政任务民营化代表了一种原本由公共机构履行的事务，开始向私人领域转移的重新分配过程，而在"国家任务国家履行"至"国家任务彻底转移给私人"的秩序两极之间，会存在诸多层级差异，而 PPP 正好居于其中。

与行政民营化一样，人们对于 PPP 的认识同样主要通过其现实分类而展开。有关 PPP 的第一种划分方式是财政模式（Finanzierungsmodell）和机构模式（Organisationsmodell）。"PPP 在很多时候都被作为公共财政紧缺时使大型公共设施项目得以兴建的可能手段。"为缓解财政压力，公权力机关可将公共设施的兴建交由私人按照公共规划完成，之后再以租赁的方式使用，而私人也可藉此在未来的一段时间内收回投资成本。这种方式即财政模式的 PPP。在这一模式下，项目的兴建和使用都由公权力机关计划安排，私人只

〔1〕　Hartmut Bauer, Privatisierung von Verwaltungsaufgaben, S. 254.

〔2〕　Hartmut Bauer, NeueTendenzen des Verwaltungsrecht im Zeitalter der Privatisierung. 载李建良主编:《2011 行政管制与行政争诉:民营化时代的行政法新趋势》,李建良译,"台湾地区中央研究院"法律学研究所印,第 84 页。

〔3〕　Uechtritz∕Otting, Public Private Partnership , NVwZ 2005, 1105.

是分担投资压力。而在机构模式下，公权力机关与私人长期合作，其不仅会借助私人资本，同样会借助其技术优势（Know-how），因此其本质就是"公共任务的部分民营化"（Teilprivatisierung von oeffentlichen Aufgaben）。

第二种划分方式来自欧盟法。欧盟在 2004 年的指令中，曾将公私合作划分为"合同性质的 PPP"与"机构性质的 PPP"。"合同性质的 PPP"是指，公共给付和公共任务以公权力机关和私人间缔结的合同为基础，从公权力机关手中转移至私人手中。而嗣后合同的具体实施、变更以及补充都由作为合同主体的公私双方合意议定。而"机构性质的 PPP"专指那些由公私双方共同参与的"公司"（又称为"混合经济公司"）。在此模式下，决定利益和观点分歧的方式是公司法上的股东投票权。[1]

此外，PPP 模式还可根据合作的形式和"程度"（Intensitaet）来确定，据此，PPP 又可划分为以下三种主要类型：非正式合作（informelle Kooperation）、互易合同下的合作（austauschvertragliche Kooperation）以及混合经济公司模式（gemischtwirtschafliche Gesellschaft）。[2] 在非正式合作模式下，公私之间的协商和承诺本质上并不具有法律拘束力，这种模式的合作通常在一些小型项目或大型合作项目正式展开之前进行。互易合同下的合作以正式合作为基础，但其形式也相对多样，在有的模式下，私人主体只是承担了广泛的给付义务（特别是项目规划、财政、翻修以及经营等），而在有些模式下，私人只是承担了大型项目中某些设施的运营任务。在混合经济公司模式下，公私之间在机构层面有了更高程度的联结，公私双方已经不仅限于合同之下的债法关系，还产生了公司法上的

---

[1] Holger Muehlenkamp, Ziele, Definitionen und oekonomisch relevante Merkmale von Oeffentlch-Privaten Partnership, in: Muehlenkamp, Oeffentlich-Private Partnerschaften-Potentiale und Problene, 2016, Baden-Baden, S. 1.

[2] Ziekow/Windoffer, Public Private Partnership 2008, S. 20.

关系。上述分类大体描画出了 PPP 的样态模式，但因为区分标准不一在本质上会产生相互交错，而这些斑驳芜杂的分类也恰恰证明了 PPP 实践的复杂多变。

对于 PPP 的规制，各国的立法模式各不相同：有针对 PPP 实践制定专门的 PPP 立法的，例如美国，迄今已有 33 个州出台了交通建设领域的专门 PPP 立法，也有如德国一样并未制定专门的 PPP 法案，只有对 PPP 所涉及的现有规范进行调整和修改，由此来清除公私合作的障碍。被誉为德国 PPP 基本法的《公私合作促进法》就将其目标定位于"扫清德国公私合作的法律障碍，改善公私合作的法律框架和环境，并加速其实践发展"。[1]

尽管规范模式不尽相同，但在 PPP 实践较为成熟的国家都渐次归纳出 PPP 的实体规则。以德国为例，尽管其宪法、一般法和地区法规范均向 PPP 模式保持开放，但仍对 PPP 项目的展开设置如下界限：其一，公权主体的规制可能（Steuerungsmoeglichkeit）和足够的影响力，即在 PPP 框架下，行政机关必须保留有效的规制和导引可能，唯有如此，行政事务通过公私合作的方式履行才符合民主正当性的一般要求，而 PPP 项目的进行也能在吸纳私人优势的同时，避免国家逃避责任以及公共服务因纳入私人而导致的不良履行的危险。其二，经济和节约原则。在所有层面进行的 PPP 都必须符合经济和节约原则，德国《预算法》就明确要求国家必须时时检验，"国家任务或是包含公共目的的经济活动，能够在多大程度上通过去国家化或是民营化完成。其三，透明化要求。PPP 项目涉及对公共资源、公共给付和公共物品的分配，也因此应"通过一种透明的、无歧视的、竞争开放的程序进行"，[2] 唯有如此，才能确保公权力机关选择最经济的任务承担者。

---

〔1〕　Bundestagsdrucksache（BT-Drs.），15/5668, S. 1-2, 10-18.

〔2〕　Grundprobleme von Public Private Partnerschips, S. 121.

4. 行政合同适用范围的扩张与规则的演进

合作行政与公私协力的发展,同样对行政合同学理产生重要影响。如上文所述,公权力和私人主体协作履行公共事务的行为往往以合同的形式进行,公私合作也因此常常与行政合同的概念相互叠加。但值得注意的是,对于公私合作合同的属性认定,即使在有严格的公/私二元界分的欧陆法系国家也不尽相同。在法国,公私合作合同被毫无疑虑地界定为公法合同,但在德国,公共任务的履行并不一定会导致公法合同的缔结,而公私合作合同也并非就一定是公法合同。[1]

鉴于,德国法有关公法合同的完整发展脉络及其公法合同理论对于包括我国在内的欧亚国家的强烈影响,本章以德国法为例简要分析合作行政背景下行政合同适用范围的拓展和规则的演进。德国《联邦行政程序法》将行政合同首先区分为:对等关系的合同(Koordinationsrechtliche Vertraege)和隶属关系的合同(Subordinationsrechtliche Vertraege)。两者的区别正如文义所示,是指合同双方当事人缔结合同时处于上下隶属关系还是平等关系。但值得注意的是,德国《联邦行政程序法》所着力规范的公法合同主要是隶属关系的合同,这种合同形式自始就被作为行政行为的替代者,换言之,对于此类合同主体,行政机关本来有权对其作出行政行为,但却用合同方式来替代。至于对等关系的合同,则常常存在于公权力主体之间或公权力主体对合同主体并未做出行政行为的权限时。正是因为行政合同被作为行政行为的替代者,且《联邦行政程序法》又普遍承认了行政机关的合同形式的行为选择自由,[2] 因此,如何避免行政机关在缔结合同时的"手段滥用"(Missbrauchs der Handlungsform),即利用公权力"压榨合同相对人"(Ausnutzung

---

〔1〕 Kopp/Ramsauer, VwVfG, 11. Aufl. 2010, §54 Rn. 40b.

〔2〕 德国《联邦行政程序法》第54条"只要法律没有例外规定,公法上的法律关系即可通过合同建立、改变或废止"。

vom Hoheitsrecht）或"出卖公权力"（Ausverkauf vom Hoheitsrecht），便成为《联邦行政程序法》进行公法合同规制时重点考虑的问题。而对此问题的讨论成果，又集中体现于第 56 条所规定的"不当联结禁止"（Koppelungsverbot）和适宜的对待给付（Gebot der Angemessenheit der Gegenleistung Schutzvorkehrungen）。[1] 正因如此，传统行政合同学理在应对合作行政时凸显规范储备的严重不足。行政实践中大量涌现的"公私合作合同"（Kooperationsvertraege）不仅使合同的适用在传统公法合同基础上大幅扩张，同样也引发了合同理论和规则的演进。

作为公私合作或行政任务民营最常使用的法律形式，公私合作合同（Public-Private-Partnership Vertraegen）的目的，旨在使民营化的任务通过合规范的方式进行，私法主体在法律秩序之下持续地，以社会能够承受的方式，合品质地、高标准地提供给付。为保障上述目标的实现，德国学理认为，公私合作合同至少应包含以下三方面的内容：首先，合同条款必须确保给付的品质和责任，换言之，合同条款必须包含品质、给付和责任三方面内容。这些内容在合同中为私人纳入法律义务，也引入了行政主体对私人的控制和惩罚可能（Kontroll- und Sanktionsmoeglichkeiten）。其次，既然给付必须以合品质的、高水准的方式提供，因此在私人"不良履行"时，行政机关就保有收回行政任务的权限。而这一目的又主要通过合同中包含的合同期限、解除和变更条款来完成；最后，对于可能导致垄断的任务转移，行政主体可在合同中对私人给付提供者规定价格约束措施以及强制缔约义务，保证其以社会能够承受的方式，普遍地提供社会给付。[2]

相比传统的隶属关系模式下的行政合同，公私合作合同的规则

---

〔1〕 Kopp/Ramsauer, VwVfG, 11. Aufl. 2010，§54 Rn. 14.

〔2〕 Wilhelm Henke, PraktischeFragen des oeffentlichenVertragrechts－Kooperationsvertraege, DOEV 1985, S. 41ff.

也应相应予以调整，这种规则的改变尤其体现于为提升合同的灵活性（Flexibilisierung），从而"拓展合同的变更可能（Anpassungsmoeglichkeit），以及弱化合同的无效后果（Abschwaechung der Nichtigkeitsfolgen）"。[1] 合作合同为行政机关和私人缔结，其目的是将公法任务转移给私人履行，但为避免因此产生的行政任务"不履行"或者"不良履行"的弊端，合作合同必须包含特定条款，以确保"行政机关对公共任务合秩序地履行有足够的影响力"（hinreichender Einfluss）。所谓"足够的影响力"在德国法中未有定论，但其内涵至少意味着合同条款中包含了私人提供公共给付的品质和责任，行政主体对私人的控制和惩罚可能（Kontroll- und Sanktionsmoeglichkeiten），以及在私人"不良履性"时，行政机关收回行政任务的可能与权限，而这些目的又主要通过合作合同中更灵活的解除和变更条款来完成。[2] 从这个意义上说，传统行政合同的变更可能（Anpassungsmoeglichkeit）必须获得拓展。另外，为适应公私合作的发展，传统行政合同过于宽泛的无效事由同样应受到限制。德国《联邦行政程序法》规定公法合同的无效准用民法典中的无效事由，即第 59 条第 1 款"如果公法合同具有民法典中的无效情形则该合同无效"，此外第 59 条第 2 款又叠加规定了隶属关系合同的其他无效事由。[3] 但民法上的合同无效事由相当宽泛，尤其是"凡合同违反强制或禁止性规定的均属无效"。将如此宽泛的无效事由不加变动地转用于行政合同，不仅使合同的无效情形远远超出行政行为

---

〔1〕 Schuppert, Verwaltungskoopertationsrecht, S. 124.

〔2〕 Wilhelm Henke, Praktische Fragen des oeffentlichenVertragrechts – Kooperationsvertraege, DOEV 1985, S. 41ff. Akkermans, Privatizations and Public Law, S. 15. f.

〔3〕 《联邦行政程序法》第 59 条第 2 款："如果第 54 条第 2 款规定的合同有如下情形的无效：①相同内容的行政行为同样无效；②具有相同内容的行政行为具有除第 46 条所规定的程序和形式瑕疵以外的其他瑕疵，而这些违法瑕疵在合同缔结时当事人就已知悉；③缔结和解协议的条件不存在，且具有相同内容的行政行为具有除第 46 条所规定的程序和形式瑕疵以外的其他瑕疵；④行政机关进行了第 56 条所禁止的对待给付。"

的无效范围（后者只有在重大且明显的违法瑕疵存在时才属无效），而且，会导致辛苦达成的行政合同动辄回到原点。上述无效事由即使适用于隶属关系的合同都显得僵化严苛，更不用说公私双方为公共任务的履行而耗时良久、牵扯多方利益且合同期限也较长的公私合作合同。正因如此，为因应公私合作合同的发展，传统行政合同学理中的无效后果就必须相应弱化（Abschwaechung der Nichtigkeitsfolgen），导致无效的情形也必须限缩。

二、合作行政在我国的实践现状及其问题

合作行政与行政民营化在全球范围的高歌猛进，同样对我国产生了较大的影响。在实现由计划经济体制向市场经济体制转轨、克服因政府垄断所造成的公用事业质量低劣、绩效不佳等问题的过程中，借鉴西方国家的民营化经验，已成为我国政府治理的重要举措。[1] 事实上，早在 20 世纪 80 年代，我国就已经渐次展开民营化趋势，其规模并不亚于其他国家。我国推行的租赁制、承包制、股份制以及建立三资企业、鼓励非国有经济的发展，拍卖小型国有企业直至逐步深入的行政体制改革等，都可以归属到民营化的内涵之下。[2] 近年来，党的方针政策中也常常将合作治理、公私兼顾作为发展社会主义市场经济、完善社会治理的重要举措，合作行政由此在我国得到了长足的发展与进步。

（一）合作行政的制度演进

我国公私合作与行政民营的最初领域主要限于公用事业，但对"公用事业"的范畴界定并不完全一致。有研究者将其界定为"通过固定网络设施提供产品或服务的行业"，[3] 2002 年建设部颁布

---

〔1〕 章志远：《行政任务民营化法制研究》，中国政法大学出版社 2014 年版，引言。

〔2〕 敖双红：《公共行政民营化法律问题研究》，法律出版社 2007 年版，第 53 页。

〔3〕 周林军：《公用事业管制要论》，人民法院出版社 2004 年版，第 14 页。

的《关于加快市政公用行业市场化进程的意见》则将"市政公用事业"界定为"供水、供气、供热、公共交通、污水处理、垃圾处理等经营性市政公用设施"以及"市政设施、园林绿化、环境卫生等非经营性设施"。行政民营化改革由公用事业改革入手，是由公用事业长期垄断所造成的亏损严重、效率低下以及服务质量低下等积弊所致。在此领域，我国公私合作的制度发展经历了最初藉由政策鼓励公用事业建设与经营过程中吸纳民间资本，尤其是吸引外商投资公用事业，到公用事业特许经营模式渐次形成并获大范围推广，再到法律对公用事业特许经营以及 PPP 进行基础性、系统性规范的发展历程。下文主要就我国在这一领域的制度变迁来大致描摹合作行政的制度发展历程。

1. 制度发端：1995 年《关于以 BOT 方式吸引外商投资有关问题的通知》

我国关于公用事业特许经营的政策"试水"，最早可追溯至1995 年 1 月原国家对外贸易经济合作部发布的《关于以 BOT 方式吸引外商投资有关问题的通知》。同年 8 月，原国家计委、电力工业部、交通部发布《关于试办外商投资特许权项目审批管理有关问题的通知》，又对 BOT 试点工作中的具体事项予以明确规定。所谓 BOT 是行政任务民营化的典型类型，即私人主体为基础设施融资并负责其建设，建设完毕后将基础设施的所有权转移给有关政府主管部门。作为公私合作的端倪，上述政策的内容可简略概括为：其一，外商投资特许权项目被定义为"外商建设—运营—移交的基础设施项目"；其二，政府机构一般不应对项目做任何形式的担保或承诺，不提供固定投资回报率的保证。

2. 制度初创：原建设部 2002 年《关于加快市政公用行业市场化进程的意见》

2002 年原建设部出台《关于加快市政公用事业市场化进程的意见》，其中规定"采取公开向社会招标的形式选择供水、供气、供热、公共交通、污水处理、垃圾处理等市政公用企业的经营单位，由政府授权特许经营"，由此，市政公用行业推行政府特许经营制度被证实确立。之后，原建设部又在此基础上于 2004 年颁布《市政公用事业特许经营管理办法》。该办法尤其指出，特许经营权期限最长不得超过 30 年，企业如擅自转让、出租特许经营权，将被依法取消特许经营权。上述规范以及此后建设部发布的《关于加强市政公用事业监管的意见》"在一定程度上奠定了公用事业市场化改革的法制基础"。[1] 此后，特许经营地方政府规章纷纷出台，河北省、北京市、天津市、深圳市、成都市、济南市、潍坊市、邯郸市、赤峰市等地均于 2003－2004 年间出台公用事业特许经营办法。

综合上述政策和规章，可看出我国在公用事业民营化领域在此阶段呈现出如下特点：其一，政府特许经营成为公用事业公私合作的基本形式，其模型基本塑成；其二，政府特许经营的规模领域大范围拓展，已从供水、供电、供暖拓展至污水和垃圾处理产业；其三，针对政府特许经营问题的回应性规制方案以及监管体制都开始渐次形成。例如，为应对实践中地方政府为吸引外资而擅自承诺高额固定回报率的问题，国务院办公厅于 2002 年发布《关于妥善处理现有保证外方投资固定回报项目有关问题的通知》。为纠正基础设施项目无序建设的问题，2004 年国家发展与改革委员会发布《关于坚决制止电站项目无序建设意见的紧急通知》。而为摒弃传统的"补丁式"监管策略，原建设部发布的《关于加强市政公用事业监管的意见》明确列举市政公用事业的监管范围包括市场进入与退出的监管、运行安全的监管、产品与服务质量的监管、价格与收费的监管、管线网络系统的监管、市场竞争秩序的监管等，并尝试因此建立系统的监管制度。

---

〔1〕　章志远：《行政任务民营化法制研究》，中国政法大学出版社 2014 年版，第133 页。

在政府特许经营模式得以基本塑成的基础上，国务院于 2005 年发布《鼓励支持和引导个体私营等非公有制经济发展的若干意见》36 条（一般被称为"非公 36 条"）。作为国内第一个促进非公经济发展的系统性政策文件，此文件初步确定了放宽非公有制经济市场准入机制的基本立场，允许非公有资本进入垄断行业和领域、公用事业和基础设施领域、社会事业领域、金融服务业、国防科技工业建设领域、参与国有经济结构调整和国有企业重组，参与西部大开发、东北地区等老工业基地振兴和中部地区崛起。[1]

3. 制度调整：2010 年国务院《关于鼓励和引导民间投资健康发展的若干意见》

2008 年，受金融危机的影响，我国的经济增长明显放缓。基于同样原因，以 PPP 项目所进行的公共投资在很多国家呈现数量骤降的趋势。德国自 20 世纪 80 年代开始进行公私合作与行政民营，至 2004 年迎来顶峰，但到了 2009 年却呈现"衰落"现象。金融危机的影响虽然未使我国公用事业特许经营的高歌猛进呈现明显"颓势"，却同样引发人们重新省察公私合作的可能问题，我国也相应进入"公用事业特许经营的政策调整期"，而这一时期的标志就是 2010 年发布的《国务院关于鼓励和引导民间投资健康发展的若干意见》（史称"非公经济新 36 条"）。

"新 36 条"在充分肯定非公有制经济和民间投资重要意义的基础上，尝试进一步拓宽民间投资的领域和范围，"鼓励和引导民间资本进入法律法规未明确禁止准入的行业和领域"。[2] 包括：基础产业和基础设施领域，例如交通运输建设、电力建设、石油天然气建设、电信建设、土地整治和矿产资源勘探开发；市政公用事业（城市供水、供气、供热、污水和垃圾处理、公共交通、城市园林

---

〔1〕《国务院关于鼓励支持和引导个体私营等非公有制经济发展的若干意见》第 1 条。

〔2〕《国务院关于鼓励和引导民间投资健康发展的若干意见》第 1 条。

绿化领域）和政策性住房建设领域；社会事业领域，例如医疗事业、教育和社会培训事业、社会福利事业、文化、旅游和体育产业；商贸流通领域；国防科技工业领域；以及重组联合和参与国有企业改革领域。由此，我国的公私合作已突破之前的市政公用事业领域，而在各类行业和领域全面铺开。此外，"新36条"还申明了排除民间投资制度障碍的基本立场，"规范设置投资准入门槛，创造公平竞争、平等准入的市场环境，市场准入标准和优惠扶持政策要公开透明，对各类投资主体同等对待，不得单对民间资本设置附加条件"，[1]"清理和修改不利于民间投资发展的法规政策规定，切实保护民间投资的合法权益，培育和维护平等竞争的投资环境"，[2]"建立健全民间投资服务体系"，尤其是"充分发挥商会、行业协会等自律性组织的作用，积极培育和发展为民间投资提供法律、政策、咨询、财务、金融、技术、管理和市场信息等服务的中介组织"。[3]最后，"新36条"同样强调了放宽市场准入机制的同时，要切实加强监管。

4. 从政策调整向法律规制的转型：国务院2015年《基础设施和公用事业特许经营管理办法》

如果说我国公私合作和行政民营主要依赖政策予以推行，那么2015年由国家发展和改革委员会、财政部、住房和城乡建设部、交通运输部、水利部、中国人民银行联合签署，以国务院令发布的《基础设施和公用事业特许经营管理办法》（下文简称《办法》）则是第一部全面系统规范基础设施和公用事业特许经营的核心规范。除再次强调国家鼓励和引导社会资本参与基础设施和公用事业建设运营的基本立场外，《办法》还对"基础设施和公用事业特许经营"及其类型都进行了明确界定。"基础设施和公用事业特许经

---

〔1〕《国务院关于鼓励和引导民间投资健康发展的若干意见》第1条。

〔2〕《国务院关于鼓励和引导民间投资健康发展的若干意见》第29条。

〔3〕《国务院关于鼓励和引导民间投资健康发展的若干意见》第34条。

营"是指，政府采用竞争方式依法授权中华人民共和国境内外的法人或者其他组织通过协议明确权利义务和风险分担，约定其在一定期限和范围内投资建设运营基础设施和公用事业并获得收益，提供公共产品或者公共服务。基础设施和公用事业特许经应可采取如下形式："（一）在一定期限内，政府授予特许经营者投资新建或改扩建、运营基础设施和公用事业，期限届满移交政府；（二）在一定期限内，政府授予特许经营者投资新建或扩改建、拥有并运营基础设施和公用事业，期限届满移交政府；（三）特许经营者投资新建或改扩建基础设施和公用事业并移交政府后，由政府授予其在一定期限内运营；（四）国家规定的其他方式。"[1] 从以上表述看，政府特许经营已经不再仅限于传统的 BOT 模式。

除丰富了政府特许经营模式外，《办法》还对特许经营项目实施方案的内容、特许经营可行性评估的内容、特许经营者的遴选、特许经营协议的内容（项目名称、内容；特许经营方式、区域、范围和期限；项目公司的经营范围、注册资本、股东出资方式、出资比例、股权转让等；所提供产品或服务的数量、质量和标准；设施权属以及相应的维护和更新改造；监测评估；投融资期限和方式；收益取得方式；价格和收费标准的确定方法以及调整程序；履约担保；特许经营其内的风险分担；政府承诺和保障；应急预案和临时接管预案；特许经营期限届满后，项目及资产移交方式、程序和要求；变更、提前终止及补偿；违约责任；争议解决方式）、特许经营协议的履行、变更和终止等事项作出规定。除重点规范特许经营协议外，《办法》还分别规定了政府和特许经营者的义务。例如，政府应确保特许经营协议的履行，[2] 而特许经营者应当对特许经营协议约定服务区域内所有用户普遍地、无歧视地提供公共产品或

---

[1] 国务院《基础设施和公用事业特许经营管理办法》第 5 条。
[2] 国务院《基础设施和公用事业特许经营管理办法》第 34 条。

公共服务，不得对新增用户实行差别待遇。[1] 对于特许经营协议的争端解决，《办法》首次明确规定，"特许经营者认为行政机关作出的具体行政行为侵犯其合法权益的，有陈述、申辩的权利，并可以依法提起行政复议或行政诉讼"。[2] 而这一规定显然是对 2014 年修改的《行政诉讼法》有关"行政机关不依法履行、未按照约定履行或者违法变更、解除政府特许经营协议、土地房屋征收补偿协议等协议"，相对人可提起行政诉讼的回应。

在 2018 年国务院的年度立法工作计划中，由法制办、发展改革委、财政部共同起草的《基础设施和公共服务领域政府和社会资本合作条例》如能够顺利出台，也将成为我国 PPP 领域的重要立法规范。

事实上，理解我国合作行政的发展，需要从国家治理方式和体系改革的大背景下着眼。党的十八届三中全会明确提出，全面深化改革的总目标是完善和发展中国特色社会主义制度，推进国家治理体系和治理能力现代化。关于国家治理与传统的行政管理之间的差异，习近平总书记曾精辟地指出，国家治理思维"体现的是系统治理、依法治理、源头治理和综合施策"。[3] 为促进这种国家治理方式的革新，"要更加注重联动融合，开放共治，更加注重民主法治、科技创新、提高社会治理社会化、法治化、智能化、专业化水平，提高预测预警预防各类风险能力"。[4] 早在 2014 年 11 月亚太经合组织第 22 次领导人非正式会议上，习近平总书记就明确作出承诺，"我们决定拓展基础设施投融资领域务实合作，推广公私合作伙伴

---

〔1〕　国务院《基础设施和公用事业特许经营管理办法》第 46 条。
〔2〕　国务院《基础设施和公用事业特许经营管理办法》第 51 条。
〔3〕　习近平：《在全国社会治安综合治理创新工作会议上的讲话》。
〔4〕　习近平：《切实把思想统一到党的十八届三中全会精神上来》（2013 年 11 月 12 日），载《中国青年报》2014 年 1 月 1 日，第 2 版。

关系模式,帮助本地区破解互联互通建设资金瓶颈"。[1] 党的十九大提出了加快完善社会主义市场经济体制的要求,并从支持民营企业发展、激发各类市场主体活力等方面做出了诸多政策设计。这一系列顶层设计从国家治理、宏观经济发展的高度着眼,为完善和推进公私合作提供了理论基础和方向导引。

(二)合作行政的实践评估与既存问题

如果以 2002 年建设部颁布的《关于加快市政公用行业市场化进程的意见》为正式的发端,我国的合作行政实践,尤其是公用事业特许经营改革已历经近二十年的历程。其在减轻政府负担、提高行政效能、提升公共服务品质、减少政府对公用事业管制方面都展现出相当优势。此外,尽管最初我国公用事业特许经营制度的改革同样依循了传统的政策主导模式,公用事业特许经营改革主要通过政府政策予以推广,但至 2015 年国务院发布《办法》,合作行政和政府特许经营规制已呈现由政策引导转向法律规制的趋势。该《办法》不仅对特许经营协议的内容、履行、变更、终止、争端解决等事项予以系统规定,还尝试建立体系化的监管体制。尽管其对于公用事业特许经营的规定还略显单薄,内容主要局限于公用事业的特许经营领域,未触及公私合作的其他枝蔓,但已为未来 PPP 的体系化建构和规制奠定了基础。

需要指出的是,无论在实践操作,还是在制度建构方面,我国在公私合作领域都累积了一定成功经验,但也同样暴露出诸多问题。这些问题同样促使我们对公私合作的运行、规制、建构等诸多方面进行更细致深入的省察。

1."大力推行"与"成功案例"之间的实践落差

如上文所述,2002 年起公私合作尤其是公用事业的特许经营

---

〔1〕 习近平:《在亚太经合组织第二十二次领导人非正式会议上的闭幕辞》(2014年 11 月 11 日),载 http://www.gov.cn/xinwen/2014-11/11/content_2777322.htm,最后访问时间:2018 年 3 月 9 日。

就获得我国政府的大力推行，政策的鼓励的确使民间资本对于公用事业的投资数量激增。但从实践效果看，那些受政策鼓动而迅速上马的政府特许经营项目中，以失败告终不在少数。一部分特许经营项目都在匆匆上马后，由于欠缺科学论证、政府监管乏力、服务质量恶化、争端纠纷频发等事由而以失败告终。有学者甚至总结，我国公用事业特许经营实践已陷入"仓促决策—监管不力—纠纷频发—政府回收"的"周期律"。[1] 如果我们线性地观察政府特许经营，则会发现大量项目失败的原因几乎覆盖了政府特许经营的全部过程。

（1）决策期公私双方对于项目的认知错位。在诸多案例中，仓促决策和仓促上马往往是项目失败的导火索。而这一阶段的问题又突出表现为，公私双方对于即将运行的政府特许经营项目的认知错位：从政府角度而言表现为，上马特许经营项目很多都只是为摆脱市政服务的负担，对项目可能的风险缺乏事先预估和防范；从私人经营者而言则表现为，对公用事业的"公益性"缺乏了解，投资项目以自身利益最大化为唯一权衡指标。[2] 双方认知的错位，导致诸多政府特许经营项目的运行并未经过妥善理性的论证，这也为项目之后的运行困难埋下伏笔。

（2）启动期市场准入的失范。公私合作尤其是政府特许经营项目涉及对公共资源、公共给付和公共物品的分配，因此必须通过一种透明的、无歧视的、竞争开放的程序进行，唯有如此，才能确保公权力机关选择最经济有效的任务承担者。但在我国实践中，诸多私人被授予特许经营权并未经过严格的竞争程序，政府甚至未采用典型的招投标等竞争方式，这也导致政府特许经营项目启动期市场

---

〔1〕　章志远：《行政任务民营化法制研究》，中国政法大学出版社2014年版，第121页。

〔2〕　章志远：《行政任务民营化法制研究》，中国政法大学出版社2014年版，第123页。

准入的失范。除竞争性匮乏外，在诸多政府特许经营项目的启动过程中，政府同样未履行信息公开以及保障公众参与的义务，这也使得普通公众在政府特许经营项目启动初期对项目运行知之甚少，因此无从有效表达诉求，更无法对项目的启动进行有效的公众监督。

（3）经营期政府对私人主体不良履行的监管不足。经营期是整个特许经营项目中最重要、历时最长的阶段。实践证明，在特许经营项目建成或移交后，私人主体很多时候并不能如其所承诺的那样积极履行特许经营协议，相反还常常因投资中断、管理不善等问题出现"不履行"以及"不良履行"的弊端，此时应依赖于政府的有效监管予以补救。但实践中政府对私人主体履行政府特许经营协议往往怠于、疏于监管，尤其是对私人提供服务的质量和安全、稳定的价格体系等未积极进行绩效评估和严格监督，这也直接导致普通公众因私人主体的不履行或不良履行而权益受损。[1]

除上述典型问题外，在公用事业特许经营的实施过程中，还暴露出诸如政府违反诚信擅自变更或终止合同、缺乏有效及时的应急预案、项目移交程序不规范等诸多问题。[2] 上述问题在相当程度上表明，公私合作是公私双方进行的长期的、错综复杂的合作，其内容涉及公共项目的计划、融资、建设、运营以及应用等诸多环节。尽管既往实践中，公私合作展示出提升行政效率、纾解财政压力、有效利用民间资源等诸多优势，但上述优势的发挥并非概然的、不依赖任何条件的。如果对方式的选择缺乏论证和评估基础，对公私合作的运行过程缺乏有效规制，公私合作同样会暴露出行政任务不履行或不当履行，国家对任务履行的影响力缩减、对公共过

---

[1] 章志远：《行政任务民营化法制研究》，中国政法大学出版社2014年版，第127页。

[2] 章志远：《行政任务民营化法制研究》，中国政法大学出版社2014年版，第129页。

失无法追责、国家为控制和监督私人主体履行行政任务引发不必要开支、因民营化导致公共服务垄断和价格上涨等诸多缺陷。

2. 规范供给的不足与法律规制的要点

如上文所述，我国自 2002 年启动公用事业的民营化改革，并以此为契机和重点逐渐型塑出我国公私合作的制度初貌。但初期的改革主要依赖于政策推进，直至 2015 年国务院颁布《基础设施和公用事业特许经营管理办法》，才呈现从政策到法律的转型。但上述转型仍旧只是初现端倪，无论在公用事业特许经营领域抑或公私合作（PPP）领域，我国仍面临规范供给与法律规制的严重不足。

2015 年国务院颁布《办法》之前，尽管在诸多政府政策中已涉及政府特许经营的事宜，但因为缺乏系统导引，这些内容往往分散杂乱。此外，因为是政策规定，其内容也大多原则粗略，无法为实践提供有效指引。《办法》对特许经营项目实施方案的内容、特许经营可行性评估的内容、特许经营者的遴选、特许经营协议的内容、特许经营协议的履行、变更和终止等事项进行相对细致地规定，为实践中政府特许经营的开展提供了具体的指针，但其内容仍旧只是侧重于特许经营协议的议定、履行、变更和终止等事项。如前文所述，公私合作涉及公私部门在公共项目的计划、融资、建造、运营以及应用等全部环节，除需明晰具体的特许经营协议的签署履行外，还应在法律上确立体系化的公私合作框架条件、政府对于公私合作的监管和责任机制、风险分配原则等。

（1）立法模式的选择与框架性条件的纳入。我国和域外的经验都在一定程度上证明，公私合作与行政任务民营化虽然会带来诸多优势，但同样也隐含了一系列风险。从德国经验看，德国法在民营化的同时，也往往会为民营化配备"再国家化"和"再地方化"的可能。但"再国家化"和"再地方化"并非就是民营化的失败，两者也不能被塑造为对立的两极。我们并不能笼统概略地做出"私人优于国家"或者"国家优于私人"的一般性判断，唯有摆脱特定观念的桎梏，才能在个案中做出民营化还是国家化的客观妥适的判断。从这个角度而言，法律对公私合作应持审慎客观的立场，即使要推行民营化，也不能将其作为公权力的普遍义务（generelle Privatisierungspflicht），更多地只能是通过要求公权力机关在完成国家任务时可适时检验，"国家任务是否以及在多大程度上能够通过民营化的方式完成"。[1]

以上述认知为基础，我们在法律中明确公私合作的框架性条件时，就不能将公私合作视为"一个详尽的带有给付目录的公共给付的准确描述，而是一个功能上的、以结果为导向的公共给付描述"。[2] 鉴于公私合作的长期性以及由此产生的问题的不可预见和无法预估，法律对于公私合作的条件规定就不能是事无巨细的、僵化严苛的，法律更宜做出框架性条件规定，而为合作双方未来对合作内容的调整留下灵活处理的空间。

针对公私合作的框架性条件的规定，域外的经验同样值得我们参考。在这些立法模式中，有些国家制定了专门的 PPP 立法，在这一立法中细致规定作为 PPP 最重要类型的政府特许经营，但与此同时也为其他的合作模式留下空间。采此模式的国家例如意大利。但也有国家迄今都未出台专门的 PPP 法案，已有的立法也只是对 PPP 所涉及的现有规范进行调整和再造（Anpassung und Gestaltug），由此来清除公私合作的障碍，适应公私合作的实践，采此模式的典型是德国。但值得关注的是，专门的 PPP 立法的缺失并未造成 PPP 项目持续进行的中断，相反，细致入微的"法律规范的阙如恰恰为公私之间的动态化的合作提供了契机，也使这一发展

---

〔1〕 Hartmut Bauer, Privatisierung von Verwaltungsaufgaben, DOEV, 1997, S. 258.

〔2〕 李以所：《德国公私合作制促进法研究》，中国民主法制出版社 2013 年版，第 15 页。

不受制于一种固定僵化的法律框架"。[1] 框架性立法同样为合作
双方保留了"在具体项目细节上，通过合同进行自我规制的可
能"。这一思考方式在未来我国规范 PPP 的基本框架时同样值得
借鉴。

（2）以过程为线索的法律调控方式。公私合作意味着在一个很
长的项目周期内公私双方所进行的持续合作。这一合作并不会通过
将行政任务转移给私人这种一次性的决定就得以完成，而是表现为
持续的动态过程。据此，为更客观审慎地观察、分析这一问题的多
样性和复杂性，并对其予以有效调控，就必须将其视为一种整体的
过程。这一过程可划分为决定作出、决定落实、任务转移和后民营
化阶段下的国家责任四个阶段，而规范调控也应基本围绕上述阶段
分步骤进行。

在决定阶段规制核心在于，该行政任务是否应通过公私合作、
民营化的方式作出，而决定落实阶段则在于明确具体决定的内容。
在此阶段，行政机关除应诉诸宪法原则探求民营化的适法性外，还
应参酌以下要素对其决定的对象、范围、模式、限度等问题进行具
体确定，这些要素包括：私人处理行政任务的安全性；私人履行行
政任务的可靠性；私人履行行政职能是否会造成过度的环境负担；
私人服务报酬的社会承受力；民营化是否有助于促进竞争、阻却垄
断；国家是否为民营化配置了相应的民事赔偿和刑法责任。

在任务转移阶段，法律的调控主要表现为公私双方可选择何种
法律形式完成行政任务的转移（Aufgabenuebertragung）。如上文所
述，签署政府特许经营合同已成为公私合作适用法律形式的典型类
型，也成为实践中的常规选择。此类合同的目标是保障行政任务通
过合规范的方式进行，私人主体在法律秩序下持续地以社会能够承

---

[1] Juergen Kuehling, Grundprobleme von Public Private Partnership, ZJS 2/2011,
S. 113.

受的方式，合品质地、高标准地提供给付。正因如此，上述合同就必须包含如下内容：首先是私人提供给付的品质，以及为保障上述品质，还应同时保障行政机关对于私人的控制和惩罚可能；其次因为特许经营可能导致的任务垄断，行政机关在合同中必须对私人给付提供者规定相应的价格约束措施以及强制缔约的义务，保障其以社会能够承受的方式普遍地提供给付。最后，合同还须规定行政机关在私人"不履行"或"不良履行"时收回行政任务的权限。上述内容构成了合作合同的基本构架，在这当中，确保行政机关的影响力和引导可能以及私人主体合规范地、高品质地提供行政给付，成为规范和架构合同内容时的重要参考。[1]

从作为过程的民营化（Privatisierungalsprozess）角度而言，民营化进程并不会因为行政任务的转移而彻底终止。任务移转之后的问题，在英美法的文献中通常被放在"后民营化"（After Privatization）[2]这一关键词之下讨论，在德国法中则是诉诸"行政责任"（Verwaltungsantwortung）的概念框架下。德国学者尝试将"行政责任"塑造为层级化的责任整体（abgestufte Verantwortlichkeit），来覆盖国家在行政任务完成的整体过程中的不同义务，并囊括国家在行政任务多样化履行背景下的复杂责任样态（这种层级化的责任样态因下文有专门讨论，此处不再赘述）。

（3）风险预估义务和风险分配法则的规范。因为周期长、不可预见以及无法预估的因素较多，公私合作项目也毫无例外地存在项目风险。风险预估也因此成为公私合作项目资格测评的重要标准。德国的《公私合作促进法》专门在《预算法》中加入如下条文，"公私合作项目应考虑到采取相应措施带来的风险分配（Risikoverteilung）问题"，由此来提示公共采购人对风险分配和风险转移

---

〔1〕 参见赵宏:《德国行政民营化的制度发展与学理演进》，载《国家检察官学院学报》2016 年第 5 期。

〔2〕 Akkermans, Privatizations and Public Law, S. 15. f.

的重视。对公私合作双方而言，应提高对项目风险的敏感度，并在公私合作项目筹备阶段就对风险成本进行预估。风险合理分担同样是公私合作能够得以顺利进行的必要条件。这些项目风险包括：规划风险、土地风险、计划风险、施工风险、运营风险、市场风险、融资风险、操作风险、政治风险、通货膨胀风险、法律风险以及社会骚乱等。在公私合作过程中，必定会存在一个将风险从政府公共部门转移到私营企业的步骤，而对于风险的转移和合理分担，欧盟法和德国法给出的一般法则是，"某一特定的项目风险由最能左右该风险的主体承担"，[1] 即承受被转移风险的主体应能够对该风险产生最优影响。为实现项目的效率盈利，政府公共部门在特定条件下也应自己承担某些项目风险。

（4）多样化的公私合作形式。我国目前的公私合作基本都采用政府特许经营模式，既有的针对公私合作的法律规制也主要集中于政府特许经营。但"政府特许经营"的概念直至 2015 年国务院发布的《办法》始具有相对确定的意涵。根据该《办法》第 3 条，"基础设施和公用事业特许经营"是指政府采用竞争方式依法授权中华人民共和国境内外的法人或者其他组织，通过协议明确权利义务和风险分担，约定其在一定期限和范围内投资建设运营基础设施和公用事业并获得收益，提供公共产品或者公共服务。又根据该《办法》第 5 条，基础设施和公用事业特许经应可采取如下形式："（一）在一定期限内，政府授予特许经营者投资新建或改扩建、运营基础设施和公用事业，期限届满移交政府；（二）在一定期限内，政府授予特许经营者投资新建或扩改建、拥有并运营基础设施和公用事业，期限届满移交政府；（三）特许经营者投资新建或改扩建基础设施和公用事业并移交政府后，由政府授予其在一定期限内运营；（四）国家规定的其他方式。"据此，我国的基础设施和

---

〔1〕　Bundestagsdrucksache（BT-Drs.），15/5668，S. 10；EG-Kommission：Gruenbuch Oeffentlich-Private Partnerschaft，KOM（2004）S. 327.

公用事业特许经营已包括如下典型模式：其一，BOT（建设—运营—转让）模式，即特许经营企业从政府部门获得排他性的特许权，负责融资、建设、经营、维护和管理公共设施，并通过使用者付费在一定期限内回收投资，特许经营期满后，经营权还给政府；其二，TOT（转让—运营—转让）模式，即政府出售基础设施一定年限的特许经营权和所有权，新投资者在特许经营期限内通过拥有和运营该设施获得回报，特许经营期满后，将所有权还给政府；其三，BTO（建设—运营—转让）模式，即某项公用设施由特许经营者投资新建或改扩建后，将其所有权移交给政府，政府再授权其在一定期限内运营。

从域外经验来看，公私合作的样式丰富多变，并不仅限于政府特许经营的方式。与政府特许经营模式处于同一纬度的合作方式就包括运营模式（Betreibermodell）和合作模式（Kooperationsmodell）。[1] 在运营模式下，为完成某项公共任务，私人被赋予对某项设施进行规划、融资以及运营的职能。私人主体一次性地从政府获得补助，项目完成后，使用者通过公法付费的方式将设施使用费用交给公权力机关，而使用者和私人运营者之间也因此不会产生法律关联。合作模式则是公权力机关和私人主体共同完成一项公共给付。

如果从合作的形式和程度上界定，公私双方还可在以下三个层面达成合作：非正式合作（informelle Kooperation）、互易合同下的合作（austauschvertragliche Kooperation）以及混合经济公司模式（gemischtwirtschafliche Gesellschaft）。[2] 在非正式合作模式下，公私之间的协商和承诺本质上并不具有法律拘束力，这种模式的合作通常在一些小型项目或大型合作项目正式展开之前进行，而互易合

---

〔1〕 Juergen Kuehling, Grundprobleme von Public und Private Partnership, ZJS 2/2011, S. 115.

〔2〕 Ziekow/Windoffer, Public Private Partnership 2008, S. 20.

同下的合作又存在复杂多样的类型。在这当中，最具讨论价值的，即营运模式（Betreibersmodell）和营运导引模式（Betreibsfue-hrungsmodell）。在营运模式下，私人主体承担了广泛的给付义务（特别是项目规划、财政、翻修以及经营等）。而在营运导引模式下，私人只是承担了大型项目中某项设施的营运任务。相比互易合同模式的合作，在混合经济公司模式下，公私之间在机构层面有了更高程度的联结，而且在互易合同模式下，公私双方只会产生债法方面的关系（Schuldrechtliche Beziehung），并且在混合经济模式下，公权力机关会介入公司经营，并常常作为公司中控股的一方，由此，公私双方还会产生公司法上的关系（gesellschaftsrechtliche Beziehung）。

如果深入合作合同的内部，根据 PPP 项目特别强调的内容也可以有不同的形式呈现：特别强调工程的计划和建设，则被称作一般承包商模式；如果侧重于融资，则被称为融资模式，如果侧重于项目的运营，则为运营商模式，在这种模式下，私人企业往往承担了公共基础设施项目的计划、建设、融资和运营等诸多环节或其中的部分环节。如果不强调公私合作的侧重面，而是从项目的生命周期为导向，又会有收购人模式、租赁模式、出租模式、持有人模式以及承包模式的诸多划分。[1]

综上，在未来的 PPP 实践和法律规制中，我们都应将更丰富多样的公私合作方式的纳入提供更广阔的空间。相应地，作为合作基础的合作合同也并不存在整齐划一的合同标准，在 PPP 实践中同样应通过合同构成的多样化，为不同特质的公私合作项目的运行提供基础。

（5）竞争性谈判作为公共采购主要模式的纳入。为保障充分的竞争，在既往的公私合作实践中，政府大多通过招投标的方式确定

---

[1]　Juergen Kuehling, Grundprobleme von Public und Private Partnership, ZJS 2/2011, S. 115.

私人合作主体。但值得注意的是，公私合作制往往项目周期性强、综合性强，因此在项目进行之前确定总体价格和对标书进行准确描述存在较大困难，此时采取更灵活多样的公共采购模式就显得尤为重要。为应对公私合作项目招标的复杂性，英国、德国、欧盟等都在公私合作项目的实施过程引入竞争性谈判作为重要的公共采购方式，而这种方式的普遍适用同样对我国带来启发。

根据德国《公共采购法》第 101 条的规定，所谓"竞争性谈判"是指"公共采购人在处理较为复杂的采购时常采用的方式。在这种程序中，首先多个企业参与进来，然后公共采购人与被选出的企业就采购的细节问题进行谈判"。竞争性谈判适用于根据《公共采购法》第 6a 条第 1 款，适用于"采购人客观上不具备技术手段来实现其采购的需求和目标，或者不能准确说明采购所规定的法律条件时，或者不能准确说明采购所规定的经济条件时"。竞争性谈判不同于传统的招投标，如何在这种程序的运用过程中最大程度地保障竞争以及透明，是作为公共采购人的政府机关必须着重考量的要素。为此，德国法和欧盟法都规定了相当细致的竞争性谈判的实施步骤。例如，公共采购人应在整个欧洲范围内公布其采购需求，在公告后，召开精选企业之间的对话。在此次对话中，公共采购人与被选出的企业就委托项目的各个细节进行商讨。在此过程中，公共采购人必须平等对待各被选出的企业，不得让某些企业获得优惠信息。此外，竞争性谈判还规定了未经投标人准许禁止泄露其商业机密和具有原创性的问题解决方案，因此在知识产权和商业机密保护方面，它都比议标有了进步。竞争性谈判通过相对细致复杂的步骤进行，而结果有可能是公共采购人在"明显找不到解决方案的前提下，宣告对话终结"，也有可能是"公共采购人对各个企业提交的最终项目解决方案进行测评后选出最具经济性的方案"。

竞争性谈判目前已成为公私合作开始的重要方式，欧盟委员会甚至申明，竞争性谈判"特别"适合用于公私合作制项目的招标，例如公共基础设施项目、短途交通服务（公交、电车）的建设与运行、医院民营化等方面。[1] 这些项目非常典型地在商定合同关系中显示出特殊的复杂性。如何融资、分担风险以及在生存照顾方面具体确定标准和保障机制，都往往需要具体问题具体分析。尽管我国的《政府采购法》同样对竞争性谈判予以规定，但实践中并未累积太多的经验，如何进行竞争性谈判，并保障这一过程的竞争性和透明性都需要更多的合作实践。而在未来的 PPP 立法中，对于竞争性谈判也应作为重要的公共采购方式予以规范。

（6）法律适用与纠纷处理机制的厘清。对于行政机关纳用私人或藉由私法方式完成行政任务的法律适用问题，一直以来都是 PPP 实践中的难题。迄今唯有德国法形成了对此问题相对系统的学理归整。而在德国学理上，对于公私合作的法律适用又一直存在双阶理论和行政私法的理论之争。"双阶理论"的核心观点在于将这一过程拆分为两个阶段，并分别决定法律的适用。其中决定阶段适用公法，而履行阶段则适用私法。[2] 这一理论的优势在于其有助于保护私人在缔结契约之前的权益，防止国家在决定阶段借由私法方式规避公法约束而滥权，但其缺陷也表现为统一的生活关系被无端分割成两种法律关系，私法上的要约和承诺在此已完全没有适用余地。[3] 行政私法理论的兴起晚于双阶理论，其核心观点认为上述法律关系整体上仍应适用私法，但同时应受到特定公法规范，例如基本权利、行政法的一般原则、《联邦行政程序法》的若干规定、预算法等法律规范的限制，即在私法规范上横向叠加一些公法规范。[4] 相比双阶理论，行政私法理论的优势表现在它将同一生活

---

〔1〕　李以所：《德国公私合作制促进法研究》，中国民主法制出版社 2012 年版，第 43 页。

〔2〕　Vgl. Birga Tanneberg, Die Zweistufentheorie, Berlin 2011, S. 24.

〔3〕　Herbert Bethge, Abschied von der Zweistugentheorie, JR 1972, s. 139ff.

〔4〕　Ulrich Stelkens, Verwaltungsprivaterecht, Berlin 2005, S. 53.

关系尽量统一在同一法律关系中，由此避免了法律内部逻辑的混乱，但其缺陷表现为仍旧将公法私法互相对立，而非交互支持。上述两种理论各有利弊，但从目前的德国司法实践来看，双阶理论因为更易操作且更有利于保护作为竞争者的第三方的权益，因此获得更多适用。我国目前的做法是通过单独规范《政府采购法》而对政府采购行为予以法律规制，但对其他的公私合作应适用何种法律尚未形成明确的意见，也因此在这个意义上，德国法的讨论和经验能够为我国带来启发。

法律适用同样会深刻影响纠纷的救济机制的选择。对于公私合作引发的纠纷，究竟应诉诸行政法院还是普通法院，在我国背景下是诉诸民事审判还是行政审判，同样是 PPP 实践所面临的难题。而域外的做法又各有不同。在法国，对于政府特许经营协议均由行政法院审查。而在德国，对于公私合作所引发的纠纷并无确定统一的救济方式，换言之，并不必然诉诸行政法院或普通法院。选择行政法院还是普通法院，取决于争议的内容（Inhalt der Streitigkeit），对争议而言至关重要的法规范（streitentscheidenden Normen）属于公法还是私法，成为决定救济机制的关键要素。[1] 据此，如果 PPP 是通过典型的公法合同方式缔结，则争议原则上要诉诸行政法院，但如果合同的属性是私法，例如合同的要素为工程、服务、采购或出租，则该争议由普通法院管辖。

在我国，2014 年《行政诉讼法》修改将"政府特许经营协议"等行政协议纠纷纳入行政诉讼的受案范围，但类型仅限于"公民、法人或其他组织认为行政机关不履行、不按约定履行或单方面变更、解除协议的"情形，作此类限定的原因是我国"民告官"的行政诉讼格局，但这也因此使行政诉讼所处理的行政协议的纠纷只是局部的，并不包含相对人不履行、不按约定履行或单方面变更、

---

[1] Schenke, Verwaltungsprozessrecht, 12. Aufl. 2009, Rn. 123.

解除协议的情形。赞成将政府特许经营协议等行政协议纳入行政诉讼受案范围的学者认为，政府特许经营协议等行政协议纳入行政审判能够有效解决行政协议进入民事审判所引发的对公共利益的关照不足，于相对人一方权益保障不备，裁判执行困难重重等缺陷。[1]但这也并不意味着现行的行政诉讼制度在解决行政协议上可以游刃有余。2015 年发布的《最高人民法院关于适用〈中华人民共和国行政诉讼法〉若干问题的解释》，对于行政协议的属性、起诉期限、管辖、法律适用、判决类型以及诉讼费用的提交都进行了细致规定。但 2018 年最高人民法院又统一发布适用《行政诉讼法》的全新解释，也相应将 2015 年的司法解释予以废止。值得注意的是，2018 年的新司法解释中并不包含行政协议审查的内容。这一缺失也因此让人揣测，最高人民法院或许要在未来专门针对行政协议审查而发布单独解释，但这一缺失一方面又使《行政诉讼法》第 12 条第 11 项的内容在新解释出台之前必然处于"空转"状态；另一方面也在某种程度上昭示出通过行政审判处理行政合同纠纷在诸多核心问题上仍旧未达成一般共识。

　　事实上，在我国既往的实践中已展示出如下行政合同的审判难题：其一，我国的行政诉讼本质上仍旧是一种模式简单的"行为之诉"，换言之，是以行政行为为其审查核心的诉讼，而诉讼的相关制度，例如原告资格、被告适格、举证责任、判决类型等均围绕作为主轴的行政行为展开，这种相对单一的诉讼构造并未为行政合同这种相对复杂的"关系之诉"提供空间。据此，即使是 2014 年《行政诉讼法》修改将行政协议纠纷纳入行政诉讼的受案范围，但《行政诉讼法》却凸显应对这一审查的严重的"规范阙如"。其二，我国的行政诉讼格局自 1989 年起就被明确确定为"民告官"的"单向性诉讼结构"。但行政合同是公权力机关和私人主体双向互动

---

〔1〕 郑春燕：《大陆行政合同的审查现状与困境》，载《浙江社会科学》2014 年第 11 期，第 114 页。

的权利义务的复杂构造。这种复杂构造产生的纠纷并不能通过单向性的诉讼结构获得解决，而《行政诉讼法》也显然回避了相对人不履行行政协议的救济问题。很多学者提出这一问题可通过行政机关强制执行或申请法院强制执行获得解决，但这种解决方式又导致平等的协议双方在纠纷处理上的不平等：行政机关违约，相对人必须通过诉讼程序获得救济，而相对人违约，行政机关则可直接通过强制执行或申请法院强制执行获得救济。其三，迄今为止，我国在行政合同核心问题上都尚未达成一般共识，这些问题包括：行政合同的识别标志，合同无效的判定及其法律后果等，行政合同中的行政机关的优先权及其行使前提等。一般共识的缺乏也导致行政协议的审判实践并无法直接诉诸稳定的学理获得澄清与解决。上述审判难题都促使我们必须首先强化行政合同的法教义建构，并在此基础上，对行政协议的救济机制进行妥善与合理的确定。

（7）合理完善的规制体系的构建。公私合作使公共产品和服务的生产职能部分或全部地转移于社会资本，但这并不应被理解为是国家从公共事业场域中的撤退，国家依旧承担对公共事务的责任，只是责任形态发生转变，换言之，政府并不能因此放弃对公私合作项目的规制和监管。事实上，早在原建设部发布的《监管意见》中就已明确提出，"健全的市政公用事业监管体系是推进市场化的重要保障，市政公用事业监管应贯穿于市政公用事业市场化的全部过程"。这份《监管意见》也大致描画出一个相对完整的规制体系。

第一，市场准入机制。PPP项目所涉及的基础设施和公共服务服务于如下"公共利益"：一是对基础设施产业而言，发挥自然垄断的规模经济优势，避免重复建设；二是向消费者提供高品质的服务。[1] 而要实现上述公共利益，就必须在市场准入方面保障充分

---

[1] 苏苗罕：《政府和社会资本合作的法律规制——公共采购法与行业规制法的交叉与融合》，载《财经法学》2017年第1期，第56页。

的竞争，并在采购程序中，对私人主体的经济能力以及是否能够服务于公共利益目标等问题进行综合考量，从而确定稳妥的市场准入机制。

第二，履约过程中的规制。在公私合作的履约阶段，政府承担的维护公益的职能主要包括：确保服务达到相应水平和质量；确保公共服务的合理价格；监督执行这些标准的落实并对违反情形进行裁决和处罚。[1] 而上述目标的达成，又可通过如下规制手段完成：其一，信息披露。为帮助消费者进行理性选择，在履约过程中，强制私人主体提供在社会公共服务过程中制作、获取的信息。其二，价格规制。在公私合作项目中，价格规制是公权力机关最常采用的规制模式，价格规制的目的在于防止特许经营者滥用其市场支配地位进行垄断定价，并保障低收入人群同样能够负担特定的商品和服务。其三，标准规制。即制定专门的技术标准和服务标准，由此来保护各种不同的利益。其四，普遍服务规制。为确保所有公共产品的用户都能以合理的价格，获得可靠、持续的公共服务，获特许经营权的私人主体往往负有法定义务的普遍服务的义务，而公权力机关也必须通过规制和监管督促私人主体履行上述义务。[2]

第三，公私合作终止与退出规制。PPP 项目原则上都会经历很长的合同周期。合同双方当事人原则上也应预期上述合同期限能够达成。但在长期的履约过程中，也难以避免地会出现社会资本或政府违约的情形。在社会资本违约的情形下，遭受损失的并非作为合同另一方当事人的政府，而是普通的消费者。因此，如上文所述，在 PPP 合同中一般都会规定政府在私人不良履行时终止和解除合同的权利，甚至强制接管的权利。但上述条款也有可能被政府滥

---

〔1〕　苏苗罕：《政府和社会资本合作的法律规制——公共采购法与行业规制法的交叉与融合》，载《财经法学》2017 年第 1 期，第 57 页。

〔2〕　苏苗罕：《政府和社会资本合作的法律规制——公共采购法与行业规制法的交叉与融合》，载《财经法学》2017 年第 1 期，第 56-58 页。

用，从而在根本上影响公私合作的推广。因此，终止和解除合同的前提要件，争端认定以及强制接管时的接管主体、接管程序以及接管终止等，都需在法律上进行详尽规范。除社会资本违约外，在PPP 项目的实施过程中还有可能会出现政府违约的情形，尤其是政府因为法律或政策的调整，基于情势变更以及对诸多因素的综合考量而提前终止 PPP 项目。此时，政府需对参与 PPP 项目的各方进行充分补偿，而私人缔约方也可就解除合同的合法性要求法院进行审查。

综上，我国的公私合作尽管发展迅猛，但实践中仍存在诸多问题，这些问题预示出我们在合作行政领域需要重要规制的内容。如前所言，合作行政已被纳入我国国家治理体系改革的重要一环，解决合作行政所存在的上述问题，需要从推进国家治理体系与之能力现代化的高度出发，科学、系统地进行顶层设计，充分吸收已有实践的经验，建立具有中国特色的合作行政制度体系。

主要参考文献：

1. 敖双红：《公共行政民营化法律问题研究》，法律出版社 2007 年版。

2. 杨欣：《民营化的行政法研究》，知识产权出版社 2008 年版。

3. 章志远：《行政任务民营化法制研究》，中国政法大学出版社 2014年版。

4. 詹镇荣：《民营化法与管制革新》，元照出版公司 2005 年版。

5. ［美］E. S. 萨瓦斯：《民营化与公私部门的伙伴关系》，周志忍等译，中国人民大学出版社 2002 年版。

6. ［美］朱迪·弗里曼：《合作治理与新行政法》，毕洪海等译，商务印书馆 2010 年版。

7. ［德］恩斯特-哈绍·里特尔：《合作国家：对国家与经济关系的考察》，赵宏译，载《华东政法大学学报》2016 年第 4 期。

8. 赵宏：《德国行政任务民营化的制度发展与学理演进》，载《中国检察官学院学报》2016 年第 3 期。

9. 刘飞:《试论民营化对中国行政法制之挑战——民营化浪潮下的行政法思考》,载《中国法学》2009 年第 2 期。

10. 章志远:《民营化、规制改革与新行政法的兴起——从公交民营化的受挫切入》,载《中国法学》2009 年第 2 期。

11. Friedrich Schoch, Privatisierung von Verwaltungsaufgaben, DVBL. 1994.

12. Juergen Kuehling, Grundprobleme von Public und Private Partnership, ZJS 2/2011.

13. Eberhard Schmidt-Assmann, Verwaltung in Privatrechtsform, 1994.

14. Hartmut Bauer, Privatisierung von Verwaltungsaufgaben, DOEV, 1997.

第十章 | 信息化时代的法治政府建设 *

　　党的十九大报告提出："建设法治政府，推进依法行政，严格规范公正文明执法。"同时强调我们党要"增强改革创新本领，保持锐意进取的精神风貌，善于结合实际创造性推动工作，善于运用互联网技术和信息化手段开展工作。"〔1〕习近平总书记也深刻指出："从社会发展史看，人类经历了农业革命、工业革命，正在经历信息革命。农业革命增强了人类生存能力，使人类从采食捕猎走向栽种畜养，从野蛮时代走向文明社会。工业革命拓展了人类体力，以机器取代了人力，以大规模工厂化生产取代了个体工场手工生产。而信息革命则增强了人类脑力，带来生产力又一次质的飞跃，对国际政治、经济、文化、社会、生态、军事等领域发展产生了深刻影响。"〔2〕如何适应信息革命的变革规律，如何运用互联网技术和信息化手段推进依法行政，如何在信息化时代加快建设中国特色社会主义法治政府，进而在 2035 年实现法治国家、法治政府、法治社会基本建成的目标，这是党的十九大提出的时代命题，也是

　　* 林华，中国政法大学法治政府研究院副教授。
　　〔1〕习近平：《决胜全面建成小康社会 夺取新时代中国特色社会主义伟大胜利——在中国共产党第十九次全国代表大会上的报告》，载《人民日报》2017 年 10 月 28 日，第 1 版。
　　〔2〕习近平：《在网络安全和信息化工作座谈会上的讲话》，人民出版社 2016 年版，第 21-22 页。

建设新时代中国特色社会主义法治体系、推进国家治理体系和治理能力现代化的必然要求。

　　信息化是当今世界的鲜明特征、显著标签和时代强音。"截至2017年12月，我国网民规模达7.72亿，全年共计新增网民4074万人。互联网普及率为55.8%，较2016年底提升2.6个百分点。"[1] 近年来，以互联网为中心的信息技术和信息革命在我国风起云涌、日新月异，分享经济、大数据、人工智能等对传统经济模式产生深远影响，对人类生活方式带来深刻变化，也对政府治理方式提出严峻挑战。在信息化时代，我国法治政府建设面临不少机遇和挑战。《法治政府建设实施纲要（2015-2020年）》提出："经过坚持不懈的努力，到2020年基本建成职能科学、权责法定、执法严明、公开公正、廉洁高效、守法诚信的法治政府。"其实，法治政府是价值理性和技术理性的综合产物。法治政府是守法政府、服务型政府、诚信政府、阳光政府、责任政府等，除了这些价值目标、价值追求和价值理性外，法治政府也具有技术理性、技术品格和技术内容。法治政府建设融合了信息化要素，信息化是推进法治政府建设的重要手段，也是法治政府建设的重要内容。[2] "信息化+法治政府"是信息化时代建设法治政府的任务与使命。

一、法治政府建设与信息化的内在逻辑

　　习近平总书记强调："全面建成小康社会对依法治国提出了更高要求。我们要全面贯彻落实党的十八大精神，以邓小平理论、

---

　　〔1〕　第41次《中国互联网络发展状况统计报告》，载中央网信办网站，http://www.cac.gov.cn/2018-01/31/c_1122347026.htm，最后访问时间：2018年3月10日。

　　〔2〕　"合法性考量与最佳性考量及其互动构成了法治政府的全景画卷。"朱新力、唐明良：《法治政府建设的二维结构——合法性、最佳性及其互动》，载《浙江学刊》2009年第6期。传统的法治政府建设侧重合法性考虑，关注行政活动是否符合法律规定，在现代社会，公民对政府的期待越来越高，政府不仅仅是守法政府、合法行政，还应是有效政府、最佳行政。信息化在有效政府建设中发挥重要作用。

'三个代表'重要思想、科学发展观为指导，全面推进科学立法、严格执法、公正司法、全民守法，坚持依法治国、依法执政、依法行政共同推进，坚持法治国家、法治政府、法治社会一体建设，不断开创依法治国新局面。"〔1〕法治政府建设是全面建成小康社会的重要标志，〔2〕是全面深化改革的核心内容，是全面推进依法治国的战略重点，也是全面从严治党的主要抓手。在不同的时代，法治政府有着不同的品格；不同的人，对法治政府也有不同的理解。但是梳理法治政府的建设进程和学术研究，守法政府、服务型政府、诚信政府、阳光政府、责任政府是普遍的共识和最大的公约数。〔3〕这些法治政府的价值追求和价值目标在不同的时代有不同的实现方式，在信息化时代，信息化手段对法治政府建设有着重要推动作用。这是信息化对法治政府建设的工具意义，亦即法治政府建设与信息化的第一个逻辑——作为法治政府建设工具的信息化。

同时，"当'互联网+'时代的创新性理念、元素、结构、技术和基础成为国家宏观战略行动和社会交流生活方式时，法治政府的观念、原则、制度、结构和行动必然被迫或主动发生革命性转

---

〔1〕 习近平：《习近平谈治国理政》，外文出版社 2014 年版，第 144 页。

〔2〕 党的十八大报告将法治政府基本建成作为 2020 年实现全面建成小康社会宏伟目标的重要内容，参见胡锦涛：《坚定不移沿着中国特色社会主义道路前进 为 全面建成小康社会而奋斗——在中国共产党第十八次全国代表大会上的报告》（2012 年 11 月 8 日）。

〔3〕 参见马凯：《加快建设中国特色社会主义法治政府》，载《求是》2012 年第 1 期；马凯：《关于建设中国特色社会主义法治政府的几个问题》，载《国家行政学院学报》2011 年第 5 期；袁曙宏：《关于构建我国法治政府指标体系的设想》，载《国家行政学院学报》2006 年第 4 期；张骁：《法治政府建设是政府自身建设的根本》，载《国家行政学院学报》2009 年第 4 期；马怀德：《法治政府特征及建设途径》，载《国家行政学院学报》2008 年第 2 期；等等。2004 年，国务院颁布的《全面推进依法行政实施纲要》也将"合法行政、合理行政、程序正当、高效便民、诚实守信、权责一致"作为依法行政的基本要求。

变"。[1] 法治政府也具有技术内容、信息的技术理性，蕴含信息要
素，信息成为法治政府建设的独立内容，政府信息公开、政府数据
开放、互联网行政监管等都是法治政府建设的重要内容。[2] 于是，
信息化本身构成了法治政府建设的要素，这是信息化对法治政府建
设的内容意义，亦即法治政府建设与信息化的第二个逻辑——作为
法治政府建设内容的信息化。

（一）作为法治政府建设工具的信息化

中共中央、国务院颁发的《法治政府建设实施纲要（2015-
2020年）》确立了法治政府建设的七大任务，包括依法全面履行
政府职能，完善依法行政制度体系，推进行政决策科学化、民主
化、法治化，坚持严格规范公正文明执法，强化对行政权力的制约
和监督，依法有效化解社会矛盾纠纷，全面提高政府工作人员法治
思维和依法行政能力，同时它对法治政府建设的组织保障也做出了
部署。党的十八届四中全会通过的《中共中央关于全面推进依法治
国若干重大问题的决定》（以下简称《十八届四中全会决定》）专
门设立第三章"深入推进依法行政，加快建设法治政府"，从六个
方面对法治政府建设进行专门部署，全面推进政务公开是其中的重
要组成部分。[3] 根据《十八届四中全会决定》《法治政府建设实
施纲要（2015-2020年）》等规定，法治政府建设的主要内容包括

---

〔1〕　胡建淼：《"互联网+"法治政府建设的时代议题》，载《黑龙江社会科学》
2017年第1期。

〔2〕　互联网诞生之前，政府信息公开是某些国家和地区法治政府建设的内容，
但彼时的政府信息公开是零星的、碎片化的、非系统的，互联网的普及对政府信息公开
的理念、方式、深度和效果都产生了革命性变革。而政府数据开放、互联网行政监管等
则都是在互联网诞生之后才成为法治政府建设的内容。由此可见，在信息化时代，法治
政府建设的信息属性更加彰显，信息化对法治政府建设的内容意义、实体价值、实质效
果真正确立。

〔3〕　六个方面包括：依法全面履行政府职能、健全依法决策机制、深化行政执法
体制改革、坚持严格规范公正文明执法、强化对行政权力的制约和监督、全面深化政务
公开。

依法全面履行政府职能、依法行政制度体系、行政决策、行政执法、对行政权力的制约和监督、社会矛盾化解、政务公开、法治政府建设的组织领导[1]八个方面。[2] 政务公开是作为法治政府建设内容层面的信息化而存在,[3] 同时作为法治政府建设工具的信息化,其对另外七个方面的法治政府建设都会产生一定的推动和促进作用。

对上述七个方面的法治政府建设内容进行归纳和区分,根据内容和视角的不同,作为法治政府建设工具的信息化可以大致区分为三种情形:作为法治政府工作方式的信息化、作为法治政府监督手段的信息化、作为法治政府建设动力的信息化。[4]

1. 作为法治政府工作方式的信息化

法治政府工作方式着眼于行政机关的行政行为或行政活动方式,作为法治政府工作方式的信息化指的是信息化对于行政机关开展行政行为或行政活动的工具意义,主要包括信息化对行政立法和制定规范性文件的工具性(依法行政制度体系),信息化对行政决

---

〔1〕 在我国政府主导型的法治推进模式下,党和政府的组织领导、组织保障对于基本建成法治政府建设具有特殊的决定性作用。《法治政府建设实施纲要(2015-2020年)》中的组织保障措施和全面提高政府工作人员法治思维和依法行政能力,都可归结为法治政府建设的组织领导。

〔2〕 这八个方面也是中国政法大学法治政府研究院研发的"中国法治政府评估指标体系"中的八个一级客观指标,参见中国政法大学法治政府研究院编:《中国法治政府评估报告(2017)》,社会科学文献出版社2017年版。

〔3〕 政务公开有不同的方式,包括书面、电视、广播、互联网等载体,从这个角度而言,信息化也可以构成政务公开的工具,但是与其他七个方面法治政府建设的内容相比,政务公开与信息化都属于信息管理的范畴,在内容层面具有更一致的关联性、更密切的亲和性、更本质的表达趋同,因此我们主要将政务公开作为法治政府建设内容层面的信息化范畴。

〔4〕 值得指出的是,这种划分仍然是相对的,信息化作为一种工具、渠道和载体,对法治政府建设不同内容可能存在交叉性、辐射性、融合性的推动作用,一种信息工具可能同时实现不同的法治政府价值和内容。比如当前我国地方政府广为采用的执法监督平台,它可能对法治政府工作方式(行政执法)、法治政府监督手段(依法全面履行政府职能、制约和监督行政权力、化解社会矛盾)等都具有一定的促进和推动作用。

策的工具性，信息化对行政执法的工具性。"法治行政理念之下，有限政府与有效政府的结合应当成为并行不悖的政府模式。"〔1〕信息化是推进最佳行政、有效政府的重要工具。

第一，信息化对行政立法和制定规范性文件的工具性。《立法法》第 5 条和第 6 条分别确立了民主立法、科学立法的原则，〔2〕信息化是民主立法和科学立法的有效工具、重要载体和可靠支撑。首先，信息化对提升行政立法和制定规范性文件的民主性有重要作用。包括互联网在内的信息化通过在网站上开辟立法和规范性文件草案征求意见渠道〔3〕并建立意见反馈机制，拓宽公民参与立法的渠道，丰富公民参与立法的形式，提高公民参与立法的质量，有效落实人民主权原则。其次，信息化对增强行政立法和制定规范性文件的科学性也有重要作用。通过互联网广泛征求各方意见，既是民主立法的体现，也是科学立法的彰显，汇聚各方意见集思广益，能够更加科学地规定不同主体的权利义务关系和法律责任；此外，通过互联网还可以进行立法项目的大数据分析和实证分析，分析立法项目的必要性、可行性和合法性。"互联网开启了公众参与立法的新途径。互联网的广泛应用使得立法需求的调查和数据分析得以通过网络平台实现。"〔4〕数据收集、分析和处理能力的增强也显著提高了行政立法和规范性文件制定的科学性。

---

〔1〕　周志忍：《法治政府的理念梳理与制度架构——〈法治行政的逻辑〉评析》，载《中国行政管理》2005 年第 7 期。

〔2〕　《立法法》第 5 条规定："立法应当体现人民的意志，发扬社会主义民主，坚持立法公开，保障人民通过多种途径参与立法活动。"第 6 条规定："立法应当从实际出发，适应经济社会发展和全面深化改革的要求，科学合理地规定公民、法人和其他组织的权利与义务、国家机关的权力与责任。"

〔3〕　参见马怀德：《我国法治政府建设现状观察：成就与挑战》，载《中国行政管理》2014 年第 6 期；李俊利：《"互联网+"背景下法治政府建设路径探究》，载《领导科学》2017 年第 32 期。

〔4〕　王敬波：《"互联网+"助推法治政府建设》，载《国家行政学院学报》2016 年第 2 期。

第二，信息化对行政决策的工具性。行政决策是政府行为的逻辑起点，对公民、法人和其他组织的权利义务有着广泛和深刻的影响。《法治政府建设实施纲要（2015–2020年）》提出要推进行政决策科学化、民主化、法治化，《关于全面推进政务公开工作的意见》提出："推进结果公开。各级行政机关都要主动公开重大决策、重要政策落实情况，加大对党中央、国务院决策部署贯彻落实结果的公开力度。"绝大多数行政决策都涉及不特定的主体，与行政立法、规范性文件制定存在交叉性，信息化对科学立法、民主立法的工具性作用原理也可类推适用于信息化对科学决策、民主决策的工具性推动作用。通过互联网等信息技术平台公开重大行政决策的事项、依据等内容，征求相关主体的意见并作出意见反馈，以及通过互联网对决策事项进行大数据分析和实证分析，可以"消除信息不对称，促进行政决策的科学化"，[1] 显著提升行政决策的公众参与有效性、正当性和可接受性，推动行政决策的顺利出台和高效实施。

第三，信息化对行政执法的工具性。"法律需要人来执行，如果执法的人自己不守法，那法律再好也没用。"[2] 行政执法是行政机关最日常、数量最多、与社会民众联系最密切的行政活动，行政执法的实施状况直接代表着民众对于法治政府的感知与印象。因此，对绝大多数普通民众而言，行政执法的法治化是法治政府的最重要标准和指标。"政府的执法能力和水平，直接关系到依法行政、建设法治政府的质量。"[3] 信息化对行政执法的推动作用主要表现在：其一，信息化优化行政执法资源的配置。通过互联网、信息化

---

[1] 王敬波：《"互联网+"助推法治政府建设》，载《国家行政学院学报》2016年第2期。

[2] 习近平：《在十八届中央政治局第四次集体学习时的讲话》，载中共中央文献研究室编：《习近平关于全面依法治国论述摘编》，中央文献出版社2015年版，第58页。

[3] 郭济：《建设法治政府：中国近十年来依法行政回顾和展望》，载《中国行政管理》2006年第1期。

技术积累呈现的执法数据、执法信息和执法状况，有利于决策者在决定执法资源（包括执法人数、执法设备、执法财政拨款等）、在横向的不同执法部门、纵向的不同层次部门之间科学配置时做出更好的决策。其二，信息化推动行政执法方式的便民化。通过互联网设立网上办事平台、执法信息平台等，极大地方便了公众和社会组织办事，也是落实高效便民原则、建设服务型政府的具体举措。其三，信息化促进行政执法结果的可接受性。行政执法的可接受性取决于行政执法的程序正义和实体正义，通过行政执法的公示和全过程记录[1]可以有效地提升行政执法的程序和实体正义，而信息化技术是行政执法公示和全过程记录制度的基石。

2. 作为法治政府监督手段的信息化

法治政府监督手段着眼的是行政机关系统内部的监督和救济，[2]作为法治政府监督手段的信息化指的是信息化对于行政机关系统内部开展监督和救济的工具意义，主要包括信息化对依法全面履行政府职能的工具性，信息化对制约和监督行政权力的工具性，信息化对化解社会矛盾的工具性。

第一，信息化对依法全面履行政府职能的工具性。"法无授权不可为，法定职责必须为。"政府承担着宏观调控、市场监管、社会管理、公共服务、环境保护的职能，如何确保政府不缺位、不越位、不错位，既依法行使职权又积极有效作为，关系到政府职能履行的"依法"与"全面"。"依法全面履行政府职能是深入推进依

〔1〕　《国务院办公厅关于印发推行行政执法公示制度执法全过程记录制度重大执法决定法制审核制度试点工作方案的通知》（国办发〔2017〕14号）。

〔2〕　值得注意的是，《十八届四中全会决定》和《法治政府建设实施纲要（2015-2020年）》对行政权力制约和监督的论述都是在行政系统内部的层面进行，体现了法治政府建设的内在路径。此处对作为法治政府监督手段的信息化阐释，也是着眼于行政系统内部对行政权力的制约和监督视角。

法行政、加快建设法治政府的必然要求。"[1] 信息化对依法全面履行政府职能的推动作用主要表现在：信息化重塑政府的权力结构，科学配置政府职能。"按照传统的组织原则，政府的组织架构呈金字塔形，伴随着跨界联合、连接所有的'互联网+'时代的到来，法治政府的架构将改变原有的金字塔形架构，逐步演变为扁平化、多元化结构。"[2] 信息化在重塑权力结构的同时，通过权力清单、责任清单、负面清单的公开以及信息化监督平台，推动行政机关依法全面履行政府职能，防止不作为、乱作为、慢作为。

第二，信息化对制约和监督行政权力的工具性。"我们要加强对执法活动的监督，坚决排除对执法活动的非法干预，坚决防止和克服地方保护主义和部门保护主义，坚决防止和克服执法工作中的利益驱动，坚决惩治腐败现象，做到有权必有责、用权受监督、违法必追究。"[3] 在国家权力架构中，相比立法权、司法权，行政权更加主动、更加日常、与老百姓的利益关联更加直接，同时行政权也最易腐败和异化，因此，现代法治国家都通过立法、行政、司法、社会等不同途径建构了对行政权力进行制约和监督的严密体系。在信息化时代，行政系统内部对行政权力进行制约和监督的方式更为便捷。[4] 信息化对行政内部制约和监督行政权力的工具性

---

〔1〕 徐绍史：《依法全面履行政府职能》，载本书编写组编著：《〈中共中央关于全面推进依法治国若干重大问题的决定〉辅导读本》，人民出版社 2014 年版，第 131 页。

〔2〕 李俊利：《"互联网+"背景下法治政府建设路径探究》，载《领导科学》2017 年第 32 期。

〔3〕 习近平：《在十八届中央政治局第四次集体学习时的讲话》，载中共中央文献研究室编：《习近平关于全面依法治国论述摘编》，中央文献出版社 2015 年版，第 58 页。

〔4〕 "我多次强调，要把权力关进制度的笼子里，一个重要手段就是发挥舆论监督包括互联网监督作用。这一条，各级党政机关和领导干部特别要注意，首先要做好。对网上那些出于善意的批评，对互联网监督，不论是对党和政府工作提的还是对领导干部个人提的，不论是和风细雨的还是忠言逆耳的，我们不仅要欢迎，而且要认真研究和吸取。"习近平：《在网络安全和信息化工作座谈会上的讲话》，人民出版社 2016 年版，第 21-22 页。

主要表现在三个层面：一是信息化对行政权力层级监督的推动。上级行政机关对下级行政机关层级监督的基础在于信息，互联网等信息技术有效推动了决策公开、执法公开以及其他行政活动公开，促进了信息在不同层级主体之间的非裁剪流动，有利于上级行政机关监督和制约下级行政机关。二是信息化对行政权力专门监督的推动。审计是行政系统的专门监督，[1] 信息化的审计手段极大提升了审计能力，促进了审计机关对行政权力的有效监督和制约。三是信息化对行政权力复议监督的推动。互联网等信息化技术通过电子化申请、电子证据等形式，加强了行政复议机关对行政权力的监督和制约。

第三，信息化对化解社会矛盾的工具性。信息化对社会矛盾化解具有正反两方面的双重作用。一方面，信息化对社会矛盾的产生与扩大起着推波助澜的作用，增加了化解社会矛盾的难度。"由于互联网的便捷性和隐匿性，很多社会矛盾纠纷的信息首先通过网上传播和发酵，极易发展成为现实的矛盾纠纷，网络已经成为表达社会不满和抗争的最重要渠道。现在的社会矛盾经常是首先通过网络的形式发出声音。"[2] 另一方面，信息化也有助于社会矛盾的预防和化解。以互联网为核心的信息化技术强化了证据固定，在社会矛盾化解的事实认定方面提供了更为准确、便捷的方式；信息化技术在不断完善行政复议、行政诉讼、行政调解、信访等社会争议解决渠道的申请方式和程序进程，高效便民原则在不断得以落实；此外，信息化技术增强了包括立法、行政、司法、社会等方式监督和制约行政权力的能力，显著提升不同权力监督途径的有效性。"应该说，互联网技术所改变的只是法治政府的实现路径。互联网因素

〔1〕 2018 年 3 月《中华人民共和国监察法》通过，1997 年颁布的《中华人民共和国行政监察法》被废止，行政监察不再作为行政系统内部的专门监督方式。
〔2〕 马怀德：《预防化解社会矛盾的治本之策：规范公权力》，载《中国法学》2012 年第 2 期。

的引入为规训公权力提供了更多的潜在途径。传统的公权控制强调司法审查与行政自制，来自社会的直接监督缺少高效的实现手段。互联网的开放价值能够在一定程度上将公权力的运行以实时动态的方式呈现在公众眼前，对公权力的社会监督有良好的提升。"[1] 互联网成为现代社会监督权力行使、化解社会矛盾的利器。

3. 作为法治政府建设动力的信息化

法治政府建设动力着眼的是行政机关建设成为法治政府的动力机制，作为法治政府建设动力的信息化指的是信息化对于党和政府加强法治政府建设组织领导的工具意义。根据《十八届四中全会决定》《法治政府建设实施纲要（2015-2020年）》的规定，法治政府建设的组织领导主要包括法治政府建设情况报告、法治教育培训、法治政府评估[2]等。在这些领域，信息化都可以成为法治政府建设的催化剂、润滑油、助推器和发动机。

（二）作为法治政府建设内容的信息化

信息化以现代通讯、互联网等技术为基础，汇聚信息制作、信息传播、信息处理、信息利用等一系列活动过程，信息化的本质是基于信息的管理，基于信息的技术，基于信息的逻辑。法治政府建设与信息化存在紧密的内在逻辑，前已述及，法治政府既包含信息的工具理性（信息化对法治政府建设的工具意义），也彰显着信息的价值理性，信息化成为法治政府自身的建设内容。作为法治政府建设内容的信息化主要包括政务公开、政府数据开放与共享、电子

---

〔1〕 马超：《"互联网+"法治政府建设中的基本冲突及其化解》，载《黑龙江社会科学》2017年第3期。

〔2〕 "从管理科学的角度来说，能够实施的目标必须是可以被测量及检验的，换言之，法治政府建设应该拥有自身可操作、可评价的标准体系。"（郑方辉、尚虎平：《中国法治政府建设进程中的政府绩效评价》，载《中国社会科学》2016年第1期。）法治政府评估也是推动法治政府建设的重要动力机制，信息化是法治政府评估的重要手段和基础平台，脱离了现代互联网和信息技术，法治政府评估的实施将变得异常困难，法治政府评估的效果也难以让人信服。

政务、互联网安全、互联网信息保护等。从功能角度观察，这几个领域可以区分为基于信息服务的法治政府建设、基于信息安全的法治政府建设和基于信息保护的法治政府建设。

1. 基于信息服务的法治政府建设

基于信息服务的法治政府建设着眼于信息的服务属性，主要包括政务公开、政府数据开放与共享以及电子政务。政务公开包括行政决策公开、执行公开、管理公开、服务公开和结果公开，[1] 是近年来我国法治政府建设成效最显著的领域之一。[2] 行政机关是政府数据的最大拥有者，开放政府数据可以有效发挥政府数据的社会效用，优化行政管理方式。"一般而言，数据开放包含两重含义：一是政府内部部门间的数据共享，二是面向全社会的公共数据共享。"[3] 电子政务是政府管理的再造，"是现代信息技术在公共行政中推广应用而产生的一种崭新的公共行政模式"。[4] 政务公开、政府数据开放与共享、电子政务对于保障公民、法人和其他组织的知情权，优化行政管理方式和行政程序变革，建设"阳光政府""透明政府"等具有重要意义。

2. 基于信息安全的法治政府建设

基于信息安全的法治政府建设着眼于信息的安全底线，[5] 主要是指互联网安全。互联网本质上是信息传播的平台，在信息化时

---

〔1〕　参见 2016 年中共中央、国务院印发的《关于全面推进政务公开工作的意见》。

〔2〕　应松年教授称，2007 年出台的《政府信息公开条例》是法治政府建设中的基础性制度，是行政诉讼法之后依法行政历史上的"第二个里程碑"。王静：《法治政府建设面临的机遇和挑战——访著名法学家应松年教授》，载《国家行政学院学报》2011 年第 5 期；应松年：《基本建成法治政府的若干重要问题》，载《国家行政学院学报》2016 年第 4 期。

〔3〕　马超：《"互联网+"法治政府建设中的基本冲突及其化解》，载《黑龙江社会科学》2017 年第 3 期。

〔4〕　高家伟：《论电子政务法》，载《中国法学》2003 年第 4 期。

〔5〕　国务院曾在 2012 年发布《国务院关于大力推进信息化发展和切实保障信息安全的若干意见》（国发〔2012〕23 号），就信息化发展和信息安全进行专门部署。

代，信息安全主要指的是互联网安全。"网络安全和信息化是相辅相成的。安全是发展的前提，发展是安全的保障，安全和发展要同步推进。我们一定要认识到，古往今来，很多技术都是'双刃剑'，一方面可以造福社会、造福人民，另一方面也可以被一些人用来损害社会公共利益和民众利益。从世界范围看，网络安全威胁和风险日益突出，并日益向政治、经济、文化、社会、生态、国防等领域传导渗透。特别是国家关键信息基础设施面临较大风险隐患，网络安全防控能力薄弱，难以有效应对国家级、有组织的高强度网络攻击。这对世界各国都是一个难题，我们当然也不例外。"[1] 我国于2016年颁布《网络安全法》，对网络安全支持与促进、网络运行安全、网络信息安全、监测预警与应急处置等内容进行规定，建构了具有中国特色的网络安全法制体系。[2]

3. 基于信息保护的法治政府建设

基于信息保护的法治政府建设着眼于信息的权利属性，主要包括互联网信息保护。在信息化时代，个人信息及其保护成为规范行政权力、约束互联网企业、保障网络用户权益的核心命题。"如今，我们的个人信息每天出现于无数的电子表格中，存放于我们无法控制的'云端'，每天在被存储、使用、加工和转移；由此，在我们不知不觉间，无孔不入的互联网上已充斥着大量有关我们的信息，它们足以为我们构建起另一个数字化'自我'。"[3] 信息保护也成为行政机关管理互联网的重要任务，是信息化时代建设有效有为政

---

〔1〕 习近平：《在网络安全和信息化工作座谈会上的讲话》，人民出版社2016年版，第21-22页。

〔2〕《全面推进依法行政实施纲要》提出："建立健全各种预警和应急机制，提高政府应对突发事件和风险的能力，妥善处理各种突发事件，维持正常的社会秩序，保护国家、集体和个人利益不受侵犯。"应急管理也是法治政府建设的重要内容，就信息化而言，互联网突发事件应对可以成为作为法治政府建设内容的信息化的组成部分。

〔3〕 石佳友：《网络环境下的个人信息保护立法》，载《苏州大学学报（哲学社会科学版）》2012年第6期。

府的重要路径。

二、"信息化+法治政府"的历史与演进

我国的信息化建设和法治政府建设都起步于改革开放以后，随着信息化技术（特别是互联网技术）的加速渗透、广泛辐射和跨界融合，"信息化+法治政府"成为我国法治政府建设的重要特征，我国的法治政府建设呈现出鲜明的技术特征和信息元素。

（一）"信息化+法治政府"的历史勾勒

我国政府信息化工作，发端于20世纪80年代中后期对经济信息的系统化管理。1984年，国务院批准原国家计委成立了信息管理办公室，负责推动国务院有关部委的信息系统建设工作。1986年，国务院批准成立国家经济信息管理领导小组，[1] 1987年成立国家经济信息中心，负责国家经济信息系统的规划和建设。20世纪90年代以来，我国成立国家层面的信息化工作议事协调机构，[2] 统筹协调我国的信息化建设。"20世纪90年代初就启动了一系列重大的信息化和电子政务应用工程；党的十五届五中全会把信息化提到了国家战略的高度；党的十六大进一步作出了以信息化带动工业化、以工业化促进信息化、走新型工业化道路的战略部

〔1〕《国务院办公厅关于组建国家经济信息管理领导小组的复函》（国办函〔1986〕18号）。

〔2〕 1996年4月，国务院办公厅发布《关于成立国务院信息化工作领导小组的通知》（国办发〔1996〕15号）国务院信息化工作领导小组成立；1998年3月，随着国务院机构的进一步改革，原国务院信息化工作领导小组办公室整建制并入新组建的信息产业部；1999年12月，国务院办公厅发布《关于成立国家信息化工作领导小组的通知》（国办发〔1999〕103号），国家信息化工作领导小组成立；2001年8月，中共中央、国务院决定重新组建国家信息化领导小组；2008年3月，根据《国务院关于机构设置的通知》（国发〔2008〕11号），信息产业部和国务院信息化工作办公室的职责，统一纳入新成立的工业和信息化部，国家信息化领导小组的具体工作由工业和信息化部承担；2014年2月，中共中央网络安全和信息化领导小组成立，由其统筹协调涉及经济、政治、文化、社会及军事等各领域的网络安全和信息化重大问题。

署；党的十六届五中全会再一次强调，推进国民经济和社会信息化，加快转变经济增长方式；2002 年，国家信息化领导小组决定，把电子政务建设作为今后一个时期我国信息化工作的重点，政府先行，带动国民经济和社会信息化。"[1]

以我国信息化进程来观察法治政府建设，[2] 从 1989 年我国颁布《行政诉讼法》正式开启推进依法行政、建设法治政府的征程至今，我国"信息化+法治政府"大致经历了四个阶段。

1. "信息化+法治政府"的初步确立（1989-1999 年）

20 世纪 80 年代中后期，信息化在我国开始起步，与此同时，1989 年《行政诉讼法》颁布标志着我国法治政府建设正式拉开序幕，行政权力受到司法权力的监督和审查。1992 年，我国的政府机关开始尝试办公自动化。1993 年，我国"三金工程"（金桥工程、金卡工程、金关工程）启动，国民经济信息化启动。1994 年 4 月 20 日，北京中关村地区教育与科研示范网接入国际互联网的 64K 专线开通，实现了与国际互联网的全功能连接，这标志着中国

---

〔1〕 周汉华：《电子政务法研究》，载《法学研究》2007 年第 3 期。

〔2〕 从法治政府建设的相关专门文件来看，1999 年 11 月国务院颁布《国务院关于全面推进依法行政的决定》，在我国率先就全面推进依法行政进行部署。2004 年 4 月国务院颁布《全面推进依法行政实施纲要》，确立建设法治政府的目标，明确规定今后十年全面推进依法行政的指导思想和具体目标、基本原则和要求、主要任务和措施。2008 年 5 月国务院颁布《国务院关于加强市县政府依法行政的决定》，针对法治政府建设的重点和难点，就市县两级政府的依法行政与法治政府建设工作作出专门部署。2010 年 10 月国务院又颁布《国务院关于加强法治政府建设的意见》，就新形势下贯彻落实依法治国基本方略进一步提出了推进依法行政、建设法治政府的总体要求和具体措施，丰富了法治政府建设的认识与实践（《国务院关于加强法治政府建设的意见》已于 2016 年被国务院废止）。2015 年 12 月，中共中央、国务院颁布《法治政府建设实施纲要（2015-2020）》，将建设法治政府上升为党中央和国务院的战略部署，置于法治国家、法治政府、法治社会一体建设的整体格局中进行推进。但是，我国法治政府建设的正式起点应该始于 1989 年《行政诉讼法》颁布，《行政诉讼法》是我国行政法制史上第一部法律，具有里程碑式意义，直接推动了之后《国家赔偿法》《行政处罚法》《行政监察法》《行政复议法》《行政许可法》等法律规范的相继出台。

正式接入国际互联网。[1] 1998 年，青岛、北京等地开始建设政府网站，"信息化+法治政府"在我国初步确立。这一时期的"信息化+法治政府"是初步的、萌芽的、草创的，依法行政、法治政府的理念还未正式确立，信息化对政府权力的影响多局限于信息化对行政系统经济信息的管理，体现为通过信息化提高政府管理经济的效率。

2. "信息化+法治政府"的形式融合（1999-2007 年）

1999 年我国的"信息化+法治政府"有两个标志性事件。其一，1999 年 1 月 22 日由中国电信和国家经贸委经济信息中心主办、联合四十多家部委（办、局）信息主管部门共同倡议发起的"政府上网工程启动大会"在北京举行，从而揭开了 1999 年"政府上网年"的序幕。[2] 其二，1999 年 11 月 8 日国务院颁布《国务院关于全面推进依法行政的决定》，在我国率先就全面推进依法行政进行部署，依法行政、法治政府的理念和实践在我国正式确立。2003 年颁布的《行政许可法》对行政许可的信息化办理进行规定，[3] 2004 年《全面推进依法行政实施纲要》提出："加快电子政务建设，推进政府上网工程的建设和运用，扩大政府网上办公的范围；政府部门之间应当尽快做到信息互通和资源共享，提高政府办事效率，降低管理成本，创新管理方式，方便人民群众……行政法规、规章和作为行政管理依据的规范性文件通过后，应当在政府

---

〔1〕 中华人民共和国国务院新闻办公室：《中国互联网状况》，载 http：//www. scio. gov. cn/zfbps/ndhf/2010/Document/662572/662572_7. htm，最后访问时间：2018 年 3 月 2 日。

〔2〕 赵正群：《政府上网工程的法律评析》，载《法学》2000 年第 10 期。

〔3〕 《行政许可法》第 29 条第 3 款规定："行政许可申请可以通过信函、电报、电传、传真、电子数据交换和电子邮件等方式提出。"第 33 条规定："行政机关应当建立和完善有关制度，推行电子政务，在行政机关的网站上公布行政许可事项，方便申请人采取数据电文等方式提出行政许可申请；应当与其他行政机关共享有关行政许可信息，提高办事效率。"

公报、普遍发行的报刊和政府网站上公布。"此外，有一些部门也开始尝试建立行政执法的信息化网络平台。[1] 这时期的"信息化+法治政府"呈现形式融合的表象，信息化更多作为法治政府建设的工具而存在，政府网站不断兴起，部门化的信息化平台逐渐建立，信息化和法治政府建设的核心内容还未紧密结合。"工具性、领域性、网站性、形式性"构成这阶段"信息化+法治政府"主要特征。

3. "信息化+法治政府"的实质融合（2007-2015 年）

2007 年《政府信息公开条例》颁布，"信息化+法治政府"进入实质融合阶段。围绕信息化作为法治政府建设的内容意义，国家出台了诸多举措。《国务院办公厅关于进一步做好政府信息公开保密审查工作的通知》《国务院办公厅关于做好政府信息依申请公开工作的意见》《国务院办公厅关于施行〈中华人民共和国政府信息公开条例〉若干问题的意见》以及国务院办公厅作出的系列答复等构成了我国政府信息公开制度的主要规范。这时期信息化和法治政府的融合迈向实质层面，法治政府建设的自身内容与信息化紧密融合，运用信息化手段全方位推进法治政府建设已成为各级行政机关的行动自觉和工作习惯，[2] 政府网站的互动功能、多元作用显现，但不同机构的信息资源仍然是碎片化的，"数据烟囱"现象明显。"内容性、全局性、多元性、实质性"构成这阶段"信息化+法治政府"主要特征。

4. "信息化+法治政府"的继续深化（2015 年至今）

2015 年出台的《法治政府建设实施纲要（2015-2020 年）》

---

〔1〕 比如，2006 年国家工商行政管理总局发布了《关于大力推进 12315 行政执法体系建设工作的意见》。

〔2〕 国务院于 2015 年发布《国务院关于积极推进"互联网+"行动的指导意见》，"互联网+"行动上升为一种国家战略，深入渗透到市场建设、政府治理和社会监管的各个领域。

强调："创新政务公开方式,加强互联网政务信息数据服务平台和便民服务平台建设,提高政务公开信息化、集中化水平。"2015年国务院发布《促进大数据发展行动纲要》;2016年中共中央办公厅、国务院办公厅发布《关于全面推进政务公开工作的意见》,就决策公开、执行公开、管理公开、服务公开、结果公开进行全方位部署;2016年中共中央办公厅、国务院办公厅发布《国家信息化发展战略纲要》提出:"持续深化电子政务应用,着力解决信息碎片化、应用条块化、服务割裂化等问题,以信息化推进国家治理体系和治理能力现代化。"2017年国务院办公厅印发《政务信息系统整合共享实施方案》,针对长期以来困扰我国政务信息化建设的"各自为政、条块分割、烟囱林立、信息孤岛"问题提出解决的思路和路径。"'利为民所谋、权为民所享''最好服务、最优管理、最高效率'应该是法治政府的奋斗目标,尤其在云计算、大数据、物联网和智慧城市时代,伴随移动互联思维所带来的颠覆、创新效应,客观上也要求政府必须积极回应市场和社会主体的诉求,因此更要提倡政府有威和有为。"[1] 当前,"信息化+法治政府"的继续深化阶段着力朝着"大数据、系统整合、电子政府"等方向努力。

（二）"信息化+法治政府"的突出成就

"互联网时代,信息与数据的交换、统计、公开更加便捷,既为政府信息公开提供了良好的平台,为检举、控诉、曝光腐败提供了良好的条件,也为政府之间、部门之间减少沟通层级、提高决策效率提供了技术支持。顺应新形势,创新思维和方法,积极利用互联网建设透明、廉洁、高效政府,已然成为建设法治政府的客观要

---

〔1〕 杨海坤:《"四个全面"战略布局下如何全面推进法治政府建设》,载《法学评论》2015年第5期。

求与必然趋势。"[1] 经过近三十年的持续推进，我国"信息化+法治政府"发展迅速，也取得了一些突出成就，主要表现在五个方面：行政立法的信息化、行政决策的信息化、行政执法的信息化、政务公开的推进深化、行政司法的信息化。

第一，行政立法的信息化。"一个没有体现民主性的政府，即使在职能履行和运作过程中体现了依法行政，能够达到技术上的善治，也因为缺乏合法性成立的逻辑基础而不能称之为法治政府。"[2] 在现代信息社会，民主的可得性、有效性和真实性借由信息化而更加便利和通畅，信息化提升了民主性，民主性强化了正当性，正当性维护了安定性。在《立法法》《行政法规制定程序条例》《规章制定程序条例》以及相关法治政府建设指导性文件的指引下，我国行政立法、规范性文件制定的信息化发展迅速。实践中，行政法规、规章、规范性文件的相关制定主体普遍运用信息化技术听取公民、法人和其他组织的意见和建议，利用互联网平台进行信息反馈，利用信息化提升公众参与行政立法的有效性，夯实法治政府建设的民主基础和正当性。

第二，行政决策的信息化。"在外部压力与内部动力的双重驱动下，'互联网+'时代对用户至上、体验为王的强调以及为此提供的支持和保障，将会在很大程度上重塑政府的权力关系结构，原有的以行政权为中心、以管理为中心的对抗性权力关系结构，将转变成为以相对人为中心、以服务为中心的合作性权力关系结构。"[3] 在现代信息技术引发政府权力变革的背景下，行政决策不再是行政机关单一的、垄断性的、封闭式的运行机制，而是过渡到

---

[1] 江必新：《"互联网+"与"全面依法治国"需要处理好的"九个关系"》，载《人民法治》2015年第12期。

[2] 杨海坤、樊响：《法治政府：一个概念的简明史》，载《法律科学》2016年第1期。

[3] 朱新力、吴欢：《"互联网+"时代法治政府建设畅想》，载《国家行政学院学报》2016年第2期。

行政机关与行政相对人沟通、公开透明的行政决策模式，公众参与、专家论证、合法性审查、风险评估、集体决策成为重大行政决策的必经程序，[1] 而信息化技术在五大程序阶段都发挥了重要作用，使得行政决策的民主性、公开性、科学性成为可能。

第三，行政执法的信息化。行政执法是我们观察法治政府建设成效的显微镜、晴雨表和橱窗口。严格公正规范文明执法要求行政机关创新行政执法方式，创新监管方式，以信息化促进行政执法的合法性、高效性、服务性并加强对行政执法的监督。"'创新监管方式'，首先要求充分发挥互联网、人工智能和大数据等现代科学技术在行政监管中的作用。利用现代科学技术进行监管不仅可以大大提高监管质量和监管效率，而且可以为行政相对人提供更多的便利（让数据多跑路，让相对人少跑腿），尽量减少监管者与被监管者的矛盾和冲突。因此，各级政府均应加强行政监管的平台建设，实施在线监督并将监督数据向社会公开。"[2] 实践中，行政执法信息化是"信息化+法治政府"的核心，行政执法公示、行政执法全过程记录、[3] 行政执法监督平台、[4] 社会信用体系[5]等制度都依赖于信息化技术的有效支撑。

---

〔1〕《十八届四中全会决定》《法治政府建设实施纲要（2015-2020年）》等重要文件都对重大行政决策程序进行规定，重大行政决策的五个程序步骤也成为实践中各级行政机关进行重大行政决策的规定动作。

〔2〕 姜明安：《加大法治政府建设力度 全面实现十九大关于法治政府建设的新要求》，载《中国司法》2017年第11期。

〔3〕《国务院办公厅关于印发推行行政执法公示制度执法全过程记录制度重大执法决定法制审核制度试点工作方案的通知》（国办发〔2017〕14号）。

〔4〕《法治政府建设实施纲要（2015-2020年）》提出："加强执法监督，加快建立统一的行政执法监督网络平台，建立健全投诉举报、情况通报等制度。"

〔5〕《国务院关于"先照后证"改革后加强事中事后监管的意见》提出："加快推进全国统一的信用信息共享交换平台和企业信用信息公示系统建设，推进政府部门、行业协会、社会组织信用信息共享共用，强化信用对市场主体的约束作用，构建以信息归集共享为基础，以信息公示为手段，以信用监管为核心的监管制度，让失信主体'一处违法，处处受限'。"

第四，政务公开的信息化。我国政务公开是因应人民知情权、顺应现代互联网发展的制度，有效推动了信息化与法治政府建设的实质融合。"如果说制定《行政诉讼法》是行政法治的第一块里程碑，那么法治政府建设的第二块里程碑就是政务公开。"[1] 2007年《政府信息公开条例》颁布以来，我国政务公开的信息化不断加深与推进。《政府信息公开条例》明确将网站作为公开的方式之一;[2] 2016年国务院办公厅发布《国务院关于加快推进"互联网+政务服务"工作的指导意见》就"互联网+政务服务"进行专门部署;2017年5月9日国务院办公厅发布的《开展基层政务公开标准化规范化试点工作方案》，明确将政府网站作为政务公开的第一平台;[3] 2017年5月15日国务院办公厅发布《政府网站发展指引》，明确了政府网站的设立、整合、内容等要求。[4] 此外，大数据、政务信息系统整合共享、人工智能等新兴信息技术进一步推动了政务公开的信息化。[5]

第五，行政司法的信息化。行政司法主要包括行政调解、行政仲裁、行政裁决、行政复议等行为，对于快速解决行政争议、化解

〔1〕 应松年:《基本建成法治政府的若干重要问题》，载《国家行政学院学报》2016年第4期。

〔2〕《政府信息公开条例》第23条规定:"行政机关应当建立健全政府信息发布机制，将主动公开的政府信息通过政府公报、政府网站或者其他互联网政务媒体、新闻发布会以及报刊、广播、电视等途径予以公开。"

〔3〕《国务院办公厅关于印发开展基层政务公开标准化规范化试点工作方案的通知》提出:"按照政府网站建设管理的有关要求，加快推进政务公开平台标准化规范化，加强政府网站内容建设和管理，发挥政府网站信息公开第一平台作用。"

〔4〕《国务院办公厅关于印发政府网站发展指引的通知》（国办发〔2017〕47号）。在此之前，国务院办公厅发布《国务院办公厅关于加强政府网站信息内容建设的意见》，明确了政府网站信息内容的相关要求。

〔5〕 参见《国务院关于印发促进大数据发展行动纲要的通知》（国发〔2015〕50号）;《国务院办公厅关于印发政务信息系统整合共享实施方案的通知》（国办发〔2017〕39号）;《国务院关于印发新一代人工智能发展规划的通知》（国发〔2017〕35号）。

社会矛盾、维护社会稳定具有重要作用。《十八届四中全会决定》提出："健全社会矛盾纠纷预防化解机制，完善调解、仲裁、行政裁决、行政复议、诉讼等有机衔接、相互协调的多元化纠纷解决机制。"当前，行政司法的信息化主要体现在申请受理的信息化、电子证据的固定和运用、法律服务网络平台的建设[1]等。

三、信息化时代法治政府建设的挑战

"当今世界，信息化发展很快，不进则退，慢进亦退。"[2] 在信息化时代，面对信息化的巨大冲击，法治政府建设也同样面临"不进则退、慢进亦退"的状况。"据统计，当前我国手机用户超过 10 亿，网民超过 6 亿，微博用户超过 5 亿，微信的用户也已经超过 3 亿。大规模使用现代新兴媒体，对政府的管理造成了很大的影响和挑战。新兴媒体对政府管理活动的监督比其他监督形式要有力得多、直接得多、快得多，对官员个人的监督效果尤为明显。这对政府推进依法行政、建设法治政府提出了更高的要求。"[3] 我国法治政府建设正面临着历史性和信息化的双重挑战：一方面，计划经济体制向市场经济体制变迁的历史欠账还未还清，传统行政立法、行政决策、行政执法、社会矛盾化解中存在的历史问题仍未彻底解决，我国法治政府建设的现代性任务仍在路上；另一方面，信息化的正面冲击则更为深刻地影响着法治政府建设，无论工具意义的信息化还是内容意义的信息化都对法治政府建设产生诸多挑战，我国法治政府建设的后现代性使命责任重大。

---

〔1〕《"十三五"全国司法行政信息化发展规划》提出："各地大力推进'互联网+法律服务'建设，超过30%的省（区、市）建设了公共法律服务平台，线上线下融合发展，网上法律服务创新应用模式不断涌现，提供了高效优质便捷的法律服务。"

〔2〕 习近平：《在网络安全和信息化工作座谈会上的讲话》，人民出版社 2016 年版，第 21-22 页。

〔3〕 马怀德：《法治政府建设：挑战与任务》，载《国家行政学院学报》2014 年第 5 期。

（一）工具意义的信息化对法治政府建设的挑战

前已述及，作为法治政府建设工具的信息化包括三个方面：作为法治政府工作方式的信息化、作为法治政府监督手段的信息化、作为法治政府建设动力的信息化。信息化对法治政府工作方式、监督手段和建设动力都带来不少困境。

就法治政府工作方式而言，其一，信息化虽然通过电子化的征求意见渠道和反馈机制，并对相关项目的大数据进行分析，有助于行政立法、规范性文件制定和行政决策的科学性、民主性和专业性，但是相关信息化平台的信息匹配性、大量回收意见的快速整理分析及反馈功能、信息化平台的互动交流等方面仍然存在不足，实践中，很多行政立法、行政决策的信息平台多沦为形式摆设，成为应付相关法律规范、上级机关文件有关公众参与规定的被动式举措，并没有发挥实质性的民主协商、科学证成作用。其二，在信息化时代，随着跨地区、跨行业互联网平台的兴起，传统的以地域管辖、行业管辖为基础的行政执法体制面临巨大挑战，跨越的地域、行业的模糊使得不同地区、不同部门之间行政权力的冲突成为一种常态，这严重损害了行政相对人的合法权益，也损害了行政机关的公信力，亟待进行行政执法体制的重构。其三，实践中，很多网上办事平台并没有具备真正的办事功能而成为形象工程，或者设置了相关地方保护性的申请条件（比如仅限于本地户籍或有本地手机号的居民申请),[1] 这不符合《行政许可法》的规定,[2] 也不符合

─────────

〔1〕"13个地方政府的网站虽然有'我要咨询''百姓服务''信息咨询'等互动性栏目，但在提交咨询的问题时要求有当地的手机号码才行，这无疑限制了没有当地手机号码的民众获取信息的权利，给民众咨询相关问题带来严重不便。"中国政法大学法治政府研究院编：《中国法治政府评估报告（2017）》，社会科学文献出版社2017年版，第162页。

〔2〕《行政许可法》第15条第2款规定，地方性法规和省、自治区、直辖市人民政府规章，其设定的行政许可，不得限制其他地区的个人或者企业到本地区从事生产经营和提供服务，不得限制其他地区的商品进入本地区市场。

高效便民原则，另外一些执法监督平台收集的执法数据与执法责任制没有挂钩，无法真正发挥行政执法监督平台的作用。[1]"责任是法律的生命，违法不究必然导致有法不依。"[2]

　　就法治政府监督手段而言，其一，虽然信息化有利于重塑政府权力内部结构，科学配置不同权力，并促进行政系统内部对行政权力的制约和监督，但是信息化对依法全面履行政府职能、制约监督行政权力的工具性功能更加明显，作用范围有限且不稳定，始终受到政府权力配置的顶层设计和政府机构改革的影响，受制于行政组织法律制度不完善的局限。工具功能的发挥受到实体配置的制约。其二，信息化以更为便捷、更为清晰、更为经济的方式促进权力清单、责任清单、负面清单的公开以及建设信息化监督平台，但是权力清单、责任清单、负面清单公开后的核查和监督仍然缺少有效的机制，信息化监督平台的建设动力也不足。其三，信息化对行政机关层级监督、审计监督、复议监督的作用，也受到行政机关负责人对信息化监督作用的认识、审计监督功能与信息化技术的匹配、行政复议体制改革等方面的影响。[3] 其四，信息化对社会矛盾的产

---

　　〔1〕　当前我国"互联网+法治政府"存在一个非常突出的问题，即信息化技术与信息内容的匹配性较差，信息化平台的技术属性有余、业务功能不足，行政机关的实际意图无法通过信息化平台得以完整、充分、高效展现，"懂技术的不懂业务，懂业务的不懂技术"，技术与业务的衔接有待提高，这也导致实践中很多的信息化平台沦为政绩工程，平台的搜索功能几乎不能使用，实际的用户体验并不友好。大量的政府网站承担了法治政府信息在网站展现的功能，实际的办事功能一般无法使用。完成技术平台建立的第一步后，如何实现技术平台的优化与友好成为我国"互联网+法治政府"的最重要使命。

　　〔2〕　袁曙宏：《大力推进法治政府建设》，载《求是》2006 年第 18 期。

　　〔3〕　实践中，很多部门因个别、偶然性的网络安全事件产生对信息化的担忧，对信息化平台的利用不足，也缺乏进一步推动信息化的动力。"网上政府是政府在网上的形象，网上政府发布的一些重要新闻、重大方针政策、法规具有权威性，如果一旦被黑客篡改，将影响政府形象，甚至造成重大的政治经济损失。中国政府信息化的进展有限，在相当大的程度上是因为安全考虑。"周汉华：《中国的政府信息化及其面临的实践问题》，载《经济社会体制比较》2003 年第 2 期。

生和激发起着催化作用。一方面，信息化技术本身产生了一些社会矛盾，比如网络诈骗、互联网非法集资等；另一方面，以互联网为媒介的网络谣言也扩大、激化了社会矛盾。

就法治政府建设动力而言，当前法治政府建设情况报告多是内部化的汇报或报告形式，没有通过互联网等方式向社会公开，法治政府建设实效的外部监督不足；很多地方的法治教育培训形式单一、内容枯燥、内容与信息化技术结合不足；法治政府评估所收集整理的数据呈现碎片化、分散化的状况，数据缺乏有效的分析与利用，亟待建立一个专门的法治政府评估平台系统，加强对评估数据的整理、分析和利用，特别是历史性数据的对比分析和趋势分析。

（二）内容意义的信息化对法治政府建设的挑战

随着依法行政的不断推进，民众对信息的需求逐渐加强，法治政府建设的信息属性日益彰显，法治政府的信息内容建设成为法治政府基本建成的重要标志。当前在全面推进法治政府建设的背景下，政府信息公开、政府数据开放及共享、电子政务、互联网安全、互联网信息保护等作为内容层面的信息化都面临不少困境与挑战。

第一，在政府信息公开层面，主要存在三个突出问题。一是政府信息公开的结构性失衡，主动公开不足，依申请公开压力太大。由于传统保密行政的影响，即使《政府信息公开条例》及相关中央层面政务公开的文件都坚持"以公开为原则，以不公开为例外"，许多行政机关仍然不习惯将政府信息主动公开，而是等待相对人的申请公开，从而造成行政机关的政务公开工作常态经常是疲于应对和处理各种信息公开申请。二是多个平台公开内容不一致，信息搜索不便民，影响行政机关的公信力。由于不同的公开载体由不同的机构或人员负责，同一个内容在不同的载体上经常出现信息不一致、数据不一致的现象。"随着信息化的推进，政府机关公开信息的平台越来越多，不仅《条例》规定的政府公报、政府网站、新闻媒体等平台，就连政府网站也越来越多元化，相同信息可能会发布在不同网站或同一网站的不同栏目中，如发布在当地政府门户网站、业务部门网站，甚至一些专业性的政府网站（如食品安全信息网）或者发布在同一个政府网站的多个栏目上。这一方面增加了公众获取信息的渠道，但随之而来的问题则是，信息公开的随意性大，相关信息在不同平台发布的时候存在内容不一致的现象。"[1]另外，当前大多数政府网站的搜索功能不实用、不便民，限制了相对人的知情权。三是依申请公开滥用现象突出，信息公开容易信访化，[2]而制度层面对此缺乏有效的规制。由于《政府信息公开条例》对公开范围界定不清晰、申请条件规定不明确、对纠缠性申请的规制不足，一些在实体利益（比如土地征收、房屋拆迁等领域）得不到满足的人以及一些职业申请人，开始利用信息公开渠道向相关部门反复、多次地提出信息公开申请，对公开决定不服的再提起行政复议、向法院起诉，严重影响了行政机关的正常运作秩序，耗费了大量行政资源和司法资源。实践中，也有些申请夹杂着不同内容，行政机关分不清咨询与信息公开申请，对咨询行为按政府信息公开事项答复处理，[3]模糊了不同性质的申请活动。

第二，在政府数据开放及共享层面，也面临着三个突出困境。一是政府数据开放的理念仍未确立。大数据是近些年的新兴事物，按照"取之于民、用之于民"的原则，政府数据来源于社会，属于公共财产，除依法保密的外，也应向社会开放，服务于社会，充分释放其经济效益和社会效益。但在实践中，行政机关还没有树立开放政府数据的理念，大多数政府数据仍然锁在电脑中，放在硬盘

---

〔1〕　吕艳滨：《政府信息公开制度实施状况——基于政府透明度测评的实证分析》，载《清华法学》2014年第3期。

〔2〕　后向东：《论我国政府信息公开制度变革中的若干重大问题》，载《行政法学研究》2017年第5期。

〔3〕　余凌云：《政府信息公开的若干问题：基于315起案件的分析》，载《中外法学》2014年第4期。

里，存在抽屉里。"在大数据、云计算和互联网技术高速发展的今天，政府对由其制作或保管的数据进行直接公开能够使公民、组织获取行政管理的一手资料，运用于生产、生活之中或者经加工而产生附加价值。但由于我国仍旧处于数据开放的起步阶段，与之配套的法律规范不完善，政府部门对数据开放应当达到的程度缺乏全面认知等现实问题，从而导致政府数据不能有效为社会所用，数据资源浪费严重，依托数据产生的权利受侵犯的情况也时有发生。"[1]树立政府数据开放的理念并基于开放基础上对相关数据进行安全管理和利用保护，是建构政府数据法律制度的基础。二是政府数据缺少必要的整合。多数地方政府的数据散落在不同的行政机关，相互之间缺少必要的整合和共享，形成了一个个"信息孤岛"和"信息烟囱"，不利于政府数据在行政系统内的整合使用，也不便于社会民众的获取与利用。实践中，仅有少数城市有专门的数据开放网站或栏目名称，相对集约化地公开政府数据，[2] 大多数城市的政府数据仍然是分散、碎片化、零星的。"当前，我国政务信息化建设存在条块分割、各自为战的问题，各部门往往按照现行行政管理体制，将既有业务流程电子化，缺乏部门间业务协同的组织规划，造成部门间业务分立、数据隔离的格局，跨部门协调决策难度大，业务协同程度亟待提高。另外，各部门政务信息系统大都侧重内部事务处理，以提高内部管理效率为目标，面向服务民生和支持政府宏观决策的应用欠缺，政府信息化对提升政府公共服务水平的支撑能力不足，不能满足我国社会进步加速的转型时期对建设服务型政府，提高政府公共管理水平和增强治国理政能力的要求。"[3] 碎片

---

〔1〕 王敬波、李帅：《我国政府信息公开的问题、对策与前瞻》，载《行政法学研究》2017年第2期。

〔2〕 比如可参见北京市政务数据资源网，http://www.bjdata.gov.cn，最后访问时间：2018年3月20日。

〔3〕 张铠麟、王娜、黄磊、王英、张汉坤：《构建协同公共服务：政府信息化顶层设计方法研究》，载《管理世界》2013年第8期。

化、部门化、分散化的政府数据管理体制，既不能发挥政府数据的价值和功效，也存在政府数据被不法机构和人员不法利用的安全风险。三是政府数据缺少及时整理和更新。一些政府数据是以逐条式的政府信息而存在，缺少归类、统计和分析，影响了政府数据的查询与使用，没有实现政务公开的便民原则。有些政府的数据仍然停留在公布年度统计数据、统计月报等常规信息，对与社会民众生活息息相关的政府数据则没有涉及。还有些政府数据已多年没有更新，这会影响政府数据的权威性、时效性和客观性，也会对政府的诚信度、公信力造成不良影响。

第三，在电子政务层面，信息化技术对行政权力运行方式和政府日常工作模式产生了巨大冲击，传统的文书式行政[1]开始向电子式行政变迁。但当前的电子化行政仍然是静态、物质意义上的电子政务或者是信息化的政务，[2] 行政权力的运行结构仍然是传统的区块分割。"'互联网+政务'不是简单的电子政务的物化平台建设，是从以政府为中心向以用户为中心的治理结构的转变，从政府管理向政府和社会分权共治的模式转型，不是小修小补，而是全新铸造。"[3] 一方面是传统的以地域划分和行业划分为基础的管辖体制；另一方面是基于传统管辖体制而建立的各种区域化、部门化的信息平台，两者具有高度的契合性，但这种状况并非适应互联网跨区域、跨行业的特征。到底应该是信息化技术适应传统管辖体制的特点，还是传统管辖体制要根据互联网发展规律做相应的变革，这是信息化时代法治政府建设的核心命题之一。

第四，在互联网安全层面，我国目前面临较大的挑战。一是互

---

〔1〕"公务的履行在很大程度上有赖于形式化的文书写作。"郑戈：《法律与现代人的命运：马克斯·韦伯法律思想研究导论》，法律出版社 2006 年版，第 106 页。

〔2〕目前政府提出的"互联网+"，在很多部门仍然将其视为工具意义上的，并没有在权力的实质建构层面进行解读。

〔3〕王敬波：《"互联网+"助推法治政府建设》，载《国家行政学院学报》2016 年第 2 期。

联网安全意识不强，无论是主管部门、互联网企业还是互联网用户都缺少足够的互联网安全意识，在互联网经济表面繁荣的背后潜伏着可能的巨大安全风险。"没有意识到风险是最大的风险。网络安全具有很强的隐蔽性，一个技术漏洞、安全风险可能隐藏几年都发现不了，结果是'谁进来了不知道、是敌是友不知道、干了什么不知道'，长期'潜伏'在里面，一旦有事就发作了。"[1] 二是互联网安全法律制度还不健全。虽然我国在 2016 年颁布了《网络安全法》，但该法律是从网络安全支持与促进、网络运行安全、网络信息安全、监测预警与应急处置等宏观层面进行规定，条文内容比较原则和抽象，还需要进一步的配套制度和细化措施。三是关键信息基础设施运行主体、互联网企业内部安全管理制度仍不完善，制度实施流于形式。虽然《网络安全法》给网络运营者设定了制定内部安全管理制度的义务，[2] 但由于缺乏必要的指导与监督，一些运营主体的内部安全管理制度内容不科学，有些运营主体即使制定了内部管理制度，但受制于制度实施成本，这些制度容易流于形式，特别是对一些小微型互联网企业而言，由于内部安全管理制度的实施成本高昂，可能抑制企业的创新动力。

第五，在互联网信息保护层面，也存在三个挑战需要及时应对。一是当前调整个人信息保护的法律规范是分散化的、碎片化的，散落在《全国人大常委会关于加强网络信息保护的决定》《刑法》《侵权责任法》等法律规范中，缺少一部统一、专门、体系化的法律，由此带来相关立法空白、立法滞后、立法冲突等问题。二是互联网信息的行政保护不足。一些行政机关还不能适应互联网发

---

〔1〕 习近平：《在网络安全和信息化工作座谈会上的讲话》，人民出版社 2016 年版，第 21—22 页。

〔2〕 《网络安全法》第 21 条规定："国家实行网络安全等级保护制度。网络运营者应当按照网络安全等级保护制度的要求，履行下列安全保护义务，保障网络免受干扰、破坏或者未经授权的访问，防止网络数据泄露或者被窃取、篡改：（一）制定内部安全管理制度和操作规程，确定网络安全负责人，落实网络安全保护责任……"

展规律，对个人信息保护的认识不够，固守"政府管平台、平台管用户"的监管思路，对个人信息保护的主动监管不足，[1] 由此带来互联网信息的行政保护弱化和虚化。三是互联网信息的司法保护乏力。当前互联网信息领域的违法成本较低，相关法律规定的法律责任相对弱化，互联网信息的司法保护因此也比较乏力，导致一些大规模的侵害互联网信息违法行为屡禁不止。

四、信息化时代法治政府建设的路径

针对上面提到的问题与挑战，信息化时代法治政府建设的路径也应围绕应对工具意义信息化挑战的法治政府建设路径和应对内容意义信息化挑战的法治政府建设路径两方面进行展开。

（一）应对工具意义信息化挑战的路径

在信息化时代，面对工具意义信息化的诸多挑战，法治政府工作方式、监督手段和建设动力等方面的困境其实存在相对的重复性、交叉性和融合性；概括而言，着力需要从信息化平台、技术匹配、执法管辖、建设动力等方面深入推进法治政府建设。

第一，打造"政府上网工程2.0"版本，全方位推进法治政府的信息平台建设。如果说1999年政府上网工程通过建立政府网站，依靠网站公开相关政府信息，初步奠定了政府信息化的基础，可被视为"政府上网工程1.0"版本，那么目前我们要建立的就是"政府上网工程2.0"版本，要全方面推进政府办事平台、[2] 行政执

---

〔1〕　其实不单是我国，世界各国都面临个人信息行政保护不足的问题，即便互联网最发达的美国，近期也发生了Facebook用户数据泄露的重大丑闻，一家名为"剑桥分析公司"的数据分析公司以不正当的方式获取了5000万Facebook用户数据，引发了轩然大波。监管机构如何在事先有效地防范和监督数据泄露的风险，是各国个人信息保护面临的共同难题。参见《用户数据泄露 脸书市值蒸发500亿美元》，载新华网，http：//www.xinhuanet.com/tech/2018-03/22/c_1122572601.htm，最后访问时间：2018年3月22日。

〔2〕　主要是推进行政许可、行政给付、公民缴费等业务的实时在线办理，加快服务型政府建设。

法监督平台、〔1〕社会信用记录平台〔2〕等专门性平台建设以及未来的各种平台整合于一体，实现政府信息化的全方位、互动性、实用性，从以信息公开为主要功能的"政府上网工程 1.0"迈向多重功能兼备的"政府上网工程 2.0"。

第二，利用信息化平台实现信息化技术和法治政府建设的深度融合和匹配。推动"政府上网工程 1.0"建设仅仅是在物质层面、形式层面启动了政府信息化，推进信息化时代的法治政府建设关键在于从理念层面、实质层面实现政府信息化，将信息化建设与行政决策、行政执法、社会矛盾化解、监督和问责等法治政府建设的内容紧密结合，实现信息化技术和法治政府建设内容的匹配，做到技术能够充分、及时反映业务的需求，业务融合技术的先进功能。"需要充分发挥政府信息资源的基础性作用，通过信息化手段将政府信息公开与决策科学化、公众参与、风险预警、舆情研判、政务服务、投资环境打造、对外宣传、反腐倡廉、政府数据开放、信访维稳、投诉举报处理、执法信息共享、诚信体系建设与电子政务建设等工作紧密结合，为这些制度提供更好的支撑服务。"〔3〕利用现代信息化技术的支撑，实现技术与业务的深度融合与相辅相成，这是推动法治政府建设往纵深推进的关键。

第三，重构适应互联网发展规律的执法管辖体制和权力运行体

---

〔1〕"在'互联网+'时代，建立行政执法信息平台，绝不应当只是为了便利民众查询信息和实现数据统计，还应当在执法过程中充分运用科技力量。建立起涵盖所有执法事项的统一的信息平台，可以实现执法与监督同步，避免平台重复建设。通过对执法个案的实时、全过程监督，将执法责任制落实到实处，实现从'被动执法'向'及时履职'的转变。"王敬波：《互联网时代法治政府建设的革新之路》，载《人民论坛》2017年第 15 期。

〔2〕"同时要健全守法信用记录，完善守法诚信褒奖机制和违法失信行为惩戒机制。"莫于川：《法治政府建设的理念与品格——学习法治政府建设实施纲要》，载《中国特色社会主义研究》2016 年第 1 期。

〔3〕周汉华：《打造升级版政务公开制度——论〈政府信息公开条例〉修改的基本定位》，载《行政法学研究》2016 年第 3 期。

制。当前的执法管辖体制和权力运行体制是以传统的地域划分、行业划分为基础，在互联网经济跨越地域、混业经营的背景下已暴露出诸多问题，难以适应互联网发展规律。"地域管辖无法回应无疆界的互联网监管需要，执法体制需要从行业、地域的格局中走出，研究构建适应互联网跨界融合、跨境经营特点的综合执法体制。从相对集中行使行政处罚权、许可权等工作机制着手，建立政府统一的三张清单一张网，促进互联互通、资源共享，最终实现体制变革。随着互联网的发展，部门和地域的色彩逐渐淡化，公众面对的将是一个虚拟的、一体化的政府，民众不需要关注办事的是政府哪个部门，工作人员是谁，只是通过政府的平台就可以获得服务"〔1〕。当然，执法体制的重构并非简单的部门合并，而是要根据互联网经济的业务联系程度进行统筹，推进部门间的执法信息共享，在行政一体的原则下建设电子政府。只有建立在互联网特征和规律基础上的执法管辖体制和权力运行体制，才能促进互联网经济的发展，适应信息革命的快速发展。

第四，构筑法治政府建设持续推进的信息化动力。在互联网成为人们获取信息首要渠道的背景下，要明确行政机关的法治政府建设情况报告须通过互联网形式向社会公开，增强社会监督法治政府建设的力度；建构涵盖教材、教学、考试、互动于一体的法治教育培训网络平台，增强法治教育培训的生动活泼性和形式多样性；加强对法治政府评估工作的研究和实施，通过积累纵向历史数据和横向部门数据，从实证视角梳理法治政府建设的短板并提出完善建议。

（二）应对内容意义信息化挑战的路径

针对内容意义信息化的挑战，首先要认识到以互联网为代表的现代信息科技对市场规制、社会治理、权力运行的深远影响，当前

---

〔1〕 王敬波：《"互联网+"助推法治政府建设》，载《国家行政学院学报》2016 年第 2 期。

的信息技术发展不是单纯的信息产业或信息经济，而是对社会各方面产生深刻变革的信息革命。"理论与实践证明，互联网被广泛应用于中国法治政府建设中，其目的绝非只是政务的电子化，而是意在促使政府产生从内部到外部、从部分到全局、从手段到理念的一系列转变。"[1] 理念的转变再加上具体制度的革新，构成应对内容意义信息化挑战的可行路径。

第一，建构以主动公开为重心的政府信息公开法律结构。"从国际经验看，随着信息化的迅猛发展，传统的政府信息公开制度近几年来正在发生深刻变革。政府机关从被动接受公开申请变为主动推送信息，及时回应公众要求，推动不同制度融合，已经成为各国制度变革的普遍趋势。"[2] 要及时修改《政府信息公开条例》，建立均衡的政府信息公开结构，从原来的依申请公开为主的结构转变为主动公开为主、依申请公开为辅的模式，通过及时地主动公开去有效化解依申请公开工作以及后续行政复议、行政诉讼的压力，掌握政府信息公开工作的主动权。进一步细化主动公开的范围，明确行政机关主动公开的义务和时效，并规定怠于主动公开法定信息的法律责任，建构规制信息公开不作为的制度体系。

第二，推进政府信息公开与政府数据开放的整合。行政权力运行要遵守行政一体原则，[3] 即行政系统本质上是统一的，而非部门分割、利益分割。行政一体原则在信息领域的要求就是政府信息公开和政府数据公开的整合与协调。"公开透明还有一个要求，就是行政机关的信息资源应当尽量共享，这是树立规则权威、克服部

---

[1] 马超：《"互联网+"法治政府建设中的基本冲突及其化解》，载《黑龙江社会科学》2017年第3期。

[2] 周汉华：《打造升级版政务公开制度——论〈政府信息公开条例〉修改的基本定位》，载《行政法学研究》2016年第3期。

[3] 《国务院组织法》关于总理负责制以及国务院各部门组成的规定，《地方各级人民代表大会和地方各级人民政府组织法》关于地方政府首长负责制、地方政府各部门的组成以及中央和地方政府关系的规定，都体现了行政一体原则。

门保护主义、精简机构、提高行政效率的基础。"[1] 政府信息公开
与政府数据开放的整合有两方面的要求：一是主管机构整合。主管
机构整合是政府信息公开与政府数据开放整合的基础，也是统一相
关公开标准和公开程序的要求。"需要加强对信息公开问题的认识，
设立权威性的机构统一协调信息公开政策。目前中国推行的各种形
式的公开往往具有各自为政的特点，相互之间缺少统一性和协调
性，具体做法也大不一样。比如，对于村务公开，目前的管理部门
主要是民政部门，纪检监察与其他部门配合协调。同样的体制也适
用于乡、镇的镇务公开。而对于其他层次的政务公开，目前的管理
与领导体制则较为复杂，分别有法制部门、人事部门、民政部门、
监察部门、党的宣传部门负责等不同的安排。另外，对于信息安全
管理和执法，也涉及多个部门，如国家密码管理委员会、公安部、
国家安全部、信息产业部国家计算机网络和信息安全管理中心、国
家保密局、国务院新闻办公室等。"[2] 通过建立专门的政府信息公
开委员会，统一协调不同机构、不同载体的信息公开业务，从用户
获取信息便利性的角度着力完善政府网站的搜索功能，持续推进信
息公开的高效便民。二是公开标准整合。首先是政府信息公开或政
务公开的标准统一，减少和规范行政机关信息公开方面的自由裁量
权。"欧美各国政府均通过制定电子政务信息系统建设和实施的统
一技术标准规范、引入 Web 服务、本体语言和知识建模等先进技

---

〔1〕　汪永清：《坚持依法行政 建设法治政府——学习贯彻〈全面推进依法行政实
施纲要〉》，载《求是》2005 年第 2 期。

〔2〕　周汉华：《中国的政府信息化及其面临的实践问题》，载《经济社会体制比较》
2003 年第 2 期。也有学者提出在省级以上保密行政管理部门内部建立相对独立的信息公
开委员会，判断信息是否属于国家秘密，是否允许公开，用团体主义来降低个人判断的
政治风险。余凌云：《政府信息公开的若干问题：基于 315 起案件的分析》，载《中外法
学》2014 年第 4 期。

术理念、遵循企业架构等方法实现电子政务系统的互操作性。"〔1〕当前国家已经在基层政务公开标准化试点，将来需要在各个层级的行政机关推开，实现行政系统内的政府信息公开标准统一。〔2〕其次是政府数据开放的标准统一，实现政府数据的共享和利用。"标准就是一种规范，政府数据标准能够为政府数据获取、留存、使用提供共建共享的规范。大数据时代的数据采集，存储量大、端口多，如果政府数据没有统一的规范性标准，数据越大就会越混乱，可读性差就意味着权利性被弱化。"〔3〕当前，不同层级、不同地方、不同部门的政府数据标准不统一，明显影响了政府数据的开放及其共享。要推进政府数据在制作格式、存储标准、公开标准等方面的统一，为实现政府数据开放和共享奠定基础。

第三，推进"电子政务"向"电子政府"的变迁。传统的"电子政务"强调政府工作方式的信息化，是以管理为导向、以内部管理信息化为工作方式的信息化模式。在信息化时代，信息革命已经深刻影响了行政权力的运行和政府治理的模式，如何更好地建设服务型政府、推动行政权力运行全过程的信息化是现代政府再造需要面对的课题。"电子政府"强调行政权力运行的信息化，是以服务为导向、以行政权力运行信息化为内容的信息化模式。"电子政务"向"电子政府"的变迁，也是传统管理型政府向现代服务型政府转变的重要途径。

五、新时代法治政府建设的信息化使命

未来已来。曾经在电视、电影、小说等媒介上预演的未来信息

---

〔1〕 张铠麟、王娜、黄磊、王英、张汉坤：《构建协同公共服务：政府信息化顶层设计方法研究》，载《管理世界》2013 年第 8 期。

〔2〕 《国务院办公厅关于印发开展基层政务公开标准化规范化试点工作方案的通知》（国办发〔2017〕42 号）。

〔3〕 吕廷君：《政府数据开放的法治思维》，载《理论探索》2017 年第 4 期。

社会已经变成了现实，信息像空气一样成为人类现代生活的必需。一个越来越清晰的事实是，信息革命正在重塑人们的社会关系，建构当今社会形态，革新政府治理模式。党的十八届三中全会提出了推进国家治理体系和治理能力现代化的目标，在信息化时代的背景下，信息在国家治理的工具性功能和价值性导引正在日益凸显。"我们提出推进国家治理体系和治理能力现代化，信息是国家治理的重要依据，要发挥其在这个进程中的重要作用。"[1] 对于信息的更多功能、更多面向、更多塑造，我们不应被动对待，而需要积极地准备与应对。

当前，我国法治政府建设已走过近三十个年头，成就有目共睹，进程富有启示，挑战异常艰巨。法治政府的精神理念已经初步确立，框架结构已经初步搭建，战略布局已经初步展开，但是内部的制度细化、精雕细琢以及协调配合仍然有待进一步思考与推进。以互联网为核心的信息化技术清晰揭示了当前我国法治政府建设中的诸多深层次矛盾，回应了进程中的诸多制度性挑战，提供了争论中的诸多技术化措施，信息以及信息化理应在新时代中国特色社会主义法治政府建设中承载更大使命。

主要参考文献：

1. 中共中央文献研究室编：《习近平关于全面依法治国论述摘编》，中央文献出版社 2015 年版。

2. 中国政法大学法治政府研究院编：《中国法治政府评估报告（2017）》，社会科学文献出版社 2017 年版。

3. 应松年：《基本建成法治政府的若干重要问题》，载《国家行政学院学报》2016 年第 4 期。

4. 江必新：《"互联网+"与"全面依法治国"需要处理好的"九个关

---

〔1〕 习近平：《在网络安全和信息化工作座谈会上的讲话》，人民出版社 2016 年版，第 21-22 页。

系"》，载《人民法治》2015 年第 12 期。

5. 马怀德主编：《全面推进依法行政的法律问题研究》，中国法制出版社 2014 年版。

6. 马怀德：《法治政府特征及建设途径》，载《国家行政学院学报》2008 年第 2 期。

7. 周汉华：《中国的政府信息化及其面临的实践问题》，载《经济社会体制比较》2003 年第 2 期。

8. 周汉华：《论互联网法》，载《中国法学》2015 年第 3 期。

9. 余凌云：《政府信息公开的若干问题：基于 315 起案件的分析》，载《中外法学》2014 年第 4 期。

10. 王敬波：《"互联网+"助推法治政府建设》，载《国家行政学院学报》2016 年第 2 期。

11. 高家伟：《论电子政务法》，载《中国法学》2003 年第 4 期。

12. 张铠麟、王娜、黄磊、王英、张汉坤：《构建协同公共服务：政府信息化顶层设计方法研究》，载《管理世界》2013 年第 8 期。

行政解决民事纠纷*

近年来，随着法治政府建设的不断推进，公权力层面的治理能力和治理水平不断提升。与之相对应，社会和民间治理体系的完善以及治理模式的创新，也是关系到国家治理体系和治理能力现代化目标实现的关键举措。目前，我国的经济社会发展仍处于重要战略机遇期，"社会矛盾和问题交织叠加"，[1] 是改革实践面临的困难与挑战，同时也是落实中央战略部署、推进法治中国建设、提升社会治理水平必须要解决的一个重要问题。当前我国的社会矛盾呈现出主体多元化、类型多样化、内容复杂化等特点，既包括传统的家庭、邻里等民间纠纷，也包括征地拆迁补偿、环境污染、社会保障等涉及多领域利益冲突的新型矛盾纠纷。要充分应对和解决复杂、多变的各类社会矛盾，必须根据不同类型矛盾纠纷的性质及特点，建立并完善多元化的矛盾纠纷化解机制，拓宽纠纷解决渠道，促进不同类型纠纷解决机制的相互配合，提升矛盾纠纷化解的实际效果。

党的《十八届四中全会决定》提出，要"健全社会矛盾纠纷

---

　　* 罗智敏，中国政法大学法学院教授，博士生导师。
　　〔1〕 习近平：《决胜全面建成小康社会 夺取新时代中国特色社会主义伟大胜利——在中国共产党第十九次全国代表大会上的报告》，载《人民日报》2017 年 10 月 28 日，第 1 版。

预防化解机制，完善调解、仲裁、行政裁决、行政复议、诉讼等有机衔接、相互协调的多元化纠纷解决机制"。党的十九大报告也将"打造共建共治共享的社会治理格局"确定为"加强和创新社会治理"的一项重要任务，并提出要"加强预防和化解社会矛盾机制建设，正确处理人民内部矛盾"。以行政调解、行政仲裁、行政裁决为代表的行政解决民事纠纷手段，是多元化纠纷解决机制的重要组成部分。这类机制将行政权的高效、专业和权威性运用于民事纠纷的解决，具有其他纠纷解决机制不可替代的优势及作用，为矛盾纠纷当事人及时获得权利救济提供了更为广泛的渠道。

随着服务行政理念的兴起，"国家权力的重组与功能的进一步分化"[1]决定了行政介入民事纠纷的方式、方法、深度及广度都必须作出相应的调整。如何正确认识行政解决民事纠纷机制的价值及功能，反思这类机制在实践中存在的问题，合理设计相关法律制度及程序，充分发挥这类机制在推进法治建设、创新社会治理等方面的作用，是行政法学研究必须积极回应和解决的一个重要课题。

一、行政解决民事纠纷的途径

（一）行政解决民事纠纷的社会背景

1. "替代性纠纷解决方式"（ADR）的形成与发展

随着社会经济的飞速发展，社会主体之间的交往中矛盾纠纷增多，各种新型纠纷如医疗纠纷、保险纠纷、产品责任纠纷等不断涌现，以诉讼为解决纠纷的主要方式陷入了前所未有的困境。20 世纪 70 年代以来，起源于美国的一种"替代性纠纷解决方式"（Alternative Dispute Resolution，简称 ADR）逐渐流行，并受到各国青睐。"替代性纠纷解决方式"是指对世界各国普遍存在着的、民事诉讼制度以外的非诉讼纠纷解决程序或机制的总称，其特征是"成

---

〔1〕 赵银翠、杨建顺：《行政过程中的民事纠纷解决机制研究》，载《法学家》2009 年第 3 期。

本较低，耗时较少，有效降低当事人对抗性"。[1]

根据纠纷解决主体的不同，一般可将 ADR 划分为司法性 ADR、行政性 ADR 和民间性 ADR。[2] 司法性 ADR 是法院附设 ADR，由法院作为纠纷解决机关，适用程序比较灵活，一般会吸收社会人员或律师进行；行政性 ADR 中，由政府部门作为纠纷解决机关，包括行政申诉、行政调解、行政裁决、劳动争议仲裁等；民间性 ADR 指由民间团体或组织主持纠纷解决机制。随着科技的发展，ADR 的方式不断创新，所涉领域不断扩展，国际调解中心名誉主席迈克尔·利斯指出，随着"经济全球化、政治多极化和文化多元化，和平的交流、对话、互利和双赢将成为人类社会的主流，ADR 在国际社会政治、经济、文化、外交等各个领域中的作用愈加凸显"，"2020 年，世界各国的 ADR 即替代性纠纷解决机制将成为人们防止、缓和、解决矛盾纠纷的最主要的方式"。[3]

2. 我国多元化纠纷解决体系的确立

近年来，随着我国经济体制、社会结构、利益格局的深刻变革和调整，利益主体多样化和价值取向多样化日益凸现，因贫富差距、城乡差距、分配不公、社会保障、劳动就业等问题引发的多样化、群体化、对抗性、敏感性的矛盾纠纷不断增多，处理难度大。如何提高化解矛盾纠纷的能力是当前迫切需要解决的问题，建立一整套合理有效的多元化纠纷解决机制显得尤为重要。理论界对国外 ADR 理论与实践的关注成为热点，并对我国 ADR 的发展进行探讨。实际上，各国 ADR 模式并不相同，我们在新中国成立以来形成了和解、调解、仲裁和诉讼等多形式、多层次、多渠道的矛盾纠纷化

---

〔1〕 关于纠纷解决与 ADR 理论研究情况，参见范愉：《非诉讼纠纷解决机制研究》，中国人民大学出版社 2000 年版，第四章。

〔2〕 参见范愉主编：《ADR 原理与实务》，厦门大学出版社 2002 年版，第 723 页。

〔3〕 迈克尔·利斯：《ADR：2020 年的全球发展趋势》，龙飞译，载《人民法院报》2013 年 3 月 22 日，第 6 版。

解机制。

新中国成立后,在纠纷解决领域最初推广的是 20 世纪 60 年代初以基层组织化解矛盾为核心内容的"枫桥经验"。改革开放后,随着调解制度的发展,逐步建立了"以人民调解为基础,人民调解、行政调解和司法调解相互衔接、相互补充的'三位一体'的大调解工作体系"。[1] 党的十八大以来,中央根据社会治理的需要,从制度建构和顶层设计的角度构建多元化纠纷解决机制,提出健全社会矛盾预防化解机制,完善调解、仲裁、行政裁决、行政复议、诉讼等有机衔接、互相协调的多元化纠纷解决机制。在解决社会矛盾方面,习近平总书记强调,"要全面推进依法治国,更好维护人民群众合法权益。对各类社会矛盾,要引导群众通过法律程序、运用法律手段解决,推动形成办事依法、遇事找法、解决问题用法、化解矛盾靠法的良好环境"。[2]

如今,我国已经形成了以司法为核心的多元化纠纷解决机制。这种机制的重要经验之一就是"国家力量的主导以及执政党领导的政治优势。这种优势在中央如此,在地方也是如此。在党政领导机关的强力推动下,各种纠纷解决资源得以整合,各种制度相互协同、功能互补、无缝衔接"。[3]

(二) 行政解决民事纠纷的国家责任

1. 国家与社会转型中行政权力的积极作用

根据现代分权理念,通常民事纠纷属于私法自治领域,行政机关不能介入。国家最初的主要任务是国防、外交和维护社会秩序,

---

〔1〕 徐胜萍:《人民调解发展的新特点》,载《湖南师范大学社会科学学报》2008年第 5 期。

〔2〕《习近平在中共中央政治局第十四次集体学习时强调 切实维护国家安全和社会安定 为实现奋斗目标营造良好社会环境》,载《人民日报》2014 年 4 月 27 日,第 1版。

〔3〕 李静:《弘扬多元化纠纷解决机制的"中国经验"》,载《法制日报》2016 年5 月 25 日,第 11 版。

在那个时期更强调个人的自由与获得公正司法的权利，正如马歇尔所言，"……对个体自由属于必要的权利——人身自由权、言论、思想和信仰的自由、所有财产与缔结有效契约的权利，以及获得公正司法的权利"，[1] 行政权不能介入私人自治领域。随着市场失灵，国家角色扩张，政府大量介入贸易、金融、环境保护、劳资关系等领域，在这个过程中，国家过渡到给付行政时代。伴随着国家任务根本性的变化，出现了所谓的"国家的基本权利保障义务理论或保护义务论"以及公民针对国家的请求权理论。[2] 公民有权请求行政机关发动一定的公权力，在行政机关怠于行使行政权、履行预防纠纷职责时，公民可以依法请求行政机关发动行政权，这被称为"行政介入请求权"。[3] 从行政活动与民事纠纷间的关联看，行政机关的任务除预防民事纠纷之外，还可以在一定程度上参与解决民事纠纷，发现管理中的问题并及时完善，提高行政管理的绩效。[4]

　　改革开放以来，我国的经济、社会结构发生巨大变化，在社会治理与矛盾纠纷解决方面也需要发挥行政机关的积极作用。党的《十八届三中全会决定》提出，要"建设法治政府和服务型政府"，并且要"创新社会治理体制"，实现政府治理和社会自我调节、居民自治的良性互动。一般认为，在社会问题的处理上，建设服务型

---

　　〔1〕　参见［英］迈克·费恩塔克：《规制中的公共利益》，戴昕译，龚捷校，中国人民大学出版社2014年版，第56页。

　　〔2〕　董和平、韩大元、李树忠：《宪法学》，法律出版社2000年版，第414页。我国也有学者构建了行政法上的请求权，认为行政法上的请求权是公民为了贯彻其公权利而向行政机关提出的作为或者不作为的要求，这些要求既可以直接向行政机关提出，也可以通过法院向行政机关提出，他们认为行政法上的请求权是联系行政法与行政诉讼法的纽带。参见王锴：《行政法上的请求权体系与功能研究》，载《现代法学》2012年第5期。

　　〔3〕　杨建顺：《日本行政法通论》，中国法制出版社1998年版，第191-206页。

　　〔4〕　吕艳滨：《我国民事纠纷的行政介入机制研究》，载《公法研究》2009年第00期，第99-100页。

政府要求"从长远眼光、全局利益出发，协调社会冲突，提供社会福利，确保社会健康发展"。[1] 因此，党和国家十分重视多元纠纷解决机制的建立，在解决社会矛盾问题上要求行政机关必须积极应对，尤其是在司法和民间机制均难以满足社会需求的情况下，行政机关应该发挥行政性解纷机制的优势，积极化解民事纠纷。这不仅是回应社会公众对政府期待的需求，也是提升政府公信力，加强政府自身建设的要求。正如习近平总书记指出，"维护国家安全，必须做好维护社会和谐稳定工作，做好预防化解社会矛盾工作，从制度、机制、政策、工作上积极推动社会矛盾预防化解工作。要增强发展的全面性、协调性、可持续性，加强保障和改善民生工作，从源头上预防和减少社会矛盾的产生"。[2]

2. 党中央与国务院文件对行政解决民事纠纷的目标设定

近年来，党中央和国务院的一系列文件对于行政机关解决民事纠纷提出了明确要求。党的《十八届三中全会决定》在"创新社会治理体制"一章中，提出"建立调处化解矛盾纠纷综合机制"的任务。党的《十八届四中全会决定》明确提出了"健全社会矛盾纠纷预防化解机制，完善调解、仲裁、行政裁决、行政复议、诉讼等有机衔接、相互协调的多元化纠纷解决机制"，第一次从中央层面系统地对矛盾纠纷多元化解机制建设做了整体部署。2015年12月，中共中央办公厅、国务院办公厅出台了《关于完善矛盾纠纷多元化解机制的意见》，为全面深化多元化纠纷解决机制改革指明了方向。2015年12月，中共中央、国务院发布《法治政府建设实施纲要（2015-2020年）》，提出要健全依法化解纠纷机制，加强行政复议，完善行政调解、行政裁决、仲裁制度，加强人民调解工作，改革信访工作制度，全面形成公正、高效、便捷、成本低廉

---

〔1〕 王丛虎：《我国服务型政府的行政法分析》，载《中国行政管理》2007年第6期。

〔2〕 习近平：《习近平谈治国理政》，外文出版社2014年版，第203-204页。

的多元化矛盾纠纷解决机制，充分发挥行政机关在预防、解决行政争议和民事纠纷中的作用，依法有效化解社会矛盾纠纷，切实保护公民、法人和其他组织的合法权益。党的十九大报告进一步指出，应当"加强预防和化解社会矛盾机制建设，正确处理人民内部矛盾"。

党中央和国务院的上述文件对行政解决民事纠纷提出了新的要求，明确了行政机关在解决民事纠纷中的作用及责任。特别是在当前基层法院审理案件数量激增、基层法官审判压力较大的背景下，多元纠纷化解方式也是缓解诉讼压力的重要方式，行政机关应积极处理与行政管理相关的民事纠纷，大力培育各种民间纠纷解决力量，化解矛盾，实现社会和谐。

（三）行政解决民事纠纷的优势

行政解决民事纠纷具有一定优势。在很多国家中，行政机关在解决劳动争议、产品责任、大规模侵权纠纷等方面起到了重要作用。具体而言，行政解决民事纠纷的优势主要体现在以下五个方面：

1. 专业性

行政解决的民事纠纷一般与行政机关的职权密切相关，如知识产权纠纷、医疗事故纠纷、环境污染纠纷、交通事故纠纷、土地权属等。这些领域内的民事纠纷具有较强的专业性，对于行为性质的认定、相关事故的处理，行政机关具有较强的判断能力，并且有比较成熟的解决问题的经验，由行政机关介入这些民事纠纷可以发挥其专业优势，提高民事纠纷解决的质量与效率。

2. 权威性

行政机关对与其行政职能相关的纠纷的解决更具有专业性，更容易得到当事人的信任，而且受我国传统思想文化影响，当事人较为看重行政机关的权威。尽管我国法治建设不断取得进步，当事人权利意识增强，但仍有一些当事人不愿意通过诉讼解决纠纷，更认同行政机关的处理。

3. 灵活性

行政机关可以采用较为灵活的方式解决民事纠纷，无需像民事诉讼一样具有强制性。行政解决民事纠纷的情形中，通常行政机关具有一定的主动性，比如可以进行主动调查，还可以考虑使用政策以及一般的道德观念来解决纠纷，实现法理与情理融合。

4. 经济性

行政解决民事纠纷的成本较低。一方面，在民事诉讼中，当事人需要根据诉讼标的支付诉讼费、律师费，无论委托律师还是申请法官调查取证，都需要支付费用，而在行政解决民事纠纷的情形中，一般不需要当事人支付金钱。另一方面，从时间成本来看，诉讼周期一般较长，当事人有时会被冗长的诉讼程序所缠，甚至背负较大的精神压力，而行政解决民事纠纷灵活方便，不需要花费过多的时间。

5. 有效性

行政解决民事纠纷的有效性，主要体现在两个方面：一是纠纷解决的效果。一般在行政解决民事纠纷的情况下，由于方式灵活且较为温和，当事人的处分权能够得到最大限度的尊重。因而，行政机关的解决结果也较为容易得到接受。二是能够预防更为严重的纠纷发生。行政机关一般是在纠纷发生之后马上介入纠纷，不至于使矛盾进一步激化。尤其是有一些纠纷伴有人身、社会危害性，民间纠纷、刑事纠纷往往交织在一起，行政机关及时介入，可以迅速有效地控制事态的发展，防止矛盾升级。

（四）行政解决民事纠纷的方式与限度

1. 行政解决民事纠纷的方式

现行许多法律规定了行政解决民事纠纷的情形。例如，《治安管理处罚法》第 9 条规定，对于因民间纠纷引起的打架斗殴或者损毁他人财物等违反治安管理行为，情节较轻的，公安机关可以调解处理；《土地管理法》规定，土地所有权和使用权争议，由当事人协商解决，协商不成的由人民政府处理；《劳动争议调解仲裁法》规定，劳动者与用人单位发生劳动争议，可以向政府设立的劳动争议仲裁委员会申请仲裁。此外，《消费者权益保护法》《道路交通安全法》《产品质量法》《农村土地承包法》《专利法》《商标法》等许多法律、法规、规章也有类似规定。有些地方还出台了专门的多元解决纠纷或行政调解方面的地方性法规、规章，如 2016 年 10 月 1 日实施的《山东省多元化解纠纷促进条例》，2017 年 10 月 13 日通过的《黑龙江省社会矛盾纠纷多元化解条例》，2015 年北京市政府通过的《北京市行政调解办法》，2016 年浙江省政府出台的《浙江省行政调解办法》等。

根据纠纷解决方式的不同，一般将行政解决民事纠纷分为行政调解、行政仲裁、行政裁决三类：

行政调解是行政机关主持的，以争议双方自愿为原则，通过行政机关的调停、斡旋等活动，促成民事争议双方当事人互让以达成协议，从而解决争议的行政活动。行政调解有广义与狭义之分，广义的行政调解包括行政机关解决行政争议的调解，狭义的行政调解指的是行政机关针对民事纠纷的调解。本章只探讨狭义概念的行政调解，这类调解一般是行政机关在行使管理职能时附带对民事纠纷进行的调解，如公安机关进行的治安调解，也可能是因当事人申请而对民事纠纷进行调解，如工商行政机关在某些情况下的调解。此外，行政仲裁或行政裁决时一般也会进行行政调解。

行政仲裁是指纠纷双方当事人按事先或事后达成的协议，自愿将有关争议提交行政仲裁机构，由行政仲裁机构以第三者的身份对争议的事实和权利义务作出裁决的制度。在行政仲裁中，也可能解决行政争议，如人事仲裁。本章只讨论解决民事纠纷的行政仲裁制度。我国在 1994 年前曾出现很多行政仲裁，如经济合同仲裁、技术合同仲裁、消费纠纷仲裁、城镇房地产纠纷仲裁等，1994 年出台了《仲裁法》之后，建立了统一的民间仲裁制度，如今行政仲裁只有劳动争议仲裁和农业承包合同纠纷仲裁两类。

行政裁决也有广义与狭义之分：广义的行政裁决包括行政机关处理民事纠纷的裁决行为和行政机关解决行政争议的行政复议行为；狭义的行政裁决仅指行政机关依照法定职权居中裁决当事人之间特定民事纠纷的行政行为。[1] 目前在我国，常见的行政裁决包括确认权属纠纷的裁决、损害赔偿或补偿性纠纷的裁决、对侵权纠纷的裁决等。

2. 行政解决民事纠纷的限度

强调行政解决民事纠纷的作用，并非为了强化行政机关的权力，行政机关在解决民事纠纷时，应该处理好与私法自治及司法诉讼之间的关系。

（1）与私法自治的关系。私法自治原则是支撑社会的基础，在通常情况下，行政机关不得进入民事主体的私人领域，正如英国法谚所言，"风能进雨能进国王不能进"。民事主体对于民事纠纷，可以选择和解、调解、仲裁、裁决、诉讼等方式解决。行政机关在解决民事纠纷时，要充分尊重民事主体的自由选择权。一般情况下，行政解决民事纠纷只有在当事人向行政机关提出申请时，行政机关才可以解决，否则行政机关不能强行介入。但在某些特殊情况下，基于公共资源配置以及迅速解决纠纷的目的，一些国家规定了"穷尽行政救济"的原则，也就是当事人要先通过行政机关解决民事争议，在无法满足的情况下才可以提起诉讼。[2] 当然，这种对私人自治原则的限制，必须有严格的法律规定。

（2）与司法诉讼的关系。按照现代民主国家的观念，立法、行

---

〔1〕 参见罗豪才主编：《中国司法审查制度》，北京大学出版社1993年版，第213-214页。

〔2〕 如英国、德国、日本都设置了将调解或仲裁作为提起民事诉讼的前置程序。参见刘敏：《论民事诉讼前置程序》，载《中国法学》2011年第6期。

政、司法由不同的机关行使并相互制约，解决民事纠纷本属于司法机关的职能，由行政机关解决似乎有越权之嫌。然而，如前所述，之所以 ADR 广泛流行，很大一部分原因是法院针对诉讼爆炸不能及时作出判决，尤其是一些纠纷与行政管理密切相关，需要熟悉行政管理且有专门技术、知识的人员才能解决。因而，普通法院难以做到及时有效地解决这些争议，通过行政途径解决民事争议也就产生了。例如，在 1660 年英国的关税和消费税委员会就被授予了解决民事纠纷的权力，美国各种独立管制机构等也是纠纷解决机构，日本也有类似的机构，如公海调整委员会、建筑工程纠纷审查委员会、交通事故裁定中心等。需要明确的是，行政解决民事纠纷并非终局决定，当事人不服，仍然应该允许提起司法诉讼。

二、行政调解的实践与发展

（一）行政调解的发展现状

自古以来，中国民众深受传统"无讼""以和为贵"思想影响，出现矛盾纠纷时，通常选择私下解决，不愿对簿公堂，这些文化传统使得"调解"作为解决民事矛盾的一种有效方式而获得人们的推崇。一般认为，调解是在第三方主持下，以国家法律、法规、规章和政策以及社会公德为依据，对纠纷双方进行斡旋、劝说，促使他们互相谅解、进行协商，自愿达成协议，消除纷争的活动。[1]与诉讼相比，调解更注重情、理、法相结合，当事人通常会自愿接受调解结果并履行调解协议。目前，我国的调解制度主要包括人民调解、行政调解、司法调解三种类型。

1. 我国行政调解制度的发展历程

行政调解作为解决民事纠纷的制度，其发展经历了三个不同的阶段。

---

〔1〕　范愉：《非诉讼程序（ADR）教程》，中国人民大学出版社 2002 年版，第 150 页。

（1）20世纪60年代以"枫桥经验"为代表的矛盾纠纷化解机制。在化解民间矛盾方面，我国最早实行的是以平息纷争、稳定社会为目的的基层群众路线。其中，最具代表性的是20世纪60年代初浙江省诸暨市枫桥镇干部群众创造的"枫桥经验"，[1] 强调发动群众、依靠群众，以"讲事说理"为主要抓手调处纠纷、化解矛盾，"小事不出村，大事不出镇，矛盾不上交，就地化解"。这种解决机制既包括行政调解，也包括人民调解，在矛盾纠纷排查与解决、构建从村到镇的调解体系方面，发挥了重要作用。

（2）构建和谐社会与大调解背景下行政调解的运动式发展。20世纪80年代以来，国家进入新的发展阶段，从计划经济时代走向市场经济，行政权的发展也经历了从行政万能到权力受限的历程。学术界开始呼吁限制行政权，强调公民的权利意识，提倡通过诉讼解决民事纠纷，政府也强调法治政府的建设。行政机关一开始不愿进行调解，往往以"行政限权、资源匮乏、执法能力低等种种理由极力推诿"。[2] 尽管如此，民众在纠纷发生之后仍然愿意向政府或行政主管机关求助，因为行政调解是"我国基层民众长久以来的习惯与传统，体现了当事人在无法求助于自治和民间规范的调整时，对行政权威的依赖和需求"。[3] 同时，随着我国经济社会的快速发展，各种新型矛盾、纠纷与冲突接踵而来，并呈现出日益激化的危险，大量诉讼案件使得法官不堪重负，社会出现的矛盾增多以及诉讼爆炸的趋势使得我国不得不重新审视矛盾纠纷解决制度。正是在这样的背景下，2004年国务院发布《全面推进依法行政实施纲要》，明确提出充分发挥调解在解决社会矛盾中的作用。对于民事纠纷，经行政机关调解达成协议的，行政机关应制作调解书；调解

〔1〕关于枫桥经验的具体内容，参见吴锦良：《"枫桥经验"演进与基层治理创新》，载《浙江社会科学》2010年第7期。

〔2〕范愉：《行政调解问题刍议》，载《广东社会科学》2008年第6期。

〔3〕范愉：《行政调解问题刍议》，载《广东社会科学》2008年第6期。

不能达成协议的，行政机关应及时告知当事人救济权利和渠道。2006 年，《中共中央关于构建社会主义和谐社会若干重大问题的决定》中指出，要"完善矛盾纠纷排查调处工作制度，建立党和政府主导的维护群众权益机制，实现人民调解、行政调解、司法调解有机结合，把矛盾化解在基层、解决在萌芽状态"。这种调解机制被称为大调解工作机制，各级政府都开始强调建立"横到边，纵到底"的大调解工作体系，各地纷纷出现或以调解方式命名的所谓"三位一体""五位一体""四级、三层、两联动、两配合"等不同模式，或以地区命名的所谓"福田模式""长宁模式"等。虽然从中央到地方明确提出加强行政调解的要求，但是因为缺少明确的规范，各地做法不同，都力求创造值得推广的本地模式，导致大调解成为"一种全民动员和自上而下相结合的社会控制手段，是一种典型的维稳治理下的调解模式"。[1] 在这种背景下，大调解出现强制性调解或妥协性、政府买单型调解的困境，[2] 行政调解的模式并不稳定，呈现运动式发展的态势，并没有充分发挥其应有的实效功能。

（3）依法治国背景下行政调解逐渐法治化。2010 年，《国务院关于加强法治政府建设的意见》（现已失效）明确提出，要把行政调解作为地方各级人民政府和有关部门的重要职责，建立由地方各级人民政府总负责、政府法制机构牵头、各职能部门为主体的行政调解工作体制，充分发挥行政机关在化解行政争议和民事纠纷中的作用。完善行政调解制度，科学界定调解范围，规范调解程序。对资源开发、环境污染、公共安全事故等方面的民事纠纷，以及涉及人数较多、影响较大、可能影响社会稳定的纠纷，要主动进行调

〔1〕　邹英、向德平：《大调解模式的实践困境与政策建议——基于张家湾司法所的案例分析》，载《山东社会科学》2016 年第 3 期。

〔2〕　邹英、向德平：《大调解模式的实践困境与政策建议——基于张家湾司法所的案例分析》，载《山东社会科学》2016 年第 3 期。

解。习近平总书记指出，在社会治理的具体工作中，不能简单依靠打压管控、硬性维稳，还要重视疏导化解、柔性维稳，注重动员组织社会力量共同参与，发动全社会一起来做好维护社会稳定工作。[1] 2015 年 12 月，中共中央、国务院印发的《法治政府建设实施纲要（2015-2020 年）》进一步提出完善行政调解，行政调解也迎来了新的发展机遇。在此推动下，各地开始将行政调解作为政府的重要任务，并推动行政调解的法治化发展。很多地方政府不再使用《意见》《通知》等红头文件的形式来推进行政调解工作，而是通过制定政府规章，引导行政调解在法治的轨道上运行。例如，2012 年实施的《贵阳市行政调解暂行规定》，2013 年实施的《云南省行政调解规定（试行）》《深圳市行政调解实施办法（试行）》，2015 年实施的《广州市行政调解规定》《辽宁省行政调解规定》《北京市行政调解办法》，2017 年实施的《邯郸市行政调解办法》，2018 年实施的《武汉市行政调解暂行办法》《遵义市行政调解办法》等，这些都是以行政调解作为规范对象的地方立法，对行政调解的含义、原则、内容、程序、效力等方面进行了规定。此外，伴随党和国家提出要建立矛盾纠纷多元化解机制，很多地方也陆续出台了相关的地方性法规，如 2015 年《厦门经济特区多元化纠纷解决机制促进条例》、2016 年《山东省多元化解纠纷促进条例》、2017 年《福建省多元化解纠纷条例》、2018 年《黑龙江省社会矛盾纠纷多元化解条例》等，其中对行政调解也有规定。地方政府规章和地方性法规的制定，为行政调解的法治化发展奠定了良好基础。

　　但是由于各地对行政调解的理解不一，对于行政调解的范围、程序等规定也并不相同；而且有些地方的规定以原则性、宣示性的内容为主，缺乏可操作性。因而，不少学者和事务部门工作者提出

---

〔1〕《习近平在中央政法工作会议上强调 坚持严格执法公正司法深化改革 促进社会公平正义保障人民安居乐业》，载《人民日报》2014 年 1 月 9 日，第 1 版。

应加快行政调解的全国性立法，以形成有机统一的行政调解规范体系。[1]

（二）我国行政调解制度于适用中存在的瓶颈

1. 行政调解性质之争

在行政法学界，对于行政调解的研究并不多，甚至在很多教科书中都没有提到行政调解。在一些对行政调解进行研究的著作中，对于行政调解的性质认识也并不一致。有的认为行政调解是具体行政行为，[2] 有的认为是行政法上的其他行为方式，[3] 还有将行政调解界定为具体行政行为之外的"行政相关行为"；[4] 有学者指出，行政调解属于以相对方主体的意思表示作为最终决断的行政行为，与行政指导、行政合同、行政资助、行政经营、行政服务等新型的行政行为一样，是一种典型的非强制性行政行为；[5] 也有学者认为行政调解是一种事实行为，因为行政调解协议的最终达成是取决于当事人的意思，行政机关只是进行沟通、斡旋或提供建议，其行为对当事人达成协议仅仅具有促成作用，并没有法律上的约束

---

〔1〕 参见江国华、胡玉桃：《论行政调解——以社会纠纷解决方式的多元化为视角》，载《江汉大学学报（社会科学版）》2011 年第 3 期；张海燕：《大调解视野下的我国行政调解制度再思考》，载《中国行政管理》2012 年第 1 期；刘鹏：《"大调解"视野下完善我国行政调解制度的思考》，载《社会主义研究》2012 年第 5 期；范水铅：《论行政调解立法》，载中国法院网，http://www.chinacourt.org/article/detail/2008/07/id/314034.shtml？2008，最后访问时间：2018 年 3 月 10 日。

〔2〕 参见湛中乐等：《行政调解、和解制度研究——和谐化解法律争议》，法律出版社 2009 年版，第 896-897 页；崔卓兰主编：《行政法与行政诉讼法》，人民出版社 2010 年版，第 225 页。

〔3〕 杨解君：《行政法与行政诉讼法》（上），清华大学出版社 2009 年版，第 369 页。

〔4〕 胡建淼主编：《行政法学》，复旦大学出版社 2003 年版，第 237-246 页；熊文钊：《现代行政法原理》，法律出版社 2000 年版，第 444 页。

〔5〕 郭庆珠：《ADR 在化解社会矛盾中的功能机制研究——以行政调解为研究样本》，载《法治研究》2011 年第 S1 期。

力;[1] 此外，还有学者认为应属于行政指导中的调整性行政
指导。[2]

2. 行政调解主体不清

目前，对于行政调解主体的理解，主要在以下三个问题上仍存
在较大争议：

（1）关于行政调解的主体是否仅指行政机关。目前人们提到行
政调解主体时，往往认为是行政机关，但实际上行政机关在行政法
中是一个较为宽泛的概念。对于作为行政调解主体的"行政机关"
仅指狭义上的行政机关，还是包括其他具有法律、法规、规章授权
的组织，并没有取得一致的意见。有的学者认为，行政调解主体是
指国家行政机关，因为"行政调解是行政机关基于行政管理的职
责，是行政的决策、控制、协调、监督等职能的题中应有之义"，
因此，行政调解就是行政机关依法履行职能的行为。[3] 实践中，
也有一些地方规章将行政调解规定为行政机关的活动，例如《广州
市行政调解规定》第2条明确规定："本规定所称行政调解，是指
行政机关在职权范围内，以法律、法规、规章为依据，通过协调和
劝导，促使各方当事人平等协商，自愿达成协议，解决争议纠纷的
活动。"另外一种观点认为，行政调解的主体不应限于国家行政机
关，而应当扩大至行政主体，包括法律、法规授权的具有公共管理
职能的组织。[4] 这种观点也在诸多的地方规章中得到体现，有的
明确规定行政调解，就是指"行政机关或者法律、法规授权的组织

---

〔1〕 赵银翠：《行政过程中的民事纠纷解决机制研究》，法律出版社2012年版，第
173—174页。

〔2〕 黄学贤、孟强龙：《行政调解几个主要问题的学术梳理与思考——基于我国理
论研究与实践发展的考察》，载《法治研究》2014年第2期；黄明阳：《我国行政机关
ADR制度之理论探讨——以行政调解制度为中心》（下），载《政大法学评论》第90期。

〔3〕 刘旺洪：《论行政调解的法制建构》，载《学海》2011年第2期。

〔4〕 朱最新：《社会转型中的行政调解制度》，载《行政法学研究》2006年第2
期。

（以下统称行政机关），根据法律、法规、规章的规定，通过协调和劝导，促使各方当事人自愿达成协议，解决纠纷的活动"，如《辽宁省行政调解规定》；有的则规定实施行政调解的主体包括行政机关与法律、法规授权具有管理公共事务职能的组织，如《北京市行政调解办法》《贵阳市行政调解暂行规定》《武汉市行政调解暂行办法》等；还有的规章规定实施主体包括行政机关委托的执法机构，如《邯郸市行政调解办法》。

（2）具体负责调解工作的机构不明确，调解人员的专业化程度不足。一般来看，实践中实行"谁主管、谁负责"的原则，对行政调解进行规范的文件中，一般都规定由政府的法制机构具体负责本辖区行政调解工作的推进、指导、协调和监督，各个行政机关应确定具体的行政调解机构及行政调解人员，也就是"由政府法制机构总体上负责、下级政府或部门进行配合"的模式。

如前所述，之所以强调行政调解作为化解民事纠纷的手段，主要原因之一是行政调解的专业性，诸如拆迁补偿、医疗事故、环境侵权等纠纷的处理都具有很强的专业性，对调解人员的专业技术能力提出了较高要求。然而，并非所有的行政机关都有专门的调解机构，有的机关设立了专门调解机构并配备了专业的调解人员，有的机关并没有，致使实践中当事人不知道应当向哪个具体部门申请调解；即使在配备了专门调解人员的机构，调解人员的素质也参差不齐。

（3）调解主体的管辖模糊。对于行政调解的级别管辖，现有规定也存在许多不明确的地方。例如，实践中，有的案情复杂，有的案情简单，是否所有民事争议全部由纠纷发生地的基层主管机关管辖并无明确规定，当事人在选择行政调解的管辖机关上存在很大的随意性，如何确定行政调解的上下级分工是实践中需要解决的一个问题。在职能管辖方面，一般由具有管理权限的相关行政机关负责行政调解，如治安领域的调解由公安机关负责，商标权纠纷由工商行政管理部门负责。然而，当某一纠纷涉及多个领域时，由于缺乏明确的实体与程序规定，各部门会出现相互推诿的情形，导致行政调解无法实际进行。

3. 行政调解范围理解的差异

行政调解的范围至今也没有完全一致的认识。总体来看，主要有两种观点：一种观点认为行政调解的范围仅仅是民事纠纷；另一种观点认为行政调解的范围应不仅包括民事纠纷，还应包括行政争议。对于行政调解的民事争议范围，也有不同观点。一种观点认为，行政调解的范围应该具有广泛性，包括涉及人身、财产权的民事纠纷以及一切权属和利益纠纷。[1] 另一种观点认为，行政调解的民事纠纷也是有限制的：如有学者从职权行使的角度出发，认为只有那些与行政机关职权的行使有密切的关联的民事争议才是行政调解的范围，而平等民事主体之间基于合意达成民事合同，在履行合同过程中所产生的民事纠纷不宜作为行政调解的对象；[2] 有的认为行政机关处理民事纠纷的范围不宜作扩大化理解，应在法律法规的授权下进行民事纠纷的调解；[3] 有的则认为纳入行政调解的民事争议应该同时具备两个条件：一是行政行为在实施的过程中，二是与行政职权有关，属于行政机关的职权管理范围。[4] 在对行政调解进行专门规范的地方政府规章中，对于行政调解范围的规定也并不一致，有的包括民事争议与行政争议，如《武汉市行政调解暂行办法》《北京市行政调解办法》等；有的仅仅涉及民事争议，如《辽宁省行政调解规定》。对于行政争议与民事争议的具体范围，

〔1〕 金艳：《行政调解的制度设计》，载《行政法学研究》2005年第2期。
〔2〕 郭庆珠：《ADR在化解社会矛盾中的功能机制研究——以行政调解为研究样本》，载《法治研究》2011年第S1期。
〔3〕 蔡薇：《行政调解范围探析》，载《葫芦岛日报》2014年8月12日，第A7版。
〔4〕 史卫民：《论我国行政调解的适用范围与法律效力》，载《理论月刊》2012年第1期。

规章中的规定也不尽相同。

4. 行政调解程序缺位

行政调解程序是否完备直接关系调解结果的公正性。没有公正的程序规定，会导致行政调解具有较大的随意性，容易使当事人丧失对行政调解的信任，从而无法实现行政调解的目的。实践中，有关行政调解的程序尚缺少统一、明确的规定。即使在规定了适用条件和基本程序的地方政府规章中，相关规定也并不相同：有的区分民事争议与行政争议，并分别规定行政调解程序，有的则没有进行区分；有的规定了依职权调解和依申请调解，有的并没有涉及；有的规定了时限、回避、证据调取、终止等问题，有的则没有规定。总之，目前的整体状况是"调解程序既没有形成固定的模式，也没有完整的制度搭配"。[1] 由于行政调解的程序缺位，也会导致权利人的权利得不到保障，实践中出现了"凑合调解"或"折中调解"的情形，甚至当事人违背自己真实意思而签署调解书，导致纠纷非但没有减少，反而增加的情形。[2]

5. 行政调解协议效力模糊

行政调解协议的效力是达到行政调解目的的最终保障，调解协议的效力问题关系到争议能否得到最终解决。只有调解协议对当事人各方存在约束力的情况下，当事人才会自觉自愿地履行各自的义务，纠纷主体间的争执才算真正得到解决。[3] 不同于人民调解与司法调解的效力在法律上得到确认，[4] 由于没有关于行政调解的

---

〔1〕　章志远、刘利鹏：《我国行政调解制度的运作现状与发展课题》，载《求是学刊》2013年第5期。

〔2〕　陈丹：《浅析多元纠纷解决机制中的行政调解》，载《行政与法》2015年第2期。

〔3〕　李祖军：《调解制度论——冲突解决的和谐之路》，法律出版社2010年版，第328页。

〔4〕　《民事诉讼法》第97条第3款："调解书经双方当事人签收后，即具有法律效力。"《人民调解法》第31条："经人民调解委员会调解达成的调解协议，具有法律约束力，当事人应当按照约定履行。"

统一立法，现有关于行政调解的法律法规中对行政调解的效力也缺乏直接、明确的规定。例如，《道路交通安全法》第 74 条规定："对交通事故损害赔偿的争议，当事人可以请求公安机关交通管理部门调解，也可以直接向人民法院提起民事诉讼。经公安机关交通管理部门调解，当事人未达成协议或者调解书生效后不履行的，当事人可以向人民法院提起民事诉讼。"因为法律上并没有明确行政调解协议的效力，主要通过当事人的自觉履行，行政机关不能强制执行；一方不履行协议时，另一方也只能提起诉讼。这样的制度设计不仅没有体现调解制度的初衷，反而浪费了行政成本，也不利于纠纷的及时解决。

（三）"三调联动"衔接机制下行政调解制度的新发展

建立人民调解、行政调解、司法调解"三调联动"机制是近些年来党和国家有关加强预防和化解社会矛盾机制建设的重要部署。2010 年 4 月，中央综治办下发《关于切实做好矛盾纠纷大排查大调解工作的意见》要求，"以县（市、区）、乡镇（街道）为重点……深入开展矛盾纠纷大排查大调解工作"，"进一步完善人民调解、行政调解、司法调解联调联动的衔接机制"。党的十八大报告也提出，要加强和创新社会管理，"完善人民调解、行政调解、司法调解联动的工作体系，畅通和规范群众诉求表达、利益协调、权益保障渠道"。党的《十八届四中全会决定》也将"完善人民调解、行政调解、司法调解联动工作体系"明确列为"健全社会矛盾纠纷预防化解机制"的一项重要举措。根据党中央的有关部署，各地积极构建人民调解、行政调解、诉讼调解相互衔接配合的大调解格局，努力将矛盾化解在基层。

然而，实践中，由于统一立法的缺失，"三大调解之间的关系并没有法律来调整，大多是以党委政府工作意见、职能部门规章等形式来规范，并体现出很强的地域特色和权宜特点，各地的实践也五花八门"，对于"调解组织之间的关系如何界定、如何衔接、各

自的优势如何发挥"，这些问题都没有定论，也在一定程度上制约
了"大调解"的体系建设。[1] 此外，由于行政调解只能在行政执
法中发挥作用，无法与人民调解、司法调解相比，又因为没有明确
法律规定，"自身合法性的缺失使得行政调解或借助于人民调解及
司法调解，或寄托在行政执法的外衣之下寻求自身的正当性"。[2]
为使行政调解能够切实发挥效用，应当从以下三个方面入手，进一
步完善行政调解制度：

1. 细化行政调解规定，明确实施主体和适用范围

首先，应该明确行政调解主体不仅包括依法享有行政调解职权
的国家行政机关，而且应该包括法律、法规授权的组织。伴随传统
管制行政向服务行政转变，国家治理呈现出由一元主体向多元协同
发展的趋势，大量具有公共管理职能的社会组织享有调解权也是历
史发展的必然。

其次，行政调解最大的优势在于其专业性，应该明确行政机关
设立专门的调解组织并配备专门的行政调解员从事调解活动。有条
件的可以建立调解专家咨询库，聘请具备专业知识技能、富有经验
的社会人士担任兼职调解员，有效调动社会资源解决纠纷。此外，
随着我国政府职能的进一步转变，可以通过政府购买公共服务的方
式，将社会力量引入行政调解领域，以减轻政府压力。2017 年，
最高人民法院、司法部联合印发了《关于开展律师调解试点工作的
意见》，决定在北京、黑龙江、上海等 11 个省市开展律师调解试点
工作，则是这一趋势的体现。

再次，应当确立行政调解的一般管辖规则。明确民事纠纷应由
纠纷发生地具有相应行政管理职能的行政机关调解。应当规定移送

---

〔1〕 张继平：《"大调解"组织间的替代性实践——以 G 省 Z 市为例》，上海大学
2013 年博士学位论文，第 47 页。

〔2〕 章志远、刘利鹏：《我国行政调解制度的运作现状与发展课题》，载《求是学
刊》2013 年第 5 期。

管辖、指定管辖以及管辖权异议的处理制度。行政机关认为当事人的民事纠纷不属于本机关调解的，应当移送有管辖权的行政机关调解；两个以上行政机关都有权管辖的，由最先收到行政调解要求的行政机关受理；行政主体对管辖有争议的，由行政机关协商解决，协商不成的报共同上级政府指定管辖。

最后，应当进一步明确行政调解的范围。目前，国务院对行政调解的范围进行了原则性的界定，主要涵盖行政争议和民事纠纷两个方面。不少地方政府和部门出台的行政调解意见、办法，都是依照《国务院关于加强法治政府建设的意见》的规定。鉴于行政调解也是行政机关行使职权的一种体现，因此应该遵循法定原则，即只有当法律、法规与规章确定行政机关可以调解的，才能适用调解。此外，多数地方政府规章对行政调解的民事争议范围进行了列举式规定，如《邯郸市行政调解办法》第8条规定，行政机关可依法进行调解的民事纠纷包括"可以进行治安调解的民间纠纷，交通事故损害赔偿纠纷，合同纠纷，医疗事故赔偿纠纷，消费者权益保护纠纷、产品质量纠纷，土地承包经营纠纷，侵犯商标专用权、专利权等知识产权的赔偿纠纷，环境污染赔偿纠纷，电力纠纷、水事纠纷，其他依法可以调解的民事纠纷"。列举式规定固然有一定优势，但难免会出现"挂一漏万"的情形。因而，建议采用概括式规定，只要民事纠纷与行政机关的职权相关，且具有可调解性，当事人未选择其他解决途径都适用行政调解。

2. 规范行政调解程序，明确调解自愿的原则

如前所述，规范行政调解程序是避免行政调解随意性、实现行政调解目的的重要制度。应当建立并完善的行政调解程序包括：其一，启动程序。启动程序分为当事人主动申请与行政机关依职权提出调解建议，经当事人同意而启动。《国务院关于加强法治政府建设的意见》中指出，对资源开发、环境污染、公共安全事故等方面的民事纠纷，以及涉及人数较多、影响较大、可能影响社会稳定的

纠纷，行政机关要主动进行调解。其二，受理并告知权利。其三，调查取证与听取意见。其四，签订行政调解协议书并明确履行期限。此外，还应当明确回避、委托、管辖、期限与送达等制度。

需要强调的是，在行政调解中，最为重要的原则是自愿原则，行政调解要建立在当事人自愿的基础上，行政机关应当尊重当事人对调解方式、方法的选择。自愿原则也是判断行政调解是否有效的重要标准，如果行政调解违背了自愿原则，发生强制调解的情形，则调解协议无效，任何一方当事人均可以向人民法院请求确认行政调解协议无效。如果当事人不愿经过调解，或者经过调解达不成协议，又或者达成协议后反悔，一方或双方当事人都有权向人民法院起诉，这是法律赋予每个公民的诉讼权利。应当明确行政调解是一种以法治、自治为基础的纠纷解决机制，而不应该作为维稳的一种工具，行政机关不能强制调解、胁迫调解。

3. 明确行政调解协议的效力

在明确行政调解协议效力方面，各地积极探索经验，主要形成了"司法确认""仲裁置换"等模式。其中，"司法确认"模式是指行政调解协议达成之后，当事人共同向人民法院提出确认行政调解协议效力的申请，由法院进行确认，人民法院依法作出确认裁定后，一方当事人拒绝履行或者未全部履行的，对方当事人可以向法院申请强制执行。这种模式的依据是最高人民法院《关于建立健全诉讼与非诉讼相衔接的矛盾纠纷解决机制的若干意见》（法发〔2009〕45号）的规定，"经行政机关、人民调解组织、商事调解组织、行业调解组织或者其他具有调解职能的组织达成的具有民事合同性质的协议，经调解组织和调解员签字盖章后，当事人可以申请有管辖权的人民法院确认其效力"。很多地方政府规章也规定了类似的内容。例如，《苏州市行政调解办法》规定，"经行政调解达成具有民事合同性质的协议，由主持调解的行政机关和调解员盖章后，双方当事人可以共同向有管辖权的人民法院提出确认申请"；

除人民法院外，有的地方政府规章还规定可以向公证机关申请，如《北京市行政调解办法》第 23 条规定，"对调解协议书，当事人可以依法申请公证机关公证，或者申请人民法院确认效力"。在各地的实践中，很多行政机关还与法院建立了"诉调对接"机制。有的地方设立矛盾纠纷调处中心，中心有行政调解、人民调解、司法调解进驻，实行"一站式接待、一条龙办理、一揽子解决"的工作模式，进一步提高了社会矛盾纠纷化解的效率。

诚然，行政调解本质上是当事人意思自治的产物，实践中的做法与部分规章中的规定是可取的。当事人申请人民法院确认其效力能够避免进一步的纠纷，达到行政调解的目的。但仍然需要解决的是，应该明确法院进行司法确认的程序，包括管辖法院、申请与审查的期限、审查程序、审查内容、审查结论的形式、救济方式等。例如，可以规定双方当事人达成协议后，均认为确有必要的，可以自行政调解协议生效之日起一定期限内共同向法院申请司法确认；经确认后的行政调解协议书具有强制执行力，可以作为法院的执行根据。

三、行政仲裁与制度重构

（一）行政仲裁发展现状

目前，我国对于民事纠纷的仲裁主要有三种制度：普通民商事仲裁、劳动争议仲裁与农村土地承包经营仲裁。第一种属于民间仲裁，后两种属于行政仲裁。我国行政仲裁制度的发展主要经历了两个阶段：

1. 《仲裁法》出台之前的多头仲裁

1994 年《仲裁法》颁布之前，我国实行涉外仲裁和国内仲裁的双轨制。涉外仲裁制度与国际通行的仲裁惯例比较接近。国内仲裁制度学习仿照苏联行政仲裁模式，主要包括经济合同仲裁、技术合同仲裁、劳动争议仲裁、房地产仲裁、消费争议仲裁、产品质量纠纷仲裁、城镇房地产纠纷仲裁、著作权纠纷仲裁、新闻纠纷仲裁等。以经济合同仲裁为例，1979年8月，国家经委、工商行政管理总局、中国人民银行发布《关于管理经济合同若干问题的联合通知》，规定当事人对经济合同争议协商不成时，均可按照合同管理的分工，向对方所在地的县（市）和大中城市的区级经委（或相应机关）、工商行政管理局申请调解仲裁；如果一方对仲裁裁决不服，可以向上一级合同管理机关申请复议；对复议不服的，可以向人民法院起诉。1983年颁布的《中华人民共和国经济合同仲裁条例》，规定经济合同仲裁机关是国家工商行政管理局和地方各级工商行政管理局。据统计，1994年6月底前，我国共有14部法律、82部行政法规和190个地方性法规对仲裁问题（主要是行政仲裁）作了规定。[1] 这些仲裁机构都设立在相应行政机关，仲裁事项一般属于行政机关职责范围之内。可以说，在这个阶段，国内仲裁制度不统一，立法比较零散，实行强制管辖；仲裁机构数量多，队伍庞大，隶属于行政机关，行政色彩较浓；机构组成人员及仲裁员绝大多数是有关行政部门的领导及工作人员，仲裁权和行政执法权交叉。

2. 《仲裁法》出台之后行政仲裁的萎缩

为解决上述弊端，1994年全国人大常委会制定《仲裁法》，明确规定仲裁机构"独立于行政机关，与行政机关没有隶属关系"，"仲裁委员会的组成人员中，法律、经济贸易专家不得少于2/3"，原行政性仲裁机构自仲裁法实施起届满一年时终止。《仲裁法》确认了仲裁的民间性，将仲裁机构定位为独立于政府系统之外的民间性社会组织。此后大部分行政仲裁向民间仲裁转轨，许多行政性仲裁机构被撤销，逐渐建立了统一的民间仲裁制度。不适用《仲裁法》的、属于行政仲裁的只剩下劳动争议仲裁、人事仲裁以及农业

---

〔1〕 何兵主编：《和谐社会与纠纷解决机制》，北京大学出版社2007年版，第214页。

承包合同纠纷的仲裁,行政仲裁极度萎缩。至此,我国行政仲裁制度经历了"由行政仲裁的泛滥成灾到对行政仲裁的基本否定,由一个极端发展到另一个极端"。[1] 鉴于人事仲裁并非解决民事争议,本章仅就劳动争议仲裁与农业承包合同仲裁进行探讨。

(二) 目前两种行政仲裁的实践及存在的问题

1. 劳动争议仲裁

劳动争议是指"劳动关系双方当事人之间因劳动权利和劳动义务发生的纠纷和争议"。[2] 由于劳动者与用人单位之间在社会经济地位上处于不平等的地位,劳动关系不同于普通的民事关系,国家对劳动者的保护性倾斜,劳动者与用人单位发生的劳动争议不依照普通民事争议解决。根据我国调整劳动关系的三部主要法律《劳动合同法》《劳动争议调解仲裁法》《就业促进法》,解决劳动争议的方式有协商、调解、仲裁和诉讼,即采取"仲裁前置""一调一裁两审"机制。劳动争议仲裁是依据劳动争议当事人的请求,按照相关劳动法律规范的规定,由劳动争议仲裁机构对劳动争议作出判断和裁决的制度,它是劳动争议中一个独立的程序,体现了国家对劳动争议进行的强制干预。按照相关法律规定,发生劳动争议后,当事人先向劳动争议仲裁机构申请仲裁,不服仲裁决定才可以向人民法院提起民事诉讼。劳动争议仲裁是法律规定的进行司法救济的强制性前置程序。劳动争议仲裁不实行协议仲裁,而实行强制仲裁,目的是快速、高效地解决劳动争议,同时也能够节约司法资源,分流案件。因此,与诉讼程序相比,法律规定劳动仲裁实行免费制度,仲裁审理结案最长时限为 60 日;对于生效的裁决书,当事人可以直接申请人民法院强制执行。

---

〔1〕 赵银翠:《行政过程中的民事纠纷解决机制研究》,法律出版社 2012 年版,第 368 页。

〔2〕 郑尚元:《劳动争议处理程序法的现代化——中国劳动争议处理制度的反思与前瞻》,中国方正出版社 2004 年版,第 1 页。

近些年来，劳动争议仲裁案件出现了井喷式增长：2012年劳动争议案件仲裁结案数为 26.8530 万件，2016 年仲裁结案数为 36.6428 万件。[1] 这些数字表明，劳动争议仲裁在解决劳动争议方面发挥着重要作用。然而，随着我国经济的快速发展，劳动关系变得更为复杂化、多元化，劳动纠纷案件日趋增多，劳资矛盾调处难度极大。

2. 农村土地承包仲裁

农村土地承包经营权是农户的基本权利，农村土地承包的纠纷问题具有理论复杂、政策性强、涉及面广、敏感度高、处理难度大等特点。随着农村改革的不断深化，农村土地承包纠纷呈现上升趋势。农村土地承包经营纠纷仲裁是指，农村土地承包仲裁委员会依法对围绕农村土地承包经营所产生的民事纠纷进行裁决的制度。2002 年 8 月通过的《农村土地承包法》第 51 条和第 52 条首次规定当发生土地承包经营纠纷时可以向农村土地承包仲裁机构申请仲裁，但该法没有对仲裁机构、仲裁程序等关键问题予以进一步明确。2010 年 1 月 1 日正式实施的《农村土地承包经营纠纷调解仲裁法》对仲裁机构的设置、仲裁程序、仲裁裁决的效力等作出了明确的规定，基本确立了我国的农地纠纷仲裁制度。《农村土地承包经营纠纷调解仲裁法》第 4 条规定："当事人和解、调解不成或者不愿和解、调解的，可以向农村土地承包仲裁委员会申请仲裁，也可以直接向人民法院起诉。"和劳动争议仲裁与诉讼之间的关系不同，农村土地承包争议仲裁具有选择性和司法终局性，实行"或裁或审，一裁两审"的纠纷解决制度。农村土地承包仲裁委员会的设立由人民政府指导，日常工作由当地农村土地承包管理部门承担，仲裁委员会的主要组成人员有当地人民政府及有关部门的代表。

农村土地承包经营调解仲裁制度建立以来，全国累积受理农村

---

[1] 参见《中国统计年鉴》（2017 年），载中国统计局网，http://www.stats.gov.cn/tjsj/ndsj/2017/indexch.htm，最后访问时间：2018 年 3 月 20 日。

土地承包经营纠纷 147.13 万件，其中调解 121.6 万件，仲裁 11.22 万件。截至 2016 年底，全国已经设立仲裁委员会 2476 个，聘用仲裁员 5.2 万名，基本覆盖各涉农县。[1]

3. 两种行政仲裁存在的共同问题

尽管制度设计的初衷是美好的，但现实中无论是劳动仲裁还是农村土地承包仲裁，运行效果并不理想，两种制度具有一些共同的问题：

（1）仲裁机构缺少独立性。行政仲裁之所以与民事仲裁不同，原因之一就是行政仲裁借助其行政性与专业性解决纠纷，有其存在的优势。但是行政性并不代表行政仲裁机关受制于行政机关的领导，作为解决争议的仲裁机关，应该具有相对的独立性，与行政部门实行职能分离，避免受到干涉。

我国劳动争议的仲裁机构是劳动争议仲裁委员会，从机构设立上看，劳动仲裁机构的设立没有行政级别，在同一个行政区域内有多个劳动仲裁机构，相互之间不隶属，但是它由人力资源和社会保障部门设立，实际上是其下属的一个内设机构，并没有独立的经费和人员。虽然有一些地方对劳动争议仲裁委员会进行实体化建设，但仍然没有改变其依附性，其运作模式基本还是参照行政机关。从仲裁委员会内部组成来看，根据我国《劳动法》《劳动争议调解仲裁法》相关规定可以看出，[2] 我国劳动争议仲裁采用"三方"共

---

〔1〕 吴晓峰：《法律实施近 7 年 全国仲裁土地纠纷 147 万件》，载《法制日报》2017 年 5 月 15 日，第 6 版。

〔2〕《劳动法》第 81 条规定："劳动争议仲裁委员会由劳动行政部门代表、同级工会代表、用人单位方面的代表组成。劳动争议仲裁委员会主任由劳动行政部门代表担任。"《劳动争议调解仲裁法》第 17 条规定："劳动争议仲裁委员会按照统筹规划、合理布局和适应实际需要的原则设立。省、自治区人民政府可以决定在市、县设立；直辖市人民政府可以决定在区、县设立。直辖市、设区的市也可以设立一个或者若干个劳动争议仲裁委员会。劳动争议仲裁委员会不按行政区划层层设立。"第 19 条规定："劳动争议仲裁委员会由劳动行政部门代表、工会代表和企业方面代表组成。劳动争议仲裁委员会组成人员应当是单数。"

同参与的劳动争议处理模式：仲裁委员会由劳动行政部门代表、同级工会代表和用人单位团体或用人单位方面的代表组成。然而，由于缺乏制度保障，现有劳动仲裁委员会的工作仍然由劳动行政部门主导；工会组织参与程度不高，也缺乏资方的代表；一些用人单位与工会的代表仅仅只是挂牌人员，在劳动争议案件的仲裁实践中，主要由劳动行政部门的行政工作人员以专职仲裁员的身份处理，三方代表变成一方使得劳动仲裁机构缺乏权威性与中立性。

土地承包仲裁机构同样缺少独立性。在机构设置上，《农村土地承包经营纠纷调解仲裁法》第 12 条规定："农村土地承包仲裁委员会，根据解决农村土地承包经营纠纷的实际需要设立"，"农村土地承包仲裁委员会在当地人民政府指导下设立。设立农村土地承包仲裁委员会的，其日常工作由当地农村土地承包管理部门承担"。土地承包仲裁委员会成为政府的下属机构，其人员编制、经费等方面都受制于政府，农地仲裁委员会的人员设置以及工作经费来源等方面都与政府或者行政部门有着密不可分的联系，行政权力借此渗入并影响农地仲裁的可能性较大。[1]

（2）仲裁程序繁琐，流于形式。与诉讼解决争议相比，仲裁的优势应该在于快速、便捷、低廉，目前我国两种行政仲裁均有诉讼化的倾向。劳动争议仲裁的具体程序包括申请、受理、庭前准备、庭审、裁判前调解等环节，虽然仲裁期限要求最长不得超过 60 日，但是总体模仿民事诉讼程序，尤其是庭审程序，几乎是民事诉讼庭审程序的翻版，其庭前准备、庭审调查、庭审辩论、征询双方最后意见、核对和签署笔录、评议裁判等进程和民事诉讼基本没有差别。与劳动争议仲裁程序类似，土地承包纠纷仲裁制度的构建也模仿民事诉讼，"在案件的受理、仲裁审理的程序及仲裁证据制度等

---

〔1〕 卞辉、樊志民：《我国农村土地承包经营纠纷仲裁制度的悖论及出路》，载《西安交通大学学报（社会科学版）》2014 年第 3 期。

方面无一不是民事审判程序的翻版"。[1] 此外,《农村土地承包经营纠纷调解仲裁法》第 48 条规定:"当事人不服仲裁裁决的,可以自收到裁决书之日起 30 日内向人民法院起诉。逾期不起诉的,裁决书即发生法律效力。"农村土地承包仲裁虽然与劳动仲裁不同,不是诉讼前置程序,但仲裁裁决是否生效取决于当事人是否在法定期限内诉诸法院。一旦当事人不服仲裁裁决起诉,根据 2014 年《最高人民法院关于审理涉及农村土地承包经营纠纷调解仲裁案件适用法律若干问题的解释》第 3 条的规定,[2] 当事人要就原纠纷提起诉讼,农村土地承包经营纠纷仲裁程序流于形式,这导致仲裁功能弱化,而且丧失了其应有的案件分流功能,也使仲裁丧失了公信力。[3]

(3) 仲裁与诉讼衔接弱。无论是劳动争议仲裁还是农村土地承包仲裁,都存在仲裁与诉讼衔接的问题。在劳动仲裁与民事诉讼的关系上,存在争议受理范围不够一致、法律适用标准不统一、程序衔接不规范等问题,尤其是仲裁委员会所认定的事实与法律问题能否得到法院的认可方面,存在很大问题。劳动争议仲裁有两种情况,部分争议一裁终局,其他是一裁两审。在第二种情况下,仲裁是强制性程序,当事人不服仲裁决定提起诉讼的,人民法院以劳动争议为对象进行审理,不对仲裁裁决作出判断,也即人民法院针对劳动争议案件要从头查明事实,适用法律,进行判决,之前劳动争议仲裁委员会所做的事实认定与法律适用对法院没有任何意义。正

---

[1] 徐晓波:《我国农村土地仲裁制度之反思与重构——兼评〈农村土地承包经营纠纷调解仲裁法〉》,载《皖西学院学报》2010 年第 1 期。

[2]《最高人民法院关于审理涉及农村土地承包经营纠纷调解仲裁案件适用法律若干问题的解释》第 3 条:"当事人在收到农村土地承包仲裁委员会作出的裁决书之日起 30 日内,向人民法院提起诉讼,请求撤销仲裁裁决的,人民法院应当告知当事人就原纠纷提起诉讼。"

[3] 周湖勇:《劳动人事争议裁审衔接机制构建的新思考》,载《政法论丛》2017 年第 5 期。

因如此，2015 年《中共中央、国务院关于构建和谐劳动关系的意见》提出，要加强裁审衔接与工作协调，积极探索建立诉讼与仲裁程序有效衔接、裁审标准统一的新规则、新制度。2017 年 3 月 21 日，包括人力资源和社会保障部等在内的中央八部门联合颁布《关于进一步加强劳动人事争议调解仲裁完善多元处理机制的意见》（人社部发〔2017〕26 号）进一步提出要"建立仲裁与诉讼有效衔接的新规则、新制度，实现裁审衔接机制长效化、受理范围一致化、审理标准统一化。各级仲裁机构和同级人民法院要加强沟通联系，建立定期联席会议、案件信息交流、联合业务培训等制度"。与劳动争议仲裁一样，土地承包纠纷仲裁与诉讼之间的衔接也存在问题，表现在受理范围不一致、适用法律不统一、仲裁部门获取的证据在诉讼中因证据规则限制不能作为定案依据、生效的仲裁裁决在实践中得不到法院的落实和有效执行等问题。[1]

（三）行政仲裁制度重构

1. 行政仲裁存在的必要性

行政仲裁是否还有存在的必要，很多人对此进行了反思。一部分学者在研究劳动争议仲裁与农村土地承包仲裁制度时，认为应该回归仲裁的民间性，废除行政仲裁。[2] 另一部分学者对两种制度的改进提出了不同的观点。在劳动仲裁制度改革方面，有的学者提出行政化的方向，认为应该在省、自治区和直辖市一级建立劳动争议仲裁机构，而且各省、自治区和直辖市应逐渐形成一个垂直的指挥系统，以便有利于下级仲裁机构开展工作；[3] 有的提出民间仲裁不符合劳动仲裁的性质，行政化难保仲裁的公正性和权威性，劳

〔1〕 张金明、陈利根：《农村土地承包纠纷解决机制的多元化构建——基于土地诉讼、仲裁和调解的定位与协调》，载《河北法学》2011 年第 6 期。

〔2〕 林嘉：《劳动法的原理、体系与问题》，法律出版社 2016 年版，第 349 页；王琦主编：《非诉讼纠纷解决机制原理与实务》，法律出版社 2014 年版，第 283 页。

〔3〕 许敬楚：《论我国劳动争议仲裁制度的立法完善》，载《政法论丛》2000 年第 6 期。

动仲裁的发展方向应是带有行政色彩的司法性或准司法性。[1] 在农村土地承包仲裁方面，学者们提出以当事人意思自治原则构建选择性仲裁制度和仲裁裁决终局性制度。[2]

行政仲裁是否有存在的必要，是我们在对行政仲裁制度进行重构之前所必须思考的问题。我们认为，我国正处于社会转型期、矛盾凸显期，各种争议纷繁复杂，想靠单一的途径去解决，很难达到预期目标，要求发挥不同纠纷解决渠道的作用。特别是作为多元化纠纷解决机制之一，行政仲裁已经成为人们寻求司法途径以外的一种救济渠道，也有其存在的必要性与正当性。

与其他民事争议解决办法相比，行政仲裁的优势在于其行政性、相对独立性、专业性与高效性方面，能够兼顾效率与公正。首先，行政仲裁与民间仲裁和诉讼的性质不同，具有行政性，行政仲裁解决的是与行政机关职权密切相关的民事争议，因此行政仲裁机构由行政机关设立并指导。其次，行政仲裁的机构虽然由行政机关设立，但应具有一定的独立性，即行政仲裁机构、人员与经费应该具有独立性，保障行政仲裁的中立性与公正性。再次，仲裁机构具有专业性，具有相关领域专业知识，熟知法律及政策，拥有该领域的技术设备，仲裁员是所涉领域的专业人员，能够迅速解决纠纷。最后，行政仲裁程序简便灵活，注重调解，有利于案件及时解决，兼顾了公正和效率，从而减少了纠纷解决的成本和当事人的负担。

从实践来看，除劳动争议仲裁、农村土地承包纠纷仲裁之外，

---

〔1〕 周湖勇：《劳动人事争议裁审衔接机制构建的新思考》，载《政法论丛》2017年第5期。

〔2〕 张金明、陈利根：《农村土地承包纠纷解决机制的多元化构建——基于土地诉讼、仲裁和调解的定位与协调》，载《河北法学》2011年第6期；卞辉、樊志民：《我国农村土地承包经营纠纷仲裁制度的悖论及出路》，载《西安交通大学学报（社会科学版）》2014年第3期；张育飞：《浅析我国农村土地承包纠纷仲裁的特殊性》，载《法制与社会》2014年第2期；苏方元：《对农村土地承包经营纠纷仲裁制度的反思》，载《中国土地科学》2015年第3期。

行政仲裁在许多领域仍然发挥作用，如在环境执法实践中，一些地方环境行政机关尝试通过环境行政仲裁来解决环境污染纠纷案件，在江苏、上海、黑龙江等地已有试行环境仲裁的实践。2007年，江苏省东台市设立国内首家环境纠纷仲裁庭，成立东台市环境纠纷仲裁委员会。东台市环境仲裁庭作出的仲裁裁决，不同于以往的环境仲裁裁决，其裁决作出即具有法律效力，如果当事人不执行可以申请法院强制执行，无需法院审核或者重新诉讼。此外，教育、医疗、体育等领域也在尝试着行政仲裁的实践。行政仲裁并没有像《仲裁法》颁布时人们所预料的那样到了绝境，还是有发展的空间，遗憾的是，当前其他行政仲裁大多属于无法可依、"非法"进行。[1]

2. 行政仲裁制度重构的基本原则

我国两种行政仲裁设计的出发点是为了保护弱者一方的利益，提高争议的解决效率。然而，仲裁实践的结果却表明相关制度的实施并没有实现立法者的初衷。考虑到行政仲裁本应具有的特点和作用，需要对行政仲裁制度进行重构，改变目前行政仲裁的低效状态，解决行政仲裁所面临的困境。重构行政仲裁时，除合法性原则之外，还应考虑以下两项基本原则：

第一是以当事人自主选择为原则，强制仲裁为例外。目前我国存在的两种解决民事纠纷的行政仲裁中，劳动争议仲裁实行仲裁前置，农村土地承包仲裁实行当事人选择，或裁或审。尽管如此，也并非当事人的自主选择，因为农村土地承包仲裁并不以当事人签订仲裁协议为基础，而是当事人一方提起申请，行政机关就受理，这实际上混淆了行政仲裁与行政裁决的区别。行政仲裁应该体现仲裁的特征——"当事人意思自治"，自主性原则是支撑仲裁制度的理论基础，一般情况下，应该强调当事人对纠纷解决方式的自主选择，行政仲裁应该以当事人合意为基础，以当事人签订仲裁协议为前提。除此之外，自由选择原则还应该体现在允许当事人选择仲裁机构、仲裁员及仲裁程序。

第二是一裁终局原则。行政仲裁制度的权威应该体现在其效力上，目前在我国"一裁两审"的行政仲裁模式下，一旦当事人对行政仲裁提起诉讼，法院对行政仲裁实行全面审查，无需就仲裁裁决本身作出判决，而是再重新作出自己的判决，使得行政仲裁沦为形式，成为法院的附庸，处于较为尴尬的境地，不仅浪费当事人的时间与金钱，最终也失去了公信力。因此，为了避免这种境地，应该明确在当事人协议选择行政仲裁的前提下，确定一裁终局。

3. 关于行政仲裁发展路径的探索

（1）设立相对独立的仲裁机构及明确仲裁员资格。行政仲裁机构的独立是确保仲裁公正的前提。当然，行政性是行政仲裁的一个重要特征，但这应该体现在行政机关设立及指导方面，行政仲裁机构应该实现相对独立，才能够做到中立与公正。首先，应该通过法律授权，设立独立的行政仲裁机构，明确行政仲裁委员会的委员职责、组织结构形式；行政仲裁机构应该有独立的办公、办案场所，其经费应直接来源于财政预算，在专业上接受行政机关的指导，并可以要求其提供技术支持，行政仲裁机构进行仲裁活动处理民事纠纷要独立于行政机关。其次，应该逐步建立行政仲裁资格遴选制度。仲裁庭的组成人员必须具备较高的素质和业务知识，仲裁员分为行政部门的专职仲裁员以及社会上遴选的兼职仲裁员，并建立与之相配套的权利保障机制、培训机制和考核机制，优化专业仲裁员的业务素质，打造一支相对稳定、搭配合理的高素质、专业化的仲裁工作队伍，以确保行政仲裁员的专业性和公正性。

（2）完善行政仲裁程序。行政仲裁解决民事纠纷的优势之一就在于其简便、快速，如果仲裁程序过度诉讼化，反而违背了设立它的初衷。行政仲裁的程序应回归其灵活、高效的基本特点，其程序设计应将为当事人提供便捷高效的纠纷解决途径作为根本，在制度设计上可以区分简易程序与一般程序，根据争议纠纷的复杂程度适用不同程序。

（3）建立行政仲裁与民事诉讼的有效衔接机制。应当推进行政仲裁领域的统一立法，明确各类行政仲裁与民事诉讼的受理范围。此外，在强制措施方面，因为行政仲裁机构没有采取保全措施、先予执行措施的权力，经常造成即便一方当事人胜诉，执行时也由于没有可供执行的财产使仲裁裁决书成了一纸空文的情形。行政仲裁与民间仲裁不同，具有明显的行政性，应该赋予行政仲裁机构采取相应措施的权力。实行一裁终局后，如果对仲裁裁决有异议，可向法院申请撤销仲裁裁决或不予执行仲裁裁决。

四、行政裁决实践与改革

（一）行政裁决的立法状况

20世纪90年代以前，由于我国对行政仲裁及行政裁决的界定不清晰，很多法律、法规规定了行政机关对于民事纠纷居中裁判的规定，分别被认为属于行政仲裁或行政裁决。如前所述，随着我国行政体制的改革，很多由行政机关居中裁判的规定纷纷被取消，适用行政裁决的领域范围在减少，许多法律在制定或者修订的过程中不再规定行政裁决，已设定的行政裁决被纷纷废止，新的法律更倾向规定调解或仲裁。[1]

在本章第一部分的内容中，我们将行政裁决的内容界定为狭义的概念，是指行政机关在当事人提出申请之后，针对特定民事纠纷作出裁断的行为，行政裁决具有主体上的行政性、身份上的中间性、对象上的民事性等特征。根据这些特征，目前规定行政裁决内

---

〔1〕 李先伟：《多元化纠纷解决机制中的行政裁决权》，载《北京科技大学学报（社会科学版）》2010年第2期；叶必丰、徐键、虞青松：《行政裁决：地方政府的制度推力》，载《上海交通大学学报（哲学社会科学版）》2012年第2期。

容的法律主要集中于权属纠纷裁决、侵权纠纷裁决、损害赔偿纠纷裁决等领域。例如，《中华人民共和国土地管理法》规定的人民政府土地所有权和使用权争议的处理，《中华人民共和国森林法》第17条规定的县级人民政府对于林木林地所有权和使用权争议的处理，《草原法》第16条规定的人民政府对草原权属争议的处理，《中药品种保护条例》第19条规定的国务院药品监督管理部门对中药处方转让使用费争议的处理，《商标法》第14条中规定的商标评审委员会对商标争议的处理，以及《专利法》第57条规定的国务院专利行政部门对专利实施强制许可使用费争议的裁决等，都是典型的行政裁决行为。可见，目前我国关于行政裁决的规定散见于法律、法规和部门规章当中，并没有形成完整统一的制度体系。

（二）行政裁决的实践发展

尽管相关法律、法规对行政裁决作出规定，但由于行政裁决属于行政行为，相对人不服行政裁决可以提起行政诉讼，而当事人最终希望解决的是民事纠纷，立法中对此的规定却并不完善，经常会发生循环诉讼的情形。因此，在当事人可以将行政裁决作为解决民事争议手段之一的情形中，经常会选择民事诉讼而不是行政裁决。此外，由于对行政裁决不服提起的诉讼是行政诉讼，这意味着行政机关有可能成为被告，为了避免承担责任，行政机关尽量采取调解的方式解决，而不愿意使用裁决，这使得行政裁决制度在很多情况下被虚置，大量本来可以通过行政裁决解决的民事纠纷被推向了法院。[1] 中国政法大学法治政府研究院评估团队2017年对100个市政府的"法治政府建设的组织领导"评估中显示，大部分城市在群体性事件发生情况、社会矛盾化解方式以及矛盾化解渠道的畅通程度等方面表现较好，但是在信访制度改革、行政调解、行政裁决、仲裁制度的建设方面表现较差，尤其是行政裁决解决纠纷制度缺失

---

〔1〕 参见沈开举：《论行政机关裁决民事纠纷的性质》，载《昆明理工大学学报（社会科学版）》2009年第5期。

严重。[1]

（三）行政裁决存在的主要问题

整体而言，我国的行政裁决在概念、性质、裁决范围、裁决主体、程序和权利救济等方面，理论上缺乏统一的观点，立法层面也缺乏一致性的规定，影响了行政裁决实施的效果。目前，行政裁决存在的主要问题包括：

1. 行政裁决的界定模糊、性质认识不一

无论理论界还是实务界，对于什么是行政裁决仍然存在不同观点。关于行政裁决有最广义、广义和狭义的观点，实践中对于行政机关的某些行为是否为行政裁决也不清晰，尤其是将行政裁决与行政处罚相混淆。[2] 这种定性上的不清晰，主要原因在于对行政裁决目前尚没有统一的法律界定，具体而言，又表现在两个方面：其一，目前关于规定行政机关裁决民事纠纷的法律、法规、规章对于行政裁决的称呼不一，有的规定为"裁决"，有的规定为"处理"，还有的称之为"决定"或"裁定"。例如，《森林法》第17条规定："单位之间发生的林木、林地所有权和使用权争议，由县级以上人民政府依法处理。个人之间、个人与单位之间发生的林木所有权和林地使用权争议，由当地县级或者乡级人民政府依法处理。"类似的表述也出现在《土地管理法》《草原法》等法律中。使用"决定"表述的，如《民间纠纷处理办法》第5条的规定，"基层人民政府处理民间纠纷，可以决定由责任一方按照《中华人民共和国民法通则》第134条第1款所列举的方式承担民事责任，但不得给予人身或者财产处罚"。即使法律中规定为"裁决"的，也有的并

---

〔1〕 张维：《行政裁决解决纠纷制度缺失严重 地方政府对信访定位认识不足》，载《法制日报》2017年12月26日，第6版。

〔2〕 周启泉：《是行政处罚还是行政裁决》，载《律师世界》2000年第10期。

不是为解决民事争议所采取的行政裁决。[1] 其二，我国很多法律、法规、规章中规定了大量的行政主体责令承担民事责任的内容，由于规定本身不清晰，理论与实务界对这些规定属于行政裁决还是行政处罚存在争议。例如，《矿产资源法》第 40 条规定："超越批准的矿区范围采矿的，责令退回本矿区范围内开采、赔偿损失，没收越界开采的矿产品和违法所得，可以并处罚款。"这里的"责令赔偿损失"是行政机关对民事纠纷作出的决定，是行政裁决还是行政处罚，抑或其他类型的行政行为，在学界有不同观点。[2] 众多相关概念的混用使得行政裁决概念的内涵和外延比较模糊，制度性规定不能统一，直接导致了有关机关处理民事纠纷时的模糊态度。

对行政裁决性质的认识，目前我国学术界与实务界也并没有形成统一的观点。主要存在三种观点：一种观点认为，行政裁决是行政行为，可以提起行政复议与行政诉讼；还有学者认为，行政裁决属于行政行为，但与一般的行政行为不同，是裁决主体依据行政权威对民事纠纷作出的非终局性裁判，因此是一种具有"准司法性质"的行政行为；[3] 还有学者持完全相反的观点，认为行政裁决实际上是行政机关行使司法权的制度，因此是司法行为。[4] 对于行政裁决性质认识的差异，决定了对行政裁决不服的救济机制的设计，如果认为行政裁决是一种行政行为，不服行政裁决提起的是行

---

〔1〕 例如，《立法法》第 94 条第 2 款规定："行政法规之间对同一事项的新的一般规定与旧的特别规定不一致，不能确定如何适用时，由国务院裁决。"这里的裁决对象并非民事纠纷，而是行政法规。

〔2〕 胡建淼、吴恩玉：《行政主体责令承担民事责任的法律属性》，载《中国法学》2009 年第 1 期。

〔3〕 齐树洁、丁启明：《完善我国行政裁决制度的思考》，载《河南财经政法大学学报》2015 年第 6 期。

〔4〕 沈开举：《论行政机关裁决民事纠纷的性质》，载《昆明理工大学学报（社会科学版）》2009 年第 5 期。认为行政裁决是司法行为的还有其他学者，参见陈锦波：《我国行政裁决制度之批判——兼论以有权社会机构裁决替代行政裁决》，载《行政法学研究》2015 年第 6 期。

政诉讼；如果认为行政裁决是一种司法行为，行政裁决被认为具有初审性质，当事人应当对行政裁决提起民事"上诉"，而不是以裁决机关为被告提起行政诉讼。[1]

2. 行政裁决的适用范围不清

目前，可以将行政裁决笼统地归纳为对权属纠纷、损害赔偿、侵权行为争议等领域进行的裁决，但是究竟哪些领域的民事纠纷可以通过行政裁决来解决，理论界并没有形成一致的观点，立法中也没有非常明确的规定。即使是在法律规定可以进行行政裁决的事项，由于规定并不明确，导致各地的地方性法规规定不一。以征地补偿裁决为例，江西省规定裁决的争议不包括因青苗和地上附着物的种类、数量的认定，以及补偿费用的支付方式等引起的争议，而海南省则规定以上属于争议补偿行政裁决的范围。[2]

3. 裁决机构不独立

从相关法律规定及实践运作来看，目前我国的行政裁决机构主要有三种类型：一是各级人民政府，如对自然资源权属争议的裁决。根据《土地管理法实施条例》第 25 条第 3 款的规定，"市、县人民政府土地行政主管部门根据经批准的征收土地方案，会同有关部门拟订征地补偿、安置方案，在被征收土地所在地的乡（镇）、村予以公告，听取被征收土地的农村集体经济组织和农民的意见。征地补偿、安置方案报市、县人民政府批准后，由市、县人民政府土地行政主管部门组织实施。对补偿标准有争议的，由县级以上地方人民政府协调；协调不成的，由批准征收土地的人民政府裁决"。二是由行政机关的法制部门兼管行政裁决。三是行政机关设立的专门裁决机关，例如对专利、商标权纠纷的裁决。可见，大量的行政

---

〔1〕　沈开举：《论行政机关裁决民事纠纷的性质》，载《昆明理工大学学报（社会科学版）》2009 年第 5 期。

〔2〕　周超：《征地补偿争议裁决制度如何走出困境》，载《中国土地》2012 年第 8 期。

裁决并没有设立专门的裁决机构，而是由本行政机关内部的执法机构或法制机构进行裁决，这些机构基本不具有独立性，既要处理日常执法事宜，又要进行裁决，难以保证裁决的质量，在某些情况下，还可能出现"有失中立"的情况。例如，有学者指出，有关建设用地使用权争议，在土地一级市场中取得建设用地使用权只能通过出让或划拨方式，两种途径均由行政机关主导，若产生权属争议，行政机关难免不会为维护原有行为的正当性而作出有失偏颇的裁决。[1] 行政裁决机构人员非职业化，缺乏经验及制度保障，使得裁决结果容易受到个人偏见及领导意见的影响。[2]

4. 行政裁决程序缺位

目前，大多数涉及行政裁决的法律规范只对行政裁决作出规定，并未涉及裁决程序，或者只对程序作出原则性规定。例如，在土地权属争议方面，《土地管理法》只规定"土地所有权和使用权争议，由当事人协商解决；协商不成的，由人民政府处理……当事人对有关人民政府的处理决定不服的，可以自接到处理决定通知之日起30日内，向人民法院起诉"，对人民政府如何"处理"的程序并没有规定；《土地管理法实施条例》《确定土地所有权和使用权的若干规定》《土地权属争议调查处理办法》对于土地权属纠纷的行政裁决程序也并未作出具体、细致的规定。程序制度的缺失也在一定程度上制约了行政裁决作用的发挥。

5. 行政裁决的救济机制不畅

从现行法律规定来看，解决民事争议的行政裁决一般分为两种情况：第一种情形可以称为选择性行政裁决，即对于民事争议，当事人可以选择行政裁决，也可以选择民事诉讼。例如，《老年人权

---

〔1〕 高富平、卞贵龙：《土地使用权权属争议行政化处理的反思》，载《东北农业大学学报（社会科学版）》2016年第2期。

〔2〕 周佑勇、尹建国：《我国行政裁决制度的改革和完善》，载《法治论丛》2006年第5期。

益保障法》第 73 条规定："老年人合法权益受到侵害的，被侵害人或者其代理人有权要求有关部门处理，或者依法向人民法院提起诉讼。"第二种情形可以称为强制性行政裁决，这类行政裁决是解决特定民事纠纷的必经程序，只有在行政裁决之后，才可以向人民法院起诉。但是几乎所有的法律、法规、规章都只规定了对于行政裁决不服的，可以"向人民法院起诉"，并没有明确应当提起的是民事诉讼还是行政诉讼。对此，学界存在较大争议，大致有两种主要观点：

第一种观点认为，不服行政裁决的当事人可以提起民事诉讼。如有的学者指出，应该提起民事诉讼，当事人不服行政裁决决定的，以对方当事人作为被告，作出裁决的行政机关作为第三人参与到民事诉讼中，以避免案件的重复审理和实现诉讼经济的目的，也可以避免行政裁决机构因为害怕行政诉讼缠身而不作为的现象出现；[1] 甚至有学者指出直接对于裁决结果不服，当事人可直接向中级人民法院提起民事诉讼，对中级人民法院的判决不服仍然可以向上一级法院提出上诉，以维护法院两审终审制的统一；[2] 还有学者认为，从诉讼解决纠纷的规律来看，行政机关裁决民事争议属于委任司法性质的先行处理程序，不服行政裁决提起诉讼适用民事诉讼的审查模式，才能高效便捷地解决民事争议。[3] 最高人民法院于 2009 年发布的《关于建立健全诉讼与非诉讼相衔接的矛盾纠

---

〔1〕 杨国平：《对行政裁决和谐主义功能的重新审视》，载《理论月刊》2010 年第 8 期；陆平辉：《行政裁决诉讼的不确定性及其解决》，载《现代法学》2005 年第 6 期。

〔2〕 孙明：《关于完善我国行政裁决制度若干问题的思考》，载《法制与社会》2008 年第 33 期。

〔3〕 严垠章：《论我国不服行政裁决民事争议司法审查模式的选择》，载《温州大学学报（社会科学版）》2008 年第 1 期。

纷解决机制的若干意见》第 8 条规定似乎也支持了这种观点。[1]

第二种观点认为行政裁决的性质是行政行为，因此不服行政裁决只能提起行政诉讼。在这种观点下，又包含不同主张：有的学者建议赋予法院对行政裁决的司法变更权；[2] 有的学者将行政裁决类型化，认为不同类型的行政裁决救济方法不同，有的可提起民事诉讼，有的可以提起行政附带民事诉讼。[3]

（四）完善行政裁决制度的路径选择

1. 行政裁决功能的重新审视

我国行政裁决的大量出现大约是 20 世纪 80 年代，这一时期正是改革开放初期，出现很多新的社会纠纷，立法机关将某些领域的民事纠纷解决权授予给行政机关，符合那个时期对行政法目标的理解。当时认为行政法制度的目标是最大限度地便利于行政机关实现行政管理任务，因此行政裁决被视为一种行政管理的手段，其任务是进行行政秩序的监督，行政裁决的规范一般都是授予管理权力

---

〔1〕 最高人民法院《关于建立健全诉讼与非诉讼相衔接的矛盾纠纷解决机制的若干意见》第 8 条规定："当事人不服行政机关对平等主体之间民事争议所作的调解、裁决或者其他处理，以对方当事人为被告就原争议向法院起诉的，由法院作为民事案件受理。法律或司法解释明确规定作为行政案件受理的，法院在对行政行为进行审查时，可对其中的民事争议一并审理，并在作出行政判决的同时，依法对当事人之间的民事争议一并作出民事判决。"

〔2〕 周佑勇、尹建国：《我国行政裁决制度的改革与完善》，载《法治论丛》2006年第 5 期；刘柏桓、陆国东：《法院对行政裁决享有有限司法变更权的思考》，载《法律适用》2001 年第 11 期；持相反观点的，参见王光辉：《中国行政裁决制度研究》，河南人民出版社 2000 年版，第 155 页。

〔3〕 如有学者提出，对确权类行政裁决不服的，当事人可以提起行政诉讼，对非确权类行政裁决不服的，当事人可以提起民事诉讼。参见齐树洁、丁启明：《完善我国行政裁决制度的思考》，载《河南财经政法大学学报》2015 年第 6 期；有学者区分为职权性行政裁决、同源性行政裁决与选择性行政裁决，认为对职权性行政裁决不服，应允许当事人提起行政诉讼；对同源性行政裁决，按行政诉讼附带民事诉讼受理；对选择性行政裁决不服，当事人可以向法院起诉，通过法院对民事案件的直接审理得到救济。参见肖泽晟：《行政裁决及法律救济》，载《行政法学研究》1998 年第 3 期。

的，很少规定行政机关的义务，甚至排斥行政相对方的司法救济途径。[1] 然而，对行政裁决的这种定位也使得行政裁决在具体制度构建和实践运作过程中陷入困境。[2] 我国当前提出要建设法治政府和服务型政府，党和国家也多次强调要构建多元化纠纷解决机制，行政裁决作为行政机关解决民事纠纷的手段之一，不再是为了行政管理的需要，而是行政机关通过利用自己的专业性、高效性等优势为社会提供可供选择的纠纷解决机制。因此，行政裁决应当更强调法治观念和服务意识。

2. 关于是否统一立法的思考

目前，对于如何解决行政裁决出现的问题主要有两种观点：一种观点认为取消行政裁决制度，[3] 另一种观点认为对现有的行政裁决进行制度完善。在第二种观点中，有些学者提出应该制定一部统一的《行政裁决法》，将行政裁决的定义、范围、对象、性质、程序、裁决主体、救济制度等一一加以规定；[4] 也有学者建议制定《行政程序法》后，将行政裁决程序纳入《行政程序法》的调整范围，在《行政程序法》中将行政裁决作为专门的一节规定其范

〔1〕 张树义主编：《纠纷的行政解决机制研究：以行政裁决为中心》，中国政法大学出版社 2006 年版，第 135 页。

〔2〕 卢护锋：《我国行政裁决制度陷入困境的成因分析》，载《东北师大学报（哲学社会科学版）》2011 年第 4 期。

〔3〕 例如，有学者指出，行政裁决制度在性质界定与所涉权力分工、实效性、经济性、结果效率性和利益性等方面都存在本质缺陷，试图通过修补相关制度对我国的行政裁决制度进行改造也不可行，因此建议以有权社会机构裁决代替行政裁决，参见陈锦波：《我国行政裁决制度之批判——兼论以有权社会机构裁决替代行政裁决》，载《行政法学研究》2015 年第 6 期。

〔4〕 周佑勇、尹建国：《我国行政裁决制度的改革与完善》，载《法治论丛》2006年第 5 期；邓明香：《我国行政裁决制度之不足与完善建议》，载《陕西理工学院学报（社会科学版）》2010 年第 2 期；沈开举：《论行政机关裁决民事纠纷的性质》，载《昆明理工大学学报（社会科学版）》2009 年第 5 期。

围、原则、程序等，整合现在行政裁决的混乱情况。[1]对此，我们更赞同在《行政程序法》中规定行政裁决程序的观点。虽然各行政领域的裁决事项不同，很难对行政裁决的实体内容进行统一规定，但对程序的统一规范确是可行的。因而，可以在将来的《行政程序法》中将行政裁决行为单列一节，统一规定即可。

对于有关行政裁决的实体法规范，将来在立法修改时还需要注意两个问题：首先，应该明确行政裁决是为当事人提供的一种化解民事纠纷的方式，因此应该适用当事人自治的原则，除了法律明确规定外，行政裁决应该是选择性的，允许当事人在行政裁决与民事诉讼之间进行选择。其次，目前我国法律、行政法规对于行政裁决在法律称谓上具有一定的随意性，这是造成实践中适用混乱的原因之一，因此应该统一相关法律用语，明确行政裁决的内涵及性质。

3. 明确行政裁决的范围

从对行政裁决功能进行重新审视的角度出发，为有效发挥行政裁决制度的作用，需要对行政裁决的范围作进一步的明确。需要行政裁决的民事纠纷应当主要限于以下类型：一是纠纷涉及专业性、技术性较强的领域；二是属于现阶段政策性较强的民事纠纷；三是民事纠纷与之前的行政行为有密切关系，纠纷的解决需要考虑其他的行政行为等。单行法律在确定某个领域可以适用行政裁决时，应该将可裁决的民事纠纷的范围予以明确。

4. 设立相对独立的行政裁决机构

行政相对人之所以选择行政裁决，在于行政裁决本身具有专业性、技术性及效率的优势。但是如果行政裁决机构不独立，尤其是行政执法机构与裁决机构不能很好地区分，就很难保证裁决的中立性与公正性。在目前有关行政裁决设置的机制中，专利复审委员

---

〔1〕 姬亚平：《行政裁决问题研究》，载《理论导刊》2008 年第 10 期；齐树洁、丁启明：《完善我国行政裁决制度的思考》，载《河南财经政法大学学报》2015 年第 6 期。

会、商标评审委员会的设置相对科学合理，在实践中也受到认可。今后可考虑在更多的专业性较强的领域设立独立的行政裁决机构，裁决机构的人事管理、经费、薪酬独立于行政机关，尤其将裁决机构与执法机构相分离。此外，还应当进一步规范裁决人员的从业资格及职业保障制度，提高行政裁决主体的独立性与专业性。

5. 规范行政裁决程序

行政裁决程序缺失已经成为制约裁决制度实施的一个瓶颈。如前所述，如果能够在统一的《行政程序法》中对行政裁决程序进行规定，将有助于规范行政裁决行为。在统一的程序法出台前，各地制定的行政程序规定中应当明确规定行政裁决程序，包括申请、告知、调查、听证、决定、送达等程序。同时，在具体的程序设计上，应当体现行政裁决高效、简便的特点，避免程序过于繁琐。

6. 理顺行政裁决与司法救济制度的关系

除法律的特殊规定外，一般行政裁决都应该是选择性的，即当事人可以在民事诉讼与行政裁决之间进行抉择，因此，首先要解决的问题是如果当事人分别通过两种渠道寻求法律救济如何处理，例如呤云公司在同一天内分别向法院和行政管理部门对摩拜公司提起专利侵权诉讼和行政处理请求。[1] 为避免产生冲突的裁决、节约司法与行政资源、减少当事人的成本，这两种救济方式不宜同时进行，而应按照立案先后的顺序来确定案件的管辖权，建立行政裁决与司法程序之间的立案信息交流机制。在有关行政裁决的受理条件中，应该明确规定"当事人没有提起民事诉讼"的条件，如2015年《专利行政执法办法》第10条就作出了这样的规定。

行政相对人选择行政裁决后，对行政裁决的结果不满意，是否可以再就原民事纠纷直接提起民事诉讼，法律没有明确的规定。实践中经常出现类似情形，导致行政裁决的效力无法得到确定，一方

---

〔1〕 夏淑萍：《专利侵权纠纷行政裁决的程序协调及相关问题之解构——以苹果公司诉北京市知识产权局及其关联案件为例》，载《知识产权》2017年第5期。

当事人重新提起民事诉讼，另一方当事人提起行政诉讼，导致循环诉讼，民事纠纷久拖不决。对此，应该明确行政机关作出行政裁决之后，当事人不应再提起民事诉讼，而只能提起行政诉讼。《行政诉讼法》第 61 条及 2018 年最高人民法院《关于适用〈中华人民共和国行政诉讼法〉的解释》第 140 条都明确规定针对行政裁决提起行政诉讼，并可以一并解决民事争议，而且该《司法解释》第 141-144 条明确地规定了一并解决民事争议的审理规则，这些规定可以有效地解决循环诉讼的问题。

五、新科技背景下行政解决民事纠纷的展望

（一）新科技时代的到来与纠纷解决方式的发展

习近平总书记指出，"没有信息化就没有现代化"。[1] 随着科学技术的发展，"互联网+"已经扩展到人们生活的方方面面，也包括纠纷的解决。从 20 世纪 90 年代末起，在传统的 ADR 之外已经出现了使用互联网解决纠纷的方式，即所谓的 ODR 模式（Online Dispute Resolution，"在线争议解决模式"）。目前，许多国家都在推行这一制度，ODR 在中国也有所发展。2004 年 6 月，我国成立了第一个专门的在线争议解决机构——"中国在线争议解决中心"，ODR 的发展进入一个新的阶段。从本质上讲，这种新的争议解决办法是以信息技术为支撑，并呈现出"线上"与"线下"深度融合、互补支撑的发展趋势。[2] "信息革命、经济全球化已改变了原有的社会结构、经济结构、地缘结构、文化结构。互联网技术的应用影响着人们的思维方式、消费方式和生活方式，中国社会呈现出

---

〔1〕 习近平：《习近平谈治国理政》，外文出版社 2014 年版，第 197 页。
〔2〕 梁平、陈焘：《跨越时空的在线纠纷解决——以京津冀为例》，载《河北大学学报（哲学社会科学版）》2017 年第 2 期。

革命性、颠覆性的发展趋势。"[1]

（二）网上解决民事纠纷的可行性与构想

习近平总书记强调："要强化智能化管理，提高城市管理标准，更多运用互联网、大数据等信息技术手段，提高城市科学化、精细化、智能化管理水平。"[2] 行政机关通过互联网的方式解决民事纠纷，已经具备一定的条件：

首先，从我国目前的网络普及程度及信息技术化条件来看，线上解决民事纠纷是可行的。根据中国互联网络信息中心（CNNIC）在 2018 年发布第 41 次《中国互联网络发展状况统计报告》，截至 2017 年 12 月，我国网民规模达 7.72 亿，普及率达到 55.8%，超过全球平均水平（51.7%）4.1 个百分点，超过亚洲平均水平（46.7%）9.1 个百分点。我国网民规模继续保持平稳增长，互联网模式的不断创新、线上线下服务融合加速以及公共服务线上化步伐加快，成为网民规模增长的推动力。[3] 这种互联网的普及程度是构建网上纠纷解决机制的基础，当网络逐渐成为人们日常生活和工作不可或缺的一种工具时，人们会积极主动地使用这种工具作为解决纠纷的手段。此外，信息技术的发展也使得网上解决纠纷成为可能，近年来不少地方法院通过"智慧法院"平台（如河北"智审 1.0"、北京"信息球"、浙江"互联网法院"、江苏"法务云"、上海"数据法院"等）提供在线纠纷解决渠道的做法就是例证。[4]

---

[1]　龙飞：《中国在线纠纷解决机制的发展现状及未来前景》，载《法律适用》2016 年第 10 期。

[2]　习近平：《在参加十二届全国人大五次会议上海代表团审议时的讲话》（2017 年 3 月 5 日）。

[3]　中国互联网络信息中心：《第 41 次中国互联网络发展状况统计报告》，载 http：//www.cnnic.net.cn/hlwfzyj/hlwxzbg/hlwtjbg/201803/P020180305409870339136.pdf，最后访问时间：2018 年 3 月 10 日。

[4]　梁平、陈焘：《跨越时空的在线纠纷解决——以京津冀为例》，载《河北大学学报（哲学社会科学版）》2017 年第 2 期。

其次，我国已经在部分地区出现线上解决民事纠纷的实例，并取得一定的经验。如莆田市 2015 年开始的"网上调解中心"，由城厢区委政法委牵头，联合大调解办、公安、法院、司法局、信访局、人社局、国土局等单位通过网上调解平台对矛盾纠纷进行"虚拟调解"；[1] 黄骅市司法局通过微信进行的网上调解等，[2] 近几年来，很多地方的司法行政机关纷纷开创线上调解模式，积累了一定的经验。这些通过电子聊天室、语音设备、视频设备、网站系统软件等网络信息技术工具进行纠纷解决的方式，具有便捷高效、成本低的优点，回避了确定管辖权的麻烦，还可以非常容易地隐瞒性别、年龄、肤色等特征，有效防止来自这些外观特征上的歧视，因此有很大的发展空间，也必定成为行政机关解决民事纠纷的重要手段。这些已经在国家层面得到体现。例如，2017 年，最高人民法院、公安部、司法部、中国保险监督管理委员会下发通知，决定在北京、河北、上海等 14 个省市联合开展道路交通事故损害赔偿纠纷"网上数据一体化处理"改革试点工作，试点地区的道路交通事故损害赔偿纠纷将会实现在线调解、在线鉴定、在线诉讼、一键理赔等流程。[3]

目前，行政机关线上解决民事纠纷还没有完全普及，主要集中在行政调解方面。在解决方式上，各地实行自己的举措，在可以使用线上解决纠纷的范围、程序等很多方面没有统一标准，对于当事人双方各自的个人信息的安全性和保密性难以保证。发展这种新型解决纠纷的方式时，除了在法律上明确这种新型线上解决方式达成

---

〔1〕 莆田市网上调解中心网，http：//www.wtzx.gov.cn，最后访问时间：2018 年 3 月 10 日。

〔2〕 黄骅市人民政府网，http：//www.huanghua.gov.cn/html/2017/1208/12164472 40.htm，最后访问时间：2018 年 3 月 10 日。

〔3〕 《14 省市试点道交纠纷网上一体化改革 可在线调解》，载央视新闻网，http：// news.cctv.com/2017/11/28/ARTIfAgCpF5BJQx5XKR1EgyZ171128.shtml，最后访问时间：2018 年 3 月 10 日。

协议的效力外，还需要培养专业化、技术化的纠纷解决人员，建立与其他矛盾纠纷解决方式的有机衔接机制，形成真正信息化的高效便捷的多元化解矛盾机制。

主要参考文献：

1. 范愉：《非诉讼纠纷解决机制研究》，中国人民大学出版社 2000 年版。

2. 张树义主编：《纠纷的行政解决机制研究：以行政裁决为中心》，中国政法大学出版社 2006 年版。

3. 何兵主编：《和谐社会与纠纷解决机制》，北京大学出版社 2007 年版。

4. 湛中乐等：《行政调解、和解制度研究：和谐化解法律争议》，法律出版社 2009 年版。

5. 王光辉：《中国行政裁决制度研究》，河南人民出版社 2000 年版。

6. 吴锦良：《"枫桥经验"演进与基层治理创新》，载《浙江社会科学》2010 年第 7 期。

7. 邹英、向德平：《大调解模式的实践困境与政策建议——基于张家湾司法所的案例分析》，载《山东社会科学》2016 年第 3 期。

8. 章志远、刘利鹏：《我国行政调解制度的运作现状与发展课题》，载《求是学刊》2013 年第 5 期。

9. 张金明、陈利根：《农村土地承包纠纷解决机制的多元化构建——基于土地诉讼、仲裁和调解的定位与协调》，载《河北法学》2011 年第 6 期。

10. 叶必丰、徐键、虞青松：《行政裁决：地方政府的制度推力》，载《上海交通大学学报（哲学社会科学版）》2012 年第 2 期。

11. 沈开举：《论行政机关裁决民事纠纷的性质》，载《昆明理工大学学报（社会科学版）》2009 年第 5 期。

12. 胡建淼、吴恩玉：《行政主体责令承担民事责任的法律属性》，载《中国法学》2009 年第 1 期。

13. 陈锦波：《我国行政裁决制度之批判——兼论以有权社会机构裁决替代行政裁决》，载《行政法学研究》2015 年第 6 期。

14. 陆平辉：《行政裁决诉讼的不确定性及其解决》，载《现代法学》2005 年第 6 期。

第十二章

行政监督与问责[*]

党的十八大以来，我国的反腐败呈现出高压态势，已经向纵深推进。习近平总书记强调："有权必有责，用权受监督，失职要问责，违法要追究，保证人民赋予的权力始终用来为人民谋利益。"[1]要确保行政权能够在法治的轨道上运行，必须要持续、深入地强化对行政权力的有效监督，严格进行问责，扎紧制度的笼子，从而倒逼行政机关依法行政。

一、行政监督体系的基本构成

（一）行政监督的概念解析

基础概念的澄清构成学术研究的起点。根据监督主体、监督内容和监督对象的不同，对行政监督的内涵和外延的把握可以分为广义和狭义两种。从广义上讲，可以将行政监督等同于监督行政，即从监督对象的角度入手，只要是对行政机关及其工作人员行使行政权所进行的监督，都可以纳入行政监督的范畴。因此广义的行政监督主体是非常广泛的，既可以是国家机关（包括立法机关、监察机

---

[*] 曹鎏，中国政法大学法治政府研究院副教授，国家监察与反腐败研究中心执行主任。

[1] 习近平：《在首都各界纪念现行宪法公布施行三十周年大会上的讲话》（2012年12月4日），载习近平：《习近平谈治国理政》，外文出版社2014年版，第142页。

关、司法机关和行政机关等），也可以是政党组织（包括执政党、
民主党派等）、社会组织、新闻媒体以及公民个人等。从狭义上讲，
考虑到监督主体的特殊性，所谓行政监督，是指行政系统内部对行
政机关及其工作人员行使行政权所进行的监督。可见，狭义的行政
监督更强调行政系统内的自我规制和控制，是一种行政系统内部确
保行政权得以有效运转的重要自控机制。

　　为了能够全面、系统、规范、深入地描述和分析我国行政监督
体系的全貌，类型化的研究方法非常有意义。作为一种基本的方法
论范式，类型化方法将有助于更深入理解概念的本质特征以及概念
与概念间的差异和联系。[1] 而类型化的最关键之处就在于确定一
个标准，这是分类归纳整理的基础和前提。基于不同的标准，可以
将行政监督划分为不同的类型。如前所述，以监督主体为标准，可
以分为广义监督和狭义监督，前者外延广泛，可以包括政治监督行
政、国家监督行政和社会监督行政，后者就是指行政机关内部所实
施的监督行政，比如对法规规章和规范性文件的备案审查、行政执
法监督、法治政府建设督查、行政复议、审计监督等；以监督客体
为标准，行政监督可以分为对抽象行政行为的监督和具体行政行为
的监督；以监督对象为标准，可分为监督行政机关的活动以及监
督行政机关工作人员的活动两种类型；根据监督内容和监督强度的
不同，可以分为对行政行为的合法性和合理性的监督以及执纪监
督；根据监督方式的不同，可以分为权力性行政监督、复合性行政
监督以及权利性行政监督等。可见，将行政监督划分为不同的类
型，实为希冀从不同维度和视角将行政权纳入监督轨道的努力和
尝试。

　　（二）我国行政监督体系的实践发展与逻辑构成

　　习近平总书记强调，要加强对权力运行的制约和监督，把权力

---

　　[1]　[德] 卡尔·拉伦茨：《法学方法论》，陈爱娥译，商务印书馆 2003 年版，第
337 页。

关进制度的笼子里。[1] 全面推进行政权力的法治化，必须加快建立结构合理、配置科学、程序严密、制约有效的行政权力运行机制，依法对行政权力运行的各个方面和环节进行严格规范。可见，一方面，行政监督体系必须要能够与时俱进地回应现实需要，正所谓"道高一尺，魔高一丈"，要确保行政权行使之处便是行政监督所及之处；另一方面，要注意不同的监督机制之间的补强与合力作用，以实现行政监督体系的无漏洞和全覆盖。2016 年 11 月 7 日，中共中央办公厅印发《关于在北京市、山西省、浙江省开展国家监察体制改革试点方案》，12 月 25 日，十二届全国人大常委会第二十五次会议通过《在北京市、山西省、浙江省开展国家监察体制改革试点工作的决定》，至此，我国正式启动国家监察体制改革，行政监察被整合成为国家监察的重要组成部分，特别是 2018 年 3 月《监察法》的顺利出台，这标志着我国行政监督体系正式升级，进入 2.0 时代。

1. 国家监察体制改革之前的行政监督

《十八届四中全会决定》指出，加强党内监督、人大监督、民主监督、行政监督、司法监督、审计监督、社会监督、舆论监督制度建设，努力形成科学有效的权力运行制约和监督体系，增强监督合力和实效。可见，考虑到每一种监督制度的独立性和特殊性，作为上述八种监督制度中的重要组成部分，行政监督侧重于行政系统内对行政权行使所进行的自我控制与规制。从监督主体的性质来看，审计监督亦属于行政监督的范畴，但又具有相对的独立性，因为审计监督的专业性更强，专注于对国家财政收支和法律规定属于审计监督范围的财务收支的真实、合法和效益方面所进行的监督。

根据行政权运行的基本逻辑，结合近年来我国行政监督的实

---

[1] 习近平：《在十八届中央纪律检查委员会第二次全体会议上的讲话》（2013 年 1 月 22 日）。

践，行政监督可以分为一般监督和专门监督，前者主要表现为上级行政机关对下级行政机关的层级监督，目前主要包括对规章和规范性文件的备案和审查、行政复议、行政执法监督等形式，后者主要是指行政监察。实际上，除了行政执法监督缺少中央层面的顶层立法，主要依托于各级行政机关自发自觉地探索之外，其他行政监督形式的法治化程度则相对较高，比如早在 1999 年我国就制定了《行政复议法》，《行政监察法》则更早，在 1997 年就颁布并于 2010 年修订过一次。此外，实践中还存在绩效考评、政府专项督察（比如环保督察、土地督察等）等行政监督形式。

2. 国家监察体制改革背景之下的行政监督

习近平总书记强调，要善于用法治思维和法治方式反对腐败，加强反腐败国家立法，加强反腐倡廉党内法规制度建设，让法律制度刚性运行。[1] 要加强对权力运行的制约和监督，把权力关进制度的笼子里，形成不敢腐的惩戒机制、不能腐的防范机制、不易腐的保障机制。在我国，不仅仅是行政机关，党的机关、人大机关、监察机关、审判机关、检察机关等，都在党的领导下行使国家权力，为人民用权，就要对人民负责，受人民监督。为了实现对所有行使公权力的公职人员监察的全覆盖，补齐原来行政监察范围过窄的短板，2016 年我国启动国家监察体制改革。不到两年的时间，我国已经实现了监察委员会从局部试点到全面铺开，再到通过宪法和法律确认的改革路径。根据新修改的《中华人民共和国宪法》以及刚刚出台的《监察法》，监察委员会由同级人大产生，对其负责并受其监督，作为与"一府两院"平行的机构，监察委员会与纪委合署办公代表党和国家集中、统一行使监督权，具体涵盖执纪监督和执法监督两个层面。可见，监察委员会的建立将有效地解决之前反

---

〔1〕　习近平：《依纪依法严惩腐败，着力解决群众反映强烈的突出问题》（2013 年 1 月 22 日），载中共中央纪律检查委员会、中共中央文献研究室编：《十八大以来重要文献选编》（上），中央文献出版社 2014 年版，第 136-138 页。

腐败"九龙治水"的问题,这一集中统一、权威高效的监察体系,对于实现反腐败从压倒性态势转为压倒性胜利无疑夯实了体制基础。

党的十九大报告指出,要构建党统一指挥、全面覆盖、权威高效的监督体系,把党内监督同国家机关监督、民主监督、司法监督、群众监督、舆论监督贯通起来,增强监督合力。由此,将行政监督纳入国家机关监督,特别是将行政监察作为国家监察体系的有机组成部分,有效整合并充实了反腐败力量,是对行政监督的强化和升级,这充分体现中国特色社会主义监督理论和实践的重大创新对于实现我国反腐败持续、深入、有效推进,建立风清气正的政治文化具有重要意义。

3. 行政监督的最新发展:法治政府督察

法治是治国理政的基本方式。依法行政则是行政权运行的基本逻辑。党的十九大报告提出,新时代我国社会的主要矛盾已经转化为人民日益增长的美好生活需要和不平衡不充分的发展之间的矛盾。因为法治是确保社会公平正义的基本准则,是解决不平衡不充分发展的根本路径,这就意味着当前党对法治建设、法治政府建设的重视程度已经进入一个新高度、新阶段。全面依法治国作为"四个全面"战略布局中的一个明显短板,将会更加有力、持续地向纵深推进。

党的十八大报告明确提出,2020年小康社会全面建成的目标之一就包括法治政府的基本建成。按照党的十九大报告的战略部署,在2035年我国社会主义现代化基本实现的目标也包括法治国家、法治政府、法治社会基本建成。可见,党的十九大报告是在党的十八大报告确定2020年法治政府基本建成这一目标基础上,对中国共产党建党100周年之后的15年里有关法治建设的目标提出的更高层次的要求,充分彰显出法治建设没有完成时要与时俱进回应人民需求的基本特征。

法治国家建设首先必须解决法治政府建设问题。2020年将至,法治政府建设亟须进入快车道，亟须建立专门的监督机制，以实现倒逼效应。2015 年 12 月，中共中央和国务院联合发布《法治政府建设实施纲要（2015–2020 年）》，根据该纲要所确立的法治政府建设的总蓝图、路线图、施工图和时间表，2016 年、2017 年，原国务院法制办公室连续两年开展法治政府督察工作，力度空前。督察内容涵盖督任务、督进度、督成效，察认识、察责任、察作风六大方面，督查过程强调责任压实、要求提实、考核抓实。同时，注重建立配套的惩戒机制，对于在督促检查中发现工作不力、问题较多的，将进行约谈、责令整改、通报批评等。可见，法治政府督察作为一种专门针对法治政府建设成效进行监督的新方式，对于实现法治建设成效与人民群众认同感和获得感的同步提升至关重要。根据司法部于 2018 年 3 月 23 日印发的《关于认真学习贯彻全国"两会"精神的意见》，原国务院法制办与司法部职能优化合并后的新司法部将推进制定《法治政府建设与责任落实督察工作规定》，该规定旨在进一步统筹推进法治政府建设和依法治理，以形成从党政主要负责人到其他领导干部直至普通工作人员人人有责、人人负责的闭环管理，充分发挥督察在法治政府建设和依法治理中的"指挥棒""信号灯"作用。

二、中国特色行政监督体系的时代特点

（一）回应国家治理体系和治理能力现代化的基本要求

党的十八届三中全会提出，全面深化改革的总目标是推进国家治理体系和治理能力的现代化。按照公权力运行的逻辑，要有效防止公权力运行中可能出现的缺位、越位和错位问题，必须要强化对公权力的监督和制约。一方面，监督体系要做到全覆盖，避免出现监督空白和监督盲区，同时，要确保每一种监督机制的有效性和作用力能够充分彰显。习近平总书记指出，权力不论大小，只要不受制约和监督，都可能被滥用。[1] 从根本上解决这个问题，必须优化行政权力结构与运行机制，实行决策权、执行权、监督权适度分解与制约，形成既分工负责、相互协作又相互牵制、相互把关的权力架构。

当前，原本属于行政监督体系中的行政监察已经整合为国家监察的重要组成部分。国家监察体制改革的重要任务首先要解决监察体制的变革和重构问题，将原来分散化的监督力量有机整合起来，形成新的监察体制，既确保监察对象的全覆盖，又要丰富、强化反腐败的资源和能力。可见，建立国家监察委员会，形成与"一府两院"并行的第四种国家机构，专司行使国家监察权，其中包括对行政权行使的执法监督和执纪监督，这种集中统一、权威高效的权力监督体制对于实现对行政权的全方位、多角度、无盲点的全面、有效监督非常重要。同时，为了强化行政监督的效果，目前的权力监督体系特别强调系统性监督体系的合力作用，即通过把国家监察与民主监督、司法监督、群众监督、舆论监督等方式贯通起来，以确保每一种监督机制均能充分发挥其治官治权之优势，同时又能够通过合力作用，切实推进国家治理体系和治理能力现代化。

（二）与反腐败推进"唇齿相依"

习近平总书记强调，要加强对执法活动的监督，坚决排除对执法活动的非法干预，坚决防止和克服地方保护主义和部门保护主义，坚决惩治腐败现象，做到有权必有责、用权受监督、违法必追究。[2] 要严厉惩处行政违法行为。对行政权力腐败行为"零容忍"，坚持有案必查、有腐必反、有贪必肃，旗帜鲜明地反对腐败，坚决有力地惩处腐败。依法依纪严厉查处各种以权谋私、权钱交

---

〔1〕 习近平：《在第十八届中央纪律检查委员会第三次全体会议上的讲话》（2014年1月14日）。

〔2〕 习近平：《坚持法治国家、法治政府、法治社会一体建设》（2013年2月23日），载习近平：《习近平谈治国理政》（第一卷），外文出版社2018年版，第145页。

易、失职渎职行为，坚持狠刹"四风"，坚决防止把行政权力变成谋私工具，视制度和党纪国法为"橡皮泥""稻草人"。健全责任追究制度和纠错问责机制，确保实现有权必有责、用权受监督、违法必追究。

根据党的十九大的战略部署，全面深化依法治国实践，必然要求在法治轨道上深入推进反腐败。反腐败法治化的推进，就需要扎紧制度的笼子，要形成有权必有责、用权必担责、滥权必问责的制度体系。要防止出现"牛栏关猫"，确保制度真正管用；要强化制度执行，防止"制度虚置""制度空转""制度规避"，切实维护制度的权威性、严肃性。

当前，《行政监察法》已经被废止失效，《监察法》已经制定并公布。作为我国深入国家监察体制改革的重大成果，《监察法》的制定，一方面回应了当前全面深化依法治国实践，特别是在法治轨道上全面、深入治官治权的基本要求；另一方面，也充分反映了中国共产党按照宪法和法律的基本要求全面推进从严治党的决心和担当。国家监察是对公权力最直接最有效的监督，《监察法》的制定和实施，必将能够有效强化党和国家的监督效能和治理效能，能够切实提高党的执政能力和治国理政科学化水平，跳出历史周期律，这对于有效提升人民的满意度和获得感意义重大。

（三）助力法治国家建设

党的十八大以来，党中央提出了"四个全面"的战略布局。全面推进依法治国，总目标是建设中国特色社会主义法治体系，建设社会主义法治国家，形成完备的法律规范体系，高效的法治实施体系，严密的法治监督体系，有力的法治保障体系，形成完善的党内法规体系。深入推进国家监察体制改革、制定监察法，就是要将党的主张变为国家意志，通过法律把党对反腐败工作的统一领导机制固定下来，提供法治保障，这对于形成严密的法治监督体系，确保反腐败工作能够在法治轨道上切实向纵深推进至关重要。

依法治国的核心就是治官治权。行政权作为与老百姓联系最为紧密的公权力，如何确保其在法治轨道上运行，以最大限度地服务于老百姓生产和生活的需要，这是当前法治政府建设的重点和难点。法治政府要求政府活动必须要遵守授权原则，即法无明文规定不可为，法定职责必须为，同时法治政府亦应当是责任政府。如何强化对行政权力的监督和制约，从事后倒逼行政权依法依规行使，这亦是攻坚法治政府建设的应有之义。可见，加强行政权的监督实效，需要不断丰富监督手段、拓宽监督渠道、创新监督方法，提高监督的质量和水平。同时，要注意充分利用好不同行政监督机制的优势作用，注意对监督空白地带的及时跟进，以尽可能地确保行政监督体系发挥合力作用，彰显整体监督效能。当前，行政监督更加侧重于对行政权的越位、缺位和错位监督，强调坚决惩治执法腐败，坚持目标导向，明确要切实做到严格规范公正文明执法，以确保老百姓在每一个行政案件中、每一个行政活动中都能感受到公平和正义。

（四）秉承以人民为中心的根本宗旨

习近平总书记强调，一切国家机关工作人员，无论身居多高的职位，都必须牢记我们的共和国是中华人民共和国，始终要把人民放在心中最高的位置，始终全心全意为人民服务，始终为人民利益和幸福而努力工作。[1] 根据依法行政的基本要求，领导干部手中的权力都是党和人民赋予的，领导干部使用权力，使用得对不对，使用得好不好，当然要接受党和人民监督。任何人都没有法律之外的绝对权力，任何人行使权力都必须为人民服务、对人民负责并自觉接受人民监督。

党的十八大以来，以习近平同志为核心的党中央特别强调治官治权过程中一定要秉承以人民为中心的根本宗旨：强化党内监督是

〔1〕 习近平：《在十三届全国人民代表大会第一次会议上的讲话》（2018年3月20日），载《人民日报》2018年3月21日，第2版。

为了保证党立党为公、执政为民；强化国家监察是为了保证国家机器依法履职、秉公用权；强化群众监督是为了保证权力来自人民、服务人民。我国行政监督的形式越来越丰富，强调全覆盖和无漏洞，行政监督体系与时俱进发展的特点也切实回应了反腐败向纵深发展的现实需要，与此同时，特别注重对行政监督成效的考量。当然，因违法违纪被处理官员的数量足以彰显反腐败的成效和决心，但为了确保人民赋予的权力能够始终服务于人民，老百姓对治官治权的认可度亦构成重要评价因素。正如习近平总书记所指出的，各级纪检监察机关要加大检查监督力度，执好纪、问好责、把好关。要以踏石留印、抓铁有痕的劲头抓下去，善始善终、善作善成，防止虎头蛇尾，让全党全体人民来监督，让人民群众不断看到实实在在的成效和变化。[1]

三、行政问责制度发展的基本规律

党的十八大以来，以习近平同志为核心的党中央把从严治党和反腐败提到治国理政、兴党兴国的战略高度。依法行政就要求对行政权力的腐败行为"零容忍"，坚持有案必查、有腐必反、有贪必肃，旗帜鲜明地反对腐败，坚决有力地惩处腐败。健全责任追究制度和纠错问责机制，确保实现有权必有责、用权受监督、违法必追究。在我国，行政问责从兴起到快速发展，经历了别具中国特色的发展轨迹。

（一）问责发展的时代背景

官员清廉、政府清正、政治清明是现代政府的基本特征。权力就是责任，责任就是担当。问责是整肃吏治、治官治权的利器。从2002年我国香港特别行政区政府推行"高官问责制"，问责正式进入公众视野，历经2003年非典期间包括两名省部级高官在内的上

---

〔1〕　习近平：《把权力关进制度的笼子里》（2013年1月22日），载习近平：《习近平谈治国理政》，外文出版社2014年版，第387页。

千名官员因隐瞒疫情或防治不力而被罢免，因而在我国大陆地区得以正名以来，这一原本只定位于非典特殊时期的非常举措，在中国人民战胜非典过程中表现出来的为维护执政党和政府的公信力和权威性所表现出来的强劲生命力，使其迅速发展成为我国深入推进政治体制改革的重要突破口。一方面，行政问责释放了有责必问、问责必严的强烈信号，其整肃吏治、以儆效尤的独特功能所蕴含的治官治权理念与现代民主语境中民众对掌权者治理能力与时俱进的期待和渴望得以达致完美的契合，这是确保行政监督有效有力的根本保障；另一方面，行政问责生动地体现了以人民为中心的执政理念的基本要求，如何对执掌权力的领导干部进行有效监督，以确保其能够鞠躬尽瘁地"为人民服务"，尤其是对于实践中发生的对人民的生命和财产造成重大损失的事件或者事故，如何真正贯彻"对民负责""受民监督"的执政理念，这是实现行政权的行使必须要向老百姓负责且必须服务于行政权的授予者——人民的根本保障。

（二）中国特色行政问责的概念阐释

在理论界，目前关于行政问责的认识依旧未能达成完全共识，其争议点主要体现在以下两种路径：一种是通过对责任范畴的考量，或者在泛化意义上去使用问责，直接将问责等同于责任追究机制的简称，相应地就将问责对象确定为全体公务员；或者是基于我国当前现实需要的考虑，认为问责应该具有填补中国当前监督行政方面空缺的基本功能，故采用问责之狭义，认为问责应该定位于对政治责任和道德责任的追究，故将问责对象锁定为享有一定领导职务的政府官员。还有一种路径则体现为对"问"重视程度的不同，一种观点认为问责应该侧重于问之属性，强调对责任的过问以及对"过问"的回应；另外一种观点恰恰相反，认为问责与传统的责任追究机制不无不同，应仍然注重其事后制裁的功能。

正如马克思所揭示的，"理论在一个国家的实现程度，取决于理论满足这个国家的需要的程度",[1] 故对于问责内涵的把握,应当从我国政治体制改革特别是行政体制改革的现实需要出发,结合现行有效制度的实定法梳理而作出具有相当说服力的权威阐释。结合 2009 年出台的《关于实行党政领导干部问责的暂行规定》、2016年《中国共产党问责条例》以及刚刚制定出台的《监察法》的有关规定,所谓行政问责,应当是指一定级别的政府官员(即领导人员)因其职责和义务履行情况而受到质询进而承担否定性后果(谴责和制裁)的治吏机制。[2] 其特殊性主要体现为以下三个方面:

第一,问责对象的特定性。问责对象应当限定为享有领导权力的政府官员即领导干部,而不是一般工作人员。《监察法》第 11 条明确了问责的对象是领导人员,结合《公务员法》第 111 条的规定,行政系统内的领导人员应当是指经过特别程序(选举或任命)产生、具有一定行政领导级别和职务并且系属于国家公务员范畴的行政机关工作人员。[3] 可见,将问责的对象限定为享有领导权力的政府官员即领导干部,而不是一般工作人员,实际上正是抓住了责任体系中最为关键和核心的环节,正所谓"纲举目张",因为在行政系统内部,对一般公务员的监督和制约通过系统内的上级对下级的追责方式即可实现,故只有强化对行政领导权的有效规制才能从根本上促成政府官员能够秉承"执政为民"的根本宗旨来组织管理整个行政机关。

第二,责任范畴的有限性。确定问责语境中的责任范畴构成,厘清问责内涵的核心内容。实际上,关于责任范畴的讨论,一直以来都是学术界对问责内涵理解方面最大的争议点。鉴于政府官员履

---

〔1〕《马克思恩格斯选集》(第 1 卷),人民出版社 1995 年版,第 78 页。

〔2〕 曹鎏:《行政官员问责的法治化研究》,中国法制出版社 2011 年版,第 37 页。

〔3〕 结合《公务员法》第 18 条的规定,政府官员应该涵盖国家级正职、国家级副职、省部级正职、省部级副职、厅局级正职、厅局级副职、县处级正职、县处级副职、乡科级正职、乡科级副职共 10 类人员,具体包括在中央和地方各级人民政府及所属职能部门任职的前述行政领导。

行职责、承担义务的内容属性将直接决定问责的具体运行模式，故理论上，我们可以将政府官员的责任分为政治责任、行政责任、法律责任和道德责任[1]四种，这四类责任之间既相互独立，又相互影响和渗透，从而共同形成一个多元复合的责任体系。但这种应然视角下的责任体系显然无法直接等同于我国现实所需的责任范畴，毕竟任何新制度的产生必须有它独特的价值和蕴意。事实上，早在2002年香港特别行政区推行高官问责制之前，中国内地就出现了改革开放以后第一起问责事件，即1979年"渤海二号"沉船事件，时任石油部部长宋振明辞职。以后还有过其他问责事件，[2] 但均以"个案式"处理为主，问责缺少制度化、规范化。当2003年非典疫情的爆发成为对我国政府执政能力特别是危机处理能力的深层次拷问时，中央政府在短时间内对包括两位省部级高官在内的上千

〔1〕 所谓政治责任，是指政治官员制定符合民意的公共政策并推动其实施的职责及未履行好职责时应承担的谴责和制裁，既包括对积极意义上的政治责任的履行，也包括消极意义上的政治责任的承担。承担方式主要体现为政治官员在政治上受信任的程度降低，具体方式随失去信任程度的不同而有所差异，最严厉的形式就是失去行使政治权力的资格，参见张贤明：《政治责任与法律责任的比较分析》，载《政治学研究》2000年第1期。问责视角下政府官员的行政责任，是指政府官员职位分内应之事以及未做好分内之事在行政组织内部所受的谴责和制裁，既包括积极意义上的政府官员有履行岗位之责并完成好上级交办的任务以保证行政目标顺利实现的基本义务，也包括当政府官员不能尽职尽责地完成其本职工作或违法行使职权时将承担的消极意义上的行政责任。所谓政府官员的法律责任，是指政府官员依法行使职权以及出现违法失职行为而受到的谴责和制裁，具体包括行政法律责任和刑事法律责任两种，前者是指政府官员对外行使职权过程中，因违反行政法律规范的义务性规定而承担的不利后果，其主要表现形式为行政处分，而后者是指政府官员违法行使职权的行为严重危害到社会秩序以致构成犯罪时，依据《刑法》的有关规定所承担的责任形式。所谓道德责任，是指政府官员履行职权时必须承担的道德义务以及违反道德要求所应受到的责任追究，其本质上属于典型的主观责任范畴，是政府官员对自身忠诚、良知和认同的信仰。

〔2〕 比如1987年5月6日，大兴安岭发生特大森林火灾，时任林业部部长杨钟、副部长董智勇被撤销职务，而大兴安岭多名处级以上干部受到党纪、政纪处分，直接责任人因玩忽职守罪而承担刑事责任；1988年1月昆沪列车发生颠覆事故，时任铁道部部长丁关根引咎辞职，不久全国人大常委会决定免去丁关根铁道部部长职务，诸如此类，不一而足。

位政府官员因隐瞒疫情或防治不力而制裁的问责举措，正式赋予了问责在我国所应具有的特殊意蕴。显然，将问责这样一种新的责任追究机制引入我国大陆地区，乃是为了弥补现有责任追究机制的不足，即在法律制度、党纪和政纪之外另辟一个通道，使政府官员行使权力的全过程都能受到强有力地、无缝隙地监督和约束，这显然与香港特别行政区推行高官问责制的初衷有"异曲同工"之处，即希望通过推行高官问责制来解决政府官员负有政治使命却在实践中不直接向人民承担政治责任和道德责任的问题。可见，问责背后所蕴含的这种权力制约的理念正回应了现代民主框架下民众对一个负责任的政府的强烈诉求，这对于弥补传统意义上的行政管理框架下的内部追责机制动力不足的天然缺陷具有决定性意义。

根据《中国共产党问责条例》第 2 条，问责旨在落实党组织管党治党政治责任，督促党的领导干部践行忠诚干净担当。结合《监察法》第 11 条，问责对象乃是针对履行职责不力、失职失责的领导人员。可见，在我国现实语境中，行政问责语境中之责任范畴亦应当突出强调政府官员所承担的领导责任，即突出政府官员因失职失责而应当直接向人民承担的政治责任和道德责任，同时这也是能够切实解决党内问责与行政问责同步协调发展的应有逻辑。

第三，问责的过程性与动态性。现代民主框架下的问责过程应当是"看得见的正义"，即强调追责前问责主体对政府官员职责履行情况的过问以及政府官员对过问后的回应之特性。一方面体现为正当程序原则对问责过程的有效规制；另一方面，通过问责的过程强化被问责官员的内心认可程度并真正内化为其日后认真履职的道德约束力量，进而实现问责的预防与修复功能，故问责语境中问责过程具有双向性。首先体现为问责事件发生后，问责主体对问责对象进行询问、质询、调查以及问责对象对问责主体进行解释说明回应的过程；其次才是问责主体实现责任对接进行实体层面的追责过程。具体问责全过程涵盖包括问责主体、问责对象、问责范围、问责程序、问责方式、问责执行以及问责后的监督与救济共七个方面的基本要素。

(三) 我国行政问责发展的时代特点

1. 突出强调治官治权，剑指政府官员所承担的领导责任

问责语境中政府官员所担负的领导责任极具特殊性。作为位高权重者，政府官员并非天生就享有领导权，而是基于人民的信任和委托。习近平总书记强调，各级领导干部都要牢记，任何人都没有法律之外的绝对权力，任何人行使权力都必须为人民服务、对人民负责并自觉接受人民监督。要加强对一把手的监督，认真执行民主集中制，健全施政行为公开制度，保证领导干部做到位高不擅权、权重不谋私。不想接受监督的人，不能自觉接受监督的人，觉得接受党和人民监督很不舒服的人，就不具备当领导干部的起码素质。[1]

概言之，政府官员负有高度的政治责任和道德责任，其行为必须以"人民意志和公共利益需要"为依归：不仅要在形式上合法，而且要在内容上合理，以符合人民对他们所拥有的较高职业道德的期望，否则就要受到人民的指摘，一旦失去人民的信任就要承担相应的不利后果。可见，政府官员的领导责任显然是比法律责任和行政责任要求更高的责任类型。鉴于政府官员所担负的领导责任内容丰富，涵盖了决策、指挥、控制、协调、监督等各个环节，政府官员作为其所辖行政机关所有事务的主要领导者，一旦其所辖地区或部门出现决策失误或重大事故等造成重大损失的事件，政府官员都可能因为领导不力、工作失察或者用人不当等失职行为而受到制裁。可见，"问责不仅要追究政府官员的失职渎职行为，使政府官员为失职行为承担必要的惩罚，同时问责还应当不断地向政府官员

---

〔1〕 习近平:《依纪依法严惩腐败，着力解决群众反映强烈的突出问题》(2013 年 1 月 22 日)，载中共中央纪律检查委员会、中共中央文献研究室编:《十八大以来重要文献选编》(上)，中央文献出版社 2014 年版，第 136—138 页。

追问他们承担的责任，强化他们的责任意识，提高他们的履责觉悟，使责任与权力在政府官员的意识中得到高度统一"。概言之，政府官员不仅要对自己违法失职的行为承担不利后果，也会因其下属行为而承担连带责任。这种对政府官员所担负的领导责任广泛而严格的要求，不仅有助于强化政府官员的管理压力，而且通过加重政府官员的授权责任敦促政府官员不仅要严于律己，正确授权，而且要严于律他，善于监督。

2. 行政问责与党的问责协同并进，成为反腐败重器

历经 2003 年非典期间包括两名省部级高官在内的上千名官员因隐瞒疫情或防治不力而被罢免的事件，问责已经正式成为我国深入推进政治体制改革、建构责任政府的重要路径。2009 年，中共中央办公厅和国务院办公厅联合发布了《关于实行党政领导干部问责的暂行规定》，初步实现了对政府高官和党内高官进行专门问责的制度化。党的十八大以来，为了深入推进全面从严治党，党内问责得到持续、强力推进。2016 年《中国共产党问责条例》出台，问责对象覆盖所有党员和各级党组织，这意味着党内问责已经率先进入法治轨道。党内监督和国家监察既具有高度的一致性，又具有相当的互补性，为了补齐原来行政监察范围过窄的短板，实现对国家公职人员和全部党员监督问责的两个全覆盖，2016 年我国开始探索国家监察体制改革。2018 年《监察法》正式出台，其中明确将问责作为监察委员会处置权的基本实现方式，这同时也意味着行政问责正式成为国家监察权的重要组成部分并已经开启法治化进程。可见，鉴于"党政双肩挑"或者政府官员具有党员身份是我国领导干部任职的基本形式，行政问责与党内问责在实践中协同发展、共同推进的现实路径，使得依规治党与依法治国、党内监督与国家监察相互促进、相得益彰，这对于确保问责在我国能够成为反腐败重要抓手，实现对政府官员行使职权过程中的全方位、无缝隙监督至关重要。

3. 国家监察体制改革中迎来新发展

为了优化并整合反腐败资源，2016 年，我国国家监察体制改革正式拉开序幕。2018 年第十三届全国人民代表大会的胜利召开，意味着我国国家监察体制改革正式进入新时代。一方面，《宪法修正案》表决通过，监察委员会具有了宪法依据；另一方面，《监察法》颁布施行，这意味着国家监察体制改革已经正式进入法治轨道。党内监督侧重于监督执纪问责，而国家监察则强调监督执法问责，无论党内监督还是国家监督，都需要落脚于问责所独具的整肃吏治之功能。可见，在当前反腐败已经取得压倒性态势，反腐败已经进入法治轨道的背景之下，随着反腐败向纵深推进，现在比以往任何时候都需要问责切实发挥其应有功能。习近平总书记强调，反腐倡廉法规制度建设系统性强，要坚持问题导向、突出重点，充分体现科学性、针对性、可操作性。要责任明确、奖惩严明，明确责任主体，确保可执行、可监督、可检查、可问责。[1] 因此，为了确保问责机制能够完全在法治轨道上运行，亟须在《监察法》的基本框架下，结合问责的特殊性，建构符合我国国情特别是现实需要的问责配套制度体系。问责法治化的时代已经开启。

四、行政问责的重要理论问题解析

（一）行政问责的基本原则

《监察法》第 5 条确定了国家监察法的基本原则。考虑到行政问责的特殊性，所谓行政问责的基本原则，是指能够反映问责机制的本质特征和价值，并贯穿于行政问责机制运行的始终，对问责立法的制定与实施具有普遍规制作用的根本法律准则。因此，根据《监察法》，并以问责机制的自身特性为基点，我国政府官员问责的基本原则应当涵盖以下六个方面。

---

〔1〕《习近平在中共中央政治局第二十四次集体学习时强调：加强反腐倡廉法规制度建设 让法规制度的力量充分释放》，载《人民日报》2015 年 6 月 28 日，第 1 版。

1. 权责对等原则

权责对等原则构成问责机制的逻辑前提和理论基础。作为首要原则，所谓权责对等原则，是指政府官员享有的权利与其承担的义务具有高度的一致性，即权力有多大，责任就有多大，也就是强调没有脱离责任而存在的权力，同样也不存在脱离权力而存在的责任，正所谓权责的高度统一性。同时，政府官员所享有的公权力与其担负的责任之间具有密切对等性，但两者在价值序列上是有先后之分的，即职责是第一位的，职权是第二位的，且两者在量上必须保持均衡，否则无论权大责小还是权轻责重均弊端明显：前者极易导致权力的腐败，而后者显然也会严重挫伤官员执政为民的积极性，甚至还会导致政府官员运用行政权管理国家之活动停滞不前。故问责语境中政府官员所应承担的领导责任，不仅要在量上与其享有的职权密切对应，更重要的是还要符合"度"的基本要求，显然这是确保责任机制得以发挥其监督制约功能的关键。

2. 依法问责原则

依法问责原则是法治原则在问责领域的集中体现。所谓依法问责原则，是指问责机制运行中的每一个环节都应当受到法律的约束。问责法定原则要求法律对问责机制的各个构成要素（包括问责主体、范围、程序、方式等）都能有所规制，即政府官员在个案中是否要承担领导责任、以何种方式来承担责任、由谁负责认定和追究以及如何认定和追究等环节，都必须由法律事先作出全方位的规定。可见，依法问责原则应当涵盖两个方面的内容：依法问责原则首先要求"问责法定"，这是依法问责原则隐含的基本前提，将问责机制中的核心要素上升到法律的层面，这是确保问责机制真正具有震慑力的必要条件；其次，在"有法可依"基础上，依法问责原则应当更加注重法律的实施问题，即问责主体的所有活动都必须在法定权限和范围内进行，任何逾越法定边界的行为都将被视为无效，正所谓"无法律、则无问责"。概而言之，依法问责原则应当贯穿于问责立法及其实施的各个阶段，它是凸显法治的优越性并彻底结束目前问责在实践操作层面上混乱状态的根本性指导原则。鉴于《监察法》已经对监察委员会的职责权限、问责对象范围、问责程序等问题作出了基本规定，在具体个案中，问责全过程必须在《监察法》所确定的法治轨道上运行。

3. 比例原则

所谓比例原则，是指政府官员因问责而受到的制裁方式，必须与其自身过错大小、造成的损失及其影响程度等客观事实成比例，这是确保公平、理性问责的基础和前提。具体来说，比例原则应当包含以下三个方面的内容：其一，适当性要求，即问责方式必须与问责机制自身的价值诉求相匹配，鉴于政府官员之所以被问责乃是因为实践中发生的客观事实导致人民对其信任程度的降低，根据该官员在个案中的过错大小以及情节轻重等要素，选择相应的制裁方式，这是保证问责机制得以真正发挥其整肃吏治功能的关键；其二，必要性要求，又可称之为"最小侵害原则"，即在多种问责方式均可达到相同效果的情形下，应当选择对政府官员合法权益损害最小的方式，虽然问责机制旨在最大限度地保护公共利益不受侵害，但绝不意味着可以以牺牲政府官员的合法权益为代价；其三，相当性要求，又称狭义的比例原则，是指对于政府官员采取的问责方式必须与维护的公共利益相当，不能为了较小的公共利益，就忽略对政府官员的基本人权保障。可见，当法律规定本身比较抽象或者宽泛，该原则能够充分发挥其填补法律空白或者漏洞的作用，对于实现个案中的正义具有至关重要的作用。

4. 问责平等原则

问责平等原则是"法律面前人人平等"这一宪法原则在问责领域中的具体体现。《监察法》第 5 条明确规定，国家监察在适用法律上一律平等，保障当事人的合法权益。习近平总书记强调，要坚持制度面前人人平等、执行制度没有例外，不留"暗门"、不开

"天窗"，坚决维护制度的严肃性和权威性，坚决纠正有令不行、有禁不止的行为，使制度成为硬约束而不是"橡皮筋"。[1] 可见，结合问责的特殊性，所谓问责平等原则，是指在问责过程中，不管问责对象的级别高低，问责主体一律要做到同等对待、一视同仁，即便是位居于行政层级金字塔顶端的最高级别的行政首长也不存在任何法外特权和豁免。

平等原则要求同等情况同等对待，其实这只是形式意义上的平等原则，因为在实践中，政府官员级别不同，其担负的职责也必然会有所区别，相应地其被问责的可能性也会随之发生变化，尤其是在具体问责个案中，包括主观过错大小、损失及其影响程度等客观事实又会千差万别，面对如此不同的问责情形，应当积极地采取差异化的措施，进行区别对待，这才是贯彻实质平等原则的具体体现。可见，问责平等原则并非要求探求一种机械式的、不容有任何差别待遇的平等，而是应当依客观事实之性质与特性选择实质正当的标准，但并非仅仅因为事实上某些不同即可为不同处理，而是需要在事实不同与处理不同间具有某种实质的内在关联。[2] 概言之，问责平等原则要求问责主体在个案中做到相同事实应予相同处理，非有正当理由不得差别待遇，即禁止任何恣意和专断的差别待遇。

5. 程序保障原则

设置严密的程序制度能够弥补实体规制可能的局限与不足，这是通过看得见的正义确保问责机制能够沿着法治轨道运行的根本。《监察法》第五章专门对监察程序做了具体规定，《监察法》第七章第 54 条亦明确规定监察机关应当依法公开监察工作信息。基于此，笔者认为，根据问责机制本身的特点，充分考虑我国的现实国情，对于问责领域中的程序保障原则应当进一步突出公开原则和参与原则。

---

〔1〕 习近平：《在党的群众路线教育实践活动总结大会上的讲话》（2014 年 10 月 8 日），载《十八大以来重要文献选编》（中），中央文献出版社 2016 年版，第 94 页。

〔2〕 参见林锡尧：《行政法要义》，三民书局 1998 年版，第 46 页。

阳光是最好的防腐剂。问责公开要求问责过程中的公开是全方位的，公开原则应当贯穿于问责全过程的始终，具体应该包括事前问责依据的公开、事中问责过程的依法公开以及事后问责结果的公开，当然，这里的公开要以不影响问责案件调查开展为限。其中，问责依据的公开就意味着未经公开的依据不得作为问责的直接依据。事中问责过程的依法公开，更多的是侧重于在问责决定或者问责建议作出之前要说明理由。而关于公开的对象与方式，监察委员会有权依法根据问责个案事实在法定权限范围内进行权衡，原则上针对不同的公开对象可以采用不同的公开方式。

问责过程中的参与原则特别强调监察委员会在启动监察程序后，在调查和询问过程中应当充分保障问责对象的陈述和申辩权，特别是在作出问责决定或者问责建议之前应当在说明理由基础上听取问责对象的陈述和申辩，绝不能因为其陈述和申辩而加重问责。可见，如果说公开原则是满足相关人"知"的权利，那么参与原则旨在实现相关人"为"的权利，显然，"知"构成"为"的前提，而"为"则是"知"的目的。参与原则对最终问责决定的公正性和可接受程度将会直接产生影响。

6. 惩教结合原则

习近平总书记强调，坚决反对腐败，防止党在长期执政条件下腐化变质，是我们必须抓好的重大政治任务。反腐败高压态势必须继续保持，坚持以零容忍态度惩治腐败。对腐败分子，发现一个就要坚决查处一个。要抓早抓小，有病就马上治，发现问题就及时处理，不能养痈遗患。[1] 问责机制应当突出强调它的制裁功能，但制裁本身并非唯一目的，借助问责机制促成政府官员鞠躬尽瘁"执政为民"的为官理念，这亦是问责方式应当实现的价值功能。《监察法》第5条明确规定，国家监察要惩戒与教育相结合，宽严相

---

〔1〕 习近平：《在第十八届中央纪律检查委员会第三次全体会议上的讲话》（2014年1月14日）。

济。故在问责过程中，应当严格遵守惩教结合的基本原则，寓教于惩，以惩施教，将严格制裁失职官员与培养政府官员的责任意识有机地结合起来。具体而言，惩教结合原则应当包含两个方面的内容：一是对于符合问责情形要求的政府官员，监察委员会必须严格依法处理，绝对不能姑息纵容，其实必要的、合理的制裁方式本身就是最能令所涉政府官员"刻骨铭心"的教育手段；二是必须将教育贯穿于问责过程的始终，使制裁能够立足于挽救和防范，并着眼于提高政府官员的大局意识和责任意识，这是从根本上建设政府官员政治伦理道德的必经途径。

习近平总书记指出，惩治，治是根本，惩是为了治。要通过加强纪律建设和纪检工作，管住纪律、看住权力，使干部向高标准努力，不犯或少犯错误特别是严重错误，这才是党组织对党员、干部最大的关心和爱护。[1] 总之，在问责实践中，教育与惩处两者相辅相成，缺一不可，但要宽严相济，其中制裁是手段，教育是目的，只有在严肃惩处的同时，配合以主动、积极的教育，才能实现问责机制的初衷，以确保问责机制整肃吏治、以儆效尤功能的切实发挥。

（二）行政问责的归责原则

"在法律规范原理上，使遭受损害之权益，与促使损害发出之原因者结合，将损害因而转嫁由原因者承担之法律价值判断因素，此即'归责'意义之核心。"[2] 可见，归责原则作为判断责任归属的基本准则和价值标准，其"所要解决的并非直接的责任归属问题，而是责任归属的核心依据问题，是在责任成立之时对责任渊源的一种实质追问。它不是'是什么'的问题，而是'凭什么'的

〔1〕 习近平：《在第十八届中央纪律检查委员会第六次全体会议上的讲话》（2016年1月12日），人民出版社2016年版，第16—17页。
〔2〕 邱聪智：《庞德民事归责理论之评介——以法理学与民法学接合之观点为中心》，载《台大法学论丛》1982年第2期。

问题"。[1] 当然,问责语境中的归责原则,一方面应当遵守归责原则理论的普遍规律,与其他责任追究机制的适用规则有一些共同之处;另一方面行政问责领域中的归责原则又会彰显出个性化特征。因此,我们需要在借鉴其他领域已有丰厚研究成果基础之上,结合行政问责的特殊性,在共性与个性之间寻找恰当的平衡点。

虽然难以受到法律彻底规制的领导权力可以堪称我们这个时代最具动力、最肆无忌惮的力量之一,拥有广泛裁量余地的领导行为亦是让法律有所无奈的领域,但法律的触角不及并不意味着它是一种不受任何限制的权力,[2] 我们可以通过建立权力监督机制实现控权的目的,以保证领导权无法偏离其正常行使的轨道。虽然我们无法对积极意义上的领导权做出全面精确的描述,但可以采用逆向思维的方式,因为一旦政府官员决策失误或者领导不力,其危害后果确是显而易见的。可见,问责视野下领导责任的归责原则应当具有双重功能:一方面,归责原则作为判断政府官员应否以及如何承担政治责任和道德责任的基本标准和依据,直接决定了问责的广度和深度;另一方面,更为重要的是,归责原则为我们切实实现对领导权的监督和控制提供了突破口。理想状态下的归责原则应当能够制裁政府官员所有的违法失当行为,以达到反向促进政府官员尽其所能、鞠躬尽瘁为民服务的精神,以真正实现"权为民所用""利为民所谋"的执政理念。鉴于此,笔者认为,过错责任原则之特殊过错推定原则不仅符合问责发展的轨迹特征,而且更有利于问责整肃吏治功能的发挥。而无过错原则毋须考察行为人主观过错的特征以及公平责任原则,旨在填补受害人因合法行为遭到损害的本质都无法服务于问责的现实需要。因此,政府官员问责之归责原则应该采用特殊过错推定原则。当然,该原则既要遵守民法既成理论的一

---

[1] 徐祖林:《侵权法归责原则的论争及其解析》,载《法律科学》2007年第6期。
[2] 胡建淼等:《领导人行政责任问题研究》,浙江大学出版社2005年版,第34页。

般原则和精神，又要从行政法角度对这一原本适用于私法领域的归责原则做出适当的改进，以符合问责机制的特殊需要。

借鉴并改进民法的既有理论，所谓问责视野下特殊过错推定原则，是指当发生法定问责的情形时，如果政府官员不能证明有法定抗辩事由存在，那么就推定政府官员存在过错而对其问责。在实践中，虽然导致决策失误或者重大事故等问责事件的原因往往非常复杂，既然"政府官员具有把各个人、各部门工作联结起来的累计责任"，那么作为授权者的人民当然有权对在管理中处于强者地位的政府官员提出更高的要求，政府官员作为"人民的公仆"，理应尽其所能地防止或避免各种可能会对公共利益造成损害的事故或事件的发生，否则就要受到人民的谴责和制裁。正如过错责任原则在实践中所暴露出的弊端一样，在问责实践中，政府官员的主观心理状态往往很难精确检验，但为了能够及时抚慰民心，维护政府的公信力和权威，我们有必要借助过错推定原则中的特殊过错推定原则以形成对官员更加严格、更加苛刻的期待。即对于问责事件的发生，立法中可以预先假定政府官员存在过错，但政府官员同时享有法定抗辩权，有权推翻对其过错的认定，不过抗辩的理由并非任意而需法定，也即政府官员必须证明有法定抗辩事由的存在才能得以免责。可见，采用特殊过错推定原则，既可以对难以得到法律彻底规制的领导权形成强有力的制约和震慑，又可以把判断政府官员主观上是否有过错的复杂问题简单化，这种将判断标准直接归结为政府官员能否证明存在法定抗辩事由的方式，可以在增强问责制度可操作性的同时，又将问责主体的裁量空间限缩至最低，对于确保问责全过程都能够在法治轨道上运行至关重要。

（三）行政问责的基本构成要件

构成要件是问责主体在实践中具体判断政府官员是否应当被问责的理论依据。构成要件和归责原则关系密切，归责原则是确定构成要件的基础和前提，而构成要件则是对归责原则的具体化和明晰化。也就是说，归责原则是判断政府官员是否应当被问责的理论抽象，而构成要件则是对归责原则的具体细化和分解，两者共同作用决定问责的广度和深度。因此，以前面提出的"特殊过错推定原则"为基点，笔者认为，政府官员被问责的构成要件包括责任主体、过错、损害结果、因果关系四个方面。

首先，责任主体，即执掌权力的政府官员。但要注意的是在具体问责个案中，责任人级别的归属问题，不能一概而论，而是需要由问责主体在法定权限范围内综合考虑各种事实因素，比如损失的大小、影响的地域范围、民意的需求等客观情况后作出最终决定。

其次，关于过错要件，具体是指对问责语境中政府官员可归责心理状态的否定性评价。但要注意的是，与政府官员因违法违纪而承担的行政责任和法律责任不同，政府官员的失职行为往往具有间接性，故我们无法直接依据故意或过失的公认标准来认定政府官员的主观过错程度，但是可以采取逆向思维的方式[1]推导出政府官员存在未履行或未妥善履行职责的失职行为，当然这种未履行或未妥善履行要以能为其自身所控制，或者在其主观意志能力范围内为限。[2]

再次，关于损害结果，具体是指因责任主体一定的行为或事件使人民权益和公共利益所遭受的不利影响。正所谓"无损害则无责任"，但要注意的是引发政府官员领导责任的损害必须是一个确定的事实，同时这个损害还要在量上达到一定程度，满足"度"的要求才足以启动问责。

---

[1] 所谓逆向思维，是指我们可以根据人民主权原则的基本要求，尝试采用"主观状态客观化的认定标准"，即通过法律预先设定政府官员对公共利益造成损害或损失的事故或事件具有过失责任，同时也设定免责理由，对政府官员能够在法定范围内提出抗辩理由的，给予免责，否则将要推定其存在危害公众或者公共利益的失职行为而应受到相应制裁。

[2] 参见 [美] 乔·莎托利：《民主新论》，冯克利、阎克文译，东方出版社1993年版，第120页。

　　最后，有关因果关系，是指损害结果与造成损害结果原因之间的关联性，它直接构成归责的逻辑前提和基础。笔者认为，对政府官员领导责任认定与追究中的因果关系应当作扩张理解：只要所辖地区或部门出现决策失误或者发生重大事故等严重损害公共利益、人民权益的客观事实，我们都可以反向推定为是由政府官员（主要是行政首长）领导不力所致，而不管政府官员领导不力是否是构成造成上述损害后果的必然原因或根本原因，只要两者具有逻辑上的关联性，问责主体就可以启动问责程序。但要注意的是，行政领导责任本质上是一种有限责任，政府官员仅对其所辖公共事务对外承担领导责任，对超出其监督、支配权限范围外的其他事项当然不应负责，比如由意外事件、不可抗力等引发的重大损失，这显然已经超出政府官员所能掌控的职权范围之外，理应免责。

五、新时代行政问责发展必须要解决的关键问题

（一）国家监察体制改革与行政问责的发展

　　2009 年，中共中央办公厅和国务院办公厅联合发布《关于实行党政领导干部问责的暂行规定》，同步且初步实现了党内问责和行政问责的制度化。2016 年《中国共产党问责条例》颁布，该条例作为党内问责法规体系中的基本法，旨在落实党组织管党治党的政治责任，全文 13 条，对党内问责主体、范围、条件、程序、方式等问题做出了明确规定，可以说，率先实现了党内问责的法规化、法制化。2018 年《监察法》颁布施行，其中第 11 条明确规定，对履行职责不力、失职失责的领导人员进行问责，这就意味着行政问责作为国家监察权行使的重要形式，已经正式开启了法制化的进程。正如前面所阐释的，剑指政府官员领导责任的行政问责，在问责的基本原则、问责的归责原则和构成要件以及问责范围、问责方式、问责程序等方面，均具有较强的特殊性。根据《监察法》，监察委员会行使的处置权包括政务处分、问责、移送人民检察院依

法审查以及监察建议四种形式。在个案中,问责权的边界如何确定,问责决定做出的实体条件和程序要件等问题,均有待于进一步细化和明确。特别是在党内问责已经率先专门立法的基础上,国家层面问责的进一步法治化亦应当同时提上议事议程,即在《监察法》的基本框架下,专门对监督和调查之后的问责相关问题做出配套、细化规定,以实现党内问责与国家问责的同步发展以及互相补充和协调。

习近平总书记指出,要整合问责制度,健全问责机制,坚持有责必问、问责必严,把监督检查、目标考核、责任追究有机结合起来,实现问责内容、对象、事项、主体、程序、方式的制度化、程序化。[1] 因此,理想状态下行政问责法治化的全面、深入推进必须依托于有关国家问责法治化的实现,即将问责机制中最核心的技术和方法上升为法律基础上,通过设置严密的程序规则和有效的实体约束以全面、深入地规范问责的全过程,确保问责机制能够完全在法律预设的框架内得以良性运行,以尽可能地在制度设计环节就能够避免非法干预。

(二)行政问责与党的问责之衔接

鉴于我国特殊的政治国情,我国80%以上的公务员、95%以上的领导干部都是共产党员,这种党政"双重双轨制"的客观现实就决定了在深入推进问责制过程中,必须协调处理好党的问责与行政问责之间的衔接关系,这也是确保纪法衔接、法法衔接以及党法和国法得以良好施行的症结所在。

实践中,虽然党的问责和行政问责具有各自运行的边界,但"党委决策、政府执行"的公权力运行模式,特别是当前问责制度存在比较分散和零碎,问责概念不清、内容不聚焦、可操作性不强等问题,也是导致党的问责与行政问责必然存在交叉重叠关系的制

---

[1] 习近平:《在第十八届中央纪律检查委员会第六次全体会议上的讲话》(2016年1月12日),人民出版社2016年版,第16—17页。

度原因。为了确保公平公正问责，切实解决两者的衔接关系极具紧迫性，必须提上议事议程。一方面，要有效地衔接好党内问责和行政问责，使两者之间形成互补，以避免出现重复问责和过度问责，这也是权责对等原则的基本要求；另一方面，党内问责因履行党内职责失职所致，行政问责针对行政职责，应遵守职权法定原则，两者不存在竞合、吸收甚至替代问题，故要切实防止以党的问责取代行政问责甚至法律问责的洗责现象出现。

理论上，问责与党纪政纪处分不同，无论党的问责还是行政问责，其问责对象主要针对享有领导权的党政领导干部，即主要是党政负责人，责任的范畴更多地体现在政治责任层面，即强调对民负责、给老百姓一个满意交代的政治逻辑。故在问责实践中，应当充分考虑决策权和执行权（决策结果）的权力内部的分离逻辑。当某些问责事件是由决策失误造成，而决策本身是经过党委会讨论的时，则此时的问责就不能仅仅止步于行政首长，而应对党委会，甚至书记问责了。这是"有权必有责"基本原则的必然要求。此外，党内问责的完善亦应与行政问责形成互补衔接态势，根据党政分工，在权力划分清楚地前提下，形成联动、协调、统一的问责体系，以实现党内问责、行政问责和法律问责的无缝衔接，切实做到真问责，严问责以及问好责。

六、新时代行政监督与问责发展的目标导向：打造责任政府与廉洁政府

我国改革开放四十年来所取得的巨大成就，证明了我国以"党政为主导"的改革模式具有重要意义。特别是党的十八大以来，"党政先行""党政主导"所形成的自上而下的推动力，为我国高效、强力推进法治建设提供了重要保障。

法治政府意即政府的所有活动都能够在法治轨道上运行，也同时意味着强有力的行政权必须被关进制度的笼子。为了强化对行政权的监督和制约，确保行政权的行使能够始终以人民为中心，还必

须进一步扎紧制度的笼子。所谓法治政府，一定是依法守职负责的政府；法治政府亦一定是能够获得老百姓认可和满意度的、具有公信力和权威性的政府，而人民群众对政府的信任和支持很大程度上需要在不断推进廉洁政府建设中获得。党的十八大以来，党中央和国务院自觉持续深入推进法治政府建设，从党的十八大提出的2020年法治政府基本建成，到党的十九大提出的2035年法治国家、法治政府和法治社会基本建成，这些有关法治建设的一系列目标的实现无疑需要强化对行政权的监督和制约，即借助行政监督与问责的现实发展，真正打造责任政府与廉洁政府，这亦是回应人民期待，打造人民满意政府的必由之路。

国家监察体制改革正在进行之中。根据《监察法》的相关规定，监察委员会作为与"一府两院"平行的第四类国家机构，其法定职权就包括对行政权的监督与问责。这就意味着，对行政权的监督、调查和问责已经正式纳入了国家监察法治化的轨道。党的十八大以来，以习近平同志为总书记的党中央把党风廉政建设和反腐败斗争提到治国理政、兴党兴国的新高度，相信随着《监察法》的实施，特别是在当前党统一指挥、全面覆盖、权威高效的监督体系之下，行政监督的功能，问责的效能一定能够在《监察法》的制度优势转化为治理效能过程中得到充分彰显。

主要参考文献：

1.《人民日报》评论部编：《习近平用典》，人民日报出版社2015年版。

2. 韩凤然：《行政法与行政诉讼法》（第2版），高等教育出版社2016年版。

3. 应松年主编：《当代中国行政法》（上、下），中国方正出版社2005年版。

4. 陈国权等：《责任政府：从权力本位到责任本位》，浙江大学出版社2009年版。

5. 朱新力主编：《行政法律责任研究》，法律出版社2004年版。

6. 张凤阳等：《政治哲学关键词》，江苏人民出版社 2006 年版。

7. 俞可平主编：《善治与治理》，社会科学文献出版社 2000 年版。

8. 胡建淼等：《领导人行政责任问题研究》，浙江大学出版社 2005 年版。

9. 胡肖华：《走向责任政府——行政责任问题研究》，法律出版社 2006 年版。

10. 陈党：《问责法律制度研究》，知识产权出版社 2008 年版。

11. 宋大涵主编：《建设法治政府总蓝图：深度解读〈法治政府建设实施纲要（2015-2020 年）〉》，中国法制出版社 2016 年版。

12. 中共中央纪律检查委员会、中华人民共和国国家监察委员会法规室编写：《〈中华人民共和国监察法〉释义》，中国方正出版社 2018 年版。

13. 曹鎏：《行政官员问责的法治化研究》，中国法制出版社 2011 年版。

14. 马怀德：《国家监察体制改革的重要意义和主要任务》，载《国家行政学院学报》2016 年第 6 期。

15. 马怀德：《〈国家监察法〉的立法思路与立法重点》，载《环球法律评论》2017 年第 2 期。

16. 毛寿龙：《引咎辞职、问责制与治道变革》，载《浙江学刊》2005 年第 1 期。

17. 姜明安：《政治责任是否应当法定化》，载《人民政坛》2008 年第 21 期。

18. 张贤明：《政治责任与法律责任的比较分析》，载《政治学研究》2000 年第 1 期。

19. 张贤明：《当代中国问责制度建设及实践的问题与对策》，载《政治学研究》2012 年第 1 期。

20. 曹鎏：《论我国行政问责法治化的实现路径》，载《中国行政管理》2015 年第 8 期。

21. 曹鎏：《美国问责的探源与解析》，载《比较法研究》2017 年第 5 期。

第十三章

行政复议制度[*]

　　《十八届四中全会决定》明确提出，要深入推进依法行政，加快法治政府建设，必须"强化对行政权力的制约和监督"，"完善政府内部层级监督和专门监督，改进上级机关对下级机关的监督，建立常态化监督制度"。[1] 党的十九大报告也强调，要"构建决策科学、执行坚决、监督有力的权力运行机制"。[2] 作为行政机关基于层级监督关系而采取的一种内部纠错制度，行政复议在我国的法治政府建设中具有重要作用。

　　目前，行政复议与行政诉讼都是化解行政争议，维护公民、法人和其他组织合法权益，监督行政机关依法行政的重要法定渠道。与行政诉讼相比，行政复议至少具有三个方面的优势：一是可以借助行政系统的组织优势和资源，更好地解决行政争议中的专业性、技术性问题；二是程序相对简便，且不收取费用，更突显灵活、快捷、经济的品性；三是适用范围更广，可以实现对行政行为合法性与合理性的全面审查。正是由于行政复议的这些特点，理论界对行

---

　　* 王青斌，中国政法大学法治政府研究院教授，博士生导师。
　　[1]《中共中央关于全面推进依法治国若干重大问题的决定》，载《人民日报》2014年10月29日，第1版。
　　[2] 习近平：《决胜全面建成小康社会 夺取新时代中国特色社会主义伟大胜利——在中国共产党第十九次全国代表大会上的报告》，载《人民日报》2017年10月28日，第1版。

政复议在强化权力监督、解决行政争议方面的作用寄予厚望。正如应松年教授所言，"行政复议应当成为普通公民、组织遇有对行政机关的决定不满产生争议时的优先选择的解决渠道。大量的行政争议可以通过行政复议加以解决，为行政诉讼起到过滤器、替代者的作用"。[1]

但实践中，受机构设置不健全、审理机制不完善、与其他权利救济制度衔接失衡等因素的影响，行政复议制度的运行情况并不理想。伴随法治政府建设的不断深入，行政复议制度需要实现从功能定位到具体机制的全面革新。

一、行政复议的性质与功能

行政复议的性质与功能定位对行政复议制度的构建而言具有举足轻重的作用。这不仅涉及整个复议制度的定位问题，而且还关涉到制度的具体设计。可以不夸张地说，这是行政复议领域的"顶层设计"问题。

（一）行政复议的性质

行政复议的性质定位对于行政复议的制度设计有着极为重要的影响，更有学者将我国行政复议制度层面存在的问题归结为对行政复议性质的错误认识，"由于在行政复议制度法律性质的认识上出现了偏差，才导致了相关不合理的体制和制度安排"。[2]

1. 当前有关行政复议性质的学说

综观我国有关行政复议性质的论述，主要有以下三种学说：

第一是行政说。持行政说者认为行政复议就是一种具体行政行为，与其他的具体行政行为没有本质上的区别。从立法来看，我国

---

〔1〕　应松年：《把行政复议建成解决行政争议的主渠道》，载《光明日报》2017 年 8 月 24 日，第 15 版。

〔2〕　杨海坤、章志远：《中国行政法基本理论研究》，北京大学出版社 2004 年版，第 536 页。

目前持该种学说的依然占据主流，即将行政复议看作是一种具体行政行为。如《行政诉讼法》中有关复议案件被告的规定，完全是行政说的具体体现。《行政诉讼法》第 26 条第 2 款规定："经复议的案件，复议机关决定维持原行政行为的，作出原行政行为的行政机关和复议机关是共同被告；复议机关改变原行政行为的，复议机关是被告。"在我国，不少学者均主张行政说。如熊文钊教授提出，行政复议是一种特殊的行政行为，是行政主体行使行政裁判权的一种行政裁判行为。[1] 又如刘东生博士提出，"既然行政与司法一样，都可以承担国家赋予的纠纷解决职能，则那种认为行政复议因解决行政纠纷而具有司法性的观点，就显然站不住脚了"，[2] 并进一步提出了行政说的根据，"从目前有关行政复议到底是行政性还是司法性的分歧来看，争论点主要集中于权力和程序两个方面。我们将看到，在这两个方面，行政复议表现出的是一种行政性而非司法性"。[3] 此外，杨小君也支持"行政说"，他提出"在行政、立法、司法这个层面上，行政复议是行政的，而既不是司法的也不是立法的。如果我们要在这个层面上界定行政复议的根本属性，应当简单地说行政复议是行政性质的而不是司法性质或立法性质的"，[4] 并认为行政复议的行政属性并不排斥行政复议的司法特征，"承认行政复议性质的行政性，并不必然导致行政复议会成为一般的行政执法模式，或者成为一般的行政监督；反之，承认行政复议的司法特征，也并不必然否认其根本属性的行政性"。[5]

　　第二是司法说。司法说主张从复议权力的本质属性而非复议主

---

〔1〕　熊文钊：《现代行政法原理》，法律出版社 2000 年版，第 347 页。

〔2〕　刘东生：《行政复议制度重构》，中国政法大学 2006 年博士学位论文，第 57 页。

〔3〕　刘东生：《行政复议制度重构》，中国政法大学 2006 年博士学位论文，第 57 页。

〔4〕　杨小君：《我国行政复议制度研究》，法律出版社 2002 年版，第 5-6 页。

〔5〕　杨小君：《我国行政复议制度研究》，法律出版社 2002 年版，第 9 页。

体上去判断复议活动的性质。持司法说者认为，行政复议就其内容而言是司法活动，行政复议的过程就是解决行政纠纷的过程，而且在程序上具有司法活动的特点。[1] 持司法说者认为行政复议不同于一般的具体行政行为，在行为性质、行政机关法律地位等方面与一般的具体行政行为都存在着较大差异。相反，行政复议具有明显的司法活动的特点，如不告不理、时效制度、管辖制度等。持司法说者提出，判断一个公权力行为是不是司法行为，关键不在于机关的名称或体制的隶属，而必须唯实地从机关组成与运作方式上考察它是否符合司法权的特征。[2] 同时，行政复议之所以是司法行为，还在于社会需要一个不同于传统意义的法院，而不是需要一个行政机关。因为行政机关承担部分司法职能，除程序简便、时间迅速、费用低廉和具有灵活性外，更主要的是由于近现代许多社会立法中所发生的争端需要专门知识才能处理。而解决这些争端既需要法律头脑，也需要理解立法政策和具备行政经验，普通法院法官往往不能胜任。于是，一个新型的行政机关解决纠纷的司法制度便应运而生了。[3] "行政复议与行政诉讼一样，是复议机关站在第三方的立场上对当事人双方的争议进行裁决的活动，客观上可能起到监督行政机关依法行政的作用，但性质上是司法行为而非行政行为，不是对下级行政机关的一种层级监督活动。"[4] 此外，也有学者通过委任司法原理解释了行政复议权属于司法权的观点，认为行政复议是法律直接授予行政机关解决行政纠纷的权力，这种权力与行政权和

---

〔1〕 参见江必新、李江编著：《行政复议法释评》，中国人民公安大学出版社 1999 年版，第 28 页。

〔2〕 肖志雄：《法治社会下的多元化行政争议解决机制之改革构想初探》，载《"两岸四地"当地政府解决行政争议机制学术研讨会论文集》，2010 年，第 215 页。

〔3〕 沈开举、郑磊：《论我国行政复议改革的逻辑起点和现实路径》，载《甘肃行政学院学报》2009 年第 4 期。

〔4〕 金国坤：《行政复议委员会：行政复议困局的突破口》，载《国家行政学院学报》2009 年第 6 期。

层级监督关系都没有关联，而是一种司法性的权利，这决定了行政复议必须满足司法规则的最低要求。[1]

第三是准司法说。"准司法说"又称"行政司法说"。与"行政说"和"司法说"相比，在我国持"准司法说"的学者更多。可以说，就行政复议的性质而言，绝大多数学者均持"准司法说"。虽然在表述上存在着不同，但"准司法说"均认为行政复议兼具行政性与司法性。"准司法说"不仅在理论界得到了广泛接受，在实务界同样得到部分认可，"'准司法说'是在承认行政复议带有一定程度的行政活动外在形式的前提下，谈论行政复议所具有司法行为本质的问题，从而使这一学说看起来更加具有本土的适应性和理论说服力"。[2] "准司法说"事实上却更偏向于"司法说"，正如刘莘教授所言："司法说和准司法说没有本质区别，因为'准司法'的'准'字无非是想标明这种'司法'是行政机关作为的；而认定其司法性质，是强调活动的性质，并没有否定复议制度放在行政系统内的合理性。"[3]

2. 对行政复议性质的分析

分析上述有关行政复议性质的不同学说，可以发现三种学说的争议焦点主要集中在"行政""司法"的涵义及范围上。主张"行政说"者认为行政复议是行政权运行的结果，主张"司法说"以及"准司法说"者则认为行政复议是行政机关运用司法权的结果。那么，行政复议权到底是行政权还是司法权呢？

在现实中关于"行政"的界定，主要存在着两种标准：一种是实质标准，即以某种职能活动是否具有执行、管理性质作为界定行

---

〔1〕 沈开举：《委任司法初探——从行政机关解决纠纷行为的性质谈起》，载《郑州大学学报（哲学社会科学版）》2007年第1期。

〔2〕 郜风涛主编：《行政复议法教程》，中国法制出版社2011年版，第65页。

〔3〕 刘莘：《行政复议的定位之争》，载《法学论坛》2011年第5期。

政的依据。这种划分方式更多为行政学学科所采用。[1] 另一种划分方式则是依据形式的标准。较为盛行的是采取排除式的定义，即将"立法"和"司法"以外之活动解释为行政。"行政说"与"司法说"之所以产生不同的结论，主要的原因在于两者对"行政"所采取的界定方式不同。"行政说"者采取形式的标准，认为行政机关作出的活动就是"行政"性质的；而"司法说"者则采取的是实质意义的标准，即认为"裁决纠纷"的活动就是"司法"性质的。

通过上述的分析我们可以得知，就我国行政复议的性质而言，"准司法说"无疑更为合理。原因在于：

首先，该说充分肯定了行政复议的本质乃是解决纠纷的活动，因而是"司法"性的活动。行政复议从其产生历程、存在的意义等方面来看，其乃是解决行政纠纷的活动，这符合司法的实质意义，因而具有司法性。"行政复议是一种纠纷解决机制，认可这一点，就应当承认行政复议制度由此应当具有司法的秉性。"[2] 虽然现代行政通常采取形式意义的划分标准，但并非在所有的情况下都是如此。以法国为例，法国是现代行政法的母国，法国最高行政法院的大量判例构成了法国行政法的重要渊源，然而被称为最高行政法院的国家参事院至今仍然是法国行政机关的组成部分。[3] 但我们在习惯上依然是将法国的行政法院作为司法机关来看待。司法权通常由司法机关来行使，但并非必然由司法机关所垄断。从近代以来各国行政权力的发展历程来看，"行政"权力与其他权力，特别是与立法和司法权力的边界并不是一成不变的。

其次，"准司法说"也体现了行政复议与司法机关的司法活动在主体上的差异性。"准司法说"认为行政复议权从本质属性上讲

---

〔1〕　参见王名扬：《法国行政法》，中国政法大学出版社 1988 年版，第 3—10 页。

〔2〕　刘莘：《行政复议的定位之争》，载《法学论坛》2011 年第 5 期。

〔3〕　郜风涛主编：《行政复议法教程》，中国法制出版社 2011 年版，第 62 页。

属于司法权，但也不否认该权力的行使主体是行政主体，区别于传统的由司法机关行使的司法权，而"准"字也很好地阐释了这一区别。这一特点也提示我们，必须正视行政复议权的主体是行政主体这一特点，而不能将其混同于普通的司法权。同时也不能实现完全的司法化，从而在行政系统内部再造一个独立的司法系统。行政复议的"准司法"性要求我们在构造行政复议制度时，必须正视其性质，即一方面要求复议制度能够解决行政争议，另一方面又要正视行政复议权的行使主体是行政主体这一重要特征，从而在"司法"与"行政"之间实现微妙的平衡。

（二）行政复议的功能

行政复议的功能即行政复议的作用。行政复议的功能是研究复议制度的构建时，除行政复议性质之外的另一个无法回避的重要内容。对于行政复议的功能，主要存在着下列几种不同的观点：一是认为行政复议具有多种功能并平行排列各种功能，即严格按照《行政复议法》第1条立法宗旨的表述及顺序，平行排列行政复议制度的各项功能；二是突出重点，强调行政复议制度的某一项或两项功能；三是强调行政复议的单一功能，否认其他功能；四是强调不同功能间的联系和体系。[1]

我们在讨论行政复议的功能之前，先来梳理一下当前对行政复议应具有功能的表述：

第一，防止和纠正违法的或不当的具体行政行为。该功能来源于我国《行政复议法》第1条的立法宗旨中的表述："为了防止和纠正违法的或者不当的具体行政行为，保护公民、法人和其他组织的合法权益，保障和监督行政机关依法行使职权，根据宪法，制定本法。"立法者通过对立法宗旨的表述，阐释了其对行政复议制度所预设的功能，即希望行政复议制度所能实现的功能。

---

[1] 参见张越：《行政复议法学》，中国法制出版社2007年版，第39-40页。

　　第二，保护相对人权益的功能。保护相对人权益的功能，不仅在《行政复议法》的立法宗旨中有具体的表述，同样也得到了学者们的肯定与支持，"行政复议是现代法治社会中解决行政争议的方法之一，它与行政诉讼、行政赔偿同属行政救济，是行政相对人保护自身合法权益的基本法律制度之一"。[1]

　　第三，行政救济功能。行政救济就是在公民、法人或者其他组织的合法权益遭受违法的或者不当的行政行为侵害时，由有权的国家机关根据受害人的请求，给予法律上的保护。[2] 对于行政复议的救济功能，不仅得到了我国学者的一致肯定，而且在域外的一些法律中亦明确肯定了复议的救济功能，如《韩国行政复议法》第1条规定："本法的目的是，通过行政复议程序，对于因行政机关的违法或者不当处分以及其他公权力的行使等所造成的对国民权利或者利益的侵害进行救济，同时以期实现行政的合理运作。"

　　第四，保障和监督依法行政功能。行政复议制度的"保障和监督依法行政"的功能来自于《行政复议法》立法宗旨中的表述，该功能主要表现为两个方面：一方面是保障功能，即复议机关对行政机关依法行使职权的行为进行维护，对于行政机关合法的、适当的行政行为，复议机关通过作出维持决定的方式达到维护依法行政的目的；另一方面是监督功能，即主要是监督行政机关是否做到了依法行政，对于行政机关违法的、不适当的行政行为，复议机关予以撤销，从而实现对行政机关的监督。

　　第五，解决争议功能。纠纷是不同社会主体之间的冲突，是人类社会不可避免的现象。在社会的不同时期，抑制和解决纷争的方

---

　　〔1〕　姜明安主编：《行政法与行政诉讼法》（第3版），北京大学出版社、高等教育出版社2007年版，第415页。
　　〔2〕　郜风涛主编：《行政复议法教程》，中国法制出版社2011年版，第62页。

式和手段在内容和形式上也会有所不同。[1] 对于解决纠纷的功能，在我国的《行政复议法》中并没有明确的表述，而这引发了众多的批评，如章剑生教授认为："事实上，如果行政争议得不到有效解决，那么行政复议的'监督''保权'等立法目的也都是没有法律价值的。"[2] 如果说在《行政复议法》中"解决纠纷"这一功能没有得到足够的重视，那么这一现象在《行政复议法实施条例》颁布之后则有所改变。《行政复议法实施条例》第 1 条规定："为了进一步发挥行政复议制度在解决行政争议、建设法治政府、构建社会主义和谐社会中的作用……"其中，明确提到了行政复议的作用在于解决"行政争议"。

上述功能是学者们提及较多的功能。除上述功能之外，还有学者提出行政复议应具有"提高效率功能""维护和稳定秩序功能"，并提出效率功能的作用机理是，"创造提高行政效率的法制环境，提高行政执法人员的能动性，快速化解行政争议，减少行政机关讼累"。[3] 此外，还有学者提出行政复议还具有一些特殊功能，包括"确保行政之合理行使""减轻法院之诉讼负担""满足人民之多元选择"的功能。[4]

讨论行政复议的功能时，常有人将《行政复议法》的立法目的等同于行政复议制度的功能。两者虽然有很高的关联度，但并不等同。《行政复议法》的立法目的是立法者希望通过行政复议制度的建立所达到的目的。立法目的预设了功能，但立法目的是否能够达成，关键是看行政复议的功能是否能够得到发挥。此外，这种预设的功能是否能够得到实现，还取决于事物的性质。因为，如果预设

---

〔1〕 马怀德主编：《司法改革与行政诉讼制度的完善——〈行政诉讼法〉修改建议稿及理由说明》，中国政法大学出版社 2004 年版，第 3 页。

〔2〕 章剑生：《行政复议立法目的之重述——基于行政复议立法史所作的考察》，载《法学论坛》2011 年第 5 期。

〔3〕 张越：《行政复议法学》，中国法制出版社 2007 年版，第 38 页。

〔4〕 樊华辉：《行政复议制度新论》，法律出版社 2012 年版，第 49-50 页。

的功能与事物的性质不相符合，则无疑违背了自然规律，乃是"缘木求鱼"。不适当的立法目的无疑会使行政复议制度陷入困境。

从我国当前的立法来看，其功能定位主要是"法制监督"，这是不争的事实。不仅在《行政复议法》立法目的的表述中有"监督行政机关依法行政"的字样，而且在具体制度的建构上也是围绕着这一功能来实施的。而这样的功能定位一直以来都受到众多非议，如周汉华教授提出，包括行政复议制度在内的我国行政争议解决制度存在内在的、结构性的缺陷，正是这种结构性的缺陷造成了其功能的紊乱与失调。[1] 在学术界，也几乎是一边倒的声音提出要让行政复议的"权利救济"功能回归本位，"修改行政复议的相关法律法规，以更好地为行政复议申请人提供权利救济作为行政复议制度设计的出发点和归宿，这才是行政复议制度的真正出路"。[2]

行政复议的功能可以是多元的，结合行政复议的性质来看，行政复议的功能主要包括以下两种：

首先，行政救济功能应当是行政复议的首要功能。从性质上讲，行政复议是"准司法"性质，而司法的基本任务就是为当事人提供权利救济途径以及解决纠纷。如果行政复议的功能定位不以行政救济功能为首要功能，则相对人根本就不会选择这种机制。就行政内部的层级监督而言，我国当前有很多，如上级机关的主动检查、下级机关的定期汇报、规范性文件的审查等。但这些层级监督机制一般都不涉及行政争议的解决，也不依赖于行政相对人的程序启动。行政复议存在的首要意义就是解决行政纠纷，而要解决纠纷，就必须以为相对人提供权利救济作为其首要功能，否则必然导致该种机制的闲置。我国当前的行政复议案件数量极为有限，相对人之所以不愿选择行政复议，核心原因就在于行政复议的功能错

---

〔1〕 周汉华：《行政复议司法化》，载《环球法律评论》2004 年春季号。

〔2〕 刘莘：《行政复议的定位之争》，载《法学论坛》2011 年第 5 期。

位，不能为相对人提供有效的权利救济。与"行政救济功能"相近的表述，还有"保护相对人合法权益功能""解决行政纠纷功能"等。但在这三种表述中，最为恰当的无疑还是"行政救济功能"。这是因为：其一，"保护相对人合法权益"的表述虽然常见于我国具有行政救济性的法律之中，如《行政诉讼法》第 1 条中即提到"保护公民、法人和其他组织的合法权益"，《行政复议法》中也有相同的表述，但这种表述并不能很好地反映行政复议的特点。能够提供"保护权益"的制度有很多，司法制度可以，行政执法也可以，立法同样如此，所以"保护权益"的表述并不能很好地反映行政复议制度的特点。其二，"解决纠纷"的表述主要是从结果上讲的，而没有与"权利"密切相关。但"天下熙熙，皆为利来，天下攘攘，皆为利往"，"利益"与"权利"乃是人类活动的重要目的，作为法律制度，首要关注的也必然是"利益"与"权利"。与"解决纠纷"的表述相比，"行政救济"的表述无疑更为科学。"有权利必有救济"乃是众所周知的法谚，"救济"的目的就是为了保护"权利"或"利益"，而且"救济"本身即隐含了需要由当事人主动提出请求的意义在内，与行政复议制度的特点更为契合。因此，在复议制度的首要功能上，最为恰当的表述无疑应当是"行政救济功能"。

其次，行政复议具有监督功能。我们虽然强调"监督功能"不应是行政复议的首要功能，但不可否认，行政复议在客观上会具有监督下级机关依法行政的功能。但这种功能的实现是建立在救济功能实现的基础上的。离开了救济功能，监督功能也就无法发挥。因此，在救济功能与监督功能上，救济功能乃是根本，离开了救济功能，行政复议制度的监督功能也就成了"无源之水、无本之木"，根本无从谈起。在现有有关行政复议功能的表述中，"防止和纠正违法的或不当的具体行政行为"也是表述之一，但这种表述实际上只是"监督功能"的另一种表述方式而已。"防止和纠正违法的或不当的具体行政行为"乃是监督所要求实现的结果，将其单独作为行政复议的功能来表述是不够恰当的。

二、行政复议的体制变革

行政复议制度在我国自诞生起，就处于不断的变革、完善进程中。《十八届三中全会决定》专门提到了行政复议体制改革问题："改革行政复议体制，健全行政复议案件审理机制，纠正违法或不当行政行为。"[1] 在行政复议体制改革的有关问题中，行政复议机构改革和管辖体制的变革更值得关注。

（一）行政复议机构的变革

1. 行政复议机构的现状

自我国的行政复议制度被国务院 1990 年发布的《行政复议条例》确立伊始，行政复议机构在行政复议工作中就具有重要地位，《行政复议条例》的第四章"复议机构"专门对行政复议机构的相关制度进行了规定。但我国 1999 年通过的《行政复议法》并未沿袭使用"行政复议机构"的概念，而是用"行政复议机关负责法制工作的机构"代替了"行政复议机构"的概念。但行政复议机构的概念在国务院 2007 年颁布的《行政复议法实施条例》中又得到了恢复使用，将"行政复议机关负责法制工作的机构"简称"行政复议机构"。[2] 根据《行政复议法》的规定，行政复议机构与政府法制工作机构不再是并列的关系，而是明确了办理行政复议事务是政府法制工作机构的职能之一。对于行政复议机构的职责，《行政复议法》第 3 条作了明确规定，具体包括："（一）受理行政复

---

〔1〕《中共中央关于全面深化改革若干重大问题的决定》，载《人民日报》2013 年 11 月 16 日，第 1 版。

〔2〕参见《行政复议法实施条例》第 2 条的规定："各级行政复议机关应当认真履行行政复议职责，领导并支持本机关负责法制工作的机构（以下简称行政复议机构）依法办理行政复议事项，并依照有关规定配备、充实、调剂专职行政复议人员，保证行政复议机构的办案能力与工作任务相适应。"

议申请；（二）向有关组织和人员调查取证，查阅文件和资料；（三）审查申请行政复议的具体行政行为是否合法与适当，拟订行政复议决定；（四）处理或者转送对本法第七条所列有关规定的审查申请；（五）对行政机关违反本法规定的行为依照规定的权限和程序提出处理建议；（六）办理因不服行政复议决定提起行政诉讼的应诉事项；（七）法律、法规规定的其他职责。"而在上述职责之外，《行政复议法实施条例》第3条又为行政复议机构增加了下列职责："（一）依照行政复议法第18条的规定转送有关行政复议申请；（二）办理行政复议法第29条规定的行政赔偿等事项；（三）按照职责权限，督促行政复议申请的受理和行政复议决定的履行；（四）办理行政复议、行政应诉案件统计和重大行政复议决定备案事项；（五）办理或者组织办理未经行政复议直接提起行政诉讼的行政应诉事项；（六）研究行政复议工作中发现的问题，及时向有关机关提出改进建议，重大问题及时向行政复议机关报告。"为保障行政复议机构顺利开展行政复议工作，《行政复议法》于2017年修正后在第3条第2款中明确规定了行政机关中初次从事行政复议的人员应当取得法律职业资格。

当前，我国行政复议机构的运行情况并不理想，主要体现在以下两个方面：

一是行政复议机构缺乏专职人员。不可否认，行政复议工作具有较强的专业性，《行政复议法》第3条规定初次从事行政复议的人员应当取得法律职业资格，也意在促进复议机构工作人员的专业化。但现实情况并不乐观，大量的行政复议机构并没有配备具备相应素质的行政复议人员，难以适应行政复议办案的需要。二是行政复议机构的独立性较差。按照《行政复议法》的规定，行政复议机构是负责办理行政复议案件的具体机构，其中的职责之一是负责"审查申请行政复议的具体行政行为是否合法与适当，拟订行政复议决定"，即行政复议机构只是在行政复议机关领导下对行政复议案件进行初步审查，其对行政复议决定并不具有决定权，而是需要服从所在行政机关首长的意见。这意味着行政复议机构完全属于一般的行政组织，其运行完全套用一般行政程序，缺乏必要的超脱性和中立性，较难获得公众的信任。

2. 行政复议机构改革

为了应对行政复议公信力的危机和强化行政复议解决行政争议的功能，北京市、哈尔滨市于 2007 年分别成立了行政复议委员会。2008 年 9 月，国务院法制办公室发出通知，决定在北京、黑龙江、江苏等 8 个省市开展行政复议委员会试点工作，并在通知中明确提出，"开展行政复议委员会试点工作，进一步完善行政复议案件审理机制，可以充分发挥专家学者等社会力量的作用，有利于提高行政复议案件办理质量和效益，也有利于进一步消除人民群众对行政复议案件审理可能产生的'官官相护'的疑虑，进一步提高行政复议制度的社会公信力。"[1] 自此，行政复议委员会的试点工作在更大范围内展开。各试点省市的行政复议委员会在实践中的做法不尽相同，不过仍然具有一定的共同点。其中的共同点之一就是积极吸收外部成员成为行政复议委员会的委员。这种做法也是与传统的行政复议机构做法最大的不同。以北京市为例，北京市政府的行政复议委员会吸收了社会力量，北京市政府首届行政复议委员会由 28 名委员组成，其中除了由市政府主管法制工作的领导担任常务副主任等职务外，还首次遴选并任命了北京部分高校、研究机构和国家部委的 18 名知名专家学者为非常任委员。

我国现行试点的行政复议委员会在行政复议工作中的功能不尽相同。根据不同城市的行政复议委员会在实践中功能的不同，行政复议委员会大体可以分为两种类型：

第一，咨询型行政复议委员会。该类型以北京的行政复议委员

---

〔1〕　参见《国务院法制办公室关于在部分省、直辖市开展行政复议委员会试点工作的通知》（国法〔2008〕71 号）。

会为代表，行政复议委员会的主要职责是"审议重大疑难行政复议案件、研究行政复议工作中的重大问题"。[1] 行政复议委员会的工作机制是召开行政复议全体会议和行政复议案件审理会议。其中，行政复议委员会全体会议负责研究本市行政复议工作中的重大问题；行政复议案件审理会议负责审议重大疑难行政复议案件。"重大疑难案件"主要包括事实、证据不易认定的；存在较大争议和专业性难度较大的；涉及重大公共利益的；在本区域社会影响较大的；法律关系复杂的以及法律适用存在重大分歧的。此类委员会的性质更类似于我国法院内部设置的专家委员会，其主要功能是起咨询作用而非办理行政复议案件。

第二，案件议决型行政复议委员会。与咨询型行政复议委员会相比，案件议决型行政复议委员会是作为行政复议的核心机构而存在的。该类型行政复议委员会的典型代表为哈尔滨市行政复议委员会。哈尔滨市行政复议委员会及其办公室统一集中调查和集中议决行政复议案件，对于适用简易程序办理的行政复议案件，案件调查组形成调查报告后报市政府行政复议委员会办公室审核，由委员会副主任（市政府法制办主任或主管主任）签署决定意见。适用一般程序的行政复议案件，案件调查组形成调查报告报市政府行政复议委员会办公室审核后，由市政府行政复议委员会办公室统一安排委员会议决会议对案件进行集中议决。委员会议决后将案件议决意见报委员会主任审签。与咨询型行政复议委员会相比，案件议决型行政复议委员会的最大特点即在于取代了原有的法制部门的案件审议功能，而由行政复议委员会行使案件审议功能。

（二）行政复议的管辖体制变革

通过吸收外部委员进入行政复议委员会，从而增强行政复议公信力的同时，我国不少地区也在尝试对行政复议的管辖体制进行变

革，主要的变革就是将过去分散的行政复议权集中行使。在实践中也存在着以下两种模式：

1. "集中受理、集中调查、集中议决、分散决定"模式

以哈尔滨市为例，哈尔滨市由市政府和市政府工作部门受理的行政复议案件统一由市政府集中受理，由市政府行政复议委员会及其办公室统一集中调查和集中议决，以法定行政复议机关名义做出行政复议决定，市政府工作部门不再独立办理行政复议案件。这也是我国当前试点城市中采用较多的模式，如广东省中山市、安徽省马鞍山市等大多数实行行政复议委员会的城市均采用此种模式。

2. "统一受理、统一审查、统一决定"模式

该种模式与前述"集中议决、分散决定"模式不同，厦门市在推进相对集中行政复议权的过程中，对行政复议委员会的工作机制进行了一定的改变，在采用由行政复议委员会对行政复议案件"统一受理、统一审查"的同时，不采用由法定行政复议机关"分散决定"的模式，而是由市政府统一作出行政复议决定。[1] 这在我国的行政复议委员会试点城市中较为少见。但是，这种统一作出行政复议决定的模式也存在着法律上的障碍，因为事实上这剥夺了市政府下属部门作出行政复议决定的权力，明显与《行政复议法》的管辖规定相违背。与此类似的是《山东省行政复议条例》[2]第 6 条第 2 款的规定："经省人民政府批准，设区的市、县（市、区）人民政府可以集中行使行政复议职权。"浙江省自 2015 年开始尝试设立的行政复议局也是采取的"统一受理、统一审查、统一决定"模式。2015 年 8 月，浙江省政府批复《义乌市行政复议体制改革试点工作方案》；2015 年 9 月，义乌市在全省乃至全国率先挂牌成立

---

〔1〕 参见厦门市人民政府办公厅 2011 年 1 月 26 日印发的《行政复议委员会试点工作实施方案》（厦府办〔2011〕11 号）。

〔2〕 2009 年 7 月 24 日，山东省第十一届人民代表大会常务委员会第十二次会议通过。

行政复议局,对行政复议案件采取"统一受理、统一审查、统一决定"模式;2016 年 7 月,浙江省行政复议局也正式设立。

在当前的试点省市中,行政复议权的集中已经成为趋势,行政复议权由政府统一行使,政府工作部门不再独立办理行政复议案件。对于"集中"的优势,众多学者及专家给予了肯定,理由包括:首先,能够增强复议结果的公正性和权威性。"统一受理、统一审理行政复议案件,可以有效地避免我国现行行政复议管辖模式存在的缺陷,使行政复议结果更具有公正性和权威性,更能获得行政相对人的信赖。"[1] 由政府"集中"行使行政复议权,能够在一定程度上避免出现上级行政机关包庇下级行政机关的情况,从而增强行政复议结果的可接受性。其次,可有效消除现行行政复议管辖制度的弊端。我国现行的行政复议管辖制度较为复杂,普通公众通常难以判定应向何机关申请复议,这无疑在一定程度上增加了相对人申请行政复议的难度。而由政府集中行使行政复议权,可以有效降低行政复议申请的难度。

三、行政复议审理机制的革新

行政复议的审理,指的是复议机关在受理行政复议申请后,对被申请人的具体行政行为进行全面审查的一项活动。《十八届三中全会决定》提出:"改革行政复议体制,健全行政复议案件审理机制,纠正违法或不当行政行为。"[2] 行政复议审理机制的合理与否,将直接影响行政复议功能的发挥。

(一) 当前行政复议审理机制存在的问题

当前,我国的行政复议审理机制主要存在以下三个方面的

---

〔1〕 曹康泰主编:《政府法制建设三十年的回顾与展望》,中国法制出版社 2008 年版,第 171 页。

〔2〕《中共中央关于全面深化改革若干重大问题的决定》,载《人民日报》2013 年 11 月 16 日,第 1 版。

问题：

1. 以书面审查为主的方式存在较多局限

我国《行政复议法》第 22 条明确了行政复议的审理方式，该条规定："行政复议原则上采取书面审查的办法，但是申请人提出要求或者行政复议机关负责法制工作的机构认为有必要时，可以向有关组织和人员调查情况，听取申请人、被申请人和第三人的意见。"可见，我国的行政复议是以书面审理为原则。在此之外，规定了调查情况和听取意见这两种审理方式作为补充。

虽然我国的《行政复议法》承认了在某些情形下进行口头审理的必要性，但是，我国行政复议的审理方式仍然以书面审理为原则，以口头审理为例外。这一原则的确立是以行政复议程序的效率、便捷为出发点的，避免了程序的繁琐。但随着实践的发展，行政复议书面审理的弊端也逐步显现。

首先，行政复议决定的公正性受到了严重质疑。复议申请人申请行政复议，是为了救济自己的合法权益，是想获取一个公正的结果。而这种结果的公正性却受到行政复议书面审理方式的极大影响。相较于书面审理，当事人更愿意相信通过法院庭审中的双方对峙得出的结果更加公正，而不愿意相信复议机关关起门来拍脑袋作出的决定是公正的。此外，在复议维持率畸高的情况下，复议申请人甚至会质疑行政复议机关是否认真履行了职权。尽管行政复议具有程序便捷、成本低廉等优势，但书面审理方式毕竟给相对人一种"听天由命"的被动感。这就促使大量的行政争议涌入法院，行政复议作为解决行政争议第一道防线的作用难以发挥。这也是为什么近些年来，每年行政复议案件数量总是低于行政诉讼案件数量的原因。

其次，书面审理的优势并未得到体现。行政复议书面审理的初衷是为了简化程序，提高解决纠纷的效率。但这种貌似减少当事人对峙、论辩的简易程序，实质上并没有带来行政效率的提升以及达到及时化解行政争议的效果。一方面，书面审理并未带来行政效率的提升。书面程序和书面行为过多，增加了程序的繁琐性。最明显的是，书面表达在信息的传递上远不如言辞直接，尤其是在辩论程序中，主体言辞辩论达意的灵活性以及一般主体使用言辞的能力都明显优于书面形式的辩论。不仅如此，书面程序的过度使用还将客观上形成律师强制代理的效果，从而又进一步增加了程序适用的繁复性。[1] 另一方面，及时化解行政争议应当是以真正解决行政争议为前提的。如果没有争议的真正化解，单纯的快速是毫无意义的。在"效率"和"公正"的取舍上，行政复议制度在设计上显然应该偏重于"公正"。如果因为书面审理方式而导致行政复议的公正性丧失，那么行政复议的效率优势也是无从体现的，因为争议并未真正化解。

正是因为书面审理方式存在着上述的弊端，因此，对口头审理方式的逐步重视在我国的《行政复议法实施条例》中也体现出来。该条例第 33 条进一步规定："行政复议机构认为必要时，可以实地调查核实证据；对重大、复杂的案件，申请人提出要求或者行政复议机构认为必要时，可以采取听证的方式审理。"

中共中央、国务院发布的《法治政府建设实施纲要（2015－2020 年）》也专门提出："健全行政复议案件审理机制，加大公开听证审理力度"。

2. 不停止执行原则不利于充分保护行政相对人的合法权益

所谓复议不停止执行原则，是指行政机关的具体行政行为不会因行政相对人申请复议而停止执行。行政复议不停止执行原则的法律依据来源于《行政复议法》第 21 条的规定："行政复议期间具体行政行为不停止执行；但是，有下列情形之一的，可以停止执行：①被申请人认为需要停止执行的；②行政复议机关认为需要停

---

[1] 顾培东：《社会冲突与诉讼机制》，法律出版社 2004 年版，第 96 页。

止执行的；③申请人申请停止执行，行政复议机关认为其要求合理，决定停止执行的；④法律规定停止执行的。"行政复议不停止执行制度在很大程度上乃是借鉴了"行政诉讼不停止执行"制度的结果。

按照行政法的通说，行政复议、行政诉讼不停止执行，其理论依据主要有：一是行政行为具有公定力，即行政行为一经作出，就推定其合法有效，对行政主体和行政相对人均产生法律效力，这种效力不因行政复议或行政诉讼而受到影响。这种行政机关用公权力作出的行为只能由同样运用公权力的机关作出的决定或判决来予以评判，所以在复议决定或法院判决未对其撤销、变更之前，原具体行政行为仍具有法律效力，且必须被执行。二是行政行为的连续性和稳定性，这是维持行政管理效率和维护社会秩序稳定的需要。如果复议期间或诉讼期间停止原具体行政行为的执行，势必会破坏行政管理活动的连续性，使行政管理行为处于不确定的状态，影响到行政管理效率，同时也不利于法律秩序和社会的稳定。这两种理论都是基于公益与私益的不对等状态，强调公益的优先性，突出行政的效率性。

暂且不论上述两种理论是否能为复议不停止执行原则提供充分的说服力，仅从这两种理论依据的出发点来看就不利于目前行政复议及行政诉讼救济功能的彰显。行政复议及行政诉讼的主要功能都是对行政相对人的合法权益提供有效的救济途径，而无论在复议过程中还是诉讼过程中，各方当事人均应受到平等对待，"在争讼过程中，公益与私益应平等对待。立法中对公益与私益确定不同保护方式的作法，不能也不应适用于执法和司法领域"。[1] 法律适用平等是法治的基本要求，争讼程序中各方当事人无论代表公益或私

---

[1] 石红心：《起诉不停止执行原则质疑》，载《行政法学研究》1997年第4期。

益，都处于平等的法律地位，这应是原则要求而非例外。[1] 不停止执行原则的设计不利于对行政相对人权利的充分保护，阻碍了行政复议救济功能的发挥。此外，复议和诉讼期间不停止执行，也很容易出现违法行政行为造成的损害难以逆转的情形。

3. 缺乏对复议调解、和解制度的全面肯定

行政复议调解是指在行政复议过程中，复议机关根据复议案件的实际情况，按照自愿、合法的原则，通过平等协商的方式，就申请复议事项在双方当事人之间达成一致解决意见的争议解决方式。对于行政复议中是否可以适用调解的问题，这在我国几经反复。1990 年颁布的《行政复议条例》对调解采取了否定的态度，该条例第 8 条规定："复议机关审理复议案件，不适用调解。"但 1999 年颁布的《行政复议法》带来了一定的变化，该法取消了《行政复议条例》中不适用调解的禁止性规定，但又对于在行政复议中是否可以适用调解并未予以明确的表态，而是采取了回避的态度。国务院 2007 年颁布的《行政复议法实施条例》对复议调解的现实需求进行了立法上的回应。该《实施条例》第 50 条规定了两类行政复议案件适用调解：一是"行政机关行使法律、法规规定的自由裁量权作出的具体行政行为"；二是"行政赔偿或者行政补偿纠纷"。这是我国在有关复议的立法中首次明确肯定了可以对部分案件适用调解，与此类似的还有《行政复议法实施条例》第 40 条关于和解的规定。

《行政复议法实施条例》第 50 条虽然确立了在行政复议中部分案件可以适用调解，但其范围十分有限，仅限于针对行使自由裁量权的具体行政行为，即主要针对合理性存在争议的具体行政行为，而不包括合法性也存在争议的具体行政行为。复议调解制度未得到

---

[1] 刘东生：《行政复议制度重构》，中国政法大学 2006 年博士学位论文，第 208 页。

全面肯定，这与现实中对复议调解的强烈需求极不匹配，也影响到复议调解制度作用的有效发挥。

（二）行政复议审理机制革新的内容

针对我国当前行政复议审理机制所存在的问题，应有针对性地从以下三个方面革新行政复议的审理机制：

1. 以口头审理为主要方式

从总体来看，我国《行政复议法》所确立的书面审理原则对于保障行政复议案件的公正性是不利的，因为缺乏公开和争议双方当事人面对面的质证、辩论，审理者难以清晰、快速地厘清案件事实，进而做出公正的判断。从以书面审理为原则转向以口头审理为主，是保障行政复议申请人合法权益、推行行政复议司法化的必然要求。

从域外的经验来看，一些国家的行政复议制度也在经历着对口头审理方式的逐步肯定。其中，韩国是对行政复议审理方式变革较为彻底的一个国家。1995 年之前，《行政审判法》以书面审理为原则，是否采取口头审理的方式完全取决于行政审判委员会的裁量。这与推进行政复议的司法化相违背，不利于当事人（尤其是复议申请人）通过口头辩论的方式提出有利于自身的主张并进行举证。为此，许多学者提出了批评的意见，1993 年的修改草案中甚至倾向于采取以口头审理为原则、书面审理为例外的做法。[1] 最终，1995 年法律修订之后，书面审理的原则被废止，审理方式改为可以进行口头审理或者书面审理，但是当事人申请进行口头审理的，除非必须进行书面审理的外，委员会必须进行口头审理（第 26 条第 2 款）。但是，法律并没有明确委员会应当在何种情形下进行口

---

〔1〕　参见［日］赵元济：《韩国国民权利救济体系》，信山社 2001 年版，第 125–126 页。

头审理。[1]

从提高行政复议制度公正性的角度出发，应当对我国行政复议制度以书面审理为原则的审理方式进行改变。从以书面审理为原则转变到更多地采取口头审理原则，但为了提高行政效率的需要，也不宜所有复议案件都实行口头审理。在审理方式上，可以区分为以下三种类型：

（1）口头审理方式。口头审理应采取类似于法院庭审的方式进行，由行政复议机构组织审理，审理大致分为两个阶段，即调查阶段和辩论阶段。在调查阶段，由审理人员组织复议申请人和被申请人对证据展开质证，在充分抗辩的基础上查明事实。除质证外，审理人员还可以对相关的事实问题发问，了解相关事实。辩论阶段则是在审理人员的主持下由复议申请人和被申请人分别就事实问题和法律问题陈述意见。但出于保持行政复议比较优势的需要，行政复议的口头审理在具体的程序上不应完全照搬法院的庭审程序。此外，对于口头审理的适用范围应当予以必要的限制，应主要限于以下类型的案件：一是事实问题存在较大争议的案件。对于事实问题存在较大争议的案件，仅采用书面方式是难以查清事实的，采用口头审理，由双方对证据进行质证，更利于查清事实。二是案情重大、复杂的案件。案情重大、复杂的案件一般包括：涉及人数众多或者群体利益的案件；社会影响较大的案件，主要是社会普遍关注的案件；法律关系复杂的案件；重大的涉外案件等。三是行政复议审理机构认为有必要的案件。除上述情形外，还应当赋予行政复议审理机构一定的裁量权，由其决定哪些案件采用口头审理。

（2）书面审理方式。书面审理应当是例外情形，只有在极少数情况下才能适用。对于下列案件，行政复议机构可以决定适用书面

[1] 吕艳滨：《韩国的行政复议制度》，载周汉华主编：《行政复议司法化：理论、实践与改革》，北京大学出版社2005年版，第406页。

方式进行审理：一是争议焦点为执法权限的案件。行政复议申请人因作出具体行政行为的行政机关超越权限而申请行政复议。通常表现为申请人对具体行政行为的认定事实没有争议（如认罚），但对处理主体及其权限存在疑问。[1] 对于这类案件，仅凭书面审理即可作出复议决定。二是对合法性不存在争议，仅对于合理性有争议的案件；此类案件主要是对于案件的事实认定及法律依据没有争议，但对于合理性有争议。三是轻微程序违法的案件。对于轻微程序违法的案件，通过双方当事人提交的相关材料就可以查清案件事实，对于此类案件，也可以采用书面审理方式。

（3）听取意见。听取意见是口头审理和书面审理的中间形态。除前述应当口头审理以及可以采用书面审理的情形外，在行政复议案件审理过程中应当听取复议当事人的意见，以便于更好地了解当事人对案件事实和法律适用的意见。

2. 确立行政复议停止执行原则

行政机关作出的具体行政行为一旦被行政相对人认为侵犯了其合法权益，并被申请由复议机关进行审理，就会处于一种新的状态，即行政行为的合法性因受到质疑而处于一种不确定的状态。但是，行政行为的执行力是否因此受到影响呢？我国《行政复议法》确立了行政复议不停止执行为原则，停止执行作为例外，其实质是为了保障行政权力的有效行使和行政行为的连续性，维护社会秩序的稳定。这一模式的选择是当时将行政复议定性为行政监督方式的理念所决定的。但随着行政复议的救济作用日益增强，其在相对人权利保护方面的制度设计也理应做进一步完善。确立行政复议过程中原具体行政行为停止执行制度，具有其现实的正当性基础。

首先，复议停止执行原则体现了复议双方当事人地位的平等。法律面前人人平等，同样适用于复议中的双方当事人。虽然在行政

---

〔1〕 郜风涛主编：《行政复议法教程》，中国法制出版社 2011 年版，第 228 页。

管理活动中行政主体与行政相对人处于不对等的状态，这是出于行政管理活动的特殊需要。但是，一旦行政主体和行政相对人进入到复议程序中来，成为行政复议的被申请人和申请人，就具有平等的法律地位，平等地享有通过法律来解决争议的权利。其中一方无权在公正裁判前，要求对方就争议标的进行作为或不作为的义务。复议停止执行原则，就体现了复议双方当事人地位的平等。通过停止执行，原具体行政行为的执行力被冻结，被申请人无权要求申请人就争议标的继续进行作为或不作为的义务，双方当事人处于平等地位。

其次，复议过程中停止原具体行政行为的执行更有利于保护行政相对人的合法权益。行政复议作为行政相对人寻求合法救济的一种重要方式，其在保护相对人合法权益方面的功能应当得到进一步发挥。这也是行政复议制度获得行政相对人认可并取得进一步发展的必要条件。行政复议程序因行政相对人的申请而启动，如果行政相对人认为行政复议制度并不能有效保护自己的合法权益，对这一制度失去基本的信心，那么行政复议制度存在的必要性就会受到质疑，这一制度的发展也会进入瓶颈状态。因此，行政复议制度的长足发展需要更加关注如何保护行政相对人的合法权益。行政复议中的停止执行制度，恰恰就是为最大程度地保护行政相对人的合法权益而设计的。

再次，复议停止执行可以避免行政资源的浪费。行政复议中不停止原具体行政行为的执行可以保证行政行为的执行力，提高行政效率。但是，如果原具体行政行为一旦被行政复议机关认定为违法而被撤销，其后续补救措施往往会带来行政资源的浪费，包括行政机关需要返还财产、恢复原状，甚至作出行政赔偿。复议停止执行就可以有效避免这种浪费的出现。

最后，不停止执行原则与《行政强制法》中的立法精神不一致，实践中一些行政机关并未严格贯彻。根据我国《行政强制法》

第 53 条的规定:"当事人在法定期限内不申请行政复议或者提起行政诉讼,又不履行行政决定的,没有行政强制执行权的行政机关可以自期限届满之日起 3 个月内,按照本章规定申请人民法院强制执行。"根据这条规定,申请人民法院强制执行的前提条件之一是,行政相对人没有申请行政复议或提起行政诉讼。如果行政相对人已经提起行政复议的,那就不能再申请人民法院强制执行了。可以理解为《行政强制法》的立法精神就是申请人民法院强制执行的行政行为应当是没有争议的行政行为,有争议的行政行为不能通过法院来维持其执行力。结合《行政复议法》中有关不停止执行的规定,只有具有行政强制执行权的行政机关才能在行政复议过程中实现原行政行为的不停止执行。但现实中,不停止执行确实可能给行政机关带来行政资源的极大浪费,与之相关联的行政赔偿也会使行政机关在执行前有诸多顾虑。所以,目前实践中不停止执行也没有得到很好的贯彻。

基于上述分析,在复议中确立停止执行原则能够更好地维护行政相对人的合法权益,树立行政相对人通过行政复议解决行政争议的信心,也能有效避免行政资源的浪费,有利于行政复议制度的发展。

3. 扩大行政复议调解的范围

行政复议调解范围的大小,直接决定了行政复议调解能在多大范围内发挥作用。囿于理论上的限制,我国的《行政复议法实施条例》对行政复议调解的适用范围仅规定了两种情形:一是针对行使自由裁量权的具体行政行为;二是当事人之间的行政赔偿或者行政补偿纠纷。这两类行为之所以能被纳入调解范围,原因在于根据现在的主流观点,这两种情形下均不涉及合法性问题,行政主体对这两种行为具有一定的裁量空间。

从我国的实际出发,扩大行政复议调解的适用范围乃是必然趋势。一是实践的需要,因为"复议案件类型众多,如严格限制调解

适用范围，将导致实践中大量的行政复议案件无法适用调解，行政
复议制度会成为一种作用不大的摆设"。[1] 二是扩大行政复议调解
适用范围在理论上并不存在障碍。我国当前的行政复议调解范围仅
限于针对行使自由裁量权的具体行政行为，即主要针对合理性存在
争议的具体行政行为，而不包括合法性也存在争议的具体行政行
为。但事实上，行政主体与相对人就行政行为的合法性问题，并非
不存在讨论的空间。一方面，根据公共参与原则，在行政复议申请
人充分参与案件的情况下，行政复议被申请人完全可能接受申请人
的观点，从而改变自己在事实认定甚至法律适用方面的看法，进而
改变之前对具体行政行为是否合法的判断；另一方面，根据利益衡
量理论，行政行为的作出、改变等均应符合公共利益的需要，只要
不违反公共利益，行政行为无论是否合法，其存废以及变更等问题
都具备一定的讨论空间。违法的行政行为未必就不可保留，而合法
的行为未必就不能撤回。[2] 对违法行政行为而言，如果仅仅是程
序违法，完全可以在取得行政复议申请人谅解的情况下继续保留。
如果撤销违法行政行为会严重损害公共利益，则违法的行政行为并
不能撤销，而只能采取其他补救措施，对于需要采取的补救措施，
则完全可以通过调解确定。对合法的行政行为而言，如果违反了比
例性原则，同样可以被撤回。此外，如果合法行政行为的继续存在
不仅不能有利于公共利益，反而可能损害公共利益，那么也应该被
撤回。由此观之，将行政复议调解的范围仅限于针对合理性存在争
议的具体行政行为以及行政赔偿、补偿争议，不仅难以满足实务的
需要，而且在理论层面同样是不能成立的。

行政复议调解的范围应当涵盖具体行政行为的合法性问题，但

---

〔1〕 郜风涛主编：《行政复议典型案例选编》（第二辑），中国法制出版社2011年版，第78页。
〔2〕 依照行政法领域的惯常用法，撤销的对象通常是违法的行政行为，对于合法的行政行为，通常用"撤回"。

这并非意味着行政复议调解的范围可以不受任何限制。由于行政复议与行政诉讼的同质性，行政诉讼调解的有关理论在很大程度上也可适用于行政复议调解。其中，域外的制度对于我们探讨行政复议的调解范围具有一定的借鉴意义。《德国行政法院法》第 106 条规定："参与人为了全部或部分解决，所提出的要求，可以在法院受委托的或者所请求的法官作成的笔录中，在他所能够支配的诉讼标的范围内，达成一项和解。"我国台湾地区的"行政诉讼法"第219 条规定："当事人就诉讼标的具有处分权且其和解无碍公益之维护者，行政法院不问诉讼程度如何，得随时试行和解。"从德国和我国台湾地区的立法中可以看出，在行政诉讼中和解的一个共同前提就是对于诉讼标的具有处分权，"所谓当事人就诉讼标的具有处分权，指当事人就诉讼标的，事实上有处分的可能，法律上有处分之权限，因此进一步对于和解标的，有权作成有拘束力之声明者而言"。[1] 换言之，也就是被诉的具体行政行为属于行政主体作出的行政行为，行政主体对于该行政行为可以撤销、变更等。从德国和我国台湾地区的立法来看，行政诉讼的调解范围极广，只是将行政主体没有处分权的争议排除在外。

在综合考虑现实需求、法学理论以及域外制度借鉴的基础上，对于我国行政复议调解的范围，笔者认为只应将"无效行政行为"排除在外。在行政法理论和实践中，对严重的、有明显瑕疵的行政违法行为，认定其"无效"。[2] 简言之，对于具体行政行为的合法性问题，可以进行调解，但如果是严重的、明显违法的具体行政行为，则不应进行调解。其中，行政主体没有处分权是具体行政行为无效的一种情形。将无效行政行为排除在行政复议调解的范围之外，这是因为，一方面无效行政行为是严重的、明显的违法行为，对于此类争议，在合法性上并没有讨论的空间，如果此类争议也可

---

〔1〕 翁岳生编：《行政法》，中国法制出版社 2002 年版，第 1465 页。

〔2〕 杨解君等：《行政法与行政诉讼法》，清华大学出版社 2009 年版，第 385 页。

以调解，可能导致"法律的虚无"，丧失了法律的底线；另一方面，行政复议兼具监督功能，这也要求行政复议机关对于复议被申请人的无效行政行为，不应进行调解，而应当明确宣告其无效。

四、行政复议与行政诉讼的程序衔接

行政复议和行政诉讼是多元纠纷解决机制的重要组成部分。《十八届四中全会决定》指出："健全社会矛盾纠纷预防化解机制，完善调解、仲裁、行政裁决、行政复议、诉讼等有机衔接、相互协调的多元化纠纷解决机制。"[1] 行政复议和行政诉讼的有机衔接、相互协调对于完善我国的多元化纠纷解决机制有着极为重要的作用。

（一）我国行政复议与行政诉讼程序衔接现状

我国当前行政复议与行政诉讼的程序衔接，主要由《行政复议法》《行政诉讼法》加以规定，但同时在单行法中也有相关规定，如在《个人所得税法》《集会游行示威法》等单行法中均有关于复议与诉讼程序衔接的规定。当前，我国行政复议与行政诉讼的程序衔接主要有以下四种情形：

1. 相对人选择

当前我国行政复议与行政诉讼程序衔接的基本格局是"相对人选择为原则，复议前置为例外"。"相对人选择"的格局由《行政诉讼法》第44条第1款的规定所构建："对属于人民法院受案范围的行政案件，公民、法人或者其他组织可以先向行政机关申请复议，对复议不服的，再向人民法院提起诉讼；也可以直接向人民法院提起诉讼。""相对人选择"也成为复议与诉讼程序衔接的一般规定，在没有其他法律作出例外规定的情况下，相对人均可以进行自由选择，自行决定是直接提起行政诉讼还是先进行复议后再提起

---

〔1〕《中共中央关于全面推进依法治国若干重大问题的决定》，载《人民日报》2014年10月29日，第1版。

诉讼。

2. 复议前置

在"相对人选择"的原则之外，我国的《行政复议法》及部分单行法还规定了复议前置。如《行政复议法》第 30 条第 1 款规定："公民、法人或者其他组织认为行政机关的具体行政行为侵犯其已经依法取得的土地、矿藏、水流、森林、山岭、草原、荒地、滩涂、海域等自然资源的所有权或者使用权的，应当先申请行政复议；对行政复议决定不服的，可以依法向人民法院提起行政诉讼。"而在部分单行法中，同样也确立了复议前置制度，如《税收征收管理法》第 88 条规定："纳税人、扣缴义务人、纳税担保人同税务机关在纳税上发生争议时，必须先依照税务机关的纳税决定缴纳或者解缴税款及滞纳金或者提供相应的担保，然后可以依法申请行政复议……当事人对税务机关的处罚决定、强制执行措施或者税收保全措施不服的，可以依法申请行政复议，也可以依法向人民法院起诉。"根据该条规定，"纳税争议"实行复议前置，相对人必须先复议然后才能提起行政诉讼，但税务处罚、强制则不实行复议前置，相对人可以自由选择复议或者诉讼。

3. 复议终局

复议终局是指，行政相对人只能申请行政复议而不能提起行政诉讼的情形。《行政复议法》第 30 条第 2 款规定："根据国务院或者省、自治区、直辖市人民政府对行政区划的勘定、调整或者征收土地的决定，省、自治区、直辖市人民政府确认土地、矿藏、水流、森林、山岭、草原、荒地、滩涂、海域等自然资源的所有权或者使用权的行政复议决定为最终裁决。"该款规定的复议终局情形的适用需要同时具备三个条件：一是针对的行为类型是确权决定，即确认自然资源的所有权或使用权的决定；二是复议机关是省、自治区、直辖市人民政府；三是作出复议决定的依据是"国务院或者省、自治区、直辖市人民政府对行政区划的勘定、调整或者征收土地的决定"。

4. 选择终局

选择终局的情形是指相对人具有选择复议或诉讼的权利，但是如果选择了复议，则行政机关所作的复议决定就是终局性的，相对人针对复议决定不能再提起行政诉讼。如《出境入境管理法》第15条规定："受公安机关拘留处罚的公民对处罚不服的，在接到通知之日起十五日内，可以向上一级公安机关提出申诉，由上一级公安机关作出最后的裁决，也可以直接向当地人民法院提起诉讼。"这种情形是较为典型的"选择终局"。与之相比，《行政复议法》第14条规定的"选择终局"则较为特殊，该法规定："对国务院部门或者省、自治区、直辖市人民政府的具体行政行为不服的，向作出该具体行政行为的国务院部门或者省、自治区、直辖市人民政府申请行政复议。对行政复议决定不服的，可以向人民法院提起行政诉讼；也可以向国务院申请裁决，国务院依照本法的规定作出最终裁决。"该条规定的"选择终局"的特殊性主要体现为该终局裁决是经过"二次复议"后的终局，就第一次复议而言，当事人是可以提起行政诉讼的，并不构成复议终局，而只有在向国务院提起"二次复议"后，国务院的复议决定才是终局的。

除上述情形外，还有学者提出，在行政复议与行政诉讼的关系上还存在着一种特殊的情形，即"径行起诉"；换言之，即只能起诉而不能复议，并认为《水污染防治法》第54条、《草原法》第21条、《商标法》第50条、《著作权法》第56条所规定的情形属于此类。[1] 但是，前述的类似观点也受到了质疑，有观点认为，"在复议与诉讼的关系中，还应当包括'只能诉讼'这种情况。有部分学者甚至提出这是我国现行体制中的一种独立的模式，这与其

---

〔1〕 参见章志远：《我国行政复议与行政诉讼程序衔接之再思考》，载《现代法学》2005年第4期。由于法律条文的修改，前述法律条文中的部分内容现在已经不是有关复议与诉讼衔接的内容了，特此说明。

说是创新，不如说是创错。因为《行政诉讼法》第 44 条第 1 款的规定已经再明确不过地宣布，任何可诉讼的案件都可以复议，我国并不存在只能诉讼不能复议的案件"。[1] 对此观点，笔者持赞成态度，虽然上述法律条文中并未明确提出能够复议，如《商标法》第 50 条规定："对工商行政管理部门根据本法第 45 条、第 47 条、第 48 条的规定做出的罚款决定，当事人不服的，可以自收到通知之日起 15 日内，向人民法院起诉；期满不起诉又不履行义务的，由有关工商行政管理部门申请人民法院强制执行。"但该条同样亦未禁止相对人提起行政复议，而且按照《行政复议法》的规定，该种情形并不属于不可复议的范围。再加之《行政诉讼法》第 44 条第 1 款规定了可以提起行政诉讼的案件均可提起行政复议，因此，我国并不存在只能提起行政诉讼而不能复议的情形。

（二）行政复议与行政诉讼程序衔接之原则

设计行政复议与行政诉讼的程序衔接制度时，应当遵循一些基本的原则，这些原则包括：

1. 司法最终原则

司法最终原则，即任何主体间因法律适用问题而引起的争议原则上只能由法院作出最终裁决。从世界范围内来看，司法最终原则几乎是被广泛接受的一项原则，《世界人权宣言》第 8 条规定可谓对司法最终原则的诠释："任何人当宪法或法律所赋予他的基本权利遭受侵害时，有权由合格的国家法庭对这种侵害行为作有效的补救。"司法最终原则具有两方面的含义：一方面，该原则是对相对人利用司法权保护自身权益的保障性原则，《世界人权宣言》第 8 条也是从这方面予以阐释的；另一方面，司法最终原则还是处理司法权和其他权力在解决纠纷方面的权力划分原则，强调解决纠纷的最终权力属于司法机关。坚持司法最终原则的理由在于其独立性和

---

〔1〕　张越：《行政复议法学》，中国法制出版社 2007 年版，第 502 页。

专业性，"法院与外界隔绝，具有专门知识，能够'冷静地重新考虑'，从而可以表达出我们最基本的价值观念"。[1] 就不同的纠纷类型而言，司法最终原则对处理行政纠纷的影响无疑是最大的。因为就民事纠纷和刑事纠纷而言，解决这些纠纷的最终权力几乎毫无疑义地属于司法机关。即使是在解决行政纠纷领域，司法最终原则也被绝大多数国家所奉行，如我国近邻日本1946年颁布的《日本国宪法》第76条第2款就明确规定："不得设置特别法院，行政机关不得施行作为终审的审判。"而在德国，司法最终原则在解决行政纠纷领域同样被奉行，如替代纠纷解决机制（Alternative Dispute Resolution）在德国受到冷遇的根本原因之一在于《宪法》中的相关具体规定，例如第92条对于司法权垄断于法官的规定，第103条第1款对于任何人都有权获得"法院举行的正式听证"的权利。[2] 而在美国，"一切行政行为都可以接受司法审查，无须法律明文规定。在法律有规定时，按照法律的规定进行法定的审查。在法律无规定时，进行非法定的审查"。[3]

正所谓"有原则必有例外"，司法最终原则并不代表任何行政案件均可进入司法审查领域。行政诉讼受案范围在一定意义上就是对排除司法审查的规定。即使在法治发达的美国，也并不是任何案件均能够进行司法审查，也同样存在着例外情形："不能审查的行政行为只是例外，这种例外出现在两种情况：①法律规定不能进行司法审查；②问题本身的性质不宜由法院决定。在当代，例外的情况越来越少。行政行为原则上都假定属于能够审查的行为，这个原则称为可以审查的假定（presumption of reviewability）。"[4]

---

〔1〕 ［美］杰罗姆·巴伦、托马斯·迪恩斯：《美国宪法概论》，刘瑞祥等译，中国社会科学出版社1995年版，第11页。

〔2〕 参见刘飞：《德国公法权利救济制度》，北京大学出版社2009年版，第30页。

〔3〕 王名扬：《美国行政法》（下），中国法制出版社1995年版，第604页。

〔4〕 王名扬：《美国行政法》（下），中国法制出版社1995年版，第604页。

2. 保护相对人的合法权益

保护相对人的合法权益，不仅是行政复议的首要功能，同样也是行政诉讼最为核心的功能。之所以强调处理好行政复议与行政诉讼的衔接问题，目的亦在于通过衔接，使两者能够在保护相对人的合法权益方面发挥最大功效。因此，是否有利于保护相对人的合法权益应是判断衔接制度是否合理、科学的重要标准和原则。如在美国，虽然穷尽行政救济是原则，然而一旦确定发现坚持穷尽行政救济不利于保护相对人的权益时，包括"事先穷尽行政救济将会给行政相对人造成无法弥补的损失、行政机关无法提供适当的救济、行政机关明显缺乏管辖权"等情形时，则相对人可以直接提起行政诉讼。

3. 发挥行政复议与行政诉讼各自的优势

行政复议与行政诉讼作为当今最为主要的行政救济手段和纠纷解决机制，具有各自的优势。行政复议与行政诉讼相比，其可能的优势在于廉价、快捷、专业、拥有更多解决问题的能力和资源等。而与行政复议相比，行政诉讼可能的优势则在于更为公正、在法律问题上更为专业、司法经验更为丰富等。在行政复议与行政诉讼衔接制度的设计上，理应充分考虑行政复议与行政诉讼的各自特点，将充分发挥各自的比较优势作为基本的原则之一。

（三）我国行政复议与行政诉讼程序衔接中存在的问题

我国当前以自由选择为原则、复议前置为例外，并兼有复议终局情形的程序衔接机制存在着诸多弊端，主要体现在以下三个方面：

1. 设置标准不明确

纵览我国现行法律，对复议与诉讼程序衔接的设置标准，除了《行政诉讼法》第 44 条第 1 款的规定可以视为是复议与诉讼衔接机制的总体性的描述外，对复议与诉讼程序衔接的设置标准缺乏总体规定，如既没有规定以何种标准确立复议前置，也没有规定在何种情况下设置复议终局，由此造成的局面就是复议与诉讼程序衔接关系的设置极其凌乱，不仅不同种类的法律法规之间规定的模式不同，而且同一种类的法律法规之间、同一类型或同一机关管辖的案件之间甚至同一部法律法规不同的条款之间的规定也不一致。[1]

2. 部分设置缺乏正当性

关于法治，亚里士多德有一句众所周知的名言："法治应包括两重意义：已成立的法律获得普遍的服从，而大家所服从的法律又应该本身是制定得良好的法律。"[2] 我国已将依法治国作为基本的治国方略，行政法治自然也是追求的目标，这就要求法律应当是"良法"。要符合良法的标准，法律条款的正当性必须经得起拷问。而我国目前有关行政复议与行政诉讼的程序衔接方面的法律规范，恰恰在某些方面是经不起"拷问"的。首先，复议前置的设置门槛过低。《行政诉讼法》第 44 条第 2 款规定："法律、法规规定应当先向行政机关申请复议，对复议决定不服再向人民法院提起诉讼的，依照法律、法规的规定。"该条款将复议前置的设置门槛放低至"法规"，即法规就有权设置复议前置。这在复议与诉讼的程序衔接上主张自由选择的我国，无疑在一定程度上限制了相对人的选择权。[3] 其次，复议终局的正当性缺乏。如前所述，司法最终原则作为一项普适性的原则，在我国也理应得到遵守。但无论是前文所描述的我国的"复议终局"还是"选择复议终局"，事实上都与司法最终原则相悖。虽然司法最终原则允许存在例外情形，但我国目前的"复议终局"和"选择复议终局"明显存在过多、过滥的问题。而一些复议终局的正当性更是经不起推敲。如《出境入境管

---

〔1〕 章志远：《我国行政复议与行政诉讼程序衔接之再思考》，载《现代法学》2005 年第 4 期。

〔2〕 ［古希腊］亚里士多德：《政治学》，吴寿彭译，商务印书馆 1965 年版，第 199 页。

〔3〕 对于是否应当强制性的复议前置，这是另一个层面的问题，后文再加以讨论。

理法》第 15 条规定，受公安机关拘留处罚的公民对处罚不服的，要么申诉[1]并由上级公安机关作出最终裁决，要么公民直接向当地法院起诉，这种设置的理由何在？此外，《行政复议法》第 14 条中规定国务院的裁决是最终裁决，该规定的正当性同样阙如。既然《宪法》都明确规定法律面前人人平等，其他的行政机关都可以做被告，那么作为最高行政机关的国务院为什么就不能作为被告呢？如此规定很容易让人联想到特权思想，其正当性更是经不起推敲。

3. 不利于保护相对人的合法权益

权利救济功能应当是行政复议和行政诉讼的首要功能，基于此，行政复议与行政诉讼的程序衔接必须有利于相对人合法权益的保护。但在目前的程序衔接体制下，并不利于相对人合法权益的保护，主要体现在以下两个方面：一是"复议终局"的情形过多，影响了相对人请求司法救济的权利。从理论上讲，行政复议与行政诉讼相比虽然有其自身的比较优势，但也有其短板，这个短板之一就是"公正性"方面不如行政诉讼。行政诉讼因为审判机关的中立性、严格的司法程序等方面因素，在"公正性"方面相比行政复议更容易获得当事人的认可。复议终局的情形过多，明显影响了相对人请求司法救济的权利，事实上也不利于行政纠纷的有效解决。二是"自由选择"模式在某些情况下并不利于保护相对人的合法权益。"从发展趋势来看，当事人选择原则似乎正在受到重视。世界上的大多数国家也都是实行复议选择原则。无论各国行政公信力的实绩如何，将选择权赋予当事人本身就是行政自信的表现。"[2] 类似的观点从目前来看，在我国占据着绝对的主流地位。但是，"自由选择"模式也存在着自己的缺陷，特别是在行政诉讼囿于司法权的限制而审查强度不如行政复议的情况下。众所周知，我国行政诉讼的审查主要限于对具体行政行为的合法性审查，一般情况下不审

---

〔1〕　此处的"申诉"从性质上讲就是复议。

〔2〕　张越：《行政复议法学》，中国法制出版社 2007 年版，第 501 页。

查具体行政行为的合理性。但行政复议则不同，不仅可以审查具体行政行为的合法性，还可以审查具体行政行为的合理性。在此情况下，如果引起行政纠纷的原因是合理性问题而非合法性问题，那么在"自由选择"的模式下，相对人一旦选择了行政诉讼，一般情况下将丧失通过行政复议维护其权益的机会。

（四）行政复议与行政诉讼程序衔接之重构

分析了我国行政复议与行政诉讼程序衔接的确立原则以及现实中存在的问题之后，对于我国的行政复议与行政诉讼的程序衔接，提出以下建议：

1. 取消复议终局

无论法律明确规定的还是事实上存在的行政复议终局情形，抑或因为当事人的选择而引起的行政复议终局情形，在本质上都违背了法治国家所共同遵循的司法最终原则，无助于公民合法权益的维护。[1] 通过修改《行政复议法》以及相关法律，从而取消我国现行法律中有关复议终局的规定，乃是大势所趋，也是我国实现依法治国所必须迈出的一步。无论不具有选择余地的"复议终局"还是"选择终局"，抑或"复议后选择终局"，都应该取消，并在《行政诉讼法》中正式确立"司法最终原则"。

笔者赞成取消有关复议终局的规定，主张禁止任何法律、法规设立复议终局条款，但并不赞成所有经过复议的案件都能进入行政诉讼领域，在下列少数情况下，应当允许"复议终局"的存在：一是超出《行政诉讼法》审查强度范围的仅涉及行政行为合理性的案件。对于我国《行政诉讼法》确立的"以合法性审查为原则，以合理性审查为例外"的审查强度标准，笔者是赞成的，这个标准不仅是避免司法权凌驾于行政权之上的需要，也是综合考虑司法审查能力后所确立的标准，是合理的。因此，对于因为超出司法审查强

---

[1] 章志远：《我国行政复议与行政诉讼程序衔接之再思考》，载《现代法学》2005 年第 4 期。

度而导致的事实上的"复议终局"，笔者认为没有改变的必要，应当允许其存在。二是在行政复议范围大于行政诉讼范围的情况下，部分案件可以复议但不可以诉讼的情况。这种情况是由于我国《行政诉讼法》的范围过窄造成的。从理想状况来看，我国《行政诉讼法》的受案范围过窄，应当扩大行政诉讼的受案范围。但就受案范围衔接的角度而言，笔者主张行政复议的范围应当大于行政诉讼的受案范围。简言之，即使行政诉讼的受案范围扩大了，但行政复议的受案范围应当更大，因此总是存在着属于行政复议的范围但不属于行政诉讼范围的案件，对于这种情况造成的"复议终局"，笔者认为其存在是合理的，在一定程度上也是行政复议优越性的体现。

2. 确立复议前置原则

在行政复议与行政诉讼的程序衔接上，一方面我国应该借鉴域外的制度，对于借鉴和移植域外制度，在我国并不鲜见，行政诉讼领域尤其如此。"在行政诉讼方面，现行的制度和原则乃至观念，几乎都是在 70 年代末改革开放以后，在移植外国的经验的基础上建立起来的"；[1] 另一方面在借鉴域外制度与经验时，必须考虑是否能够和我国的国情相适应的问题。在行政复议与行政诉讼的程序衔接上，一个核心问题就是是否应该复议前置的问题。对此问题，我国目前实行的是"当事人自由选择为主、复议前置为例外"的模式。这一模式在我国受到的赞许与肯定远远多于批评和反对。

近年来，有越来越多的学者及实务界人士提出应该实行以"复议前置为原则、直接诉讼为例外"的模式，并提出了复议前置的一些主要理由：一是在一定范围内建立"穷尽行政救济原则"，可以使很多虽然依照法律的程序权利可以起诉但在行政诉讼中实际上并不可能得到解决的行政案件，可以通过行政复议的途径得到解决

---

[1] 何勤华：《新时期中国移植西方司法制度反思》，载《法学》2002 年第 9 期。

（如涉及合理性问题的行政案件等）。[1] 二是增加复议案件的数量，使行政复议成为解决行政争议的主渠道。从目前的情况来看，我国的行政复议案件与行政诉讼的案件数据相差不大，而且"70%的行政诉讼案件在起诉前未经过行政复议"，[2] 换言之，行政复议并未成为行政诉讼的过滤器，大部分进入行政诉讼的案件并未经过行政复议程序，因而也使得行政复议没有成为"解决行政争议的主渠道"。很多实务界的人士主张实行对所有案件均实行复议前置。如当前地方法制机构有关《行政复议法》修改的建议稿，就主张实行复议前置。就连一些不支持一律复议前置的学者也认为，"可在继续坚持当事人自由选择模式的基础上，适当增加行政复议前置的情形，为行政复议化解行政纠纷主渠道作用的发挥提供更为广阔的空间"。[3] 三是可以充分发挥行政复议解决行政争议的优势。与行政诉讼相比，行政复议具有自己的比较优势，如专业性、无偿性、便捷性、高效性等。如主张实行复议前置的学者认为，"行政争议一般都具有较强的专业性和技术性，而对于专业性和技术性问题的解决恰恰是行政机关的特长。行政机关一般拥有解决这些行政争议的专业人才，也具有解决这些专业性和技术性问题的经验和条件"。[4] 四是发挥行政复议的过滤作用，避免过多的行政纠纷涌入法院，从而减轻法院的负担。能够过滤掉一部分行政案件，从而减轻法院的负担，这也是域外实行复议前置国家的一条重要经验。

从目前来看，对于复议前置的问题，我国学者基本有三种观

---

〔1〕 沈福俊：《论"穷尽行政救济原则"在我国之适用——我国提起行政诉讼的前置条件分析》，载《政治与法律》2004年第2期。

〔2〕 李立：《七成行政诉讼案件诉前未经行政复议》，载《法制日报》2006年12月4日，第1版。

〔3〕 章志远：《行政复议法修改的三重任务》，载《中国纪检监察报》2011年11月25日，第7版。

〔4〕 周兰领：《行政复议强制前置模式的重建》，载《长安大学学报（社会科学版）》2008年第4期。

点：一是主张实行"自由选择"模式，其中既有主张维持现状者，亦有主张实行更为彻底的自由选择者，以维护相对人的程序选择权；二是主张扩大复议前置范围者；三是主张实行较为彻底的复议前置者。对此，笔者的态度倾向于第三种观点，即主张实行较为彻底的复议前置，在我国确立复议前置原则，只有在少数情况下可以不经复议直接提起行政诉讼。原因如下：

首先，复议前置有利于维护相对人的合法权益。行政复议与行政诉讼相比，在对相对人的保护方面，具有以下优势：一是受案范围较行政诉讼的受案范围宽。行政复议的范围中没有对影响相对人权利类型的限制，而我国目前的行政诉讼则主要限于受理对相对人人身权、财产权造成侵害的具体行政行为的案件。二是对具体行政行为的审查强度较行政诉讼强，行政诉讼原则上只审查具体行政行为的合法性。三是救济时效较行政诉讼时效短，行政复议的救济时效只有 60 日，而行政诉讼的时效则为 6 个月。上述三个特点的存在，决定了实行较为彻底的复议前置无疑更有利于维护相对人的合法权益。在当前的相对人自由选择的模式下，相对人可能会选择就程序而言更为公正的行政诉讼，不过一旦相对人与行政主体的纠纷并不属于行政诉讼的受案范围，或者超出了行政诉讼的审查强度，但这些案件又进入了行政诉讼程序，抑或相对人对上述争议是在行政复议时效之后才提起行政诉讼，那么，相对人均将丧失通过行政复议获得维护自身合法权益的机会。确立复议前置原则，则可避免类似情况的出现。所以，确立复议前置，看似限制了相对人的程序选择权，实则更有利于维护相对人的合法权益。

其次，有利于发挥行政复议的比较优势，更有利于行政纠纷的解决。行政复议具有一些行政诉讼所不具有的比较优势，如专业性、便捷性、无偿性等。不过，上述行政复议比较优势的发挥需要一定的前提，"在合法行政、善意行政、公正行政有充分保证的情况下，穷尽行政救济原则的效率优势更为明显"。[1] 但就我国现状而言，行政复议的公正性确实难以让人满意，绝大多数行政复议案件的审理结果都是"维持"，在行政复议公信力丧失的情况下，复议前置确实在一定程度上只能是增加相对人的负担，而不能起到保护相对人合法权益的作用。我国目前正在实施以复议委员会为核心的复议制度的改革，已经取得了一定的成效。可以预见，在以行政复议委员会制度为核心的一系列的复议制度得到完善之后，我国行政复议解决行政争议的能力必然增强，公正性亦可期待。确立复议前置原则将使更多的案件进入复议渠道，从而使行政复议解决行政争议的能力得到充分发挥。

最后，复议前置有助于节约司法资源。与行政复议机关相比，司法机关在人力、财力等方面均较为有限。而且行政诉讼由于程序繁琐、周期较长等方面的因素，致使行政诉讼解决行政纠纷的成本较高。这也决定了行政诉讼不应成为解决行政争议的主渠道。在此情况下，更需要在行政诉讼之前有一个有效的"过滤器"，将大部分的行政纠纷过滤掉，从而大幅减少进入行政诉讼程序的案件数量。确立复议前置，将使行政复议"过滤器"的功能得以发挥，不仅使行政系统内部有自我改正错误的机会，而且可以减少进入行政诉讼程序的行政案件数量，从而使法院有限的人力和财力能更有效地使用，这也有利于缓解我国司法资源日益紧张的局面。

在我国确立复议前置原则，并不意味着所有进入行政诉讼程序的案件都必须先经过行政复议程序。在下列情况下，应当允许可以不经复议程序而直接进入行政诉讼程序：一是作出特定具体行政行为的行政机关明显缺乏管辖权；二是针对行政相对人的复议申请，复议机关决定不予受理或者受理后逾期不作答复；三是行政相对人有确凿、充分的证据证明，行政复议将会给自己造成无法弥补的损

---

[1] 张越：《行政复议法学》，中国法制出版社 2007 年版，第 501 页。

失；四是法律、行政法规规定的其他特殊情形。[1]

主要参考文献：

1.《中共中央关于全面推进依法治国若干重大问题的决定》。

2.《中共中央关于全面深化改革若干重大问题的决定》。

3.《法治政府建设实施纲要（2015–2020 年）》。

4. 曹康泰主编:《政府法制建设三十年的回顾与展望》，中国法制出版社 2008 年版。

5. 马怀德主编:《司法改革与行政诉讼制度的完善〈行政诉讼法〉修改建议稿及理由说明》，中国政法大学出版社 2004 年版。

6. 郜风涛主编:《行政复议法教程》，中国法制出版社 2011 年版。

7. 周汉华主编:《行政复议司法化：理论、实践与改革》，北京大学出版社 2005 年版。

8. 顾培东:《社会冲突与诉讼机制》，法律出版社 2004 年版。

9. 杨小君:《我国行政复议制度研究》，法律出版社 2002 年版。

10. 刘飞:《德国公法权利救济制度》，北京大学出版社 2009 年版。

11. 张越:《行政复议法学》，中国法制出版社 2007 年版。

---

[1] 参见郑烁:《论美国的"穷尽行政救济原则"》，载《行政法学研究》2012 年第 3 期。

第十四章 行政检察监督*

　　我国《宪法》第 134 条明确规定，人民检察院是国家的法律监督机关。在国家权力结构体系中，检察权对行政权负有法律监督的职责。行政检察监督因此成为法治政府建设的一个重要环节。

　　党的十八届四中全会提出，要加强包括"司法监督"在内的各类监督制度建设，"努力形成科学有效的权力运行制约和监督体系，增强监督合力和实效"。同时，针对行政检察监督，《十八届四中全会决定》还提出了三项具体要求："完善对涉及公民人身、财产权益的行政强制措施实行司法监督制度"；"检察机关在履行职责中发现行政机关违法行使职权或者不行使职权的行为，应该督促其纠正"；"探索建立检察机关提起公益诉讼制度"。[1] 党的十九大报告也提出，"加强党的集中统一领导，支持人大、政府、政协和法院、检察院依法依章程履行职能、开展工作、发挥作用"，同时围绕强化权力监督体系，提出要"构建决策科学、执行坚决、监督有力的权力运行机制"。[2]

---

　　* 刘艺，西南政法大学行政法学院教授，博士生导师。
　　〔1〕《中共中央关于全面推进依法治国若干重大问题的决定》，载《人民日报》2014 年 10 月 29 日，第 1 版。
　　〔2〕习近平：《决胜全面建成小康社会 夺取新时代中国特色社会主义伟大胜利——在中国共产党第十九次全国代表大会上的报告》，载《人民日报》2017 年 10 月 28 日，第 1 版。

长期以来，行政检察监督在检察工作和行政法治中都处于边缘化状态，行政检察监督也并非行政法学的核心内容。但随着我国法治进入新的发展阶段，行政检察监督也获得了新的发展机遇。在司法机关发挥治国理政功能的号召下，行政检察监督在理念、方式和效果等方面都取得了长足进展。检察公益诉讼制度得以确立和发展，一般行政检察监督的规范体系也更加完备。在国家治理体系和治理能力现代化的背景下，行政检察监督在推动法治政府建设的进程中应当起到更为显著的作用。

一、行政检察监督的发展历程

行政检察监督是中国特色社会主义法治的重要内容，其发展进程彰显了我国法治国家建设的曲折与成就。"一个时代法学的昌明，总开始于注释法学；一个民族法学的复兴，须开始于历史法学。"[1] 历史往往是现实和未来最好的注释。通过梳理中华人民共和国行政检察监督制度的嬗变，有助于明晰行政检察监督制度改革的起点与条件，也有助于认清新时代行政检察监督制度建构的方向。

（一）新中国行政检察监督体系的建设进程

1. 新中国成立初期"一般监督"的建立与取消

1949 年《中华人民共和国中央人民政府组织法》首次确立检察机关承担"最高检察责任"，即"对政府机关、公务人员和全国国民之严格遵守法律，负最高的检察责任"。同年，中央人民政府颁布的《中央人民政府最高人民检察署试行组织条例》第 3 条规定了最高人民检察署的职权有：一般监督、审判监督、刑事案件侦查和公诉、监所检察监督、民事行政检察公益诉讼、复议审查（对不

---

〔1〕　张君劢:《中华民国民主宪法十讲》,商务印书馆 2014 年版,"总序"第 1 页（张晋藩撰）。

起诉处分的审查）。[1]

　　我国一般监督职责是学习苏联检察机关的经验而建立的。[2]但源头应回溯到 1936 年苏联宪法模式还是 1922 年 5 月 28 日《俄罗斯社会主义联邦苏维埃共和国检察机关条例》，学界有不同的看法。[3] 立法资料显示，[4]中国共产党在 1930 年鄂豫皖特区苏维埃政府设立的工农监察委员会[5]和 1931 年中华苏维埃共和国临时中央政府设立的工农检察部[6]均有与苏维埃机关中的官僚主义作斗争，保证苏维埃之政纲、法令实现的职责。具体工作包括经常参加苏维埃的各种会议，检阅苏维埃的各种文件，清理并审查苏维埃之账项，接受工农兵劳苦群众对苏维埃机关人员的告状，考查（察）苏维埃政府是否执行法令，苏维埃中每个人是否有腐化、官僚主义、贪污、欺骗群众、压迫群众的行为。[7] 经梳理发现，工农检

---

〔1〕《中央人民政府最高人民检察署试行组织条例》第 3 条规定："最高人民检察署受中央人民政府委员会之直辖，直接行使并领导下级检察署行使下列职权：一、检察全国各级政府机关及公务人员和全国国民是否严格遵守人民政协共同纲领及人民政府的政策方针与法律、法令。二、对各级司法机关之违法判决提起抗议。三、对刑事案件实行侦查，提起公诉。四、检察全国司法与公安机关犯人改造所及监所之违法措施。五、对于全国社会与劳动人民利益有关之民事案件及一切行政诉讼，均得代表国家公益参与之。六、处理人民不服下级检察署不起诉处分之声请复议案件。前条各款之职权，在下级检察署尚未设立的地区，得暂委托各该地公安机关执行，但其执行须直接受最高人民检察署的领导。"

〔2〕 1950 年 9 月 4 日《中共中央关于建立检察机构问题的指示》。转引自闵钐、薛伟宏编著：《共和国检察历史片断》，中国检察出版社 2009 年版，第 36-37 页。

〔3〕 田夫：《什么是法律监督机关》，载《政法论坛》2012 年第 3 期；孙谦主编：《人民检察制度的历史变迁》，中国检察出版社 2009 年版。

〔4〕 刘建国主编：《鄂豫皖革命根据地人民检察制度的发展》，中国检察出版社 2014 年版，第 33 页。

〔5〕 刘建国主编：《鄂豫皖革命根据地人民检察制度的发展》，中国检察出版社 2014 年版。

〔6〕 孙谦主编：《人民检察制度的历史变迁》，中国检察出版社 2009 年版，第 35 页。

〔7〕 刘建国主编：《鄂豫皖革命根据地人民检察制度的发展》，中国检察出版社 2014 年版，第 195 页。

察部的以上职能可概括为法律监督职能、审计职能、纪检职能、兼具监察[1]与检察两方面的职责，与北洋政府时期肃政厅的职能[2]有相似之处。但因工农检察部的职责履行未留下足够详实的实证材料，无法确知其是否有权对行政机关的违法行为提起诉讼，因而很难对工农检察部的职能特征进行准确判断。

1950年1月，最高人民检察署副检察长李六如所著《检察制度纲要》中首次出现"法律监督"概念，并将其定性为苏联检察机关的"主要任务"，法律监督的具体内容包括司法监督和一般监督两项。[3]"一般监督"比较准确地指涉了检察机关监督对象多样、监督内容广泛的特征，因此很快成为检察工作沿用的术语。[4]但因"一般监督"中法令执行监督职能与刑事侦查、公诉等职能的属性有所不同，所以，一般监督是否是检察机关的经常任务长期处于争论之中。[5]因新中国成立后社会环境复杂、法治发展稚嫩等原因，最高人民检察院直至1953年才开始在少数部门和地区进行一般监督试点。[6]后因工作开展困难，于1957年前后该

---

〔1〕　也有观点认为工农监察委员会不是党的纪律检查机关，与行政监察机关也是两码事。参见刘建国主编：《鄂豫皖革命根据地人民检察制度的发展》，中国检察出版社2014年版，第201-202页。

〔2〕　参见刘艺：《中国特色行政检察监督制度的嬗变与重构》，载《人民检察》2018年第2期。

〔3〕　参见闵钐编：《中国检察史资料选编》，中国检察出版社2008年版。

〔4〕　闵钐、薛伟宏：《共和国检察历史片断》，中国检察出版社2009年版，第131页。

〔5〕　《1957年张鼎丞检察长在全国省、市、自治区检察长会议上的报告》，转引自闵钐、薛伟宏：《共和国检察历史片断》，中国检察出版社2009年版，第557-566页。

〔6〕　比如河南省人民政府商业厅印发的购布证，违背了前中央人民政府政务院关于棉布计划收购和计划供应中布票使用期限的规定，郑州市检察机关报请省检察机关向商业厅提出抗议，商业厅随即登报声明纠正，挽回了由于违法措施所造成的不良影响和损失。参见《各地人民检察机关进行检察工作典型试验》，载《人民日报》1954年11月27日，第4版。

项检察业务基本处于停顿状态。[1] 1958 年 1 月 7 日《人民日报》发表"驳刘惠之'最高监督论'"的政论文章，指出"国家机关和干部违法的现象很少，尤其属于需要用一般监督来解决的重大违法事件并不是经常会发生的，所以不应当把一般监督作为检察机关的经常的主要的工作来进行"。[2] 因宪法和组织法未修改，检察机关仍然在名义上保留一般监督的职权。20 世纪 60 年代初期，在中央提出调查研究、总结政法工作经验的相关政策的推动下，检察机关根据当时的需要，又重新开展了该项业务，并设立了相应的机构。但此时的一般监督与原来的一般监督已不可同日而语，只是对严重违法情形的法律监督。[3] 1968 年检察机关被撤销，1975 年中华人民共和国《宪法》规定由公安机关代行检察职能。1978 年《宪法》虽然恢复了检察机关的设置，但 1979 年《人民检察院组织法》第 5 条将检察机关的职责限定在刑事领域。[4] 自此之后，检察机关的"一般监督"职能就被打上特殊标签，进而严格限制了检察机关行使行政法律监督权的可能性和空间。

综上，虽然自 1954 年《宪法》就将检察机关确立为法律监督机关，行使包括法纪监督在内的一般监督职能，以维护法制统一。但伴随着中华人民共和国法制的曲折发展，检察机关的一般法律监督职能，特别是行政违法的法律监督职能经历了被削弱、被限制甚

〔1〕 徐益初:《论全面充分发挥检察机关法律监督职能的作用》，载《中国法学》1987 年第 4 期。

〔2〕 闵钐、薛伟宏:《共和国检察历史片断》，中国检察出版社 2009 年版，第 131-132 页。

〔3〕《1958 年以来检察工作的基本总结》（1962 年 10 月 30 日），转引自闵钐编:《中国检察史资料选编》，中国检察出版社 2008 年版，第 658、661-662、665-666 页。

〔4〕 1979 年，全国人大常委会法制委员会主任彭真在第五届全国人大二次会议上作关于《中华人民共和国人民检察院组织法（草案）》说明时指出，"检察机关对于国家机关和国家工作人员的监督，只限于违反刑法，需要追究刑事责任的案件。至于一般违反党纪、政纪并不触犯刑法的案件，概由党的纪律检察部门和政府机关去处理"。参见孙谦主编:《人民检察制度的历史变迁》，中国检察出版社 2011 年版，第 335 页。

至被取消的艰辛历程。[1]

2. 改革开放后行政诉讼检察监督体制的恢复与重建

由于一般监督被取消，学界长期将行政检察监督与行政诉讼检察监督这两个概念等同。[2]1982 年《中华人民共和国民事诉讼法（试行）》规定了民事检察机制。该法也调整行政审判活动，行政诉讼检察监督亦被提上议事日程。1988 年 9 月，最高人民检察院成立民事行政检察厅，专门办理民事行政诉讼监督案件。1989 年《行政诉讼法》明确规定检察机关对行政诉讼活动实行法律监督，并进一步明确行政检察监督工作以行政诉讼监督为主要内容。2001 年《人民检察院民事行政抗诉案件办案规则》（2013 年已失效）出台，对案件受理、立案、审查、提请抗诉、抗诉和出庭进行了规范。相较于民事诉讼监督，行政诉讼监督案件的总量并不大。根据国家统计局公布的相关数据，[3]1997-2010 年抗诉和再审案件量为 8676 件，占人民法院一审行政诉讼结案量的平均比例是 0.7%，抗诉后改判的平均比例 19.59%（参见下表）。可见，检察机关办理行政诉讼监督案件量虽不大，但抗诉案件的改判率较高，监督质效较好。

---

〔1〕 郁忠民、蒋集耀：《对建立中国法律体系框架的设想——访著名法学家陶希晋》，载《法学》1986 年第 8 期。

〔2〕 秦前红：《两种"法律监督"的概念分野与行政检察监督之归位》，载《东方法学》2018 年第 1 期；王国宏等：《诉讼外行政检察监督论析》，载《湖南科技大学学报（社会科学版）》2016 年第 3 期。内容上，法律监督不应只包括诉讼监督。秦前红使用的"行政检察监督"是在限定范围上使用的概念，完全排除了诉讼监督的内容，王国宏使用的"诉讼外行政检察监督"概念类似。

〔3〕 部分数据由最高人民检察院民事行政检察厅提供，与国家统计局公布数据不一致的，以后者为准，国家统计局未公布 1997 年之前的行政诉讼监督案件量。

表 14-1　1997-2010 年人民检察院办理抗诉和再审案件情况表[1]

年份	人民检察院办理行政抗诉案件情况			人民法院改判比例	人民法院审理行政一审案件结案数/件	人民检察院行政诉讼监督案件占行政诉讼一审结案案件比例
	人民检察院行政抗诉案件数/件	人民检察院行政抗诉案件再审案件数/件	合计			
1997	235	121	356	数据不全	88 542	0.40%
1998	206	85	291	数据不全	98 390	0.30%
1999	410	206	616	数据不全	98 759	0.62%
2000	469	429	898	数据不全	86 614	1.04%
2001	423	326	749	17.5%	95 984	0.78%
2002	499	280	779	16%	84 943	0.92%
2003	351	167	518	21.6%	88 050	0.59%
2004	437	90	527	17.8%	92 192	0.57%
2005	436	168	604	18.4%	95 707	0.63%
2006	690	167	857	17.3%	95 052	0.90%
2007	467	532	999	37.2%	100 683	0.99%
2008	493	218	711	12.1%	109 085	0.65%
2009	330	318	648	17.7%	120 530	0.54%
2010	388	234	622	20.3%	129 806	0.48%

面对困境，2010 年 7 月全国第二次民事行政检察工作会议强调着力加强和改进对行政诉讼的法律监督，曹建明检察长明确要求"各级检察机关要积极适应形势变化，高度重视行政申诉案件办理，

---

[1]　数据来源于国家统计局网，http：//data.stats.gov.cn/easyquery.htm? cn = C01，最后访问时间：2018 年 2 月 2 日。

认真总结经验，深入研究规律，不断提高行政诉讼监督能力和水平，更好地维护司法公正、促进依法行政"。[1] 2011 年之后，全国民行部门审结的行政诉讼监督案件数量稳步增长。2011-2014 年行政抗诉案件量为 1755 件，平均每年占到法院一审结案量的 0.27%，平均改判率为 21.13%。虽然抗诉案件总量在减少，但改判率有明显提升。产生这种变化的客观原因是诉讼监督行为更加规范。20 世纪 90 年代至 21 世纪初，检察机关只要认为审判机关有形式性、程序性错误都会提出抗诉。2011 年民事诉讼监督规则出台之后，对提请抗诉从线索来源、内外部程序等方面进行全面规定，促使人民检察院的抗诉行为更加规范，也更有效率。但同时，人民检察院办理抗诉案件的困难程度不断增加，检察机关很难通过书面审查发现个案裁判的错误。因此，抗诉案件的受理率与提抗率的比例逐年提高。

表 14-2 2011-2016 年行政诉讼检察监督情况表[2]

年份	人民检察院办理行政抗诉案件情况			人民法院改判比例	人民法院审理行政一审案件结案数/件	人民检察院行政诉讼监督案件占行政诉讼一审结案案件比例
	人民检察院行政抗诉案件数/件	人民检察院行政抗诉案件再审案件数/件	合计			
2011	310	165	475	20.2%	136 361	0.35%

〔1〕 曹建明：《坚持法律监督属性 准确把握工作规律 努力实现民事行政检察工作跨越式发展》，载《检察日报》2010 年 7 月 25 日，第 1 版。
〔2〕 数据来源于国家统计局网，http：//data.stats.gov.cn/easyquery.htm？cn=C01，访问时间：2018 年 2 月 2 日。

续表

年份	人民检察院办理行政抗诉案件情况			人民法院改判比例	人民法院审理行政一审案件结案数/件	人民检察院行政诉讼监督案件占行政诉讼一审结案案件比例
	人民检察院行政抗诉案件数/件	人民检察院行政抗诉案件再审案件数/件	合计			
2012	262	150	412	18.9%	128 625	0.32%
2013	291	181	472	22.7%	120 675	0.39%
2014	235	161	396	22.7%	130 964	0.30%
2015	157	90	247	17.8%	198 772	0.12%
2016	146	58	204	16.7%	225 020	0.09%

虽然 2010 年召开了第二次全国民行工作会议，但 2011 年之后（如上表所示），无论行政抗诉案件还是行政再审建议案件都在快速减少。之所以如此，主要有以下三个原因：首先，因为 2011 年之后民事抗诉和民事抗诉案件再审案件数在逐步增加，在民行部门人员总量保持不变的情况下，相关人员办理行政抗诉案件的比例就会下降。其次，因抗诉案件遵循提级管辖原则，四级检察机关中只有省级检察院和最高人民检察院承担办理抗诉案件的职责，地、市、州检察机关只能提请抗诉，广大基层检察院的民行部门基本没有什么业务，机构被拆并、人员流失的状况也堪忧。最后，开展行政检察监督的困难程度更是不容小觑。行政检察监督涉及检察权与行政权关系的问题，具有高度敏感性和程序的复杂性，检察机关不敢轻易将业务重心转移。而且，检察机关未能储备相应的行政法专业人才，行政检察监督业务质效很难提高。除此之外，行政检察监督需

要的保障性手段缺乏，外部阻力大，也降低了检察机关依职权主动开展监督的热情。

综上，经过 30 年的发展，检察机关的民事行政检察业务仍然呈现出业务权重偏低、业务力量薄弱、监督质效有待加强等特征。

3. 司法为民背景下行政执法检察监督制度的萌芽

根据 2001 年《人民检察院民事行政抗诉案件办案规则》（2013 年已失效）的规定，[1]对诉讼监督中发现的制度隐患和有关国家机关工作人员、企业事业单位工作人员严重违背职责的情形可以启动检察监督，这类活动被称为行政执法检察监督。2006 年《中共中央关于进一步加强人民法院、人民检察院工作的决定》提出了坚持司法为民的指导方针，要求人民检察院要抓住人民群众反映强烈的执法不严、司法不公等突出问题开展工作，促进依法行政和公正司法。各地检察机关开始陆续探索依职权主动对行政执法行为进行检察监督的制度，监督重点聚焦在环境污染、国有资产、土地资源管理、食品药品监管、工商登记、工程建设、征地拆迁、房屋登记、安全生产、非法行医、税收管理、卫生管理、户外广告、治安管理、出入境管理、物业管理、综合执法、交通管理、档案管理、收费管理、教育管理和路政管理等问题多发、易发的国计民生领域。2008-2011 年全国共有 28 个省、自治区、直辖市人大常委会相继通过了加强检察机关法律监督工作的决议或者决定。[2] 2010 年全国第二次民事行政检察工作会议提出"着力构建以抗诉为中心的多元化监督格局"，明确要求"对裁判确有错误的，要配合人民法院和有关部门尽可能先采取协调方式处理，帮助政府改进工作作风、完善管理方式，促进问题依法及时解决，促进社会建设，推进

---

〔1〕《人民检察院民事行政抗诉案件办案规则》第 48 条。

〔2〕 其中，河南省《关于进一步加强检察机关法律监督的决定》由 2001 年 7 月 27 日河南省第九届人大常委会第二十三次会议审议通过。

社会管理创新"。[1] 之后，浙江省永康市检察院依托日益完备的行政执法信息库，率先在基层检察院中成立行政执法检察科，配备了专门人员，积极探索行政执法检察监督制度。2013 年，由贵阳市人大制定的《贵阳市建设生态文明城市条例》规定在环境诉讼案件或事件的处理中，检察院可以采取"督促令"的方式督促行政机关依法履职，行政机关应当及时回复。[2] 随后，全国各地陆续开展行政执法检察监督试点工作，并办理了一大批行政执法检察监督的典型案例。遗憾的是，因为行政执法检察监督程序规范较少，做法比较灵活，缺乏理论梳理，所以未能被相关法律所吸纳。

（二）新时代行政检察监督制度的发展

1. 行政诉讼检察监督制度的发展

2001 年 9 月 30 日，最高人民检察院第九届检察委员会第九十七次会议讨论通过《人民检察院民事行政抗诉案件办案规则》。该规则规范了民事和行政抗诉案件办理程序，但没有从审查标准等实体问题上区别办理民事和行政抗诉案件的差异。随着 2012 年《民事诉讼法》的修改，最高人民检察院于 2013 年 9 月 23 日通过《人民检察院民事诉讼监督规则（试行）》，细化了诉讼监督内容、方式和程序，以期进一步提升民事诉讼检察监督的实效。2014 年修改的《行政诉讼法》增加了行政抗诉的方式、条件和程序等相关规定，并明确规定"人民检察院对行政案件受理、审理、裁判、执行的监督，本法没有规定的，适用《中华人民共和国民事诉讼法》的相关规定"。

---

〔1〕 王雁飞：《行政检察监督可以有力促进依法行政》，载《检察日报》2010 年 9 月 28 日，第 3 版。

〔2〕 王华伟、刘一玮：《试论行政执法检察监督方式之改进——以"检察督促令"为契点》，载《湖北社会科学》2017 年第 6 期。《贵阳市建设生态文明城市条例》第 38 条规定：审判、检察机关办理环境诉讼案件或者参与处理环境事件，可以向行政机关或者有关单位提出司法建议或者法律意见、检察建议或者督促令，有关行政机关和单位应当及时回复。

　　行政诉讼立案登记制实施以来，法院受理的行政案件数量大幅增长，相应地，行政诉讼检察监督工作的办案压力也有所增加。同时，行政诉讼监督与民事诉讼监督的差异性也日渐凸显。《十八届四中全会决定》明确提出了"完善检察机关行使监督权的法律制度，加强对刑事诉讼、民事诉讼、行政诉讼的法律监督"的要求。为了贯彻落实四中全会部署的改革任务，保障和规范检察机关依法履行行政诉讼监督职责，最高人民检察院单独制定了《人民检察院行政诉讼监督规则（试行）》（以下简称《监督规则》），并于2016 年 4 月 15 日公告施行。《监督规则》对行政诉讼监督的原则、范围、对象、方式、手段和程序等内容作了全面规范；并强调了行政诉讼监督的特殊性。新修订的《民事诉讼法》及司法解释完全放弃了证据失权规则，采用了证据随时提出主义，民事诉讼当事人双方作为平等两造，在一审、二审和再审均可以提出新证据，故新的《民事诉讼法》司法解释对"新证据"采取了十分宽泛的态度。因此，民事诉讼监督规则也采用了宽泛的新证据认定标准，启动民事诉讼监督程序也更加容易。反观《行政诉讼法》及相关司法解释，行政诉讼的举证责任由作出具体行政行为的行政机关承担，按照依法行政的原则，行政机关应遵循先取证后裁决的程序，在做出具体行政行为前就应当获取所需要的各种证据，故行政机关举证受到严格的时间限制，不得事后或在诉讼期间再补充取证。行政诉讼上述区别于民事诉讼形态的特点，使得在证据规则方面则应当表现为对于启动再审的"新证据"采取更为严格的审核标准。因此，在行政诉讼监督规则中，直接照搬《民事诉讼法》监督规则的相关规定，广泛赋予当事人以新证据为由申请再审的权利显然是不恰当的。

　　单独制定行政诉讼监督规则表明，检察机关将行政诉讼监督工作与民事诉讼监督工作视为同等重要的工作来看待。虽然检察机关办理民事诉讼监督和行政诉讼监督的程序具有高度一致性，但涉及民事或者行政的合法性判断等实体性问题时，其差异仍然十分明显。但据笔者统计，两部监督规则只有八处重要差异，如依职权主动监督的情形、[1]不予受理的情形、[2]审查期限延长、[3]调查范围、[4]提出检察建议和监督意见的情形、[5]再审检察事由、[6]抗诉事项、监督移送、[7]监督期限等[8]方面。可见，从司法实践和理论研究层面来看，两大诉讼监督机制的分野并不明显，特别是行政诉讼监督规则的独特性仍未得到全面提炼。这与行政诉讼监督案件的总量仍然不多、办案人员的专业化程度不高有直接关系。需要特别关注的是，本轮司法体制改革中民事行政检察部门工作任务增多，人员却在不断减少，因此办案量总体也在下降。改革前，全国四级检察机关均单设了民行部门，民事行政检察人员超过一万人；改革期间，规模较小的检察院将民事行政检察部门与刑事诉讼监督部门合并，统称为诉讼监督部门，或者将案管、控申检察、民行检察部门合并在一起成为窗口单位。据统计，现阶段全国民行检察人员已减少至 8000 人左右。检察机关民行检察机构弱化和人员不足的问题仍未得到根本解决。

2. 检察公益诉讼的创设过程

公益诉讼，起源于罗马法，近代发展始于美国的绿色环境运动。20 世纪 90 年代初引入我国后，迅速成为学术界甚至全社会的

---

〔1〕《人民检察院行政诉讼监督规则》第 9 条、《人民检察院民事诉讼监督规则》第 41 条。

〔2〕《人民检察院行政诉讼监督规则》第 7 条、《人民检察院民事诉讼监督规则》第 31 条、第 32 条。

〔3〕《人民检察院行政诉讼监督规则》第 12 条。

〔4〕《人民检察院行政诉讼监督规则》第 13 条、《人民检察院民事诉讼监督规则》第 65 条。

〔5〕《人民检察院行政诉讼监督规则》第 18 条、第 28 条，《人民检察院民事诉讼监督规则》第 83 条、第 99 条。

〔6〕《人民检察院行政诉讼监督规则》第 14 条、《人民检察院民事诉讼监督规则》第 78 条。

〔7〕《人民检察院行政诉讼监督规则》第 29-32 条。

〔8〕《人民检察院行政诉讼监督规则》第 6 条、第 33 条。

热门话题，相关案件的新闻报道不断，法学研究的专著与论文也层出不穷。但立法上确立公益诉讼制度是 2012 年修改《民事诉讼法》时增加的第 55 条。该条明确规定"法律规定的机关"和"有关组织"针对污染环境、侵害众多消费者合法权益等损害社会公共利益的行为可以向人民法院提起诉讼。但立法机关和学界对检察机关是否属于"法律规定的机关"存在不同认识。2017 年 6 月 27 日，第十二届全国人民代表大会常务委员会第二十八次会议通过了《全国人民代表大会常务委员会关于修改〈中华人民共和国民事诉讼法〉和〈中华人民共和国行政诉讼法〉的决定》，正式从立法上确立了由检察机关提起的民事、行政公益诉讼制度。检察机关提起行政公益诉讼是指，检察机关在履行职责中发现生态环境和资源保护、国有资产保护、国有土地使用权出让等领域负有监督管理职责的行政机关违法行使职权或者不作为，造成国家和社会公共利益受到侵害，公民、法人和其他社会组织由于没有直接利害关系，没有也无法提起诉讼的，可以向人民法院提起诉讼的制度。作为法律监督机关，检察机关提起公益诉讼是一种履职行为，不同于其他主体基于救济权而提起的公益诉讼。因此，笔者将其简称为检察公益诉讼。[1] 2018 年 3 月 2 日实施的《最高人民法院、最高人民检察院关于检察公益诉讼案件适用法律若干问题的解释》正式将"检察公益诉讼"确立为一个法律概念。

从世界范围来看，检察机关提起民事公益诉讼的先例较多，比

---

〔1〕　刘艺：《检察公益诉讼的司法实践与理论探索》，载《国家检察官学院学报》2017 年第 2 期。

如巴西、[1] 英国、[2] 法国[3]等国家都有相应的制度，而建立由检察机关提起行政公益诉讼的先例鲜见。基于公共信托理论，英、美两国的总检察长可以代表公益主动行使职权，也可以在私人没有起诉资格时出借自己的名义帮助私人申请与公益相关的司法审查。[4] 我国检察机关保护公益的理论基础是法律监督权，由检察机关提起行政公益诉讼的本土需求和生发条件是国家独占的公共利益需要更有针对性的司法监督机制。[5] 中国独创的检察公益诉讼是司法实践探索出来的新道路。习近平总书记指出："坚持从我国实际出发，不等于关起门来搞法治。法治是人类文明的重要成果之一，法治的精髓和要旨对于各国国家治理和社会治理具有普遍意义，我们要学习借鉴世界上优秀的法治文明成果。但是，学习借鉴不等于是简单的拿来主义，必须坚持以我为主、为我所用，认真鉴别、合理吸收，不能搞'全盘西化'，不能搞'全面移植'，不能照搬照抄"。[6] 我国检察公益诉讼制度经历了艰辛探索：

（1）第一阶段：以原告身份代表国家提起民事诉讼。1993 年，十四届三中全会通过《中共中央关于建立社会主义市场经济体制若干问题的决定》，提出经济体制改革总体方针是"转换国有企业经

---

〔1〕 Lesley K. McAllister, *Environmental Protection & Legal Institutions in Brazil*, Stanford University Press, 2008, pp. 127–151.

〔2〕 刘艺：《美国私人检察诉讼演变及其对我国的启示》，载《行政法学研究》2017 年第 5 期。

〔3〕《法国新民事诉讼法》第 421 条："检察院作为主当事人进行诉讼，或者作为从当事人参加诉讼。于法律规定的情形，检察院代表社会。"第 423 条规定："除法律有特别规定情形外，在事实妨害公共秩序时，检察院得为维护公共秩序进行诉讼。"参见《法国新民事诉讼法典》，罗结珍译，中国法制出版社 1999 年版，第 85 页。

〔4〕 刘艺：《美国私人检察诉讼演变及其对我国的启示》，载《行政法学研究》2017 年第 5 期。

〔5〕 刘艺：《检察公益诉讼的司法实践与理论探索》，载《国家检察官学院学报》2017 年第 2 期。

〔6〕 习近平：《加快建设社会主义法治国家》（2014 年 10 月 23 日），载《十八大以来重要文献选编》（中），中央文献出版社 2016 年版，第 186–187 页。

营机制，建立现代企业制度"。俗称"抓大放小"，即大中型国有
企业推行现代企业制度，明晰产权；一般小型国有企业，有的可以
实行承包经营、租赁经营，有的可以改组为股份合作制，也可以出
售给集体或个人。[1] 在这一改革方针的指引下，大批中小型企业
退出国有体制，转变为非公有制经济；与此同时，也出现了大量国
有资产被廉价变卖导致国家利益受损的情况。例如，河南方城县独
树镇工商所将价值 6 万余元的门面房以 2 万元的价格卖给私人，检
察院从职务犯罪的角度进行调查，发现贱卖行为不构成犯罪，进而
以原告身份提起民事诉讼，要求法院认定转让的民事合同无效，获
法院支持。[2] 检察机关这一尝试产生了良好的社会效果，获得各
方支持。河南省也推广方城县检察院的经验，全省范围内共提起五
百多起类似案件，有效防止两亿七千余万的国有资产流失。[3] 当
时，该类诉讼并不称为民事公益诉讼，而是检察院直接以原告身份
提起的民事诉讼，目的是监督行政机关依法行使职权，防止国有资
产流失。

（2）第二阶段：探索督促起诉制度。2004 年最高人民法院在
《关于恩施市人民检察院诉求张苏文返还国有资产一案的复函》中，
叫停了检察院以原告身份提起民事诉讼的尝试。最高人民法院在张
苏文案复函中指出检察院以保护国有资产和公共利益为由，以原告
身份代表国家提起民事诉讼，没有法律依据，此案不应受理，如已
受理，裁定驳回起诉。[4] 检察机关转而通过刑事附带民事诉讼的

---

〔1〕《中共中央关于建立社会主义市场经济体制若干问题的决定》第二部分第六项
第三段。

〔2〕 河南省方城县人民法院《民事判决书》（1997）方民初字第 192 号。转引自
杨立新：《新中国民事行政检察发展前瞻》，载《河南省政法管理干部学院学报》1999 年
第 2 期。

〔3〕 参见李涛：《浅析河南省检察机关提起公益诉讼的范围和程序》，载《检察实
践》2005 年第 6 期。

〔4〕 最高人民法院〔2004〕民立他字第 53 号（2004 年 6 月 17 日生效执行）。

方式保护国家利益和社会公共利益，并探索建立督促起诉制度。所谓民事督促起诉是指针对正在流失或即将流失的国有资产，监管部门不行使或怠于行使自己的监管职责，检察机关以监督者的身份督促有关监管部门履行其职责，依法提起民事诉讼，保护国家和社会公共利益的一种机制。[1] 从当前的视角反观之，学界对民事督促起诉制度在监督行为的属性、监督对象的认定、监督客体的性质以及监督方式的认知上均存有误解。"民事"督促起诉制度是在宪法监督缺位，公法规范与原则不具有统领地位的时代，简单地将法律监督行为归为民事法律行为，最终将公益司法保护机制引向了不同的方向。

（3）第三阶段：探索建立检察机关提起公益诉讼制度。伴随我国经济的迅速发展，国家利益和社会公共利益易受侵害的状况并没有得到根本改观。随着法治国家建设和司法改革的不断深化，社会各界对于检察权的法律监督属性、监督对象、监督客体以及监督手段有了更为明确、深刻的认知。由于我国《侵权责任法》以私益救济为导向、《行政诉讼法》具有典型的主观诉讼特征，公益诉讼制度很难从现行司法制度中自发衍生。面对实践中一直十分强烈的公益保护需求，执政党以政治改革的方式推动了检察公益诉讼制度的建立。2014 年 10 月 23 日，《十八届四中全会决定》提出"探索建立检察机关提起公益诉讼制度"。2015 年 7 月 1 日，第十二届全国人大常委会第十五次会议授权最高人民检察院在 13 个省、自治区、直辖市的部分市级与基层检察院[2]开展为期两年的公益诉讼试点工作。[3] 同年 7 月 2 日，最高人民检察院公布《检察机关提起公

---

〔1〕 傅国云：《论民事督促起诉——对国家利益、公共利益监管权的监督》，载《浙江大学学报（人文社会科学版）》2008 年第 1 期。

〔2〕 各试点省级检察院结合本地实际，进一步明确试点区域，最终落实在 87 个市级检察院和 759 个县级检察院开展试点工作。

〔3〕《全国人民代表大会常务委员会关于授权最高人民检察院在部分地区开展公益诉讼试点工作的决定》（人大常会字〔2015〕18 号）。

益诉讼改革试点方案》（以下简称《试点方案》）。[1] 自此，检察机关作为"国家力量"登上了公益诉讼的舞台。两年试点结束，截至 2017 年 6 月，各试点地区检察机关在履行职责中共发现公益诉讼案件线索 11 226 件，办理公益诉讼诉前程序案件 7903 件，向人民法院提起公益诉讼 1150 件，[2] 覆盖所有授权领域，涵盖民事公益诉讼、行政公益诉讼、行政公益诉讼附带民事公益诉讼、刑事附带民事公益诉讼等案件类型。

虽然检察机关提起公益诉讼制度只是我国公益诉讼制度中的一部分内容，但通过最高人民检察院、最高人民法院的共同推动，积累了丰富的实践经验，探索了司法保护公益的规律，建构了以检察公益诉讼为核心的公益诉讼程序规范体系，为进一步完善刑事诉讼、民事诉讼、行政诉讼制度和修改《人民检察院组织法》等基础性法律提供了丰富的实证素材。2017 年 5 月 23 日，习近平总书记主持召开中央全面深化改革领导小组第三十五次会议，审议通过《关于检察机关提起公益诉讼试点情况和下一步工作建议的报告》。会议认为，试点期间办理了一大批公益诉讼案件，积累了丰富的案件样本，制度设计得到充分检验，正式建立这一制度的时机已经成熟，要求为检察机关提起公益诉讼提供法律保障。2017 年 6 月 27日，第十二届全国人民代表大会常务委员会第二十八次会议审议通过了《全国人民代表大会常务委员会关于修改〈中华人民共和国民事诉讼法〉和〈中华人民共和国行政诉讼法〉的决定》，检察机关提起公益诉讼制度正式建立。检察公益诉讼试点是全面深化改革的重要组成部分，完整经历了顶层设计、立法授权、试点先行、立法保障、全面部署五个阶段，走出了一条具有中国特色的社会主义公

---

〔1〕　最高检发民字〔2015〕2 号。

〔2〕　最高人民检察院办公厅：《全国检察机关公益诉讼办案工作情况通报》，高检办字〔2017〕268 号、280 号、294 号、307 号等。

益司法保护道路，成为全面深化改革的一个典型样本。[1]

3. 行政违法行为检察监督与行政强制措施检察监督改革

2014 年 10 月，《十八届四中全会决定》明确提出了"行政违法行为检察监督"和"行政强制措施司法监督"两项行政检察监督改革任务。

（1）行政违法行为检察监督改革概况。中央决定探索实行行政违法行为检察监督制度。[2]习近平总书记指出，在现实生活中，对一些行政机关违法行使职权或者不作为造成对国家和社会公共利益侵害或者有侵害危险的案件，如国有资产保护、国有土地使用权转让、生态环境和资源保护等，由于与公民、法人和其他社会组织没有直接利害关系，使其没有也无法提起公益诉讼，导致违法行政行为缺乏有效司法监督，不利于促进依法行政、严格执法，加强对公共利益的保护。[3] 另外，检察机关自 2008 年以来开展的行政执法检察监督试点工作也获得了社会的广泛认同。所以，《十八届四中全会决定》将行政执法监督表述为行政违法监督，将检察监督范围限定在有明显违法的行政执法活动范围内。这一要求与我国 20 世纪 60 年代初期的探索高度吻合，也明显不同于一般监督职责。该项改革由最高人民检察院牵头，全国人大内司委、全国人大常委会法工委、国务院法制办共同参与。改革日程表计划 2015 年制定试点意见，2016 年开展试点，2017 年总结试点经验，建立健全制度，推动相关法律修改。根据最高人民检察院的要求，最高人民检

〔1〕 曹建明：《最高人民检察院关于人民检察院全面深化司法改革情况的报告》，转引自王治国、郑博超、谢文英、王丽丽：《深入贯彻党的十九大精神全面深化司法改革坚定不移走中国特色社会主义法治道路》，载《检察日报》2017 年 11 月 2 日，第 1 版。

〔2〕 中国共产党十八届四中全会通过的《中共中央关于全面推进依法治国若干重大问题的决定》要求："检察机关在履行职责中发现行政机关违法行使职权或者不行使职权的行为，应该督促其纠正。"

〔3〕 习近平：《关于〈中共中央关于全面推进依法治国若干重大问题的决定〉的说明》，载《人民日报》2014 年 10 月 29 日，第 2 版。

察院民事行政检察厅对行政违法行为监督改革进行了专题调研，总结梳理了各地的探索实践情况，收集了 2008 年以来各地制定的规范性文件和部分典型监督案例，归纳了实践中存在的困难和问题，并对贯彻落实这项改革任务提出了意见和建议。在总结梳理实践经验的基础上，最高人民检察院民事行政检察厅起草了《关于开展人民检察院对履行职责中发现的行政违法行为进行监督试点工作的意见》，在经过检察系统内外多轮征求意见和研讨的基础上，最终形成了行政违法行为检察监督的试点改革方案。

该意见分为四个部分：目标和原则、主要内容、方案实施、工作要求。其中，主要内容包括四个方面：案件范围、案件管辖、督促纠正、备案程序。案件范围涵盖检察机关在履行职责中发现行政机关及其工作人员违法行使职权或者不行使职权的所有情形。监督的方式有督促起诉、检察建议两种。监督程序主要体现为，要求行政机关收到检察建议书、督促起诉意见书等法律文书后在一个月内书面回复办理情况。

（2）行政强制措施检察监督改革概况。《十八届四中全会决定》提出"完善对涉及公民人身、财产权益的行政强制措施实行司法监督制度"。[1] 在《中共中央关于全面推进依法治国若干重大问题的决定》辅导读本中，胡云腾大法官撰写的《加强人权司法保护》一文提出，理解《十八届四中全会决定》中关于行政强制措施司法监督制度时，要把握五点：一是要加强司法机关的监督力度和监督责任，保证司法监督的及时性和有效性；二是要扩大司法监督的主体范围，为检察机关监督行政强制措施提供法律依据；三是要依法赋予公民对地方行政机关违法行为提起行政诉讼的权力，加强法院对行政强制措施适用的监督，维护国家法制统一；四是要在坚持事后监督的同时，强化对行政强制措施实施过程中的司法监

---

〔1〕《中共中央关于全面推进依法治国若干重大问题的决定》，载《人民日报》2014 年 10 月 29 日，第 1 版。

督，及时纠正违法行政强制措施防止损害发生或扩大；五是要完善相关法律，为受到违法行政强制措施侵害的当事人提供便捷的司法救济或请求国家赔偿途径等。

因此，最高人民法院和最高人民检察院分别针对行政审判中的行政强制措施审判监督和行政强制措施检察监督制定了不同的改革方案。不同于行政强制措施审判监督，行政强制措施的检察监督要体现同步性、及时性和中断性特征。行政强制措施是一种高权性行政行为。[1]相较于事实行为、准备性行政行为、授权性行政行为而言，高权性的行政行为虽能提升行政管理的效率，但也更容易给公民、法人或其他组织的人身或者财产造成损害。行政强制措施通常是行政处罚的前置手段，虽然具有暂时性，但也非常容易造成不易恢复、无法弥补的损害后果。设置具有及时性、主动性的行政强制措施检察监督机制是十分必要的。但是，这项改革对检察机关而言是一项全新的业务，毫无实践经验的积累。从理论层面看，行政强制措施检察监督也缺乏系统研究。从功能上看，人民法院在审判中加强对行政强制措施的监督具有滞后性、不可逆转性；而人民检察院在行政过程中实现对行政强制措施的同步监督，可与审判制度一起构建起全过程的监督链条。所以，最高人民检察院关于行政强制措施检察监督改革重心是弥补行政诉讼监督的滞后性，拟规定检察机关若发现行政机关正在进行的行政强制措施明显违法，并会造成公民人身、财产重大损害的，可以发出禁止令阻却行政强制措施；并制定《人民检察院对涉及公民人身、财产权益的行政强制措施进行监督试点工作的意见》，但由于种种原因未能提交审议。

（3）两项改革的发展方向。行政违法行为检察监督和行政强制措施检察监督两项改革与国家监察体制改革在管辖范围等方面存在重复。国家监察机关对公职人员进行监察与检察机关对行政违法行

---

[1] 所谓高权性行政行为是指行政机关作出这种行为时带有国家单方意志，而且行使的手段也具有强制性，通常会对公民人身、财产权益产生重大影响。

为和行政强制措施进行监督，都属于我国行政权运行制约和监督体系中的重要组成部分。作为专门的法律监督机关，检察机关对行政权监督属于司法监督的重要组成部分；而作为行使国家监察职能的专责机关，监察机关对行政权的监督属于反腐败工作的组成环节，特别是在职务犯罪监督领域，还需要与司法机关进一步衔接配合。因此，这两种监督机制既有区别，也有衔接。当然，区别是衔接的前提。检察机关对行政违法行为和行政强制措施的监督，与国家监察机关对公职人员行使公权力的监督在线索来源、适用法律法规、查处程序和责任后果方面都有明显的不同。但三项制度的目标是一致的，可以相互补充，共同发挥对行政机关的制约和监督作用。2016 年两项改革措施拟审议时，正处国家监察体制改革试点出台之际，无论理论上还是实践中都还未清晰地建构起这三项制度的良性关联，故两项改革不适宜单方构建成为共识。

综上，在习近平新时代中国特色社会主义思想的指引下，行政检察监督的内涵发生了根本性变化。

首先，行政检察监督的范围扩大。新时代行政检察监督演变为检察机关对法院行使行政审判权和行政机关行使行政权的一项监督制度。行政诉讼检察监督成为行政检察监督内容之一。行政检察监督的内容可以归纳为以下三个方面：其一，是对行政违法行为的监督（包括对涉及公民人身、财产权益的行政强制措施进行监督）；其二，是提起公益诉讼，对造成公共利益损害的行政违法行为通过司法程序进行监督；其三，是对行政诉讼活动的监督。行政检察监督的三项内容囊括了行政权力行使的全过程。其中，行政违法行为检察监督与公益诉讼制度关系十分紧密。因为检察机关提起公益诉讼，首先必须通过诉前程序对检察机关在履行职责中发现的行政违法行为及时提出建议并督促其纠正。只有在行政机关不纠正违法行为或不履行法定职责时，检察机关才能提起行政公益诉讼。因此，公益诉讼诉前程序正是检察机关对行政违法行为进行监督的程序。

但是，诉前程序监督的行政违法行为或者不作为，都是造成了国家利益和社会公共利益损害的行为。而《行政诉讼法》规定的"国家利益和社会公共利益"是指具体的利益，还是制度层面的国家利益和社会公共利益并不十分清晰。但从检察公益诉讼的司法实践来看，有突破具体利益转向制度公益的趋势。如果法律明确规定受损的公益是制度公益，那么公益诉讼的诉前程序就是行政违法行为的监督机制；如果法律规定受损的公益是具体利益，那么公益诉讼诉前程序的适用范围还是比行政违法行为检察监督的范围要窄，即只有具体利益受损时，检察机关才有权监督。

其次，新时代的行政检察监督增加了监督方式。除诉讼监督中的抗诉和再审检察建议之外，检察机关还可以通过诉前检察建议和提起诉讼的方式监督行政权的行使。而建构行政强制措施检察监督中，禁止令制度之倡议也被最高人民法院、最高人民检察院《关于公益诉讼案件适用法律若干问题的解释》第 21 条第 2 款的内容所吸纳。该条明确规定"行政机关应当在收到检察建议书之日起两个月内依法履行职责，并书面回复人民检察院。出现国家利益或者社会公共利益损害继续扩大等紧急情形的，行政机关应当在十五日内书面回复"。回复的内容可以包括说明行为理由、改进方法、合法性依据等内容。这一规定虽然没有完全达到禁止令的阻止效力，但是将包括行政强制措施在内的所有可能造成公益损害并且正在持续的行政违法行为纳入检察监督的范围。

最后，监督程序已基本建立。正如上文所述，行政诉讼监督程序已基本完善，关于检察公益诉讼程序的相关内容下文将详细论述。

二、检察行政公益诉讼的制度建构及意义

法治国家建设有多重目标、多种标准，学者对之有不同的认识和解读。但其中有一项目标和标准是绝大多数学者的一般共识，这

就是权力约束，把权力关进制度的笼子里。[1] 建立行政公益诉讼制度就是以检察权制约行政权。它不仅有利于充分发挥检察机关法律监督职能作用，促进依法行政、严格执法，而且有利于维护宪法法律权威，维护社会公平正义，维护国家和社会公共利益。[2] 检察行政公益诉讼是我国独创的一项司法制度，当然也是一项符合中国国情的制度。[3] 它是通过一系列法律、司法解释、司法文件建构起来的。在试点两年期间，检察公益诉讼司法实践的规范依据主要包括全国人大常委会的授权决定、最高人民检察院制定的《试点方案》《人民检察院提起公益诉讼试点工作实施办法》（以下简称《实施办法》）,[4] 最高人民法院制定公布的《人民法院审理人民检察院提起公益诉讼案件试点工作实施办法》,[5] 最高人民法院印发的《关于审理环境公益诉讼案件的工作规范（试行）》的通知[6]等。2017 年 7 月 1 日之后，新修订的《民事诉讼法》《行政诉讼法》也是检察机关提起公益诉讼的直接依据。除此之外，2018年 3 月 2 日两高颁布实施的《关于检察公益诉讼案件适用法律若干问题的解释》（以下简称《两高联合司法解释》）也是新的重要依据。实践中，《试点方案》《实施办法》等司法解释、司法文件仍然继续适用，但与《两高联合司法解释》不一致的，适用两高联合司法解释。

---

〔1〕　姜明安：《深化司法体制改革，推进法治中国建设》，载《中国法律》2013 年第 6 期。

〔2〕　马怀德：《行政公益诉讼制度，从理论走向现实》，载《检察日报》2015 年 7 月 3 日，第 3 版。

〔3〕　彭波：《中国国情下的独特选择——访西南政法大学行政法学教授刘艺》，载《人民日报》2015 年 7 月 3 日，第 11 版。

〔4〕　2015 年 12 月 16 日，最高人民检察院第十二届检察委员会第 45 次会议通过。

〔5〕　2016 年 2 月 22 日，最高人民法院审判委员会第 1679 次会议通过，2016 年 2 月 25 日法发（2016）6 号公布，自 2016 年 3 月 1 日起施行。

〔6〕　2017 年 3 月 23 日施行。

（一）检察行政公益诉讼的制度框架

根据以上法律、司法解释、司法文件的规定，我国检察行政公益诉讼的制度框架分为两个阶段、六项重要内容。

1. 诉前程序阶段

一般行政诉讼无需经过诉讼前置程序（需要复议前置的情形除外）即可提起，然而，检察机关提起行政公益诉讼之前必须经过向行政机关发出检察建议的诉前程序。也就是说，检察机关办理公益诉讼案件可以运用诉前程序和诉讼程序两种方式，也是两个不同阶段，两者之间有着紧密的衔接关系。经过诉前程序，若行政机关纠正了其行政违法行为或依法履行了职责，国家和社会公共利益得到了有效保护，检察机关就无需再提起诉讼。只有当行政机关拒不纠正行政违法行为或履行法定职责、国家和社会公共利益仍处于受侵害状态时，检察机关才依法向人民法院提起公益诉讼。诉前程序和提起诉讼程序二者互为支撑，诉前程序是诉讼程序的必要前提，如果没有诉前程序，诉讼就无法提起；诉讼程序是诉前程序发挥作用的必要保障，如果没有提起诉讼作为可能采取的后续手段，那么诉前程序的效果就不一定能够得到保证。而诉前程序与诉讼程序的衔接，又很好地解决了保证监督质效与节约司法资源之间的关系。大量的行政违法行为或不作为都在诉前程序阶段得以纠正。根据相关统计，截至 2017 年 1 月底，各试点地区检察机关共办理公益诉讼案件 4681 件，其中公益诉讼诉前程序案件 4155 件，占 88.76%；向人民法院提起公益诉讼案件 526 件，占 11.24%。[1]

具体而言，检察行政公益诉讼的诉前程序又可细分为以下三个步骤：

（1）发现线索并调查核实。《行政诉讼法》第 25 条第 4 款规

---

[1]《专家建议授权检察机关全面开展公益诉讼》，载最高人民检察院网，http://www.spp.gov.cn/zdgz/201705/t20170502_189394.shtml，最后访问时间：2018 年 3 月 28 日。

定，人民检察院是在"履行职责"中发现行政机关违法行使职权或者不作为致使国家利益或者社会公共利益受到侵害的，应当启动检察监督程序督促其依法履行职责。而"履行职责"是指履行职务犯罪侦查、批准或者决定逮捕、审查起诉、控告检察、诉讼监督等职责。[1] 这表明公民、法人或者其他组织可通过申诉、控告和举报方式向检察机关提供公益诉讼线索。把"控告检察"规定在内既遵循了保护规范理论，又是对宪法授予公民的申诉权的保障。根据《两高联合司法解释》第 6 条的规定，人民检察院办理公益诉讼案件，可以向有关行政机关以及其他组织、公民调查收集证据材料；有关行政机关以及其他组织、公民应当配合；需要采取证据保全措施的，依照《民事诉讼法》《行政诉讼法》相关规定办理。另外，根据《实施办法》第 4 条和第 31 条的规定，人民检察院各业务部门在履行职责中，发现可能属于公益诉讼范围的案件线索，应当将有关材料移送民事行政检察部门。《实施办法》第 6 条和第 33 条规定了检察机关有权依法调查核实污染环境、侵害众多消费者合法权益等违法行为、损害后果，以及行政机关违法行使职权或不作为的相关证据及有关情况；通过调查核实，确定公共利益受损的情况及原因，并作出是否进入诉前程序的决定。

（2）发出检察建议。作为法律监督机关，检察机关经调查确认行政机关的违法行为或者不作为已经造成国家利益和社会公共利益损害的，必须向行政机关发送检察建议书，明确要求行政机关纠正其违法行为或者履行法定职责。行政机关应当在收到检察建议书之日起 2 个月内依法履行职责，并书面回复检察机关；但是，如果出现公共利益损害继续扩大等紧急情形的，行政机关应当在 15 日内书面回复检察机关。《两高联合司法解释》规定的诉前回复期限为 2 个月，比《实施办法》规定的 30 天延长了 1 个月。这样规定既

---

〔1〕　参见《人民检察院提起公益诉讼试点工作实施办法》第 28 条。

克服了试点期间《实施办法》与现行《行政诉讼法》第47条规定的针对行政不作为的起诉期限不一致的矛盾，也尊重了行政机关的履职习惯，为行政机关积极履职预留充裕的时间，有利于充分实现行政公益诉讼诉前程序的价值目标；另外，紧急情况下特殊回复期限的规定，可以保证在紧急情形下对违法行政行为和受损的公共利益给予更加及时、有效的司法监督和救济。

（3）对行政机关回复的审查与跟踪监督。收到行政机关的回复意见之后，检察机关应该对行政机关的回复意见进行审核。必要时应跟踪监督，进一步调查核实行政机关履职和公益保护情况。检察机关判断行政行为是否完全履职同时采用了程序性审查和实质性审查两种标准。首先，检察机关会从行政机关是否在程序上履行了职责进行判断，比如行政机关是否作出行政处罚等决定、是否移送公安机关作为刑事案件处理、是否申请法院进行非诉行政执行等方面进行审查；其次，检察机关还会考量行政机关纠正违法行为或者履行职责的期限、勤勉程度，是否穷尽所有法定手段以及履职的实际效果等因素。如果行政机关的纠正措施符合两大标准，公益诉讼案件将在诉前程序终结。但是，如果2个月的回复期限届满行政机关仍未作出回复，需要保护的公益仍处于受损状态，检察机关就应当依法提起公益诉讼。

2. 提起诉讼阶段

（1）起诉条件。根据《两高联合司法解释》第22条的规定，人民检察院提起行政公益诉讼应当提交三类材料：第一类是行政公益诉讼起诉书；第二类是被告违法行使职权或者不作为致使国家利益或者社会公共利益受到侵害的证明材料；第三类是检察机关已经履行诉前程序，行政机关仍不依法履行职责或者纠正违法行为的证明材料。由此可见，一方面，作为法律监督机关，检察机关在提起诉讼之前已经履行了监督职责，因此其提起诉讼的条件与《行政诉讼法》第49条普通原告的起诉条件明显不同；另一方面，这样可以通过适当提高法院受理检察机关提起公益诉讼的标准达到防止检察机关滥用诉权的目的。

（2）起诉身份。根据《两高联合司法解释》第 4 条的规定，人民检察院以公益诉讼人身份提起公益诉讼，依照《民事诉讼法》《行政诉讼法》享有相应的诉讼权利，履行相应的诉讼义务，但法律、司法解释另有规定的除外。根据《两高联合司法解释》第 9 条的规定，人民检察院出席法庭是履行职责而非寻求救济，其职责包括：宣读公益诉讼起诉书；对人民检察院调查收集的证据予以出示和说明，对相关证据进行质证；参加法庭调查，进行辩论并发表意见；依法从事其他诉讼活动。

（3）二审程序。根据《两高联合司法解释》第 11 条的规定，人民法院审理第二审案件，由提起公益诉讼的人民检察院派员出庭，上一级人民检察院也可以派员参加。这一规定的特殊性在于折衷了当事人恒定原则与检察一体化原则的冲突。在二审中，由提起公益诉讼的人民检察院派员出庭，体现了检察机关与对方当事人诉讼地位的平等性；上一级人民检察院可以派员参加，则体现了检察职权运行中的一体化原则。

公益诉讼案件进入二审程序时，上级检察机关认为一审裁判有错误或者上诉不当时，可以向同级人民法院申请撤回下级检察机关的上诉或者依法监督一审裁判。但需注意，上一级检察机关与原审公益诉讼起诉人是同一方当事人，并非两个独立的诉讼主体。上一级检察机关可以通过发表意见的方式，支持或者反对提起公益诉讼的人民检察院的诉讼主张。如果庭审中，上一级人民检察院与提起诉讼的人民检察院意见不一致，人民法院可以休庭或延期开庭。检察机关意见一致后，按照《民事诉讼法》《行政诉讼法》的规定继续审理。根据检察一体化原则，提起诉讼的人民检察院和上一级人民检察院若意见不一致，法院应当采纳上一级人民检察院的意见。

（二）检察行政公益诉讼的发展趋势

进入新时代，行政检察监督制度也迎来了新的机遇。党的十八大以来，特别是在习近平总书记作出"检察官是公共利益的代表"新论断的指导下，行政检察监督领域形成了以公益诉讼为核心的多元监督格局，进而将公益司法保护充实到了宪法赋予检察机关的法律监督职责内涵之中。新时代中国特色公益司法保护制度的进一步发展，仍需从以下三个方面发力。

1. 构建多方合力、民主参与的公益保护机制

国家利益和社会公共利益的保护是一个系统工程，不仅需要行政机关、审判机关、检察机关通过行使法定职权协同保护，也需要公民、法人和其他组织等社会主体的积极参与。实际上，公益诉讼的两个阶段都涉及民主参与、多方参与问题。例如，《两高联合司法解释》中规定，人民法院审理人民检察院提起的第一审公益诉讼案件，可以适用人民陪审制；在检察公益诉讼的诉前程序阶段，检察机关必须先向有关行政机关提出检察建议，督促其纠正违法行为或者依法履行职责，实践中，诉前程序阶段被督促履职的行政机关通常包括完成某项行政任务的多个行政机关或者事业单位；在环境公益诉讼案件中，还会邀请环境损害鉴定机构、修复机构参与整改。此外，虽然公民、社会组织无法提起行政公益诉讼，但是公民、社会组织可以依据申诉权通过控告或者举报的方式向检察机关提供侵害国家利益和社会公共利益的案件线索。在行政公益诉讼附带民事公益诉讼案件中，检察机关还需履行民事公益诉讼的诉前公告程序，与有权提起民事公益诉讼的社会组织建立联系，通过支持起诉，形成维护公共利益的合力，更好地满足全社会对维护公共利益的迫切需要。

2. 厘清其与一般监督和行政执法检察监督的制度差异

行政公益诉讼的诉前程序与一般监督无论在保护对象、监督范围还是在监督方式上都有很大的差别。从试点情况来看，试点授权决定审议时部分人大代表所担心的授权检察机关提起公益诉讼会导致检察机关容易陷入一般监督的情况并未发生。行政公益诉讼的被

告类型相对比较集中，主要是县、乡人民政府及环保、国土等职能部门。截至 2017 年 6 月，试点地区检察机关办理的公益诉讼案件主要集中在八个部门，其中涉及国土部门 1851 件、环保部门 1596 件、林业部门 1422 件、水利水务部门 588 件、人民防空部门 339 件、住房和城乡建设部门 266 件、农业部门 229 件，财政部门 190 件。可见，公益诉讼并不是对所有的行政机关进行监督，也不是对所有行政行为进行监督，重点监督的行政行为类型仍然是行政处罚和行政强制。法律明确限定了检察公益诉讼的制度功效、线索来源、办案程序等，这决定了检察机关只能针对造成公益损害的行政违法行为或者不作为进行监督，而不是宽泛行政执法监督，更不是一般监督。

3. 形成功能互动，完善诉前和诉讼两种程序

就同一个公益诉讼案件而言，诉前程序和诉讼程序既是检察机关办理公益诉讼案件的两种不同方式，同时也是两种不同的监督手段。从诉前程序与诉讼程序的衔接看，检察公益诉讼很好地解决了保证监督质效与节约司法资源之间的关系。两年的试点实践表明，唯有正确处理诉前程序与诉讼程序二者之间的关系，才能充分发挥诉前程序在保护国家和社会公共利益方面的作用，体现检察机关在国家和社会公共利益保护体系中的特殊意义。目前，我国行政公益诉讼的诉前程序缺乏完备的规范来调整，相关的制度还需精细化建构。

（三）建立检察行政公益诉讼制度的意义

1. 建立检察公益诉讼制度是落实生态文明建设的重要改革举措

党的十八大报告提出了推进中国特色社会主义事业建设的"五位一体"总布局，包括经济建设、政治建设、文化建设、社会建设、生态文明建设五个方面。其中，生态文明建设是新增内容，体现了党中央对生态文明建设的高度重视。从现实情况来看，我国环境污染问题在部分地区已经十分严重。长江、黄河、珠江等七大水

系均受到了不同程度的污染，近一半的水域不能作为饮用水源，不少城市的内河已经严重污染，丧失了供给功能。工业废料的随意倾倒、城市生活垃圾的直接填埋，对地下水、土壤造成了几乎不可逆转的功能性破坏。此外，国有资产流失、国有土地使用权出让中的不规范操作等问题，也直接影响了人民群众的衣食住行和生活保障，对经济、政治、文化和社会文明建设非常不利。问题的堆积引发了社会的普遍焦虑，人民群众对于通过法律手段解决这些难题寄予厚望。公益诉讼制度正是在这一时代背景下应运而生。检察公益诉讼制度的创立是推进"五位一体"建设、实现"四个全面"的必然要求。

2. 激活公益保护的司法力量，助推法治国家建设

在社会主义公有制经济体制下，大量资源属于国家所有。国有资源的管理实行统一的所有权代表制，制度具体实施中反而容易产生代表者缺位或因代表者众多造成资源浪费等问题。当行政管理手段不能充分有效地保护这类国家利益时，不得不借助社会力量和司法力量加强保护力度。然而，我国公民社会尚不发达，由社会组织提起公益诉讼的意愿和效果远未达到期望值。检察机关以履行法律监督职责的方式保护公益符合国家职能分工合作的宪法原则，利于形成公益保护的系统合力。检察机关提起公益诉讼不仅解决了行政公益诉讼主体缺位的问题，更有利于充分发挥检察机关作为国家法律监督机关的诸多优势，从而优化司法职权配置。检察公益诉讼司法实践中发现，生态环境和资源保护领域的公益损害案件大都与环保部门行政违法行为或者不作为有关。因此，检察机关提起行政公益诉讼作为对行政违法进行监督的最后一道屏障，有利于督促行政机关依法行政。同时，检察机关提起行政公益诉讼，通过诉前程序的沟通协调、诉讼中的监督裁判等方式将行政机关、审判机关、检察机关这三类重要的国家治理主体联系在一起，进而形成了推动法治政府建设的全通道连接治理网络（the fully connected "all-channel network"），[1] 也实现了"机关"监督"机关"司法程序的法治化，对我国的法治建设具有重大意义。

3. 初建公益司法保护规范体系，优化检察权内部配置

检察机关提起公益诉讼既是一项重要诉讼制度，也是司法改革的一项重大举措。两年试点期间，最高人民检察院和最高人民法院先后制定颁布6份司法解释和司法文件，全面规范和调整公益诉讼活动，有力推动了检察公益诉讼规范体系的建立，优化了检察系统的内部刑事、民事、行政监督职能的配置，提升了司法治理的功效。至此，检察机关保护公益既可以运用刑事手段，也可以通过提起民事公益诉讼和行政公益诉讼予以实现。从理论上讲，刑事手段具有惩罚性、人身性和滞后性；民事公益诉讼保护方式具有对受损公益的补偿性、财产性和相对性；而行政公益诉讼保护方式具有预防性，且兼具财产性和人身性等特征。这三种保护手段的制度功能各不相同，发挥着不同的作用，既相辅相成，又互相不可替代。因此，在具体案件中，检察机关会结合违法事实与法律责任的适用条件采取相对应的公益保护方式，从而对公益侵害行为形成全方位、无死角的监督网络。

4. 弥补行政公益诉讼主体缺位，拓展行政诉讼的客观诉讼面向

我国公益诉讼保护的是特定范围的公益，这部分公益本身与社会主义制度密切相关，实际上涉及一些不容撼动的基本制度。在德国公法学中，制度性保障的主要对象是那些先于宪法和法律存在的传统制度的核心内容，例如婚姻、家庭、财产所有制等。这些制度所关联的核心利益不能通过立法进行修改，具有极强的客观性，一般应通过客观诉讼进行保护。我国行政诉讼制度的主观诉讼特征明显，很难自发孕育公益诉讼机制。2015年7月至2017年6月开展

---

〔1〕　See Volker Schneider: Governance and Complexity, in David Levi-faur（edited）: Oxford Handbook of Governance, The Hebrew University of Terusalem and the Free University of Berlin, 2012, p. 131.

的检察公益诉讼试点实践，已经呈现出诸多客观诉讼的特征：以实质违法性为起诉和审查标准，诉讼前置程序发挥督促执法功效，行政公益诉讼既监督行政行为也监督行政活动，以履行职责判决为主、以确认违法判决为辅。[1] 在以"公益诉讼"为中心的多元行政检察监督格局中，检察机关可以基于法律监督职能对人民法院的审判活动、行政机关执法活动进行监督，促进社会主义法制的统一适用，最终形成等边三角形的公益司法保护和维护法律实施的机制。综上，通过政治驱动的方式推动检察行政公益诉讼的建立，既弥补了行政公益诉讼主体的缺位，也进一步完善了我国法律的统一适用机制。

三、新时代行政检察监督制度的完善

（一）新时代行政检察监督面临的挑战和机遇

1. 行政检察监督存在的问题及应对

行政检察监督面临着诸多来自检察系统内部与外部的障碍。其根源在于检察公益诉讼这种法定的"机关监督机关"的机制极大改变了行政机关与检察机关的关系。公益诉讼工作从试点开始到全面实施，各级检察机关都受到各种有形与无形的外部阻力和政治压力。为了保障检察机关依法履行公益保护职责，首先应该着力完善和落实"省级统管"的司法人财物管理体制，防止地方政府通过经费预算影响检察权的独立行使。在人事方面，为了防止检察官因办理公益诉讼案件被冠以影响地方经济发展的不正当评价，甚至被调离民行岗位的情况反复出现，建议检察机关履行行政检察监督职责的结果不应成为考核或者评价检察机关、检察长、检察员工作业绩的指标。其次，应该树立和营造被监督者自愿被监督、主动接受监督的观念和氛围。检察机关的监督活动符合法治政府建设的基本要

---

〔1〕 参见刘艺：《构建行政公益诉讼的客观诉讼机制》，载《法学研究》2018年第3期。

求，被监督的机关或其工作人员不应有抗拒监督或被动受监督的心态。这种心态的形成源于行政主体被监督或者被诉，政府绩效考核会受影响的法治政府考核指标体系设置。因此，树立正确的法治理念，修正法治政府考评指标，对于行政检察监督工作的顺利开展具有重要意义。具体而言，检察机关提起行政公益诉讼分为诉前程序和诉讼程序。如果行政机关在诉前程序中纠正违法行为或者履行了法定职责，则不应再给予行政机关负面评价。如果行政机关在诉前程序中由于客观原因未能完全履职到位，即使检察机关向人民法院提起公益诉讼，只要行政机关积极应诉并执行法院判决，也不应给予负面评价。因为通过诉讼监督促使行政主体履行法定职责也是法治的内在要求，同样遵循了依法行政的原则。只有当法院判决行政机关在诉前程序中拒不履行法定职责违法，或者判决履职之后行政机关仍不执行法院判决时，才应将相关人员或者机关的行为纳入绩效考核中进行负面评价。对于在诉前程序阶段积极依法整改或者按时执行法院判决的行政机关或工作人员应该给予正面评价。再次，建议检察机关不要对办理行政检察监督案件设定办案指标，不刻意追求办案数量，把精力集中在办理人民群众关注、造成重大社会影响的大案要案上，进而通过个案监督推动法律的修改、法治的完善。这样可以保障检察机关办理行政检察监督案件时，不会过度把关注点放在失去了多少的"羊"（造成多少公益损失的问题）上，而是将工作任务的重心放在如何将已经被破坏的法律秩序"补牢"。另外，应划清行政检察监督与纪委监察的界线，前者主要是针对法律适用不统一的问题，这些问题大多是立法与执法体制而非人为因素所造成。比如执法力量不足、对法律法规的理解有误等。所以，检察公益诉讼的监督职能主要表现在对重点领域执法事务的监督，而不是过错责任追究机制。最后，行政检察监督与国家监察监督在职能上存在的重合与衔接问题急需解决。国家监察机关对公职人员依法履职的监督机制与检察机关对依法行政的监督机制存在诸多差异，比如国家监察机关对行政机关及其工作人员履行监督、调查、处置职责的范围是"对公职人员开展廉政教育，对其依法履职、秉公用权、廉洁从政从业以及道德操守情况进行监督检查"[1]。纪检监察监督虽然是经常的、不间断的，但其不能作出对行政主体具有强制法律效力的决定。[2] 且监督、调查、处置的程序通常是内部程序，而检察机关监督行政机关依法行政、严格执法是外部法定程序。加之国家监察机关的监督方式与检察机关的刑事公诉以及提起行政公益诉讼明显不同，前者一般采取谈话提醒、批评教育、责令检查或予以诫勉等行政处分；[3] 检察监督则遵循司法程序履行监督职责。前者侧重违纪纠查，而后者更注重维护法律的权威和统一适用。所以，建议两个监督机制应当从案件来源、监督程序、监督结果等方面建立衔接机制，严格区分两者的目的、手段和功能，发挥两种监督机制各自的优势，避免相互掣肘。

2. 行政检察监督中智慧检务发展的机遇

传统的行政诉讼检察监督主要是依当事人的申请进行监督，依职权监督的案件较少。根据《监督规则》第9条的规定，如果存在损害国家利益或者社会公共利益以及确有必要进行监督等三种情形，人民检察院应当依职权进行监督。但实践中，无论执法检察监督还是公益诉讼监督，其案件线索均难以获取。随着政务信息网络的建设和应用，当下已经有条件打通人民法院、行政机关和人民检察院各自办理的"案件信息孤岛"，建构国家执法大数据网络链，实现所有案件信息的互联互通。

目前，检察机关为拓展行政检察监督案件的线索来源进行了许多有益探索。一是充分运用行政执法与刑事司法"两法衔接"平台

---

〔1〕《监察法》第11条第1项。
〔2〕姜明安：《提起行政公益诉讼是推进行政法治的重要举措》，载《检察日报》2015年10月21日，第3版。
〔3〕《监察法》第45条、第62条、第63条。

拓宽行政检察监督案件来源。公益诉讼试点期间，有些地区的民事行政检察部门积极争取公安机关或检察机关内部的侦监部门向民行部门开放其信息平台，并由专人负责从平台上发现公益诉讼案件线索，不仅发现了大量公益诉讼案件线索，还发现了许多立案监督、执行监督类案件线索，成效显著。二是直接建立行政检察与行政执法对接的信息平台。比如吉林省长春市检察院、江苏省无锡市检察院在市委、市政府的支持下，与四十多家行政执法部门的执法系统直接联网，在专业研判和关键信息抓取软件的支持下，已经具备将违法的行政执法信息直接推送给检察官的技术能力。三是充分运用大数据技术，建立行政检察监督关键要素数据库和相关知识图谱，从网络上发现行政检察监督案件线索。比如山西省检察系统建立了公益诉讼网络信息专报制度，充分运用大数据技术，从网络上抓取公益受损的案件线索，派专人进行实地调查、筛选重大公益诉讼案件线索并指定有管辖权的检察院办理。四是部分检察机关充分运用全国检察机关统一业务应用系统，在相关部门案件库中建立公益受损预警系统，将重大公益受损案件及时推送给民行检察部门，以便于开展行政违法行为检察监督工作，实现检察机关内部案件线索的智能化移送。但以上举措均是个别检察院的尝试，国家层面尚未对此进行全面布局和有效推动。可以预见，在国家大数据战略落实过程中，行政检察监督的智慧检务发展将迎来新的重要机遇。

（二）新时代行政检察监督制度的重构与完善

自 2010 年全国检察机关第二次民事行政检察工作会议提出构建以抗诉为中心的多元监督格局目标以来，行政抗诉制度经过多年的努力仍未实现监督质效的根本提升。2015 年检察公益诉讼试点开始后，伴随国家法治建设的稳步推进，人民群众的法治意识不断增强，行政检察监督制度也初步显现出以"公益诉讼"为中心的多元监督态势。目前，有关行政检察监督体系的重构仍需从以下两个方面入手，完善相关机制：

1. 构建行政公益诉讼制度与其他两大诉讼的衔接机制

行政公益诉讼制度的建立对推进国家治理体系和治理能力现代化、完善权力运行机制至关重要，但该项制度的精细化建构尚未完成。检察机关提起公益诉讼制度的精细化建构既要充分尊重行政权在维护公共利益方面的优先地位，也要充分发挥通过司法程序保护公共利益的作用和功效。建议利用检察机关可以同时追究违法行为人刑事、民事和行政责任的优势，通过民事公益诉讼、行政公益诉讼等机制，充分发挥法律监督机关保护公共利益、补充行政执法不足的功效，实现行政优先与司法保护的双赢。从理论研究现状来看，行政责任、民事责任和刑事责任三种违法构成与可罚性标准的衔接问题仍然未有系统成熟的结论。因此，可以通过附带诉讼的实践探索侵权、违法、犯罪构成要件的衔接关系，进而建构公益诉讼领域三种责任互为补充、互相衔接的最优追责体系。

无论采取哪种诉讼类型，检察机关提起公益诉讼始终都应坚持法律监督立场，判断哪些问题是可以通过司法机制予以修复的法律秩序缺口。行政公益诉讼本质上并非只是公共利益救济机制，更是法律秩序的修复与整合机制。现代行政国家复杂多变，如何保证法制统一是全世界共同面临的难题。立法机关通过制定法律只是设定了某个制度的框架和蓝图，而具体的操作性规定通常由行政机关通过制定行政法规、规章或者其他规范性文件予以填补；但行政机关制定规范容易带有部门偏好。司法机关特别是检察机关，应通过客观公正的司法程序，将法律规范不一致的地方捋顺，实质上是把社会冲突、断裂的结构予以黏合。在刑事司法领域具体案件的办理中，因滥用职权或者玩忽职守造成国家财产流失的渎职犯罪，通常只提取一般转账记录作为证据留存，而较少采取有效措施追回流失的国有财产。建议各级检察机关开展渎职犯罪国有财产流失整治的专项行动，并探索完善渎职犯罪的责任追究体系。

2. 加大非诉行政执行的检察监督力度

从历史文化要素来看，中国传统政治体制长期呈现出一种强行政弱司法的格局，司法职务通常由行政官员兼任。为了保证管理效率和社会秩序稳定，授予行政机关强制执行的权力是必然选择。但随着人权保障意识的兴起，国家开始对行政机关的强制执行权力进行约束和限制。2011 年国务院制定的《国有土地上房屋征收与补偿条例》、2012 年起实施的《行政强制法》均表明了国家治理该项行政权力的意志和倾向。实行行政决定与行政强制执行相分离制度，在当时被视为我国行政法治的重大进步。然而，在中国的特殊国情下，部分法院的执行力量严重不足。如果大量行政非诉执行交由法院办理，反而会让法院演变成为实施行政决定的"二传手"。最高人民法院为避免此类案件的办理影响司法的中立性，最终发文中止了该项制度的施行。虽然 2014 年修改后的《行政诉讼法》第 97 条仍然保留了二元的行政强制执行结构，但未明确是否应该建立"裁执分离"机制。从两年公益诉讼试点情况来看，环境、国土资源领域的非诉执行难问题依旧比较突出。原因主要是法院不受理非诉执行或者受理后执行不到位。比如针对违法占用土地或者海域进行建设的情形，国土资源或海洋部门依法作出处罚决定后，只能依法申请法院强制拆除，有的法院裁定不准予执行或裁定由行政主管部门执行，还有的法院拒收执行申请或接收后不予反馈，致使违法状态无法彻底消除。由此，检察机关加强监督法院依法受理、裁定、执行非诉执行案件，对于保障行政行为顺利执行到位十分必要。检察权的介入，解决了行政执法最后一公里的问题，改变了以往行政机关与法院之间推诿、掣肘的二元关系，在非诉执行领域形成行政机关、法院、检察机关三方相互监督、相互制约的三元关系，对于促进依法行政、公正司法和丰富拓展行政检察职能都具有重要意义。

四、行政检察监督制度对法治政府建设的意义

（一）行政检察监督与法治政府建设的协同发展

法治是国家治理、社会管理、维护老百姓合法权益的方式。法治与传统的人治的方式相对。法治多一点，人治就少一点，只有法治能把权力关进笼子里。[1] 2004 年国务院制定的《全面推进依法行政实施纲要》提出"全面推进依法行政，建设法治政府"。为实现这一目标，我国政府在法治政府建设领域持续发力，采取了一系列重大改革举措，如推进"放管服"、行政组织和行政职能的规范化、法定化等。习近平总书记在党的十九大报告中提出"要加强对权力运行的制约和监督，让人民监督权力，让权力在阳光下运行，把权力关进制度的笼子"，并且描绘了新的法治建设目标，即"从2020 年到 2035 年"，"法治国家、法治政府、法治社会基本建成"。[2]

法治政府是个系统工程。系统论认为系统整体和它的组分及组分总和之间的差别，是普遍存在并且具有重大意义的现象。系统科学由此得出一个基本结论：若干事物按照某种方式相互联系而形成系统，就会产生它的组分及组分之和所没有的新性质，即系统质或整体质。[3] 这种观念并非只有系统论者倡导。亚里士多德在《形而上学》一书说过："整体不等于部分和。"（The whole is not the same of its parts.）亚里士多德称这种性质为"组合方式"，也有称

---

[1] 马怀德：《法治政府建设：挑战与任务》，载《国家行政学院学报》2014 年第5 期。

[2] 习近平：《决胜全面建成小康社会 夺取新时代中国特色社会主义伟大胜利——在中国共产党第十九次全国代表大会上的报告》，载《人民日报》2017 年 10 月 28 日，第 1 版。

[3] 苗东升：《系统科学精要》（第 2 版），中国人民大学出版社 2006 年版，第 30 页。

为结构的东西，它是组成部分的行为所不能完全加以确定的。[1]
英国哲学家路易斯（G. H. Lewes）于 1875 年提出整体具有一种
"涌现"（emergence，也称"突现"）的性质，而这种性质是不能
由其组成部分的性质与规律推导出来的东西。法治正是一种"涌
现"性质，法治是紧密关联的组成部分之间的良性互动状态。

　　如果把法治政府看成一种系统状态，其必然要求各子系统互相
配合产生协同作用和合作效应。从字面上看，法治政府关涉政府和
法律，但实际情况远远不止如此。我国法治政府建设现阶段更关注
"法"而非"治"的水平。但是，法治建设中"治"（rule of law）
的水平无疑更加重要。理想的法治评估至少应包括两个方面：规则
的质量和法律执行的质量。然而，与法律执行相关的变量，如权力
分工、司法问责、检察监督、公正审判、基本人权等变量往往容易
被人忽视。[2] 政府法治不仅关涉行政机关的内部运行情况，还需
从司法角度反观行政运行的法治化程度。从现阶段看，司法领域的
法治评估与政府领域法治评估的相关性（bivariate correlations）较
低，但注重执行的法治无法回避司法影响。

　　我国传统上是个行政大国，行政管理的权威性和集中性是我国
政治制度的明显特征。因此，强化行政监督一直以来都是我国政治
体制改革面临的迫切课题。随着改革进入深水区，需要革新既有的
社会治理模式，走向一种宪法主导下多元共治的社会治理形态。在
此转型过程中，司法治理作为对政府规制和立法治理不足的一种有
益补充手段被纳入社会治理网络之中。党的十八届三中、四中全会
决定也表达了执政党希望通过中立、专业的司法治理推动社会变
革，化解社会矛盾，实现国家治理体系与治理能力现代化的愿望；

---

〔1〕　颜泽贤、范冬萍、张华夏：《系统科学导论——复杂性探索》，人民出版社
2006 年版，第 98 页。
〔2〕　刘艺：《论我国法治政府评估指标体系的建构》，载《现代法学》2016 年第 4
期。

明确了司法在维护社会公平正义、实现法治建设目标中的重要作用。为此，党中央提出完善行政诉讼监督制度和探索检察机关提起公益诉讼等三项行政检察监督方面的改革举措。正是在这样的背景下，行政检察监督理应被纳入法治政府的系统架构之中。行政检察监督的良性发展对法治政府建设的意义也尤为重要。

（二）行政检察监督对严格执法的促进作用

严格、规范、公正、文明执法是我国法治政府建设的重点。"法贵必行"，在有"法"可依的前提下，执法水平在很大程度上决定了"治"质量高低。因此，行政执法成为建设法治政府的重中之重。[1] 中共中央、国务院 2015 年 12 月印发的《法治政府建设实施纲要（2015-2020 年）》提出，要依法全面履行政府职能，完善依法行政制度体系、推进行政决策科学化、民主化、法治化，坚持严格规范公正文明执法，强化对行政权力的制约和监督，依法有效化解社会矛盾纠纷。实践证明，行政检察监督可以有效地改善行政执法的状况。下文将结合检察公益诉讼的实践，说明行政检察监督在促进执法方面的作用。

1. 促进政府依法全面履行职能

公益诉讼试点两年期间，从当被告的情况来看，在行政公益诉讼中，国土部门[2]居于首位，其违法行为类型主要是不作为违法。通过梳理发现，检察机关共对国土部门提起 233 件行政公益诉讼案件，其中涉及行政不作为违法的案件达 227 件，占到 97%。这说明国土监管领域存在大量对违法行为未追究或监管部门未完全履职的状况。其中，国土部门怠于收缴、催缴土地出让金的问题较为突出，共有 68 件，占起诉案件数的 29%。当然，不依法及时收缴

---

〔1〕 袁曙宏：《建设法治政府》，载《党的十九大报告辅导读本》，人民出版社 2017 年版，第 288 页。

〔2〕 2018 年，国务院机构改革方案将国土资源部改为自然资源部，部分职能划归生态环境部。

土地出让金的原因比较复杂。首先，是法律上的原因，法律授予国土部门追缴出让金的手段十分有限，对于因土地出让合同引发的争议，国土部门究竟是通过民事诉讼还是非诉行政强制执行的方式予以实现，存在不同依据"打架"的情况。其次，是地方政府的原因。地方政府的招商引资政策明显违法，进而引发了国有土地出让金收缴困难的问题。比如未按法定程序出让或者出让价格明显低于国家规定标准，出现法律跟政策放行的惯例以致国土部门无法追回相应的资金，自然出现怠于执法的情况。最后，因人民法院不受理或者无法执行非诉讼执行案件，国土部门只做决定不执行，比如国土部门做出处罚后不将相关处罚或者命令移交给同级财政部门处理，也不拟订处置方案报本级人民政府执行，更没有申请法院强制执行。在个别案件中，还出现国土部门收到检察建议后，马上向法院申请强制执行，但当检察机关决定不起诉之后，国土部门又向法院申请撤回执行申请的情况。

针对以上问题，检察机关一方面通过诉前程序督促国土部门向有权机关或者法院申请强制执行，另一方面通过传统行政诉讼检察监督和行政执法检察监督手段监督法院受理非诉执行案件和国土部门为原告提出的合同履行之诉。双管齐下，督促法院和行政机关全面依法履行职责。

通过办理这些案件，检察机关与国土部门对依法行政、严格执法的标准形成了一系列共识。2018年初，最高人民检察院、国土资源部联合发布《关于加强协作推进行政公益诉讼促进法治国土建设的意见》。该《意见》要求国土资源主管部门收到检察建议书后，主动履职纠错、积极整改落实，及时向检察机关说明情况。针对违法行为查处、土地出让、耕地保护、矿产资源开发、矿山地质环境恢复治理等方面问题，要对是否采取有效措施制止违法行为、是否全面运用行政监管手段、国家利益或者社会公共利益是否得到了有效保护等作为履职尽责的标准，进行认真自查。做到发现并及时制止、责令停止违法行为，全面运用所有法定措施，要求相关义务主体依法履行法定义务；如果仍然拒不履行的，应当依照有关规定及时向本级人民政府、上一级国土资源主管部门及有关主管部门进行报告或通报，及时向有关部门移交依法没收的建筑物或其他设施，依法向有关部门进行移送违法犯罪线索，依法申请法院强制执行等。采取上述措施后，公共利益仍未得到有效保护，国土资源部门应向检察机关说明情况，由检察机关依法处理。

综上，检察机关通过诉前程序和提起诉讼，督促行政机关依法履行职责；并且积极与行政机关沟通协调，形成双方一致认同的形式和实质合法性标准相结合的统一法律适用尺度，有效推动了行政机关全面履行职能。

2. 促进规范公正执法

习近平总书记强调："全面推进依法治国的重点应该是保证法律严格实施。"[1] 检察机关在办理公益诉讼案件时发现，水利水务部门不规范执法的情形也比较普遍。比如，试点期间发现水利水务部门对河道内非法采砂或者超范围、超深度采砂行为不予监管或者处罚过轻的情况比较普遍。以河南洛阳偃师案为例：2014 年首阳山镇义井村村民唐建松在洛河偃师市城区段筹资建设首阳山镇白村鑫和砂石厂（以下简称"白村砂厂"）。2015 年，偃师市政府严禁在洛河城区段采砂。然而，白村砂厂仍在城区段河道非法采砂。2016 年 1 月 6 日、3 月 21 日，偃师市水利局先后下达《停止水事违法通知书》，对白村砂场作出行政处罚。白村砂厂并未按照处罚决定停止违法采砂行为，偃师市水利局也未继续采取其他强制措施

---

[1] 习近平：《关于〈中共中央关于全面推进依法治国若干重大问题的决定〉的说明》，载《人民日报》2014 年 10 月 29 日，第 2 版。

严格规范执法。[1]

本案除未执行行政处罚之外，还存在水利局不规范执法的问题。2016 年 3 月 21 日，偃师市水利局依据《河南省实施〈中华人民共和国水法〉办法》第 43 条和《河南省水行政处罚裁量标准》有关规定，作出了责令白村砂厂立即停止违法行为，限其接到通知之日 5 日内自行拆除砂石开采设备、撤离人员、平复砂堆、开采坑、恢复河滩原状，并处罚款 5 万元整的处罚决定。但根据《河南省河道采砂管理办法》第 28 条的规定："违反本办法规定，未经批准或者不按照河道采砂许可证规定的区域、期限和作业方式进行采砂的，依法予以取缔或者收回河道采砂许可证，并由县级以上人民政府水行政主管部门责令停止违法行为，没收违法所得，限期清除障碍或者采取其他补救措施，并处 1 万元以上 5 万元以下的罚款；造成损失的，依法承担赔偿责任。"显然，适用实施水法办法和河道管理办法的差别在于是否可以采取没收违法所得的处罚手段。但根据我国《水法》第 39 条规定"国家实行河道采砂许可制度。河道采砂许可制度实施办法，由国务院规定"和第 77 条规定"对违反本法第 39 条有关河道采砂许可制度规定的行政处罚，由国务院规定"。据此，《水法》未对违反河道采砂许可制度的行为设定处罚，而《河南省实施〈水法〉办法》设定了处罚，这是违反上位法的。《河南省河道采砂管理办法》的规定不违反国务院制定的《河道管理条例》，因此，偃师市水利局作出行政处罚决定时应当适用《河道管理条例》和《河南省河道采砂管理办法》，而非《河南省实施〈水法〉办法》。偃师水利局作为水行政主管部门，对其管辖范围内的河道采砂工作负有监管职责，却长期错误适用法律进行

---

[1]《矿产资源法》第 3 条规定："矿产资源属于国家所有"。《矿产资源法实施细则》的附录明确规定："各类砂石属于矿产资源"。白村砂厂在未取得河道采砂许可证的情况下非法在河道采挖砂石，从 2016 年 5 月 11 日至 2016 年 10 月 10 日共计销售砂石 2 942 998 元，造成国家矿产资源的损失。参见偃师市检行建〔2017〕1 号检察建议书。

执法。检察机关通过办理这类案件，纠正了行政机关错误执法，树立了在河道采砂处罚领域内规范执法的标准。[1]

3. 促进政府工作人员提高法治思维，增强公民守法意识

我国 1982 年《宪法》不仅确立了土地的国家所有和集体所有两种公有制形式，而且也奠定了以"所有权—使用权"相分离为基本特征的土地权利结构体系。农地的所有权、使有权和承包权"三权分离"的情况下，因所有权人缺位或者怠于监管，承包权人违反承包合同，恣意破坏土资源、破坏环境的情况比较普遍。以林地为例，在两年试点期间，检察机关共向林业部门提起 180 件行政公益诉讼案件，其中涉及行政不作为起诉案件达 169 件，占到 94%。行政不作为的主要表现形式为，对破坏森林资源和毁坏林地的违法行为发现不力、发现线索不立案、对持续中的违法行为不责令停止、对违法行为人不进行处罚、对损害后果不恢复，等等。

检察机关通过办理涉林类公益诉讼案件，促使林业部门提高了执法意识，同时也增强了公民的守法意识。例如，湖北郧阳区检察院诉郧阳区林业局一案中，吴刚、金兴国、赵丰强三人在未经林业主管部门审批同意，未办理林地使用手续的情况下，在十堰市郧阳区（原十堰市郧县，以下统一称为十堰市郧阳区）杨溪铺镇杨溪铺村大沟占用国家级生态公益林开采石料，擅自改变林地用途。十堰市郧阳区林业局对其作出行政处罚，但三人并未缴纳全部的罚款，且未将非法改变用途的林地恢复原状，十堰市郧阳区林业局也未采取有效措施收缴剩余罚款，督促行政相对人恢复林地原状。郧阳区人民检察院于 2015 年 12 月 12 日向林业局发出了检察建议。截至 2016 年 1 月 13 日，林业局既没有针对检察建议作出回复，也未依法履职，检察机关遂将该案起诉到法院。庭审时，被告法定代表人做最后陈述时表示，对过往林业局工作人员怠于履职给国家、社会

---

〔1〕 参见洛阳市老城区人民法院行政判决书（2017）豫 0302 行初 119 号。

公共利益造成的损害表示真诚的道歉，并向郧阳区人民郑重承诺：决心做一个播种绿色的种树人，做一个守护绿色的忠诚卫士，带领林业系统在履职尽责和依法行政的基础上带头践行"郧阳担当"，"以补往日之过，以立他日之功"。该次庭审的旁听席上坐着十堰市林业主管部门、郧阳区人民政府各类职能部门的负责人和部分集体林地承包经营户。这样的诉讼和庭审活动容易触动行政机关负责人和行政执法人员，对于提升政府工作人员的法治思维和其他人员的守法意识也都大有助益。

4. 推动依法行政制度体系完善

公共问题的全面解决远非政府独力可为，往往需要将问题纳入更广阔的社会主体网络，群策群力。[1] 例如，我国城乡垃圾处理站的建设和管理是个治理难题。为化解城乡垃圾处理站污染问题，检察机关只监督单个行政机关或者行政部门很难将垃圾处理站所涉及的各种违法问题予以系统解决。在垃圾处理站的规划、设计、选址、建设、验收、运营等全流程治理中，涉及当地人民政府及其职能部门，如发改委、规划局、建设局、国土局、城市管理局、环保局、卫生局等。检察机关在办理生活垃圾污染的公益诉讼案件时，通过协调、调整等技巧，借助召开联席会议、圆桌会议和诉前听证会等方式，促进各职能部门依法履行职责，或者针对特定领域职能不清、权责不明的治理难题，设计出合法、有效的执行方案，促进执法的规范化。

（三）行政检察监督对完善国家治理体系的意义

"完善和发展中国特色社会主义制度，推进国家治理体系和治理能力现代化"是十八届三中全会提出的全面深化改革总目标。这个总目标揭示了社会主义制度与国家治理的关联性。社会主义的制

---

〔1〕 参见〔美〕莱斯特·M.萨拉蒙：《政策工具视角与新治理：结论与启示》，载〔美〕莱莱斯特·M.萨拉蒙主编：《政府工具——新治理指南》，肖娜等译，北京大学出版社 2016 年版，第 518 页。

度优势理应表现出更高的治理效能。为此，必须全面深化改革，在法律领域亦然。

国家治理体系和治理能力的现代化对法治提出了更高要求；而法律体系也应该为治理现代化贡献更多的保障机制和助推力量。行政检察监督的创新发展不仅丰富了行政法治的内涵，也符合国家治理体系和治理能力现代化的要求。

1. 强化行政检察监督是国家治理体系完备化的要求

习近平总书记多次强调，"全面深化改革需要加强顶层设计和整体谋划"，[1] 要用系统思维、整体思维、协调思维推动改革。[2] 对行政权的监督是一个系统工程，只有深入把握监督系统机制及其发展动态，并对行政执法的节点与回路深刻理解才能使监督更加有效。在我国政治体制中，检察院与行政机关互不隶属，均是由人大产生的国家机关。检察院的法律监督包括对国家行政机关及其工作人员利用职权实施的违法和犯罪行为进行的监督。从犯罪预防和制度改良的两个角度，检察机关在部分领域对行政执法行为展开监督，却未对公安行政执法活动进行监督。根据《治安管理处罚法》第 114 条的规定，公安机关及其人民警察办理治安案件，不严格执法或者有违法违纪行为的，任何单位和个人都有权向包括人民检察院在内的有关机关检举、控告；收到检举、控告的机关，应当依据职责及时处理。但长期以来，检察机关收到公安机关违法的检举、控告并不会自己行使监督权，而是移转给公安机关内部的纪检监察部门查处办理。

新时代的行政检察监督制度，明确将行政机关是否有法必依、严格执法纳入法律监督的内容。我国是行政大国，行政管理的触角

---

〔1〕 习近平：《关于〈中共中央关于全面深化改革若干重大问题的决定〉的说明》，载《习近平谈治国理政》，外文出版社 2014 年版，第 88 页。

〔2〕 例如，党的《十八届三中全会决定》提出，"必须更加注重改革的系统性、整体性、协同性"。

深入社会的方方面面。行政管理的目标要求与执法力量之间形成强烈反差，也就是通常所说的"强法"（strong laws）与"弱主体"（weak agencies）之间的矛盾。传统的司法治理主要聚焦于化解纠纷，并未直接与行政管理和国家治理建立联系。行政检察监督可以充分发挥检察机关监督行政机关执法的便捷性，促成行政机关与检察机关之间建立线索移送和信息共享机制，行政机关应积极配合检察机关进行法律监督，更加积极主动履行法定职责。而且，检察权的介入，可以让行政权的运行更加规范公正，从而正视其在法治建设中"掌舵人"而非"划桨者"的身份。有学者认为，中国正处于由"随意治理"（discretionary）向"法治"（rule of law）过渡过程中的"依法治理"（rule by law）阶段。"依法治理"，把法律视做一种重要治理工具，具有重要的政治意义，因为"如果一个权威政体决心依法进行治理，将使公民提高对政治的可预测性"，对政治权力的运行起到一定的限制作用。[1]而"治理"是一个关系性概念，其实质在于以市场原则、公共利益和认同为基础的国家、公共组织、私人机构、个人等各活动主体之间的合作。[2]检察机关在依法治理的网状结构中处于较为枢纽的地位，可以促进国家治理体系从"随意治理"向"依法治理"转变，再向多元向度、规范内化、制度自洽方向发展。

2. 行政检察监督变革推动国家治理主体多元化

全面依法治国是国家治理的一场深刻革命，必须坚持厉行法治，推进科学立法、严格执法、公正司法、全民守法。行政检察监督过程的参与主体多元，包括中央政府、地方政府、企业、公民、社会组织、审判机关等，各主体的功能各有侧重，通过不同的制度

---

〔1〕 Burell，Mattias，"The Rule - Governance State：China's Labor Market Policy，1978-1998"，*Ph. D. diss. Uppsapa University*（Sweden），2001，pp. 2，70.

〔2〕 Andy Gouldson，"Environmental Policy and Governance"，*Environmental Policy and Governance*，2009（19），pp. 1-2.

与特殊地位、组织架构，明确分工、相互协作，将依法治国中的立法、执法、司法、守法各个环节联结到一起。

行政诉讼监督和行政公益诉讼均会涉及立法是否科学的问题。行政检察监督的本质是在诉讼程序中对审判机关和行政机关适用法律问题进行监督。检察机关职务犯罪侦查权被划归国家监察机关统一行使之后，行政机关、审判机关等主体对检察机关更加信任，更愿意与检察机关在法律统一实施问题上沟通合作，而这种信任是多元主体建构依法治国秩序的基础和条件。作为法律监督机关，检察机关适宜承担对系统的整体引导工作，应对多个行为体之间相互依赖情形、处理相互反馈的局面。[1] 具体而言，在多元主体参与的情况，行政检察监督的参与能够实现不同监督功能的互补与配合。在公益保护的位序上，行政机关对公益保护享有优先权；检察机关只有在经过诉前程序，行政机关仍不履职的情况下才能弥补执法的空缺。所以，行政公益诉讼各方参与者并不具有对抗性，反而更像是互为补充与支撑的力量。

综上所述，在治理现代化的大格局下，参与治理的多元主体可以依托特定机制，实现良性互动，从而达成提高治理效能的状态。而检察行政监督就提供了多项能够承载多元主体共同参与治理的机制和平台。

3. 行政检察监督创新促进国家治理手段的多样化

全面推进依法治国总目标是，建设中国特色社会主义法治体系、建设社会主义法治国家。法治是国家治理最可靠、最有效的方式，是国家治理体系和治理能力的重要依托，是现代国家文明进步的重要标志。[2] 进入新时代，检察机关对行政机关的监督方式从

---

〔1〕 ［法］让-皮埃尔·戈丹：《何谓治理》，钟震宇译，社会科学文献出版社 2010年版，第 21 页。

〔2〕 田哲：《国家治理领域的一场革命》，载《人民日报》2014 年 11 月 6 日，第 7版。

没有约束力的检察建议，演变为包括执行监督、诉讼监督和公益司法保护等方式在内的多元监督格局。从宏观角度看，提起公益诉讼等治理方式也丰富了我国的国家治理手段。行政检察监督制度可以挖掘司法机关的治国理政权能。因此，行政检察监督新制度的创新发展，不仅丰富了检察机关的职能定位，也是对传统诉讼功能的拓展。诉讼制度不再仅是解决争端和惩处违法犯罪的工具，更是国家治理的重要手段。

行政检察监督方式的创新是符合我国国情的一次制度创新。这种创新来自对社会主义法制的自信，也来自勇于革除既有体制弊端的决心。我国没有走美国私人检察诉讼道路，而赋予了检察机关公益保护的职责；我国并未将"官告官"的行政公益诉讼简单定位为机关之诉、监督之诉，而将其定位为行政执法的补充和协同治理之诉。行政检察监督正是运用法治手段约束公权力，促使治理主体在法治轨道上行使权力、履行义务、承担责任、解决纠纷。为了达到法律统一适用的目标，检察机关可以运用多种治理手段、多管齐下，纠正诸多执法主体在法律适用上随意性、选择性和违法性，全过程监督法律适用活动。

从1906年中国检察制度诞生至今近一百二十年的时间里，行政检察监督在几个关键历史节点上得以迅猛发展，也在大多数时候恭默守静。中国行政检察监督制度的历史是曲折的，过去的每一次尝试和创新都为今天的改革积累了经验。令人倍感欣慰的是，行政检察监督的职能内涵在近三十年得到积极拓展，行政检察监督制度也在中国特色社会主义法治建设的大好形势中走上了稳步发展的道路。我国应在吐故纳新的基础上进行全面谋划，开拓更符合新时代要求的行政检察监督大格局。

主要参考文献：

1. 曹建明：《深入学习贯彻习近平总书记重要指示精神 发展完善中国特色

社会主义公益司法保护制度》，载《学习时报》2017 年 9 月 29 日。

2. 孙谦：《设置行政公诉的价值目标与制度构想》，载《中国社会科学》2011 年第 1 期。

3. 应松年等：《行政诉讼检察监督制度的改革与完善》，载《国家检察官学院学报》2015 年第 3 期。

4. 马怀德：《行政公益诉讼制度 从理论走向现实》，载《检察日报》2015 年 7 月 3 日。

5. 姜明安：《推进行政公益诉讼 完善预防和纠正机制》，载《法制日报》2015 年 9 月 2 日。

6. 杨立新：《民事行政诉讼检察监督与司法公正》，载《法学研究》2000 年第 4 期。

7. 胡卫列：《行政诉讼检察监督论要》，载《国家检察官学院学报》2000 年第 3 期。

8. 胡卫列：《论行政公益诉讼制度的建构》，载《行政法学研究》2012 年第 2 期。

9. 胡卫列、迟晓燕：《从试点情况看行政公益诉讼诉前程序》，载《国家检察官学院学报》2017 年第 2 期。

10. 刘艺：《构建行政公益诉讼的客观诉讼机制》，载《法学研究》2018 年第 3 期。

11. 刘艺：《中国特色行政检察监督制度的嬗变与重构》，载《人民检察》2018 年第 2 期。

12. 刘艺：《检察公益诉讼的司法实践与理论探索》，载《国家检察官学院学报》2017 年第 2 期。

13. 杨建顺：《〈行政诉讼法〉的修改与行政公益诉讼》，载《法律适用》2012 年第 11 期。

14. 高家伟：《检察行政公益诉讼的理论基础》，载《国家检察官学院学报》2017 年第 2 期。

15. 王万华：《完善检察机关提起行政公益诉讼制度的若干问题》，载《法学杂志》2018 年第 1 期。

16. 闵钐：《中国检察史资料选编》，中国检察出版社 2008 年版。

后 记

　　近二十年来，我国法治建设的实践和理论都取得了长足进步。特别是 2004 年国务院颁布《全面推进依法行政实施纲要》以来，行政法治建设成绩显著，法治政府理论不断发展。与此同时，我国政府治理领域也出现了许多新情况、新问题亟待解决，行政法理论也面临着前所未有的挑战与机遇。密切关注法治发展的实践，从理论上概括总结并回答现实问题，着力构建中国特色的行政法学体系，成为我们这一代行政法学人责无旁贷的重要使命。2016 年 5 月 17 日，习近平总书记在哲学社会科学工作座谈会上的讲话指出："当代中国正经历着我国历史上最为广泛而深刻的社会变革，也正在进行着人类历史上最为宏大而独特的实践创新。这种前无古人的伟大实践，必将给理论创造、学术繁荣提供强大动力和广阔空间。这是一个需要理论而且一定能够产生理论的时代，这是一个需要思想而且一定能够产生思想的时代。我们不能辜负了这个时代。""要按照立足中国、借鉴国外，挖掘历史、把握当代，关怀人类、面向未来的思路，着力构建中国特色哲学社会科学，在指导思想、学科体系、学术体系、话语体系等方面充分体现中国特色、中国风格、中国气派。"为此，我们组织行政法学界的优秀青年学者，以专题的形式系统研究行政法前沿问题，试图描绘当代行政法治发展的图景，为构建行政法学学科体系和理论体系贡献绵薄之力。本书是国家社会科学基金重大委托项目"创新发展中国特色社会主义法治理论体系研究"（批准号：17@ZH014）子课题"中国特色社会主义法治政府"的研究成果，写作分工如下：

前言：马怀德（中国政法大学校长，教授，中国法学会行政法学研究会会长）；

第一章：王敬波（中国政法大学法治政府研究院院长，教授，中国法学会行政法学研究会秘书长）；

第二章：李洪雷（中国社会科学院法学研究所副所长、研究员）；

第三章：王旭（中国人民大学法学院教授，院长助理，博士生导师）；

第四章：张力（中国政法大学法学院副教授）；

第五章：成协中（中国政法大学法学院教授，博士生导师）；

第六章：宋华琳（南开大学法学院副院长，教授，博士生导师）；

第七章：赵鹏（中国政法大学法治政府研究院副院长，教授）；

第八章：高秦伟（中山大学法学院教授，博士生导师）；

第九章：赵宏（中国政法大学法学院教授）；

第十章：林华（中国政法大学法治政府研究院副教授）；

第十一章：罗智敏（中国政法大学法学院教授，博士生导师）；

第十二章：曹鎏（中国政法大学法治政府研究院副教授，国家监察与反腐败研究中心执行主任）；

第十三章：王青斌（中国政法大学法治政府研究院教授，博士生导师）；

第十四章：刘艺（中国政法大学法治政府研究院教授，博士生导师）。

　　全书由赵鹏、林华、朱智毅、孔祥稳协助统稿，由马怀德、林华定稿。

马怀德

2018 年 5 月

图书在版编目（ＣＩＰ）数据

行政法前沿问题研究/马怀德主编. —北京：中国政法大学出版社，2018.8
（2020.11重印）

ISBN 978-7-5620-8479-2

Ⅰ.①行… Ⅱ.①马… Ⅲ.①行政法－研究－中国 Ⅳ.①D922.104

中国版本图书馆CIP数据核字(2018)第190141号

出 版 者	中国政法大学出版社
地　　址	北京市海淀区西土城路 25 号
邮寄地址	北京 100088 信箱 8034 分箱　邮编 100088
网　　址	http://www.cuplpress.com (网络实名：中国政法大学出版社)
电　　话	010-58908524(编辑部) 58908334(邮购部)
承　　印	北京中科印刷有限公司
开　　本	880mm×1230mm　1/32
印　　张	18.75
字　　数	460 千字
版　　次	2018 年 8 月第 1 版
印　　次	2020 年 11 月第 2 次印刷
定　　价	79.00 元